Fabian Klein-Ridder, Björn Barnstedt

SharePoint 2016

Das Praxisbuch für Entwickler

Rheinwerk
Computing

Liebe Leserin, lieber Leser,

sicher kennen Sie den größten Vorteil einer lokalen SharePoint-Installation: Sie lässt sich ganz einfach individualisieren. Im Handumdrehen haben Sie eigene Anpassungen und Erweiterungen geschrieben, die alle Anforderungen Ihres Unternehmens erfüllen. Aber so flott diese Projekte starten, so leicht geraten sie auch zu einem Alptraum für Entwickler und Projektleiter. Bestimmt kennen Sie Beispiele für unleserlichen Spaghetticode, fehlende Dokumentationen, schwammige Projektziele, ständig wechselnde Anforderungen und schlussendlich geplatzte Deadlines. So werden aus vielversprechenden Ideen zwangsläufig Mammutprojekte, die vor allem Zeit und Nerven kosten.

Dass es auch anders geht, beweisen Fabian Klein-Ridder und Björn Barnstedt mit diesem Leitfaden. Beide Autoren kennen sowohl die praktischen Aufgaben des Entwickleralltags als auch die Herausforderungen guten Projektmanagements aus langjähriger Erfahrung. Daher zeigen sie Ihnen nicht nur, wie Sie elegant Programmierhürden nehmen, sondern auch, wie Sie Ihre SharePoint-Projekte zuverlässig planen und umsetzen. Schritt für Schritt entsteht dabei vor Ihren Augen eine vollständige SharePoint-Anwendung – von der Festlegung des Leistungsumfangs und einer sinnvollen Gliederung von Abläufen über die Umsetzung des Codes bis hin zum fertigen Deployment. Unterwegs finden Sie bewährte Praxistipps sowie zahlreiche Diagramme und Übersichtsdarstellungen, die Ihnen die Arbeit mit SharePoint deutlich erleichtern.

Abschließend noch ein Wort in eigener Sache: Dieses Werk wurde mit großer Sorgfalt geschrieben, geprüft und produziert. Sollte dennoch einmal etwas nicht so funktionieren, wie Sie es erwarten, freue ich mich, wenn Sie sich mit mir in Verbindung setzen. Ihre Kritik und konstruktiven Anregungen sind uns jederzeit willkommen.

Ihr Christoph Meister
Lektorat Rheinwerk Computing

christoph.meister@rheinwerk-verlag.de
www.rheinwerk-verlag.de
Rheinwerk Verlag · Rheinwerkallee 4 · 53227 Bonn

Auf einen Blick

Wir hoffen, dass Sie Freude an diesem Buch haben und sich Ihre Erwartungen erfüllen. Bitte teilen Sie uns doch Ihre Meinung mit. Eine E-Mail mit Ihrem Lob oder Tadel senden Sie direkt an den Lektor des Buches: *christoph.meister@rheinwerk-verlag.de*. Im Falle einer Reklamation steht Ihnen gerne unser Leserservice zur Verfügung: *service@rheinwerk-verlag.de*. Informationen über Rezensions- und Schulungsexemplare erhalten Sie von: *hendrik.wevers@rheinwerk-verlag.de*.

Informationen zum Verlag und weitere Kontaktmöglichkeiten finden Sie auf unserer Verlags-website *www.rheinwerk-verlag.de*. Dort können Sie sich auch umfassend und aus erster Hand über unser aktuelles Verlagsprogramm informieren und alle unsere Bücher versandkostenfrei bestellen.

An diesem Buch haben viele mitgewirkt, insbesondere:

Lektorat Christoph Meister, Roman Lehnhof
Korrektorat Petra Biedermann, Reken
Gutachter Nicole Enders, Hennef
Einbandgestaltung Barbara Thoben, Köln
Titelbilder Programmierer: 10918717 © nyul/istockphoto
Hauptmotiv: 119356303 © Rachael Arnot/Shutterstock
Typografie und Layout Vera Brauner
Herstellung Melanie Zinsler
Satz III-satz, Husby
Druck und Bindung C.H. Beck, Nördlingen

Dieses Buch wurde gesetzt aus der TheAntiquaB (9,35/13,25 pt) in FrameMaker.
Gedruckt wurde es auf chlorfrei gebleichtem Offsetpapier (90 g/m^2).

Bibliografische Information der Deutschen Nationalbibliothek
Die Deutsche Nationalbibliothek verzeichnet diese Publikation in der Deutschen Nationalbibliografie; detaillierte bibliografische Daten sind im Internet über *http://dnb.d-nb.de* abrufbar.

ISBN 978-3-8362-4339-1

1. Auflage 2017

Inhalt

Ich möchte dieses Buch unserem geliebten Hund Chaz widmen. Der treuen Seele, die uns in den letzten 9,5 Jahren begleitet hat und uns kurz vor der Veröffentlichung dieses Buches leider viel zu früh verlassen musste. An guten und an schlechten Tagen warst du immer an unserer Seite, hast uns Kraft und Liebe geschenkt. Wir werden dir auf ewig dankbar sein, dich nie vergessen und dich für immer in unseren Herzen tragen.

In Liebe, Kathi, Fabian und Khali

*Chaz – *06.09.2007 – †27.03.2017*

Danksagung

Wir möchten uns ganz herzlich bei all denjenigen bedanken, ohne die es uns nicht möglich gewesen wäre, dieses Buch fertigzustellen. Wir danken dem gesamten Team der amexus Informationstechnik GmbH & Co. KG für die vielen hilfreichen Tipps und Ideen, insbesondere Stefan Nacke für die Bereitstellung der umfangreichen Hard- und Software. Ebenfalls gilt unser Dank unseren Lektoren Sebastian Kestel und Christoph Meister, Nicole Enders für ein sehr hilfreiches technisches Gutachten und dem gesamten Team des Rheinwerk Verlages für die tolle Zusammenarbeit.

Fabian:
Zusätzlich möchte ich mich bei meiner Familie und meinen Freunden für ihren Zuspruch und ihre mentale Unterstützung bedanken. Vielen Dank auch an Ulrich Willing und meinen Bruder Thomas – die beiden Menschen, die mich beruflich am meisten geprägt und gefördert haben. Der größte Dank gilt jedoch meiner Ehefrau Kathi. Vielen Dank für deine Unterstützung, deine endlose Geduld und für jede einzelne Tasse Kaffee, die du mir in den langen Nächten des Schreibens gebracht hast.

Björn:
Ich danke meinem Kollegen Fabian Klein-Ridder für die Möglichkeit, an diesem Buch mitzuwirken, und für die vielen anregenden Diskussionen, die das Schreiben mit sich brachte. Außerdem danke ich meiner Familie, die mich auf meinem beruflichen Weg immer unterstützt hat. Mein besonderer Dank gilt meiner Frau Melanie und meinen Kindern für die großartige Unterstützung während der Entstehungsphase dieses Buches.

Kapitel 1
Vorwort

Erfahren Sie, was in diesem Buch auf Sie zukommt, welches Wissen wir Ihnen vermitteln werden und wie das Buch aufgebaut und gegliedert ist.

Da wir uns jeden Tag aufs Neue mit denselben Themen auseinandersetzen und die gleichen Diskussionen mit Kunden und Kollegen führen – nämlich wie eine Lösung in SharePoint auszusehen hat und welche Kriterien sie erfüllen muss –, haben wir unsere Erfahrungen in diesem Bereich zusammengefasst und auf Basis der wiederkehrenden Anforderungen ein Konzept entwickelt, das eine ordnungsgemäße Planung und Entwicklung ermöglicht und nahezu alle fachlichen Anforderungen mit den technischen Möglichkeiten von SharePoint 2016 abdeckt.

Die Planung und Entwicklung im SharePoint-Umfeld stellt den Consultant, aber auch den Entwickler oft vor spezielle Herausforderungen. Diese Herausforderungen wirken sich vor allem auf die Erstellung standardisierter Softwareprodukte aus.

Die Anforderungen, die ein Kunde an eine gewöhnliche Software stellt, sind simpel:

Eine Lösung, die als Produkt entwickelt wird, sollte ...

- ... einfach zu installieren sein,
- ... supportet werden,
- ... über Updatepfade verfügen,
- ... ein Handbuch enthalten
- und gegebenenfalls über definierte Releasezyklen verfügen.

Diese Anforderungen sind klar verständlich und nachvollziehbar. Unsere Erfahrung zeigt allerdings, dass im SharePoint-Umfeld noch weitere Anforderungen hinzukommen, die sowohl die Planung als auch die Entwicklung erschweren.

So sollte eine Lösung im SharePoint-Umfeld zusätzlich ...

- ... individuell anpassbar sein,
- ... möglichst auf allen Plattformen (Standard, Enterprise) lauffähig sein,
- ... mit anderen Drittherstellern kompatibel sein,
- ... vollständig in das Trägersystem integriert sein.

Was heißt das genau?

Der Kunde möchte innerhalb der Software möglichst nicht auf die Flexibilität von SharePoint verzichten. Er will also weiterhin in der Lage sein, neue Spalten in Listen anzulegen, WebPart-Seiten zu gestalten, Ansichten zu erstellen und vieles mehr. Dies ist zwar nicht immer zu gewährleisten, an der einen oder anderen Stelle können Sie dem Kunden diese Flexibilität jedoch erhalten. Wie dies geht, werden wir im Umsetzungsteil an einigen Beispielen erläutern.

Das wirkt sich zum einen auf die Entwicklung von individuellen New-, Disp-, und EditForms, aber auch auf Updatepfade aus. Wenn der Kunde eine neue Spalte zu einer Liste hinzufügt, soll sie natürlich auch in seinen Formularen verfügbar sein. Somit ist der Entwickler in der Verantwortung, bei individuell gestalteten Formularen darauf zu achten, dass automatisch auch Felder angezeigt werden, die in der initialen Planung noch nicht vorgesehen waren.

Im Bereich des Softwareupdates entstehen weitere Probleme. Wenn ich eine neue Version mithilfe eines automatisierten Updates ausrollen möchte, ist es erforderlich, zu wissen, welche Teile der Anwendung zum Produkt gehören und welche vom Kunden angepasst wurden. Ist eine solche Unterscheidung nicht möglich, besteht die Gefahr, dass Anpassungen des Kunden durch ein Update überschrieben werden oder ebendiese Anpassungen ein sauberes Update verhindern.

Natürlich soll eine standardisierte Lösung auf allen verfügbaren Plattformen lauffähig sein. Da sich der Funktionsumfang von SharePoint Server und SharePoint Enterprise gravierend unterscheidet, ist es ratsam, eine Produktentwicklung, sofern eben möglich, auf Basis des SharePoint-Server-Lizenzmodells durchzuführen. Dadurch erhöhen Sie die Zielgruppe der Kunden, die Ihr Produkt einsetzen können, und steigern so Ihren Profit. Eine Tabelle zum Funktionsvergleich von SharePoint 2016 Standard und SharePoint 2016 Enterprise finden Sie in Anhang B, »Berechtigungsstufen«. In älteren SharePoint-Versionen sollten Sie hierzu möglichst auf SharePoint Foundation zurückgreifen, da diese Lizenz die kostengünstigste Variante für SharePoint als Trägersystem darstellt. Im weiteren Verlauf des Buches werden wir, um die Verwendung der Ansätze unter SharePoint 2013 mit zu ermöglichen, die Foundation-Version grundsätzlich mit berücksichtigen. Wenn eine Funktion erst ab SharePoint Enterprise verfügbar ist, ist es gegebenenfalls sinnvoll, sie in Teilen oder vollständig für das aktuelle Projekt nachzuprogrammieren, wobei Sie hier sehr vorsichtig agieren und die Kosten im Blick halten sollten. Der Versuch, Funktionen nachzuprogrammieren, kann sich als absolute Kostenfalle und Fass ohne Boden herausstellen.

Als offenes System bietet SharePoint die Möglichkeit, Software verschiedener Dritthersteller in einem Portal zusammenzuführen – sei es die Verwendung verschiedener WebParts auf einer Seite, die Installation unterschiedlicher Komplettlösungen in einer *SiteCollection* oder die Verwendung einer individuellen *Masterpage*. Dabei besteht das Risiko, mit Software anderer Hersteller zu kollidieren. Hier müssen Sie Wege finden, diese Kollisionen so weit wie möglich zu verhindern.

Mit SharePoint als einheitlichem Portal stellt der Kunde selbstverständlich auch an unsere Lösung die Anforderung, dass sie sich vollständig in sein System integriert. Dieser Punkt bezieht sich weniger auf die Technik als vielmehr auf die optische Integration der Anwendung. Gerade die optische Integration einer Lösung ist mit hohem Aufwand und Liebe zum Detail verbunden. Trotz allem lohnt sich dieser Aufwand, da die optische Harmonie einer Anwendung einen großen Teil der Außenwirkung ausmacht und der ausschlaggebende Punkt bei der Kaufentscheidung des Kunden sein kann.

Diese Punkte stellen nur einen Teil der Herausforderungen dar, mit denen sich Consultants und Entwickler während der Erstellung einer SharePoint-Lösung auseinandersetzen müssen. Dieses Buch soll als Leitfaden dienen, eine stabile Lösung zu planen, zu entwickeln und dabei allen Anforderungen gerecht zu werden.

Das Buch ist in zwei Bereiche geteilt und spricht Projektleiter, Softwarearchitekten, SharePoint-Consultants sowie SharePoint-Entwickler an. Der erste Teil des Buches behandelt die Planung einer Lösung und ist für alle Zielgruppen gleichermaßen interessant. Der zweite Teil richtet sich in erster Linie an SharePoint-Entwickler und erläutert die Umsetzung der geplanten Anwendung unter Berücksichtigung der vorab erstellten Lösungsarchitektur. In diesem Teil werden wir Ihnen anhand klarer Entwicklungsbeispiele nützliche Tipps und Tricks für die Entwicklung an die Hand geben.

Begriffe

Eine *SiteCollection* (= Websitesammlung) ist die Menge von logisch zusammenhängenden Seiten, die ein Portal bilden. Die am höchsten gegliederte Seite dient als Einstiegspunkt in das durch diese SiteCollection abgebildete Portal und wird *Rootweb* genannt.

Der Begriff *Masterpage* kommt aus der ASP.NET-Entwicklung. Unter einer Masterpage versteht man eine Vorlagenseite, mit deren Hilfe sich grundlegende UI-Strukturen und globale Komponenten für alle Detailseiten vorgeben lassen, die auf diese Masterpage referenzieren.

Teil I
Planung

Im Planungsbereich erläutern wir, wie Sie die Anforderungen des Kunden effektiv analysieren und dokumentieren.

Wenn Sie eine Kundenanfrage oder eine Idee für eine Lösung haben, sollten Sie nicht überstürzt mit der Entwicklung beginnen. Eine gründliche und ausreichende Planung ist zwar zeitaufwendig, erspart Ihnen aber arbeits- und kostenintensive Anpassungen und Nachbesserungen im Zuge der weiteren Entwicklung. Außerdem können Sie – bei ausreichender Pflege der Planungsunterlagen – die Erstellung eines Handbuchs und weiterer Dokumentationen von diesen Unterlagen ableiten und sparen hier die vorher investierte Zeit wieder ein. Um diesen Prozess zu unterstützen, werden wir im ersten Teil des Buches, dem Planungsteil, beschreiben, wie Sie die Anforderungen des Kunden aufnehmen und in ein Konzeptdokument überführen können, das der spätere Entwickler konsumieren kann, um die Anwendung umzusetzen.

Als Leitfaden für diese Planungsunterlagen können Sie das folgende Inhaltsverzeichnis verwenden:

- Einleitung
- Infrastruktur
- Anwendungsstruktur
- ERD
- Spalten
- Lookupfelder
- Inhaltstypen
- Listen
- Anwendungsdaten
- Stammdaten
- Prozessbeschreibung
- Userstories
- Use Cases
- Systemgetriggerte Funktionen
- EventReceiver

- Workflows
- TimerJobs
- Ablaufpläne
- WebParts
- Weitere Anforderungen/Funktionen
- Konfiguration
- Berechtigungen
- Stufen
- Benutzergruppen (Rollen)
- Erweiterte Berechtigungen
- Oberfläche
- Formulare
- Mockups
- Mehrsprachigkeit
- Logging
- Change Request

Wenn Sie bei der Anforderungsaufnahme mit dem Kunden dieser Struktur folgen, haben Sie alle technischen Grundlagen für Ihr Produkt oder Ihre Lösung geplant und so weit ausgearbeitet, dass ein beliebiger Entwickler die Anwendung umsetzen kann. Die Struktur versteht sich lediglich als Idee, und Sie können sie jederzeit an Ihre individuellen Bedürfnisse anpassen.

Zur Veranschaulichung der einzelnen Schritte werden wir nachfolgend ein Ticketsystem auf Basis von SharePoint 2016 planen und umsetzen. Im Zuge der Planung beginnt jeder Punkt mit einer Erläuterung des jeweiligen Planungsabschnittes, gefolgt vom Planungsbeispiel für das Ticketsystem.

> Die Erläuterung ist mit einer Linie am Rand gekennzeichnet.

Das Planungsbeispiel wird in normaler schwarzer Schrift dargestellt.

Quellcodes und weitere Unterlagen zum Buch können Sie unter dem folgenden Link herunterladen:

https://www.rheinwerk-verlag.de/4237

Um Ihr Unternehmen voranzubringen, sollten Sie wiederkehrende technische Themen in Ihrem Projekt identifizieren und abwägen, ob eine allgemeine Umsetzung sinnvoll ist. Bei der allgemeinen Umsetzung handelt es sich um Funktionen, die im aktuellen Projekt benötigt, durch leichte Abwandlungen aber wiederverwendbar umgesetzt werden. In der Regel entsteht hierdurch nur wenig bis kein Mehraufwand für das aktuelle Projekt, durch die Nutzung von Synergieeffekten sparen Sie jedoch viel Entwicklungszeit in Folgeprojekten. Wenn Sie auf Basis dieser allgemeinen Funktionen ein Entwicklungsframework aufbauen, das Sie in allen folgenden Projekten verwenden und erweitern, schaffen Sie eine eigene Entwicklungs-API, die schnelle Entwicklungszeiten und dadurch niedrigere Entwicklungs- und Projektkosten garantiert. Gleichzeitig bieten Sie Ihren Kunden ein Höchstmaß an Qualität, da Methoden nicht immer wieder neu entwickelt und Fehler vom jeweiligen Kunden aufgedeckt werden müssen. Tritt in Ihrem Framework ein Problem auf, können Sie dieses in allen Lösungen schnell und einfach durch Anpassung des Frameworks beseitigen.

Diese Herangehensweise funktioniert nur, wenn Ihre Architekten und Consultants, aber auch Ihre Entwickler dieses Konzept leben und an der Weiterentwicklung eines API-Frameworks interessiert sind. Auch wenn dazu an der einen oder anderen Stelle Überzeugungsarbeit vonnöten ist, ist es sinnvoll, Ihre Prozesse dahingehend zu optimieren. Die Mischung aus schnelleren Entwicklungszeiten, niedrigeren Kosten und gleichzeitig höherer Qualität gegenüber der Konkurrenz ist ein schlagendes Argument am Markt.

Kapitel 2
Planungsbeispiel

Erfahren Sie, wie Sie ein Architekturdokument aufbauen und strukturieren sollten.

2.1 Einleitung

In der Einleitung sollten Sie die geplante Lösung und ihren Aufgabenbereich kurz umschreiben, um dem Leser zu Anfang darzulegen, worum es in dem Dokument geht. Halten Sie die Einleitung kurz und knapp; im weiteren Dokumentverlauf hat der Leser noch genug vor sich.

In diesem Beispieldokument werden die Anforderungen und die technische Umsetzung des Produkts TicketPoint 2016 beschrieben. TicketPoint 2016 ist ein Ticketsystem, das auf Basis von SharePoint 2016 entwickelt und bereitgestellt wird. Das Produkt kann branchenübergreifend eingesetzt werden und bietet ein vollumfängliches Ticketmanagement. Der Funktionsumfang schließt die Ticketerstellung, -nachverfolgung, Auswertung und eine Knowledge Base ein.

2.2 Infrastruktur

Im Bereich der Infrastruktur sollten Sie die Umgebung beschreiben, für die die Lösung vorgesehen ist. Sie sollten sowohl die verwendeten SharePoint-Komponenten als auch Schnittstellen zu externen Systemen skizzieren und erläutern. Insbesondere sollten Sie die SharePoint-Lizenzierung klären. Von der zugrunde liegenden SharePoint-Lizenz – Foundation, Server oder Enterprise – hängt der mögliche Funktionsumfang der Anwendung, aber auch die Größe Ihrer Zielgruppe ab. Um eine möglichst große Zielgruppe zu erreichen, sollten Sie als Voraussetzung die günstigste SharePoint-Lizenz anstreben. Die Entscheidung kann sowohl durch technische Anforderungen als auch durch firmenpolitische Ausrichtungen Ihres Kunden beeinflusst werden.

Intern können Sie bei einer Produktentwicklung beispielsweise eine Lite-Version Ihres Produktes auf SharePoint Foundation bereitstellen und eine vollständige Version wiederum mit weiteren Funktionen ausstatten, die auf SharePoint-Standardmechanismen angewiesen sind. Dadurch können Sie durch eine kostengünstige Lite-Version Kunden auf Sie und Ihr Produkt aufmerksam machen und für den Einsatz einer erweiterten Version vielleicht sogar einen Consultingauftrag zum Upgrade der SharePoint-Umgebung des Kunden generieren.

Neben den technischen Schnittstellen sollten Sie auch die vorgesehenen Benutzergruppen angeben, damit alle Beteiligten frühestmöglich einen Überblick über die zu berücksichtigenden Rollen haben. Bei der Auflistung der Benutzer sollten Sie grundsätzlich eine Rolle für Systemadministratoren vorsehen. Auch wenn jedem Techniker bewusst ist, dass Systemadministratoren existieren und diese vollen Zugriff auf die Daten der Anwendung haben, sollten Sie diese Tatsache auch nicht-technischen Mitarbeitern auf Kundenseite vor Augen führen.

TicketPoint 2016 wird als SharePoint-2016-Solution bereitgestellt. Für den vollumfänglichen Einsatz der Lösung benötigen Sie, neben einem installierten SharePoint 2016, einen Mailserver für den Versand von E-Mails sowie eine Account-Datenbank (z. B. ein Active Directory oder eine FBA-Datenbank).

In der Anwendung sind die Rollen der Supportleitung, des Supportmitarbeiters und des Kunden vorgesehen. Aufgrund seiner Rolle im Unternehmen wird auch der Systemadministrator Zugriff auf die Daten in der Anwendung haben.

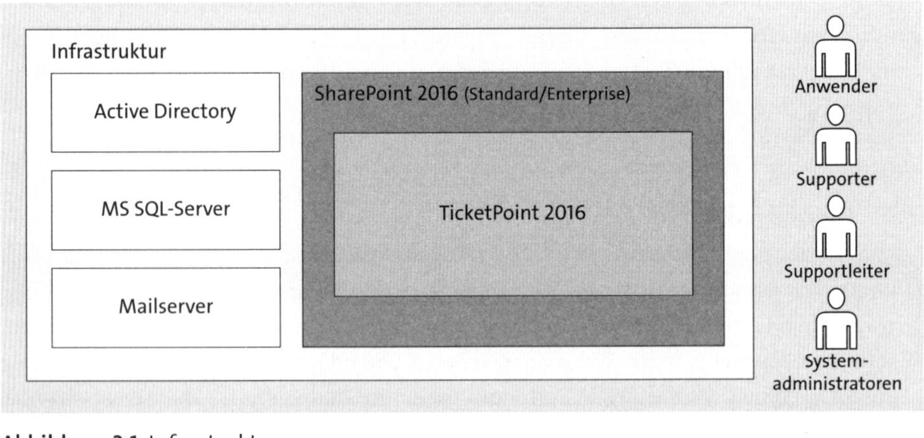

Abbildung 2.1 Infrastruktur

Mindestanforderung Server:

- Windows Server 2012 R2 (oder höher)
- MS SQL Server 2014 (oder höher)
- SharePoint Server 2016 Server oder Enterprise

Mindestanforderung Client:

- ein unterstützter Browser:
- IE 8 (oder höher)
- Firefox 33 (oder höher)

2.3 Anwendungsstruktur

Im Bereich der Anwendungsstruktur sollten Sie den Aufbau des SharePoint-Portals skizzieren und beschreiben. Beginnen Sie damit, eine Grafik zu erstellen, aus der ersichtlich wird, wie die Anwendung in SharePoint aufgebaut sein wird. Definieren Sie die unterschiedlichen Ebenen, wie SiteCollections, Subsites und die darin enthaltenen Objekte. So ermöglichen Sie allen Beteiligten einen schnellen und einfachen Überblick darüber, wie die Anwendung strukturiert ist und wo welche Informationen und Daten zu finden sind. Durch die Erstellung einer Skizze erhalten Sie einen besseren Überblick, wo welche Daten zur Verfügung stehen sollen und wo diese am besten abgelegt werden sollten. Darüber hinaus schaffen Sie die Möglichkeit, einzelne Objekte in unterschiedliche Features zu gliedern, um sie gegebenenfalls auf unterschiedlichen Ebenen der Anwendung bereitzustellen. Haben Sie z. B. eine Anwendung, die sich auf unterschiedliche Webs aufteilt, müssen Sie die jeweiligen Listen, Bibliotheken und Anwendungsbestandteile gegebenenfalls über unterschiedliche Webfeatures in den jeweiligen Webs bereitstellen.

Wenn Sie die Anwendung entsprechend skizziert haben, bietet es sich an, die notwendigen Features für das Ausrollen der Anwendung abzuleiten und die Bereitstellung noch einmal textlich zusammenzufassen.

Es ist sinnvoll, bestimmte Anwendungsbausteine über unterschiedliche Solutions auszurollen. So sollten Sie z. B. die Bereitstellung der Datenstruktur getrennt von der Anwendungslogik halten, da die Anwendungslogik wesentlich häufiger geändert wird als die Datenstruktur und die Datenstruktur in SharePoint fehleranfällig ist. Die Fehleranfälligkeit kommt daher, dass der Kunde die Möglichkeit hat, eigene Felder anzulegen, Inhaltstypen zu definieren und Listen zu ändern. Diese Dynamik sorgt für eine grundlegende Komplexität, die beim automatisierten Ausrollen und Aktualisieren der Datenstruktur zum Beispiel Kollisionen durch mehrfache Verwendung interner Spaltennamen oder Probleme durch angepasste Listeneinstellungen verursachen kann. Diese Probleme müssten Sie nicht nur bei jedem Update berücksichtigen, sondern auch nach jedem Update die komplette Anwendung auf eventuelle Fehler prüfen. Die Trennung zwischen Datenstruktur und Anwendungslogik bietet Ihnen die Möglichkeit, kleine Änderungen an der Anwendungslogik bereitzustellen, ohne Gefahr zu laufen, dass Sie das Datenmodell beschädigen oder komplexe Anpassungen abfangen und Prüfungen durchführen müssen.

Die zweite Trennung sollte zwischen wiederkehrender Anwendungslogik und der UI-Komponente stattfinden. Einige Klassen und Methoden Ihres Programmcodes benötigen Sie eventuell sowohl in der Strukturlösung als auch in der UI-Lösung. Damit Sie diese Teile nicht mehrfach entwickeln oder bereitstellen müssen, sollten Sie sie als eigene DLL im GAC ausrollen.

Aus dieser Trennung ergeben sich die folgenden Lösungen, die im Zusammenspiel Ihre Anwendung widerspiegeln.

- TicketPoint 2016 – Business-Logic (Klassenbibliothek)
- TicketPoint 2016 – Struktur-Layer (SharePoint-Solution)
- TicketPoint 2016 – UI-Layer (SharePoint-Solution)

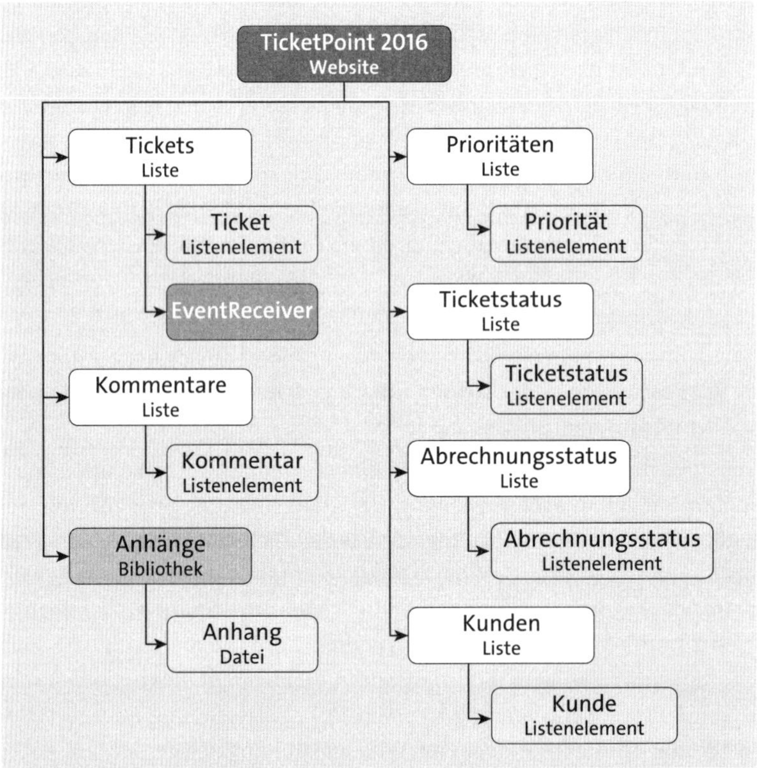

Abbildung 2.2 Anwendungsstruktur

TicketPoint 2016 ist eine *eindimensionale Anwendung*. Das bedeutet, dass sich die Anwendung auf ein Web in SharePoint beschränkt. Dieses Web muss nicht zwingend das *Rootweb* der Websitesammlung sein.

Die Anwendung besteht aus zwei SharePoint-Lösungen. Die erste Lösung stellt die Anwendungsstruktur – wie Spalten, Listen und Bibliotheken – bereit und trägt den

Namen *TicketPoint 2016 – Struktur-Layer*. In dieser Lösung ist ein gleichnamiges Feature enthalten, das auf der Rootebene der Anwendung aktiviert werden muss. Die Rootebene der Anwendung ist nicht gleichzusetzen mit dem Rootweb der Websitesammlung. Es kann sich hierbei ebenso um ein Subweb der Websitesammlung handeln, also um das Web, in dem das TicketPoint-Feature aktiviert wurde.

Die zweite Lösung stellt die grafische Oberfläche und dazugehörige Funktionen bereit. Sie trägt den Namen *TicketPoint 2016 – UI-Layer*. Das ebenfalls gleichnamige Feature dieser Lösung wird im selben Web aktiviert wie das Feature *TicketPoint 2016 – Struktur-Layer* und legt die grafische Oberfläche über die vorhandene Datenstruktur.

Begriffe

Der *Global Assembly Cache* ist ein Verzeichnis, in dem DLLs abgelegt werden, um diese systemweit bereitzustellen. Sie finden es unter *C:\Windows\assembly*.

2.3.1 Entity-Relationship-Diagramm

Additiv zur Websitestruktur der Anwendung sollten Sie die geplante Verbindung der Listen anhand eines *Entity-Relationship-Diagramms* (ERD) verdeutlichen. Mithilfe des ERD können Sie sich im späteren Planungsverlauf Gedanken über Nachschlagespalten und zusammenhängende Anwendungsfälle machen sowie das Zusammenspiel der einzelnen Objekte verdeutlichen. Im ERD haben Sie außerdem die Möglichkeit, eine Trennung zwischen den Stamm- und den Arbeitsdaten hervorzuheben. Nutzen Sie dazu abgetrennte Bereiche und eine unterschiedliche Einfärbung der Objekte.

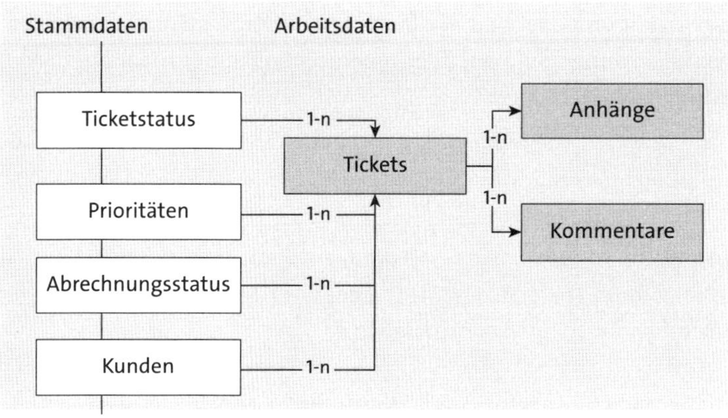

Abbildung 2.3 Entity-Relationship-Diagramm

Ausgehend von der allgemeinen Darstellung im ERD erfolgt nun die Konzeption der für die jeweilige Entität benötigten Spalten.

2.3.2 Spalten

Im Bereich der Spalten werden alle Websitespalten aufgelistet, die von der Anwendung bereitgestellt werden. Websitespalten sind Definitionen von Spalten, die global im Web bereitgestellt und somit in jedem Inhaltstyp und in jeder Liste und Bibliothek eingebunden werden können. Die Auflistung erfolgt in einer Tabelle, die definierte Informationen zu den jeweiligen Spalten enthält. Es werden IDs, interne Namen, Anzeigenamen, Datentypen und sonstige Spalteneinstellungen definiert. Auf Basis der skizzierten Anwendungsstruktur können nun die benötigten Spalten der jeweiligen Objekte definiert werden.

Den internen Namen der Spalten sollten Sie mit einem Präfix versehen, um die Eindeutigkeit der Spalte zu gewährleisten und die Kollisionsgefahr mit anderen Anwendungen auf dem SharePoint zu verringern. Als Präfix bietet sich ein dreistelliges Firmenkürzel, sofern Sie im Team arbeiten, oder ein Entwicklerkürzel gefolgt von einem zweistelligen Anwendungskürzel an. Um den internen Namen schnell und einfach lesbar zu halten, können Sie das Präfix durch einen Unterstrich vom eigentlichen Spaltennamen trennen.

Am Ende der Beschreibungstabelle sollten Sie zwei Spalten einfügen: Die eine Spalte enthält die letzte Änderung an der Spaltendefinition, die zweite Spalte die Information, ob die letzte Änderung bereits von einem Entwickler in der Lösung umgesetzt wurde. So behalten Sie auch im laufenden Projekt einen Überblick darüber, welche Strukturänderungen geplant sind und welche bereits in der Lösung umgesetzt wurden. Wird eine Spaltendefinition geändert, so sollte das Datum in der Dokumentationsspalte *Letzte Änderung* aktualisiert und der Wert der Dokumentationsspalte *Umgesetzt* in »Nein« geändert werden.

In der Dokumentationsspalte *Attribute* können Sie Informationen zur Websitespalte hinterlegen. Definieren Sie hier zum Beispiel, ob die Websitespalte als Link zum Element in Ansichten verfügbar sein oder ob sie in Disp-, Edit-, oder NewForms ausgeblendet werden soll. Ebenfalls können Sie hier, falls gewünscht, einen Standardwert oder das Format einer Datumspalte definieren.

Alle zusätzlichen Informationen, die Sie hier angeben, erleichtern dem Entwickler die Arbeit und ersparen Ihnen spätere Rückfragen. Arbeiten Sie zu allen Spalten so viele Details wie möglich mit dem Kunden aus.

Die ID einer Websitespalte wird durch eine GUID definiert. Diese GUID können Sie sehr einfach über kostenfreie Tools, wie z. B. das GUID-Generator-Tool von Microsoft, oder eine Website wie *https://www.guidgen.com* erstellen.

Tabelle 2.1 beschreibt alle Websitespalten von TicketPoint 2016. Alle genannten Spalten werden in SharePoint in die Gruppe »TicketPoint 2016« gegliedert. Als Präfix wird jedem internen Spaltennamen das Kürzel *fkr_tp_* vorangestellt.

Spalte [DE]	ID		Interner Name	Typ
Pflicht	**Attribute**	**Verwendet in**	**Letzte Änderung**	**Umgesetzt**
Ticketnummer	{93DC438D-EEF9-4AE8-8B57-8E47032B56A3}		*Ticketnumber*	Text
ja	`LinkToItem` `ItemMenu`	Ticket	24.01.2016	nein
Betreff	{38296E85-8A44-451A-BDF1-527DCBC3F2C0}		*Subject*	Text
ja	–	Ticket	24.01.2016	nein
Problembeschreibung	{3F2F4D61-44FA-42FE-A9AD-E4EDA76541A0}		*Problemdescription*	Note
ja	–	Ticket	24.01.2016	nein
Ansprechpartner	{26EFA6B7-C2D5-4FA2-8595-472108D9D56E}		*ContactPerson*	User
ja	–	Ticket	24.01.2016	nein
Kommentar	{257DC719-FDF7-475D-B470-4B097C33C717}		*Bearbeitungskommentar*	Note
ja	–	Kommentar	24.01.2016	nein
Bearbeitungszeit (Min.)	{AC1E732E-38D3-44EE-B342-8B225703446E}		*ProcessingTimeMinutes*	Number
ja	`Decimals=0`	Kommentar	24.01.2016	nein
Kommentartyp	{16783F1E-C24A-4EA3-985C-EA7980A21D47}		*Commenttype*	Choice
ja	`Techniker;` `Kunde`	Kommentar	24.01.2016	nein
Lösung	{D2F5D316-F27E-4279-9F4D-B90AAAA3B02F}		*Solution*	Boolean
nein	`Default=` `false`	Kommentar	24.01.2016	nein

Tabelle 2.1 Websitespalten

Spalte [DE]	ID		Interner Name	Typ
Pflicht	**Attribute**	**Verwendet in**	**Letzte Änderung**	**Umgesetzt**
Beschreibung	{FE0E638E-D1E3-4EB1-A2B9-38C122607675}		*Description*	Note
nein	–	Priorität; Status	24.01.2016	nein
Zugewiesen an	{DA70318F-C2C0-43B5-8B95-91B54AA86C93}		*AssignedTo*	User
nein	`UserOnly; SingleUser`	Ticket	24.01.2016	nein
Stundensatz	{B36EA669-5E27-4909-8D19-66E17C8D258F}		*HourlyRate*	Currency
nein	`Decimal=2`	Priorität	24.01.2016	nein
Anschrift	{96F8A5DF-DE7C-47ED-BAE4-7B5A4DA874B1}		*Address*	Text
nein	–	Kunde	24.01.2016	nein
PLZ	{B5F39F5C-C6F7-46BF-9255-31E09977A941}		*ZipCode*	Text
nein	`MaxLength=5`	Kunde	24.01.2016	nein
Ort	{9938AD42-FCC1-4374-9499-56EEE451F16F}		*City*	Text
nein	–	Kunde	24.01.2016	nein
E-Mail-Adresse	{08FF7707-7809-4C26-A349-A5F80581E441}		*MailAddress*	Text
nein	–	Kunde	24.01.2016	nein
Telefonnummer	{86411A2E-A706-43A6-A4AB-2E87D508BB6C}		*PhoneNumber*	Text
nein	–	Kunde	24.01.2016	nein

Tabelle 2.1 Websitespalten (Forts.)

Spalte [DE]	ID		Interner Name	Typ
Pflicht	**Attribute**	**Verwendet in**	**Letzte Änderung**	**Umgesetzt**
Mitarbeiter	{C055129A-75F2-4903-AE6C-C91B094C7C42}		*Employees*	UserMulti
nein	–	Kunde	24.01.2016	nein
Supporter	{E906735F-3570-48ED-96F5-8E1512CE6CD4}		*Supporter*	User
nein	–	Konfiguration Supporter	24.01.2016	nein
Informations-E-Mail aktiv	{7B86811E-D369-4C09-B7C8-9B7EEF8E82F4}		*InfoMailActive*	ja/nein
nein	–	Konfiguration Supporter, Konfiguration Kunde	24.01.2016	nein

Tabelle 2.1 Websitespalten (Forts.)

Nachschlagespalten

Im Bereich der Nachschlagespalten sollten Sie all diejenigen Spalten definieren, die durch Ihre Anwendung ausgerollt werden. Die Nachschlagespalten beschreiben die Beziehungen zwischen den verwendeten Listen und Bibliotheken und müssen aus technischen Gründen in einem späteren Schritt des Anwendungsdeployments angelegt werden. Listen werden im SharePoint-Standard nach der Anlage aller Spalten erstellt. Nachschlagespalten können allerdings erst erzeugt werden, wenn die zugrunde liegenden Listen existieren. Diese Besonderheit wird vom Feature-Framework von SharePoint nicht unterstützt, in dem grundsätzlich erst alle Spalten, dann alle Inhaltstypen und danach alle Listen erstellt werden. Aus diesem Grund ist es sinnvoll, die benötigten Nachschlagespalten gesondert zu definieren und über andere Automatismen nach der Featureaktivierung zu erstellen. Notieren Sie in diesem Kapitel die Anzeigenamen der jeweiligen Spalten.

Als Nächstes dokumentieren Sie den internen Namen der Spalte. Um Kollisionen mit anderen Websitespalten auf dem System möglichst zu vermeiden, stellen Sie dem internen Spaltennamen ein eindeutiges Anwendungspräfix voran. Verwenden Sie als Präfix zum Beispiel ein dreistelliges Firmen- oder Entwicklerkürzel, gefolgt von einem zweistelligen Anwendungskürzel.

Anschließend geben Sie an, in welchem Web die Liste zu finden ist, in der nachgeschlagen werden soll. Verwenden Sie hier z. B. Informationen wie RootWeb, Anwendungsroot oder CurrentWeb. Das *RootWeb* stellt die Einstiegsseite der Websitesammlung dar. Das *Anwendungsroot* ist das Web, in dem die Basis der aktuellen Lösung verankert ist. Dies kommt dann zum Tragen, wenn Ihre Anwendung aus verschiedenen Webebenen besteht, selbst aber erst in einem Subweb der Websitesammlung angesiedelt ist. Als letzte Option steht das *CurrentWeb* bereit. Dieses ist grundsätzlich das Web, in dem das aktuelle Lösungsfeature aktiviert und somit auch die Nachschlagespalte erstellt wird.

Nach der Definition des Webs geben Sie den Namen der gewünschten Liste und die anzuzeigende Spalte aus dieser Liste an. Abschließend definieren Sie, ob es sich bei der Spalte um ein Pflichtfeld handelt, ob die Auswahl mehrerer Werte erlaubt ist und in welchen Inhaltstypen die Spalte verwendet werden soll. Abschließend dokumentieren Sie in den Spalten *Letzte Änderung* und *Umgesetzt*, wann die Definition der Nachschlagespalte zum letzten Mal im Dokument geändert wurde und ob die Änderung bereits von einem Entwickler in die Lösung übernommen wurde.

Für TicketPoint 2016 werden die nachfolgenden Nachschlagefelder ausgerollt. Allen internen Spaltennamen wird das Präfix *fkr_tp_* vorangestellt. Alle definierten Spalten werden in der Gruppe »TicketPoint 2016« gegliedert.

Spalte [DE]	Interner Name	Nachschlageweb	Nachschlageliste	Nachschlagefeld
Pflicht	**MultiLookup**	**Verwendet in**	**Letzte Änderung**	**Umgesetzt**
Ticket	*Ticket*	Anwendungsroot	Tickets	*fkr_tp_ Ticketnumber*
ja	nein	Bearbeitungskommentar; Ticketanhang	24.01.2016	nein
Priorität	*Priority*	Anwendungsroot	Prioritäten	*Title*
ja	nein	Ticket	24.01.2016	nein
Ticketstatus	*Ticketstatus*	Anwendungsroot	Status	*Title*
ja	nein	Ticket	24.01.2016	nein

Tabelle 2.2 Nachschlagefelder

Spalte [DE]	Interner Name	Nachschlageweb	Nachschlageliste	Nachschlagefeld
Pflicht	**MultiLookup**	**Verwendet in**	**Letzte Änderung**	**Umgesetzt**
Abrechnungsstatus	*Accountingstatus*	Anwendungsroot	Abrechnungsstatus	*Title*
ja	nein	Ticket	24.01.2016	nein
Kunde	*Customer*	Anwendungsroot	Kunden	*Title*
ja	nein	Ticket; Konfiguration Kunde	24.01.2016	nein

Tabelle 2.2 Nachschlagefelder (Forts.)

2.3.3 Inhaltstypen

Im Bereich der Inhaltstypen sollten Sie die verwendeten Inhaltstypen der Anwendung beschreiben. Ein Inhaltstyp definiert einen Zusammenschluss von Websitespalten. Mithilfe von Websitespalten können thematische Strukturen definiert oder wiederkehrende Spaltenzusammenschlüsse an Listen gebunden werden. Aufgrund der Vererbungsmöglichkeit von Inhaltstypen ist es somit beispielsweise möglich, grundlegende Vertragsdaten zu einem Inhaltstyp mit dem Namen *Vertrag* zusammenzufassen. Im Weiteren können davon abgeleitete Inhaltstypen wie *Mobilfunkvertrag*, *KFZ-Leasing* und *Arbeitsvertrag* das Basisset an Spalten übernehmen und es mit individuellen Spalten je Vertragstyp anreichern. Wenn Sie nun die drei spezifischen Vertrags-Inhaltstypen an eine Liste binden, so werden in dieser Liste alle Spalten angelegt; bei der Anlage eines Elements in dieser Liste müssen Sie jedoch den gewünschten Vertrags-Inhaltstyp auswählen, der für dieses Element gelten soll. Somit werden Ihnen in den Formularen *Anzeige* und *Bearbeiten* lediglich die Spalten des entsprechenden Vertragstyps angezeigt. In diesem Kapitel definieren Sie, welche Inhaltstypen durch die Anwendung ausgerollt werden, welche Websitespalten enthalten sind und von welchem Inhaltstyp abgeleitet wurde. Sollte Ihre Anwendung über Subwebs verfügen, sollten Sie die Ebene angeben, in der ein Inhaltstyp bereitgestellt werden soll. Um das Planungsdokument im weiteren Verlauf als Dokumentation verwenden zu können, sollten Sie die `contentTypeId` als Information vorsehen. Die ID ist im Zuge der Entwicklung durch den Programmierer zu ergänzen.

Auch wenn Sie die Spalten bereits definiert haben, ist eine detaillierte Auflistung je Inhaltstyp sinnvoll. Einzelne Attribute einer Websitespalte können nach der Vererbung an einen Inhaltstyp überschrieben werden. So kann der Anzeigename einer Spalte in dem Inhaltstyp von ihrer Basisdefinition als Websitespalte abweichen. Außerdem können einzelne Attribute wie zum Beispiel die Pflichtfeldangabe überschrieben werden.

Für die Anwendung TicketPoint 2016 werden die folgenden Inhaltstypen verwendet. Alle Inhaltstypen werden in die Gruppe »TicketPoint 2016« gegliedert und über ein oder mehrere Features in den erforderlichen Webs bereitgestellt.

ID	*folgt*
Name	Ticket
Beschreibung	Ein Supportticket erstellen
Parent	Element
Ebene	Anwendungsroot

Tabelle 2.3 Ticket

Name	**Interner Name**		**Typ**
Pflicht	**Herkunft**	**Letzte Änderung**	**Umgesetzt**
Ticketnummer	*fkr_tp_Ticketnumber*		Text
ja	–	24.01.2016	nein
Betreff	*fkr_tp_Subject*		Text
ja	–	24.01.2016	nein
Problembeschreibung	*fkr_tp_Problemdescription*		Note
ja	–	24.01.2016	nein
Ansprechpartner	*fkr_tp_ContactPerson*		User
ja	–	24.01.2016	nein
Priorität	*fkr_tp_Prioritaet*		Lookup
ja	–	24.01.2016	nein

Tabelle 2.4 Spalten für »Ticket«

Name	Interner Name		Typ
Pflicht	Herkunft	Letzte Änderung	Umgesetzt
Ticketstatus	*fkr_tp_Ticketstatus*		Lookup
ja	–	24.01.2016	nein
Zugewiesen an	*fkr_tp_AssignedTo*		User
nein	–	24.01.2016	nein
Kunde	*fkr_tp_Customer*		Lookup
ja	–	24.01.2016	nein

Tabelle 2.4 Spalten für »Ticket« (Forts.)

ID	*folgt*
Name	Bearbeitungskommentar
Beschreibung	Einen Bearbeitungskommentar erstellen
Parent	Element
Ebene	Anwendungsroot

Tabelle 2.5 Bearbeitungskommentar

Name	Interner Name		Typ
Pflicht	Herkunft	Letzte Änderung	Umgesetzt
Kommentar	*fkr_tp_Comment*		Note
ja	–	24.01.2016	nein
Bearbeitungszeit	*fkr_tp_ProcessingTimeMinutes*		Number
ja	–	24.01.2016	nein
Kommentartyp	*fkr_tp_Commenttype*		Choice
ja	–	24.01.2016	nein
Lösung	*fkr_tp_Solution*		Boolean
nein	–	24.01.2016	nein

Tabelle 2.6 Spalten für »Bearbeitungskommentar«

Name	Interner Name		Typ
Pflicht	**Herkunft**	**Letzte Änderung**	**Umgesetzt**
Ticket	*fkr_tp_Ticket*		Lookup
ja	–	24.01.2016	nein

Tabelle 2.6 Spalten für »Bearbeitungskommentar« (Forts.)

ID	*folgt*
Name	Anhang
Beschreibung	Einen Anhang zu einem Ticket erstellen
Parent	Dokument
Ebene	Anwendungsroot

Tabelle 2.7 Anhang

Name	Interner Name		Typ
Pflicht	**Herkunft**	**Letzte Änderung**	**Umgesetzt**
Name	*Name*		Text
ja	Dokument	24.01.2016	nein
Titel	*Title*		Text
ja	Dokument	24.01.2016	nein
Ticket	*fkr_tp_Ticket*		Lookup
ja	–	24.01.2016	nein

Tabelle 2.8 Spalten für »Anhang«

ID	*folgt*
Name	Priorität
Beschreibung	Eine Priorität erstellen

Tabelle 2.9 Priorität

Parent	Element
Ebene	Anwendungsroot

Tabelle 2.9 Priorität (Forts.)

Name	Interner Name		Typ
Pflicht	**Herkunft**	**Letzte Änderung**	**Umgesetzt**
Titel	*Title*		Text
ja	Element	24.01.2016	nein
Beschreibung	*fkr_tp_Description*		Note
nein	–	24.01.2016	nein
Stundensatz	*fkr_tp_HourlyRate*		Currency
nein	–	24.01.2016	nein

Tabelle 2.10 Spalten für »Priorität«

ID	*folgt*
Name	Ticketstatus
Beschreibung	Einen Ticketstatus erstellen
Parent	Element
Ebene	Anwendungsroot

Tabelle 2.11 Ticketstatus

Name	Interner Name		Typ
Pflicht	**Herkunft**	**Letzte Änderung**	**Umgesetzt**
Titel	*Title*		Text
ja	Element	24.01.2016	nein
Beschreibung	*fkr_tp_Description*		Note
nein	–	24.01.2016	nein

Tabelle 2.12 Spalten für »Ticketstatus«

ID	*folgt*
Name	Abrechnungsstatus
Beschreibung	Einen Abrechnungsstatus erstellen
Parent	Element
Ebene	Anwendungsroot

Tabelle 2.13 Abrechnungsstatus

Name	Interner Name		Typ
Pflicht	**Herkunft**	**Letzte Änderung**	**Umgesetzt**
Titel	*Title*		Text
ja	Element	24.01.2016	nein
Beschreibung	*fkr_tp_Description*		Note
nein	–	24.01.2016	nein

Tabelle 2.14 Spalten für »Abrechnungsstatus«

ID	*folgt*
Name	Kunde
Beschreibung	Einen Kundendatensatz erstellen
Parent	Element
Ebene	Anwendungsroot

Tabelle 2.15 Kunde

Name	Interner Name		Typ
Pflicht	**Herkunft**	**Letzte Änderung**	**Umgesetzt**
Titel	*Title*		Text
ja	Element	24.01.2016	nein

Tabelle 2.16 Spalten für »Kunde«

Name	Interner Name		Typ
Pflicht	**Herkunft**	**Letzte Änderung**	**Umgesetzt**
Anschrift	*fkr_tp_Address*		Text
nein	–	24.01.2016	nein
PLZ	*fkr_tp_ZipCode*		Text
nein	–	24.01.2016	nein
Ort	*fkr_tp_City*		Text
nein	–	24.01.2016	nein
E-Mail-Adresse	*fkr_tp_MailAddress*		Text
nein	–	24.01.2016	nein
Telefonnummer	*fkr_tp_PhoneNumber*		Text
nein	–	24.01.2016	nein
Ansprechpartner	*fkr_tp_ContactPerson*		User
nein	–	24.01.2016	nein
Mitarbeiter	*fkr_tp_Employees*		UserMulti
nein	–	24.01.2016	nein

Tabelle 2.16 Spalten für »Kunde« (Forts.)

ID	*folgt*
Name	Konfiguration Supporter
Beschreibung	Einen Konfigurationseintrag für einen Supporter erstellen
Parent	Element
Ebene	Anwendungsroot

Tabelle 2.17 Konfiguration Supporter

Name	Interner Name		Typ
Pflicht	Herkunft	Letzte Änderung	Umgesetzt
Supporter	*fkr_tp_Supporter*		User
ja	–	24.01.2016	nein
Informations-E-Mail aktiv	*fkr_tp_InfoMailActive*		ja/nein
nein	–	24.01.2016	nein

Tabelle 2.18 Spalten für »Konfiguration Supporter«

ID	*folgt*
Name	Konfiguration Kunde
Beschreibung	Einen Konfigurationseintrag für einen Kunden erstellen
Parent	Element
Ebene	Anwendungsroot

Tabelle 2.19 Konfiguration Kunde

Name	Interner Name		Typ
Pflicht	Herkunft	Letzte Änderung	Umgesetzt
Kunde	*fkr_tp_Customer*		Lookup
ja	–	24.01.2016	nein
Informations-E-Mail aktiv	*fkr_tp_InfoMailActive*		ja/nein
nein	–	24.01.2016	nein

Tabelle 2.20 Spalten für »Konfiguration Kunde«

2.3.4 Listen

Im Bereich der Listen sollten Sie alle benötigten Listen und Bibliotheken der Anwendung definieren. Erläutern Sie den Listennamen, die URL der Liste, verwendete Spalten und Inhaltstypen sowie die Ebene (Rootweb, Subweb etc.), auf der die Liste angelegt wird.

Um die Übersichtlichkeit der Daten zu erhöhen, sollten Sie die Listen und Bibliotheken in Anwendungs-, Stammdaten und Konfiguration unterteilen.

Die in unserem Beispiel dargestellten Listen werden ausschließlich in SharePoint gehalten. Es handelt sich nicht um SQL- oder BCS-Tabellen. Auch diese können in das Konzept mit einfließen, sollten aber als zusätzliche Ebene unterhalb der Stamm- und Arbeitsdaten in die Bereiche »SharePoint« und »SQL« geteilt werden.

Diese Unterteilung verdeutlicht allen Beteiligten, wo die jeweiligen Daten abgelegt sind und über welche Mechanismen auf diese Daten zugegriffen werden kann oder muss.

Die Verwendung von SQL-Tabellen anstelle von SharePoint-Listen ist in einigen Fällen sinnvoll. Insbesondere bei einer hohen Datenmenge bietet der SQL Server eine bessere Performance. Auch Reporting-Tools lassen sich besser auf SQL-Tabellen als auf SharePoint-Listen schalten. Allerdings hat die Verwendung von SQL-Tabellen ebenso viele Nach- wie Vorteile, deren Auflistung und Abwägung ein Projekt ungemein komplizierter machen würde. So würden beispielsweise Trigger für EventReceiver, Trigger für Workflows an Listenelementen, Elementberechtigungen, Versionierung und viele weitere Vorteile, die SharePoint *out of the Box* mitbringt, verloren gehen. Aus diesem Grund beschränken wir uns hier auf die Verwendung von SharePoint-Listen.

Für die Verwendung von TicketPoint 2016 werden die folgenden Listen und Bibliotheken zur Datenablage benötigt. Die Listen und Bibliotheken werden durch ein oder mehrere Features in den entsprechenden Anwendungsbereichen bereitgestellt. Wir unterscheiden zwischen Stammdaten, Arbeitsdaten und Konfiguration.

Bei den *Stammdaten* handelt es sich um fixe Daten, die zum Betrieb der Anwendung zwingend erforderlich sind, sich aber nur sehr selten bis gar nicht ändern.

Bei den *Arbeitsdaten* handelt es sich um die Daten, die durch die Verwendung der Anwendung entstehen und im Zuge dessen jederzeit manipuliert werden können.

Beim Bereich *Konfiguration* handelt es sich um die Daten, die zur Konfiguration der Anwendung in SharePoint-Listen und -Bibliotheken untergebracht werden.

Stammdaten

In den Stammdaten werden alle Listen zusammengefasst, deren Daten für die Verwendung der Anwendung unerlässlich und die dynamisch sind, aber nicht zyklisch durch das Tagesgeschäft verändert werden. Darunter verstehen sich definierte Status oder Prioritäten, die einem Datensatz zugewiesen werden können, aber auch personenbezogene Daten, die nach ihrer Eingabe zwar nicht statisch sein müssen, deren Änderung aber kein Bestandteil des primären Tagesgeschäftes ist.

Name:	Prioritäten
URL:	Lists/Priorities
Template:	Benutzerdefinierte Liste
Ebene:	Anwendungsroot
Ordner anlegen erlaubt:	nein
In Schnellstart Anzeigen:	nein

Tabelle 2.21 Prioritäten

Name	Auf »Neu«-Schaltfläche	Reihenfolge
Priorität	ja	1

Tabelle 2.22 Inhaltstypen für »Prioritäten«

Anzeigename	Interner Name		Typ
Pflicht	**Verwendet in**	**Letzte Änderung**	**Umgesetzt**
Titel	*Title*		Text
ja	Priorität	24.01.2016	nein
Beschreibung	*fkr_tp_Description*		Note
nein	Priorität	24.01.2016	nein
Stundensatz	*fkr_tp_HourlyRate*		Currency
ja	Priorität	24.01.2016	nein

Tabelle 2.23 Spalten für »Prioritäten«

Ansichten: Für diese Liste werden keine individuellen Ansichten erstellt.

Name:	Ticketstatus
URL:	Lists/Ticketstatus
Template:	Benutzerdefinierte Liste
Ebene:	Anwendungsroot

Tabelle 2.24 Ticketstatus

Name:	Ticketstatus
Ordner anlegen erlaubt:	nein
In Schnellstart Anzeigen:	nein

Tabelle 2.24 Ticketstatus (Forts.)

Name	Auf »Neu«-Schaltfläche	Reihenfolge
Ticketstatus	ja	1

Tabelle 2.25 Inhaltstypen für »Ticketstatus«

Name	Interner Name		Typ
Pflicht	Herkunft	Letzte Änderung	Umgesetzt
Titel	*Title*		Text
ja	Element	24.01.2016	nein
Beschreibung	*fkr_tp_Description*		Note
nein	–	24.01.2016	nein

Tabelle 2.26 Spalten für »Ticketstatus«

Ansichten: Für diese Liste werden keine individuellen Ansichten erstellt.

Name:	Abrechnungsstatus
URL:	Lists/Accountingstatus
Template:	Benutzerdefinierte Liste
Ebene:	Anwendungsroot
Ordner anlegen erlaubt:	nein
In Schnellstart Anzeigen:	nein

Tabelle 2.27 Abrechnungsstatus

Name	Auf »Neu«-Schaltfläche	Reihenfolge
Abrechnungsstatus	ja	1

Tabelle 2.28 Inhaltstypen für »Abrechnungsstatus«

Name	Interner Name		Typ
Pflicht	**Herkunft**	**Letzte Änderung**	**Umgesetzt**
Titel	*Title*		Text
ja	Element	24.01.2016	nein
Beschreibung	*fkr_tp_Description*		Note
nein	–	24.01.2016	nein

Tabelle 2.29 Spalten für »Abrechnungsstatus«

Ansichten: Für diese Liste werden keine individuellen Ansichten erstellt.

Name:	Kunden
URL:	Lists/Customers
Template:	Benutzerdefinierte Liste
Ebene:	Anwendungsroot
Ordner anlegen erlaubt:	nein
In Schnellstart Anzeigen:	nein

Tabelle 2.30 Kunden

Name	Auf »Neu«-Schaltfläche	Reihenfolge
Kunde	ja	1

Tabelle 2.31 Inhaltstypen für »Kunden«

Name	Interner Name		Typ
Pflicht	**Herkunft**	**Letzte Änderung**	**Umgesetzt**
Titel	*Title*		Text
ja	Element	24.01.2016	nein
Anschrift	*fkr_tp_Address*		Text
nein	–	24.01.2016	nein

Tabelle 2.32 Spalten für »Kunden«

Name	Interner Name		Typ
Pflicht	**Herkunft**	**Letzte Änderung**	**Umgesetzt**
PLZ	*fkr_tp_ZipCode*		Text
nein	–	24.01.2016	nein
Ort	*fkr_tp_City*		Text
nein	–	24.01.2016	nein
E-Mail-Adresse	*fkr_tp_MailAddress*		Text
nein	–	24.01.2016	nein
Telefonnummer	*fkr_tp_PhoneNumber*		Text
nein	–	24.01.2016	nein
Ansprechpartner	*fkr_tp_ContactPerson*		User
nein	–	24.01.2016	nein
Mitarbeiter	*fkr_tp_Employees*		UserMulti
nein	–	24.01.2016	nein

Tabelle 2.32 Spalten für »Kunden« (Forts.)

Ansichten: Für diese Liste werden keine individuellen Ansichten erstellt.

Arbeitsdaten

> Im Bereich der Arbeitsdaten werden alle Listen und Bibliotheken zusammengefasst, deren Daten durch die gewöhnliche Arbeit mit der Anwendung manipuliert werden. Es handelt sich hierbei also um dynamische Daten, die sich jederzeit im Laufe des gewöhnlichen Tagesgeschäftes ändern können. Sie dienen nicht als notwendige Datengrundlagen, um überhaupt mit dem System arbeiten zu können.

Name:	**Tickets**
URL:	Lists/Tickets
Template:	Benutzerdefinierte Liste
Ebene:	Anwendungsroot

Tabelle 2.33 Tickets

Name:	Tickets
Ordner anlegen erlaubt:	nein
In Schnellstart Anzeigen:	nein

Tabelle 2.33 Tickets (Forts.)

Name	Auf »Neu«-Schaltfläche	Reihenfolge
Ticket	ja	1

Tabelle 2.34 Inhaltstypen für »Tickets«

Name	Interner Name		Typ
Pflicht	**Herkunft**	**Letzte Änderung**	**Umgesetzt**
Ticketnummer	*fkr_tp_Ticketnumber*		Text
ja	–	24.01.2016	nein
Betreff	*fkr_tp_Subject*		Text
ja	–	24.01.2016	nein
Problembeschreibung	*fkr_tp_Problemdescription*		Note
ja	–	24.01.2016	nein
Ansprechpartner	*fkr_tp_ContactPerson*		User
ja	–	24.01.2016	nein
Priorität	*fkr_tp_Prioritaet*		Lookup
ja	–	24.01.2016	nein
Ticketstatus	*fkr_tp_Ticketstatus*		Lookup
ja	–	24.01.2016	nein
Zugewiesen an	*fkr_tp_AssignedTo*		User
nein	–	24.01.2016	nein
Kunde	*fkr_tp_Customer*		Lookup
ja	–	24.01.2016	nein

Tabelle 2.35 Spalten für »Tickets«

Für diese Liste werden die folgenden individuellen Ansichten erstellt:

Alle Tickets nach Status

Interner Feldname	Anzeigename (DE)
fkr_tp_Ticketnumber	*Ticketnummer*
fkr_tp_Subject	*Betreff*
fkr_tp_ContactPerson	*Ansprechpartner*
fkr_tp_Prioritaet	*Priorität*

Tabelle 2.36 Spalten

Filter: Es sind keine Filter vorgesehen.

Es werden die Gruppierungen aus Tabelle 2.37 erstellt:

Interner Feldname	Anzeigename
fkr_tp_Ticketstatus	*Ticketstatus*

Tabelle 2.37 Gruppierungen

Es wird die Sortierung aus Tabelle 2.38 erstellt:

Interner Feldname	Anzeigename	Richtung
fkr_tp_Ticketstatus	*Ticketstatus*	aufsteigend
fkr_tp_Prioritaet	*Priorität*	aufsteigend

Tabelle 2.38 Sortierung

Meine offenen Tickets

Interner Feldname	Anzeigename (DE)
fkr_tp_Ticketnumber	*Ticketnummer*
fkr_tp_Subject	*Betreff*
fkr_tp_ContactPerson	*Ansprechpartner*
fkr_tp_Prioritaet	*Priorität*

Tabelle 2.39 Spalten

	Interner Feldname	Anzeigename	Bedingung
	fkr_tp_AssignedTo	*Zugewiesen an*	= [Ich]
und	*fkr_tp_Ticketstatus*	*Ticketstatus*	!= Abgeschlossen
und	*fkr_tp_Ticketstatus*	*Ticketstatus*	!= Gelöscht

Tabelle 2.40 Filter

Gruppierung: Es ist keine Gruppierung vorgesehen.

Interner Feldname	Anzeigename	Richtung
fkr_tp_Prioritaet	*Priorität*	*aufsteigend*

Tabelle 2.41 Sortierung

Tickets je Mitarbeiter

Interner Feldname	Anzeigename (DE)
fkr_tp_Ticketnumber	*Ticketnummer*
fkr_tp_Subject	*Betreff*
fkr_tp_ContactPerson	*Ansprechpartner*
fkr_tp_Prioritaet	*Priorität*

Tabelle 2.42 Spalten

Filter: Es sind keine Filter vorgesehen.

Interner Feldname	Anzeigename
fkr_tp_AssignedTo	*Zugewiesen an*
fkr_tp_Ticketstatus	*Ticketstatus*

Tabelle 2.43 Gruppierung

Interner Feldname	Anzeigename	Richtung
fkr_tp_Prioritaet	*Priorität*	aufsteigend

Tabelle 2.44 Sortierung

Name:	Kommentare
URL:	Lists/Comments
Template:	Benutzerdefinierte Liste
Ebene:	Anwendungsroot
Ordner anlegen erlaubt:	nein
In Schnellstart Anzeigen:	nein

Tabelle 2.45 Kommentare

Name	Auf »Neu«-Schaltfläche	Reihenfolge
Bearbeitungskommentar	ja	1

Tabelle 2.46 Inhaltstypen

Name	Interner Name		Typ
Pflicht	**Herkunft**	**Letzte Änderung**	**Umgesetzt**
Kommentar	*fkr_tp_Comment*		Note
ja	–	24.01.2016	nein
Bearbeitungszeit	*fkr_tp_ProcessingTimeMinutes*		Number
ja	–	24.01.2016	nein
Kommentartyp	*fkr_tp_Commenttype*		Choice
ja	–	24.01.2016	nein
Lösung	*fkr_tp_Solution*		Boolean
nein	–	24.01.2016	nein
Ticket	*fkr_tp_Ticket*		Lookup
ja	–	24.01.2016	nein

Tabelle 2.47 Spalten

Ansichten: Für diese Liste werden keine individuellen Ansichten erstellt.

Name:	Anhänge
URL:	Attachments
Template:	Dokumentenbibliothek
Ebene:	Anwendungsroot
Ordner anlegen erlaubt:	nein
In Schnellstart Anzeigen:	nein

Tabelle 2.48 Anhänge

Name	Auf »Neu«-Schaltfläche	Reihenfolge
Anhang	ja	1

Tabelle 2.49 Inhaltstypen

Name	Interner Name		Typ
Pflicht	**Herkunft**	**Letzte Änderung**	**Umgesetzt**
Name	*Name*		Text
ja	Dokument	24.01.2016	nein
Titel	*Title*		Text
ja	Dokument	24.01.2016	nein
Ticket	*fkr_tp_Ticket*		Lookup
ja	–	24.01.2016	nein

Tabelle 2.50 Spalten

Ansichten: Für diese Liste werden keine individuellen Ansichten erstellt.

Konfiguration

Hier werden die Konfigurationslisten der Anwendung TicketPoint 2016 beschrieben. Es wird eine Liste für die Konfiguration der Supporter erstellt und eine Konfigurationsliste für die Kunden. Obwohl aktuell nur wenige Konfigurationsoptionen definiert wurden, haben wir uns entschieden, diese in zwei Listen zu unterteilen, um die

Konfiguration von Kunden und Supportern zu trennen und eine eventuelle Erweiterung zu erleichtern.

Name:	**Konfiguration Supporter**
URL:	Lists/ConfigurationSupporter
Template:	Benutzerdefinierte Liste
Ebene:	Anwendungsroot
Ordner anlegen erlaubt:	nein
In Schnellstart Anzeigen:	nein

Tabelle 2.51 Konfiguration Supporter

Name	**Auf »Neu«-Schaltfläche**	**Reihenfolge**
Konfiguration Supporter	ja	1

Tabelle 2.52 Inhaltstypen für »Konfiguration Supporter«

Anzeigename	**Interner Name**		**Typ**
Pflicht	**Verwendet in**	**Letzte Änderung**	**Umgesetzt**
Supporter	*fkr_tp_Supporter*		User
ja	*Konfiguration Supporter*	24.01.2016	nein
Informations-E-Mail aktiv	*fkr_tp_InfoMailActive*		ja/nein
nein	*Konfiguration Supporter*	24.01.2016	nein

Tabelle 2.53 Spalten für »Konfiguration Supporter«

Ansichten: Für diese Liste werden keine individuellen Ansichten erstellt.

Beschreibung: Die Informations-E-Mails bei Ticketstatusänderungen können je Benutzer an- oder abgeschaltet werden. Wenn für einen Supporter kein Eintrag erstellt wurde, wird eine Informations-E-Mail gesendet. Für die Spalte *Supporter* sollen eindeutige Werte erzwungen werden.

Name:	**Konfiguration Kunde**
URL:	Lists/ConfigurationCustomer
Template:	Benutzerdefinierte Liste
Ebene:	Anwendungsroot
Ordner anlegen erlaubt:	nein
In Schnellstart Anzeigen:	nein

Tabelle 2.54 Konfiguration Kunde

Name	**Auf »Neu«-Schaltfläche**	**Reihenfolge**
Konfiguration Kunde	ja	1

Tabelle 2.55 Inhaltstypen für »Konfiguration Kunde«

Anzeigename	**Interner Name**		**Typ**
Pflicht	**Verwendet in**	**Letzte Änderung**	**Umgesetzt**
Kunde	*fkr_tp_Customer*		Lookup
ja	*Konfiguration Kunde*	24.01.2016	nein
Informations-E-Mail aktiv	*fkr_tp_InfoMailActive*		ja/nein
nein	*Konfiguration Kunde*	24.01.2016	nein

Tabelle 2.56 Spalten für »Konfiguration Kunde«

Ansichten: Für diese Liste werden keine individuellen Ansichten erstellt.

Beschreibung: Die Informations-E-Mails bei Ticketstatusänderungen können je Benutzer an- oder abgeschaltet werden. Wenn für einen Kunden kein Eintrag erstellt wurde, wird eine Informations-E-Mail gesendet. Für die Spalte *Kunde* sollen eindeutige Werte erzwungen werden.

2.3.5 Archivstruktur

Dieser Bereich ist ein Beispiel für die Flexibilität dieses Architekturkonzeptes. TicketPoint 2016 soll mit einem optionalen Archiv ausgestattet werden. Dieser Bereich ist im eigentlichen Konzept nicht vorgesehen. Da das Architekturkonzept problemlos erweitert werden kann, sollten Sie solche Sonderfälle an der für Sie passenden Stelle in das Konzept aufnehmen. In diesem Fall ist es sinnvoll, die Struktur des geplanten Archivs mit zu beschreiben. Da diese von der Struktur der Anwendung abgeleitet ist, fällt die Beschreibung kürzer aus als die der eigentlichen Anwendung. Neben der Beschreibung der Anwendungsstruktur ist eine kurze Erläuterung des Datentransfers vorgesehen.

TicketPoint 2016 wird mit einem optionalen Archiv versehen, in dem vorhandene Tickets archiviert werden können. Als Basis für das Archiv wird die zuvor beschriebene Datenstruktur von TicketPoint 2016 verwendet. Zum Datentransfer ist ein TimerJob vorgesehen. Ein TimerJob ist eine SharePoint-Komponente, die mithilfe eines definierbaren Zeitintervalls automatisch Aktionen durchführt, ohne dass diese von einem Benutzer angestoßen werden müssen. Der TimerJob in TicketPoint 2016 übernimmt zwei Aufgaben. Als Erstes werden die notwendigen Stammdaten aus TicketPoint 2016 in das Archiv synchronisiert. Als Primärsystem gilt dabei TicketPoint 2016. Übernommene Stammdaten bleiben im Anwendungsbereich bestehen.

Als Zweites werden Tickets gesucht, die zu archivieren sind. Die Archivierungskriterien werden über eine konfigurierbare *SiteDataQuery* definiert. Die gefundenen Tickets werden mitsamt ihren Kommentaren und Anhängen in das Archiv übertragen. Übertragene Arbeitsdaten werden aus dem Anwendungsweb von TicketPoint 2016 gelöscht.

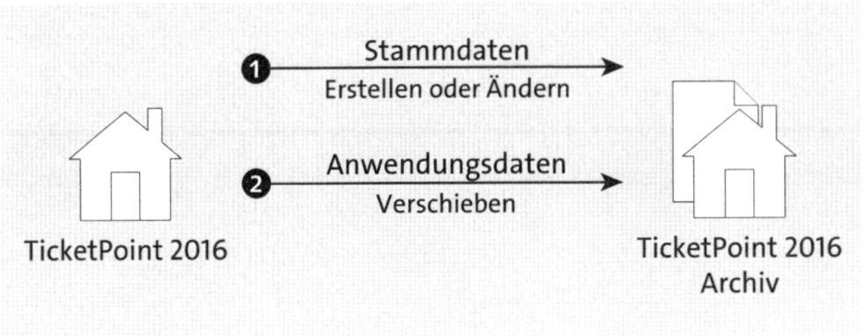

Abbildung 2.4 Skizze Archivierung

Um die Datenstruktur des Archivs bereitzustellen, werden zwei Schritte benötigt. Als Erstes soll eine identische Kopie der Website-Struktur aus der Anwendung bereitgestellt werden. In den Inhaltstypen

- Abrechnungsstatus
- Anhänge
- Kommentare
- Kunden

- Prioritäten
- Tickets
- Ticketstatus

wird im Nachgang jeweils die nachfolgende Spalte hinzugefügt.

Spalte [DE]	ID		Interner Name	Typ
Pflicht	**Attribute**	**Verwendet in**	**Letzte Änderung**	**Umgesetzt**
Original Item Id	{15E6D5B1-265C-4F16-B933-7FAD1094DE94}		*fkr_tp_OriginalItemId*	Text
ja		Abrechnungsstatus, Anhänge, Kommentare, Kunden, Prioritäten, Tickets, Ticketstatus	24.01.2016	nein

Tabelle 2.57 Spalten für »Archivierte Informationen«

Sobald diese Spalte vorhanden ist, handelt es sich um ein Archivweb. Ob das Archivweb in einem anderen Web derselben SiteCollection oder in einer separaten SiteCollection aktiviert wird, bleibt dem Administrator überlassen. Die Ansiedelung des Archivs in einem Web in derselben SiteCollection kann jedoch das Sichern der Daten erleichtern, weil alle Inhalte in einer SiteCollection gebündelt sind.

Begriffe

Eine *SiteDataQuery* ist eine CAML-Abfrage, also eine Datenabfrage in einem XML-Dialekt, die Listeninformationen aus mehreren Listen in unterschiedlichen Webs ermittelt und zusammenträgt.

2.4 Prozessbeschreibung

Im Bereich der Prozessbeschreibungen sollten Sie alle geplanten Funktionen der Anwendung so genau wie möglich definieren. Am einfachsten beginnen Sie dazu mit der Definition von User Stories, in denen Sie die fachlichen Anforderungen zusammentragen. Aufbauend auf die User Stories und die verwendeten Objekte in der Anwendung können Use Cases erstellt werden. Mithilfe der Use Cases können die grundlegende Anwendungsstruktur, benötigte Trigger im UI und die Rollenzugehörigkeiten zum Auslösen der Trigger grafisch dargestellt werden.

Als letzten Schritt können Sie anhand der Use Cases die benötigten Programm-Ablaufpläne erstellen.

Mit diesem Vorgehen hangeln Sie sich von einer sehr fachlichen und unscharfen Sicht auf die Anwendung in den User Stories über eine Funktions- und Rollenübersicht in den Use Cases hin zu einem hohen technischen Detailgrad in den Programm-Ablaufplänen. Durch diese schrittweise Verfeinerung des Detailgrads nehmen Sie den Kunden von Anfang an mit, können dem Kunden die fachlichen Wünsche entlocken und ihm die technischen Anforderungen für die Umsetzung verdeutlichen. In keinem dieser Schritte ist technisches Know-how des Kunden erforderlich, und dennoch erhalten Sie im Anschluss ein Dokument, anhand dessen Ihnen jeder Entwickler ohne weitere Fragen die fertige Anwendung bauen kann.

Das Kapitel »Prozessbeschreibung« enthält alle fachlichen Anforderungen an die zu erstellende Anwendung und erläutert alle relevanten Objekte, wo diese im späteren UI zu finden sind und welche Rollenzugehörigkeit zum Aufrufen der jeweiligen Funktion erforderlich ist.

Dabei werden die fachlichen Anforderungen als User Stories definiert. Die entstandenen User Stories werden anhand von Use Cases mit den Objekten der Anwendung verknüpft, woraus grobe Vorgaben an das UI-Modell entstehen. Das bedeutet, dass an dieser Stelle definiert wird, welche Schaltflächen zum Aufrufen von Funktionen an welcher Stelle der Anwendung zur Verfügung stehen müssen. Zusätzlich werden die Berechtigungen der Benutzergruppen an die jeweiligen Use Cases geknüpft. Aufbauend auf die Use Cases werden die detaillierten Abläufe der Anwendung in Programm-Ablaufplänen dargestellt.

2.4.1 User Stories

Um die fachlichen Anforderungen an eine Anwendung darzustellen, sind User Stories ein sehr gutes Hilfsmittel. Ohne die Notwendigkeit technischer Details schildert der Fachanwender die einzelnen Funktionen, die aus seiner Sicht für die Arbeit mit einer Anwendung notwendig sind. Dazu sollte jede Anforderung in einem oder zwei einfachen und möglichst präzisen Sätzen erläutert werden. Die technische Umsetzung ist dabei nicht von Belang. Es gilt lediglich, die Anforderung des Anwenders in Worte zu fassen. Aus jeder dieser User Stories ergibt sich im weiteren Verlauf das technische Design der Anwendung. Jede User Story wird auf technischer Ebene in eine oder mehrere Funktionen gekapselt und kann als einzelner Baustein in der Anwendung implementiert werden. Einzelne User Stories stellen somit in sich geschlossene, logische

Arbeitspakete dar, nach deren Abarbeitung die Anwendung alle fachlichen Anforderungen des Benutzers erfüllen sollte.

Neben der Planung einer fachlich kompletten Anwendung stellen die einzelnen User Stories einen guten Grundstein für Anwendungstests im Bereich der Qualitätssicherung dar. Wird einer Person, der die fachlichen Anforderungen an die Anwendung nicht bekannt sind, die Liste der User Stories übergeben, so kann sie trotzdem testen, ob die Anwendung alle an sie gestellten Anforderungen erfüllt. Die Summe der User Stories kann somit als Basis für einen Testkatalog betrachtet werden.

Achten Sie bei der Erstellung der User Stories darauf, dass der Anwender sich auf die Schilderung seiner Anforderung konzentriert und sich nicht von dem Versuch, technisch zu werden, ablenken lässt. Dem Aspekt der technischen Umsetzung wird im weiteren Verlauf Genüge getan, er würde in diesem Stadium lediglich von den fachlichen Anforderungen ablenken.

Nachfolgend werden die fachlichen Anforderungen an die Anwendung in sogenannten *User Stories* zusammengefasst. Die Gesamtheit dieser User Stories stellt die zu erstellende Anwendung dar. Als User Story gelten Anforderungen an eine Softwareanwendung, die in einem, maximal zwei Sätzen beschrieben werden.

- Priorität erstellen
  Als Administrator oder Supportleiter möchte ich jederzeit neue Prioritäten für Tickets anlegen können.
- Priorität anzeigen
  Als Administrator oder Supportleiter möchte ich mir alle Prioritäten ansehen können.
- Priorität ändern
  Als Administrator oder Supportleiter möchte ich eine Priorität ändern können.
- Priorität löschen
  Als Administrator oder Supportleiter möchte ich eine bestehende Priorität löschen können.
- Ticketstatus erstellen
  Als Administrator oder Supportleiter möchte ich jederzeit neue Ticketstatus für Tickets anlegen können.
- Ticketstatus anzeigen
  Als Administrator oder Supportleiter möchte ich mir alle Ticketstatus ansehen können.
- Ticketstatus ändern
  Als Administrator oder Supportleiter möchte ich einen Ticketstatus ändern können.

- Ticketstatus löschen
  Als Administrator oder Supportleiter möchte ich einen bestehenden Ticketstatus löschen können.
- Ticket erstellen
  Als Kunde oder Supporter möchte ich ein neues Ticket in der Ticketliste erstellen können. Dabei muss ich den Betreff und eine Problembeschreibung angeben.
- Benachrichtigung neuer Tickets
  Als Supporter möchte ich automatisch über neue Tickets per E-Mail informiert werden.
- Ticket anzeigen
  Als Kunde möchte ich jederzeit meine Tickets einsehen können.

  Als Supporter möchte ich jederzeit alle für mich relevanten Tickets einsehen können.
- Ticket bearbeiten
  Als Administrator oder Supportleiter möchte ich bestehende Tickets bearbeiten können.
- Ticket löschen
  Als Administrator oder Supportleiter möchte ich bestehende Tickets löschen können.
- Ticket übernehmen
  Als Supporter möchte ich jederzeit ein nicht abgeschlossenes Ticket zur Bearbeitung übernehmen können.
- Ticket weiterleiten
  Als Supporter möchte ich jederzeit ein Ticket, das ich bearbeitet habe, an einen anderen Supporter weiterleiten können.
- Kommentar erstellen
  Als Supporter oder Kunde möchte ich jederzeit einen Kommentar zu einem bestehenden Ticket hinzufügen können.

  Wenn Bearbeitungszeiten angefallen sind, möchte ich diese gemeinsam mit einem Bearbeitungskommentar im Ticket hinzufügen.
- Kommentar bearbeiten
  Als Administrator oder Supportleiter möchte ich bestehende Kommentare zu Tickets bearbeiten können.
- Kommentar löschen
  Als Administrator oder Supportleiter möchte ich in der Lage sein, einen bestehenden Kommentar aus einem Ticket zu entfernen.

- Anhang hochladen
  Als Supporter oder Kunde möchte ich jederzeit einen Anhang zu einem bestehenden Ticket hochladen können.

  Alle hochgeladenen Anhänge zu einem Ticket sollen mir in diesem angezeigt werden.
- Ticket abschließen
  Als Supporter möchte ich die Möglichkeit haben, ein Ticket, das ich derzeit bearbeite, als abgeschlossen zu markieren.
- Benachrichtigung Ticketänderung
  Als Supporter oder Kunde möchte ich die Möglichkeit haben, über Änderungen an für mich relevanten Tickets per E-Mail informiert zu werden.
- Ticketerinnerung
  Als Supporter möchte ich per E-Mail an nicht bearbeitete Tickets erinnert werden.
- Ticket eskalieren
  Als Supportleiter möchte ich über die drohende Eskalation eines Tickets per E-Mail informiert werden.
- Ticketlöschung beantragen
  Als Supporter und Supportleiter möchte ich Ticketlöschungen beantragen können.
- Ticketlöschung Genehmigungsanfrage
  Als Supportleiter möchte ich benachrichtigt werden, wenn Löschvorgangs per E-Mail genehmigt werden soll.
- Ticketlöschungen anzeigen
  Als Supporter und Supportleiter möchte ich sehen können, ob eine Löschung eines Tickets beantragt wurde.
- Ticketlöschung genehmigen
  Als Supportleiter möchte ich die Löschung eines Tickets genehmigen können. Ohne die Genehmigung kann kein Ticket gelöscht werden. Nach erteilter Genehmigung sollten das Ticket und alle zugehörigen Daten in den Papierkorb verschoben werden.
- Gelöschtes Ticket wiederherstellen
  Als Administrator möchte ich ein gelöschtes Ticket wiederherstellen können.
- Report: »Zusammenfassung der letzten Woche«
  Als Supportleiter möchte ich per E-Mail einen Bericht über alle in der letzten Woche bearbeiteten Tickets bekommen.
- Report: »Anstehende Tickets«
  Als Supportleiter möchte ich per E-Mail einen Bericht über alle offenen Tickets bekommen.
- Ticket archivieren
  Als Administrator möchte ich, dass alte Tickets archiviert werden.

2.4.2 Use Cases

Aufbauend auf die User Stories sollten Sie nun entsprechende Use Cases definieren. Die Use Cases nähern sich wesentlich an die technische Umsetzung der Anwendung an, sind dennoch so abstrakt, dass der Kunde sich den Funktionsumfang der Anwendung ohne Vorkenntnisse in SharePoint gut vorstellen kann.

Der Bereich der Use Cases bringt die oben definierten Listen (Entitäten) mit den User Stories in Kombination. Hier sollten Sie für jede geplante Entität die Funktionen definieren, die Sie in den jeweiligen Listenansichten sowie den NewForms, DispForms und EditForms benötigen. Jeder Use Case repräsentiert hierbei eine Schaltfläche im Ribbon der Anwendung. Nicht alle Use Cases müssen entwickelt werden, da sie als Standardfunktion von SharePoint bereitstehen. Um dem Kunden die Arbeitsweise der Anwendung zu verdeutlichen, sollten Sie hier dennoch auch Kernfunktionen von SharePoint, wie das Erstellen eines Elements, das Bearbeiten oder das Löschen, aufführen. Neben den definierten Use Cases haben Sie die Möglichkeit, anzugeben, welche Benutzerrollen die entsprechenden Funktionen aufrufen dürfen. Achten Sie bei der Angabe der Benutzerrollen darauf, dass Systemadministratoren in der Regel alle Funktionen aufrufen können. Wenn Sie dem Kunden an dieser Stelle verdeutlichen, dass neben den geplanten Endanwendern unter Umständen auch ein Systemadministrator Zugriff auf sensible Daten einer Anwendung hat, kann Ihnen im Nachgang niemand einen Vorwurf machen; Sie sind Ihrer Informationspflicht nachgekommen und auf der sicheren Seite.

Nutzen Sie zwei Arten der Dokumentation. Erstens sollten Sie die Use Cases grafisch darstellen. Die grafische Darstellung erleichtert die Kommunikation mit dem Kunden, bietet eine schnelle Übersicht, ist auch dem Kunden leicht verständlich und kann insbesondere in Meetings verwendet werden, um Anforderungen mit dem Kunden zu planen. Die zweite Darstellungsform ist die Tabellenmatrix. In der Tabellenmatrix können Sie die gewünschten Funktionen einer Entität auflisten, und bekanntgeben, an welchen Stellen in der Anwendung die Funktion zur Verfügung stehen soll und welche Benutzer bzw. Rollen Zugriff auf die jeweilige Funktion haben.

Nachfolgend werden die Use Cases der Anwendung beschrieben. Jeder aufgelistete Use Case stellt eine Schaltfläche im Ribbon des jeweiligen Objektes dar. Alle aufgelisteten Use Cases sind additiv zum Standard-SharePoint-Ribbon zu sehen. Grundfunktionen wie das Erstellen, Bearbeiten und Löschen von Daten werden an dieser Stelle ebenfalls als Use Case aufgeführt. Diese Funktionen entsprechen den gewohnten SharePoint-Mechanismen und sind nicht zwangsläufig anwendungsspezifisch. Die Auflistung der Standardfunktionen dient lediglich der Veranschaulichung von Zugriffsrechten einzelner Rollen auf die genannte Funktion. Eine Rolle darf alle Funktionen ausführen, mit denen sie verbunden ist. Administrative Rollen sowie solche, die auf alle Funktionen zugreifen dürfen, werden stellenweise oberhalb der Funktionsliste aufgeführt, um die Übersicht der Verbindungslinien zu erleichtern.

Die Zugriffsrechte von Rollen auf Use Cases werden zudem in einer Tabellenmatrix festgehalten. Hier gibt es die folgenden Status:

Status	Beschreibung
–	kein Zugriff
X	Zugriff
O	bedingter Zugriff

Prioritäten

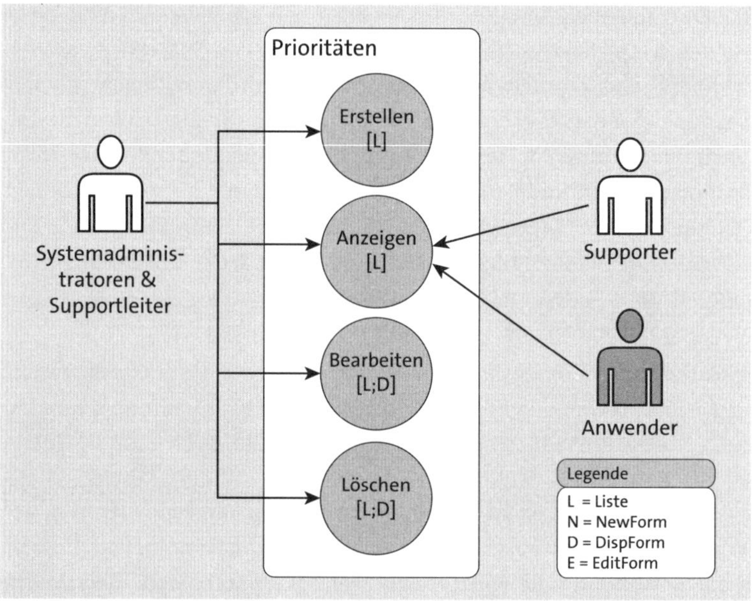

Abbildung 2.5 Use Case Prioritäten

Funktion	Liste	NewForm	DispForm	EditForm
Erstellen	X	–	–	–
Anzeigen	X	–	–	–
Bearbeiten	X	–	X	–
Löschen	X	–	X	–

Tabelle 2.58 Bereiche

Funktion	Administrator	Supportleiter	Supporter	Anwender
Erstellen	X	X	–	–
Anzeigen	X	X	X	X
Bearbeiten	X	X	–	–
Löschen	X	X	–	–

Tabelle 2.59 Rollen

Ticketstatus

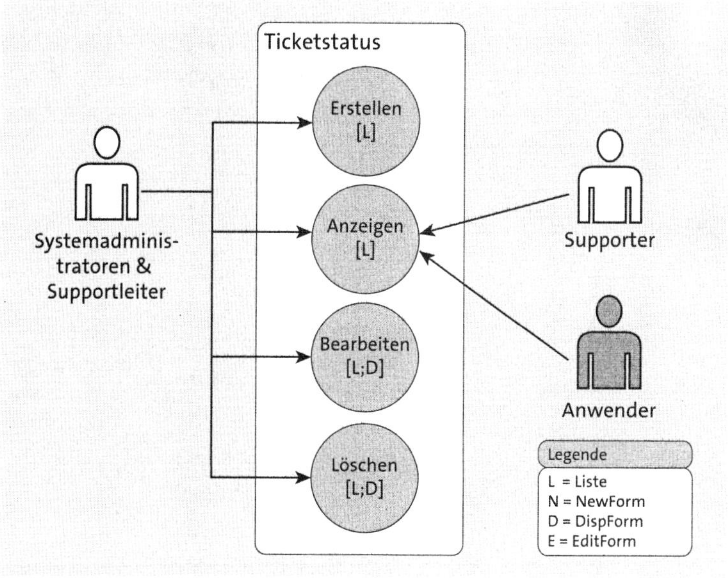

Abbildung 2.6 Use Case Ticketstatus

Funktion	Liste	NewForm	DispForm	EditForm
Erstellen	X	–	–	–
Anzeigen	X	–	–	–
Bearbeiten	X	–	X	–
Löschen	X	–	X	–

Tabelle 2.60 Bereiche

Funktion	Administrator	Supportleiter	Supporter	Anwender
Erstellen	X	X	–	–
Anzeigen	X	X	X	X
Bearbeiten	X	X	–	–
Löschen	X	X	–	–

Tabelle 2.61 Rollen

Tickets

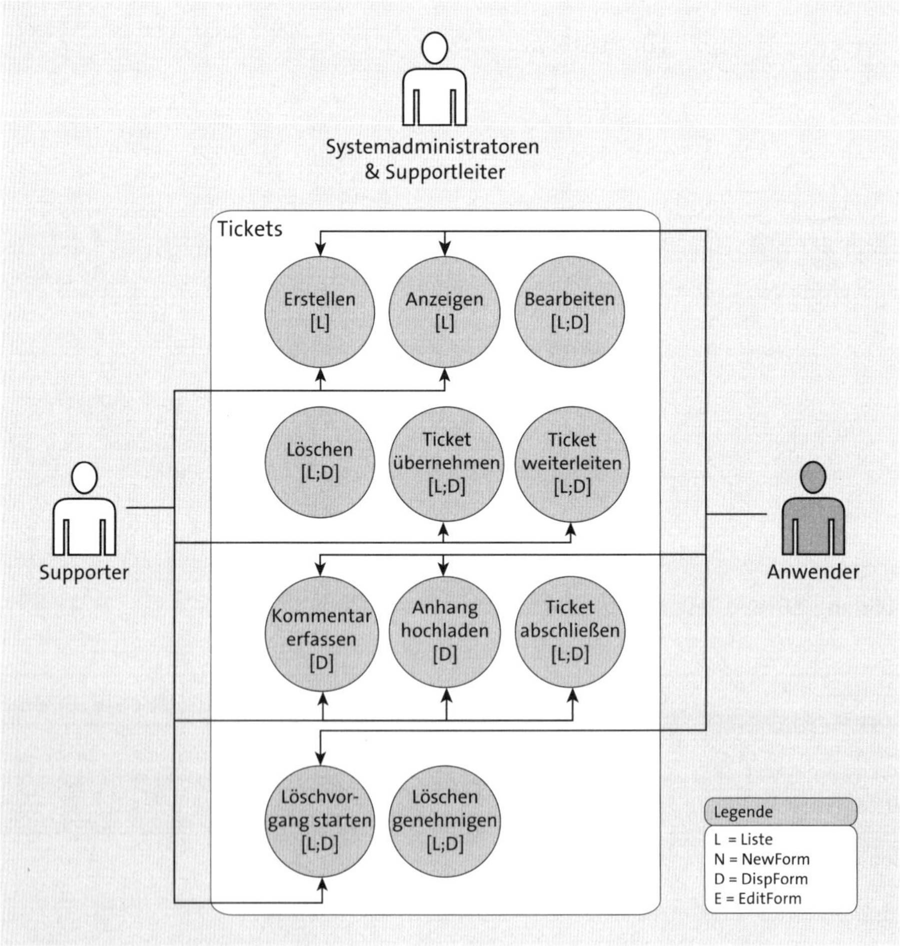

Abbildung 2.7 Use Case Tickets

Funktion	Liste	NewForm	DispForm	EditForm
Erstellen	X	–	–	–
Anzeigen	X	–	–	–
Bearbeiten	X	–	X	–
Löschen	X	–	X	–
Ticket übernehmen	X	–	X	–
Ticket weiterleiten	X	–	X	–
Kommentar erfassen	X	–	X	–
Anhang hochladen	X	–	X	–
Ticket abschließen	X	–	X	–
Löschvorgang starten	X	–	X	–
Löschen genehmigen	X	–	X	–

Tabelle 2.62 Bereiche

Funktion	Administrator	Supportleiter	Supporter	Anwender
Erstellen	X	X	X	X
Anzeigen	X	X	X	X
Bearbeiten	X	X	–	–
Löschen	X	X	–	–
Ticket übernehmen	X	X	X	–

Tabelle 2.63 Rollen

Funktion	Administrator	Supportleiter	Supporter	Anwender
Ticket weiterleiten	X	X	O	–
Kommentar erfassen	X	X	X	X
Anhang hochladen	X	X	X	X
Ticket abschließen	X	X	O	–
Löschvorgang starten	X	X	X	X
Löschen genehmigen	X	X	–	–

Tabelle 2.63 Rollen (Forts.)

Kommentare

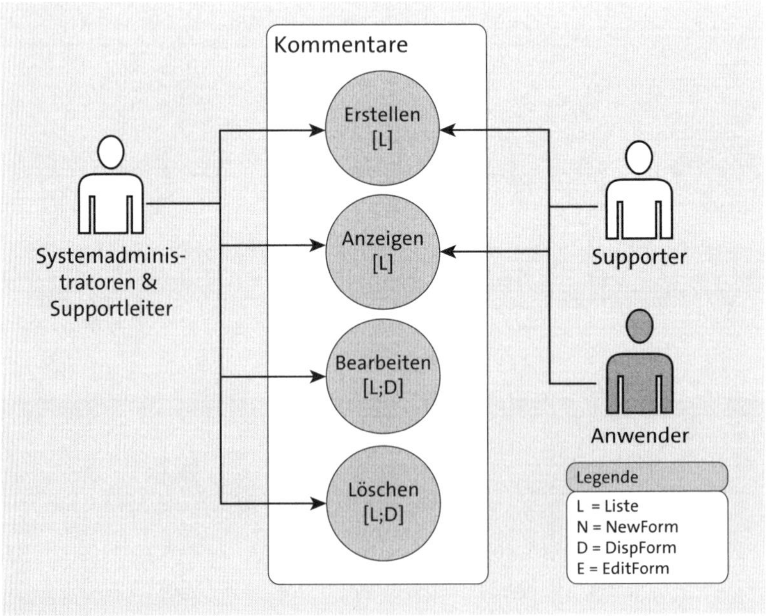

Abbildung 2.8 Use Case Kommentare

Funktion	Liste	NewForm	DispForm	EditForm
Erstellen	X	–	–	–
Anzeigen	X	–	–	–
Bearbeiten	X	–	X	–
Löschen	X	–	X	–

Tabelle 2.64 Bereiche

Funktion	Administrator	Supportleiter	Supporter	Anwender
Erstellen	X	X	X	X
Anzeigen	X	X	X	X
Bearbeiten	X	X	–	–
Löschen	X	X	–	–

Tabelle 2.65 Rollen

Anhänge

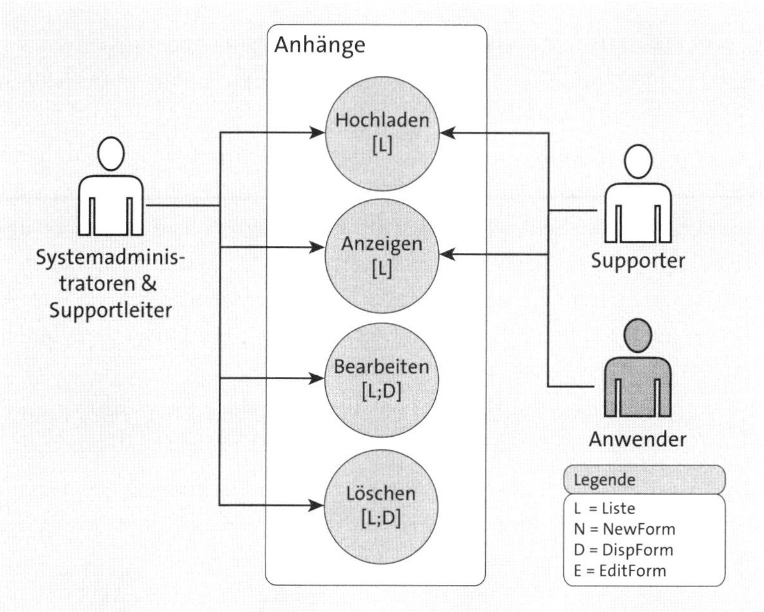

Abbildung 2.9 Use Case Anhänge

Funktion	Liste	NewForm	DispForm	EditForm
Erstellen	X	–	–	–
Anzeigen	X	–	–	–
Bearbeiten	X	–	X	–
Löschen	X	–	X	–

Tabelle 2.66 Bereiche

Funktion	Administrator	Supportleiter	Supporter	Anwender
Erstellen	X	X	X	X
Anzeigen	X	X	X	X
Bearbeiten	X	X	–	–
Löschen	X	X	X	X

Tabelle 2.67 Rollen

2.4.3 Systemgetriggerte Funktionen

Im Bereich der systemgetriggerten Funktionen sollten Sie alle Funktionen erläutern, die nicht durch eine Schaltfläche im UI abgebildet werden. Dies können zum Beispiel EventReceiver, TimerJobs oder Workflows sein.

Als systemgetriggerte Funktionen werden alle Prozesse beschrieben, die direkt oder indirekt durch das System aufgerufen werden. Ein Eingreifen des Benutzers zum Starten der Funktion ist hierbei nur bedingt oder gar nicht erforderlich. Eine Ausnahme bilden manuell zu startende Workflows. Diese können z. B. über einen Ribbon-Button gestartet werden. Um eine hohe Benutzerfreundlichkeit zu gewährleisten, sollten Sie grundsätzlich für manuell zu startende Workflows Buttons oder Links vorsehen, damit sie mit wenigen Klicks gestartet werden können.

Zur besseren Übersicht sollten Sie EventReceiver, Workflows und TimerJobs getrennt auflisten.

Um Ihnen die Entscheidung zu erleichtern, ob die gewünschte Funktion als EventReceiver, Workflow oder TimerJob implementiert werden soll, werden wir nachfolgend die drei Möglichkeiten kurz beschreiben und durch einige Beispiele erläutern.

EventReceiver
Im Allgemeinen stehen Ihnen die folgenden EventReceiver zur Verfügung:

- Site-EventReceiver
- Web-EventReceiver
- List-EventReceiver
- ListField-EventReceiver
- Item-EventReceiver
- E-Mail-EventReceiver
- Security-EventReceiver
- Workflow-EventReceiver

Basisklasse	SPWebEventReceiver
Event-Host-Type	SPSite
Events:	
SiteDeleting	Das Event wird ausgelöst, bevor eine SiteCollection gelöscht wird.
SiteDeleted	Das Event wird ausgelöst, nachdem eine SiteCollection gelöscht wurde.

Tabelle 2.68 Site-Events

Basisklasse	SPWebEventReceiver
Event-Host-Type	SPSite, SPWeb
Events:	
WebAdding	Das Event wird ausgelöst, bevor ein neues Subweb erstellt wird.
WebProvisioned	Das Event wird ausgelöst, nachdem ein Web vollständig eingerichtet und der Bereitstellungsprozess abgeschlossen wurde.
WebMoving	Das Event wird ausgelöst, bevor ein Web verschoben wird.
WebMoved	Das Event wird ausgelöst, nachdem ein Web verschoben wurde.
WebDeleting	Das Event wird ausgelöst, bevor ein Web gelöscht wird.

Tabelle 2.69 Web-Events

WebDeleted	Das Event wird ausgelöst, nachdem ein Web gelöscht wurde.

Tabelle 2.69 Web-Events (Forts.)

Basisklasse	SPListEventReceiver
Event-Host-Type	SPSite, SPWeb
Events:	
ListAdding	Das Event wird ausgelöst, bevor eine Liste erstellt wird.
ListAdded	Das Event wird ausgelöst, nachdem eine Liste erstellt wurde.
ListDeleting	Das Event wird ausgelöst, bevor eine Liste gelöscht wird.
ListDeleted	Das Event wird ausgelöst, nachdem eine Liste gelöscht wurde.

Tabelle 2.70 List-Events

Basisklasse	SPListEventReceiver
Event-Host-Type	SPSite, SPWeb, SPList, SPContentType
Events:	
FieldAdding	Das Event wird ausgelöst, bevor eine Feldverknüpfung hinzugefügt wird.
FieldAdded	Das Event wird ausgelöst, nachdem eine Feldverknüpfung hinzugefügt wurde.
FieldUpdating	Das Event wird ausgelöst, bevor eine Feldverknüpfung geändert wird.
FieldUpdated	Das Event wird ausgelöst, nachdem eine Feldverknüpfung geändert wurde.
FieldDeleting	Das Event wird ausgelöst, bevor eine Feldverknüpfung entfernt wird.
FieldDeleted	Das Event wird ausgelöst, nachdem eine Feldverknüpfung entfernt wurde.

Tabelle 2.71 ListField-Events

Basisklasse	SPItemEventReceiver
Event-Host-Type	SPList, SPContentType
Events:	
ItemAdding	Das Event wird ausgelöst, bevor ein Item erstellt wurde.
ItemAdded	Das Event wird ausgelöst, nachdem ein Item erstellt wurde.
ItemUpdating	Das Event wird ausgelöst, bevor ein Item geändert wird.
ItemUpdated	Das Event wird ausgelöst, nachdem ein Item geändert wurde.
ItemDeleting	Das Event wird ausgelöst, bevor ein Item gelöscht wird.
ItemDeleted	Das Event wird ausgelöst, nachdem ein Item gelöscht wurde.
ItemVersionDeleting	Das Event wird ausgelöst, bevor eine Version eines Items oder einer Datei gelöscht wurde.
ItemVersionDeleted	Das Event wird ausgelöst, nachdem eine Version eines Items oder einer Datei gelöscht wurde.
ItemCheckingIn	Das Event wird ausgelöst, bevor ein Item eingecheckt wird.
ItemCheckedIn	Das Event wird ausgelöst, nachdem ein Item eingecheckt wurde.
ItemCheckingOut	Das Event wird ausgelöst, bevor ein Item ausgecheckt wird.
ItemCheckedOut	Das Event wird ausgelöst, nachdem ein Item ausgecheckt wurde.
ItemUncheckingOut	Das Event wird ausgelöst, bevor das Auschecken einer Datei verworfen wird.
ItemUncheckedOut	Das Event wird ausgelöst, nachdem das Auschecken einer Datei verworfen wurde.
ItemFileMoving	Das Event wird ausgelöst, bevor eine Datei verschoben wird.

Tabelle 2.72 Item-Events

ItemFileMoved	Das Event wird ausgelöst, nachdem eine Datei verschoben wurde.
ItemFileConverted	Das Event wird ausgelöst, nachdem in einer Dokumentenbibliothek eine Datei in einen anderen Dateityp konvertiert wurde.
ItemAttachmentAdding	Das Event wird ausgelöst, bevor einem Item ein Anhang hinzugefügt wird.
ItemAttachmentAdded	Das Event wird ausgelöst, nachdem einem Item ein Anhang hinzugefügt wurde.
ItemAttachmentDeleting	Das Event wird ausgelöst, bevor ein Anhang entfernt wird.
ItemAttachmentDeleted	Das Event wird ausgelöst, nachdem ein Anhang entfernt wurde.

Tabelle 2.72 Item-Events (Forts.)

Basisklasse	SPEmailEventReceiver
Event-Host-Type	SPSite, SPWeb, SPList
Events:	
EmailReceived	Das Event wird ausgelöst, nachdem eine E-Mail empfangen wurde.

Tabelle 2.73 E-Mail-Events

Basisklasse	SPSecurityEventReceiver
Event-Host-Type	SPSite, SPWeb Ausnahme: RoleDefinition-Events
Events:	
GroupAdding	Das Event wird ausgelöst, bevor eine Gruppe erstellt wird.
GroupAdded	Das Event wird ausgelöst, nachdem eine Gruppe erstellt wurde.

Tabelle 2.74 Security-Events

GroupUpdating	Das Event wird ausgelöst, bevor eine Gruppe geändert wird.
GroupUpdated	Das Event wird ausgelöst, nachdem eine Gruppe geändert wurde.
GroupDeleting	Das Event wird ausgelöst, bevor eine Gruppe gelöscht wird.
GroupDeleted	Das Event wird ausgelöst, nachdem eine Gruppe gelöscht wurde.
GroupUserAdding	Das Event wird ausgelöst, bevor ein Benutzer zu einer Gruppe hinzugefügt wird.
GroupUserAdded	Das Event wird ausgelöst, nachdem ein Benutzer zu einer Gruppe hinzugefügt wurde.
GroupUserDeleting	Das Event wird ausgelöst, bevor ein Benutzer aus einer Gruppe entfernt wird.
GroupUserDeleted	Das Event wird ausgelöst, nachdem ein Benutzer aus einer Gruppe entfernt wurde.
InheritanceBreaking	Das Event wird ausgelöst, bevor die Berechtigungsvererbung eines Objekts beendet wird.
InheritanceBroken	Das Event wird ausgelöst, nachdem die Berechtigungsvererbung eines Objekts beendet wurde.
InheritanceResetting	Das Event wird ausgelöst, bevor die Berechtigungsvererbung eines Objekts wiederhergestellt wird.
InheritanceReset	Das Event wird ausgelöst, nachdem die Berechtigungsvererbung eines Objekts wiederhergestellt wurde.
RoleAssignmentAdding	Das Event wird ausgelöst, bevor eine Rollenzuweisung hinzugefügt wird.
RoleAssignmentAdded	Das Event wird ausgelöst, nachdem eine Rollenzuweisung hinzugefügt wurde.
RoleAssignmentDeleting	Das Event wird ausgelöst, bevor eine Rollenzuweisung entfernt wird.
RoleAssignmentDeleted	Das Event wird ausgelöst, nachdem eine Rollenzuweisung entfernt wurde.

Tabelle 2.74 Security-Events (Forts.)

`RoleDefinitionAdding`	Das Event wird ausgelöst, bevor eine Rollendefinition erstellt wird (nur `SPSite`).
`RoleDefinitionAdded`	Das Event wird ausgelöst, nachdem eine Rollendefinition erstellt wurde (nur `SPSite`).
`RoleDefinitionUpdating`	Das Event wird ausgelöst, bevor eine Rollendefinition geändert wird (ur `SPSite`).
`RoleDefinitionUpdated`	Das Event wird ausgelöst, nachdem eine Rollendefinition geändert wurde (nur `SPSite`).
`RoleDefinitionDeleting`	Das Event wird ausgelöst, bevor eine Rollendefinition gelöscht wird (nur `SPSite`).
`RoleDefinitionDeleted`	Das Event wird ausgelöst, nachdem eine Rollendefinition gelöscht wurde (nur `SPSite`).

Tabelle 2.74 Security-Events (Forts.)

Basisklasse	`SPWorkflowEventReceiver`
Event-Host-Type	`SPSite`, `SPWeb`, `SPList`, `SPContentType`
Events:	
`WorkflowStarting`	Das Event wird ausgelöst, bevor ein Workflow gestartet wird.
`WorkflowStarted`	Das Event wird ausgelöst, nachdem ein Workflow gestartet wurde.
`WorkflowPostponed`	Das Event wird ausgelöst, nachdem ein Workflow zurückgestellt wurde.
`WorkflowCompleted`	Das Event wird ausgelöst, nachdem ein Workflow abgeschlossen wurde.

Tabelle 2.75 Workflow-Events

Wie dieser Auflistung zu entnehmen ist, steht Ihnen eine große Anzahl von Events zur Verfügung, um unterschiedliche Szenarien zu realisieren. Die verfügbaren Events unterteilen sich in synchrone und asynchrone Events. Die synchronen Events werden vor einem Ereignis ausgelöst, z. B. bevor ein Element gespeichert wird. Die asynchronen Events werden nach dem Abschluss eines Ereignisses ausgeführt, z. B. nachdem ein Element gespeichert wurde. Ein synchroner EventReceiver kann dazu dienen, Speichervorgänge abzubrechen. Dazu implementieren Sie in einem `ItemUpdating`-Event eine eigene

Validierung, mit der Sie das Speichern des ListItems gegebenenfalls abbrechen und dem Benutzer eine Fehlermeldung ausgeben.

Wenn ein Vergleich von Spaltenwerten vor und nach einem Update erforderlich ist, sollten Sie die synchronen Events verwenden, um die Spaltenwerte zu vergleichen. Hier ist der Zugriff auf `Before`- und `After`-Properties möglich. Eine ausführlichere Beschreibung finden Sie im Umsetzungsteil des Buches in Kapitel 12, »Umsetzung EventReceiver«. Bei den synchronen Events ist darauf zu achten, dass der Speichervorgang noch nicht abgeschlossen ist, das bedeutet z. B., dass die `listItemId` im `ItemAdding`-Event noch nicht bekannt ist. Diese Gegebenheit gibt es bei den asynchronen Events nicht. Hier ist der Speichervorgang komplett abgeschlossen, und Sie haben Zugriff auf alle Properties.

Workflows

Workflows eignen sich hervorragend, um Geschäftsprozesse umzusetzen. SharePoint bietet hierfür eine Reihe von Standardworkflows an:

- Genehmigungsworkflow: Mit einem Genehmigungsworkflow leiten Sie ein Dokument oder ListItem an bestimmte Personen weiter, die dann das Dokument oder ListItem genehmigen oder ablehnen können.
- Workflow zum Sammeln von Feedback: Mit dem Workflow zum Sammeln von Feedback leiten Sie ein Dokument oder ListItem an bestimmte Personen weiter, um deren Feedback einzuholen. Der Workflow fasst das Feedback zusammen und erstellt eine Feedbackzusammenfassung.
- Workflow für die Signaturerfassung: Mit dem Workflow für Signaturerfassung leiten Sie ein Microsoft-Office-Dokument an bestimmte Personen weiter, um deren digitale Signatur zu erfassen. Dies funktioniert nur mit Word-Dokumenten, Excel-Arbeitsmappen und InfoPath-Formularen.
- Drei-Status-Workflow: Der Workflow eignet sich zur Nachverfolgung von Problemen, Projekten oder Aufgaben mit drei Status oder Phasen. Erforderlich ist hier eine Liste mit einer Auswahlspalte, die mindestens drei Werte enthält. Der Workflow weist einer Person eine Aufgabe zu, wenn der konfigurierte Status erreicht wurde. Nachdem die Person die Aufgabe bearbeitet hat, aktualisiert der Workflow den Status des Elements und wechselt damit in die nächste Phase.
- Workflow zur Veröffentlichungsgenehmigung: Mit einem Veröffentlichungsgenehmigungsworkflow können Sie Inhalte an bestimmte Personen weiterleiten, die dann den Inhalt genehmigen oder ablehnen können. Der Workflow wurde für *Publishing Sites* erstellt, um sicherzustellen, dass Inhalte nur veröffentlicht werden, wenn alle im Workflow festgelegten Personen den Inhalt genehmigt haben.

Wenn die Standardworkflows nicht mehr ausreichen, um die gewünschte Funktion abzubilden, können Sie mit dem SharePoint Designer, der viele Workflowaktionen mitbringt, eigene Workflows erstellen oder die Standardworkflows an Ihre eigenen Anforderungen anpassen. Eine weitere Option wären Drittanbietertools wie z. B. Nintex Workflows, mit denen Sie komplexere Workflows abbilden können. Um die Möglichkeiten eines SharePoint-Designer-Workflows zu erweitern, können Sie eigene Workflow-

Activities mit Visual Studio entwickeln. Auch gibt es die Möglichkeit, mit Visual Studio einen Workflow zu programmieren. Das bietet die größte Flexibilität, da Sie hier eigenen Code ausführen können.

TimerJobs

TimerJobs sind besonders geeignet, um zeitintensive Funktionen oder auch Funktionen, die auf viele Daten zugreifen, auszuführen. Um den allgemeinen Betrieb von SharePoint nicht zu stören, können TimerJobs, die eine höhere Performancelast tragen, gezielt in der Nacht oder am Wochenende ausgeführt werden. Dies können Sie mithilfe von Ausführungsintervallen beliebig konfigurieren.

Bei der Überlegung, ob Sie eine Funktion in einem EventReceiver, einem Workflow oder in einem TimerJob umsetzen, sollten Sie die Laufzeit beachten. Da EventReceiver direkt bzw. während des Speicherns ausgeführt werden, sollten Sie hier keine lang dauernden Funktionen ausführen. WebService-Zugriffe, Zugriffe auf große Datenmengen oder auch zeitintensive Berechnungen sollten Sie nicht in einem EventReceiver ausführen. In einigen Szenarien ist auch eine Kombination von EventReceivern und TimerJobs denkbar. Beispielsweise könnten Sie in einem synchronen EventReceiver prüfen, ob eine Neuberechnung eines Wertes erforderlich ist. Falls ja, wird ein Flag im ListItem gesetzt. Die eigentliche Berechnung findet dann im TimerJob statt, der z. B. stündlich oder einmal am Tag ausgeführt wird. Der Nachteil hierbei ist, dass der berechnete Wert nach dem Speichern nicht direkt zur Verfügung steht, da er erst beim nächsten TimerJob-Durchlauf berechnet wird.

Nachfolgend werden alle systemgetriggerten Funktionen beschrieben, die für die Umsetzung von TicketPoint 2016 erforderlich sind. Der Übersichtlichkeit halber listen wir EventReceiver, Workflows und TimerJobs getrennt auf.

Begriffe

Eine *Publishing Site* ist eine Website, die mit einer Publishing-Site-Vorlage erstellt wurde. Diese Vorlage enthält Features, die Texterstellungs-, -genehmigungs- und -veröffentlichungsprozesse unterstützen.

EventReceiver

Im Bereich der EventReceiver sollten Sie alle benötigten EventReceiver auflisten und ihre Funktion beschreiben. Zur vollständigen Beschreibung gehören der Name, der Typ, der Parent, die genauen Events, die Konfigurationsoptionen des EventReceivers und eine möglichst genaue Beschreibung der gewünschten Funktionalität. Je nach Projekt werden gegebenenfalls weitere Punkte benötigt. Im Falle von TicketPoint 2016 werden beispielsweise noch die Platzhalter, die in den E-Mails verwendet werden sollen, definiert.

Name	Sie sollten einen »sprechenden Namen« finden, der das, was der EventReceiver leistet, beschreibt, und diesen durchgängig verwenden.
Typ	EventReceiver
Parent	Der Parent ist das Objekt, an dem der EventReceiver hängt. In den meisten Anwendungsfällen werden dies Listen oder ContentTypes sein. Eine vollständige Übersicht der möglichen Parents können Sie den Tabellen zu den Events entnehmen.
Events	Unter dem Punkt »Events« legen Sie die genauen Eventarten fest. Beispiele dafür wären die synchronen Events (`ItemAdding` und `ItemUpdating`) oder die asynchronen Events (`ItemAdded` und `ItemUpdated`). Eine vollständige Übersicht aller verfügbaren Events finden Sie in den Eventtabellen am Anfang des Abschnitts.
Einrichtung	Hier sollten Sie sich Gedanken darüber machen, wie Sie die EventReceiver an die Objekte hängen. Dazu gibt es verschiedene Ansätze. Zum einen kann dies automatisch über ein Feature geschehen, zum anderen manuell über PowerShell. Es empfiehlt sich, den automatischen Prozess zu verwenden, um sicherzustellen, dass das System ohne unnötig viele manuelle Schritte jederzeit neu eingerichtet werden kann. So ist gewährleistet, dass die EventReceiver immer an die korrekten Objekte angehängt werden. Die Einrichtung über ein Feature kann über Code oder über XML erfolgen. Die Einrichtung über XML hat den Vorteil, dass bei Deaktivierung des Features der EventReceiver automatisch wieder entfernt wird. Bei Einrichtung über Code müssen Sie die Aktivierung und die Deaktivierung separat im Feature »Activating-« bzw. »Deactivating-Event« programmieren. Der Vorteil beim Aktivieren über Code ist, dass der Entwickler mehr Möglichkeiten bei der Umsetzung hat. So muss zum Beispiel beim Aktivieren eines ListItem-EventReceivers die `TemplateID` der Liste oder die genaue URL nicht bekannt sein, da die Liste anderweitig ermittelt werden kann. Beide Varianten werden wir im Umsetzungsteil genauer erläutern.
Konfiguration	Im Bereich der Konfiguration listen Sie alle Konfigurationsoptionen des EventReceivers auf, die umgesetzt werden sollen.
Beschreibung	Sie sollten die Funktion möglichst detailliert beschreiben, da dies die Umsetzung erheblich erleichtert und Missverständnisse und Rückfragen seitens der Entwicklung minimiert.

Tabelle 2.76 Beispieldefinition eines EventReceivers

Name	Benutzerbenachrichtigungen
Typ	EventReceiver
Parent	Ticketliste
Events	`ItemAdded`, `ItemUpdating`
Einrichtung	per Feature
Konfiguration	▸ Benutzerbenachrichtigungen aktiv (ja/nein) ▸ E-Mail-Betreff ▸ E-Mail-Inhalt ▸ je Status, wer die E-Mail empfangen soll ▸ je Supporter und je Kunde, ob E-Mails gesendet werden sollen
Platzhalter	▸ Ticketnummer ▸ Betreff ▸ Problembeschreibung ▸ Ansprechpartner ▸ Priorität ▸ Ticketstatus ▸ erstellt am ▸ zuletzt geändert am ▸ Link zum Ticket
Beschreibung	Der EventReceiver für die Benutzerbenachrichtigung hängt an der Ticketliste und sorgt dafür, dass alle beteiligten Personen automatisch über das Erstellen eines Tickets oder relevante Änderungen an einem Ticket informiert werden. Dazu gehören neu erstellte Tickets und Tickets, deren Status sich geändert hat. Bei neu erstellten Tickets bekommen alle Supporter eine E-Mail. Bei einer Statusänderung wird der Kunde per E-Mail informiert. Der Mailversand ist konfigurierbar. Die E-Mails für die Benutzerbenachrichtigungen bei Ticketerstellung oder Ticketänderungen können global an- oder abgeschaltet werden. Der Mailversand ist je Kunde an- und abschaltbar. Global kann konfiguriert werden, bei welchen Status eine E-Mail gesendet werden soll. Der Mailversand ist je Supporter ebenfalls an- und abschaltbar.

Tabelle 2.77 Benutzerbenachrichtigungen

Workflows

Im Bereich der Workflows sollten Sie alle erforderlichen Workflows auflisten und deren Funktion beschreiben. Zur vollständigen Beschreibung gehören der Name, der Typ, der Parent, der Trigger, die Einrichtung, die Konfiguration und die Beschreibung der gewünschten Funktion. Je nach Projekt werden gegebenenfalls noch weitere Punkte benötigt. Im Falle von TicketPoint 2016 werden beispielsweise noch weitere Platzhalter, die in den E-Mails verwendet werden sollen, definiert.

Name	Sie sollten einen sprechenden Namen finden und ihn durchgängig verwenden.
Typ	Workflow
Parent	Der Parent ist das Objekt, an das der Workflow gebunden wurde. Bei Workflows können dies Listen, ContentTypes oder Webs sein.
Trigger	Sie sollten festlegen, wie der Workflow gestartet wird. Es gibt Workflows, die nach der Erstellung eines ListItems oder nach dessen Änderung automatisch gestartet werden. Des Weiteren können Workflows manuell gestartet werden. Ein Beispiel hierfür wären die SiteWorkflows, die ausschließlich manuell gestartet werden können. Um eine hohe Benutzerfreundlichkeit zu erreichen, sollten Sie für manuell zu startende Workflows Buttons vorsehen, mit deren Hilfe der Benutzer den Workflow möglichst einfach starten kann. Bei Workflows, die im Kontext eines ListItems gestartet werden sollen, bieten sich beispielsweise Ribbon-Buttons oder ein Eintrag im Kontextmenü des Items an.
Einrichtung	Hier sollten Sie definieren, wie der Workflow installiert und eingerichtet wird. Workflows können per Feature, per PowerShell oder manuell über die Oberfläche eingerichtet werden. Beachten Sie hier gegebenenfalls auch die Erstellung einer Workflowaufgabenliste. Wie bei den EventReceivern empfiehlt sich ein automatisierter Prozess per Feature, um die Einrichtung simpel und vor allem einheitlich zu gestalten.
Konfiguration	Im Bereich der Konfiguration listen Sie alle Konfigurationsoptionen auf, die für den Workflow benötigt werden.
Beschreibung	Sie sollten die Funktion möglichst detailliert beschreiben, da dies die Umsetzung erheblich erleichtert und Missverständnisse sowie Rückfragen seitens der Entwicklung minimiert.

Tabelle 2.78 Beispieldefinition eines Workflows

Name	Genehmigungsworkflow Ticketlöschung
Typ	Workflow

Tabelle 2.79 Genehmigungsworkflow Ticketlöschung

Parent	Ticketliste
Trigger	manuell (durch Benutzer getriggert)
Einrichtung	per Feature
Konfiguration	▶ Genehmigungsworkflow aktiv (ja/nein) ▶ E-Mail-Betreff ▶ E-Mail-Inhalt
Platzhalter	▶ Ticketnummer ▶ Betreff ▶ Problembeschreibung ▶ Ansprechpartner ▶ Priorität ▶ Ticketstatus ▶ erstellt am ▶ zuletzt geändert am
Beschreibung	Der Workflow zum Löschen eines Tickets hängt an der Ticketliste. Tickets können nicht direkt gelöscht werden, da die Berechtigungen auf der Ticketliste das direkte Löschen von Tickets durch Supporter und Kunden verhindern. Falls fälschlicherweise ein Ticket erstellt wurde, kann der Support-Mitarbeiter oder der Kunde den Workflow zum Löschen des Tickets über einen Ribbon-Button starten. Der Supportleiter wird darüber per E-Mail informiert und kann dem Löschvorgang zustimmen oder diesen ablehnen. Über einen Link in der E-Mail gelangt der Supportleiter auf das EditForm der Workflowaufgabe und kann dieses dann direkt bearbeiten und den Löschvorgang genehmigen. Sobald der Vorgesetzte dem Löschvorgang zugestimmt hat, werden das Ticket und die dazugehörigen Dokumente durch den Workflow gelöscht. Wenn der Vorgesetzte den Löschvorgang ablehnt, wird der Initiator des Löschvorgangs per E-Mail darüber informiert.

Tabelle 2.79 Genehmigungsworkflow Ticketlöschung (Forts.)

TimerJobs

Im Bereich der TimerJobs sollten Sie alle erforderlichen TimerJobs auflisten und deren Funktionen beschreiben. Zur vollständigen Beschreibung gehören der Name, der Typ, das Ausführungsintervall, die Konfiguration und die Beschreibung der gewünschten Funktion. Je nach Projekt werden gegebenenfalls noch weitere Punkte benötigt. Im Falle von TicketPoint 2016 werden beispielsweise die Platzhalter, die in den E-Mails verwendet werden sollen, definiert.

Name	Sie sollten einen sprechenden Namen finden und ihn durchgängig verwenden.
Typ	TimerJob
Einrichtung	TimerJobs werden mittels einer Farm-Solution deployt und in der Zentraladministration verwaltet und konfiguriert. In der Zentraladministration kann auch das Ausführungsintervall konfiguriert werden. Um einen TimerJob zu starten und das Ausführungsintervall festzulegen, starten Sie eine fertige Konfigurationsoberfläche in SharePoint, die Sie einfach mit der GUID der TimerJob-Instanz als URL-Parameter aufrufen können. Bevor der TimerJob überhaupt ausgeführt wird, muss er über die Konfigurationsseite in der Zentraladministration aktiviert werden. Über dieselbe Konfigurationsseite kann er auch wieder deaktiviert werden. Darüber hinaus gibt es die Möglichkeit, die Ausführung eines TimerJobs über eine Schaltfläche zu starten. In diesem Fall wird der Job genau einmal ausgeführt. Die Ausführung läuft losgelöst vom konfigurierten Intervall und hat auch keine Auswirkungen auf dieses. Diese Option ist besonders in der Entwicklungs- und Testphase hilfreich. Im eigentlichen Betrieb werden TimerJobs manuell über die Oberfläche in der Zentraladministration konfiguriert und automatisiert ausgeführt. Die Konfiguration kann auch über ein Feature erfolgen.
Ausführungs-intervall	Hier sollten Sie das Ausführungsintervall des TimerJobs festlegen. Wenn diese Konfigurationen nicht ausreichen oder von Ihren Anforderungen abweichen, sollten Sie überlegen, ob die Standardseite zur Konfiguration des Ausführungsintervalls ausreicht oder ob Sie aufgrund spezieller Anforderungen eine benutzerdefinierte Seite benötigen, um zum Beispiel die Optionen einzuschränken oder zusätzliche Konfigurationsparameter zur Verfügung zu stellen. Konfiguriert wird immer die Startzeit des TimerJobs. Auf der Standardkonfigurationsseite stehen folgende Intervallkonfigurationsoptionen zur Verfügung: ▸ MINÜTLICH: z. B. alle 5 Minuten ▸ STÜNDLICH: z. B. zwischen 40 und 50 Minuten nach jeder vollen Stunde ▸ TÄGLICH: z. B. zwischen 11:30 Uhr und 12:00 Uhr ▸ WÖCHENTLICH: z. B. Sonntag zwischen 22:00 Uhr und 23:00 Uhr ▸ MONATLICH: z. B. am ersten Sonntag im Monat zwischen 22:00 Uhr und 23:00 Uhr

Tabelle 2.80 Beispieldefinition von TimerJobs

Konfiguration	Im Bereich der Konfiguration listen Sie alle Konfigurationsoptionen auf, die für diesen TimerJob zur Verfügung stehen sollen. Bei der Planung von TimerJobs sollten Sie sich nicht nur Gedanken machen, was konfigurierbar sein soll, sondern auch, wer im Produktivsystem konfigurieren soll. Dies ist deswegen wichtig, weil nicht jeder Benutzer auf die Zentraladministration zugreifen kann. Dieser Zugriff ist allerdings nötig, um die Konfiguration vorzunehmen. In der Planungsphase muss genau geprüft werden, welche Konfigurationen von dem Farmadministrator über die Zentraladministration vorgenommen werden sollen und welche Konfigurationsoptionen für andere Benutzer ausgelagert werden müssen. Dies kann dann zum Beispiel der Administrator der betroffenen Anwendung sein, der keinen Zugriff auf die Zentraladministration erhält. Es gibt verschiedene Möglichkeiten, die Konfigurationen umzusetzen, wie wir in Abschnitt 2.8, »Konfiguration«, näher beschreiben werden. Dazu gehören z. B. das Auslagern in zentrale Listen oder den Property Bag des Webs. Wenn alle Konfigurationen zentral gespeichert werden, hat das den Vorteil, dass der Administrator der Anwendung alle Konfigurationen überblicken kann. Durch das zentrale Ablegen der Informationen kann auch die Notwendigkeit mehrfacher identischer Konfigurationseinträge vermieden werden. Aus dem TimerJob heraus kann auf die Konfiguration im Web der Anwendung zugegriffen werden. Der umgekehrte Weg ist weitaus schwieriger und je nach Einrichtung der Farm aus sicherheitstechnischen Gründen vollständig unterbunden. Die Sicherheitseinschränkungen erfolgen unter anderem dadurch, dass der Application-Pool der Zentraladministration und der Application-Pool des Portals laut Microsoft Best Practice mit unterschiedlichen Dienstkonten ausgeführt werden sollen. Hierdurch ist der übergreifende Zugriff aus dem Portal auf die Zentraladministration, auch mit erweiterten Berechtigungen, unterbunden.
Beschreibung	Sie sollten die Funktion möglichst detailliert beschreiben, da dies die Umsetzung erheblich erleichtert und Missverständnisse sowie Rückfragen seitens der Entwicklung minimiert.

Tabelle 2.80 Beispieldefinition von TimerJobs (Forts.)

Name	Archivierungstimerjob
Typ	TimerJob
Ausführungs-intervall	Einmal pro Woche. Es wird die Standardkonfigurationsseite verwendet.
Einrichtung	per Feature; manuelle Konfiguration erforderlich
Konfiguration	In der Zentraladministration: ▶ URL der TicketPoint-2016-Webseite ▶ URL der Archiv-SiteCollection Im Anwendungsweb: ▶ CAML-Query, die die zu archivierenden Tickets sucht ▶ Archivierung aktivieren: ja/nein
Beschreibung	Der Archivierungstimerjob verschiebt die zu archivierenden Tickets und alle zugehörigen Kommentare und Dokumente in die SiteCollection, die für die Archivdaten angelegt wurde. Auf die archivierten Tickets kann jederzeit über die WebParts zum Suchen von Tickets zugegriffen werden. Um hier eine hohe Flexibilität zu erreichen, wird die CAML-Query für die Abfrage der zu archivierenden Tickets konfigurierbar gemacht. So wird sichergestellt, dass auch in Zukunft auf Änderungen der Anforderung durch Anpassung der Konfiguration reagiert werden kann, ohne den Code anpassen zu müssen.

Tabelle 2.81 Archivierungstimerjob

Name	Eskalations- und Erinnerungstimerjob
Typ	TimerJob
Ausführungs-intervall	Einmal pro Tag. Es wird die Standardkonfigurationsseite verwendet.
Einrichtung	per Feature; manuelle Konfiguration erforderlich

Tabelle 2.82 Eskalationstimerjob und Erinnerungstimerjob

Konfiguration	In der Zentraladministration: ▶ URL der TicketPoint-2016-Webseite Im Anwendungsweb: ▶ CAML-Query, die Tickets sucht, für die eine Eskalation droht ▶ CAML-Query, die Tickets sucht, für die eine Erinnerung gesendet werden soll ▶ Betreff der Erinnerungs-E-Mail ▶ E-Mail-Inhalt Erinnerung ▶ Betreff der Eskalations-E-Mail ▶ E-Mail-Inhalt Eskalation ▶ Eskalation aktivieren: ja/nein ▶ Erinnerungen aktivieren: ja/nein
Platzhalter	▶ Ticketnummer ▶ Betreff ▶ Problembeschreibung ▶ Ansprechpartner ▶ Kundenname ▶ E-Mail-Adresse des Kunden ▶ Priorität ▶ Ticketstatus ▶ erstellt am ▶ zuletzt geändert am ▶ Link zum Ticket
Beschreibung	Der TimerJob, der die Eskalations-E-Mails versendet, soll nächtlich ausgeführt werden, damit die leitenden Personen über eskalierende Tickets informiert werden. So wird sichergestellt, dass sich zeitnah um die Tickets gekümmert werden kann. Der TimerJob, der die Erinnerungs-E-Mail sendet, soll ebenfalls jede Nacht ausgeführt werden, um die Supporter an die Tickets zu erinnern.

Tabelle 2.82 Eskalationstimerjob und Erinnerungstimerjob (Forts.)

Name	Reporttimerjob
Typ	TimerJob
Ausführungs-intervall	Einmal pro Woche. Es wird die Standardkonfigurationsseite verwendet.
Einrichtung	per Feature; manuelle Konfiguration erforderlich

Tabelle 2.83 Reporttimerjob

Konfiguration	In der Zentraladministration: ▶ URL der TicketPoint-2016-Webseite Im Anwendungsweb: ▶ SP-Gruppen, an denen die Reports gesendet werden sollen ▶ Report »Zusammenfassung der letzten Woche« aktivieren ▶ Report »Anstehende Tickets« aktivieren ▶ CAML-Query, die Tickets sucht, die für den Report »Zusammenfassung der letzten Woche« benötigt werden ▶ CAML-Query, die Tickets sucht, die für den Report »Anstehende Tickets« benötigt werden ▶ E-Mail-Betreff »Zusammenfassung der letzten Woche« ▶ E-Mail-Inhalt »Zusammenfassung der letzten Woche« ▶ E-Mail-Betreff »Anstehende Tickets« ▶ E-Mail-Inhalt »Anstehende Tickets«
Platzhalter	▶ aktuelles Datum ▶ Anzahl der anstehenden Tickets ▶ Anzahl der bearbeiteten Tickets der letzten Woche ▶ Anzahl der abgeschlossenen Tickets der letzten Woche ▶ Anzahl der erstellten Tickets der letzten Woche
Beschreibung	Der TimerJob ruft die benötigten Daten anhand der konfigurierten CAML-Query ab, bereitet die Daten auf und erstellt die Reports. Im Anschluss werden die Reports an die Personen der konfigurierten Gruppe gesendet. Die E-Mail-Texte können konfiguriert werden. Die erlaubten Platzhalter werden in den Reports ersetzt.

Tabelle 2.83 Reporttimerjob (Forts.)

2.5 Ablaufpläne

Im Bereich »Ablaufpläne« sollten Sie alle bisher genannten Use Cases und Systemtrigger anhand eines Programmablaufplans skizzieren. Einfache Funktionen, wie das Anzeigen oder Speichern von Informationen, können hier entfallen, sofern zum Ausführen der Funktion keine weitreichende Logikprüfung der Daten benötigt wird.

Um den Ablauf komplexer Funktionen zu erläutern, beschreiben wir nachfolgend alle Use Cases und systemgetriggerte Funktionen durch einen Programmablaufplan. Dieses Kapitel behandelt nur die Funktionen, bei denen eine nähere Erläuterung zur Veranschaulichung des Ablaufs erforderlich ist, und solche, bei denen der Funktionsname nicht bereits vollen Aufschluss über ihre Funktionsweise gibt. Einfache Funktionen, zu deren Ausführung ausschließlich klare Vorgaben, wie z. B. die Validierung von Pflichtfeldern, erforderlich sind, werden nicht gesondert aufgeführt.

2.5.1 Ticket übernehmen

User Stories:

- Ticket übernehmen

Trigger:

Objekt	Objekttyp	Use Case
Tickets	Liste	Ticket übernehmen
Ticket	DispForm	Ticket übernehmen

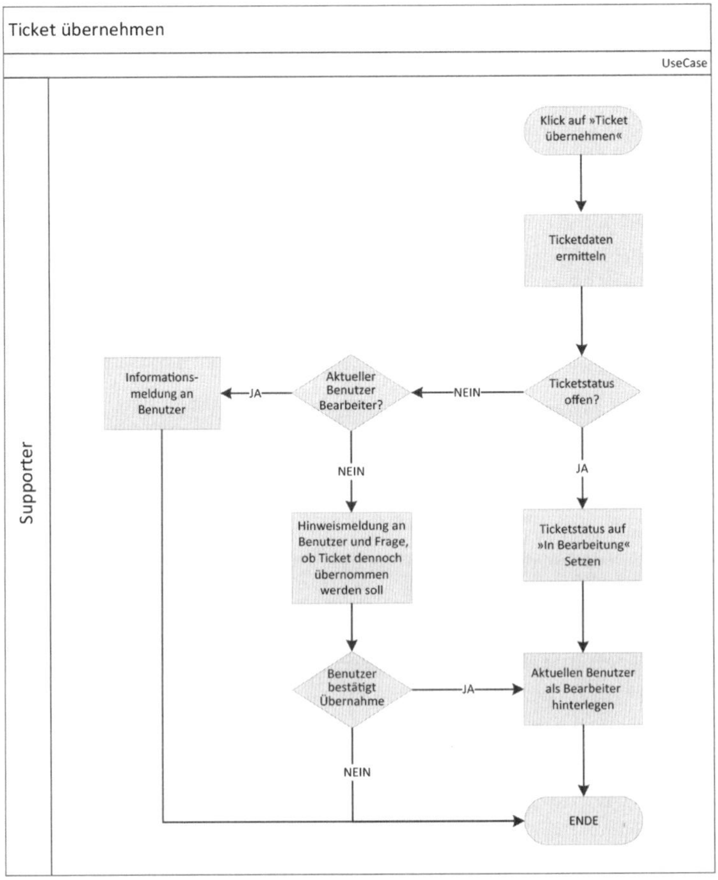

Abbildung 2.10 PAP Ticket übernehmen

2.5.2 Ticket weiterleiten

User Stories:

- Ticket weiterleiten

Trigger:

Objekt	Objekttyp	Use Case
Tickets	Liste	Ticket weiterleiten
Ticket	DispForm	Ticket weiterleiten

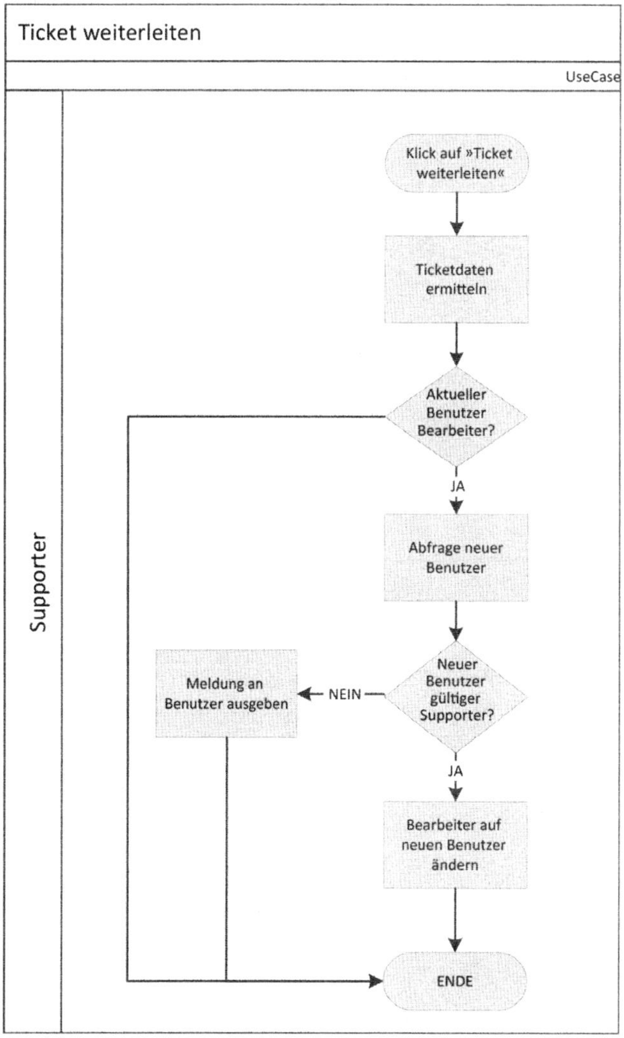

Abbildung 2.11 PAP Ticket weiterleiten

2.5.3 Ticket abschließen

User Stories:

- Ticket abschließen

Trigger:

Objekt	Objekttyp	Use Case
Tickets	Liste	Ticket abschließen
Ticket	DispForm	Ticket abschließen

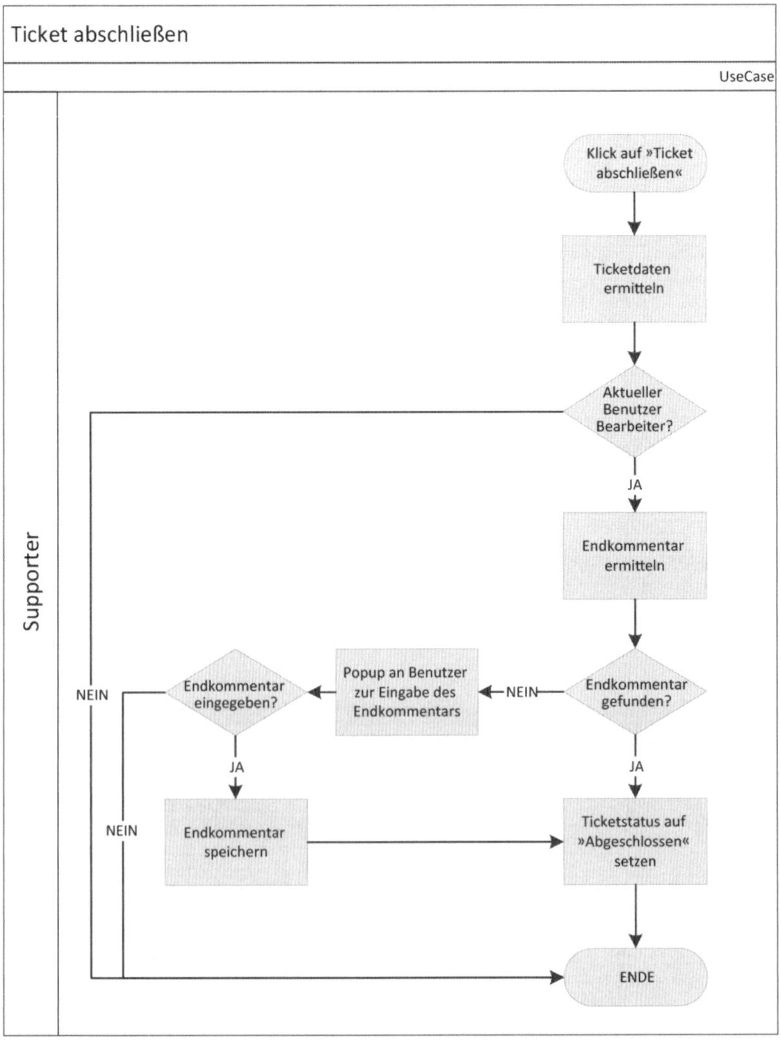

Abbildung 2.12 PAP Ticket abschließen

2.5.4 Benachrichtigung neues Ticket

User Stories:

- Benachrichtigung neues Ticket

Trigger:

Objekt	Objekttyp	Use Case
Tickets	EventReceiver – `ItemAdded`	–

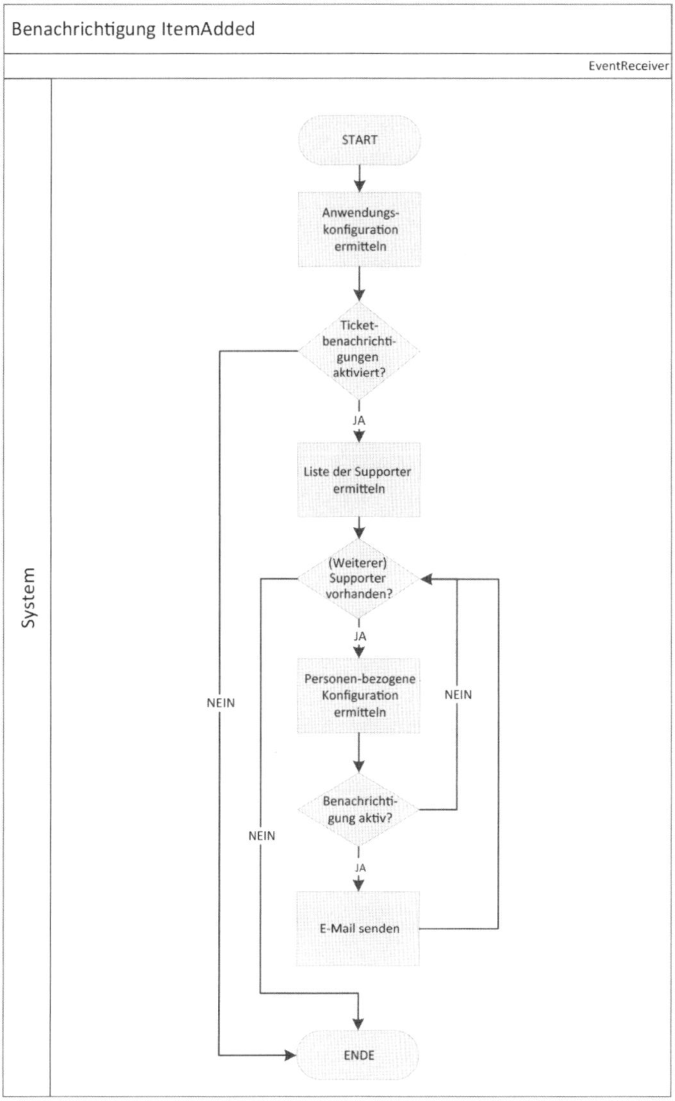

Abbildung 2.13 PAP Benachrichtigung »ItemAdded«

2.5.5 Benachrichtigung Ticket geändert

User Stories:

- Benachrichtigung Ticket geändert

Trigger:

Objekt	Objekttyp	Use Case
Tickets	EventReceiver – `ItemUpdated`	–

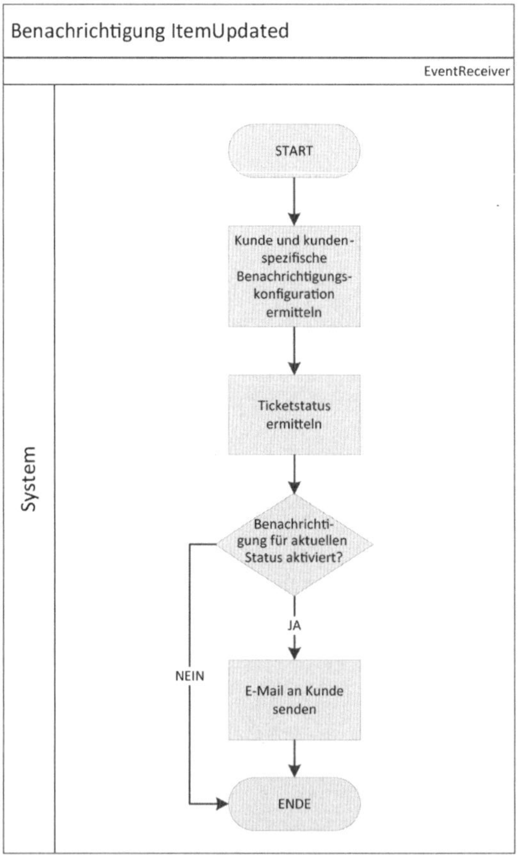

Abbildung 2.14 PAP Benachrichtigung »ItemUpdated«

2.5.6 Ticketlöschvorgang

User Stories:

- Ticketlöschung beantragen
- Ticketlöschung genehmigen

Trigger:

Objekt	Objekttyp	Use Case
Tickets	Workflow	–

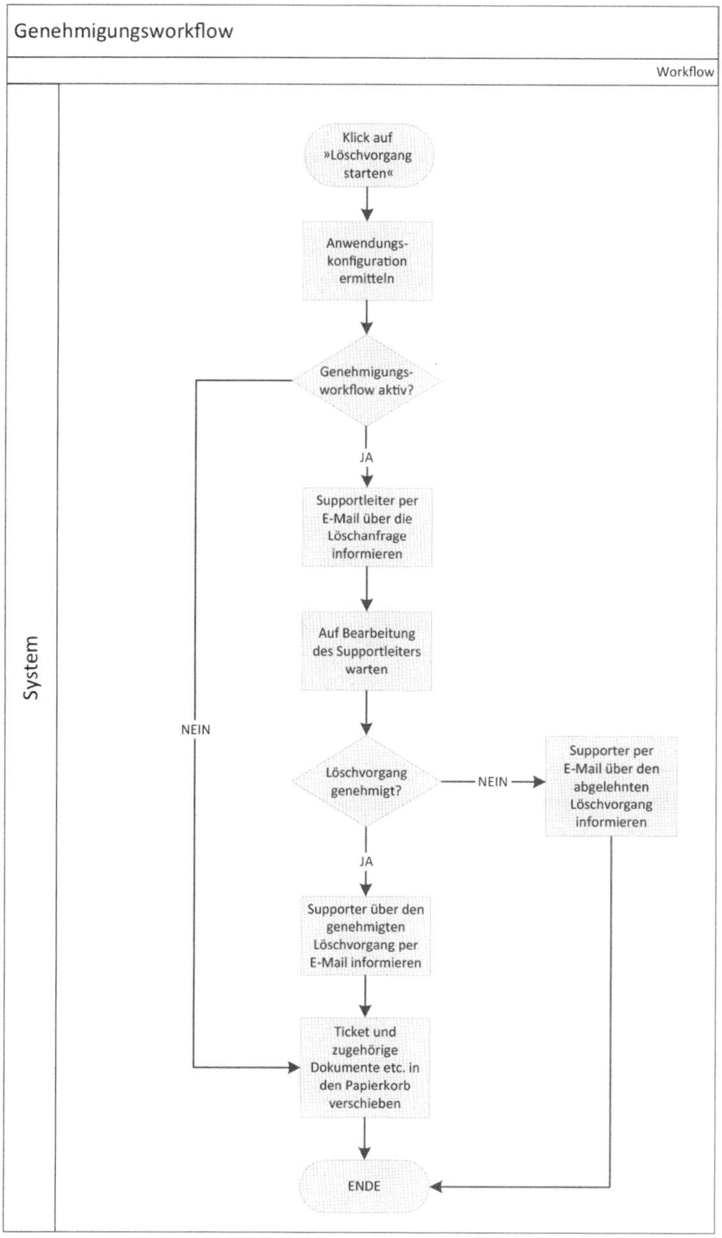

Abbildung 2.15 Ablaufplan Ticketlöschvorgang

2.5.7 Ticketerinnerung

User Stories:

- Ticketerinnerung

Trigger:

Objekt	Objekttyp	Use Case
Tickets	TimerJob	–

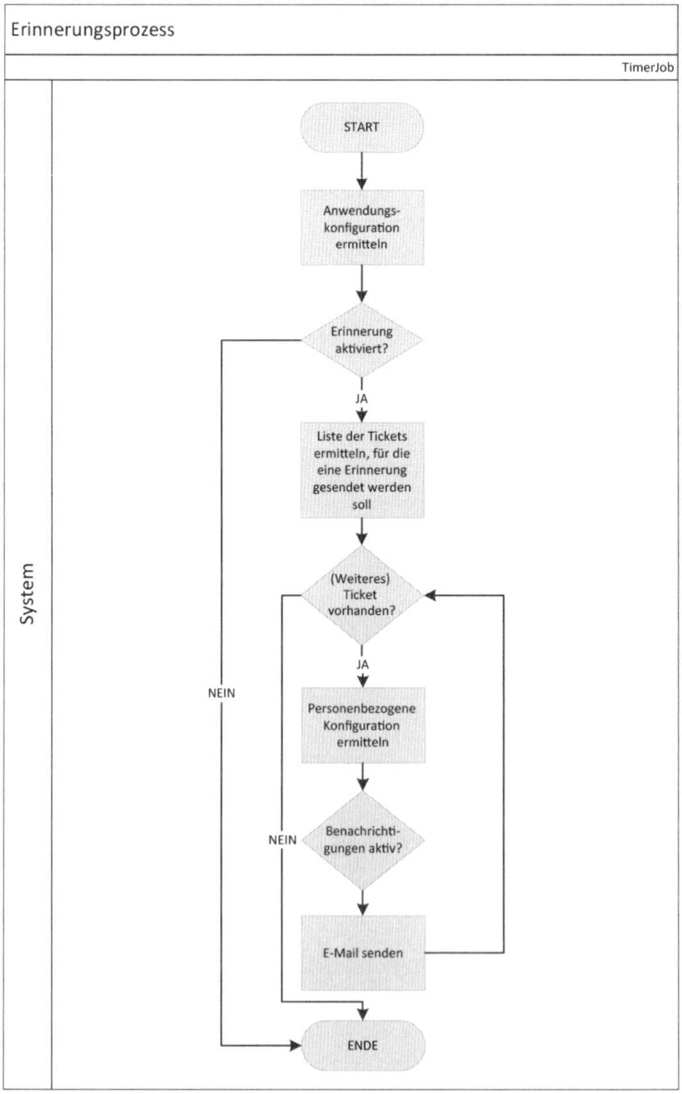

Abbildung 2.16 Ablaufplan Ticketerinnerung

2.5.8 Ticketeskalation

User Stories:

- Ticket eskalieren

Trigger:

Objekt	Objekttyp	Use Case
Tickets	TimerJob	–

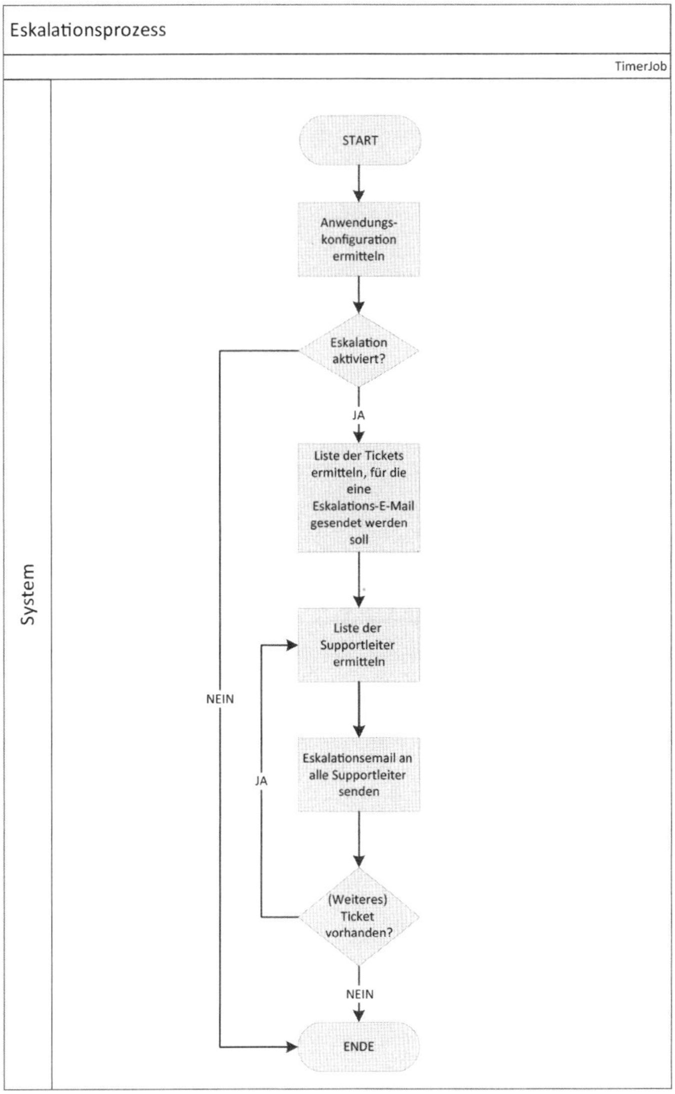

Abbildung 2.17 Ablaufplan Ticketeskalation

2.5.9 Ticketarchivierung

User Stories:

- Ticket archivieren

Trigger:

Objekt	Objekttyp	Use Case
Tickets	TimerJob	–

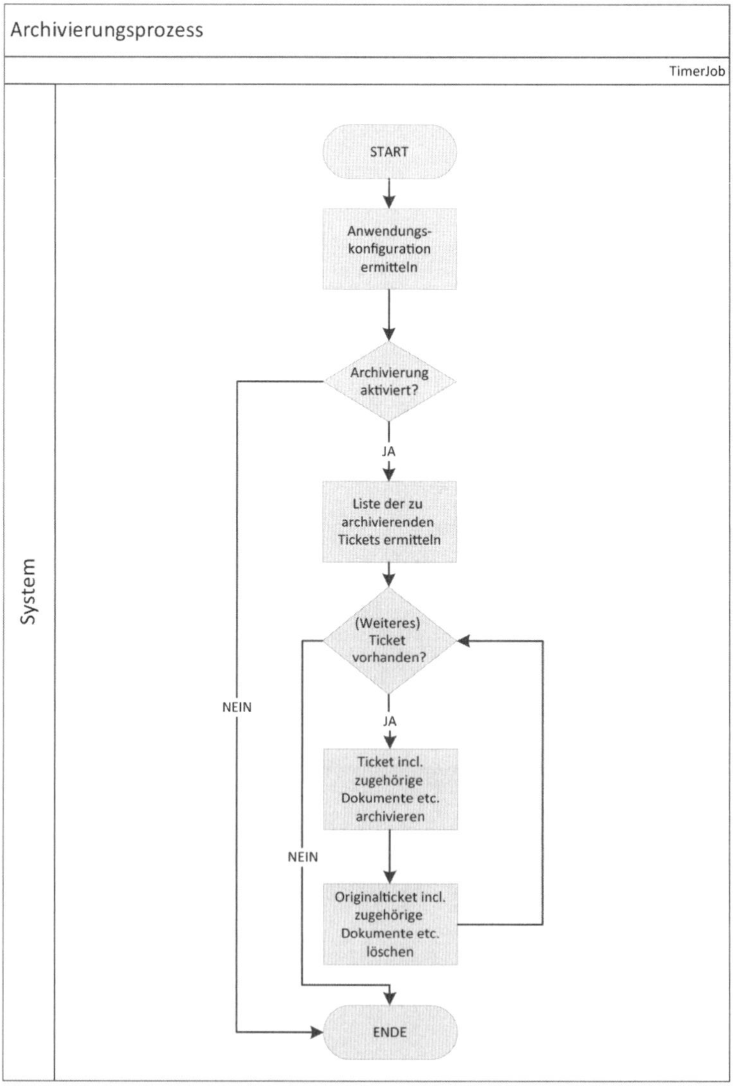

Abbildung 2.18 Ablaufplan Ticketarchivierung

2.5.10 Reports

User Stories:

- Report: »Zusammenfassung der letzten Woche«
- Report: »Anstehende Tickets«

Trigger:

Objekt	Objekttyp	Use Case
Tickets	TimerJob	–

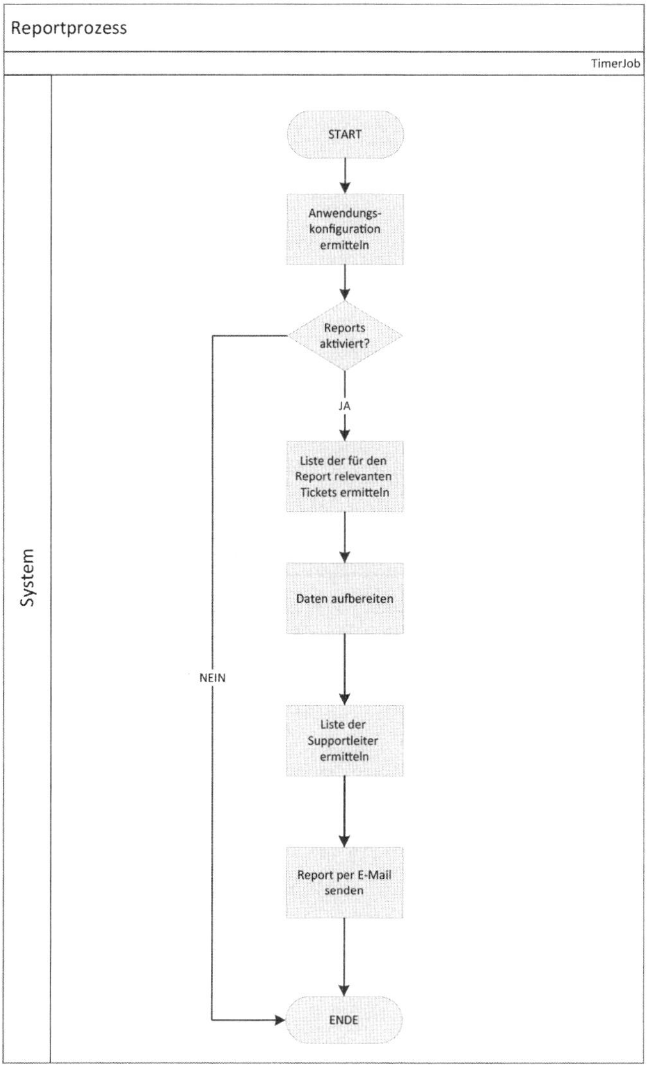

Abbildung 2.19 Ablaufplan Reports

2.6 WebParts

Eine mächtige UI-Komponente von SharePoint-Lösungen stellen *WebParts* dar. Mit ihrer Hilfe können Sie definierte Funktionsbausteine mit grafischen Elementen kombinieren und als Modul bereitstellen. Das fertige WebPart kann in SharePoint auf jeder beliebigen Wiki- oder WebPart-Seite platziert werden.

In diesem Abschnitt sollten Sie alle geplanten WebParts aufführen. Beschreiben Sie jeweils den angedachten Anwendungszweck, und setzen Sie sowohl den Kunden als auch den späteren Entwickler mithilfe von Beschreibungen und Mockups möglichst detailliert über das Aussehen und die angedachten Funktionen in Kenntnis.

Geben Sie den Namen des WebParts, die gewünschte Beschreibung und die Gruppe an, unter der das WebPart gegliedert ist.

Nach den Basisangaben sollten Sie die Konfigurationsmöglichkeiten des WebParts definieren. Führen Sie dazu den Anzeigenamen der Eigenschaft, einen Beschreibungstext und den gewünschten Datentyp auf. Je detaillierter die Planung erfolgt, desto schneller kann der Entwickler die Anforderungen umsetzen, ohne sich selbst Gedanken über diese Details zu machen oder Rückfragen stellen zu müssen. Damit vereinfachen und beschleunigen Sie den Projektablauf.

Um den Funktionsumfang der Anwendung zu erweitern und dem Anwender die Bedienung zu erleichtern, werden unterschiedliche WebParts bereitgestellt. Die WebParts können auf beliebigen Wiki- und WebPart-Seiten im Portal eingebunden und konfiguriert werden. TicketPoint 2016 wird mit einer Standardkonfiguration an WebPart-Seiten ausgerollt.

Die weitere Verwendung der mitgelieferten WebParts auf zusätzlichen Seiten ist jederzeit möglich. So können Sie beispielsweise das Auswertungs-WebPart jederzeit auf einer anderen Website für Kunden zur Verfügung stellen. Diese Seite können Sie dann mit dedizierten Berechtigungen nur für spezielle Kunden freigeben, zum Beispiel im Rahmen eines erweiterten Supportvertrags.

Begriffe

WebParts sind in SharePoint in unterschiedliche *Gruppen* gegliedert, damit sie in der Benutzeroberfläche einfacher wiederzufinden sind. Der Gruppenname ist frei wählbar. Somit können Sie Ihre WebParts beispielsweise in thematische Gruppen gliedern oder im Falle mehrerer Produkte die WebParts produktbezogen sortieren.

2.6.1 Ticketauswertung

Name	*Ticketauswertung*
Beschreibung	Bietet die Möglichkeit, Tickets innerhalb eines gewünschten Zeitraums zu suchen und auszuwerten
Gruppe	TicketPoint 2016

Abbildung 2.20 Mockup – Ticketanalyse

Konfiguration:

Name	**Beschreibung**	**Datentyp**
URL TicketPoint 2016	Gibt die URL zu TicketPoint 2016 an. Unterhalb dieser URL wird nach der Ticketliste für die Auswertung gesucht.	Text

Um die Qualität Ihres Supports auszuwerten, wird das WebPart *Ticketauswertung* bereitgestellt. Es analysiert automatisch definierte Parameter, wie durchschnittliche Reaktionszeiten, durchschnittliche Bearbeitungszeiten von Tickets und die Anzahl der gestellten Tickets in einem angegebenen Zeitraum.

Um die Analyse zu verfeinern, können Sie über Filterparameter gezielt nach Tickets einzelner Ansprechpartner suchen. Der abzufragende Zeitraum ist über den Suchfilter auswählbar.

Um den Datenschutz zu wahren, sind die Auswertungen allgemein gehalten und nicht personalisiert, also nicht speziell auf einen oder mehrere gezielte Supportmitarbeiter geschlüsselt.

Als WebPart-Eigenschaft wird die URL von TicketPoint 2016 angegeben. Durch die explizite Angabe der TicketPoint-2016-URL besteht die Möglichkeit, das WebPart auch in anderen Bereichen eines Portals zu Auswertungszwecken einzubinden.

Der Zugriff auf die Ticketliste erfolgt mit erweiterten Berechtigungen. So ist gewährleistet, dass auch Kunden, die keinen direkten Zugriff auf das Ticketsystem haben, die Qualität des für Sie geleisteten Supports überblicken können.

2.6.2 Lösungssuche

Name	*Lösungssuche*
Beschreibung	Bietet die Möglichkeit, Tickets nach bestimmten Kriterien zu suchen, um für regelmäßig wiederkehrende Probleme schnell die passende Lösung zu ermitteln
Gruppe	TicketPoint 2016

Abbildung 2.21 Mockup – Lösungssuche WebPart

Name	Beschreibung	Datentyp
Eigene Suchabfrage	Gibt an, ob anstelle der integrierten Suchabfrage eine eigene Suchabfrage genutzt werden soll	Boolean
Suchabfrage	Die Suchabfrage vom Typ *KQL*, mit der alternativ nach den passenden Tickets gesucht werden soll. Die Abfrage wird automatisch um den angegebenen Suchparameter erweitert.	Text
Ergebnisfelder	Auflistung der Managed Properties, die im Suchergebnis angezeigt werden sollen	Text
Managed Property Kunde	Managed Property, die für die *Kunde*-Spalte erstellt wurde	Text
Managed Property Ansprechpartner	Managed Property die für die *Ansprechpartner*-Spalte erstellt wurde	Text
Managed Property Bearbeiter	Managed Property, die für die *Bearbeiter*-Spalte erstellt wurde	Text
Managed Property Problembeschreibung	Managed Property, die für die *Problembeschreibung*-Spalte erstellt wurde	Text
Managed Property Betreff	Managed Property, die für die *Betreff*-Spalte erstellt wurde	Text

Tabelle 2.84 Konfiguration der Suche

Um wiederkehrende Probleme schneller und effektiver lösen zu können, wird das WebPart zur Lösungssuche bereitgestellt. Das WebPart analysiert bereits gelöste Tickets, bei denen definierte Kriterien mit denen eines zu lösenden Tickets übereinstimmen. Hierzu werden Bestandteile des aktuellen Tickets als Suchanfrage über die SharePoint-Suche abgesetzt. Die zurückgelieferten Suchergebnisse werden dem Benutzer aufgelistet. Um möglichst alle Tickets zu finden, wird die Suche in diesem Kontext mit erweiterten Berechtigungen ausgeführt.

In den Suchergebnissen können die Tickets über einen Klick auf die Ticketnummer in einem modalen Dialog geöffnet werden. Die Anzeige des Tickets erfolgt über das Anzeigeformular von Tickets. Um unzureichende Leseberechtigungen auszuschließen, geben Sie dem Anzeigeformular einen URL-Parameter `ElevatedPrivileges=1` mit. Durch diesen Parameter werden die Inhalte des Tickets mit erweiterten Berechtigungen ausgelesen. Alle Funktionen im Ribbon werden deaktiviert.

Als Konfiguration des WebParts müssen Sie die URL von TicketPoint 2016 und die ID des Ticket-Inhaltstyps eintragen. Mit diesen beiden Informationen in Kombination mit den Suchparametern aus den Benutzereingaben und dem zu analysierenden Ticket wird eine entsprechende Suchanfrage ausgeführt.

Alternativ können Sie über den Haken bei der Eigenschaft EIGENE SUCHANFRAGE festlegen, dass anstelle der integrierten Abfrage eine eigene Suchanfrage auf Basis von KQL verwendet wird. Die gewünschte Suchanfrage können Sie ebenfalls in den Eigenschaften des WebParts hinterlegen. Sie wird bei der Ausführung um die Bestandteile aus dem Ticket und die gewählten Suchparameter aus den Benutzereingaben ergänzt.

Abschließend müssen Sie noch die Felder der Ergebnistabelle definieren. Hierzu erstellen Sie eine Liste der Managed Properties in Kombination mit dem anzuzeigenden Spaltennamen. Im Konfigurationsfeld der Ergebnisfelder hinterlegen Sie die entsprechenden Werte in der folgenden XML-Syntax:

```
<Columns>
    <Column Header="ManagedProperty1" MananagedProperty="Spaltenname1"/>
    <Column Header="ManagedProperty2" MananagedProperty="Spaltenname2"/>
</Columns>
```

Beispielsweise könnte dies so aussehen:

```
<Columns>
    <Column Header="Title" MananagedProperty="Ticketnummer"/>
    <Column Header="fkr_tp_Subject" MananagedProperty="Betreff"/>
    <Column Header="fkr_tp_ContactPerson"
        MananagedProperty="Ansprechpartner"/>
</Columns>
```

Begriffe

Keyword Query Language (*KQL*) ist die Standardabfragesprache für die Erstellung von Suchabfragen. Mithilfe von KQL geben Sie die Suchbegriffe oder die Eigenschaftseinschränkungen an, die an den SharePoint-Suchdienst übergeben werden.

Weitere Informationen finden Sie unter: *https://msdn.microsoft.com/de-de/library/office/jj163973.aspx*.

Managed Properties sind Verknüpfungen von Metainformationen aus einer SharePoint-Webseite mit dem SharePoint-Suchdienst. Sie ermöglichen die Erweiterung der Suche und der Such-Refiner um benutzerdefinierte Informationen.

2.6.3 Abrechnung

Name	Abrechnung
Beschreibung	Bietet die Möglichkeit, den Abrechnungsstatus zu überblicken und auf einfachem Weg Tickets abzufragen, die zur Abrechnung stehen, und für diese gebündelt den Abrechnungsstatus zu ändern
Gruppe	TicketPoint 2016

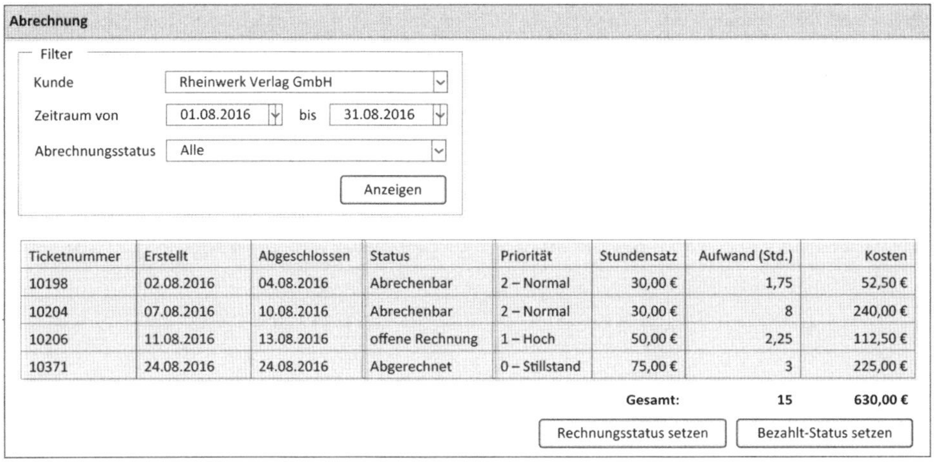

Abbildung 2.22 Mockup – Abrechnung-WebPart

Name	**Beschreibung**	**Datentyp**
URL TicketPoint 2016	Gibt die URL zu TicketPoint 2016 an. Unterhalb dieser URL wird nach der Ticketliste für die Auswertung gesucht	Text
Ticketstatus Abgeschlossen	Gibt an, welchen Status ein Ticket hat, das als abgeschlossen gilt und somit für die Abrechnung relevant ist	Text
Abrechnungsstatus Abrechenbar	Gibt an, dass das Ticket den Abrechnungsstatus »abrechenbar« hat	Text
Abrechnungsstatus offene Rechnung	Gibt den Abrechnungsstatus an, den ein Ticket erhalten soll, für das bereits eine Rechnung geschrieben wurde, die aber noch offen ist	Text

Tabelle 2.85 Konfiguration

Name	Beschreibung	Datentyp
Abrechnungsstatus Abgerechnet	Gibt den Abrechnungsstatus an, den ein Ticket erhalten soll, wenn die Rechnung bezahlt wurde	Text

Tabelle 2.85 Konfiguration (Forts.)

Das WebPart *Abrechnung* stellt ein Verwaltungsmodul zur Verfügung, mit dessen Hilfe abrechenbare Tickets, offene Rechnungen und abgerechnete Tickets dargestellt werden können. Das WebPart analysiert alle Tickets im Status »abgeschlossen« und klassifiziert sie in die drei Abrechnungsstatus »Abrechenbar«, »offene Rechnung« und »Abgerechnet«.

Die Tickets können je Status gruppiert oder gefiltert angezeigt werden. Als zusätzliche Filtermöglichkeit lässt sich der Abrechnungszeitraum einstellen. Als Abrechnungsdatum eines Tickets gilt der Zeitstempel für den Abschluss des Tickets. Für die betroffenen Tickets werden anhand der Ticketpriorität die entsprechenden Stundensätze aus der Konfiguration ermittelt und mit den hinterlegten Arbeitszeiten multipliziert. So können Sie jederzeit Kostenaufstellungen erzeugen und an Ihre Kunden weitergeben.

Für die Konfiguration wird die URL zum TicketPoint-2016-Web hinterlegt. In diesem Web wird nach der Ticketliste gesucht.

Neben der URL wird der Ticketstatus angegeben, mit dem abrechenbare Tickets identifiziert werden können. Zur Klassifizierung des Abrechnungsstatus werden die unterschiedlichen Statuswerte der Abrechnungsspalte angegeben.

Das WebPart verfügt über die Möglichkeit, für alle aktuell angezeigten Tickets den Abrechnungsstatus zu ändern. Diese Funktion kann ausschließlich von Mitgliedern der Rolle *Supportleiter* genutzt werden. Kunden und Supportmitarbeiter können lediglich lesend auf die Daten zugreifen. Für die Funktion stehen zwei Schaltflächen unterhalb der Ergebnistabelle zur Verfügung, mit denen der Rechnungsstatus oder der Abgerechnet-Status gesetzt wird. Klickt der Benutzer die Schaltfläche RECHNUNGSSTATUS SETZEN, erhält er eine JA/NEIN-Bestätigungsabfrage, ob die Aktion wirklich durchgeführt werden soll. Bestätigt der Benutzer mit JA, werden alle Tickets mit dem Status »Abrechenbar« in den Status »offene Rechnung« geändert. Abgerechnete Tickets bleiben von dieser Aktion unberührt. Klickt der Benutzer die Schaltfläche BEZAHLT-STATUS SETZEN an, erfolgt ebenfalls eine Bestätigungsanfrage. Bestätigt er diese, so wird der Status aller aktuellen Tickets von »offene Rechnung« in »Abgerechnet« geändert. Tickets im Status »Abrechenbar« bleiben von dieser Aktion unberührt.

2.7 Weitere Anforderungen und Funktionen

Dokumentieren Sie in diesem Bereich Anforderungen, die durch das bisherige Muster nicht abgedeckt sind. Was Sie hier dokumentieren und wie Sie es dokumentieren, liegt komplett in Ihrer Hand – ob Schnittstellen zu externen Systemen wie SAP, zusätzliche Datenquellen wie zum Beispiel vorhandene Access-Anwendungen des Kunden usw. Hier ist der richtige Platz dafür.

Notieren Sie, welche Anforderungen an die Anwendung gestellt werden und vor allem, in welcher Form die Anforderungen in die Anwendung integriert werden sollen.

An dieser Stelle könnten Sie zum Beispiel eine Schnittstelle zu einem Abrechnungsmodul der Buchhaltung des Kunden beschreiben. Sofern Sie die User Stories, die Use Cases und die Ablaufpläne in den vorherigen Kapiteln korrekt erstellt haben, ist hier der Bereich, in dem Sie notwendige Schnittstellendefinitionen und Kommunikationswege erläutern. Das kann z. B. der Aufbau einer CSV-Datei sein, die via Export und Import Daten aus Ihrer Ticketabrechnung in das ERP-System des Kunden überträgt. Ein weiteres Beispiel ist das Auslesen von Kontaktpersonen aus einer vorhandenen Personaldatenbank. Komplettieren Sie Ihre Planung, indem Sie hier alle noch fehlenden Informationen zusammenfassen und durch geeignete Diagramme visualisieren.

2.8 Konfiguration

Es gibt unterschiedliche Wege, Konfigurationsdaten in SharePoint zu speichern. Die Elegantesten und Beliebtesten sind das Speichern von Informationen in einer SharePoint-Liste und die Verwendung des Property Bags von Objekten. Details zum Property Bag erfahren Sie in Abschnitt 8.1, »Stufen erstellen«.

Die Entscheidung, wo Sie Ihre Daten speichern, hängt von folgenden Faktoren ab:

- der Art der Konfigurationsdaten
- wer die Konfigurationsdaten pflegt
- dem Umfang der Konfigurationsdaten

Das alles beeinflusst den gewünschten Ablageort. Daten, die schnell und komfortabel bearbeitet werden müssen, wie z. B. ein Nummernkreis für Rechnungen oder ein Präfix für Rechnungsnummern, können leicht über eine SharePoint-Liste abgebildet werden. Der Vorteil dabei ist, dass Sie keine zusätzliche Konfigurationsoberfläche erstellen müssen. Die Formulare zum Erstellen, Bearbeiten und Anzeigen der Daten sind bereits vollständig vorhanden und können einfach genutzt werden. Der Endbenutzer kennt sich mit der Oberfläche aus und kann ohne hohen Schulungsaufwand die Anwendung selbständig konfigurieren. Die Einträge im Property Bag können sehr einfach über Tools, wie beispielsweise den SharePoint Designer, gesetzt werden. Um die Pflege dieser Konfigurationsdaten jedoch direkt in die Anwendung zu integrieren, müssen Sie in der Regel eine Konfigurationsoberfläche erstellen, mit deren Hilfe Administratoren die Anwendung konfigurieren können. Dies erfordert einen gewissen Entwicklungsaufwand, den Sie bei der Verwendung von SharePoint-Listen nicht haben.

Ein großer Nachteil bei der Ablage der Konfigurationsdaten in Listen ist die Ermittlung dieser Daten, da sie über eine CAML-Query oder andere Mechanismen aus der Liste ausgelesen werden müssen. Dies ist sowohl performanceintensiver als auch fehleranfälliger. Speichern Sie die Daten beispielsweise als Schlüssel-Wert-Paar und hat der Endbenutzer bei der Datenpflege versehentlich den Schlüssel geändert, so wird das Auslesen der Konfiguration gegebenenfalls fehlschlagen. Auch das Hinterlegen von Kennwörtern für Dienstkonten etc. gestaltet sich in einer SharePoint-Liste als schwierig, da die Werte und somit auch das Kennwort im Klartext dargestellt werden. Dadurch könnte das Kennwort auch von Personen eingesehen werden, denen es nicht zugänglich sein sollte.

Erstellen Sie hingegen eine eigene Konfigurationsoberfläche, so kann der Benutzer nur die Werte und nicht die Schlüssel manipulieren. Zusätzlich haben Sie die Möglichkeit, über Passwort-Controls eine gesicherte Kennworteingabe zu garantieren und Kennwörter verschlüsselt im Property Bag abzulegen. Wenn Sie die Ver- und Entschlüsselung des Wertes im Property Bag übernehmen, können Sie dem Kunden sogar gewährleisten, dass das Kennwort auch über Zusatztools nicht im Klartext ausgelesen werden kann.

Eine weitere Frage besteht darin, ob Sie für jeden Konfigurationswert einen eigenen Eintrag in einer Liste oder Property Bag erzeugen oder ob Sie mehrere Konfigurationswerte in einer XML-Struktur zusammenfassen und diese gebündelt in einem einzelnen Eintrag ablegen. Bei der Wahl der XML-basierten Konfiguration bietet sich ebenfalls wieder die eigene Konfigurationsoberfläche an, da Sie dadurch sicherstellen, dass keine syntaktischen Fehler in Ihrem XML eingebaut werden.

Schauen Sie sich die Konfigurationsanforderungen Ihrer Anwendung also im Vorfeld genau an, und entscheiden Sie dann, wo und wie Sie sie ablegen. Möglich ist selbstverständlich auch ein hybrides Verfahren, in dem Sie einige Daten in einer Konfigurationsliste und andere Daten im Property Bag ablegen.

2.8.1 Website-Property-Bag

Der Property Bag stellt eine einfache Möglichkeit dar, Konfigurationsinformationen zu einem Objekt zu hinterlegen. Der Property Bag wird durch eine Hash Table repräsentiert, in der beliebige Schlüssel-Wert-Paare hinterlegt werden können. Da es in SharePoint keine Konfigurationsoberfläche für Property Bags der Objekte gibt, müssen Sie eine solche entweder individuell erstellen oder auf vorhandene Tools und Lösungen zurückgreifen. Hier gilt es zu berücksichtigen, wer die Konfiguration durchführt. Handelt es sich um einmalige Daten, die der Administrator direkt nach der Installation der Anwendung eingeben kann, so ist eine Oberfläche zwar schön, aber nicht zwingend erforderlich. Geht es um Daten, die vom Endbenutzer eingetragen oder in einer gewissen Regelmäßigkeit abgeändert werden müssen, ist eine entsprechende Benutzeroberfläche vorteilhaft.

Auch die Ablage verschlüsselter Werte ist über eine eigens entwickelte UI-Komponente wesentlich eleganter und zeitsparender umzusetzen. Selbst wenn die Zeit hier im Bereich der Entwicklung notwendig ist, so kommt Ihnen diese Arbeit bei eventuell mehrfachen Konfigurationsproblemen und Fragen von Administratoren und Kunden zugute.

Da der Property Bag eines Objektes nicht ausschließlich von Ihnen genutzt wird, könnte es bei den Konfigurationsschlüsseln zu Kollisionen mit Lösungen anderer Hersteller oder anderen Lösungen aus Ihrem Hause kommen. Um solche Kollisionen zu vermeiden, sollten Sie Ihren Konfigurationsschlüsseln ein eindeutiges Präfix voranstellen. Genau wie bei der Benennung der Websitespalten bietet sich hier eine Kombination aus einem dreistelligen Firmen- oder Entwicklerschlüssel gefolgt von einem zweistelligen Anwendungskürzel an.

Für TicketPoint 2016 werden relativ viele einzelne Werte im Property Bag abgelegt. Wir werden für jeden Wert einen eigenen Eintrag im Property Bag des Webs anlegen. Als Alternative zu einzelnen Werten im Property Bag stünde die Variante, alle Konfigurationswerte in einer XML-Struktur zusammenzufassen und das konfigurierte XML in einem Property-Bag-Eintrag zu speichern. Da wir bei TicketPoint 2016 von einer geschlossenen Umgebung ausgehen und keine weiteren Einträge durch andere Anbieter oder Lösungen in unserem Web erwarten, haben wir uns zu einzelnen Werten entschieden. Darüber hinaus ist die Abfrage von Konfigurationswerten ohne XML einfacher, da nur der Wert eines Schlüssel-Wert-Paares ausgelesen und nicht zusätzlich in der XML-Struktur nach dem passenden Wert gesucht werden muss.

Zum Speichern statischer Konfigurationen werden die folgenden Einträge im Property Bag der Website erstellt. Für die Verwaltung der Einträge wird eine gesonderte Konfigurationswebseite in der Anwendung bereitgestellt.

Allen Identifikationsschlüsseln wird das eindeutige Präfix *fkr_tp_* vorangestellt. Aus Sicherheitsgründen werden alle Konfigurationswerte verschlüsselt gespeichert und zur Laufzeit der Anwendung wieder entschlüsselt. Auf diesem Wege können auch Kennwörter bedenkenlos über diesen Weg hinterlegt werden.

Name	Beschreibung	Mögliche Werte	Scope
SendSupporter-Mail	Gibt an, ob den betroffenen Supportern eine Informationsmail gesendet werden soll	`True;False`	Anwendungs-root

Tabelle 2.86 Definition von Konfigurationswerten

Name	Beschreibung	Mögliche Werte	Scope
SupporterMail-Subject	der Betreff der Informationsmail, die an einen Supporter gesendet wird	<TEXT>	Anwendungs-root
SupporterMail-Body	der Inhalt der Informationsmail, die an einen Supporter gesendet wird	<TEXT>	Anwendungs-root
SendCustomer-Mail	Gibt an, ob dem Kunden, der ein Ticket erstellt hat, Informations-mails gesendet werden sollen	`True;False`	Anwendungs-root
CustomerMail-Subject	der Betreff einer Informations-mail, die an einen Kunden geschickt wird	<TEXT>	Anwendungs-root
CustomerMail-Body	der Inhalt einer Informationsmail, die an einen Kunden geschickt wird	<TEXT>	Anwendungs-root
StatusMailNew	Gibt an, ob beim Status »Neu« Informationsmails geschickt werden sollen	`True;False`	Anwendungs-root
StatusMail-Assumed	Gibt an, ob beim Status »Übernommen« Informationsmails geschickt werden sollen	`True;False`	Anwendungs-root
StatusMail-Finished	Gibt an, ob beim Status »Abgeschlossen« Informationsmails geschickt werden sollen	`True;False`	Anwendungs-root
StatusMail-Canceled	Gibt an, ob beim Status »Abgebrochen« Informationsmails geschickt werden sollen	`True;False`	Anwendungs-root
StatusNew	Angabe, welcher Ticketstatus ein Ticket als neu deklariert	<TEXT> *Auswahl aus Statusliste*	Anwendungs-root
StatusAssumed	Angabe, welcher Ticketstatus ein Ticket als übernommen deklariert	<TEXT> *Auswahl aus Statusliste*	Anwendungs-root

Tabelle 2.86 Definition von Konfigurationswerten (Forts.)

Name	Beschreibung	Mögliche Werte	Scope
StatusFinished	Angabe, welcher Ticketstatus ein Ticket als abgeschlossen deklariert	<TEXT> *Auswahl aus Statusliste*	Anwendungs-root
StatusCanceled	Angabe, welcher Ticketstatus ein Ticket als abgebrochen deklariert	<TEXT> *Auswahl aus Statusliste*	Anwendungs-root
ApprovalActive	Gibt an, ob der Genehmigungs-workflow zur Löschung von Tickets aktiv ist oder nicht	`True; False`	Anwendungs-root
ApprovalMail-Subject	Der E-Mail-Betreff einer E-Mail, die einem Supportleiter geschickt wird, um ihn über eine anstehende Genehmigung einer Löschung zu informieren. Der Betreff kann Platzhalter enthalten, die automatisch ersetzt werden.	<TEXT>	Anwendungs-root
ApprovalMail-Body	Der Inhalt einer E-Mail, die einem Supportleiter geschickt wird, um ihn über eine anstehende Genehmigung einer Löschung zu informieren. Der Inhalt kann Platzhalter enthalten, die automatisch ersetzt werden.	<TEXT>	Anwendungs-root
ArchivingActive	Gibt an, ob die Archivierung aktiv ist oder nicht	`True; False`	Anwendungs-root
Archiving-CAMLQuery	CAML-Query, die die zu archivierenden Tickets sucht	<TEXT>	Anwendungs-root
Reminder-Active	Gibt an, ob die Erinnerungs-E-Mails aktiv sind oder nicht	`True; False`	Anwendungs-root
Reminder-CAMLQuery	CAML-Query, die die Tickets sucht, für die eine Erinnerungs-E-Mail gesendet werden soll	<TEXT>	Anwendungs-root

Tabelle 2.86 Definition von Konfigurationswerten (Forts.)

Name	Beschreibung	Mögliche Werte	Scope
ReminderMail-Subject	Der E-Mail-Betreff einer Erinnerungs-E-Mail. Der Betreff kann Platzhalter enthalten, die automatisch ersetzt werden.	`<TEXT>`	Anwendungs-root
ReminderMail-Body	Der E-Mail-Inhalt einer Erinnerungs-E-Mail. Der Inhalt kann Platzhalter enthalten, die automatisch ersetzt werden.	`<TEXT>`	Anwendungs-root
Escalation-Active	Gibt an, ob die Eskalations-E-Mails aktiviert sind oder nicht	`True; False`	Anwendungs-root
Escalation-CAMLQuery	CAML-Query, die Tickets sucht, für die eine Eskalations-E-Mail gesendet werden soll	`<TEXT>`	Anwendungs-root
EscalationMail-Subject	Der E-Mail-Betreff einer Eskalations-E-Mail. Der Betreff kann Platzhalter enthalten, die automatisch ersetzt werden.	`<TEXT>`	Anwendungs-root
EscalationMail-Body	Der E-Mail-Inhalt einer Eskalations-E-Mail. Der Inhalt kann Platzhalter enthalten, die automatisch ersetzt werden.	`<TEXT>`	Anwendungs-root
ReportGroups	SharePoint-Gruppen, an die die Reports gesendet werden sollen	`<TEXT>`	Anwendungs-root
Report-SummaryLast-WeekActive	Gibt an, ob der Report »Zusammenfassung der letzten Woche« aktiviert ist oder nicht	`True; False`	Anwendungs-root
ReportPending-TicketsActive	Gibt an, ob der Report »Anstehende Tickets« aktiviert ist oder nicht	`True; False`	Anwendungs-root
Report-SummaryLast-WeekCAML-Query	CAML-Query, die Tickets sucht, die für den Report »Zusammenfassung der letzten Woche« benötigt werden	`<TEXT>`	Anwendungs-root

Tabelle 2.86 Definition von Konfigurationswerten (Forts.)

Name	Beschreibung	Mögliche Werte	Scope
ReportPending-TicketsCAML-Query	CAML-Query, die Tickets sucht, die für den Report »Anstehende Tickets« benötigt werden	<TEXT>	Anwendungs-root
Report-SummaryLast-WeekMail-Subject	Der E-Mail-Betreff einer Report-E-Mail. Der Betreff kann Platzhalter enthalten, die automatisch ersetzt werden.	<TEXT>	Anwendungs-root
Report-SummaryLast-WeekMailBody	Der E-Mail-Inhalt einer Report-E-Mail. Der Inhalt kann Platzhalter enthalten, die automatisch ersetzt werden.	<TEXT>	Anwendungs-root
ReportPending-TicketsMail-Subject	Der E-Mail-Betreff einer Report-E-Mail. Der Betreff kann Platzhalter enthalten, die automatisch ersetzt werden.	<TEXT>	Anwendungs-root
ReportPending-TicketsMail-Body	Der E-Mail-Inhalt einer Report-E-Mail. Der Inhalt kann Platzhalter enthalten, die automatisch ersetzt werden.	<TEXT>	Anwendungs-root

Tabelle 2.86 Definition von Konfigurationswerten (Forts.)

Weitere Property Bags

In SharePoint gibt es weitere Property Bags neben dem Property Bag eines Webs. Für welchen Gültigkeitsbereich Sie welches Objekt nutzen können, um die Konfiguration abzulegen, können Sie der folgenden Tabelle entnehmen. Sie sollten darauf achten, dass der Gültigkeitsbereich zu den Anforderungen passt. Zum Beispiel sollten Sie Konfigurationen, die sich auf eine einzelne Liste beziehen, nicht ohne triftigen Grund im Property Bag der Farm abspeichern.

Gültigkeitsbereich	Zugriff	Beschreibung
Farm	`SPFarm.Properties`	für Konfigurationseinträge, die farmweit gelten sollen

Tabelle 2.87 Verfügbare Property Bags

Gültigkeitsbereich	Zugriff	Beschreibung
Inhaltsdatenbank	`SPContentDatabase.Properties`	für Konfigurationseinträge, die inhaltsdatenbankweit gelten sollen
Server	`SPServer.Properties`	für Konfigurationseinträge, die serverweit gelten sollen
WebApplication	`SPWebApplication.Properties`	für Konfigurationseinträge, die WebApplication-weit gelten sollen
SiteCollection	`SPSite.RootWeb.Properties`	für Konfigurationseinträge, die SiteCollection-weit gelten sollen
Web	`SPWeb.Properties`	für Konfigurationseinträge, die in einem Web gelten sollen
Ordner	`SPFolder.Properties`	für Konfigurationseinträge, die für einen Ordner gelten sollen
List	`SPList.RootFolder.Properties`	für Konfigurationseinträge, die für eine Liste gelten sollen
Item	`SPListItem.Properties`	für Konfigurationseinträge, die für ein ListItem gelten sollen

Tabelle 2.87 Verfügbare Property Bags (Forts.)

Da die Klasse `SPSite` kein eigenes Property Bag bereitstellt, sollten Sie Konfigurationen, die für die gesamte SiteCollection zur Verfügung stehen sollen, im RootWeb der SiteCollection im Property Bag ablegen. Die Klasse `SPList` besitzt ebenfalls kein Property Bag. Hier können Sie auf den RootFolder der Liste zurückgreifen.

2.8.2 Konfigurationslisten

Neben den Property-Bag-Einträgen ist es zudem auch möglich, gewisse Konfigurationen in SharePoint-Listen zu hinterlegen. Die Definition solcher Listen erfolgt, wie bei allen anderen Listen auch, in Abschnitt 2.3, »Anwendungsstruktur« unter »Spalten«, »Inhaltstypen« und »Listen«.

2.8.3 PersistedObjects

> Im Bereich der PersistedObjects sollten Sie die Konfigurationen, die in PersistedObjects abgelegt werden sollen, auflisten und beschreiben. PersistedObjects werden zur Speicherung der Konfiguration von TimerJobs verwendet. Die Konfigurationswerte, die gespeichert werden sollen, müssen serialisierbar sein. Die PersistedObject-Klasse speichert die Daten automatisch in der Konfigurationsdatenbank von SharePoint. Es gibt nur eine Konfigurationsdatenbank je Farm. Die dort abgelegten Einstellungen sind in der gesamten Farm verfügbar. Wie in Abschnitt 2.4.3 unter »TimerJobs« bereits beschrieben, haben nur bestimmte Personen Zugriff auf die Zentraladministration, um die TimerJob-Konfiguration vorzunehmen.
>
> Um Missverständnisse und Rückfragen während der Entwicklung zu minimieren, sollten Sie möglichst detailliert beschreiben, was mit der Konfigurationsoption konfiguriert werden soll.

Im Folgenden werden die Konfigurationsoptionen der TimerJobs von TicketPoint 2016, die in PersistedObjects gespeichert werden, aufgelistet und kurz beschrieben. Es wird eine PersistedObject-Klasse erstellt, in der die Konfiguration abgelegt wird. Jeder der drei TimerJobs wird dasselbe Konfigurationsobjekt verwenden, um eine redundante Datenhaltung zu vermeiden. Für die TimerJobs werden nur die benötigten URLs zu den SiteCollections hinterlegt. Sonstige Konfigurationen werden in der Anwendung selbst vorgenommen.

Konfigurationsoption	Beschreibung
URL des TicketPoint-2016-Webs	die absolute URL zu dem Web, in dem TicketPoint 2016 aktiviert wurde
URL des Archivwebs	die absolute URL zu dem Web, in dem das Archiv-Feature von TicketPoint 2016 aktiviert wurde

Tabelle 2.88 Archivierungstimerjob

Konfigurationsoption	Beschreibung
URL des TicketPoint-2016-Webs	die absolute URL zu dem Web, in dem TicketPoint 2016 aktiviert wurde

Tabelle 2.89 Eskalationstimerjob und Erinnerungstimerjob

Konfigurationsoption	Beschreibung
URL des TicketPoint-2016-Webs	die absolute URL zu dem Web, in dem TicketPoint 2016 aktiviert wurde

Tabelle 2.90 Reporttimerjob

2.8.4 Konfigurationsoberfläche

Im Bereich der Konfigurationsoberfläche sollten Sie die Konfigurationsoberflächen der Anwendung planen. Dazu gehört nicht nur die Auflistung aller Konfigurationsoptionen. Sie sollten die einzelnen Optionen sinnvoll strukturieren, um dem Benutzer die Verwendung der Konfigurationsoberfläche möglichst einfach und übersichtlich zu gestalten. Die Konfiguration einer Listen-URL könnte z. B. durch eine ComboBox realisiert werden, in der nur zulässige Listen angezeigt werden. Beim Speichern wird dann automatisch die URL der Liste in der Konfiguration hinterlegt. Das hat zum einen den Vorteil, dass die Konfiguration schneller und intuitiver möglich ist. Zum anderen werden dadurch mögliche Fehler bei der Konfiguration reduziert.

Sie sollten Mockups für die Konfigurationsseiten erstellen, um dem Entwicklerteam möglichst genau mitzuteilen, wie die Konfigurationsseite aussehen soll. Außerdem können Sie die Mockups verwenden, um die Konfigurationsoptionen mit dem Kunden abzustimmen.

Um bei vielen Konfigurationsoptionen die Übersichtlichkeit zu bewahren, können Sie mehrere Seiten planen oder auch mit Tabs arbeiten. Außerdem sollten Sie darauf achten, welche Benutzerrolle welche Konfigurationsoptionen sehen und bearbeiten darf. Der Zugriff auf Konfigurationsseiten sollte nur für die Administratoren der Anwendung möglich sein.

Um die Verlinkung in der Anwendung zu ermöglichen, bietet SharePoint verschiedene Optionen an. Über sogenannte *benutzerdefinierte Aktionen* (*CustomActions*) können benutzerdefinierte Links in viele der Standardmenüs integriert werden. Hier sehen Sie einige Beispiele, wie Sie Konfigurationsseiten verlinken:

- Integrieren Sie Ihren Link in das Administrationsmenü von SharePoint.

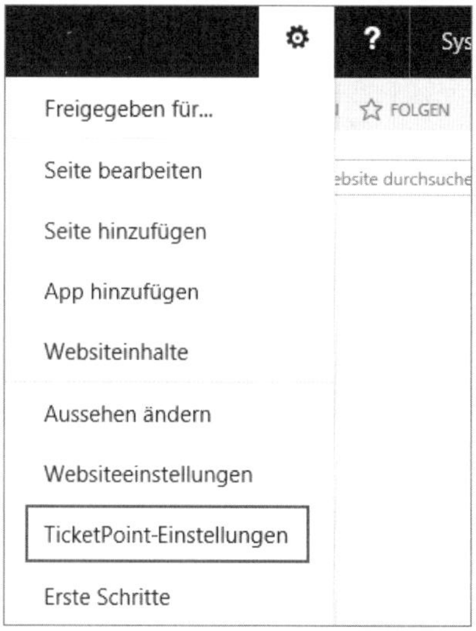

Abbildung 2.23 Administrationsmenü

- Platzieren Sie Ihren Link in den WEBSITEEINSTELLUNGEN.

Abbildung 2.24 Websiteeinstellungen

- Sie können ihren Link in einem eigenen Bereich in den WEBSITEEINSTELLUNGEN erstellen, um sich von den Standardeinstellungen abzuheben.

Abbildung 2.25 Eigener Bereich in den Websiteeinstellungen

Um die Verlinkung in der Zentraladministration zu ermöglichen, bietet SharePoint die Möglichkeit, einen Link in einem der vorhandenen Bereiche zu erstellen oder einen eigenen Bereich zu einzulegen, um dort Links zu platzieren. Wie Sie dies erreichen, lernen Sie in Abschnitt 12.1, »Benutzerbenachrichtigungen«.

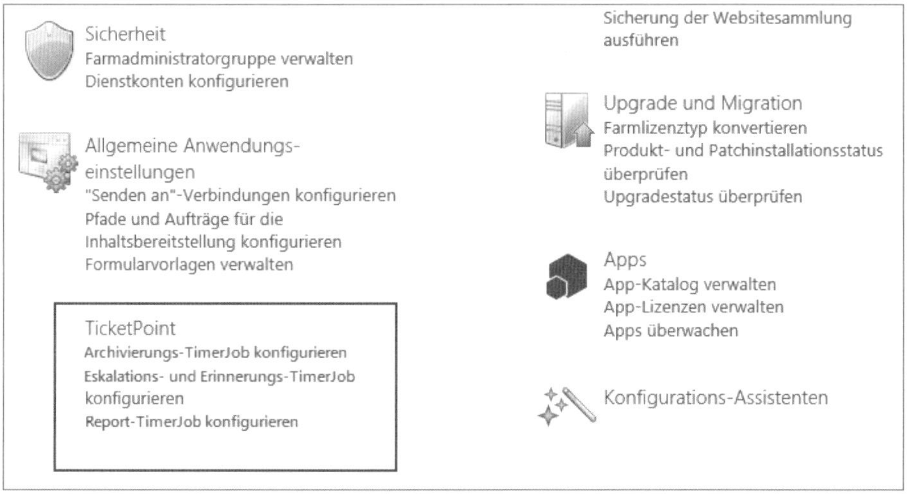

Abbildung 2.26 Eigener Bereich in der Zentraladministration

Konfigurationsseiten, die in der Anwendung integriert sind, sollten dasselbe Design verwenden wie die Anwendung selbst. Eigene Konfigurationsseiten in der Zentraladministration sollten sich im Design und in der Anordnung der Controls an den Standardseiten in der Zentraladministration orientieren.

Für die Anwendung TicketPoint 2016 wird eine Hauptkonfigurationsseite erstellt, in der die meisten Konfigurationen vorgenommen werden. Diese Hauptkonfigurationsseite wird durch eine Konfigurationsseite für die drei TimerJobs in der Central Administration ergänzt. Im Folgenden erläutern wir die Konfigurationsseiten kurz und ergänzen sie durch Mockups.

Die Hauptkonfigurationsseite soll als *.aspx*-Seite umgesetzt werden. Alle in Abschnitt 2.8.1, »Website-Property-Bag«, aufgelisteten Konfigurationsoptionen sollen über diese Seite konfigurierbar sein. Die Konfigurationswerte werden verschlüsselt im Property Bag der Anwendung gespeichert. Lesenden und schreibenden Zugriff auf die Konfigurationsseite sollen die Administratoren der Anwendung und die Supportleitung bekommen. Die Konfigurationsseite soll in den WebPart-Einstellungen in einem eigenen Bereich und zusätzlich über das Administrationsmenü aufrufbar sein.

Die Anordnung der Eingabecontrols können Sie dem Mockup entnehmen. Die Konfigurationsseite soll das einheitliche Design von TicketPoint 2016 fortführen.

Die Mockups sehen Sie in den Abbildungen 2.27 bis 2.31.

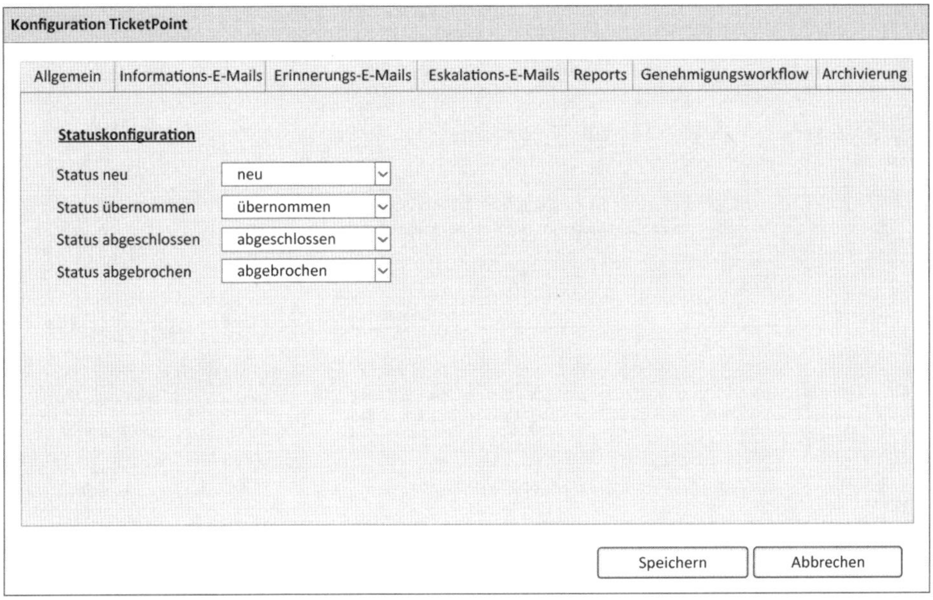

Abbildung 2.27 Konfiguration – Allgemein

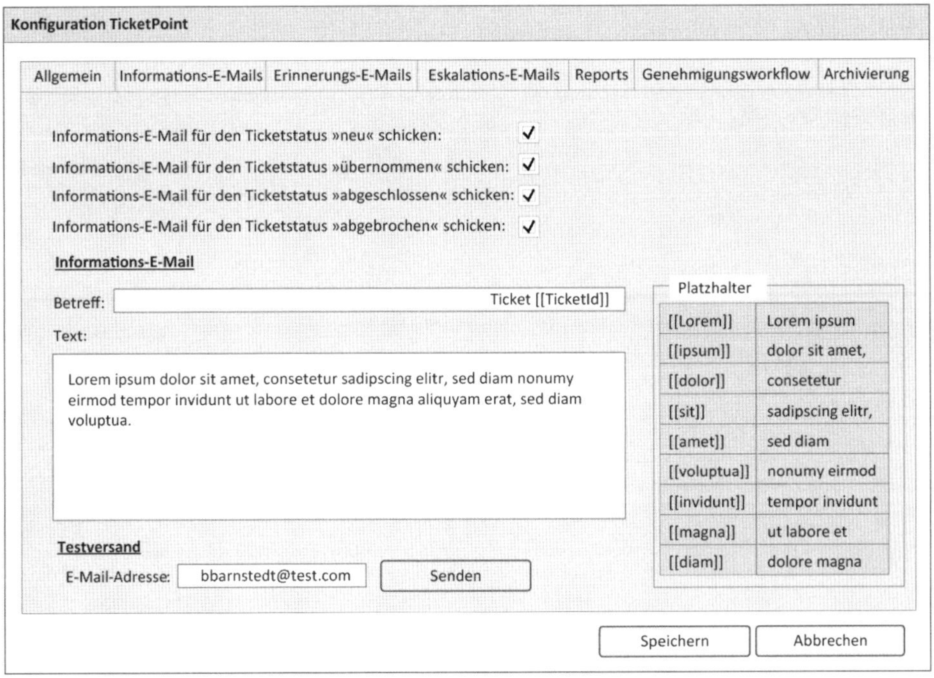

Abbildung 2.28 Konfiguration – Informations-E-Mails

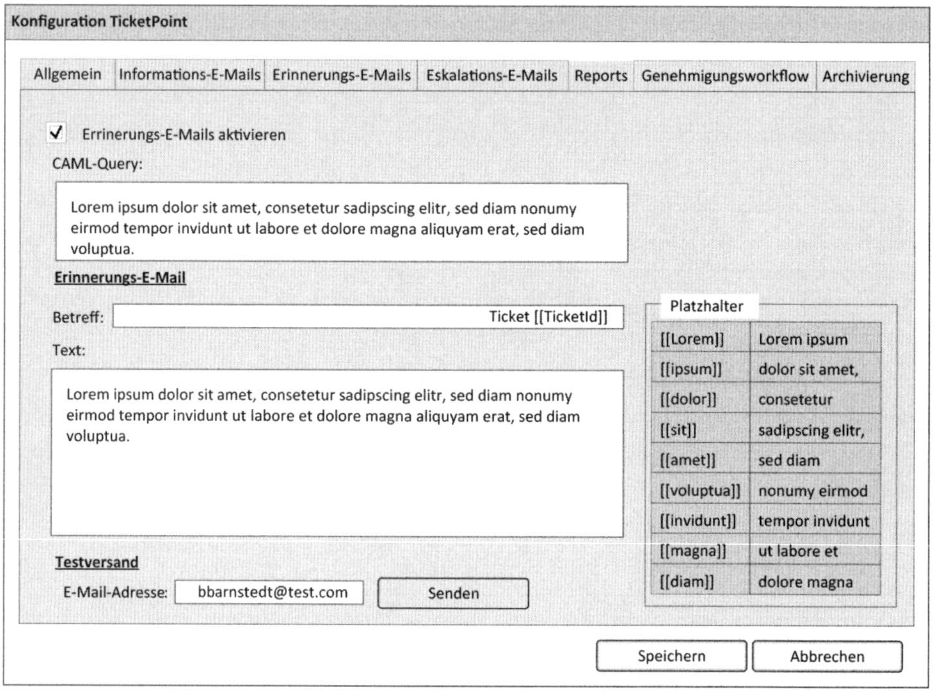

Abbildung 2.29 Konfiguration – Erinnerungs-E-Mails

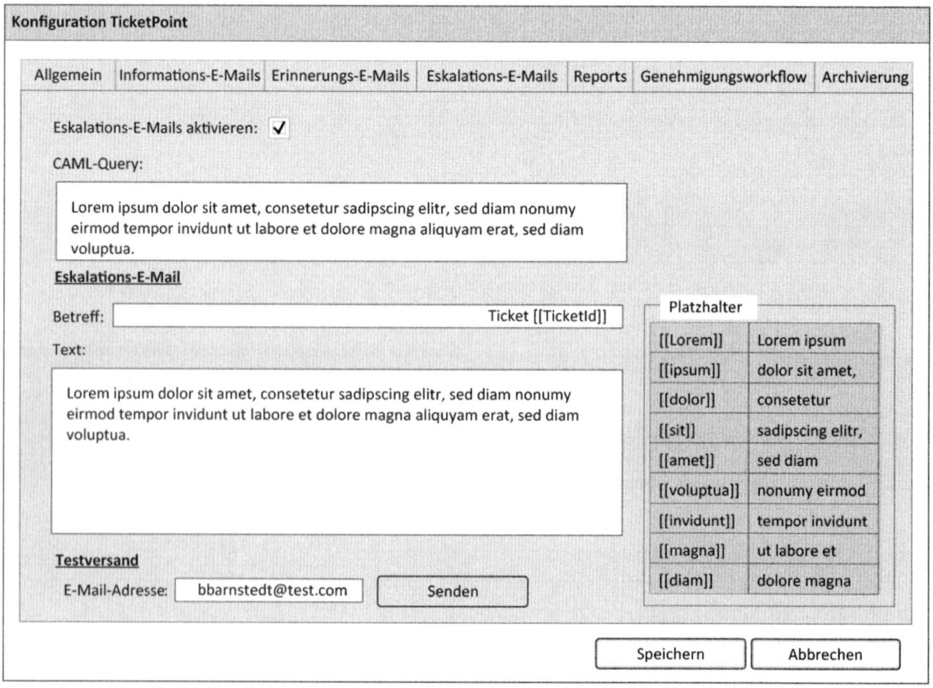

Abbildung 2.30 Konfiguration – Eskalations-E-Mails

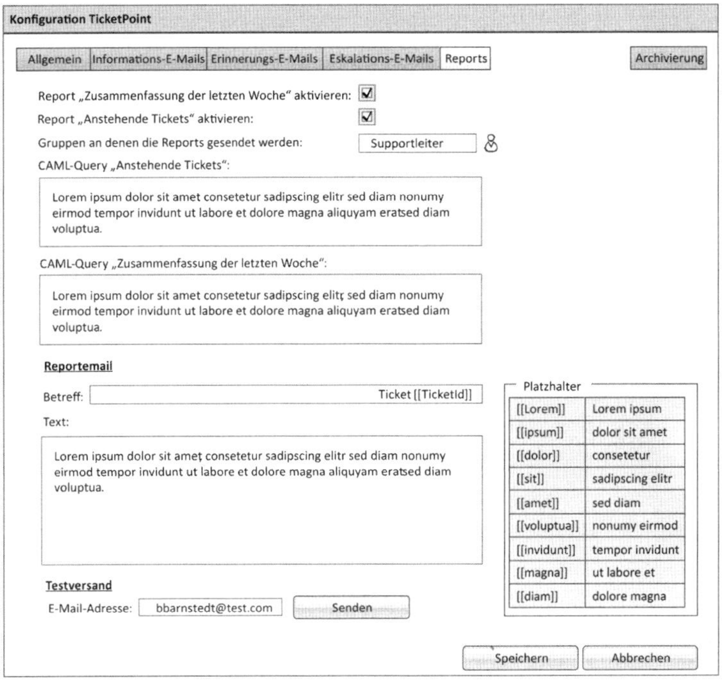

Abbildung 2.31 Konfiguration – Reports

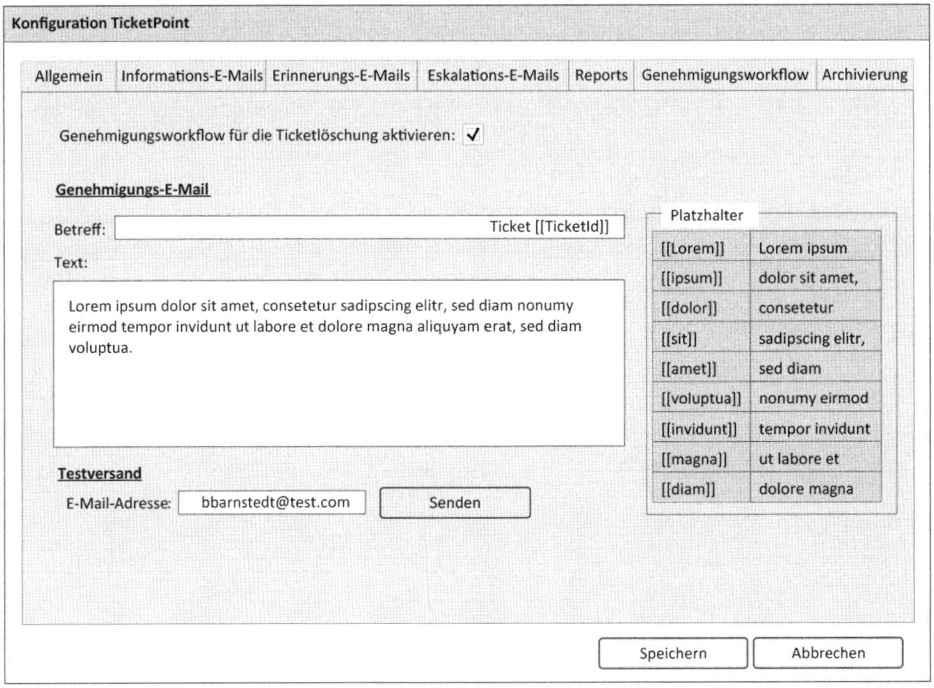

Abbildung 2.32 Konfiguration – Genehmigungsworkflow

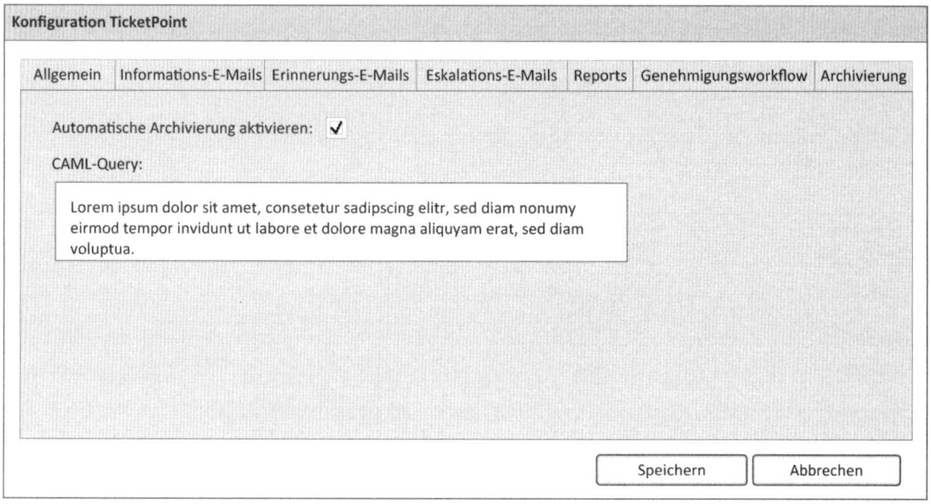

Abbildung 2.33 Konfiguration – Archivierung

Die Konfiguration der TimerJobs in der Zentraladministration erfolgt durch die Farmadministratoren. Dazu wird ein neuer Bereich »TicketPoint 2016« erstellt. Dort wird ein Link auf die TimerJob- Konfigurationsseite bereitgestellt. Über diese Seite werden die drei TimerJobs konfiguriert. Auf der Seite werden die Links zu den Job-Definitions dargestellt, um die TimerJobs starten zu können.

Die Anordnung der Eingabecontrols können Sie den Mockups entnehmen. Das Layout der Konfigurationsseiten soll dem der Standard-Konfigurationsseiten von SharePoint gleichen.

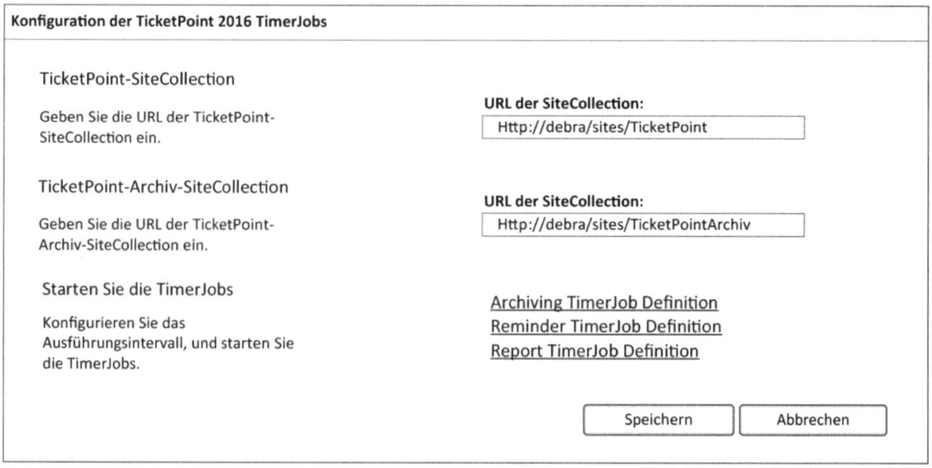

Abbildung 2.34 TimerJob-Konfigurationsseite

2.9 Berechtigungen

Im Bereich »Berechtigungen« skizzieren und beschreiben Sie die geplante Berechtigungsstruktur Ihrer Anwendung. Definieren Sie, welche Objekttypen in der Berechtigungsvergabe verwendet werden und wie sich die einzelnen Elementberechtigungen zusammensetzen. Geben Sie z. B. an, ob Berechtigungen für SharePoint-Gruppen oder direkt für AD-Gruppen vergeben werden. Vom Aufbau der Berechtigungsstruktur hängen neben der Art und dem Ort der Administration auch die Art und Granularität der Datensicherung ab. Vergeben Sie z. B. die Objektberechtigungen in SharePoint an AD-Gruppen, so gehen sie bei der Installation auf einem anderen System, das in einer unterschiedlichen Domäne steht, verloren. Bei einigen Kunden kann dies bereits bei dem Schwenk zwischen Entwicklungs-, Staging- und Produktivsystem der Fall sein.

Sollte Ihre Lösung als Produkt an mehrere Kunden geliefert werden, so ist die direkte Berechtigungsvergabe über AD-Gruppen problematisch, vor allem, wenn Sie ein Standardset an Berechtigungen mit ausliefern möchten. In diesen Fällen bietet sich die Objektberechtigung über SharePoint-Gruppen an. Die SharePoint-Gruppen sind inklusive ihrer Berechtigung auf Objekte in jeder Sicherung enthalten und können zwischen unterschiedlichen Systemen migriert und verschoben werden. Die einzige Aufgabe des Administrators liegt darin, die berechtigten AD-Benutzer oder AD-Gruppen in die gewünschten SharePoint-Gruppen aufzunehmen. Wenn Sie Rollen in Form von SharePoint-Gruppen abbilden, bleibt Ihnen lediglich die Wahl, ob Sie AD-Benutzer direkt in die SharePoint-Gruppen aufnehmen oder als Zwischenschritt entsprechende AD-Gruppen anlegen und diese in den SharePoint-Gruppen hinterlegen. Dieser Schritt hat Auswirkungen darauf, wie und vor allem wo die Berechtigungen der Anwendung im Nachgang gepflegt werden.

Werden AD-Benutzer direkt in den SharePoint-Gruppen hinterlegt, so erfolgt die Administration in SharePoint. Wird hingegen über AD-Gruppen gearbeitet, erfolgt die Administration im Active Directory. Diese Unterscheidung sollten Sie stets im Hinterkopf halten, da Sie hierdurch im Zweifelsfall einen starken Verbündeten gewinnen können – den Systemadministrator.

In vielen Projekten haben Entscheider Interesse daran, bestehende Anwendungen auf fortschrittliche Plattformen wie den SharePoint zu hieven. Die Stimme des Systemadministrators spielt bei der Wahl der Zielplattform oft eine gewichtige Rolle. Durch die Wahl der neuen Plattform kommen meist auch neue Aufgabenbereiche auf den Administrator zu. Auch das Thema Berechtigungen spielt dabei eine große Rolle. Wenn Sie dem Administrator anbieten können, die Berechtigungen Ihrer Anwendung auf eine ihm bekannte Weise und mit einem ihm bekannten Tool zu administrieren, haben Sie einen großen Vorteil gegenüber Lösungen und Plattformen, bei denen sich der Administrator in neue Anwendungen einarbeiten und im schlimmsten Fall Berechtigungen an zwei oder mehreren Stellen pflegen muss. Sieht der Systemadministrator also seine

Vorteile durch Ihre Lösung und Ihr Konzept, haben Sie gute Chancen, ihn und seine Stimme auf Ihre Seite zu ziehen.

Um die Berechtigungen der Anwendung an einer zentralen Stelle pflegen und ein Backup und die Migration der Berechtigungen gewährleisten zu können, legen Sie SharePoint-Berechtigungsgruppen an. Jede SharePoint-Gruppe stellt eine Berechtigungsrolle der Anwendung dar und wird mit den notwendigen Zugriffsrechten innerhalb der Anwendung ausgestattet. Um die Zugriffsrechte der Anwendung abbilden zu können, werden gegebenenfalls spezielle Berechtigungsstufen erstellt. Alle hier aufgeführten Stufen und Gruppen werden automatisch durch die Anwendung angelegt. Additive Berechtigungsanforderungen sind manuell durchzuführen und zu pflegen. Um Benutzer in der Anwendung zu berechtigen, sollen analog zu den SharePoint-Gruppen Gruppen im AD angelegt werden. Die AD-Gruppen werden in den SharePoint-Gruppen hinterlegt. Somit erfolgt die restliche Berechtigungspflege der Anwendung durch das Hinzufügen und Entfernen von AD-Benutzern in den AD-Gruppen.

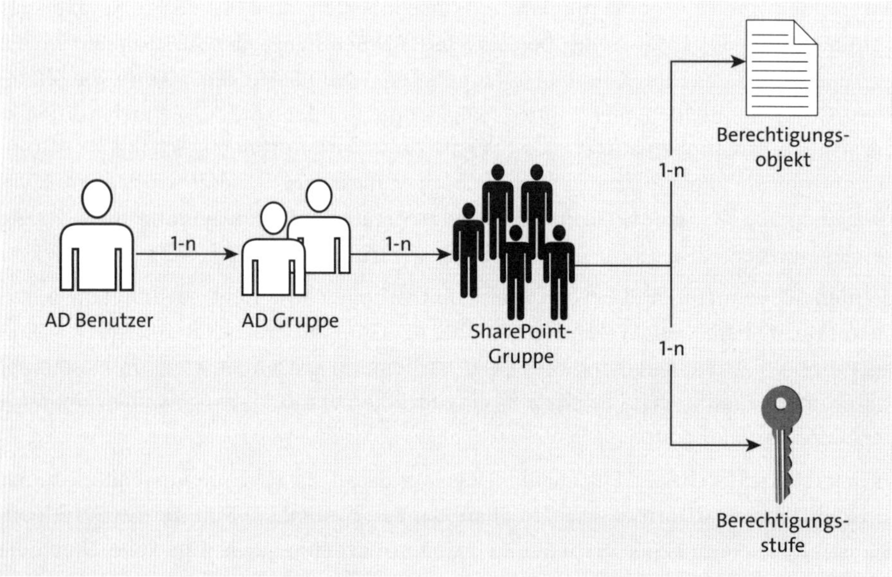

Abbildung 2.35 Berechtigungskonzept

2.9.1 Stufen

Berechtigungsstufen sind eine Zusammenfassung von Aktionen, die auf ein bestimmtes Objekt angewandt werden dürfen. In SharePoint werden einige Stufen als Standardset bereitgestellt. Gelegentlich reichen die im SharePoint-Standard ausgerollten

Berechtigungsstufen nicht aus, um die Anforderungen an eine Anwendung abzubilden. Deshalb sollten Sie im Bereich der Stufen alle Berechtigungsstufen auflisten, die im Rahmen der Anwendung benötigt werden. Hierbei kann es sich sowohl um Stufen aus dem SharePoint-Standardrepertoire als auch um individuelle Stufen Ihrer Anwendung handeln. Die genannten individuellen Stufen werden durch das Deployment der Anwendung angelegt.

Während des Anwendungsdesigns sollten Sie, um die Administration zu erleichtern, auf möglichst wenige unterschiedliche Stufen zurückgreifen. Greifen Sie bei der Planung auf die Darstellung in zwei Tabellen zurück: In der ersten Tabelle listen Sie alle Stufen mit ihrer Beschreibung und Herkunft auf. Die Herkunft betitelt, ob eine Stufe im SharePoint-Standard enthalten ist oder durch die Anwendung angelegt wurde.

In einer zweiten Tabelle sollten Sie je Stufe die erlaubten Aktionen auflisten, die in der Stufe zusammengefasst sind.

Die Berechtigungsvergabe in SharePoint erfolgt über Berechtigungsstufen, in denen je ein Set von erlaubten Aktionen zusammengefasst wird. Für die Anwendung werden die Berechtigungsstufen aus Tabelle 2.91 und Tabelle 2.92 verwendet.

Name	Berechtigung	Herkunft
Erstellen	Kann Listenelemente erstellen, nicht bearbeiten oder löschen	Anwendung
Lesen	Kann Seiten und Listenelemente anzeigen und Dokumente herunterladen	SharePoint-Standard
Mitwirken	Kann Listenelemente und Dokumente anzeigen, hinzufügen, aktualisieren und löschen	SharePoint-Standard
Vollzugriff	Verfügt über Vollzugriff	SharePoint-Standard

Tabelle 2.91 Berechtigungsstufen (Teil 1)

Stufe	Bereich	Aktion
Erstellen	Listenberechtigungen	Elemente hinzufügen: Listenelemente hinzufügen und Dokumentbibliotheken-Dokumente hinzufügen
Erstellen	Listenberechtigungen	Elemente anzeigen: Elemente in Listen und Dokumente in Dokumentbibliotheken anzeigen

Tabelle 2.92 Berechtigungsstufen (Teil 2)

Stufe	Bereich	Aktion
Erstellen	Websiteberechtigungen	Seiten anzeigen: Seiten einer Website anzeigen
Erstellen	Websiteberechtigungen	Öffnen: ermöglicht Benutzern das Öffnen einer Website, einer Liste oder eines Ordners und das Zugreifen auf im Container enthaltene Elemente

Tabelle 2.92 Berechtigungsstufen (Teil 2) (Forts.)

[»]

Hinweis

Welche Aktionen sich hinter den jeweiligen Standardstufen von SharePoint verbergen, können Sie in Anhang B, »Berechtigungsstufen«, nachschlagen.

2.9.2 Benutzergruppen (Rollen)

Die einzelnen Benutzer der Anwendung werden in unterschiedliche Benutzergruppen eingeteilt. Anhand der Benutzergruppe wird die Rolle definiert, die ein Benutzer in der Anwendung ausfüllt. Um die dazu notwendigen Berechtigungen zu erteilen, wird für jede Rolle eine entsprechende SharePoint-Gruppe angelegt. Dieser Gruppe werden die Objektberechtigungen zugewiesen.

Zur Planung der jeweiligen Rollen und der Zugriffsberechtigungen sollten Sie auf zwei Tabellen zurückgreifen. In der ersten Tabelle listen Sie alle notwendigen Rollen auf und geben die verwendete SharePoint-Gruppe an. Abschließend können Sie die Aufgabe der Rolle beschreiben.

In einer zweiten Tabelle definieren Sie die Zugriffsberechtigungen der jeweiligen SharePoint-Gruppen auf die unterschiedlichen Objekte der Anwendung. Dazu geben Sie die Gruppe, das SharePoint-Objekt und den Typ des entsprechenden SharePoint-Objekts an. Abschließend zählen Sie die Stufen auf, mit denen die Gruppe auf das jeweilige Objekt zugreifen darf.

Nachfolgend führen wir alle geplanten Rollen als SharePoint-Gruppen auf. Den jeweiligen Gruppen werden Berechtigungen zugewiesen. Durch die Zuweisung von Berechtigungen zu SharePoint-Gruppen schaffen Sie die Möglichkeit, Berechtigungen in einem Backup zu sichern und auf einfache Weise zu migrieren.

Rolle	SharePoint-Gruppe	Beschreibung
Anwender	Besucher von TicketPoint 2016	Repräsentiert die Anwender, die im Programm als Kunden auftreten und Tickets erstellen
Supporter	Supporter	Repräsentiert die Supporter, die in der Lage sind, Tickets zu bearbeiten und Zeiten auf diese zu buchen
Supportleitung	Supportleitung	Repräsentiert die Supportleitung, die die Anwendung konfigurieren kann und weitere Berechtigungen zum Bearbeiten und Löschen bestimmter Inhalte hat
Administrator	Besitzer von TicketPoint 2016	Repräsentiert die Systemadministration, die vollen Zugriff auf die Anwendung hat, alle Funktionen aufrufen und die Konfiguration sowie alle Inhalte verwalten kann

Tabelle 2.93 Rollendefinitionen

Den genannten Rollen sind die folgenden Berechtigungen auf die vorhandenen Objekte der Anwendung zugewiesen.

Objekttyp	SharePoint-Objekt	SharePoint-Gruppe	Stufen
Liste	Tickets	Supporter	Lesen Erstellen
Liste	Tickets	Besucher von TicketPoint 2016	Lesen Erstellen
Liste	Tickets	Supportleitung	Vollzugriff
Liste	Tickets	Besitzer von TicketPoint 2016	Vollzugriff
Liste	Kommentare	Supporter	Lesen Erstellen
Liste	Kommentare	Besucher von TicketPoint 2016	Lesen Erstellen
Liste	Kommentare	Supportleitung	Vollzugriff
Liste	Kommentare	Besitzer von TicketPoint 2016	Vollzugriff

Tabelle 2.94 Zugriffsberechtigungen

Objekttyp	SharePoint-Objekt	SharePoint-Gruppe	Stufen
Bibliothek	Anhänge	Supporter	Lesen Erstellen
Bibliothek	Anhänge	Besucher von TicketPoint 2016	Lesen Erstellen
Bibliothek	Anhänge	Supportleitung	Vollzugriff
Bibliothek	Anhänge	Besitzer von TicketPoint 2016	Vollzugriff
Liste	Prioritäten	Supporter	Lesen
Liste	Prioritäten	Besucher von TicketPoint 2016	Lesen
Bibliothek	Prioritäten	Supportleitung	Vollzugriff
Liste	Prioritäten	Besitzer von TicketPoint 2016	Vollzugriff
Liste	Ticketstatus	Supporter	Lesen
Liste	Ticketstatus	Besucher von TicketPoint 2016	Lesen
Liste	Ticketstatus	Supportleitung	Vollzugriff
Liste	Ticketstatus	Besitzer von TicketPoint 2016	Vollzugriff
Liste	Abrechnungsstatus	Supporter	Lesen
Liste	Abrechnungsstatus	Besucher von TicketPoint 2016	Lesen
Liste	Abrechnungsstatus	Supportleitung	Vollzugriff
Liste	Abrechnungsstatus	Besitzer von TicketPoint 2016	Vollzugriff
Liste	Kunden	Supporter	Lesen
Liste	Kunden	Besucher von TicketPoint 2016	Lesen
Liste	Kunden	Supportleitung	Vollzugriff
Liste	Kunden	Besitzer von TicketPoint 2016	Vollzugriff

Tabelle 2.94 Zugriffsberechtigungen (Forts.)

2.9.3 RunWithElevatedPrivileges

In einigen Situationen muss eine Anwendung Informationen anzeigen oder manipulieren, auf die der Benutzer eigentlich keinen Zugriff hat. Um in diesen Fällen nicht die Berechtigungen der Objekte anzupassen und nach der Aktion wieder zurückzusetzen, gibt es die Möglichkeit, bestimmte Codeblöcke mit erweiterten Berechtigungen auszuführen. Hierzu muss der gewünschte Code bereits vom Entwickler in eine entsprechende Funktion gekapselt werden. Wenn Sie während der Planung Ihrer Anwendung bereits auf solche Stellen stoßen, sollten Sie diese identifizieren und gesondert dokumentieren. Die gezielte Dokumentation dient der späteren Analyse, falls Fragen aufkommen, warum bestimmte Daten geändert werden konnten und wie der Zugriff auf einzelne Daten außerhalb des eigentlichen Berechtigungsschemas möglich war.

Am leichtesten identifizieren Sie diese Stellen, indem Sie die Ablaufpläne mit den Objektberechtigungen der Benutzerrollen abgleichen. Wird im Ablaufplan eine Information aus einem Objekt gelesen oder in ein Objekt geschrieben, auf das die ausführende Rolle keinen entsprechenden Zugriff hat, so muss die Aktion mit erweiterten Berechtigungen ausgeführt werden.

Insbesondere bei schreibendem Zugriff bleibt zu beachten, dass die gewünschte Aktion im Kontext des Systemkontos ausgeführt wird. Dies hat zur Folge, dass auch für Benutzerinformationen wie *Erstellt von* oder *Geändert von* das Systemkonto hinterlegt wird und nicht der im Hintergrund ausführende Benutzer.

Für die Dokumentation bietet sich eine Tabelle je Berechtigungsblock an. In der Tabelle sollten die folgenden Angaben enthalten sein:

- *Codebereich*
  Der Bereich im Quellcode, in dem mit erweiterten Berechtigungen gearbeitet wird. Dies kann z. B. ein WebPart, ein Formular oder innerhalb einer Methode in der Business-Logic sein.
- *User Story*
  Zur Orientierung in der Anwendung sollten Sie die User Story angeben, zu deren Erfüllung der Code verwendet wird. Sollte keine User Story dazu existieren, weil der Code in einem allgemeinen Bereich verwendet wird, so kann sie entfallen.
- *Use Case*
  Zur Orientierung in der Anwendung sollten Sie die Use Cases angeben, durch deren Verwendung der entsprechende Code ausgeführt wird. Sollte es sich um einen allgemeinen Codebereich handeln, sollten Sie alle Use Cases auflisten, die diesen Code ausführen.
- *Ablaufplan*
  Wenn der entsprechende Codebereich Bestandteil eines Ablaufplans ist, so sollten Sie diesen hier benennen und den jeweiligen Codebereich im Ablaufplan kenntlich machen, zum Beispiel durch eine farbliche Hervorhebung der entsprechenden Aktion.
- *Zielobjekttyp*
  Geben Sie hier an, um welchen Objekttyp es sich bei dem Objekt handelt, auf das Sie mit erweiterten Berechtigungen zugreifen möchten. Dies kann z. B. ein Web, eine Liste oder ein Listenelement sein.

- *Zielobjekt*
  Benennen Sie das Objekt, auf das mit erweiterten Berechtigungen zugegriffen wird.
- *Betroffene Rollen*
  Listen Sie hier die Rollen auf, die einen Use Case auslösen können und durch dessen Auslösen Aktionen mit Objekten ausführen, zu denen sie über die normale Anwendungsberechtigung nicht in der Lage sind.
- *Begründung*
  Beschreiben Sie hier die Art des Zugriffs, was genau mit dem Zielobjekt gemacht werden soll und warum dies mit erweiterten Berechtigungen erfolgen muss.

Da in speziellen Funktionen der lesende oder schreibende Zugriff auf Informationen notwendig ist, den ein Benutzer aufgrund der ihm zugewiesenen Rolle nicht hat, werden diese Funktionen über den Anwendungscode mit erweiterten Berechtigungen ausgeführt.

Nachfolgend sehen Sie eine Auflistung aller Funktionen, die mit erweiterten Berechtigungen ausgeführt werden.

Codebereich	**WebPart – Ticketauswertung**
User Story	–
Use Case	Tickets suchen
Ablaufplan	–
Ziel-Objekttyp	Liste
Ziel-Objekt	Tickets
Betroffene Rollen	allgemeine Benutzer
Zugriffstyp	lesend
Begründung	Das WebPart soll auch Personen zur Verfügung stehen, die nicht als Supporter oder Supportleiter in der Anwendung hinterlegt sind. Somit muss für die Auswertung mit erweiterten Berechtigungen auf die Ticketliste zugegriffen werden. Die Einschränkung der berechtigten Benutzer auf die Auswertungsdaten erfolgt über Zugriffsberechtigungen auf die Wiki- oder WebPart-Seite, auf der das Auswertungs-WebPart platziert wird.

Tabelle 2.95 Erweiterte Berechtigungen zur Ticketauswertung

Codebereich	WebPart – Lösungssuche
User Story	–
Use Case	Tickets suchen
Ablaufplan	–
Ziel-Objekttyp	SharePoint-Suche
Ziel-Objekt	Suchergebnisse
Betroffene Rollen	Supporter
Zugriffstyp	lesend
Begründung	Wenn ein Supporter nach einer Lösung für ein Ticket sucht, sollen in der Lösungssuche auch Tickets berücksichtigt werden, die gegebenenfalls durch andere Berechtigungen für den jeweiligen Supporter nicht sichtbar wären.

Tabelle 2.96 Erweiterte Berechtigungen zur Ticketsuche

Codebereich	WebPart – Lösungssuche
User Story	–
Use Case	Ticket anzeigen
Ablaufplan	–
Ziel-Objekttyp	Listenelement
Ziel-Objekt	Ticket
Betroffene Rollen	Supporter
Zugriffstyp	lesend
Begründung	Um in der Lösungssuche ein Ticket anzeigen zu können, auf das der Supporter mit seinen Berechtigungen nicht zugreifen könnte, werden die Ticketdaten im DispForm mit erweiterten Berechtigungen ermittelt.

Tabelle 2.97 Erweiterte Berechtigungen zur Ticketanzeige

2.10 Oberfläche

Die Oberfläche einer SharePoint-Anwendung besteht aus vielen kleinen Bausteinen, die das Erscheinungsbild erzeugen, angefangen bei einer eigenständigen Masterpage über Seitenlayouts bis hin zu ApplicationPages und der Verwendung dedizierter UI-APIs, wie z. B. Telerik oder Kendo UI. Bei der Planung der Optik Ihrer Anwendung sollten Sie sich darüber im Klaren sein, was Ihnen am Layout Ihrer Anwendung wichtig ist und welche Teile des Layouts aus dem bestehenden Portal Ihres Kunden kommen sollen, damit sich Ihre Anwendung möglichst nahtlos in das Trägersystem integriert.

Ein Produkt, das auf mehreren Zielsystemen ausgerollt werden soll, benötigt eine wesentliche höhere Flexibilität im UI als eine Individuallösung, die gezielt auf ein Kundensystem zugeschnitten wird. Grundsätzlich müssen Sie sich überlegen, wo die UI-Entwicklung Ihrer Lösung anfängt und wo sie aufhört. Diese Trennung sollten Sie auch mit Ihrem Kunden absprechen. Stimmen Sie mit dem Kunden ein eventuell vorhandenes Design ab, und erfragen Sie Farbcodes, Logos und weitere Vorgaben eines Corporate Designs.

In diesem Bereich sollten Sie die geplanten UI-Elemente beschreiben und bildlich darstellen, eine klare Trennung zwischen Portal- und Anwendungs-UI aufzeigen und dem Entwickler alle notwendigen Hilfsmittel zur Umsetzung des Layouts an die Hand geben. Beschreiben Sie dazu, was für das Anwendungsdesign geplant ist und wie dieses umgesetzt und implementiert werden soll. Definieren Sie das grundsätzliche Branding, also die Anpassungen an einer Masterpage, eventuell individuelle Seitenlayouts, den Aufbau von Formularen, die als eigene ApplicationPages bereitgestellt werden, und gegebenenfalls verwendete UI-Controls, die nicht im ASP.NET oder in SharePoint Standard enthalten sind.

2.10.1 Branding

Unter dem Branding einer SharePoint-Seite versteht sich die grundsätzliche Erscheinung der Webseite. Dies umfasst die Positionierung von Basisobjekten wie der Navigationsblöcke, eines Logos für die Seite, des Inhaltsbereichs und die Definition von Farben sowie Schriftarten und -größen. Die Grundlage für das Branding stellt die Masterpage dar. Sie steuert die Anordnung der einzelnen Objekte und lädt grundlegende CSS-Dateien für die Darstellung. Die Masterpage wird grundsätzlich bei jedem Seitenaufruf geladen und als optisches Template über die restlichen Seiteninhalte gelegt. Mithilfe der Masterpage können Sie zusätzliche Controls einbetten und wiederkehrende JavaScript-Dateien laden.

> Da die Anpassung und Bereitstellung einer eigenen Masterpage ein komplettes eigenes Buch füllen würde, beschränken wir uns in TicketPoint 2016 auf die Bereitstellung einer CSS-Datei, die auf Basis der Standard-Masterpage (*seattle.master*) ein Branding für unsere Anwendung durchführt. Dies ist deshalb möglich, weil wir die Positionierung der einzelnen Seitenelemente beibehalten und lediglich wenige grafische Anpassungen im Bereich von Farben und Schriftarten vornehmen möchten. Insbesondere bei Produkten ist dies ein komfortabler Weg, Kunden eine ansprechende Anwendung zu bieten, ohne großen Aufwand in ein vollumfängliches Branding zu investieren, das bei den meisten Installationen in Liveumgebungen gegen das kundenspezifische Branding ausgetauscht würde.
>
> Beginnen Sie die Planung mit der Art der Bereitstellung, gefolgt von einem Mockup des Layouts. Abschließend listen Sie verwendete Logos, Schriften und Farbcodes auf.

Als Branding der Anwendung wird eine CSS-Datei auf Basis der Standard-Masterpage *seattle.master* bereitgestellt. Über die CSS-Datei werden farbliche Anpassungen vorgenommen, Schriftarten geändert und bestimmte Teile der Masterpage ausgeblendet. Die CSS-Datei wird in der Formatbibliothek abgelegt und über eine CustomAction in die Seite geladen. Das Branding des Portals sieht aus wie in Abbildung 2.36:

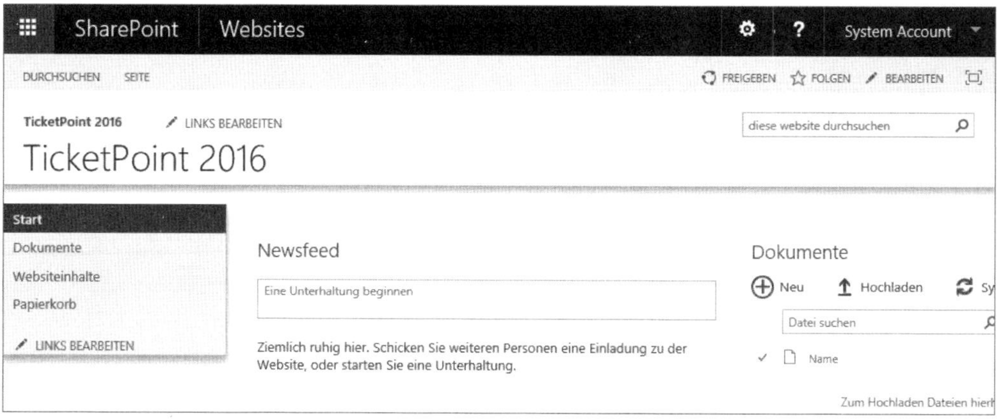

Abbildung 2.36 Mockup – Branding

Bilddateien

Zur Gestaltung des Brandings wird die Bilddatei aus Abbildung 2.37 verwendet.

Abbildung 2.37 Anwendungslogo

Farbcodes

Abbildung 2.38 Branding Colors

Die Farbcodes aus Tabelle 2.98 liegen dem Branding zugrunde:

Nr.	Typ	Farbcode	Bereich
1	Hintergrund	#EE3333	► Office 365 Bar ► angewählter Quick-Navigation-Eintrag
2	Schriftfarbe	#EE3333	► angewählter Top-Navigation-Eintrag ► Hyperlinks ► Hero Icons
3	Hintergrund	#EFEFEF	► RibbonTop Bar ► Quick Navigation
4	Schatten	#666–#FFF	► Titlebar
5	Hintergrund	#FFFFFF	► Titlebar ► PageContent

Tabelle 2.98 Farbcodes

Schriften

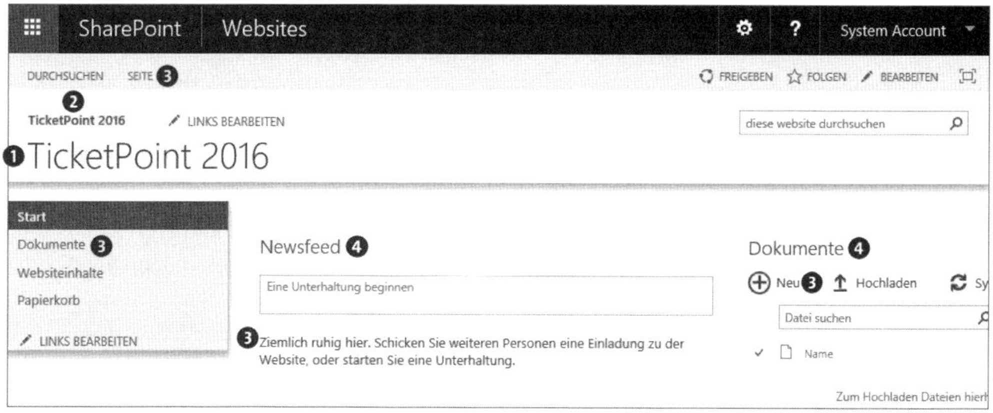

Abbildung 2.39 Branding Fonts

Es werden die Schrifteinstellungen aus Tabelle 2.99 verwendet:

Nr.	Typ	Schriftart	Schriftgröße	Sonstige
❶	▶ Seitentitel	Segoe UI Light	2.77 em	
❷	▶ Top-Navigation-Link	Segoe UI	1 em	`weight: 600`
❸	▶ Text ▶ Hero Links ▶ Quicklaunch Link ▶ Ribbontab	Segoe UI	13 px	
❹	▶ WebPart-Titel	Segoe UI Semilight	1.46 em	`font-weight: 300` `line-height: 1.4`

Tabelle 2.99 Schrifteinstellungen

2.10.2 Formulare

SharePoint stellt zur Ein- und Ausgabe von Informationen, wie z. B. Listenelementen, die Standard-NewForm-, DispForm- und EditForm-Formulare bereit. Diese bestehen aus einem Formular-WebPart, das die Spalten der aktuellen Liste bzw. des aktuellen Listeninhaltstyps in einer einspaltigen Tabelle auflistet und so die Möglichkeit bietet, die Daten anzuzeigen oder zu manipulieren. Dank dieser Möglichkeit können Informationen in SharePoint ohne weiteren Entwicklungsaufwand bereitgestellt und visualisiert werden. In vielen Fällen besteht jedoch der Wunsch, die Daten auf elegantere Weise darzustellen. Um die Darstellung zu ändern, können Sie mehrere Wege wählen. Verhindern Sie zum Beispiel das Ein- und Ausblenden einzelner Felder in den jeweiligen Formularmodi anhand zusätzlicher Attribute. Dies geht entweder per Code beim Ausrollen der Felder oder im Nachgang via PowerShell. Eine weitere Möglichkeit ist, JavaScript-Dateien in das entsprechende Formular einzubinden. Über die JavaScripts können Sie Objekte auf der Seite verschieben, neu anordnen oder um Funktionen erweitern. Diese verhältnismäßig schnelle Anpassung kann aber auch recht schnell an Ihre Grenzen stoßen oder aufgrund hoher Entwicklungszeiten für umfangreichere Anpassungen ungeeignet sein. Der tiefste Eingriff in das Rendering von Objektformularen besteht in der Bereitstellung eigener ApplicationPages. In diesen ApplicationPages haben Sie die volle Kontrolle über die Funktionen und das Markup der Seite, da dieses vollständig selbst entwickelt wird. Sie müssen nicht auf bestehende Markups zurückgreifen und diese manipulieren. Dadurch können sie größeren Einfluss auf die Seite nehmen und laufen nicht Gefahr, dass sich Funktionen oder Objektnamen nach einem Update ändern und Teile Ihrer Anwendung außer Kraft gesetzt werden. Dies ist insbesondere bei Formularanpassungen über JavaScript der Fall.

Egal welche Variante der Manipulation Sie verwenden, Sie sollten diese planen und dokumentieren. Im Kapitel »Formulare« sollten Sie also alle Formulare, die zur Anzeige oder Manipulation von Daten genutzt werden und vom SharePoint-Standard abweichen, auflisten. Sie sollten die Art der Manipulation beschreiben und via Mockup die Optik des gewünschten Formulars präsentieren.

Einige Formulare von TicketPoint 2016 werden als ApplicationPages bereitgestellt. Die entsprechenden Formulare unterstützen bei der Visualisierung von Objekten und stellen zusätzliche Funktionen zum SharePoint-Standard bereit. Die Formulare aus Tabelle 2.100 werden als ApplicationPages umgesetzt.

Formular	Objekt	Objekttyp	Formulartyp
NewTicket.aspx	Ticket	Inhaltstyp	NewForm
DispTicket.aspx	Ticket	Inhaltstyp	DispForm
NewComment.aspx	Kommentar	Inhaltstyp	NewForm
ForwardTicket.aspx	Ticket	–	–
CloseTicket.aspx	Ticket	–	–

Tabelle 2.100 Formulare der ApplicationPages

NewTicket.aspx

Über das Formular *NewTicket.aspx* können neue Tickets angelegt werden. Das Formular wird als NewForm für den Inhaltstyp Ticket hinterlegt und stellt alle notwendigen

Eingaben zur Verfügung. Beim Speichern wird automatisch eine Ticketnummer vergeben und danach die Datei *DispTicket.aspx* zur Anzeige des Tickets geladen. Die Auswahl des Kunden steht für Supporter als DropDown-Auswahl zur Verfügung. Ist ein Benutzer kein Mitglied der Gruppe Supporter oder Supportleiter, so wird geprüft, bei welchem Kunden er als Mitarbeiter in den Stammdaten hinterlegt ist. Dieser Kunde wird automatisch eingeblendet, und das Steuerelement wird im Anschluss deaktiviert. Ist der Benutzer bei keinem Kunden hinterlegt, erfolgt eine entsprechende Meldung, und die Anlage von Tickets wird verhindert.

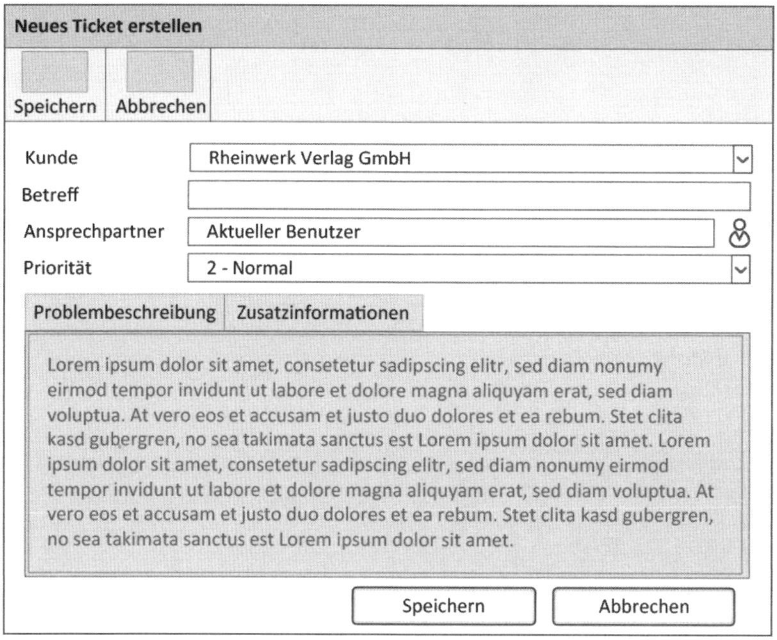

Abbildung 2.40 Mockup – NewForm Ticket

DispTicket.aspx

Im Anzeigeformular der Tickets werden alle notwendigen Informationen zum Ticket dargestellt. Unterhalb der Kopfdaten befinden sich drei Registerkarten zur Anzeige zusätzlicher Informationen, wie die Ticketbeschreibung, verfasste Kommentare und hochgeladene Dokumente als Anhang zum Ticket.

Im Ribbon des Anzeigeformulars stehen alle notwendigen Funktionen zur Bearbeitung des Tickets zur Verfügung. Die entsprechenden Ribbon-Buttons werden, wie im SharePoint-Standard, bei fehlenden Berechtigungen ausgegraut und ohne Funktion dargestellt.

Das Formular wird als DispForm für den Inhaltstyp Ticket hinterlegt. Die Abbildungen 2.41 und 2.42 zeigen Ihnen die Mockups.

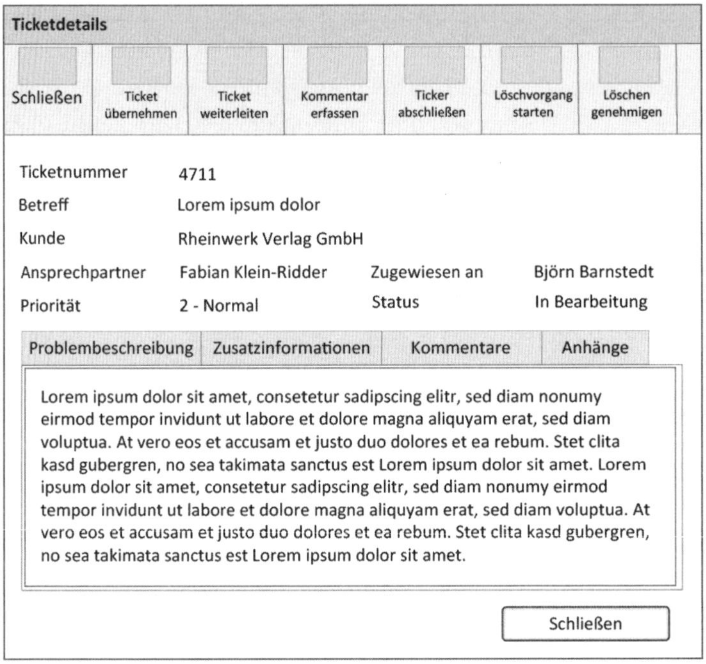

Abbildung 2.41 Mockup – DispForm Ticket 1

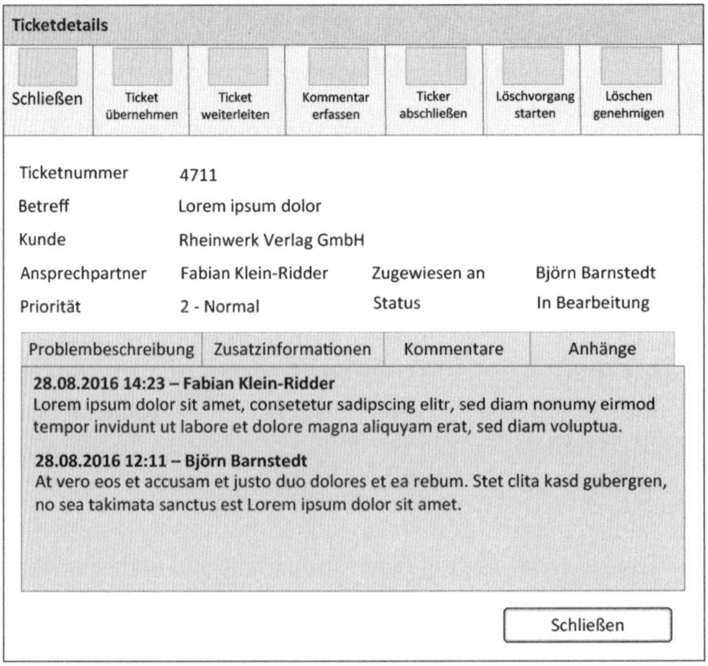

Abbildung 2.42 Mockup – DispForm Ticket 2

NewComment.aspx

Über das Formular *NewComment.aspx* können neue Kommentare zu einem Ticket verfasst werden. Das Formular ist als NewForm für den Inhaltstyp Kommentar hinterlegt und umfasst neben dem Kommentar auch die Möglichkeit, eine Bearbeitungszeit zum jeweiligen Kommentar zu erfassen. Die Summe aller Bearbeitungszeiten aus Kommentaren ergibt die Gesamtbearbeitungszeit des Tickets.

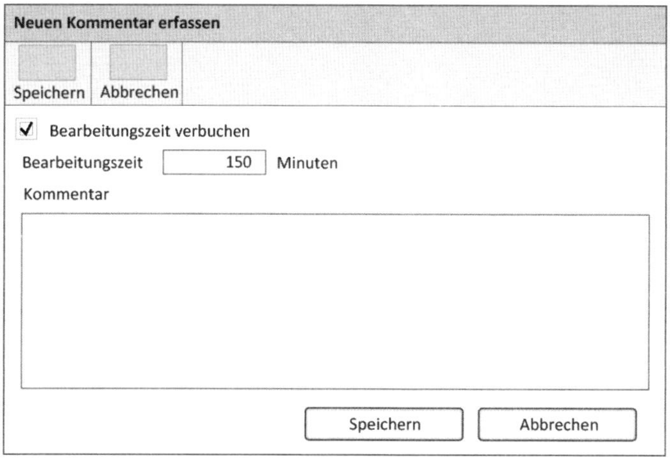

Abbildung 2.43 Mockup – Kommentar erfassen

ForwardTicket.aspx

Das Formular *ForwardTicket.aspx* stellt die Möglichkeit zur Weiterleitung eines Tickets an einen anderen Benutzer bereit. Das Formular ist an kein direktes SharePoint-Objekt gebunden. Es wird über das Ribbon im *DispForm.aspx* eines Tickets geöffnet. Als modaler Dialog ermöglicht das Formular die Auswahl des Empfängers und die Eingabe eines Übergabekommentars.

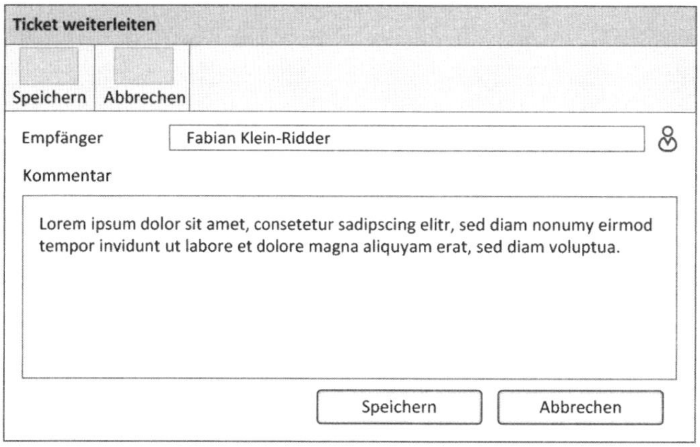

Abbildung 2.44 Mockup – Ticket weiterleiten

CloseTicket.aspx

Zum Schließen eines Tickets steht das Formular *CloseTicket.aspx* zur Verfügung. Das Formular ist an kein direktes SharePoint-Objekt gebunden. Es wird über einen Ribbon-Button im *DispForm.aspx* des Tickets aufgerufen. Als modaler Dialog angezeigt, bietet das Formular die Möglichkeit zur Eingabe einer Bearbeitungszeit und eines Abschlusskommentars zum Ticket.

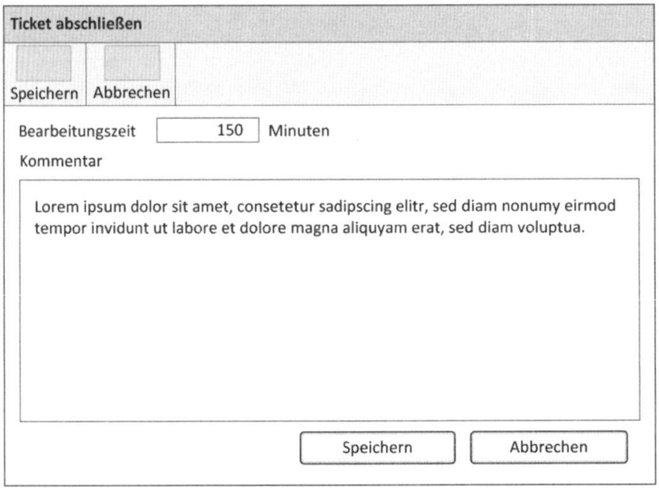

Abbildung 2.45 Mockup – Ticket abschließen

Dynamische Felder

Aus Sicht des Kunden liegt eine große Stärke von SharePoint in der Flexibilität seiner Datenstruktur. Der Kunde kann jederzeit beliebige Spalten in Listen und Bibliotheken erstellen, um zusätzliche Metainformationen zu speichern. Diese Flexibilität gilt es im Rahmen von Produktentwicklungen zu berücksichtigen.

Wenn Sie eigene Formulare für Ihre Anwendung ausrollen, werden neu erzeugte Spalten nicht automatisch in den Formularen angezeigt, und im Normalfall müsste der Kunde für jede Anpassung an der Anwendung einen Entwickler hinzuziehen, um sie in den Formularen einzubinden. Dies stellt eine Hemmschwelle für den Kunden dar, die Sie durch einfache Mittel umgehen können: Sehen Sie in Ihren individuellen Formularen einen Bereich für neu erzeugte Felder vor, und erstellen Sie eine Methode, mit der Sie die Felder einer Liste oder eines Inhaltstyps analysieren und unbekannte Felder in diesem Bereich rendern. Fügt der Kunde nun eine weitere Spalte zur Liste hinzu, so wird sie automatisch in dem vorgesehenen Bereich Ihres Formulars dargestellt und bietet dem Kunden die Möglichkeit, mit den neuen Metainformationen zu arbeiten.

Im Fall von TicketPoint 2016 gibt es im Ticketformular einen Karteikartenreiter mit dem Titel ZUSATZINFORMATIONEN. Darin werden individuell angelegte Felder des Kunden berücksichtigt.

2.10.3 WebPart-Seiten

In diesem Kapitel beschreiben Sie die WebPart-Seiten, die automatisch beim Ausrollen der Lösung angelegt werden sollen. In den meisten Fällen werden die WebPart-Seiten vom Kunden individualisiert oder gänzlich ausgetauscht. Dennoch runden WebPart-Seiten, auf denen die WebParts der Lösung bereits passend konfiguriert sind, das Bild einer geschlossenen Lösung ab und hinterlassen beim Benutzer einen guten Eindruck.

Bei der Aktivierung von TicketPoint 2016 werden drei WebPart-Seiten bereitgestellt. Auf jeder der Seiten ist je eines der mitgelieferten WebParts eingebunden und konfiguriert. Somit werden die drei Seiten *Ticketauswertung*, *Abrechnung* und *Lösungssuche* benötigt und in der Bibliothek der Websiteseiten abgelegt. Nachfolgend sehen Sie die Mockups der drei Seiten.

Ticketauswertung

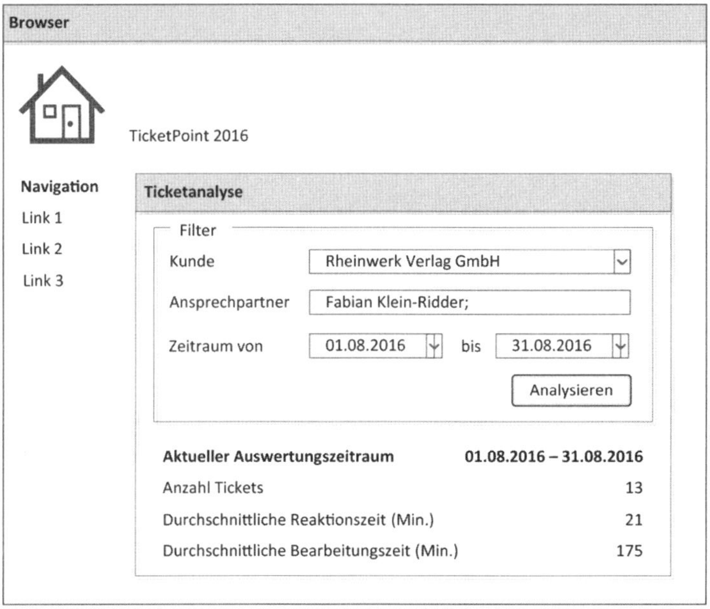

Abbildung 2.46 WebPart-Seite Ticketauswertung

Lösungssuche

Abbildung 2.47 WebPart-Seite Lösungssuche

Abrechnung

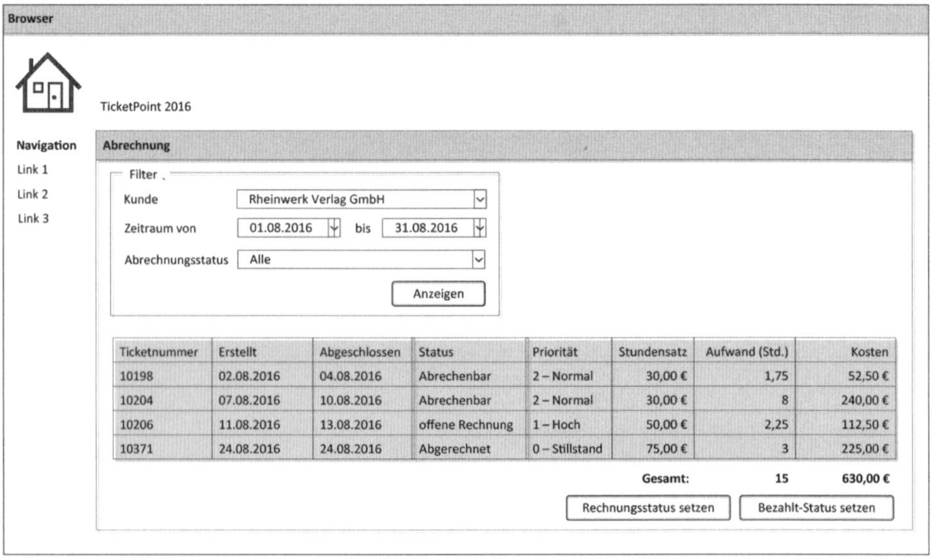

Abbildung 2.48 WebPart-Seite Abrechnung

2.10.4 Navigation

Im Navigationskapitel beschreiben und definieren Sie die Links, die in der Top-Navigation und der Quicklaunch-Navigation bereitgestellt werden. Die Top-Navigation ist die obere, horizontale Navigationsleiste in SharePoint. Die Quicklaunch-Navigation ist die im Standard links angeordnete, vertikale Navigationsleiste. Beschreiben Sie die Navigationsleisten in jeweils einer Tabelle, die aus den Spalten »Text«, »Ebene« und »Link« besteht. In der »Text«-Spalte geben Sie den Anzeigenamen des Menüpunktes an. Unter »Ebene« definieren Sie, in welcher Ebene in der Navigation der entsprechende Menüpunkt untergebracht ist, und in der Spalte »Link« geben Sie die URL an, auf die der Menüpunkt verweist.

Text	Ebene	Link
TicketPoint 2016	1	/

Tabelle 2.101 Obere Seitennavigation

Text	Ebene	Link
TicketPoint 2016	1	/
Neues Ticket	2	*_layouts/15/TicketPoint2016/TicketNewEdit.aspx*
Ticketübersicht	1	*Lists/Tickets*
Zu bearbeitende Tickets	2	*TicketPoint/Lists/tickets/MyOpenTickets.aspx*
Auswertung	1	/
Ticketauswertung	2	*/SitePages/TicketEvaluation.aspx*
Abrechnung	2	*/SitePages/Accounting.aspx*
Lösungssuche	2	*/SitePages/SolutionSearch.aspx*

Tabelle 2.102 Quicklaunch Seitennavigation

2.11 Mehrsprachigkeit

Aufgrund der Möglichkeiten, die SharePoint bietet, ist es sinnvoll, in jeder Anwendung die Grundlagen für den mehrsprachigen Einsatz zu berücksichtigen. Aus technischer Sicht ist es nicht relevant, welche Sprachen Sie auf Dauer in Ihre Anwendung aufnehmen. Wenn Sie Ihr Produkt von Beginn an mit Ressourcendateien ausstatten, können

> Sie es jederzeit durch das Hinzufügen einer Übersetzungsdatei um eine zusätzliche Sprache erweitern.
>
> Als Consultant sollten Sie Ihre Entwickler auf diesen Punkt hinweisen und darauf bestehen, dass von Beginn an mit Ressourcendateien gearbeitet wird.

Die Anwendung wird in den Sprachen Deutsch und Englisch zur Verfügung gestellt. Aufgrund der Zielgruppe wird als Standard die deutsche Sprache gewählt.

Die ausgewählte Sprache wirkt sich an drei unterschiedlichen Stellen aus.

Installation

Während der Installation werden Navigationseinträge und WebPart-Seiten angelegt. Sowohl der Seitentitel von WebPart-Seiten als auch der Anzeigetext von Links in der Navigation werden in der Sprache erstellt, in der der Thread für die Installation ausgeführt wird.

Erfolgt zum Beispiel die Installation der Lösung durch die PowerShell in einem englischen Systemthread, die Aktivierung des Features jedoch via UI in einer deutschsprachigen Browsersession, werden alle Daten auf Deutsch erstellt.

Anwendung

Während der Nutzung der Anwendung werden übersetzbare UI-Elemente in der jeweiligen Threadsprache des aktuellen Benutzers dargestellt.

Inhalte

Gespeicherte Inhalte werden nicht automatisch übersetzt und stehen somit allen Benutzern in der jeweils eingegebenen Form zur Verfügung. Aus diesem Grund ist es ratsam, sich für Inhalte auf eine gemeinsame Sprache zu einigen, sodass Tickets beispielsweise immer auf Deutsch gestellt und auf Deutsch beantwortet werden.

2.11.1 Arbeitsweise von Ressourcendateien

> Um eine Anwendung mit der Funktion der Mehrsprachigkeit auszustatten, nutzen Sie anstelle von fixen Texten lediglich eine Funktion, die mit einem Schlüssel aufgerufen wird. Der Schlüssel identifiziert einen bestimmten Eintrag im Wörterbuch. Als Wörterbuch werden Ressourcendateien verwendet, die aus Schlüssel-Wert-Paaren bestehen.
>
> Jede Schlüssel-Wert-Kombination repräsentiert einen übersetzten Begriff oder Satz, den Sie in Ihrer Anwendung zur Anzeige bringen möchten. Die oben genannte Funktion sorgt zur Laufzeit der Anwendung dafür, dass der anzuzeigende Text zum Schlüssel aus

dem korrekten Wörterbuch gelesen wird. Das korrekte Wörterbuch ergibt sich im Normalfall aus der gewählten Einstellung des Benutzers oder der Sprache des aktuellen Threads, in dem die Anwendung ausgeführt wird.

Beispielinhalt von Ressourcendateien finden Sie in Tabelle 2.103 und Tabelle 2.104:

Schlüssel	Wert
`TxtDeleteTicket`	Ticket löschen
`TxtCreateTicket`	Neues Ticket erstellen
`MsgSuccessTicketCreated`	Das neue Ticket wurde erfolgreich erstellt.
`MsgErrorTicketCreated`	Bei der Erstellung des Tickets ist ein Fehler aufgetreten.

Tabelle 2.103 TicketPoint2016.de-DE.resx

Schlüssel	Wert
`TxtDeleteTicket`	Delete Ticket
`TxtCreateTicket`	Create new Ticket
`MsgSuccessTicketCreated`	The new Ticket was created successfully.
`MsgErrorTicketCreated`	An Error occurred while creating the Ticket.

Tabelle 2.104 TicketPoint2016.en-US.resx

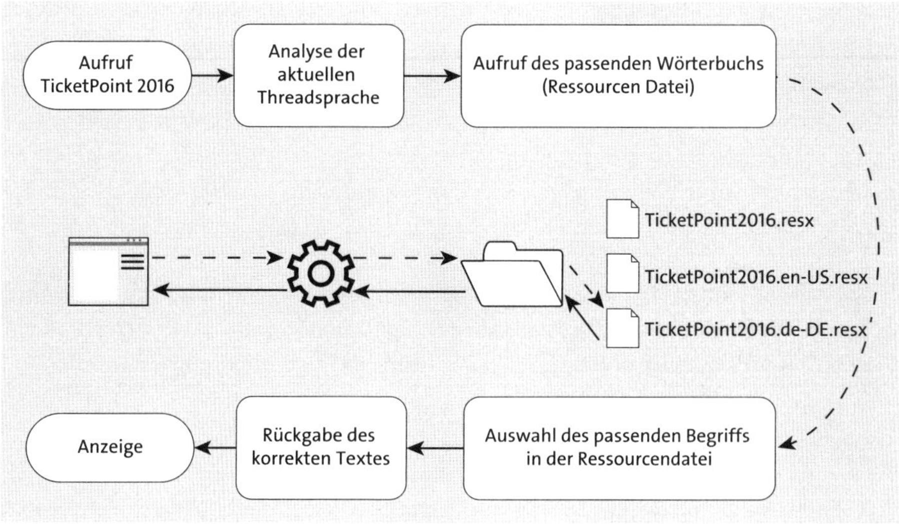

Abbildung 2.49 Arbeitsweise von Ressourcendateien

Wie in Abbildung 2.49 zu sehen, wird bei jedem Request, den ein Browser an den Server stellt, geprüft, in welcher Sprache SharePoint für den Benutzer aktuell ausgeführt wird. Anhand dieser Information wird nach einem definierten Wörterbuch in SharePoint gesucht. Im Fall von TicketPoint 2016 wäre dies das Wörterbuch *TicketPoint2016*. Mithilfe der zuvor analysierten Sprache wird die Version des Wörterbuchs gesucht, die mit dem entsprechenden Sprachcode versehen ist und somit die Übersetzungsinformationen dieser Sprache enthält, beispielsweise *en-US* für Englisch oder *de-DE* für Deutsch. Für den Fall, dass kein Wörterbuch für die jeweilige Sprache gefunden wird, gibt es als Fallback die Übersetzung. Diese befindet sich in einer Übersetzungsdatei ohne Sprachkennung am Ende. Würde in dem Schaubild SharePoint beispielsweise auf Französisch ausgeführt, würde die Anwendung nach der Datei *TicketPoint2016.fr-FR.resx* suchen. Da diese Datei nicht vorhanden ist, würde auf die Fallback-Übersetzung in der Datei *TicketPoint2016.resx* zurückgegriffen. Ist die entsprechende Übersetzungsdatei gefunden, so wird aus ihr der Wert für das jeweils gewünschte Schlüssel-Wert-Paar ermittelt und zurückgegeben.

2.12 Logging

Im Bereich »Logging« sollten Sie die geplanten Logging-Funktionalitäten der Anwendung definieren. Um Probleme in Ihrer Anwendung gezielt analysieren zu können, sollten Sie die Logeinträge für eine spätere Verwendung speichern. Nutzen Sie dazu eine Datenbank, ein eigenes Logfile oder das *ULS-Log* von SharePoint. Damit Ihre Mitarbeiter Fehler just in time nachstellen und analysieren können, sollten die erzeugten Logeinträge parallel im System-Trace ausgegeben werden. Mithilfe von Tools wie DebugView können Sie die Meldungen im System-Trace zur Laufzeit abfangen und auswerten. Durch Kennzeichnung Ihrer Logmeldungen, z. B. durch ein eindeutiges Präfix, können Sie das System-Trace schnell und einfach filtern, um nur Ihre Meldungen abzufangen.

Sollten Sie neben dem ULS-Log alternative Logverfahren in Betracht ziehen, bietet es sich an, auf bestehende APIs wie *Log4Net* zurückzugreifen. Durch die Verwendung einer solchen API haben Sie mit wenig Programmieraufwand schnelle Ergebnisse und aufgrund der hohen Qualität der API wenige Probleme. Mit Log4Net haben Sie zudem ohne weiteren Programmieraufwand die Möglichkeit, das Ziel Ihrer Logeinträge zu variieren. So können Sie durch einfache Konfigurationswege entweder in eine Datei auf Ihrem Server oder in eine Datenbank loggen. Auch das parallele Loggen in unterschiedliche Ziele ist problemlos möglich und bedarf lediglich einer Konfigurationsanpassung.

Aufgrund dieser Vorteile ist die Verwendung einer solchen API der Erstellung eines eigenen Logs vorzuziehen.

Für das Protokollieren definierter Aktionen und eventuell auftretender Probleme wird eine Loggingklasse bereitgestellt. Die Loggingklasse nutzt für das Speichern von

Logeinträgen das ULS-Log von SharePoint. Um eine schnelle und dynamische Auswertung zu gewährleisten, werden alle Logeinträge parallel im System-Trace ausgegeben.

Um das Filtern der Meldungen im System-Trace zu erleichtern, wird jedem Logeintrag das Kürzel *FKR* vorangestellt.

Begriffe

Das *ULS-Log* ist ein einheitliches Loggingverfahren, das SharePoint-weit alle auftretenden Fehler in einem definierten Schema protokolliert und zur späteren Analyse speichert.

Weitere Informationen finden Sie unter *https://msdn.microsoft.com/de-de/library/office/ff512738(v=office.14).aspx*.

Log4Net ist eine API, die es Entwicklern ermöglicht, auf einfachem Weg Loggingmechanismen in eine Anwendung zu implementieren und in unterschiedliche Speicherorte zu schreiben. So kann das implementierte Logging der Log4Net-API über Konfigurationen beispielsweise entweder in Dateien, in eine Datenbank oder parallel in beide Speicherorte geschrieben werden.

Weitere Informationen finden Sie unter *http://logging.apache.org/log4net/*.

2.13 Change Requests

Der richtige Umgang mit *Change Requests* (CRs) ist ein schwieriges Thema. Change Requests betreffen alle Projektbeteiligten und sollten daher entsprechend sensibel behandelt werden. Auf der einen Seite können Sie dem Kunden den Wunsch von Change Requests nicht verwehren, auf der anderen Seite kann es die Entwicklung nahezu lahmlegen, wenn das Entwicklerteam mehr damit beschäftigt ist, Change Requests »hinterherzurennen«, als das eigentliche Projekt voranzutreiben.

Kommunizieren Sie das Thema von Beginn an offen mit dem Kunden. Seien Sie sich darüber im Klaren, dass auch ein kleiner Change Request unter Umständen einen hohen Aufwand in der Implementierung in die aktuelle Lösung, in der Anwendungsarchitektur und der Dokumentation nach sich zieht. Diese Tatsache müssen Sie sich und auch dem Kunden klar vor Augen führen.

Trotz allem: Ohne Change Requests geht es nicht.

Klassifizieren Sie die eingehenden Change Requests nach folgenden Kategorien:

- Kategorie 1: Folgeprojekt
- Kategorie 2: Projektbestandteil – nachgelagert
- Kategorie 3: Projektbestandteil – Funktionsvoraussetzung

Stimmen Sie mit dem Kunden ab, ob ein Change Request eine zwingende Voraussetzung für die Fertigstellung der Lösung darstellt. Wenn dies der Fall ist, fällt der CR in eine der beiden »Projektbestandteil«-Kategorien und muss von einem Entwickler detailliert bewertet werden. Der Entwickler muss analysieren, ob bisherige Projektbestandteile Funktionalität einbüßen, wenn der CR später umgesetzt wird, oder ob eine spätere Umsetzung den Aufwand des CRs massiv erhöht. Sollte der CR für den vollständigen Funktionsumfang anderer Lösungsbestandteile benötigt werden oder eine spätere Implementierung mit massiv erhöhtem Aufwand behaftet sein, gilt der CR als »Projektbestandteil – Funktionsvoraussetzung« und ist sofort zu berücksichtigen. Hat der CR keine direkten Auswirkungen auf andere Bestandteile oder Funktionen und eine nachgelagerte Betrachtung keine negativen Auswirkungen auf den Aufwand, fällt der CR in die Kategorie »Projektbestandteil – nachgelagert« und wird nach Fertigstellung der eigentlichen Lösung am Ende des Projektes umgesetzt.

Bei beiden Kategorien vom Typ »Projektbestandteil« ist unverzüglich eine Aufwandschätzung inklusive Kalkulation der Zusatzkosten zu erstellen und dem Kunden zu kommunizieren. Wenn ein CR vom Kunden beauftragt wird, muss der Kostenrahmen angepasst und der CR in den Zeitplan des Projektes aufgenommen werden.

Bei jedem CR sollten alle Projektbeteiligten, sowohl intern als auch extern, über die Änderungen am Budget und am Zeitplan informiert werden. Nur so ist sichergestellt, dass das gesamte Projektteam die Änderung am Ursprungsplan bewusst wahrnimmt und ein CR nicht im Eifer des Projektes untergeht.

Wenn ein CR dem GoLive der Lösung nicht im Weg steht, wird er als »Folgeprojekt« eingestuft und im aktuellen Projekt nicht weiter analysiert. Davon betroffene CRs können zu einem großen Folgeauftrag gebündelt oder als mehrere Einzelprojekte behandelt werden.

Falls im Laufe eines Projektes die CRs der Kategorie 3 überhandnehmen und eine Situation eintritt, in der Sie gefühlt ausschließlich CRs abarbeiten, anstatt das Projekt voranzutreiben, ist es sinnvoll, über ein Re-Factoring des Projektes nachzudenken. Frieren Sie den aktuellen Projektstand ein, und setzen Sie sich mit dem Kunden zusammen. Definieren Sie den aktuellen Projektstand, und stellen Sie das Ursprungskonzept, den aktuellen Stand und die noch ausstehenden CRs der Kategorie 2 und 3 gegenüber.

In den meisten Fällen ist es von Vorteil, an dieser Stelle das Projekt neu zu bewerten, das aktuelle Projekt mit den CRs zusammenzuführen und das Ergebnis als neues Projektziel zu definieren. Passen Sie dabei auch alle Fertigstellungstermine und Kosten an das neue Konzept an.

Nichts ist schlimmer und demotivierender für das Projektteam als die andauernde Abarbeitung von Change Requests, anstatt das eigentlich definierte Projektziel voranzutreiben. Dabei spielt es keine Rolle, ob es sich bei dem Projekt um ein Fixpreis-Projekt oder ein Abrufkontingent handelt. Ein Projekt braucht ein Ziel, auf das das Team hinarbeitet. Wenn Ihr Projekt kein Ziel hat, laufen Sie schnell Gefahr, dass die Projektmitglieder die Motivation verlieren, da das Gefühl entsteht, nicht voranzukommen und nur auf der Stelle zu treten. Besonders bei großen Projekten ist dieser Zustand oft eine Teilursache von »Never ending«-Projekten.

Teil II
Umsetzung

Im Bereich der Umsetzung wird auf Basis des bisher erstellten Planungsdokuments die Anwendung umgesetzt. Dabei zeigen wir Ihnen verschiedene Lösungswege und Herangehensweisen auf.

Der folgende Teil des Buches richtet sich in erster Linie an SharePoint-Entwickler und zeigt, wie Sie zum einen eine möglichst saubere SharePoint-Anwendung erstellen, aber auch das bisher erstellte Architekturdokument konsumieren können. Dazu bauen wir die zuvor geplante Anwendung Schritt für Schritt auf und bringen anhand detaillierter Fallbeispiele die unterschiedlichen Entwicklungsbausteine einer SharePoint-Lösung mit einem übergreifenden Konzept in Einklang. Neben den umfangreichen Codebeispielen werden wir ebenso versuchen, einige Denkanstöße für den strukturierten Aufbau einer SharePoint-Lösung zu geben, um ein möglichst wartbares und nachhaltiges Entwicklungsprojekt auf die Beine zu stellen. Nahezu alle genannten Szenarien können Sie sehr einfach an andere Projekte und an Ihre individuellen Bedürfnisse anpassen.

Auch Neulinge in der SharePoint-Entwicklung sollten imstande sein, den Erklärungen zu folgen und einiges an Wissen für zukünftige Projekte mitzunehmen. Jedoch sei gesagt, dass sich Erklärungen stark an das Fallbeispiel von TicketPoint 2016 anlehnen und bestimmt nicht alle aufkommenden Fragen rund um SharePoint final beantwortet werden. Dennoch ist der Gesamtansatz für einen sauberen Lösungsaufbau auch für einen unerfahrenen Entwickler spannend und kann vor so manchem ärgerlichen und zeitraubenden Fehltritt im Anwendungsdesign schützen. Die im Rahmen von TicketPoint 2016 verwendeten SharePoint-Methoden und -Attribute erläutern wir kurz, falls man nicht direkt vom Namen auf die Funktion schließen kann.

Wenn wir die Codebeispiele aufgrund ihrer Länge gekürzt haben, dann haben wir dies durch drei auskommentierte Punkte im Quellcode gekennzeichnet, beispielsweise so:

```
int i = 9;
///...
if(i==9)
    return false
```

Den vollständigen Quellcode finden Sie im Downloadbereich unter:

https://www.rheinwerk-verlag.de/4237

Hier können Sie das vollständige Projekt herunterladen. Damit Sie sich in diesem Projekt schnell zurechtfinden und auch die relevante Stelle möglichst schnell wiederfinden, haben wir in den jeweiligen Kapiteln bei der Vorstellung der einzelnen Bestandteile der Lösung Screenshots der Projektstruktur eingefügt.

Da wir in den folgenden Kapiteln zwei Möglichkeiten zum programmatischen Aufbau einer SharePoint-Struktur beschreiben, finden Sie im Downloadbereich zwei unterschiedliche Versionen des Programmcodes. In der einen Version bauen wir die SharePoint-Struktur, also Listen, Inhaltstypen und Felder mithilfe von *Schema.xml*-Dateien auf. In der zweiten Variante zeigen wir zudem, wie Sie eine Struktur über eigenen C#-Code aufbauen und verwalten können.

Kapitel 3
Entwicklungsumgebung

Erfahren Sie, wie Sie eine gute Entwicklungsumgebung einrichten und welche Tools Ihnen die Arbeit mit SharePoint erleichtern.

Bevor Sie mit der Entwicklung von TicketPoint 2016 beginnen, richten Sie sich zuerst die Entwicklungsumgebung ein. In diesem Kapitel beschreiben wir die Anforderungen an eine Entwicklungsumgebung und die Einrichtung der Entwicklungsumgebung. Außerdem erfahren Sie, welche nützlichen Tools Sie bei der Entwicklung verwenden können.

Um SharePoint-2016-Solutions ohne Einschränkungen entwickeln und testen zu können, benötigen Sie einen Windows Server mit folgender installierter Software:

- Windows Server 2012 R2
- installierter und konfigurierter SharePoint Server 2016
- Visual Studio 2015 mit installierten Updates
- Office Developer Tools: *https://www.visualstudio.com/de/vs/office-tools/*

Die aktuellen Systemvoraussetzungen und Empfehlungen können Sie den Dokumentationen und Einrichtungsleitfäden der einzelnen Produkte entnehmen.

Da die meisten Dokumentationen, Blogs usw. in englischer Sprache vorliegen und Sie somit meistens mit den englischen Begriffen zu tun haben werden, empfehlen wir die Installation des englischen Language Packs von Visual Studio und den Betrieb in englischer Sprache.

Begriffe

Visual Studio ist eine Entwicklungsumgebung von Microsoft für verschiedene Programmiersprachen. Um SharePoint-Solutions zu entwickeln, benötigen Sie zusätzlich die Office Developer Tools.

Entwicklungstools können sich entweder in Visual Studio integrieren oder auch, unabhängig von Visual Studio, auf dem Entwicklungsserver oder einem Client installiert und ausgeführt werden.

Es gibt viele nützliche und kostenfrei erhältliche Tools, die Ihnen bei der SharePoint-Entwicklung, aber auch bei der Entwicklung im Allgemeinen behilflich sind. Um Ihnen einen Überblick zu verschaffen und Ihnen bei der Auswahl zu helfen, werden wir im Folgenden einige Tools auflisten und beschreiben. Die Beschreibung ergänzen wir durch einen Link auf die Herstellerseite und einen Lizenzhinweis. Wir beschränken uns auf Tools, die wir selbst bereits eingesetzt haben und mit denen wir gute Erfahrungen gemacht haben.

Auf Installationsanleitungen der einzelnen Tools verzichten wir an dieser Stelle, da diese schon auf den Herstellerseiten vorliegen.

3.1 CKSDev

- Herstellerlink: *https://cksdev.codeplex.com/*
- Lizenz: Microsoft Public License (Ms-PL) *https://cksdev.codeplex.com/license*
- Beschreibung: CKSDev bringt eine Menge nützlicher Funktionen mit. So können Sie beispielsweise aus dem Visual Studio-Projekt heraus Application-Pools recyceln, den TimerService neu starten und Projektdateien ins 16-Hive (*C:\Program Files\Common Files\microsoft shared\Web Server Extensions\16*) kopieren, ohne dass der Application-Pool recycelt wird. Das ist besonders bei Änderungen von JavaScript- und CSS-Dateien sowie bei Änderungen im Markup hilfreich, da hier kein Recycling des Application-Pools notwendig ist. Mit CKSDev werden die Dateien kopiert, und durch ein Refresh im Browser sehen Sie sofort die Änderungen.

  Eine weitere äußerst nützliche Funktion ist das Anhängen an alle für SharePoint relevanten Prozesse, um diese debuggen zu können. Abbildung 3.1 bietet Ihnen einen kurzen Einblick in die Funktionsweise des Tools.

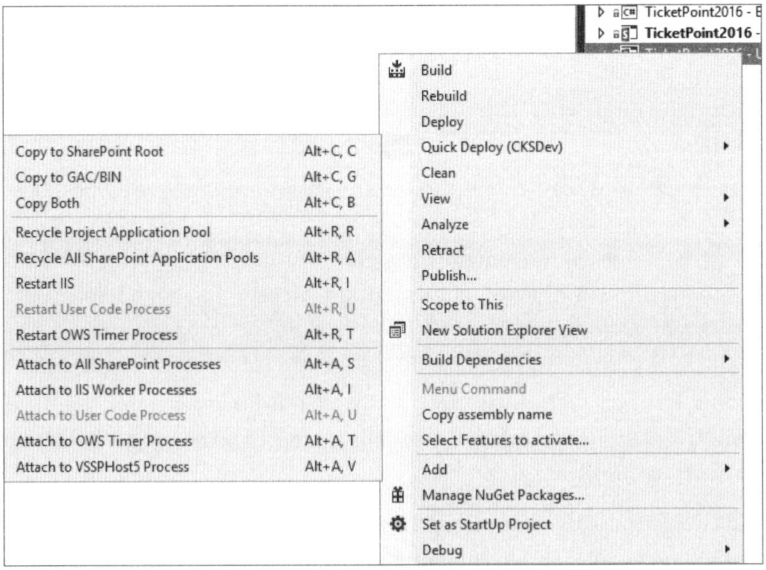

Abbildung 3.1 CKSDev

3.2 Web Essentials

- Herstellerlink: *http://vswebessentials.com/*
- Lizenz: Apache License, Version 2.0 *https://marketplace.visualstudio.com/items/MadsKristensen.WebEssentials20153/license*
- Beschreibung: Web Essentials erweitert Visual Studio um einige für die Webentwicklung nützliche Features. Web Essentials unterstützt bei der Entwicklung von CSS, HTML, JavaScript, TypeScript, CoffeeScript und auch LESS. Bei der Erstellung von LESS haben Sie z. B. einen Editor, der mit IntelliSense die Entwicklung unterstützt. Daneben bekommen Sie direkt die aus dem LESS generierte CSS-Datei angezeigt. Die *.min*-Datei der CSS-Datei wird ebenfalls bei jedem Speichern automatisch miterstellt. Wenn Sie häufig die oben genannten Programmiersprachen verwenden, sollten Sie sich Web Essentials auf jeden Fall einmal genauer ansehen.

```
@firstColor: #f938ab;
@secondColor: @firstColor - #222222;

.class1 {
    color: @firstColor;
}

.class2 {
    color: @secondColor;
}
```

Abbildung 3.2 LESS-Datei

```
.class1 {
  color: #f938ab;
}
.class2 {
  color: #d71689;
}
```

Abbildung 3.3 Generierte CSS-Datei

```
.class1{color:#f938ab;}.class2{color:#d71689;}
```

Abbildung 3.4 Generierte CSS-».min«-Datei

3.3 ILMerge

- Herstellerlink: *https://www.microsoft.com/en-us/download/details.aspx?id=17630*
- Lizenz: *https://www.microsoft.com/en-us/research/people/mbarnett/#ilmerge-license*

- Beschreibung: ILMerge ist ein Command-Line-Tool, mit dem Sie mehrere DLL-Dateien zu einer mergen können, um die Anzahl der DLLs zu reduzieren. Über das Post-Build-Event von Visual Studio kann der Merge-Befehl automatisch nach jedem Neuerstellen der DLLs ausgeführt werden.

Im folgenden Beispiel werden die beiden DLLs *Fkr.SharePoint.TicketPoint2016.UILayer.dll* und *Fkr.SharePoint.TicketPoint2016.BusinessLayer.dll* zu einer DLL mit dem Namen *Fkr.SharePoint.TicketPoint2016.UILayer.dll* gemergt:

```
del Mergelog.txt
del Merge /Q
mkdir Merge
xcopy *.dll Merge
xcopy *.pdb Merge
..\..\..\Tools\ILMerge.exe /target:library /internalize /copyattrs /
allowMultiple /keepFirst /log:MergeLog.txt /targetplatform:v4 /
keyfile:"..\..\key.snk" /out:"Fkr.SharePoint.TicketPoint2016.UILayer.dll"
"Merge\Fkr.SharePoint.TicketPoint2016.UILayer.dll" "Merge\Fkr.SharePoint.
TicketPoint2016.BusinessLayer.dll"
```

Insbesondere im SharePoint-Umfeld hat das Mergen von DLLs den Vorteil, dass diese nicht gesondert im *GAC* abgelegt werden. Wenn Sie mehrere Lösungen im Einsatz haben, die auf dieselbe DLL zugreifen und diese mithilfe des Package im GAC bereitstellen, stehen Sie vor dem Problem, dass bei dem Retract einer dieser Lösungen auch die gemeinsam genutzte DLL aus dem GAC entfernt wird. Dies hat zur Folge, dass alle anderen Lösungen, die auf diese DLL referenzieren, nicht mehr lauffähig sind. Wenn Sie die gemeinsam genutzte DLL jedoch vorab in die DLL der eigentlichen Lösung mergen und als Bestandteil dieser bereitstellen, kann dies nicht passieren.

Begriffe

Der *Global Assembly Cache* (GAC) ist ein Verzeichnis, in dem DLLs abgelegt werden, um sie systemweit bereitzustellen. Das Verzeichnis finden Sie unter *C:\Windows\assembly*.

3.4 SharePoint Manager

- Herstellerlink: *https://spm.codeplex.com*
- Lizenz: GNU General Public License Version 2 (GPLv2) *https://spm.codeplex.com/license*

- Beschreibung: Mit dem SharePoint Manager können Sie auf Objekte in SharePoint über das SharePoint-Objektmodell zugreifen. Der SharePoint Manager erstellt ein komplettes Abbild der Farm und zeigt alle einzelnen Objekte an. Sie können durch das Aufklappen der einzelnen Knoten in einer Treeview durch die Objektstruktur navigieren und sich die Properties und deren Werte anschauen. Damit verschaffen Sie sich schnell und einfach einen Überblick über die Properties und Werte eines Objekts. Auf einige der Objekte und Properties kann auch schreibend zugegriffen werden.

  Sie können z. B. prüfen, ob und welche EventReceiver an eine bestimmte Liste gebunden sind. Durch das Aufklappen eines EventReceivers haben Sie dann Zugriff auf seine Properties, um diese zu prüfen.

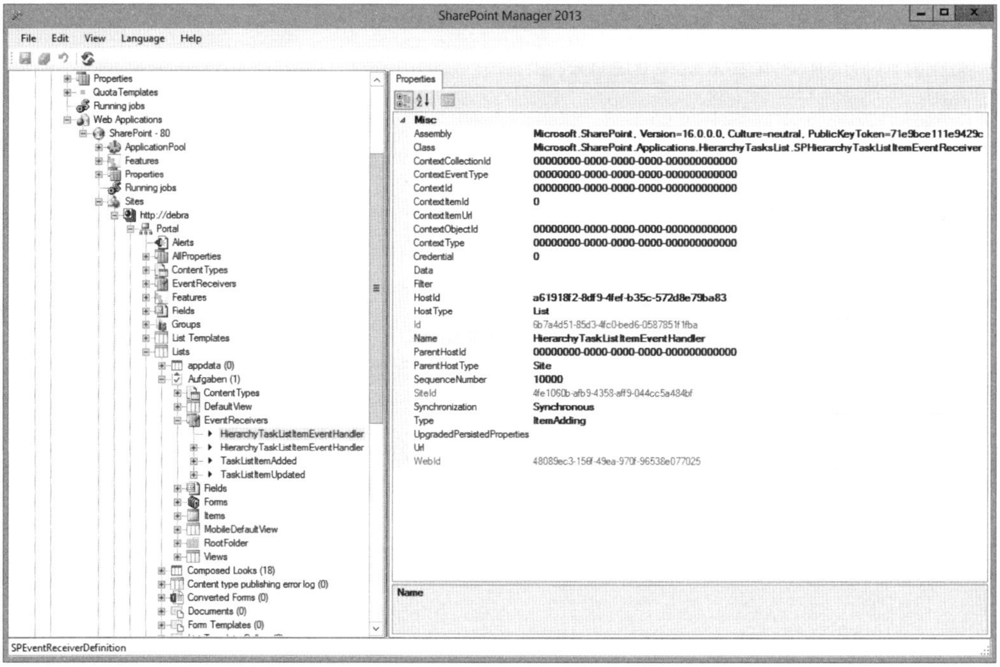

Abbildung 3.5 SharePoint Manager

3.5 smtp4dev

- Herstellerlink: *https://smtp4dev.codeplex.com/*
- Lizenz: New BSD License (BSD) *https://smtp4dev.codeplex.com/license*
- Beschreibung: Mit smtp4dev können Sie den Versand von E-Mails prüfen. Das Tool fängt alle E-Mails, die gesendet werden, ab und zeigt sie zur weiteren Analyse an.

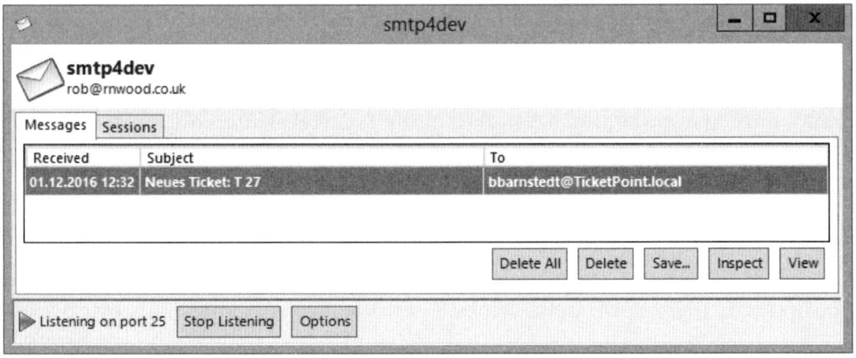

Abbildung 3.6 smtp4dev

3.6 SharePoint LogViewer

- Herstellerlink: *https://sharepointlogviewer.codeplex.com/*
- Lizenz: The MIT License (MIT) *https://sharepointlogviewer.codeplex.com/license*
- Beschreibung: SharePoint schreibt Meldungen in Logdateien, die im Standard unter *C:\Program Files\Common Files\microsoft shared\Web Server Extensions\16\LOGS* liegen. Um diese einfacher analysieren zu können, verwenden Sie den SharePoint LogViewer. Er unterstützt mit Filteroptionen und Suchfunktionen die Analyse der Logdatei. Außerdem können Sie mehrere Dateien zeitgleich öffnen und durchsuchen.

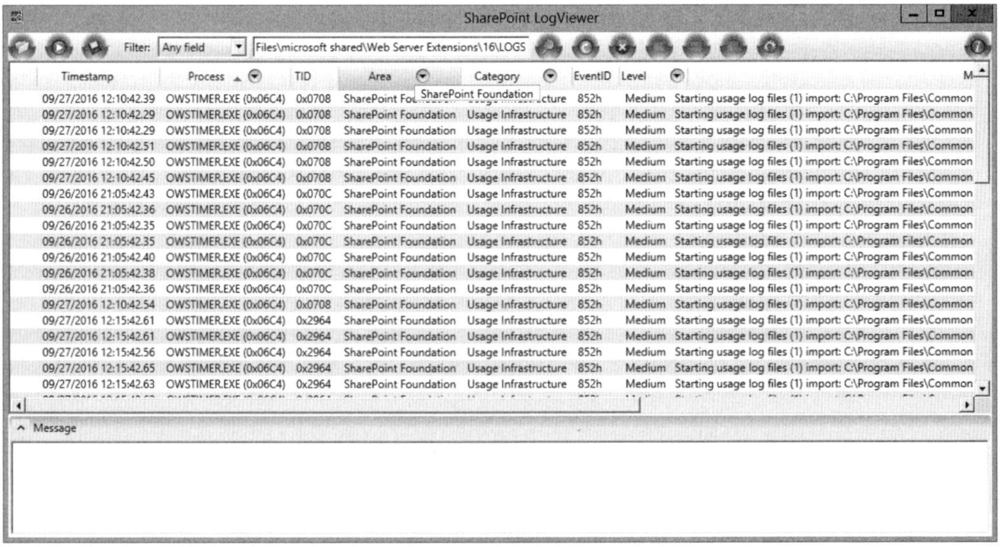

Abbildung 3.7 SharePoint LogViewer

3.7 DebugView

- Herstellerlink: *https://technet.microsoft.com/en-us/sysinternals/debugview.aspx*
- Lizenz: Sysinternals Software License Terms, *https://technet.microsoft.com/en-us/sysinternals/bb469936*
- Beschreibung: Mit DebugView stellt Microsoft ein einfaches Tool bereit, mit dem Sie Meldungen, die über `System.Diagnostics.Trace.Write` geschrieben wurden, auslesen können.
- Beispiel:

```
protected void Page_Load(object sender, EventArgs e)
{
    System.Diagnostics.Trace.Write("fkr: Page_Load wird ausgeführt");
    //...
    System.Diagnostics.Trace.Write("fkr: Page_Load wurde ausgeführt");
}
```

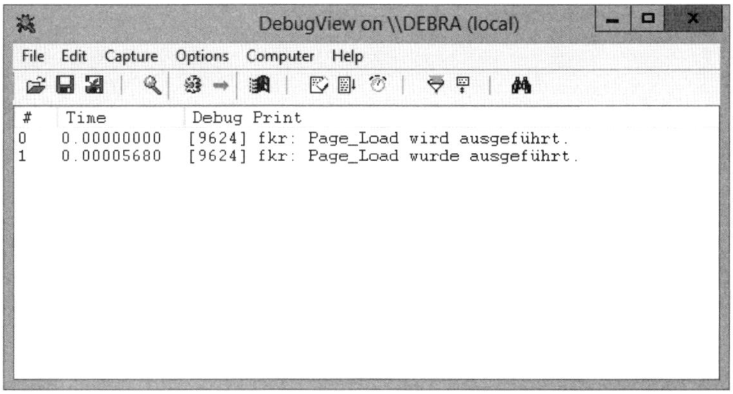

Abbildung 3.8 DebugView

Diese Meldungen ermöglichen eine Echtzeitanalyse von Problemen. Das Log ist temporär und wird nicht auf dem Medium gespeichert.

3.8 Developer Dashboard

Das Developer Dashboard ist in SharePoint enthalten und muss lediglich aktiviert werden. Die Aktivierung ist mit folgenden PowerShell-Befehlen möglich:

```
$contentService = [Microsoft.SharePoint.Administration.
SPWebService]::ContentService
$developerDashboardSettings = $contentService.DeveloperDashboardSettings
```

```
$developerDashboardSettings.DisplayLevel = "On"
$developerDashboardSettings.Update()
```

Mit dem Developer Dashboard können Sie den Aufruf einer SharePoint-Seite analysieren. Sie erhalten detaillierte Informationen zu Datenbankabfragen und deren Laufzeiten und können somit eine Performanceanalyse durchführen.

Wie Sie eigene Meldungen für das Dashboard ausgegeben, sehen Sie im folgenden Beispiel:

```
using (new SPMonitoredScope("fkr: Suchabfrage wird ausgeführt...."))
{
    //...
}
```

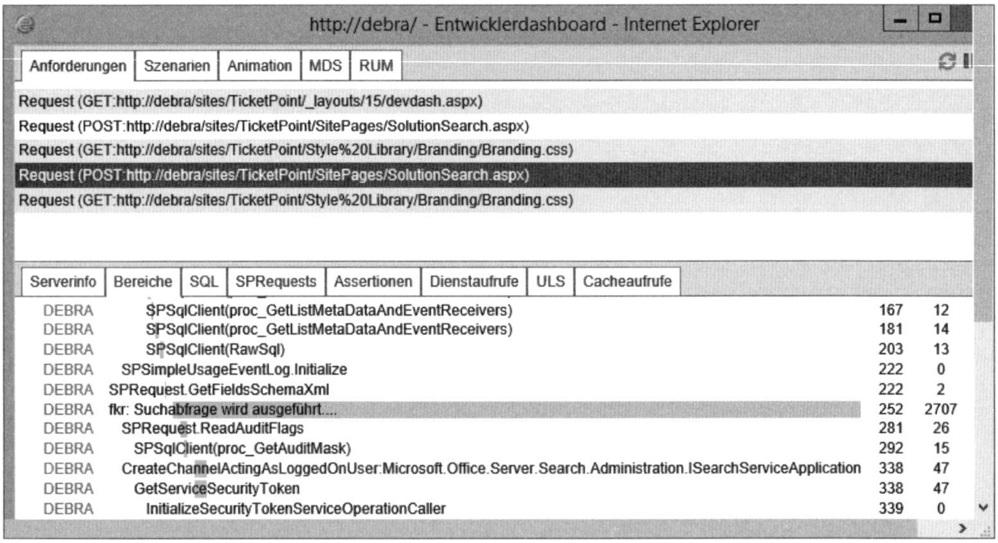

Abbildung 3.9 Developer Dashboard

3.9 PowerGUI Script Editor

- Herstellerlink: *https://documents.software.dell.com/powergui/3.8/release-notes/release-notes#Welcome*
- Lizenz: *https://documents.software.dell.com/powergui/3.8/release-notes/release-notes*
- Beschreibung: Mit dem PowerGUI Script Editor können Sie PowerShell-Befehle einfacher zu Skripten zusammenstellen. Unterstützt werden Sie hier durch eine übersichtliche grafische Oberfläche. Sie können zusätzlich Cmdlets herunterla-

den, um PowerShell-Skripte noch effizienter zu entwickeln. Es gibt beispielsweise Cmdlets für den Active-Directory-Zugriff: *https://dmitrysotnikov.wordpress.com/2007/07/20/updated-powergui-active-directory-pack/*.

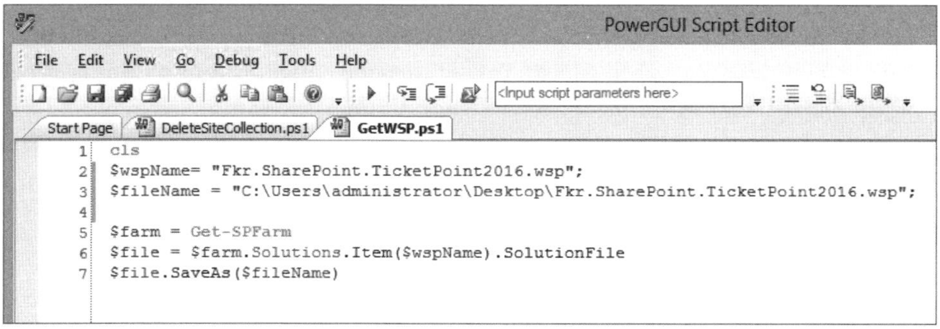

Abbildung 3.10 PowerGUI Script Editor

3.10 CAML Designer

- Herstellerlink: *http://www.camldesigner.com/index.php/2016/01/12/caml-designer-2013/*
- Beschreibung: Der CAML Designer unterstützt Sie bei der Erstellung von CAML-Queries. Sie können sich mit dem Web und im Anschluss mit der Liste verbinden, um dann über die grafische Benutzeroberfläche die CAML-Query zu erstellen. Die verfügbaren Spalten und Optionen werden Ihnen zur Verfügung gestellt, damit Sie einfach und schnell ein Ergebnis erzielen. Die Ergebnisse können Sie in einem Vorschaufenster analysieren.

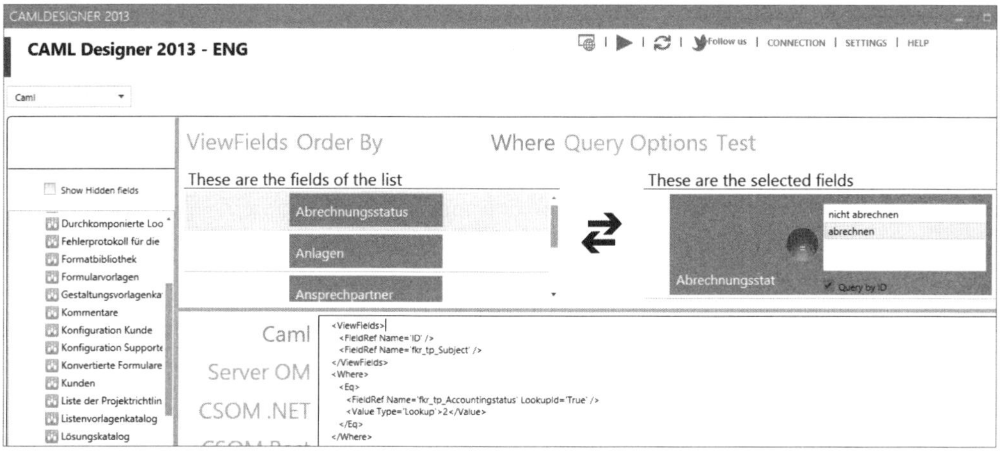

Abbildung 3.11 CAML Designer

3.11 Notepad++

- Herstellerlink: *https://notepad-plus-plus.org/*
- Lizenz: GNU General Public License *https://github.com/donho/notepad-plus-plus/blob/master/LICENSE*
- Beschreibung: Notepad++ ist ein Texteditor, der einige erweiterte Funktionen gegenüber Notepad mitbringt. So ist zum Beispiel das Syntax-Highlighting für gängige Programmiersprachen möglich. Zusätzlich gibt es viele kostenlose Erweiterungen zum Download, die neue Funktionen ergänzen.

  Hier einige Beispiele:

Erweiterung	Beschreibung
XML Tools	Formatierung und Validierung von XML-Dateien
Compare	Vergleichen von Dateien
Converter	Konvertierung von ASCII in HEX und umgekehrt

Abbildung 3.12 Notepad++

3.12 GetStrongName

GetStrongName ist eigentlich kein richtiges Tool, sondern ein PowerShell-Befehl, den wir über die externen Tools in Visual Studio integrieren können. Durch die Ausführung erhalten wir den Strong Name der Assembly des aktuellen Projektes.

Wenn Sie das Visual Studio gestartet haben, klicken Sie im Menü auf TOOLS und dann auf EXTERNAL TOOLS, um den PowerShell-Befehl einzurichten. Fügen Sie über den ADD-Button ein neues Tool hinzu, und geben Sie die folgenden Werte ein:

- Titel: `GetStrongName`
- Command: `Powershell.exe`

- **Arguments**: `-command "[System.Reflection.AssemblyName]::GetAssemblyName('$(TargetPath)').FullName"`

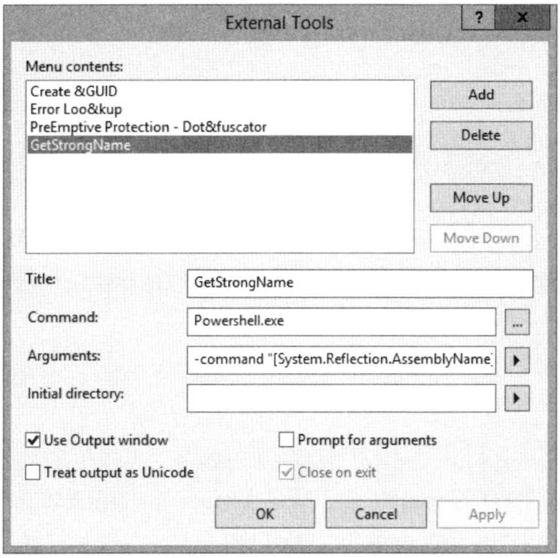

Abbildung 3.13 Neues externes Tool hinzufügen

Den Befehl können Sie dann im Anschluss ausführen, indem Sie im Menü über TOOLS den Befehl GETSTRONGNAME aufrufen, zum Beispiel:

```
"Fkr.SharePoint.TicketPoint2016.UILayer, Version=1.0.0.0, Culture=neutral,
PublicKeyToken=9da1148d6bd1affc".
```

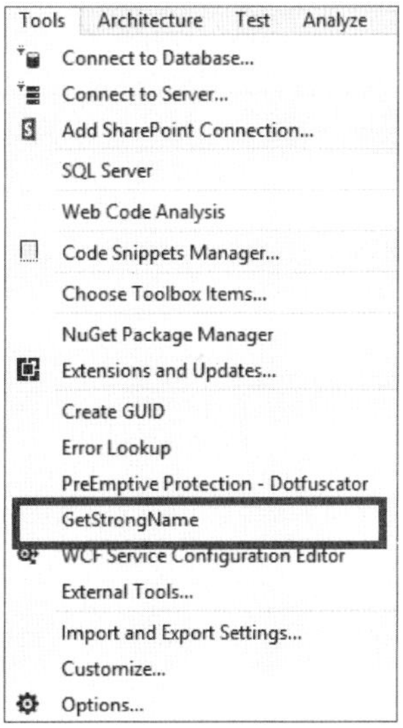

Abbildung 3.14 GetStrongName im »Tools«-Menü

3.13 Tipps

Nachfolgend haben wir für Sie ein paar nützliche Tipps aufgelistet, die wir als sehr hilfreich ansehen.

3.13.1 Testprojekt

Generell empfiehlt es sich, zu jedem Projekt eine Konsolenanwendung (oder ein UnitTest-Projekt, falls Sie mit UnitTests arbeiten) hinzuzufügen, in dem Sie einzelne Funktionen und Funktionsaufrufe schnell testen können. Das erspart Ihnen ein vollständiges Deployment inklusive Recyceln des Application-Pools, was je nach Server einige Sekunden oder auch Minuten dauern kann.

3.13.2 Testdaten mit PowerShell

Über PowerShell haben Sie vollständigen Zugriff auf das SharePoint-Objektmodell. Sie können über PowerShell zum Beispiel Testdaten anlegen, Properties eines Webs bearbeiten oder korrupte Listen entfernen, die Sie über die Oberfläche nicht löschen können. Ein Neuerstellen der SiteCollection bei Installationstests inklusive Anlegen der Stammdaten, Testdaten etc. kann über ein PowerShell-Skript wiederholt durchgeführt werden. Parametrisierte Skripte können für mehrere Projekte wiederverwendet werden.

3.13.3 Eigene Tools

Falls es öfter vorkommt, dass Sie bestimmte Funktionen immer wieder durchführen oder testen müssen, ist ein eigenes Tool sinnvoll, wenn es für den Anwendungsfall noch kein geeignetes Tool gibt. Die Entwicklung kostet zwar erst einmal Zeit, diese sparen Sie aber durch den häufigen Einsatz wieder ein.

Kapitel 4
Struktur der VS-Solution

Erfahren Sie, wie Sie eine übersichtliche SharePoint-Lösung aufbauen können, um auch im Team immer den Überblick zu behalten.

Bevor Sie mit der Entwicklung der SharePoint-Lösung beginnen, sollten Sie sich Gedanken um grundlegende Strukturen der Visual-Studio-Solution (nachfolgend VS-Solution) machen. Durch einen einheitlichen Aufbau Ihrer Lösungen können Sie die Entwicklung beschleunigen. Wenn Sie eine Struktur für alle Ihre SharePoint-Lösungen definieren, fällt es zudem leichter, sich im Rahmen von Supporttätigkeiten in die Lösung von Kollegen einzuarbeiten. Reaktionszeiten auf Support- oder Erweiterungsanfragen werden reduziert, da keine hohen Einarbeitungszeiten anfallen.

Für die Umsetzung von TicketPoint 2016 beginnen wir mit einer neuen, leeren SharePoint-Solution. Im Laufe der folgenden Kapitel werden wir einen erweiterten Standard für SharePoint-Projekte aufbauen. Diesen werden wir im Anschluss als eigenes Projekttemplate exportieren und können ihn dann für alle zukünftigen SharePoint-Projekte verwenden, um wiederkehrende Schritte beim Aufbau einer komplexen SharePoint-Lösung zu vereinfachen.

Name	TicketPoint2016
Framework	.NET Framework 4.5
Template	*SharePoint 2016 – Empty Project*

Im *SharePoint Customization Wizard* geben Sie die URL zu Ihrer Entwicklungsumgebung an und wählen dann Farm-Solution als Deploymenttyp. Die Alternative der Sandboxed Solution sorgt dafür, dass der Code in einem abgeschotteten Bereich ausgeführt wird und die Auswirkungen auf den Server im Fehlerfall minimiert werden. In dieser Lösungsvariante steht die SharePoint-API jedoch nicht in vollem Umfang zu Verfügung. Da Microsoft Sandboxed Solutions eigentlich bereits in SharePoint 2016 nicht weiter unterstützen wollte und Sandboxed Solutions, die auf Managed Code zurückgreifen, in Office 365-Umgebungen nicht mehr genutzt werden können, sollten Sie von der Verwendung der Sandboxed Solutions absehen. Lösungen, die das Feature-Framework verwenden, sollten Sie also als Farm-Solution bereitstellen.

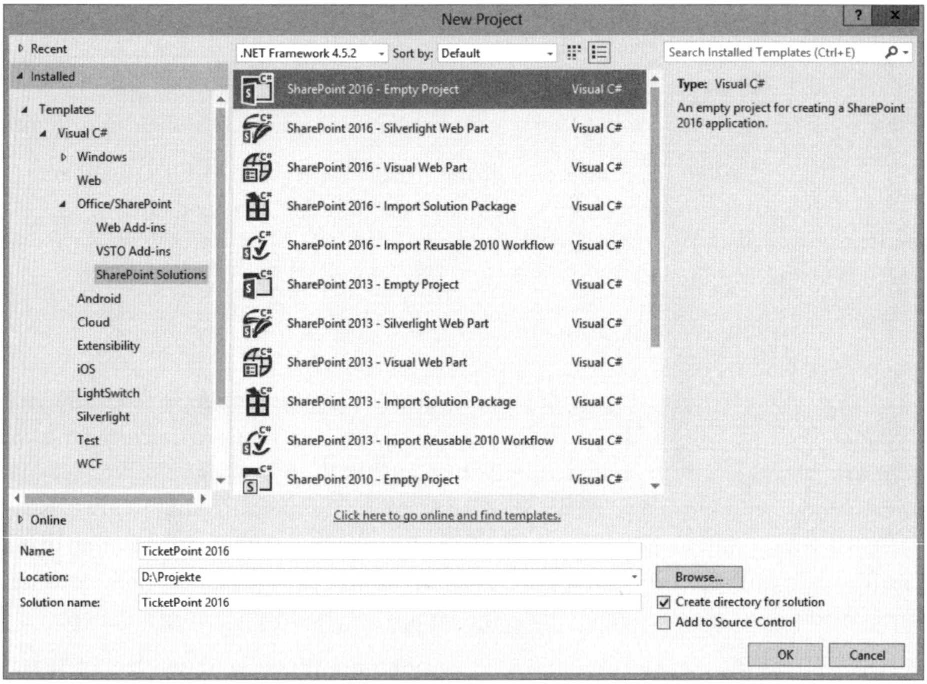

Abbildung 4.1 Neues Projekt

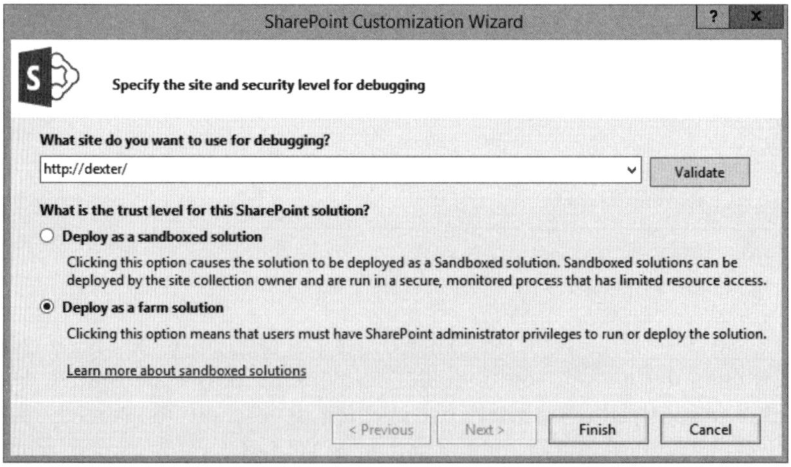

Abbildung 4.2 SharePoint Customization Wizard

Bei der Entwicklung von SharePoint-Lösungen ist es ratsam, einige Anwendungsbestandteile getrennt von anderen bereitzustellen. So sollte die Datenstruktur z. B. nicht bei jedem Update der Lösung manipuliert werden, sofern es nicht zwingend erforderlich ist. Das Update einer Lösung, die Spalten, Inhaltstypen und Listen bereitstellt, kann zu ungewollten Strukturänderungen führen. Um sicherstellen zu können, dass alle Anwendungsstellen noch funktionstüchtig sind und eventuelle Änderungen des Kunden nicht beschädigt wurden, zieht ein Update umfangreiche Anwendungstests nach sich. Änderungen der Oberfläche und der Business-Logic hingegen können relativ einfach eingebunden und via Update ausgerollt werden. Diese Anpassungen bedürfen in der Regel nicht so umfangreicher Anwendungstests, sondern beschränken sich auf einen abgegrenzten Bereich innerhalb der Anwendung.

Manche Funktionen werden übergreifend im Bereich des UI und in EventReceivern der Datenstruktur benötigt. Um sie nicht doppelt zu entwickeln, sollten Sie die Business-Logic in eine Klasse kapseln, die Sie in den anderen Lösungen referenzieren. Für TicketPoint 2016 ist die Aufteilung vorgesehen, die Sie in Tabelle 4.1 sehen:

Projekttitel	Typ	Beschreibung
TicketPoint2016 – Structure	SharePoint-Solution	Stellt Felder, Inhaltstypen und Listen bereit.
TicketPoint2016 – BusinessLayer	Klassenbibliothek	Stellt globale Konstanten, Funktionen und wiederkehrende Bausteine bereit.
TicketPoint2016 – UILayer	SharePoint-Solution	Stellt das UI, TimerJobs, Workflows, EventReceiver, WebParts und weitere SharePoint-Komponenten bereit.

Tabelle 4.1 Aufteilung von »TicketPoint 2016«

Legen Sie hierzu die entsprechenden Projekte in der neuen Visual-Studio-Solution an. Zu Beginn verwenden wir unser eben erstelltes Projekt als Strukturprojekt und benennen es in *TicketPoint2016 – Structure* um.

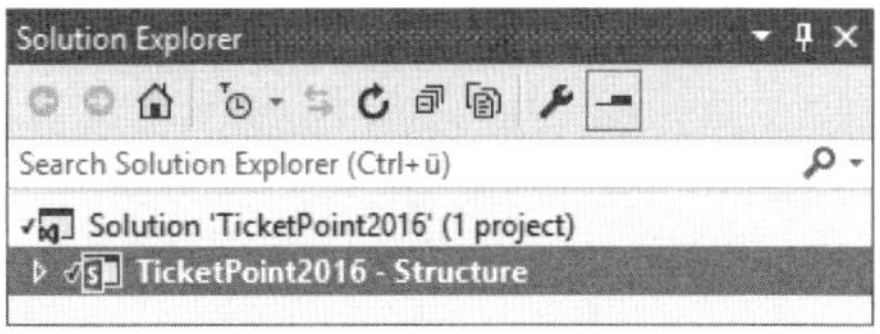

Abbildung 4.3 Umbenanntes Projekt »TicketPoint2016 – Structure«

Als Nächstes legen wir die beiden fehlenden Projekte an. Wir beginnen mit dem Projekt *SharePoint 2016 – UILayer*. Als Projekttemplate wählen wir *SharePoint 2016 – Empty Project*.

Name	*TicketPoint2016 – UILayer*
Framework	.NET Framework 4.5
Template	*SharePoint 2016 – Empty Project*

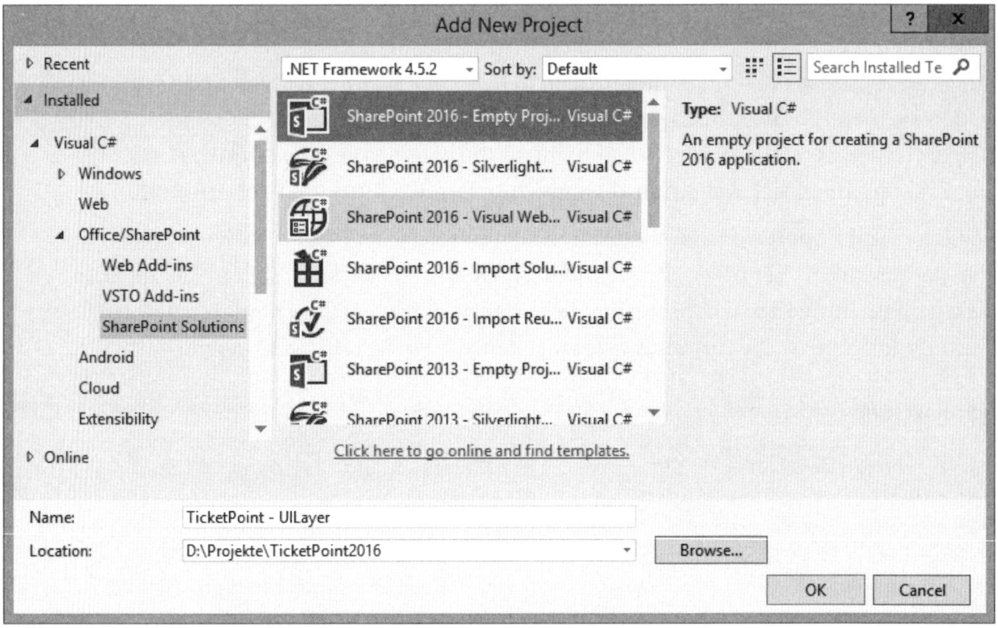

Abbildung 4.4 Neues Projekt – »TicketPoint2016 – UILayer«

Im *SharePoint Customization Wizard* geben Sie die URL zu Ihrem Entwicklungsportal an und wählen als Deploymenttyp die Farm-Solution.

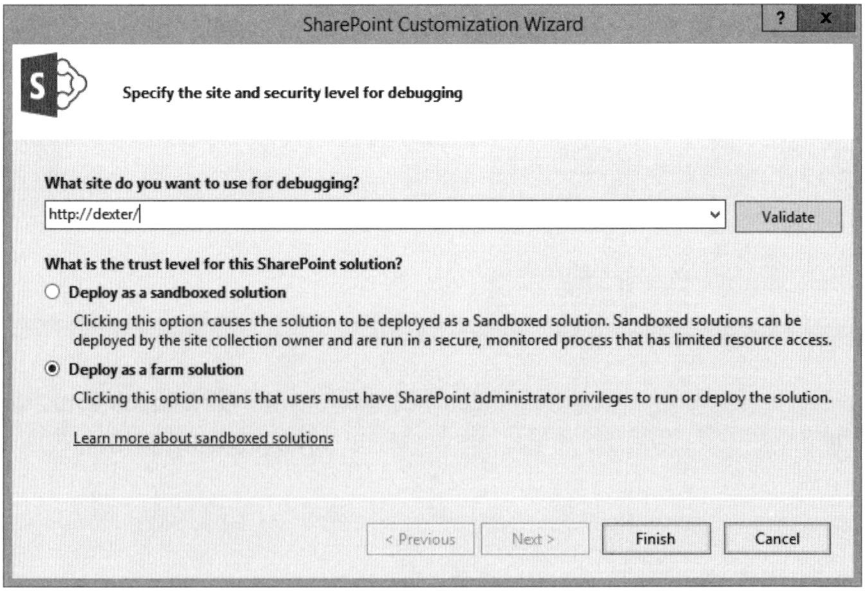

Abbildung 4.5 SharePoint Customization Wizard

Nachfolgend fügen Sie die Klassenbibliothek für den *BusinessLayer* zur VS-Solution hinzu.

Name	*TicketPoint2016 – BusinessLayer*
Framework	.NET Framework 4.5
Template	*Class Library*

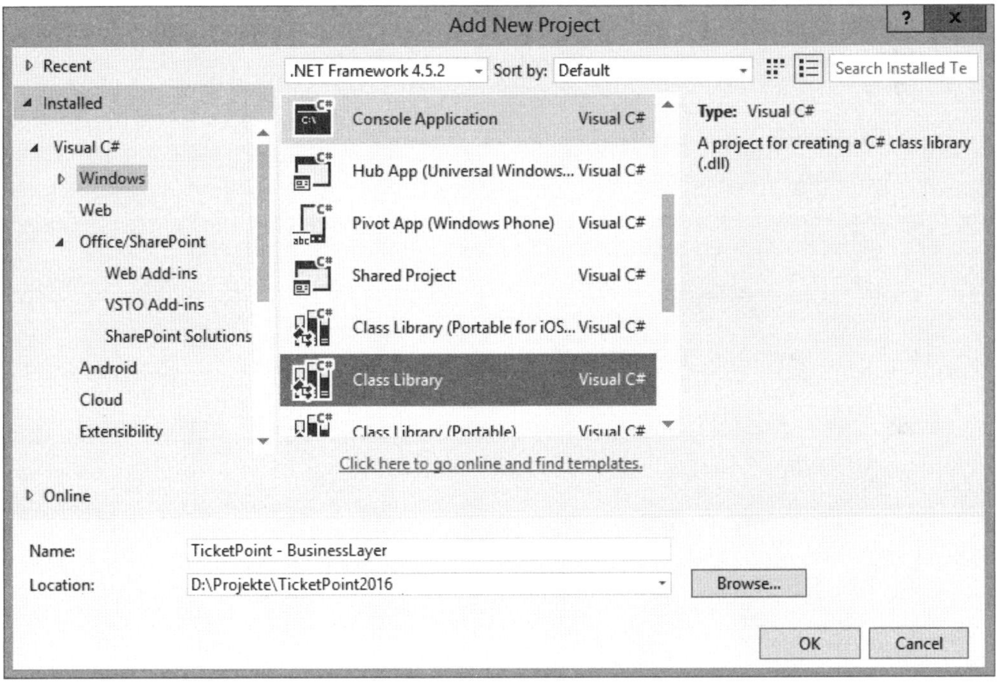

Abbildung 4.6 Neues Projekt – »TicketPoint2016 – BusinessLayer«

Die Klassenbibliothek muss über die beiden SharePoint-Lösungen in den GAC von SharePoint Server ausgerollt werden. Ein Ausrollen ist nur mit einer signierten Assembly möglich. Dafür müssen Sie in den Eigenschaften des Projektes einen Signierungsschlüssel erstellen. Öffnen Sie dazu die PROPERTIES des *BusinessLayer*-Projektes, und wechseln Sie in den Reiter SIGNING. Aktivieren Sie in dem Tab den Haken bei SIGN THE ASSEMBLY, und wählen Sie danach im Dropdown des Keyfiles den Eintrag <NEW...>.

Geben Sie dem Keyfile den Namen *key.snk*, und deaktivieren Sie dann die Kennwortvergabe.

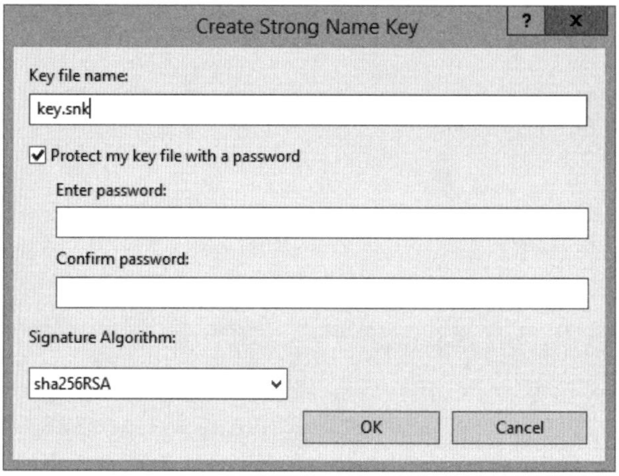

Abbildung 4.7 Keyfile erstellen

Die signierte Klassenbibliothek sollte wie in Abbildung 4.8 aussehen.

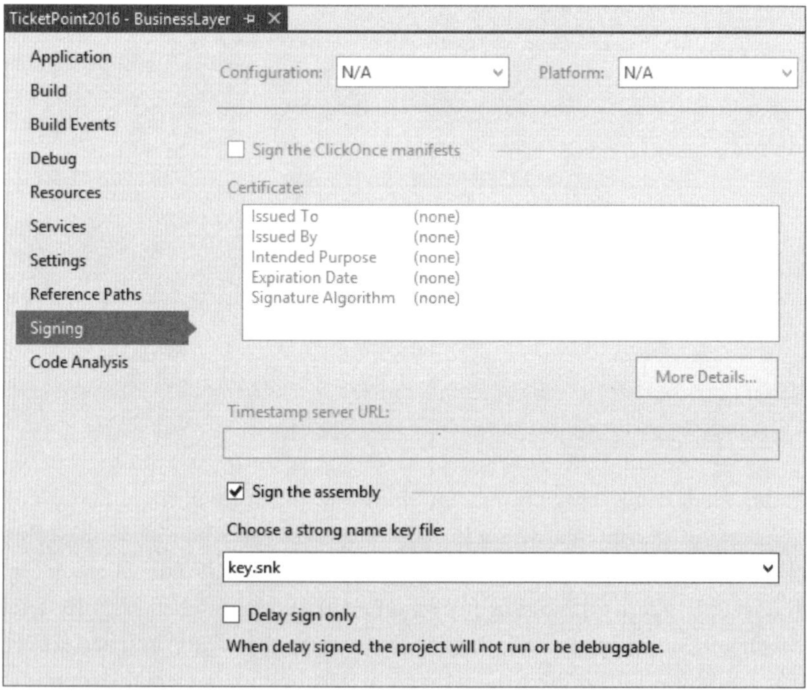

Abbildung 4.8 Signierte Klassenbibliothek

Wenn alle Projekte hinzugefügt wurden, sollte die VS-Solution wie in Abbildung 4.9 aussehen.

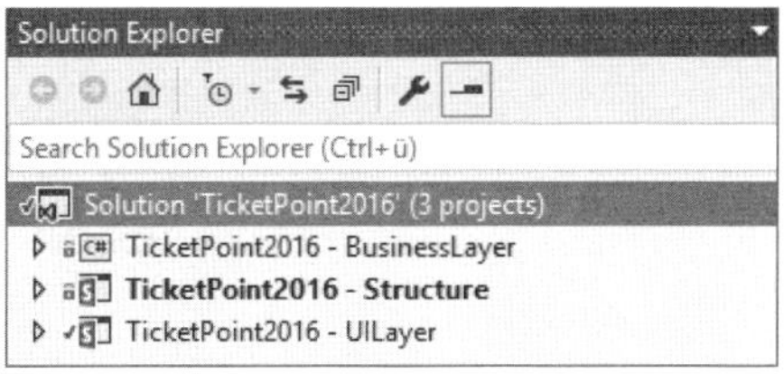

Abbildung 4.9 Solution Explorer

Nachdem Sie die Projekte erstellt haben, fügen Sie den *BusinessLayer* als Referenz zu den beiden anderen Projekten hinzu.

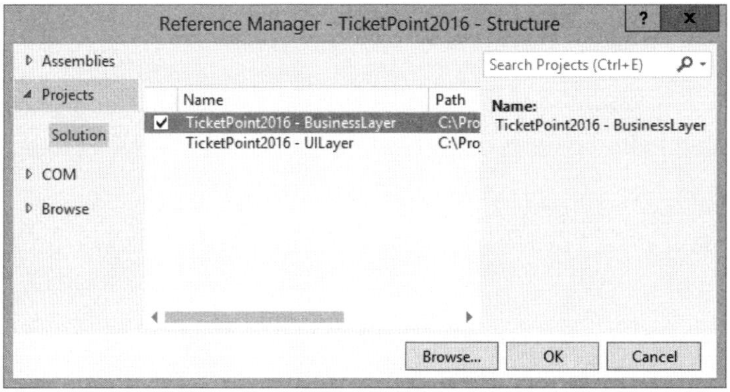

Abbildung 4.10 Referenz auf den »BusinessLayer« hinzufügen

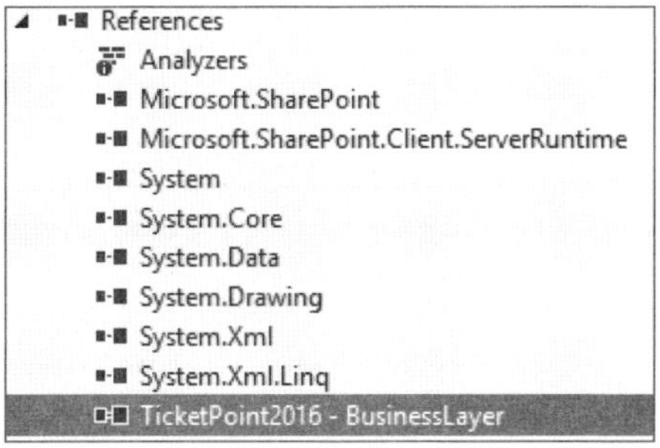

Abbildung 4.11 Referenz auf den »BusinessLayer«

Abschließend hinterlegen Sie im Package der Lösung den *BusinessLayer* für das GAC-Deployment. Öffnen Sie dazu das Package des jeweiligen Projektes im Solution Explorer, wechseln Sie auf den Reiter ADVANCED, und klicken Sie auf die ADD-Schaltfläche. Wählen Sie ADD ASSEMBLY FROM PROJECT OUTPUT.... In dem geöffneten Dialog wählen Sie das BUSINESSLAYER-Projekt als SOURCE PROJECT aus und klicken dann auf OK.

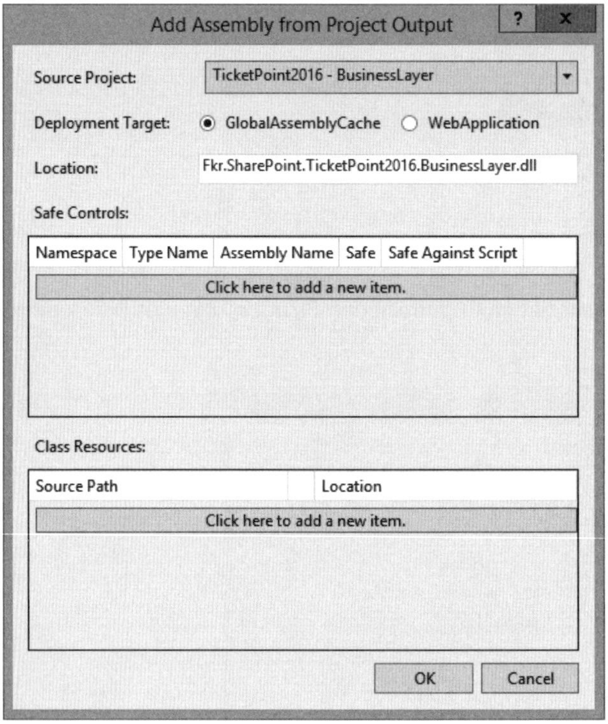

Abbildung 4.12 »BusinessLayer« zum GAC hinzufügen

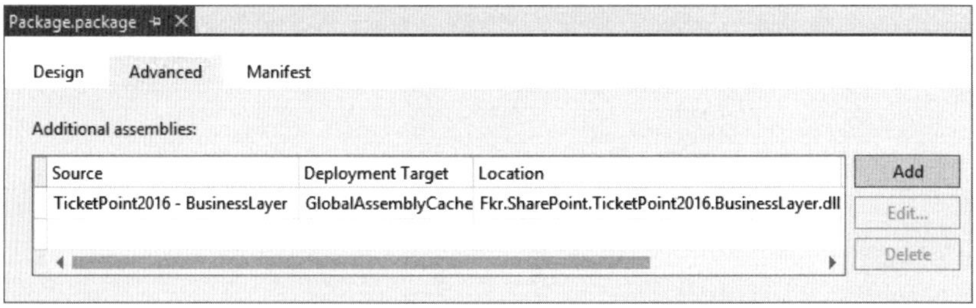

Abbildung 4.13 »BusinessLayer« im Package

Gehen Sie genauso sowohl für das *Structure*-Projekt als auch für das *UILayer*-Projekt vor.

4.1 Namespaces

Um die bisher erstellten Projekte auch codeseitig sauber zu strukturieren, ist es erforderlich, die Namespaces der jeweiligen Projekte zu definieren. Als Basis sollten Sie mit einer allumfassenden Ebene beginnen. Diese könnte eine Firmenkennung oder ein sonstiges Merkmal sein. In der zweiten Ebene ist es sinnvoll, die verwendete Technologie aufzuführen, um in der dritten Ebene das aktuelle Produkt unterzubringen. Die vierte Ebene des Namespace sollte das eigentliche Projekt benennen.

Daraus ergeben sich die Namespaces aus Tabelle 4.2 für unsere Anwendung.

Projekt	Namespace
Structure	`Fkr.SharePoint.TicketPoint2016.Structure`
UILayer	`Fkr.SharePoint.TicketPoint2016.UILayer`
BusinessLayer	`Fkr.SharePoint.TicketPoint2016.BusinessLayer`

Tabelle 4.2 VisualStudio-Projekte

Rufen Sie die Properties der jeweiligen Projekte auf, und setzen Sie die Einträge im Bereich des Namespace und des Assembly-Namens.

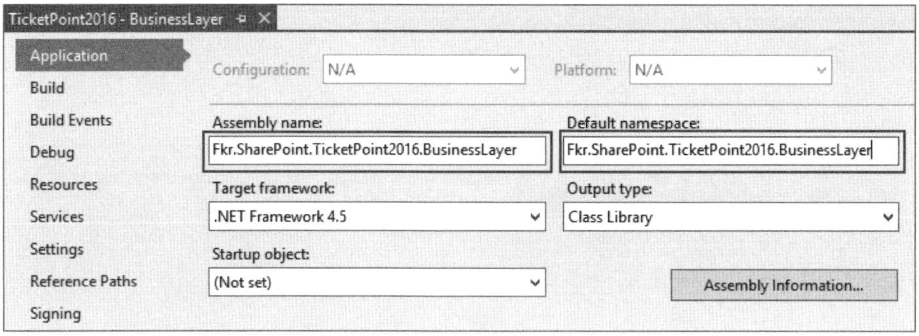

Abbildung 4.14 Projekteinstellungen »BusinessLayer«

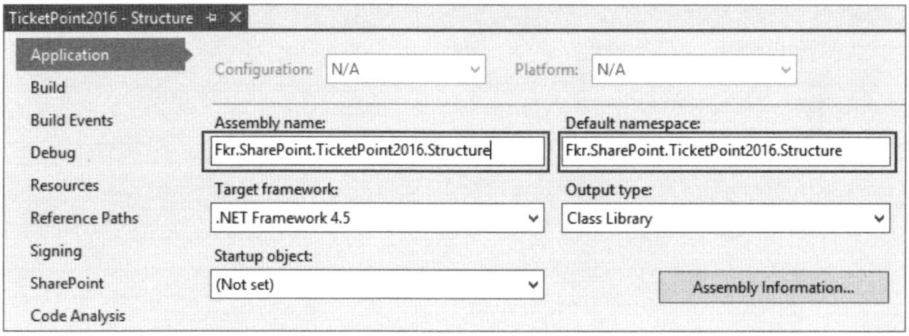

Abbildung 4.15 Projekteinstellungen »Structure«

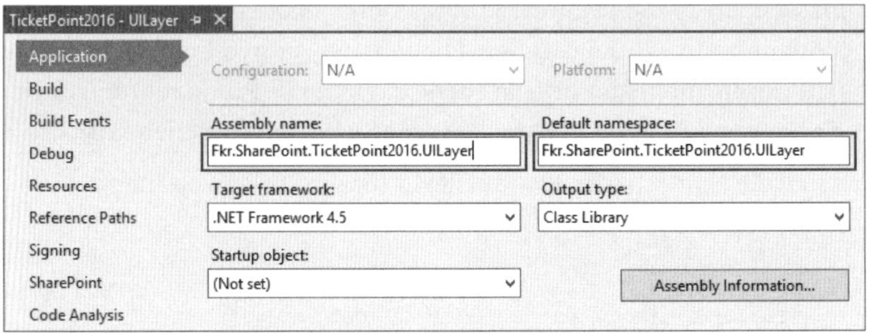

Abbildung 4.16 Projekteinstellungen »UILayer«

Damit wir zu den Projekten auch passende WSP-Pakete erhalten, sollten Sie die Paketnamen der SharePoint-Projekte an die verwendeten Namespaces anpassen. Öffnen Sie dazu das Package des *UILayer*-Projektes.

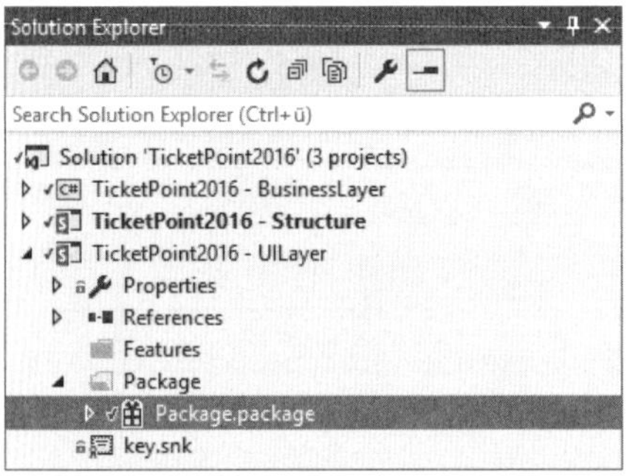

Abbildung 4.17 Package öffnen – »UILayer«

Geben den Namespace als Namen für das WSP-Paket an.

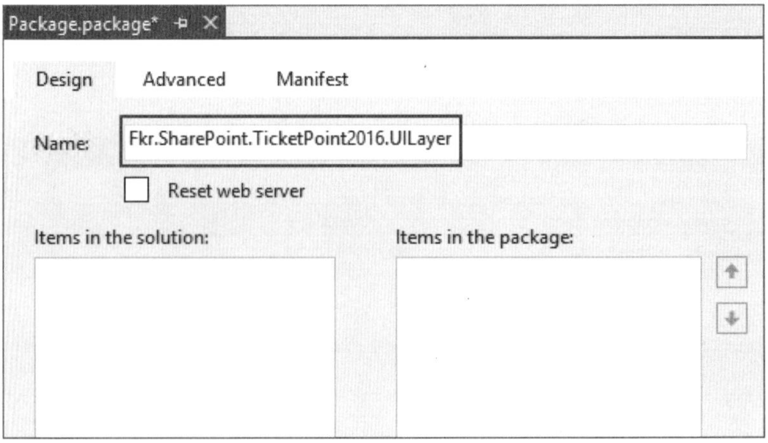

Abbildung 4.18 Package-Einstellungen – »UILayer«

Öffnen Sie nachfolgend das Package für das *Structure*-Projekt.

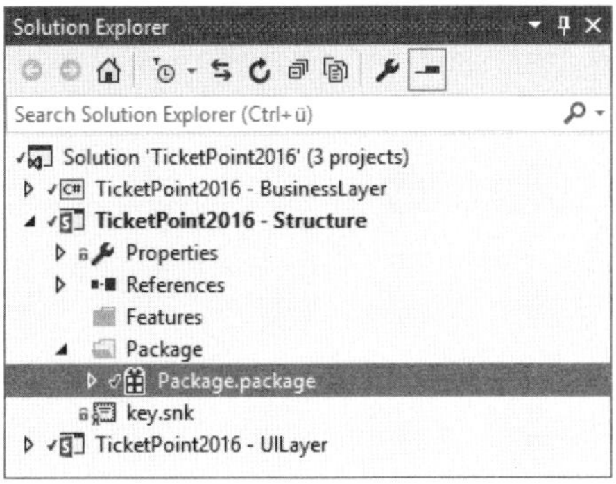

Abbildung 4.19 Package öffnen – »Structure«

Geben Sie den Namespace als Namen für das WSP-Paket an.

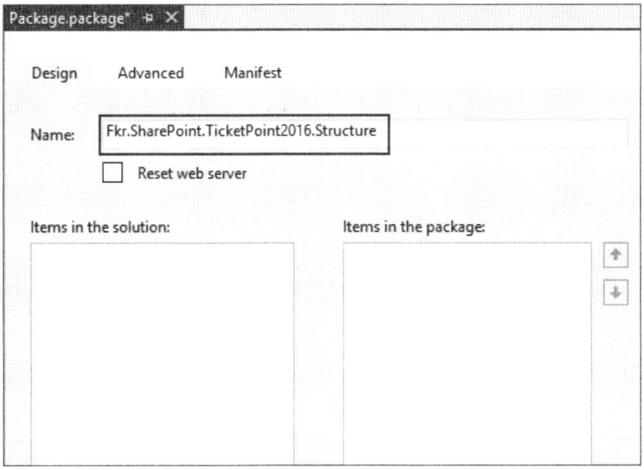

Abbildung 4.20 Package-Einstellungen – »Structure«

4.2 Verzeichnisse

Um die VS-Projekte mit einer übersichtlichen Struktur zu versehen, ist es sinnvoll, die Objekte und Klassen in logische Verzeichnisse zu gliedern. Dafür statten wir unsere Projekte nun mit den notwendigen Verzeichnissen aus.

Im *Structure*-Projekt müssen Sie die notwendigen Felder, Inhaltstypen und Listen unterbringen. Im *UILayer* unterteilen wir nach EventReceivern, WebParts, TimerJobs und diversen weiteren Typen.

Passen Sie nun Ihre Projekte wie folgt an, indem Sie die erforderlichen Verzeichnisse erstellen.

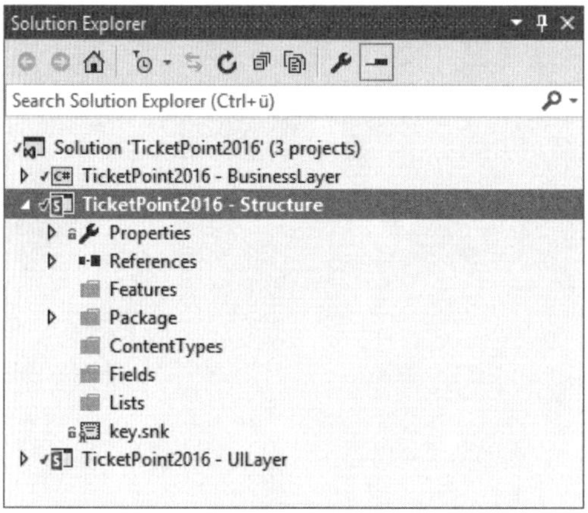

Abbildung 4.21 Verzeichnisse – »Structure«

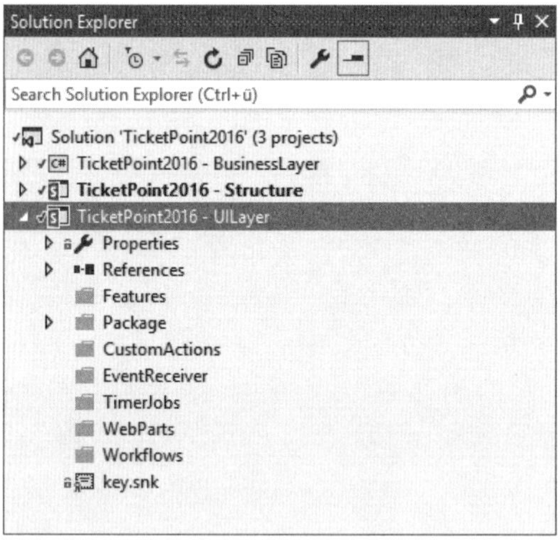

Abbildung 4.22 Verzeichnisse – »UILayer«

4.2.1 Gemappte Verzeichnisse

Einige Objekte müssen in SharePoint an speziellen Stellen bereitgestellt werden. So müssen beispielsweise ApplicationPages im *Layouts*-Verzeichnis, Bilder in einem speziellen *Images*-Verzeichnis, UserControls unter *Controltemplates* und Ressourcendateien im passenden Ressourcenverzeichnis abgelegt werden.

Für diese speziellen Verzeichnisse gibt es die *Mapped Folders*-Funktion. Über diese Funktion können Sie Objekte Ihrer Solution so vorbereiten, dass sie nach dem Deployment automatisch in den richtigen Installationsverzeichnissen des Ziel-SharePoint-Systems abgelegt und die Zugriffe gewährleistet werden. Als Mapped Folder stehen grundsätzlich alle Verzeichnisse innerhalb des SharePoint-Hives zur Verfügung. Um einen neuen Mapped Folder anzulegen, klicken Sie im Kontextmenü der VS-Solution auf ADD und dort auf SHAREPOINT MAPPED FOLDER....

Die oft verwendeten Verzeichnisse *Images* und *Layouts* stehen als QuickLaunch zur Verfügung.

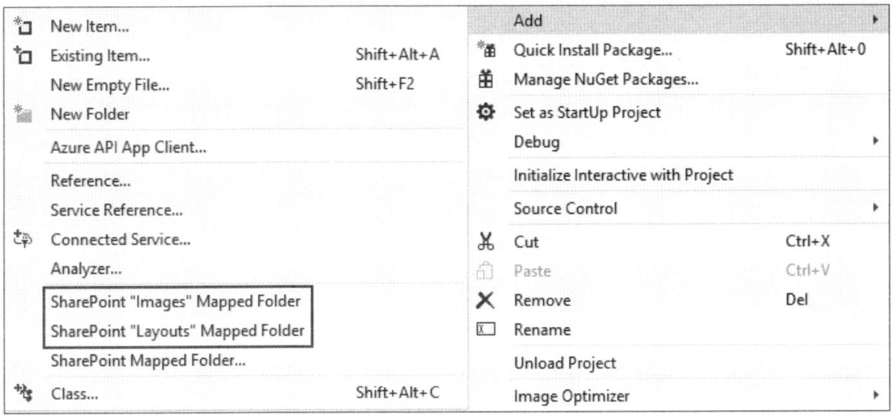

Abbildung 4.23 Mapped Folders »Images« und »Layouts«

Alle weiteren Verzeichnisse können über eine Verzeichnisauswahl gezielt angesprochen werden, wie Sie es in Abbildung 4.24 sehen.

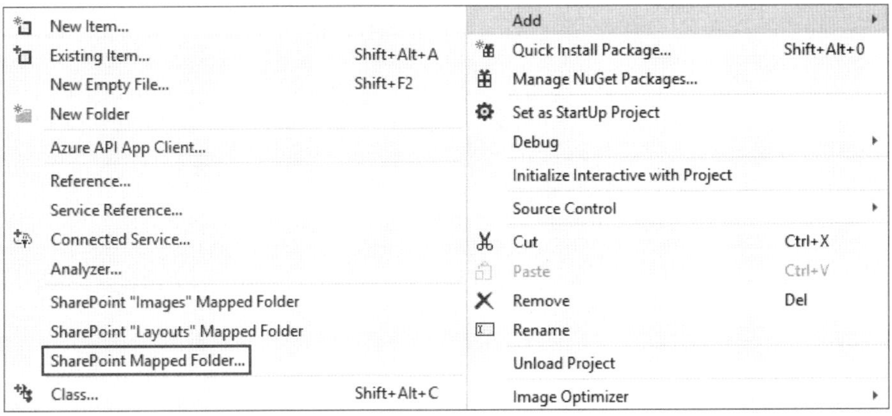

Abbildung 4.24 SharePoint Mapped Folder ...

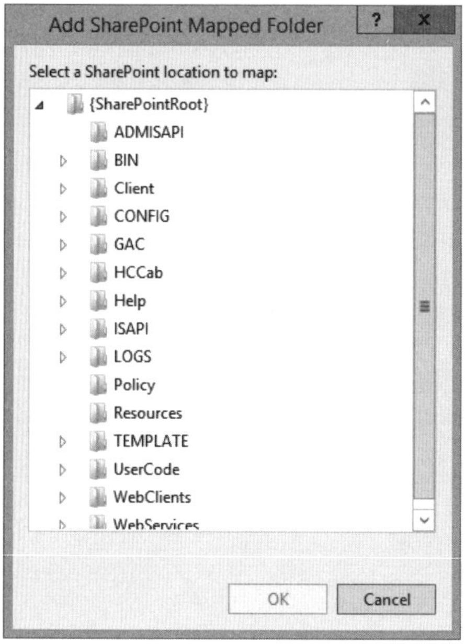

Abbildung 4.25 Mapped Folder – Verzeichnisauswahl

In unserem *UILayer*-Projekt müssen wir die Mapped Folders aus Tabelle 4.3 einbinden.

Verzeichnis	Beschreibung
Layouts	Dient zur Ablage von ApplicationPages (*.aspx*-Dateien). Kann zusätzlich zur Ablage von Skripten und CSS-Dateien verwendet werden. Wird im Web über die URL *http://<HOST>/_layouts/15/** bereitgestellt. Hinweis: Aufgrund der physikalischen Ablage im 16-Hive sind die Dateien serverweit in allen SiteCollections verfügbar. Dies führt unter Umständen dazu, dass bei einer falschen Verlinkung aus einem Subweb die Seite zwar aufgerufen werden kann, aber im SharePoint-Kontext nicht die passenden Listen etc. gefunden werden.
Images	Dient zur Ablage von Bilddateien. Die hier abgelegten Bilder werden unter der URL *http://<HOST>/_layouts/15/images/** bereitgestellt.

Tabelle 4.3 Beschreibung der Mapped Folders

Verzeichnis	Beschreibung
Controltemplates	Dient zur Ablage von UserControls
Resources	Dient zur Ablage von Ressourcendateien

Tabelle 4.3 Beschreibung der Mapped Folders (Forts.)

Für die Anlage der Mapped Folders klicken Sie mit der rechten Maustaste auf das *UILayer*-Projekt im Solution Explorer. Im Kontextmenü klicken Sie auf ADD • SHAREPOINT »IMAGES« MAPPED FOLDER. Wiederholen Sie diesen Schritt für den SHAREPOINT »LAYOUTS« MAPPED FOLDER.

Wenn Sie die beiden Verzeichnisse zu Ihrem Projekt hinzugefügt haben, klicken Sie erneut mit der rechten Maustaste auf das *UILayer*-Projekt, wählen erneut ADD und dann SHAREPOINT MAPPED FOLDER....

Im nun geöffneten Dialog wählen Sie anschließend das Verzeichnis RESOURCES aus und klicken auf OK.

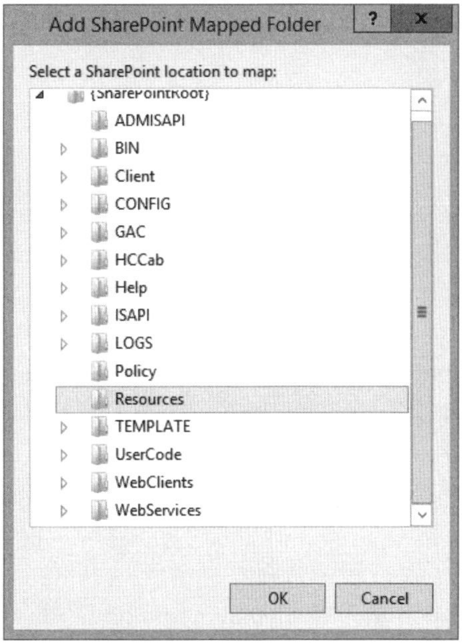

Abbildung 4.26 Mapped Folder – »Resources«

Wiederholen Sie den Schritt, und navigieren Sie bei der Verzeichnisauswahl unter TEMPLATE auf das Verzeichnis CONTROLTEMPLATES.

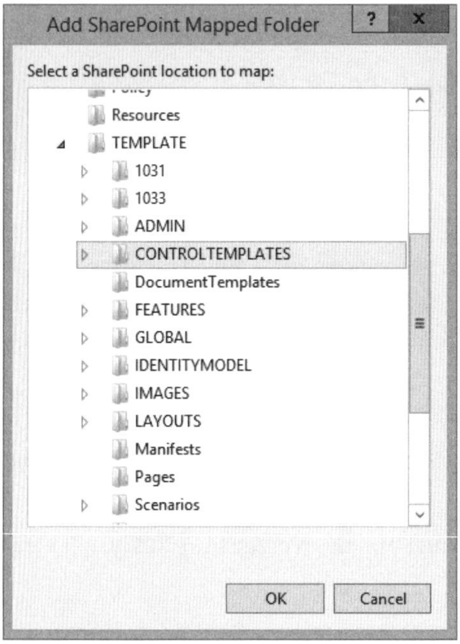

Abbildung 4.27 Mapped Folder – »CONTROLTEMPLATES«

Nun haben Sie alle notwendigen Verzeichnisse für die Projekte erstellt.

Zum Abschluss bereinigen wir die Unterverzeichnisse im 16-Hive. Bei der Erstellung der Verzeichnisse *Layouts* und *Images* wurde jeweils ein Unterverzeichnis mit dem aktuellen Projektnamen erstellt. Da diese Verzeichnisse später Bestandteil unserer URLs sein werden, sollten Sie sie mit einem passenderen Namen versehen. In diesem Fall benennen wir die Verzeichnisse in unseren Produktnamen *TicketPoint2016* um.

Unterhalb der CONTROLTEMPLATES wurde kein Verzeichnis angelegt. Das holen wir nun nach und legen dort ebenfalls ein Verzeichnis mit dem Namen *TicketPoint2016* an. Das *Resources*-Verzeichnis belassen wir in seinem aktuellen Zustand.

Es ist grundsätzlich sinnvoll, mit Unterverzeichnissen zu arbeiten, um eine Kollision mit anderen Herstellern oder auch Standard-SharePoint-Dateien zu vermeiden. Wenn Sie eine Datei in ein Verzeichnis deployen, in dem bereits eine Datei mit dem gleichen Namen existiert, wird diese Datei während des Deployments ohne Rückmeldung überschrieben.

Nach diesen Anpassungen sollte Ihre Projektstruktur in etwa aussehen wie in Abbildung 4.28.

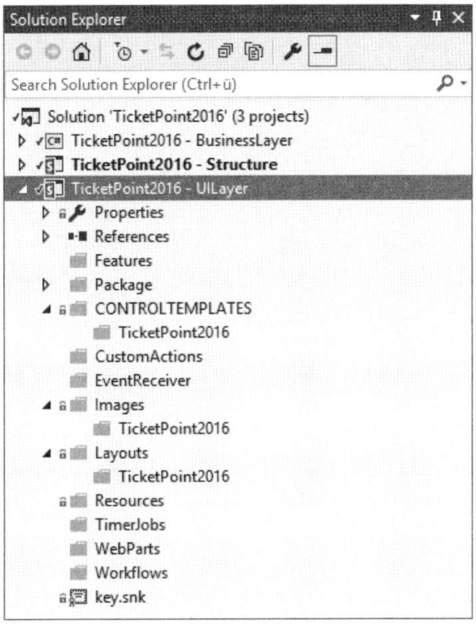

Abbildung 4.28 Projektstruktur – »UILayer«

Damit ist die strukturelle Vorbereitung der Projekte abgeschlossen, und wir können mit der Entwicklung beginnen.

4.3 Features vorbereiten

Zum ordnungsgemäßen Ausrollen der Anwendungsteile benötigen wir selbstverständlich auch ein paar *Features*. Diese können Sie entweder vorab oder nach Bedarf während der Entwicklung zu den Lösungen hinzufügen.

Um exemplarisch die Schritte zur Erstellung eines Features zu dokumentieren, erstellen wir an dieser Stelle zwei der Features, die wir zum Bereitstellen von TicketPoint 2016 benötigen.

Beginnen sollten Sie mit dem Implementieren eines Anwendungsicons, also dem Logo, das in der SharePoint-Feature-Liste links angezeigt wird. Laden Sie dazu das Icon Ihrer Anwendung in den *Images*-Ordner des *UILayer*-Projektes hoch (siehe Abbildung 4.29).

Wenn das Anwendungsicon bereitgestellt ist, öffnen Sie das Kontextmenü des Feature-Verzeichnisses im *Structure*-Projekt und klicken auf ADD FEATURE. Öffnen Sie das Kontextmenü des neu erstellten Features, und klicken Sie auf RENAME, um dem Feature den sprechenden Namen FKR.SHAREPOINT.TICKETPOINT2016.STRUCTURE zu geben (siehe Abbildung 4.30).

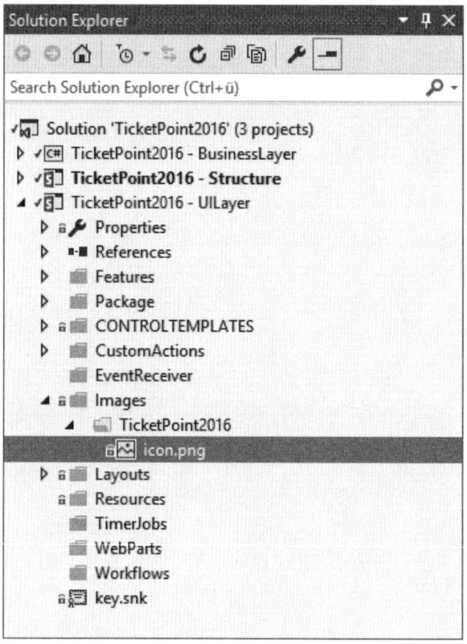

Abbildung 4.29 Anwendungsicon in der Projektstruktur

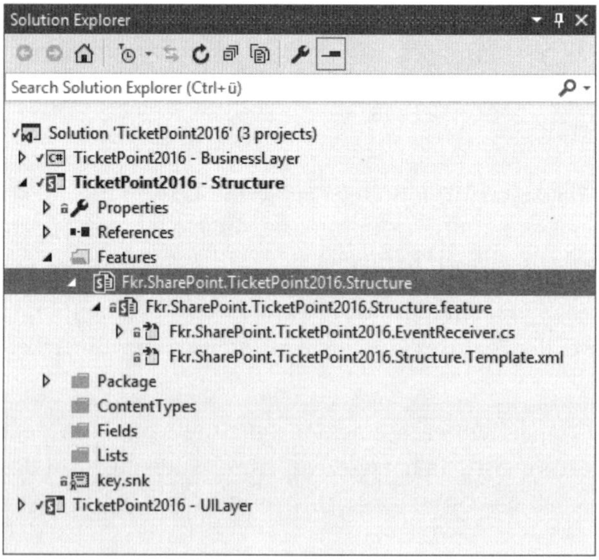

Abbildung 4.30 Feature »Structure«

Anschließend öffnen Sie das Feature und vergeben den Namen und die Beschreibung wie in Abbildung 4.31 ersichtlich.

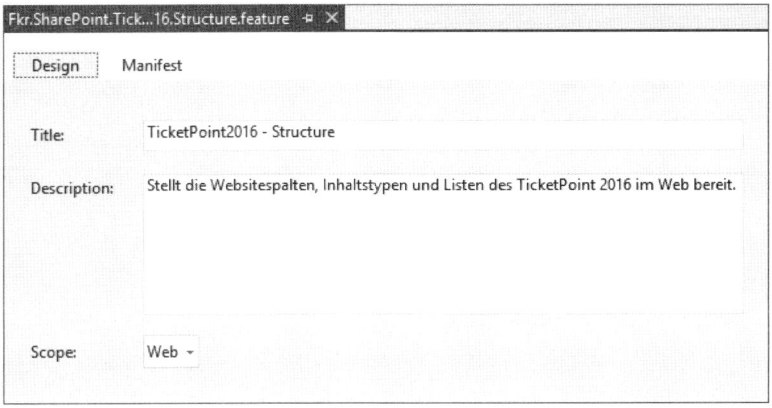

Abbildung 4.31 Feature »Structure« – »Title«

Um die Vorbereitung zu finalisieren, öffnen Sie die Properties des Features. Zur Anzeige dieser Einstellungen muss das Feature geöffnet sein. Passen Sie den DEPLOYMENT PATH und die IMAGE URL wie in Abbildung 4.32 an.

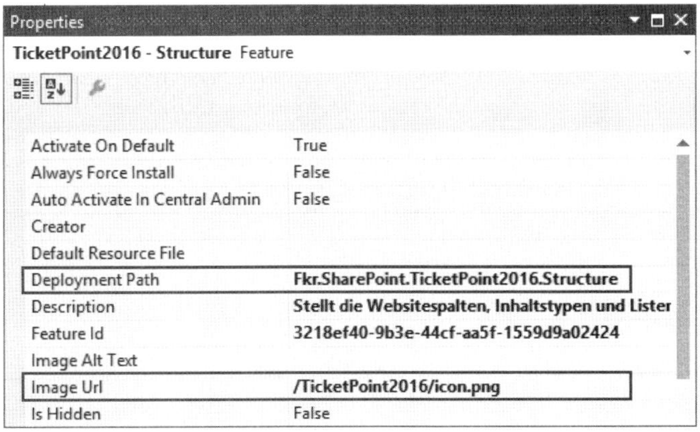

Abbildung 4.32 Feature »Structure« – »Properties«

Durch die Anpassung des DEPLOYMENT PATH geben Sie den Namen des Verzeichnisses an, unter dem Ihr Feature im Feature-Verzeichnis des 16-Hives abgelegt wird. Mit dem Parameter IMAGE URL bestimmen Sie das Bild, das in der Feature-Auflistung von SharePoint angezeigt wird.

Damit ist die Vorbereitung unseres *Structure*-Features abgeschlossen. Nun wiederholen wir die Schritte im *UILayer*-Projekt, um auch hier ein Basisfeature für die Solution zu implementieren.

Das *UILayer*-Feature sollte nach Abschluss der Schritte, so wie in Abbildung 4.33 bis Abbildung 4.35 ersichtlich, erstellt und konfiguriert sein.

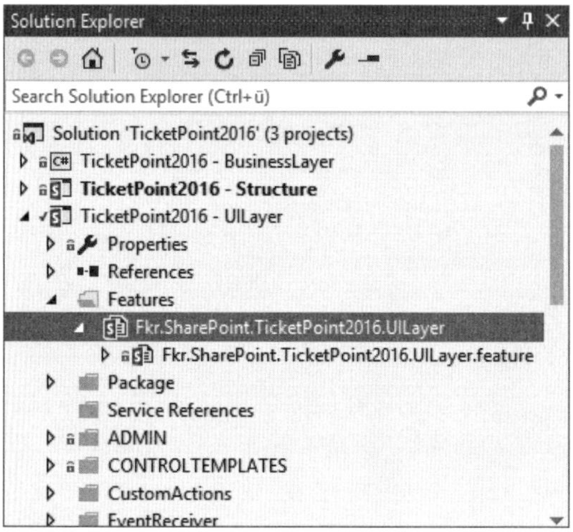

Abbildung 4.33 Feature »UILayer«

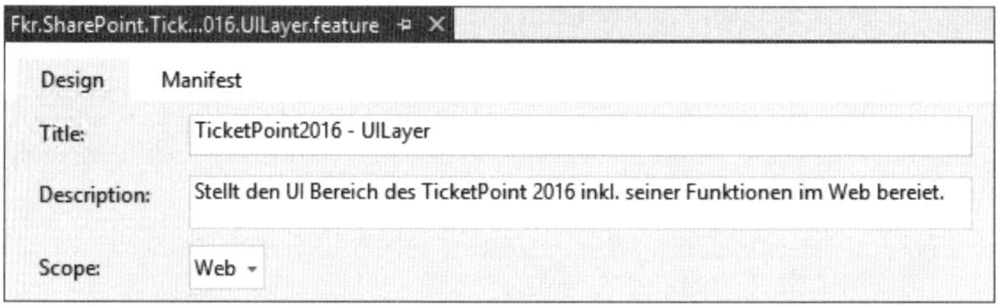

Abbildung 4.34 Feature »UILayer« – »Title«

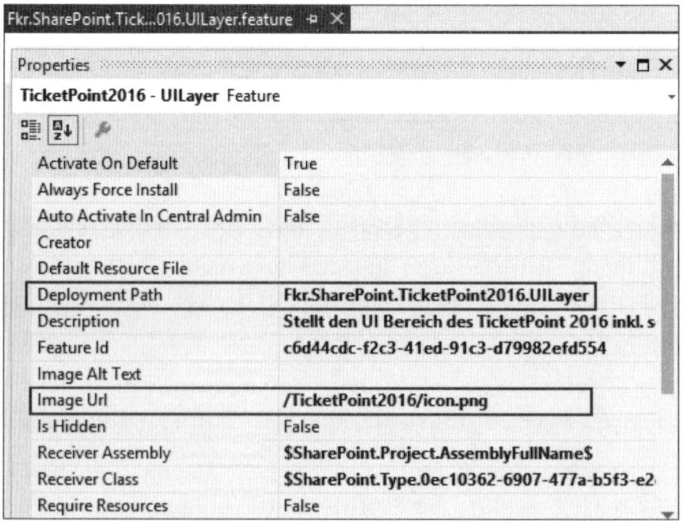

Abbildung 4.35 Feature »UILayer« – »Properties«

Alle Features, die Sie im Laufe der Projektumsetzung zusätzlich anlegen, sollten Sie nach dem bisher beschriebenen Muster erstellen und konfigurieren, um später eine einheitliche Anwendungsstruktur zu haben.

Deployen Sie die bisherige Lösung auf Ihren SharePoint, und prüfen Sie, ob das Deployment erfolgreich ist.

Begriffe

Ein *Feature* ist die Zusammenfassung einzelnen SharePoint-Komponenten wie Spalten, Inhaltstypen, Listen oder WebParts und steht als zu aktivierendes oder deaktivierendes Element in der Benutzeroberfläche für den Administrator zu Verfügung.

Kapitel 5

Basisfunktionen

Die richtige Basis ist die halbe Miete. Steigern Sie die Effektivität und Qualität mithilfe von Standards und Wiederverwendbarkeit.

Wenn die grundlegende Struktur der VS-Solution aufgebaut ist, können Sie mit der Anlage der ersten tatsächlichen Anwendungsbestandteile beginnen. Auch dabei ist es ratsam, sich einen gewissen Standard anzueignen und ihn in allen Projekten beizubehalten. Das erleichtert allen Beteiligten die Einarbeitung in Ihre Projekte und ermöglicht einen schnellen und reibungslosen Support, auch bei unbekannten Projekten. Wenn der Code und die Objektstrukturen projektübergreifend identisch sind, muss der Entwickler sich im weitesten Sinne nur noch fachlich in die Anwendung einfinden. Der technische Aufbau ist vertraut, und dank einer logischen Gliederung sind einzelne Objekte im Projekt intuitiv aufzufinden. Auch bei Erweiterungen verhindern Sie durch eine klare und einheitliche Struktur einen zu starken Wildwuchs an unterschiedlichen Entwicklungsansätzen. Wird ein Kollege ausschließlich für eine bestimmte Erweiterung in einem Projekt eingesetzt, weiß er direkt, wo er die einzelnen Bestandteile der Erweiterung ablegen sollte.

Einige Bausteine einer Lösung sind von Anwendung zu Anwendung wiederkehrend. So sollte eine Anwendung grundsätzlich mit einer ausreichenden Loggingfunktionalität ausgestattet sein und über Mehrsprachigkeit verfügen. Auch der Einsatz des Ribbons ist in SharePoint obligatorisch, um ein einheitliches Erscheinungsbild des UI zu wahren. Zusätzlich gibt es für den UI-Bereich immer wieder dieselben JavaScript-Blöcke, mit denen zum Beispiel Meldungen an den Benutzer ausgegeben oder modale Dialoge gestartet werden. All diese Codeabschnitte brauchen Sie nicht in jedem Projekt neu entwickeln. Am besten fahren Sie, wenn Sie diese Dinge in eine ausgelagerte Klasse kapseln und dadurch in allen Ihren Projekten wiederverwenden können. Das steigert Ihre Effektivität und die Qualität, da Kernfunktionalitäten Ihrer Anwendung bei mehreren Kunden im Einsatz sind. Fehler fallen dadurch schneller auf, können übergreifend korrigiert werden und treten im Folgeprojekt nicht erneut auf.

Als Erstes sollten Sie dazu die Klassen und Methoden in Ihrem Projekt anlegen, die individuelle Projektbestandteile – wie Pfade, Konstanten oder Variablen – haben und nicht komplett gekapselt werden können. Als zweiten Schritt sollten Sie eine Framework-Bibliothek erstellen, in der Sie wiederkehrende Funktionen auslagern und somit die Möglichkeit schaffen, diese auf Ihre unterschiedlichen Projekte zu verteilen und wiederverwenden zu können.

5.1 Additional Page-Header

Additional Page-Header sind eine elegante Möglichkeit, Funktionen anwendungsübergreifend bereitzustellen. In Form von UserControls können Sie z. B. umfangreiche Methoden, die je nach aktuellem Kontext bestimmte Aktionen ausführen, realisieren oder JavaScript-Dateien global bereitstellen. Page-Header sind sehr vielseitig einsetzbar und in den meisten Fällen eine wesentlich bessere Lösung als die fixe Einbindung von Komponenten in die Masterpage oder das immer wiederkehrende und notfalls sogar manuelle Einbinden in allen ApplicationPages oder per WebPart auf den gewünschten Wiki- und WebPart-Seiten.

Der Page-Header wird mit Ihrer Lösung ausgerollt und steht danach als Bestandteil Ihres Features zur Verfügung. Ist das Feature in einem Web oder in einer SiteCollection aktiviert, ist er eingebunden und stellt seine Funktionen automatisch auf jeder Seite des aktuellen Feature Scopes zur Verfügung. Wird das Feature deaktiviert, sind auch alle Bestandteile des Page-Headers restlos von Ihrer Seite entfernt. Dies garantiert nicht nur ein sauberes Deployment und Retractment, sondern sorgt auch dafür, dass Ihre Funktionen, anders als bei der Einbindung über eine Masterpage, nur dort verfügbar sind, wo Sie sie auch benötigen. Als ersten Page-Header werden wir nun in TicketPoint 2016 eine JavaScript-Bibliothek bereitstellen, in der alle übergreifenden Scripts bereitgestellt werden.

Öffnen Sie dazu die VS-Solution, navigieren Sie im Solution Explorer zum *UILayer*-Projekt, und fügen Sie dort im Anwendungsverzeichnis *TicketPoint2016* unter CONTROLTEMPLATES ein UserControl mit dem Namen *JSLib.ascx* hinzu.

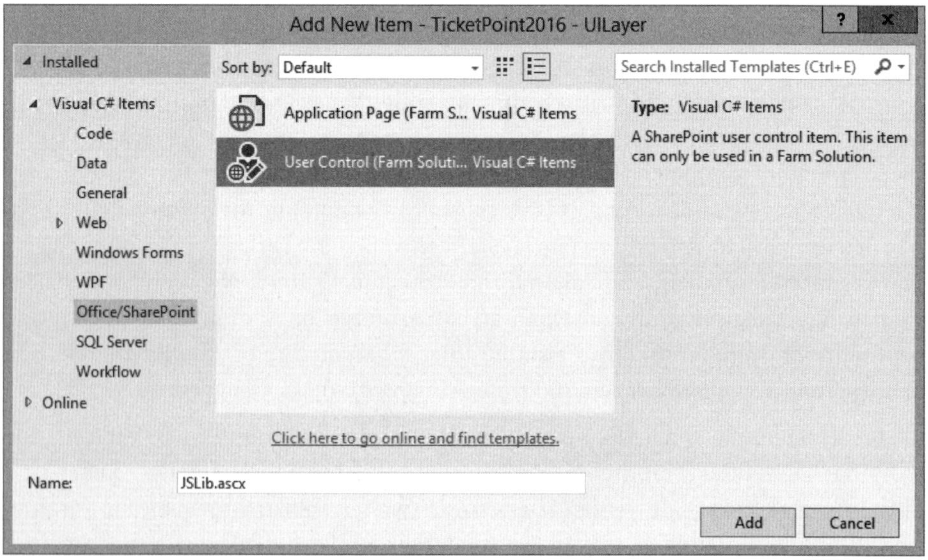

Abbildung 5.1 Hinzufügen »JSLib.ascx«

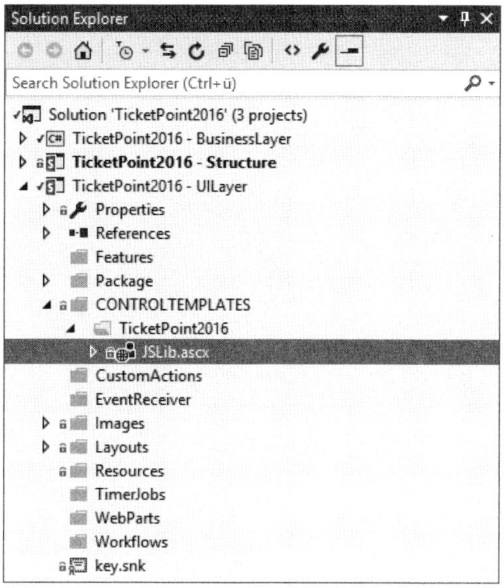

Abbildung 5.2 »JSLib.ascx« in der Projektstruktur

Nachdem Sie das UserControl erstellt haben, das im weiteren Projektverlauf als Ablagebibliothek für JavaScript-Snippets dienen wird, sorgen Sie dafür, dass das Script automatisch auf allen Seiten eingebunden wird. Hierzu legen Sie nun im Verzeichnis *CustomActions* ein neues, leeres SharePoint-Element mit dem Namen *JSLib* an.

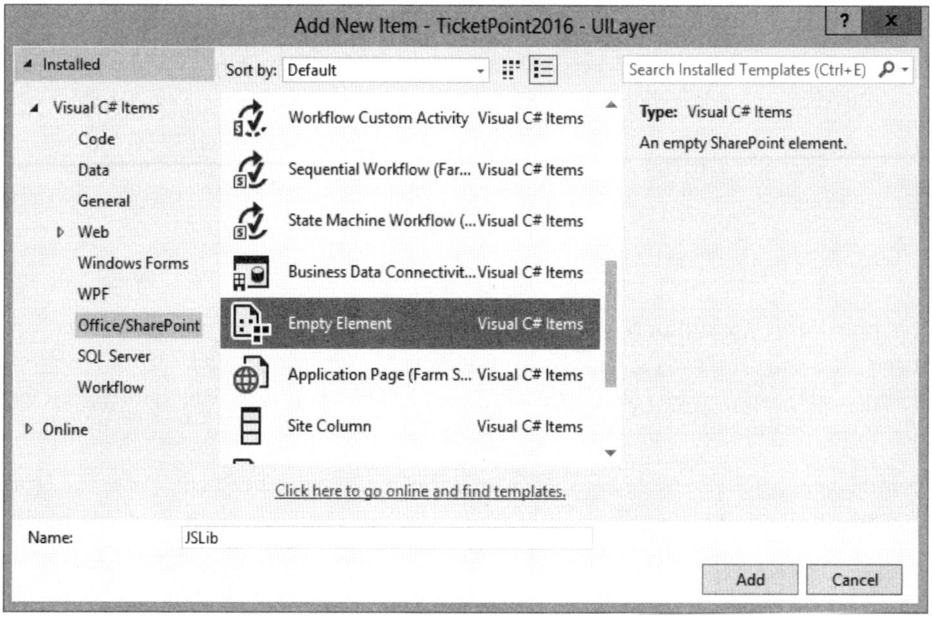

Abbildung 5.3 Hinzufügen JSLib-CustomAction

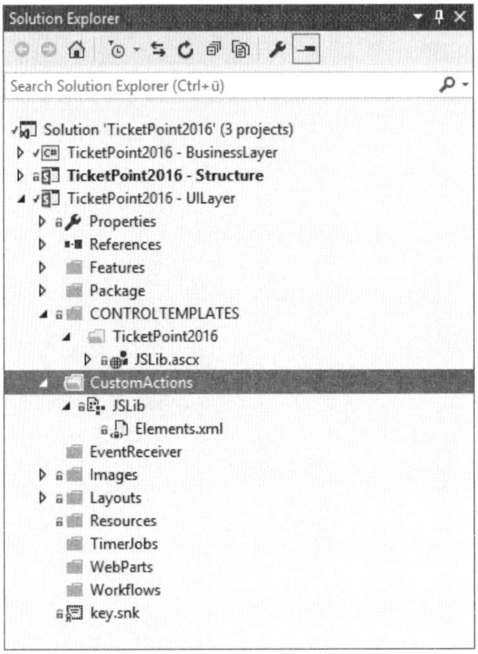

Abbildung 5.4 JSLib-CustomAction in der Projektstruktur

Unterhalb des JSLib-Paketes wird automatisch eine Datei *Elements.xml* angelegt. Fügen Sie in dieser Datei nun das XML aus Listing 5.1 ein.

```
<?xml version="1.0" encoding="utf-8"?>
<Elements xmlns="http://schemas.microsoft.com/sharepoint/">
   <Control Id="AdditionalPageHead"
         ControlSrc="~/_controltemplates/15/TicketPoint2016/JSLib.ascx"
         Sequence="0" />
</Elements>
```

Listing 5.1 AdditionalPageHeader

Mithilfe dieses XML in den CustomActions deklarieren Sie die Datei *JSLib.ascx* in Ihren Controltemplates als AdditionalPageHeader-Control, das an der nullten Position geladen werden soll. Das heißt, dieses Control wird auf jeder Seite (benutzerdefinierte und Standardseiten) im Web geladen, wenn das Feature aktiv ist.

Wenn Sie mit mehreren Page-Headern arbeiten, können Sie die Position der Controls und somit die Reihenfolge der Einbindung auf der Seite durch die Sequenz beeinflussen. Dies ist beispielsweise bei aufeinander aufbauenden JavaScripts hilfreich. Als letzten Schritt müssen Sie die erstellte CustomAction noch in das gewünschte

Feature aufnehmen. Öffnen Sie dazu das Feature FKR.SHAREPOINT.TICKETPOINT-2016.UILAYER, und nehmen Sie die CustomAction als Feature-Bestandteil auf.

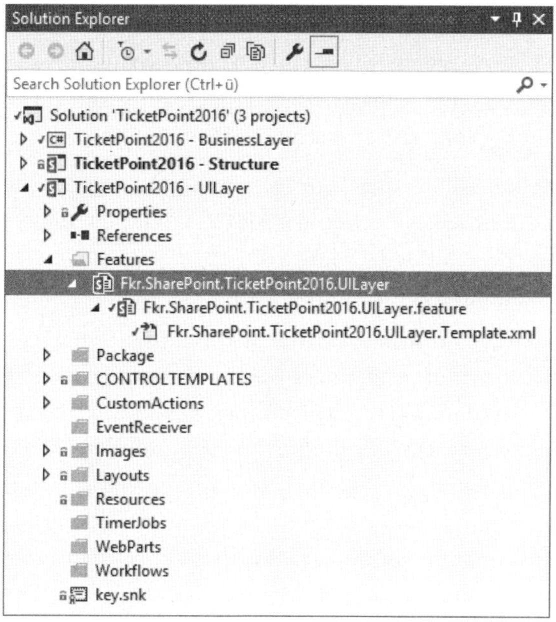

Abbildung 5.5 Feature »UILayer« in der Projektstruktur

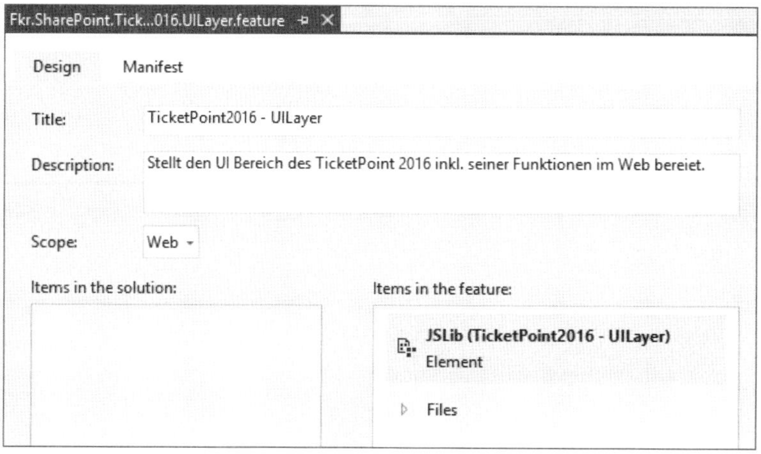

Abbildung 5.6 Feature »UILayer« – JSLib hinzufügen

Deployen Sie die Lösung auf Ihren SharePoint, und prüfen Sie so, ob die Bereitstellung fehlerfrei funktioniert.

5.2 Logging

Ein wichtiger Bestandteil einer jeden Anwendung ist ein zuverlässiger Mechanismus zum Loggen von Fehlern und Informationen. In diesem Abschnitt werden wir einen solchen Mechanismus für unsere Anwendung erstellen. Unser Logmechanismus soll anwendungsweit zur Verfügung stehen, Fehler klassifizieren, nachhaltig speichern und eine Methode für eine Just-in-Time-Analyse bereitstellen.

Um alle Kriterien zu erfüllen, erstellen wir in unserem *BusinessLogic*-Projekt eine Klasse mit dem Namen `Logging`. In dieser Klasse stellen wir Methoden bereit, die bei ihrem Aufruf die Informationen parallel in das ULS-Log von SharePoint speichern und gleichzeitig direkt im System-Trace ausgeben.

Die Anwendungsbereiche und Loglevel, die innerhalb der Anwendung zur Verfügung stehen sollen, werden wir als Konstanten in unserer Business-Logic anlegen, damit sie jederzeit und ohne große Überlegungen abgerufen werden können. Dazu erstellen wir in unserer Business-Logic eine Klasse mit dem Namen *Constants.cs*. Im Laufe der Entwicklung werden alle notwendigen Konstanten in dieser Klasse aufgenommen. Um eine übersichtliche Gliederung der Klasse zu gewährleisten werden wir themenbezogene Konstanten in entsprechende Unterklassen kapseln, um den Zugriff darauf zu erleichtern. Für unser Log benötigen wir eine Konstante für den Namen unserer Anwendung und die Subklassen `LogCategory` und `LogLevel`. Erstellen Sie nun die entsprechende Klasse, und fügen Sie den Code aus Listing 5.2 ein.

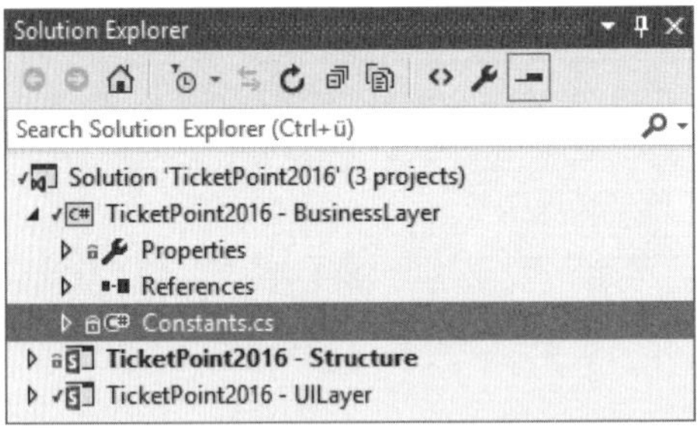

Abbildung 5.7 Klasse »Constants« in der Projektstruktur

```
namespace Fkr.SharePoint.TicketPoint2016.BusinessLayer
{
    public static class Constants
    {
        public const string ApplicationName = "TicketPoint 2016";
        /// <summary>
        /// Stellt die verfügbaren Log-Kategorien der Anwendung bereit
        /// </summary>
        public static class LogCategory
```

```
        {
            public const string UI = "UI";
            public const string Structure = "Structure";
            public const string BusinessLogic = "BusinessLogic";
            public const string WebPart = "WebPart";
            public const string TimerJob = "TimerJob";
            public const string EventReceiver = "EventReceiver";
        }
        /// <summary>
        /// Stellt die verfügbaren LogLevel der Anwendung bereit
        /// </summary>
        public static class LogLevel
        {
            public const string None = "None";
            public const string High = "High";
            public const string Medium = "Medium";
            public const string Verbose = "Verbose";
            public const string Unexpected = "Unexpected";
            public const string Monitorable = "Monitorable";
        }
    }
}
```

Listing 5.2 Bereitstellung von Konstanten

Nachfolgend erstellen Sie im *BusinessLayer*-Projekt eine Klasse mit dem Namen `Logging` und fügen dem Projekt eine Referenz zur *Microsoft.SharePoint*-Assembly hinzu.

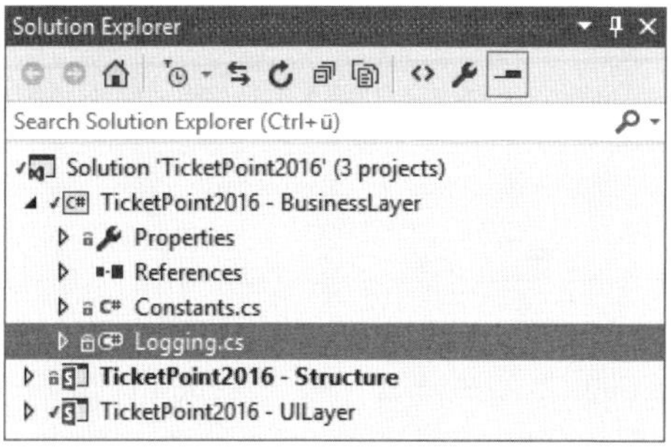

Abbildung 5.8 Klasse »Logging« in der Projektstruktur

Deklarieren Sie die Klasse als statisch, und fügen Sie die `using`-Direktiven `Microsoft.SharePoint` und `Microsoft.SharePoint.Administration` ein. Über Objekte aus dem Namespace `Microsoft.SharePoint` werden die Logeinträge mit Benutzerinformationen angereichert, falls diese verfügbar sind. Der Namespace `Microsoft.Share-`

`Point.Administration` wird benötigt, um auf das ULS-Log von SharePoint zuzugreifen.

```
using Microsoft.SharePoint;
using Microsoft.SharePoint.Administration;
using System;
using System.Runtime.InteropServices;
namespace Fkr.SharePoint.TicketPoint2016.BusinessLayer
{
    public static class Logging
    {
    }
}
```

Listing 5.3 Logging-Klasse

Zu Beginn erstellen wir eine Methode, die Informationen in das ULS-Log von SharePoint schreibt. Fügen Sie dazu der Klasse die Methode aus Listing 5.4 hinzu.

```
private static void Log2Uls(Exception ex,
    string category,
    TraceSeverity traceSeverity)
{
    SPDiagnosticsCategory diagnosticsCategory =
        new SPDiagnosticsCategory(category,
        traceSeverity,
        EventSeverity.Error);
    SPDiagnosticsService.Local.WriteTrace(0,
        diagnosticsCategory,
        traceSeverity,
        ex.Message,
        ex.StackTrace);
}
```

Listing 5.4 ULS-Log

Zu Beginn der Methode wird ein Objekt erzeugt, mit dem die Kategorie, in der der Fehler aufgetreten ist, identifiziert wird. Zur Kategorisierung haben wir unsere Anwendung in die Bereiche UI, Structure, BusinessLayer, WebPart, TimerJob und Event aufgeteilt. Nach der Definition der Kategorie wird der Eintrag im ULS-Log erzeugt.

Als Nächstes benötigen wir eine Methode, mit der wir einen Eintrag im System-Trace erzeugen. Um den Logeintrag mit zusätzlichen Informationen anzureichern, benötigen wir insgesamt drei Methoden. Als Erstes erstellen wir eine Methode, mit deren Hilfe wir die *CorrelationId* der aktuellen Aktion ermitteln.

```
[DllImport("advapi32.dll")]
private static extern uint EventActivityIdControl(uint controlCode,
    ref Guid activityId);
```


Anschließend benötigen wir eine Methode, die den Benutzer ermittelt, in dessen Kontext der Code ausgeführt wird. Falls bei der Ermittlung ein Fehler auftritt oder nicht alle Kontextinformationen verfügbar sind, wird als Fallback ein `N/A` als String zurückgegeben. Als Ergebnis liefert die Methode den Loginnamen des Benutzers.

```
private static string TryGetCurrentUsername()
{
    try
    {
        if (SPContext.Current.Web != null
            && SPContext.Current.Web.CurrentUser != null)
        {
            return SPContext.Current.Web.CurrentUser.LoginName;
        }
    }
    catch { }
    return "N/A";
}
```

Listing 5.5 Aktuellen Benutzer ermitteln

Mit der dritten Methode fassen wir alle Informationen zusammen und schreiben diese in das System-Trace.

```
private static void Log2Trace(Exception ex,
    string category,
    string logLevel)
{
    Guid correlationId = new Guid();
    EventActivityIdControl(1, ref correlationId);
    string username = TryGetCurrentUsername();
    string msg = "";
    if (logLevel == Constants.LogLevel.Monitorable)
    {
        string msgFormat = "FKR: [{0}][{1}] - [{2}]: {3}";
        msg = string.Format(msgFormat,
```

```
                Constants.ApplicationName,
                category,
                username,
                ex.Message);
        }
        else
        {
            string msgFormat = "FKR: [{0}][{1}][{2}] - [{3}]: {4} - {5}";
            msg = string.Format(msgFormat,
                Constants.ApplicationName,
                category,
                logLevel,
                username,
                ex.ToString(),
                (correlationId != null && correlationId != Guid.Empty)
                    ? correlationId.ToString()
                    : "");
        }
        System.Diagnostics.Trace.WriteLine(msg);
    }
```

Listing 5.6 Log in System-Trace

Um Informationen im System-Trace komfortabel finden zu können, stellen wir allen Einträgen ein eindeutiges Kürzel voran. Dies kann entweder ein Firmenkürzel, ein Entwicklerkürzel oder ein frei erfundener Text sein. Wie im Planungsdokument definiert, soll in TicketPoint 2016 jeder Eintrag mit dem Kürzel *FKR* beginnen.

Jetzt, wo beide gewünschten Logvarianten verfügbar sind, erstellen wir eine öffentliche Methode, die einen Logeintrag anlegt.

```
public static void Log(Exception ex,
    string category,
    string logLevel)
{
    TraceSeverity traceSeverity;
    switch (logLevel)
    {
        case Constants.LogLevel.None:
            traceSeverity = TraceSeverity.None;
            break;
        case Constants.LogLevel.High:
            traceSeverity = TraceSeverity.High;
```

```
            break;
        case Constants.LogLevel.Medium:
            traceSeverity = TraceSeverity.Medium;
            break;
        case Constants.LogLevel.Verbose:
            traceSeverity = TraceSeverity.Verbose;
            break;
        case Constants.LogLevel.Monitorable:
            traceSeverity = TraceSeverity.Monitorable;
            break;
        default:
            traceSeverity = TraceSeverity.Unexpected;
            break;
    }
    Log2Trace(ex, category, logLevel);
    Log2Uls(ex, category, traceSeverity);
}
```

Listing 5.7 Allgemeine Log-Methode

Die Methode erzeugt als Erstes anhand des übergebenen Loglevels das `traceSeverity`-Objekt für den ULS-Eintrag. Danach werden die beiden Logvarianten aufgerufen.

Um die Entwicklung noch ein wenig zu erleichtern, möchten wir weitere Hilfsmethoden bereitstellen, mit denen die unterschiedlichen Loglevel schneller angesteuert werden können, allerdings ohne diese bei jedem Aufruf aus den Konstanten ermitteln zu müssen.

Dafür erstellen wir zum Abschluss die folgenden Hilfsmethoden, um unsere `Logging`-Klasse abzurunden.

```
public static void LogInfo(Exception ex, string category)
{
    Log(ex, category, Constants.LogLevel.Monitorable);
}
public static void LogInfo(string message,
    string category)
{
    Log(new Exception(message),
        category,
        Constants.LogLevel.Monitorable);
}
```

```
public static void LogError(Exception ex,
    string category)
{
    Log(ex, category, Constants.LogLevel.Unexpected);
}
```

Listing 5.8 Vereinfachte Log-Methoden

Jetzt haben wir einen umfangreichen Loggingmechanismus bereitgestellt, auf den aus der kompletten Anwendung zugegriffen werden kann, um Fehler und sonstige Meldungen umfangreich zu protokollieren.

Deployen Sie die Lösung auf Ihren SharePoint, und prüfen Sie so, ob die Bereitstellung fehlerfrei funktioniert.

Begriffe

Die *CorrelationId* ist eine GUID, die als eindeutiges Kennzeichen alle Logeinträge zusammenfasst, die zu einem spezifischen Prozess gehören. Anhand der CorrelationId können Logeinträge eines Prozesses im ULS-Log ermittelt und zusammengefasst werden.

5.3 Mehrsprachigkeit

Um im späteren Lebenszyklus einer Anwendung große Mühen und Kosten zu sparen, sollten Sie eine Anwendung von Beginn an mit Basisfunktionalitäten für eine Mehrsprachigkeit ausstatten. Wenn das Thema Mehrsprachigkeit von Anfang des Projektes an in die Entwicklung einbezogen wird, liegt der Aufwand im Verhältnis zu einem späteren Nachrüsten bei nahezu null. Um in einer SharePoint-Anwendung die Funktionen für Mehrsprachigkeit umzusetzen, sind lediglich eine Ressourcendatei als Wörterbuch und eine Klasse zum Auslesen des Wörterbuchs notwendig. Da TicketPoint 2016 als geschlossene Anwendung bereitgestellt wird, beschränken wir uns auf das Ausrollen einer einzelnen Ressourcendatei über das *UILayer*-Projekt. Um aus allen Anwendungsbereichen auf das Wörterbuch zugreifen zu können, wird die Übersetzerklasse im *BusinessLayer*-Projekt untergebracht.

Navigieren Sie in der geöffneten TicketPoint-2016-Solution zum *UILayer*-Projekt im Solution Explorer. Starten Sie mit der rechten Maustaste das Kontextmenü für den Mapped Folder RESOURCES, und klicken Sie auf ADD und danach auf NEW ITEM. In dem nun gestarteten Dialog wählen Sie als Template die Ressourcendatei aus und vergeben den Namen *TicketPoint 2016.resx*.

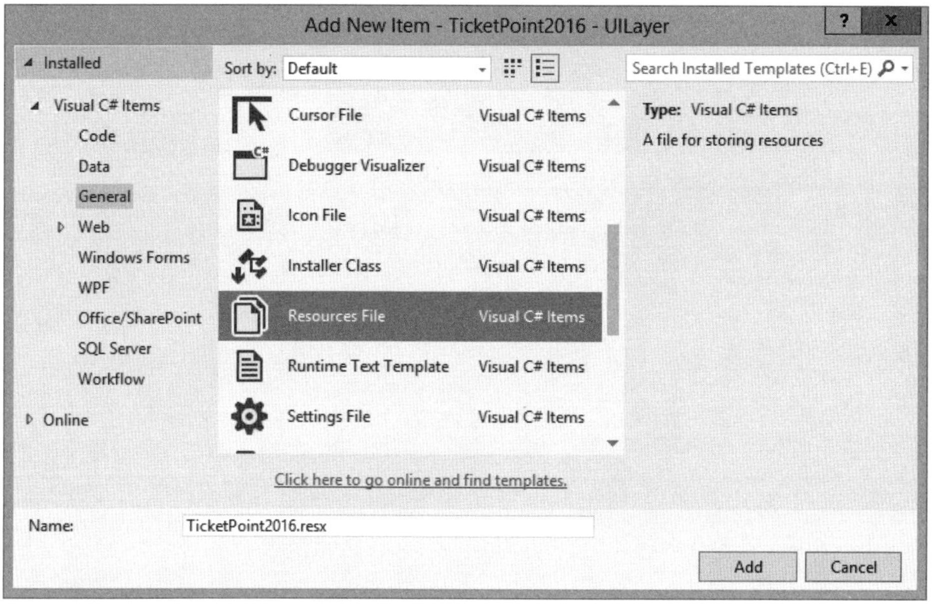

Abbildung 5.9 Add New Item – Resources File

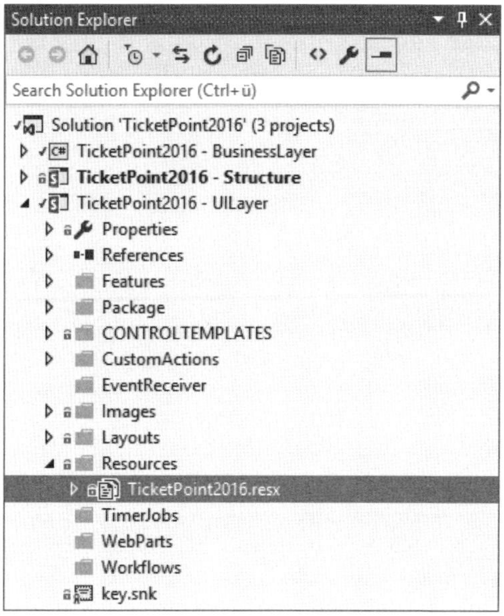

Abbildung 5.10 Ressourcendatei in der Projektstruktur

Wenn Sie die Datei zu Ihrem Projekt hinzugefügt haben, öffnen Sie mit der rechten Maustaste das Kontextmenü für das *BusinessLayer*-Projekt und klicken dort erst auf ADD und dann auf CLASS.... Geben Sie der neuen Klasse den Namen *Localization.cs*.

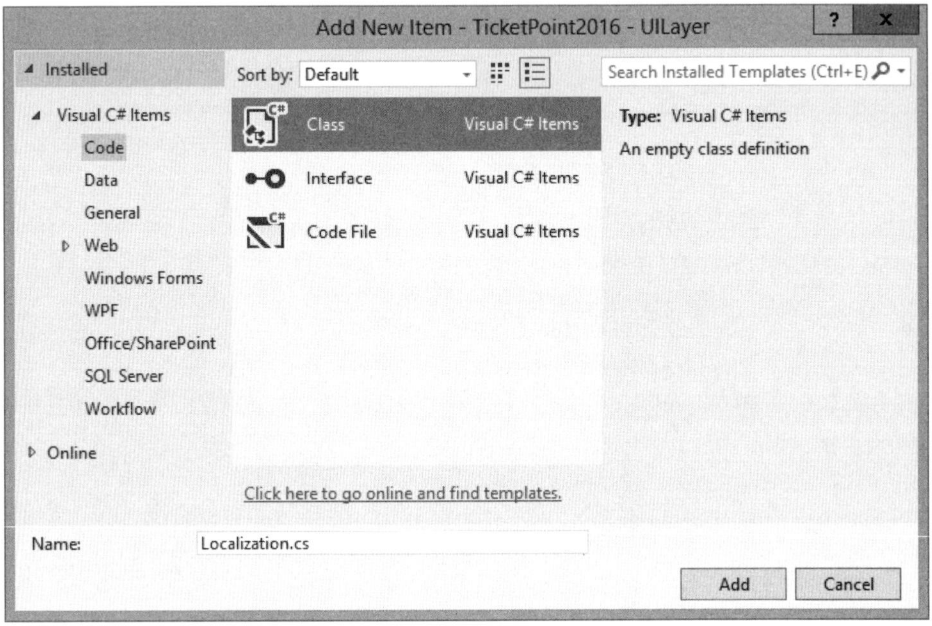

Abbildung 5.11 Add New Item – Localization

Als Erstes fügen Sie der `Localization`-Klasse eine Methode hinzu, die in unserem Wörterbuch nach dem passenden Eintrag sucht und ihn als String zurückgibt.

```
public static string GetString(string key)
{
    try
    {
        string resKey = string.Format("$Resources:TicketPoint2016,{0}", key);
        return SPUtility.GetLocalizedString(resKey
            , "TicketPoint2016"
            , (uint)Thread.CurrentThread.CurrentUICulture.LCID);
    }
    catch (Exception ex)
    {
        Logging.LogError(ex, Constants.LogCategory.BusinessLogic);
        return "ERROR";
    }
}
```

Listing 5.9 Mehrsprachigkeit

Die Methode erstellt den Identifikationsschlüssel unseres gesuchten Begriffs im Wörterbuch, gibt das gewünschte Wörterbuch an und analysiert anhand des aktuell laufenden Threads die benötigte Sprache, in der das Wörterbuch geöffnet werden soll.

Um den Zugriff auf das Wörterbuch im Laufe der Entwicklung zu erleichtern, ist es möglich, die Schlüssel, nach denen im Wörterbuch gesucht werden kann, als Konstanten bereitzustellen. Um die Konstanten unseres Wörterbuchs sauber zu kapseln, erstellen wir die Klasse `Keys` in der `Localization`-Klasse und fügen dort im Laufe der Entstehung unserer Anwendung alle Schlüsselwerte hinzu, die im Wörterbuch angelegt werden.

```
public static class Keys
{
    public const string ApplicationTitle = "ApplicationTitle";
}
```

Um die Schlüssel des Wörterbuchs möglichst übersichtlich zu halten, ist es sinnvoll, einen Sprachmix zu vermeiden und die Schlüssel thematisch zu sortieren. Wir benennen unsere Schlüssel grundsätzlich in englischer Sprache. Die thematische Sortierung können Sie beispielsweise über ein Präfix vor den Schlüsseln realisieren. Mögliche Klassifizierungen sind z. B. Beschriftungen, Schaltflächenbeschriftungen, Meldungen oder Meldungsüberschriften.

Die Umsetzung dieser Regel sieht in TicketPoint 2016 wie in Tabelle 5.1 aus.

Präfix	Beispiel	Beschreibung
Fld	*FldTicketnumber*	Spaltennamen
Ct	*CtTicket*	Namen von Inhaltstypen
Lst	*LstTickets*	Listennamen
View	*ViewAllTickets*	Namen von Ansichten
Txt	*TxtTicketnumber*	Beschriftungen wie Label etc.
Val	*ValPrioHigh*	Wertemengen in Auswahllisten
Btn	*BtnSave*	Beschriftung von Schaltflächen
PageTitle	*PageTitleAddTicket*	Seitentitel für ApplicationPages
MsgHeader	*MsgHeaderSave*	Meldungsüberschriften
MsgSuccess	*MsgSuccessSaveTicket*	Erfolgsmeldungen für Aktionen
MsgError	*MsgErrorSaveTicket*	Meldungstext im Fehlerfall
MsgInfo	*MsgInfoFormsValidation*	Texte für Hinweismeldungen
MsgReq	*MsgReqAssignedTo*	Meldungstexte für Feldvalidierungen

Tabelle 5.1 Regeln für die Benennung

Die einzige von diesem Schema abweichende Ausnahme ist der *ApplicationTitle*.

Deployen Sie die Lösung auf Ihren SharePoint, und prüfen Sie so, ob die Bereitstellung fehlerfrei funktioniert.

5.4 JavaScript global einbinden

Für die JavaScript-Entwicklung haben wir im Abschnitt für Page-Header die Datei *JSLib.ascx* hinzugefügt. Diese Datei sollten Sie nutzen, um wiederkehrende JavaScript-Funktionen global in der Anwendung bereitzustellen. Um die Arbeit im JavaScript-Umfeld zu erleichtern, bietet es sich an, auf Bibliotheken wie jQuery, AngularJS oder ähnliche zurückzugreifen. In Falle von TicketPoint 2016 wird jQuery verwendet und über die JSLib auf allen Seiten zur Verfügung gestellt. Erstellen Sie dazu im *UILayer*-Projekt, unterhalb von LAYOUTS • TICKETPOINT2016, ein Verzeichnis mit dem Namen *JS*. In diesem Verzeichnis werden zukünftig alle eigenständigen JavaScript-Dateien abgelegt. Laden Sie in das Verzeichnis die aktuellste Version der jQuery-Bibliothek hoch.

jQuery-Download

Die aktuellste jQuery-Version können Sie im Downloadbereich der Herstellerseite (*https://jquery.com*) kostenfrei herunterladen.

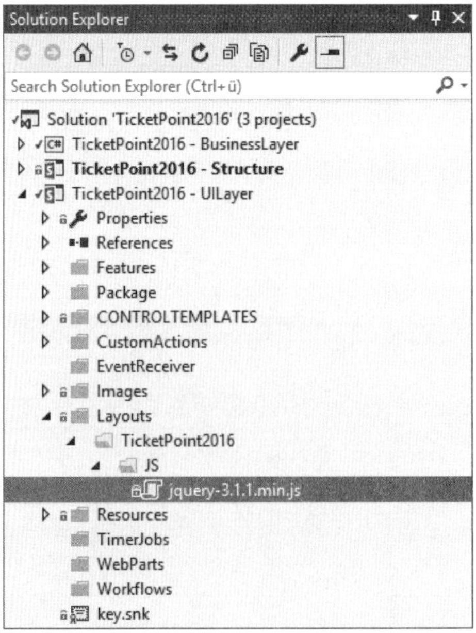

Abbildung 5.12 jQuery einfügen

Öffnen Sie im Anschluss die Datei *JSLib.ascx*, und fügen Sie den Codeabschnitt aus Listing 5.10 ein.

```
<script type="text/javascript"
        src="<%=WebUrl %>/_layouts/15/TicketPoint2016/JS/jquery-3.1.1.min.js">
</script>
<script type="text/javascript">
    var $fkr = $.noConflict(true);
</script>
```

Listing 5.10 jQuery einbinden

In der ersten Zeile wird die jQuery-Datei geladen. Mit dem Aufruf im weiteren Skriptblock laden Sie die jQuery-Bibliothek in die Variable `$fkr`. Durch diesen Schritt verhindern Sie Konflikte mit anderen Drittherstellern, sofern diese auf derselben Seite Komponenten nutzen, die mit einer abweichenden jQuery-Version arbeiten.

Um die Einbindung der jQuery-Bibliothek für alle Server dynamisch zu gestalten, legen Sie im Codebehind der *JSLib.ascx* eine Property vom Typ String mit dem Namen `WebUrl` an. Diese Property gibt die URL des aktuellen Webs zurück.

```
public string WebUrl
{
    get { return SPContext.Current.Web.Url; }
}
```

Nach diesen Vorbereitungen können Sie Funktionen für die allgemeine Handhabung von SharePoint erstellen. Wiederkehrende Bereiche sind zum einen das Anzeigen von Meldungen im UI, zum anderen das Arbeiten mit modalen Dialogen. Um diese Bereiche zu vereinfachen, ist es sinnvoll, wenn Sie dafür aufzurufende Funktionen bereitstellen.

Für die Anzeige von Meldungen im UI sollten Sie die Statusmeldungen von SharePoint nutzen. Diese können Sie über Funktionen aus der *SP.js*-Bibliothek ansprechen, sie integrieren sich nahtlos in jede Kundenumgebung. Fügen Sie dazu den Codeausschnitt aus Listing 5.11 in den Skriptblock der Datei *JSLib.ascx* ein.

```
var statusId = '';
function addStatusmessage(msgTitle, msgBody, msgColor, reloadPage) {
    $fkr(document).ready(function () {
        SP.SOD.executeFunc('SP.js', 'SP.UI.Status', function () {
            if (msgBody.length > 0) {
                statusId = SP.UI.Status.addStatus(msgTitle, msgBody, true);
                SP.UI.Status.setStatusPriColor(statusId, msgColor);
                if (reloadPage) {
```

```
                    setTimeout(doPostback, 1500);
                }
                else {
                    setTimeout(removeStatus, 8000);
                }
            }
        });
        document.getElementById('s4-workspace').scrollTop = 0;
    });
}
function removeStatus() {
    SP.UI.Status.removeStatus(statusId);
}
function doPostback() {
    SP.UI.ModalDialog.RefreshPage(SP.UI.DialogResult.OK);
}
```

Listing 5.11 Funktionen für Statusmeldungen

Eine Beispiel-Statusmeldung sehen Sie in Abbildung 5.13.

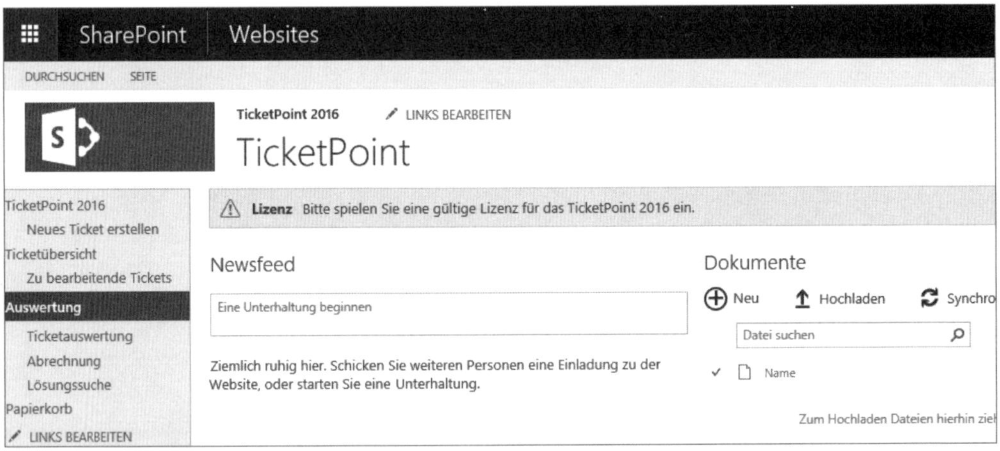

Abbildung 5.13 Beispiel einer Statusmeldung

Der Funktion addStatusmessage übergeben wir den Titel der Meldung, den Textinhalt der Meldung sowie die Farbe, in der die Meldung angezeigt werden soll. Der letzte Parameter gibt an, ob die Seite nach dem Anzeigen der Meldung neu geladen werden soll, um Inhalte zu aktualisieren.

Wenn Inhalte aktualisiert werden sollen, wird nach 1,5 Sekunden die Funktion doPostback ausgeführt. Diese aktualisiert den Inhalt der aktuellen Seite. Das gibt dem Benutzer ausreichend Zeit, die Meldung wahrzunehmen, und sorgt für eine zeitnahe

Aktualisierung der angezeigten Informationen. Wünscht der Benutzer keine Aktualisierung, so wird nach 8 Sekunden die Funktion `removeStatus` aufgerufen. Diese sorgt dafür, dass die aktuell angezeigte Meldung wieder von der Seite entfernt wird, ohne diese neu zu laden.

Das Hinzufügen des Status wird per jQuery erst dann ausgeführt, wenn die aktuelle Seite vollständig geladen ist. Zusätzlich wird über den Aufruf der Funktion `SP.SOD.executeFunc` gewährleistet, dass die notwendigen Bereiche der Datei *SP.js* geladen wurden, bevor zum Anzeigen der Meldung auf diese zugegriffen wird.

Um die Arbeit mit modalen Dialogen zu vereinfachen, sollten Sie zwei Funktionen bereitstellen: eine Funktion zum Aufrufen eines Dialoges ohne Rückgabewerte und eine zweite Funktion, die nach dem Schließen des Dialoges die Rückgabewerte an eine Callback-Funktion übergibt.

```
function openModal(dialogTitle, dialogUrl) {
    $fkr(document).ready(function () {
        SP.SOD.executeFunc('SP.js', 'SP.UI.ModalDialog', function () {
            var options = {
                title: dialogTitle,
                url: dialogUrl,
                allowMaximize: true,
                showClose: true
            };
            SP.UI.ModalDialog.showModalDialog(options);
        });
    });
}
function openModalWithCallback(dialogTitle, dialogUrl, callbackFunction) {
    $fkr(document).ready(function () {
        SP.SOD.executeFunc('SP.js', 'SP.UI.ModalDialog', function () {
            var options = {
                title: dialogTitle,
                url: dialogUrl,
                allowMaximize: true,
                showClose: true,
                dialogReturnValueCallback: callbackFunction
            };
            SP.UI.ModalDialog.showModalDialog(options);
        });
    });
}
```

Listing 5.12 Funktionen für modale Dialoge

Verfügbare Optionen für den Aufruf modaler Dialoge sehen Sie in Tabelle 5.2.

Option	Beschreibung
`title`	der Titel des Dialogfensters
`url`	die URL der Seite, die im Dialogfenster angezeigt werden soll
`html`	Das HTML, das im Dialogfenster zur Anzeige gebracht werden soll. Wenn URL und HTML angegeben wurden, so wird die URL bevorzugt verwendet.
`x`	der Abstand der Dialogbox vom linken Seitenrand
`y`	der Abstand der Dialogbox vom oberen Seitenrand
`width`	Definiert die Höhe des Dialogfensters
`height`	Definiert die Breite des Dialogfensters
`allowMaximize`	Gibt an, ob die Schaltfläche zum Maximieren des Dialogfensters angezeigt werden soll
`showMaximized`	Gibt an, ob das Dialogfenster maximiert gestartet werden soll
`showClose`	Gibt an, ob die Schließen-Schaltfläche für den modalen Dialog angezeigt werden soll
`autoSize`	Gibt an, ob die Größe des modalen Dialogs automatisch anhand seines Inhalts ermittelt und gesetzt werden soll
`dialogReturn-ValueCallback`	ein Pointer auf eine Callback-Funktion, die nach dem Schließen des Dialogsaufgerufen werden soll
`args`	ein Objekt, das Daten enthält, die an den Dialog übergeben werden

Tabelle 5.2 Optionen für Dialoge

Genau wie beim Aufrufen der Meldungen wird in den Funktionen für die modalen Dialoge per jQuery dafür gesorgt, dass die Seite vollständig geladen ist, bevor der Code ausgeführt wird. Ebenso wird durch den Aufruf der Funktion `SP.SOD.executeFunc` gewährleistet, dass der notwendige Bereich zum Öffnen modaler Dialoge aus der Bibliothek *SP.js* geladen wurde.

Deployen Sie die Lösung auf Ihren SharePoint, und prüfen Sie so, ob die Bereitstellung fehlerfrei funktioniert.

5.5 JS from Codebehind

In vielen Situationen ist es erforderlich, die zuvor erstellen JavaScript-Funktionen aus dem Codebehind heraus aufzurufen. Sie sollten Methoden bereitstellen, die diesen Aufruf erleichtern.

Öffnen Sie dazu das *BusinessLayer*-Projekt, und erzeugen Sie ein neues Verzeichnis mit dem Namen *UI*.

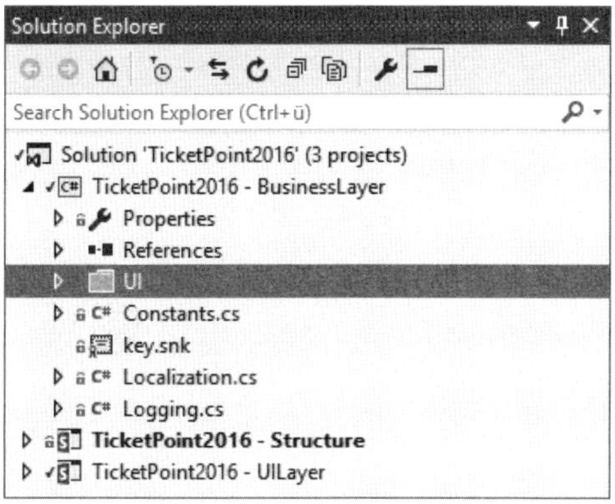

Abbildung 5.14 UI-Verzeichnis erstellen

Danach fügen Sie eine neue Klasse mit dem Namen *Helper.cs* in dem Verzeichnis hinzu.

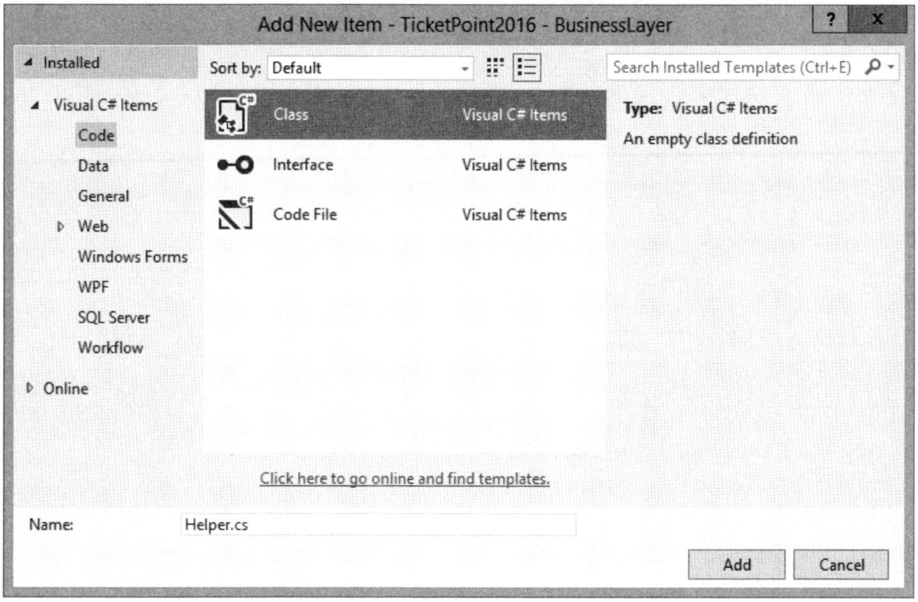

Abbildung 5.15 »UI.Helper.cs« hinzufügen

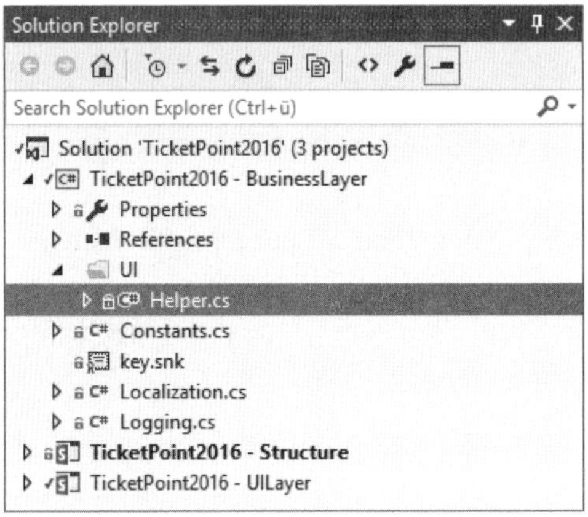

Abbildung 5.16 »UI.Helper.cs« in der Projektstruktur

Fügen Sie nun die notwendigen Methoden zum Aufrufen der JavaScript-Funktionen für Statusmeldungen und zum Öffnen modaler Dialoge ein.

Für den Aufruf von Statusmeldungen fügen Sie die Methode aus Listing 5.13 in der Klasse `UI.Helper` hinzu.

```
public static void AddStatusmessageToPage(Page page
    , string messageTitle
    , string messageBody
    , string messageStatus
    , bool refreshPage = false)
{
    string js = @"addStatusmessage(""" + messageTitle + @"""
                ,""" + messageBody + @"""
                ,""" + messageStatus + @"""
                ," + refreshPage.ToString().ToLower() + ");";
    page.ClientScript.RegisterClientScriptBlock(page.GetType()
        , "msg"
        , js
        , true);
}
```

Listing 5.13 Methode für Statusmeldung

Der Methode übergeben wir das Objekt der aktuellen Seite, den Nachrichtentitel, den Nachrichtentext sowie den Status der Meldung, außerdem die Information, ob die Seite nach Anzeige der Nachricht aktualisiert werden soll. Aus den übergebenen

Parametern wird der Funktionsaufruf für das JavaScript als String aufbereitet. Dieser Script-String wird als ClientScriptBlock auf die Seite geschrieben. Durch den registrierten Script-Block wird die zuvor erstellte JavaScript-Funktion aus der *JSLib.ascx* aufgerufen.

Als Nächstes erstellen Sie die Methoden zum Verwalten modaler Dialoge. Fügen Sie dazu die Methoden aus Listing 5.14 in die Klasse `UI.Helper` ein.


```
public static void OpenModalDialog(Page page
    , string dialogTitle
    , string dialogUrl)
{
    string js = @"openModal(""" + dialogTitle + @"""
                , """ + dialogUrl + @""");";
    page.ClientScript.RegisterClientScriptBlock(page.GetType()
        , "openDlg"
        , js
        , true);
}
public static void OpenModalDialog(Page page
    , string dialogTitle
    , string dialogUrl
    , string callbackFunction)
{
    string js = @"openModalWithCallback(""" + dialogTitle + @"""
                , """ + dialogUrl + @"""
                , " + callbackFunction + ");";
    page.ClientScript.RegisterClientScriptBlock(page.GetType()
        , "openDlg"
        , js
        , true);
}
```

Listing 5.14 Methode für Modale Dialoge

Der Methode `OpenModalDialog` übergeben wir die aktuelle Seite, den Titel des Dialogs und die zu öffnende URL. Aus den Übergabeparametern wird der Aufruf der JavaScript-Funktion zum Öffnen eines modalen Dialogs als String erstellt. Dieser wird als Skript-Block auf der aktuellen Seite registriert, um die Funktion aus der *JSLib.ascx* aufzurufen. Als Überladung dieser Methode steht eine Variante bereit, der Sie den Namen einer Callback-Funktion im JavaScript übergeben können. Diese JavaScript-

Funktion wird aufgerufen, wenn der modale Dialog geschlossen wird, und verarbeitet die zurückgegebenen Informationen.

Selbstverständlich müssen Sie einen modalen Dialog auch einmal schließen. Auch das Schließen des Dialogs sollten Sie aus dem Codebehind heraus triggern können. Um auch dies zu realisieren, fügen Sie die Methoden aus Listing 5.15 in der Klasse `UI.Helper` hinzu.

```
public static void CloseOrRedirect(Page page, bool commit = false)
{
    string sourceUrl = page.Request.QueryString["Source"];
    string redirectUrl = (!string.IsNullOrWhiteSpace(sourceUrl))
        ? sourceUrl
        : (SPContext.Current.List != null)
            ? SPContext.Current.List.DefaultViewUrl
            : SPContext.Current.Web.Url;
    CloseOrRedirect(page, redirectUrl, commit);
}
public static void CloseOrRedirect(Page page
    , string redirectUrl
    , bool commit = false)
{
    string js = "";
    if (SPContext.Current.IsPopUI)
    {
        if (commit)
            js = @"setTimeout(function() {
                        window.frameElement.commitPopup();
                    }, 0);";
        else
            js = @"setTimeout(function() {
                        window.frameElement.cancelPopUp();
                    }, 0);";
    }
    else
    {
        js = "STSNavigate('" + redirectUrl + "');";
    }
    page.ClientScript.RegisterClientScriptBlock(page.GetType()
```

```
        , "close"
        , js
        , true);
}
```

Listing 5.15 Methode zum Schließen von Formularen

Die erste Überladung der Methode `CloseOrRedirect` nimmt als Parameter die aktuelle Seite an. Als zweiten, optionalen Parameter übergeben wir eine `commit`-Information. Dieser Parameter gibt an, ob der Dialog mit einer Erfolgsmeldung oder einem normalen Abschluss beendet werden soll. In der Methode wird nach der URL gesucht, zu der navigiert werden soll. Als Erstes wird versucht, den `Source`-Parameter der aktuellen Seite zu ermitteln. Sollte dieser nicht verfügbar sein, wird die URL der aktuellen Liste gesucht. Kann auch sie nicht gefunden werden, wird auf die URL des aktuellen Webs zurückgegriffen. Nachdem die entsprechende Redirect-URL ermittelt wurde, wird die zweite Überladung der Methode aufgerufen. Diese prüft über die Property `IsPopUI` des aktuellen SharePoint-Kontexts, ob die aktuelle Seite als modaler Dialog geöffnet ist. Wenn die Seite als modaler Dialog geöffnet wurde, wird das JavaScript zum Schließen des Dialogs als String erzeugt. Hierbei wird anhand des Parameters `commit` entschieden, ob der Dialog mit oder ohne Erfolgsmeldung geschlossen wird. Sollte es sich nicht um einen modalen Dialog handeln, wird ein Skript zum Redirect auf die übergebene URL als String erstellt.

Zum Abschluss wird das erzeugte Skript als Skript-Block auf die aktuelle Seite geschrieben.

Deployen Sie die Lösung auf Ihren SharePoint, und prüfen Sie so, ob die Bereitstellung fehlerfrei funktioniert.

5.6 Projekttemplate erstellen

Wenn Sie alle Vorbereitungen für die unterschiedlichen Projekttypen *BusinessLayer*, *Structure* und *UILayer* abgeschlossen haben, sollten Sie für jedes der Projekte ein Visual-Studio-Template erstellen. Durch die Erstellung von Projekttemplates können Sie jederzeit mit wenig Aufwand weitere Projekte aufbauen, bei denen Sie sich die bisher investierte Vorbereitungszeit sparen.

Für die Erstellung eines Projekttemplates klicken Sie im Visual Studio unter FILE auf EXPORT TEMPLATE....

Wählen Sie im ersten Dialog des Wizards das gewünschte Projekt aus. In diesem Beispiel arbeiten wir mit dem *Structure*-Projekt.

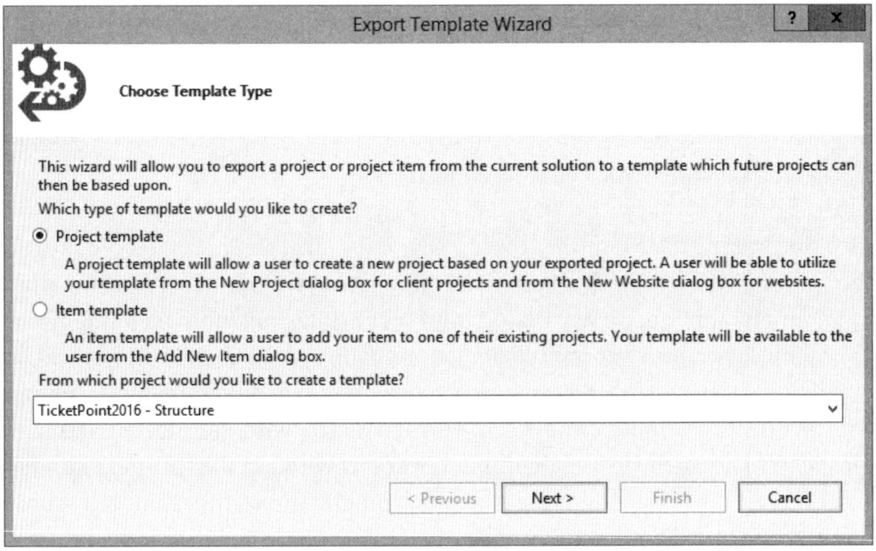

Abbildung 5.17 Wizard – Projektauswahl

Im zweiten Abschnitt des Wizards geben Sie die Informationen zum Template an und wählen das Icon und ein Vorschaubild aus.

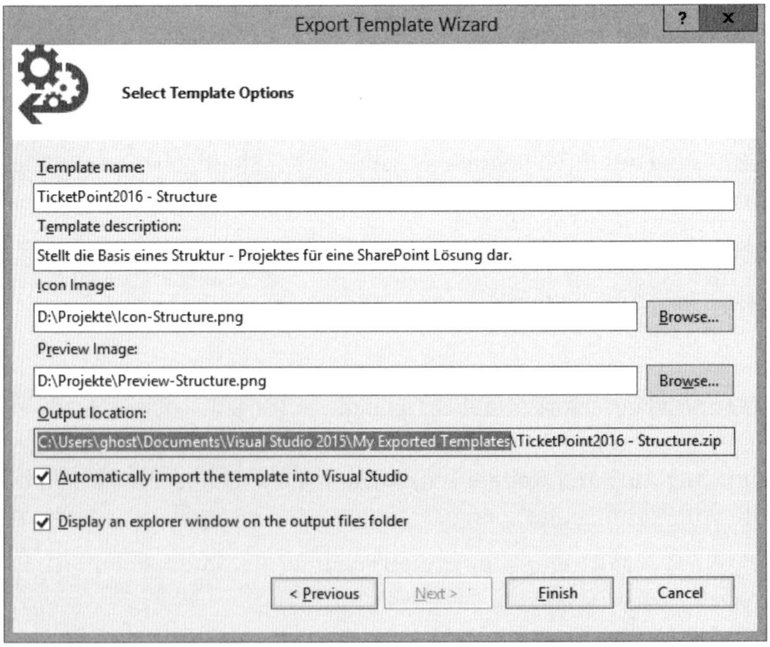

Abbildung 5.18 Wizard – Optionen

Für die unterschiedlichen Templates sollten Sie die Angaben aus Tabelle 5.3 machen.

Projekt	Option	Wert
Structure	TEMPLATE NAME	SharePoint 2016 – Structure
Structure	TEMPLATE DESCRIPTION	Erstellt die Basis eines Struktur-Projektes für eine SharePoint-Lösung
UILayer	TEMPLATE NAME	SharePoint 2016 – UILayer
UILayer	TEMPLATE DESCRIPTION	Erstellt die Basis eines UILayer-Projektes für eine SharePoint-Lösung
BusinessLayer	TEMPLATE NAME	SharePoint-2016-BusinessLayer
BusinessLayer	TEMPLATE DESCRIPTION	Erstellt die Basis des BusinessLayer-Projektes für eine SharePoint-Lösung

Tabelle 5.3 Templatedefinition

Wählen Sie für jedes Template ein passendes Icon und ein treffendes Vorschaubild.

Wenn Sie die Angaben in diesem Schritt des Wizards getätigt haben, klicken Sie auf FINISH, um den Export abzuschließen.

Führen Sie den Export für alle drei Projekte Ihrer Lösung durch. Nach Abschluss des kompletten Exports stehen Ihnen die bisherigen Vorbereitungen als Templates für neue Projekte im Visual Studio zur Verfügung.

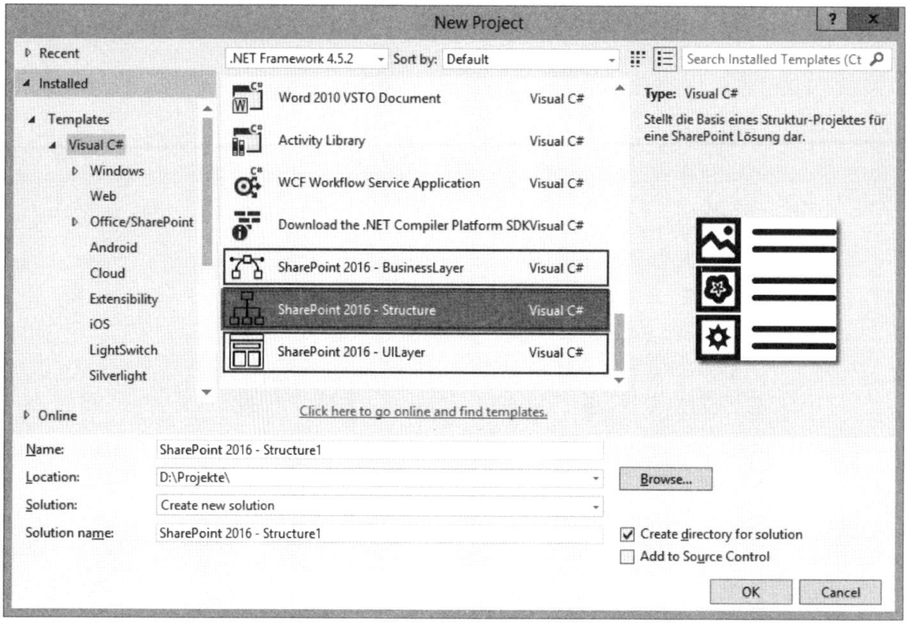

Abbildung 5.19 Projekttemplates

Kapitel 6
Datenstruktur aufbauen

Erfahren Sie, wie Sie auf zwei unterschiedlichen Wegen eine Datenstruktur in SharePoint ausrollen können. Durch Automatismen sorgen Sie für eine einheitliche Basisstruktur auf unterschiedlichen Systemen – mit einem Klick.

Als Erstes sollten wir klären, was mit *Datenstruktur* im SharePoint genau gemeint ist. Unter Datenstruktur verstehen wir alle Bestandteile, die dafür benötigt werden, Informationen einer Anwendung zu speichern. Dazu gehören in SharePoint die Websitespalten, Inhaltstypen und Listen sowie Bibliotheken, in denen Informationen der geplanten Anwendung abgelegt werden.

Für den Aufbau einer SharePoint-Struktur stehen verschiedenste Möglichkeiten zur Verfügung, angefangen vom manuellen Aufbau der Struktur über die Benutzeroberfläche, die Verwendung der PowerShell und entsprechender PowerShell-Skripte bis hin zum Ausrollen über eine eigenständige Lösung. Die Möglichkeiten sind vielfältig. Jede Variante hat ihre Vor- und Nachteile. Die mit Abstand schlechteste Variante ist mit Sicherheit das manuelle Ausrollen einer Struktur über die SharePoint-Oberfläche. Welche Variante Sie zum Ausrollen Ihrer Datenstruktur verwenden, möchten wir an dieser Stelle nicht fest vorgeben; dazu spielen hier zu viele Faktoren für die Entscheidungsfindung eine Rolle. In unserem Fall haben wir uns für das Ausrollen als SharePoint-Lösung entschieden. Dafür möchten wir zwei favorisierte Möglichkeiten vorstellen: zum einen das Ausrollen der Struktur mithilfe der *Schema.xml*-Dateien, zum anderen das Ausrollen mithilfe von Code.

Der mit Sicherheit einfachste und schnellste Weg ist das deklarative Bereitstellen, also die Verwendung von *Schema.xml*-Dateien. Diese Variante birgt allerdings, insbesondere bei späteren Lösungsupdates, viele Probleme in sich. Die imperative Variante, also die Bereitstellung per Code, hingegen ist weitaus aufwendiger, bietet aber viele Möglichkeiten, das Update der Lösung nach eigenen Wünsche und Bedürfnissen zu gestalten. Wenn Sie beim Aufbau von Klassen und Methoden zum Ausrollen einer Struktur per Code auf eine grundlegende Nachhaltigkeit achten, profitieren Sie von allen Vorteilen dieser Variante und können den Entwicklungsaufwand in Folgeprojekten so gering wie möglich halten.

Auch der Aufbau von PowerShell-Skripten ist eine mögliche Variante, die insbesondere bei Consultants Anklang findet. Bei der Verwendung der PowerShell sind Sie nicht zwingend auf einen Entwickler und das neue Kompilieren einer Lösung angewiesen, um Strukturänderungen herbeizuführen. Dies ist in manchen Unternehmen ein Vorteil im Bereich der Flexibilität, sorgt aber auch schnell für Chaos, wenn Sie beginnen, individuelle Strukturen für unterschiedliche Kunden auszurollen. Sie sollten versuchen, ein solches Chaos zu vermeiden, indem Sie auf allen Kundensystemen denselben Weg zum Ausrollen einer Datenstruktur verwenden und einen Gesamtüberblick über ein Basis-Set an Websitespalten, Inhaltstypen und Listen halten, aus denen Ihre Anwendung zusammengesetzt ist.

Nachfolgend werden wir Ihnen die beiden Varianten *Schema.xml* und *codebasiert* vorstellen. Im Downloadbereich finden Sie beide Varianten als getrennte Visual-Studio-Solutions zum Download.

6.1 Spalten

Beim Ausrollen der Datenstruktur in SharePoint sollten Sie darauf achten, alle verwendeten Spalten als Websitespalten bereitzustellen. Dies hat zum einen den Vorteil, dass Sie Spalten wiederverwenden können, zum anderen können Sie im Updatefall die Änderungen wesentlich einfacher auf alle betroffenen Inhaltstypen und Listen verteilen. Auch die Verwendung der Spalten als Managed Properties in der SharePoint-Suche ist nur möglich, wenn sie als Websitespalten bereitgestellt werden. Dafür werden wir im weiteren Verlauf dieses Abschnitts zwei unterschiedliche Möglichkeiten zum Erstellen von Websitespalten vorstellen: das Ausrollen über Schema-Definitionen und das Ausrollen über Code im Feature-EventReceiver.

6.1.1 Via Schema

Zum Ausrollen von Websitespalten via *Schema.xml* steht ein XML-Konstrukt zur Verfügung, mit dem Sie die gewünschte Spalte beschreiben können. In dem jeweiligen XML-Block definieren Sie Basisinformationen einer Spalte, den Typ und typabhängige Parameter.

Die am häufigsten verwendeten Feldtypen sind in Tabelle 6.1 aufgelistet.

Typ	Beschreibung
`Text`	Textfeld
`Note`	mehrzeiliges Textfeld
`Choice`	Auswahlfeld

Tabelle 6.1 Feldtypen

Typ	Beschreibung
`Number`	Zahlenfeld
`Currency`	Währungsfeld
`DateTime`	Datum und Uhrzeit
`Lookup`	Nachschlagefeld
`Boolean`	Ja/Nein-Feld
`User`	Benutzerfeld
`UserMulti`	Benutzerfeld mit Mehrfachauswahl
`Link`	URL und Bild-Feld
`Calculated`	berechnetes Feld

Tabelle 6.1 Feldtypen (Forts.)

Das grundlegende XML-Schema einer Spalte sehen Sie in Listing 6.1.

```
<Field ID="<GUID>"
    Name="<INTERNER SPALTENNAME>"
    DisplayName="<ANZEIGENAME>"
    Type="<DATETYP>"
    Required="<TRUE|FALSE>"
    Group="<GRUPPENNAME>"
    Description="<BESCHREIBUNGSTEXT">
</Field>
```

Listing 6.1 Beispiel eines XML-Schemas

Die Attribute aus Tabelle 6.2 gelten für alle Spaltentypen.

Attribut	Beschreibung
`ID`	eindeutige Identifikation der Spalte im GUID-Format
`Name`	eindeutiger interner Name der Spalte
`Display Name`	der Anzeigename der Spalte im UI
`Type`	der Spaltentyp
`Group`	die Gruppe, in der die Websitespalte angelegt wird
`Description`	die Spaltenbeschreibung

Tabelle 6.2 Attribute für Spaltentypen

Attribut	Beschreibung
`AllowDeletion`	Optionaler boolescher Wert. Verhindert ein Löschen des Feldes über das UI, wenn als Attributwert `false` angegeben wird. Standard: `true`
`AllowDuplicateValues`	Optionaler boolescher Wert. Gibt an, ob der Wert des Feldes eindeutig sein muss. Standard: `true`
`Filterable`	Optionaler boolescher Wert. Gibt an, ob auf den Wert des Feldes gefiltert werden kann. Standard: `true`
`Hidden`	Optionaler boolescher Wert. Gibt an, ob das Feld im UI sichtbar sein soll oder nicht. Standard: `false`
`ReadOnly`	Optionaler boolescher Wert. Gibt an, ob das Feld im UI beschreibbar ist oder nicht. Standard: `false`
`Required`	Optionaler boolescher Wert. Gibt an, ob das Feld ein Pflichtfeld ist oder nicht. Standard: `false`
`ShowInDisplayForm`	Optionaler boolescher Wert. Gibt an, ob das Feld im Standard-Anzeigeformular sichtbar ist. Standard: `true`
`ShowInEditForm`	Optionaler boolescher Wert. Gibt an, ob das Feld im Standard-Bearbeiten-Formular sichtbar ist. Standard: `true`
`ShowInListSettings`	Optionaler boolescher Wert. Gibt an, ob das Feld in den Listeneinstellungen sichtbar ist. Standard: `true`

Tabelle 6.2 Attribute für Spaltentypen (Forts.)

Attribut	Beschreibung
ShowInNewForm	Optionaler boolescher Wert. Gibt an, ob das Feld im Standard-Neu-Formular sichtbar ist. Standard: true
ShowInVersionHistory	Optionaler boolescher Wert. Gibt an, ob das Feld in der Versionshistorie von Elementen sichtbar ist. Standard: true
Sortable	Optionaler boolescher Wert. Gibt an, ob nach einer Spalte sortiert werden kann. Standard: true

Tabelle 6.2 Attribute für Spaltentypen (Forts.)

Einige Feldtypen verfügen über individuelle Attribute, um typabhängige Eigenschaften zu definieren.

Typ	Attribut	Beschreibung
Note	AppendOnly	Wenn die Versionsverwaltung einer Liste aktiviert ist und das Attribut mit true angegeben ist, werden neue Eingaben an den vorhandenen Spalteninhalt angehängt.
Number	Commas	Optionaler boolescher Wert. Gibt an, ob Kommas oder Punkte als tausender Trennzeichen verwendet werden sollen. true = Kommas
	Decimals	Optionaler Integer-Wert. Gibt die Anzahl der Nachkommastellen einer Zahlenspalte an.
	Max	Optionaler Integer-Wert. Gibt den maximalen Wert des Feldes an.
	Min	Optionaler Integer-Wert. Gibt den minimalen Wert des Feldes an.
	Percentage	Optionaler boolescher Wert. Gibt an, ob die Spalte im Prozentformat dargestellt werden soll.

Tabelle 6.3 Individuelle Attribute für Feldtypen

Typ	Attribut	Beschreibung
`Choice`	`FillInChoice`	Optionaler boolescher Wert. Gibt an, ob Benutzer bei einer Auswahlspalte die Möglichkeit haben, eigene Auswahlmöglichkeiten einzutragen.
`DateTime`	`Format`	Optionaler Textwert. Gibt die Art der Anzeige des eingetragenen Datums eines Feldes an. Mögliche Werte sind dabei: ▸ `DateOnly`: Zeigt nur das ausgewählte Datum an ▸ `DateTime`: Zeigt das ausgewählte Datum inklusive Uhrzeit an ▸ `ISO8601`: Zeigt das Datum im ISO-8601-Zeitformat und im UTC-Format an (JJJJ-MM-TTTHH:MM:SSZ) ▸ `ISO8601Basic`: Zeigt das Datum im abgekürzten Format des ISO-8601-Standards und als UTC-Format an (JJJJMMTTTHHMMSSZ)
`User`	`UserSelectionMode`	Optionaler Textwert. Gibt an, ob nur Benutzer oder auch Benutzergruppen als Feldwert gesetzt werden können. Mögliche Werte sind: ▸ `PeopleOnly` – nur Personen ▸ `PeopleAndGroups` – Personen und Gruppen

Tabelle 6.3 Individuelle Attribute für Feldtypen (Forts.)

Auf Basis dieses XML-Schemas können Sie die im Architekturdokument beschriebenen Spalten der Anwendung bereitstellen. Achten Sie darauf, bei jeder vollständig umgesetzten Spalte im Feld *Umgesetzt* des Architekturdokumentes ein »Ja« einzutragen. So können Sie und Ihr Projektleiter nachhalten, welche Spalten bereits im Code erstellt wurden und welche noch fehlen. Fügen Sie zum Erstellen der Spalten im *Structure*-Projekt unterhalb des Verzeichnisses *Fields* ein neues Element vom Typ SITE COLUMN hinzu. Geben Sie dem Element den Namen *Fields*.

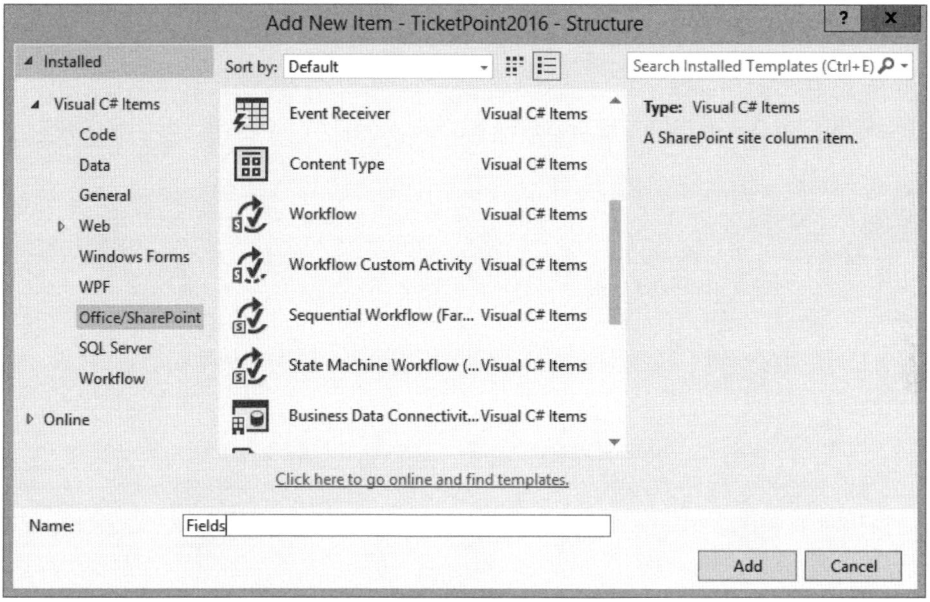

Abbildung 6.1 »Schema.xml« – »Fields« hinzufügen

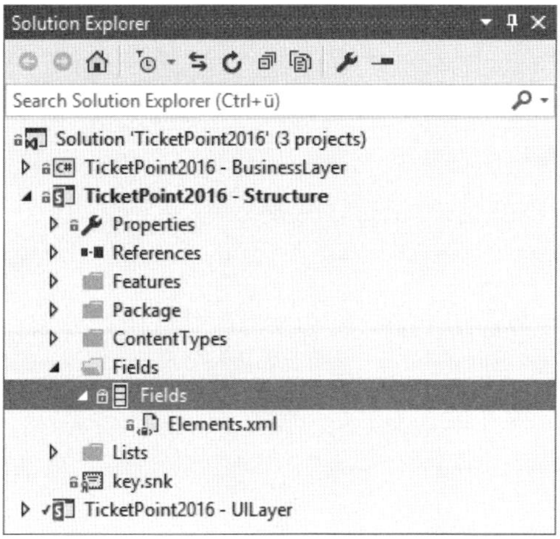

Abbildung 6.2 »Fields«-Element in der Projektstruktur

In die Datei *Elements.xml* fügen Sie die Schemabeschreibungen der Anwendungsspalten ein. Um Anzeigetexte aus den Ressourcendateien abzufragen, nutzen Sie das Tag `$Resources`:

```
$Resources:<ÜBERSETZUNGSDATEI>,<SCHLÜSSEL>;
```

Am Beispiel TicketPoint 2016 sähe dies zum Beispiel wie folgt aus:

```
$Resources:TicketPoint2016,FldTicketnumber;
```

Der Inhalt der Datei sollte wie in Listing 6.2 aussehen.

```
<?xml version="1.0" encoding="utf-8"?>
<Elements xmlns="http://schemas.microsoft.com/sharepoint/">
    <Field
        ID="{93DC438D-EEF9-4AE8-8B57-8E47032B56A3}"
        Name="fkr_tp_Ticketnumber"
        DisplayName="$Resources:TicketPoint2016,FldTicketnumber;"
        Type="Text"
        Required="TRUE"
        Group="$Resources:TicketPoint2016,ApplicationTitle;"
        LinkToItem="TRUE"
        LinkToItemAllowed="Allowed"
        ListItemMenu="TRUE"
        ListItemMenuAllowed="Allowed">
    </Field>
    <Field
        ID="{38296E85-8A44-451A-BDF1-527DCBC3F2C0}"
        Name="fkr_tp_Subject"
        DisplayName="$Resources:TicketPoint2016,FldSubject;"
        Type="Text"
        Required="TRUE"
        Group="$Resources:TicketPoint2016,ApplicationTitle;">
    </Field>
    <Field
        ID="{3F2F4D61-44FA-42FE-A9AD-E4EDA76541A0}"
        Name="fkr_tp_Problemdescription"
        DisplayName="$Resources:TicketPoint2016,FldProblemdescription;"
        Type="Note"
        Required="TRUE"
        Group="$Resources:TicketPoint2016,ApplicationTitle;">
    </Field>
    <Field
        ID="{26EFA6B7-C2D5-4FA2-8595-472108D9D56E}"
        Name="fkr_tp_ContactPerson"
        DisplayName="$Resources:TicketPoint2016,FldContactPerson;"
        Type="User"
        Required="TRUE"
        Group="$Resources:TicketPoint2016,ApplicationTitle;">
```

```
    </Field>
    ...
</Elements>
```

Listing 6.2 »Schema.xml« für Spaltendefinitionen

Um die Anlage der Spalten zu vervollständigen, müssen Sie die entsprechenden Einträge in die Ressourcendatei für die Übersetzung einfügen. Da wir die Feldnamen und die späteren Labels des UI getrennt übersetzen, ist es sinnvoll, direkt beide Einträge vorzunehmen.

Öffnen Sie dazu die Datei *TicketPoint2016.resx* im *UILayer*-Projekt, und fügen Sie die Einträge aus Tabelle 6.4 hinzu.

Schlüssel	Wert
`FldAddress`	Anschrift
`FldAssignedTo`	Zugewiesen an
`FldCity`	Ort
`FldComment`	Kommentar
`FldCommenttype`	Kommentartyp
`FldContactPerson`	Ansprechpartner
`FldDescription`	Beschreibung
`FldEmployees`	Mitarbeiter
`FldHourlyRate`	Stundensatz
`FldMailAddress`	E-Mail-Adresse
`FldPhoneNumber`	Telefonnummer
`FldProblemdescription`	Problembeschreibung
`FldProcessingTimeMinutes`	Bearbeitungszeit (Min.)
`FldSolution`	Lösung
`FldSubject`	Betreff
`FldTicketnumber`	Ticketnummer
`FldZipCode`	PLZ

Tabelle 6.4 Übersetzungstexte für Spaltennamen

Schlüssel	Wert
TxtAddress	Anschrift
TxtAssignedTo	Zugewiesen an
TxtCity	Ort
TxtComment	Kommentar
TxtCommenttype	Kommentartyp
TxtContactPerson	Ansprechpartner
TxtDescription	Beschreibung
TxtEmployees	Mitarbeiter
TxtHourlyRate	Stundensatz
TxtMailAddress	E-Mail-Adresse
TxtPhoneNumber	Telefonnummer
TxtProblemdescription	Problembeschreibung
TxtProcessingTimeMinutes	Bearbeitungszeit (Min.)
TxtSolution	Lösung
TxtSubject	Betreff
TxtTicketnumber	Ticketnummer
TxtZipCode	PLZ

Tabelle 6.4 Übersetzungstexte für Spaltennamen (Forts.)

Da Sie für die einfache Handhabung der Übersetzungsschlüssel in der Klasse `Localization.Keys` des *BusinessLayer*-Projektes alle Schlüssel als Konstanten vorgesehen haben, müssen Sie die neuen Schlüssel auch hier hinzufügen. Diesen Vorgang sehen Sie in Listing 6.3.

```
public const string FldTicketnumber = "FldTicketnumber";
public const string FldSubject = "FldSubject";
public const string FldProblemdescription = "FldProblemdescription";
public const string FldContactPerson = "FldContactPerson";
public const string FldComment = "FldComment";
public const string FldProcessingTimeMinutes = "FldProcessingTimeMinutes";
public const string FldCommenttype = "FldCommenttype";
```

```
public const string FldSolution = "FldSolution";
public const string FldDescription = "FldDescription";
public const string FldAssignedTo = "FldAssignedTo";
public const string FldHourlyRate = "FldHourlyRate";
public const string FldAddress = "FldAddress";
public const string FldZipCode = "FldZipCode";
public const string FldCity = "FldCity";
public const string FldMailAddress = "FldMailAddress";
public const string FldPhoneNumber = "FldPhoneNumber";
public const string FldEmployees = "FldEmployees";
public const string TxtTicketnumber = "TxtTicketnumber";
public const string TxtSubject = "TxtSubject";
public const string TxtProblemdescription = "TxtProblemdescription";
public const string TxtContactPerson = "TxtContactPerson";
public const string TxtComment = "TxtComment";
public const string TxtProcessingTimeMinutes = "TxtProcessingTimeMinutes";
public const string TxtCommenttype = "TxtCommenttype";
public const string TxtSolution = "TxtSolution";
public const string TxtDescription = "TxtDescription";
public const string TxtAssignedTo = "TxtAssignedTo";
public const string TxtHourlyRate = "TxtHourlyRate";
public const string TxtAddress = "TxtAddress";
public const string TxtZipCode = "TxtZipCode";
public const string TxtCity = "TxtCity";
public const string TxtMailAddress = "TxtMailAddress";
public const string TxtPhoneNumber = "TxtPhoneNumber";
public const string TxtEmployees = "TxtEmployees";
```

Listing 6.3 Konstanten für Übersetzungsschlüssel der Spaltennamen

Um den Zugriff auf die Felder aus dem Code heraus zu erleichtern, sollten Sie alle internen Feldnamen als Konstanten in der Klasse `Constants` im *BusinessLayer*-Projekt hinterlegen. Für eine bessere Gliederung der Konstanten sollten Sie eine neue Subklasse mit dem Namen `FieldInternalName` anlegen, in der Sie die jeweiligen Feldnamen eintragen.

```
public static class FieldInternalName
{
    public const string Ticketnumber = "fkr_tp_Ticketnumber";
    public const string Subject = "fkr_tp_Subject";
    public const string Problemdescription = "fkr_tp_Problemdescription";
    public const string ContactPerson = "fkr_tp_ContactPerson";
    public const string Comment = "fkr_tp_Comment";
```

```
    public const string ProcessingTimeMinutes =
        "fkr_tp_ProcessingTimeMinutes";
    public const string Commenttype = "fkr_tp_Commenttype";
    public const string Solution = "fkr_tp_Solution";
    public const string Description = "fkr_tp_Description";
    public const string AssignedTo = "fkr_tp_AssignedTo";
    public const string HourlyRate = "fkr_tp_HourlyRate";
    public const string Address = "fkr_tp_Address";
    public const string ZipCode = "fkr_tp_ZipCode";
    public const string City = "fkr_tp_City";
    public const string MailAddress = "fkr_tp_MailAddress";
    public const string PhoneNumber = "fkr_tp_PhoneNumber";
    public const string Employees = "fkr_tp_Employees";
}
```

Listing 6.4 Konstanten für interne Spaltennamen

Als letzten Schritt müssen Sie das `Fields`-Element noch in das Feature der Lösung aufnehmen. Öffnen Sie dazu das *Structure*-Feature im *Structure*-Projekt, und nehmen Sie das Element `Fields` in das Feature auf.

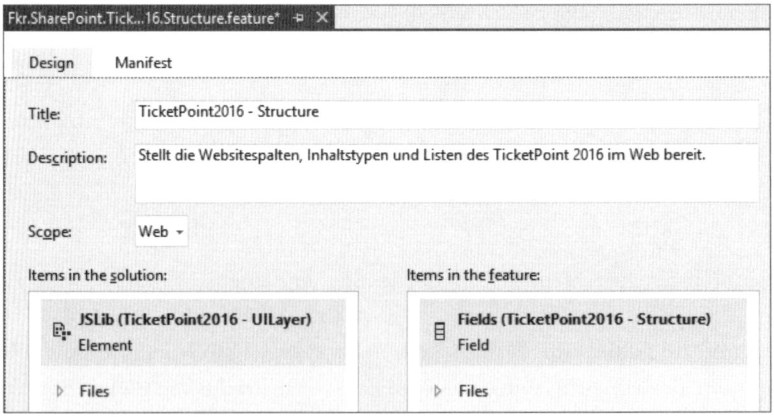

Abbildung 6.3 »Fields«-Element in das Feature aufnehmen

Vielleicht ist Ihnen bereits aufgefallen, dass die Nachschlagespalten aus dem Architekturdokument bei der bisherigen Spaltenerstellung fehlen. Das ist dem Umstand geschuldet, dass uns das Ausrollen von Nachschlagefeldern vor eine besondere Herausforderung stellt, die bei der Verwendung von *Schema.xml* nicht so einfach zu lösen ist. Um das Problem zu verstehen, sehen wir uns das Schema-Deployment einer SharePoint-Lösung genauer an. Bei der Aktivierung des Features sucht SharePoint zuerst nach allen Websitespalten und legt diese an. Danach folgen die Inhaltstypen und zum Schluss alle Listen und Bibliotheken. Da wir in den Nachschlagefeldern jedoch auf einzelne Listen verweisen, ist es nicht möglich, die Nachschlagefelder in demselben Feature anzulegen, in dem auch die Listen erstellt werden. Da die Nachschlagefelder wiederum in einzelnen Inhaltstypen und Listen als Felder verwendet werden, besteht auch hier ein Timing-Problem. Entweder fehlt die Liste, auf die ein Nachschlagefeld verweist, oder es werden Listen angelegt, in denen die Nachschlagefelder fehlen. Die einfachste Lösung für dieses Problem ist, im FeatureActivated-EventReceiver des *Structure*-Features eine Methode bereitzustellen, die die fehlenden Nachschlagespalten erstellt und den jeweiligen Inhaltstypen und Listen anhängt. Dies ist deswegen möglich, da der EventReceiver erst nach dem Bereitstellen der *Schema.xml*-Struktur ausgeführt wird und wir somit alle notwendigen Strukturelemente für unsere Nachschlagespalten verfügbar haben.

Aus ebendiesen Gründen ist es uns an dieser Stelle im Buch noch nicht möglich, die entsprechenden Nachschlagespalten anzulegen. Jedoch können wir bereits die notwendigen Hilfsmethoden zum Erstellen der Spalten und zum Hinzufügen zum Inhaltstyp entwickeln. Erstellen Sie dazu im *BusinessLayer*-Projekt ein neues Verzeichnis mit dem Namen *Structure*. In diesem Verzeichnis legen Sie eine Klasse *Helper.cs* an.

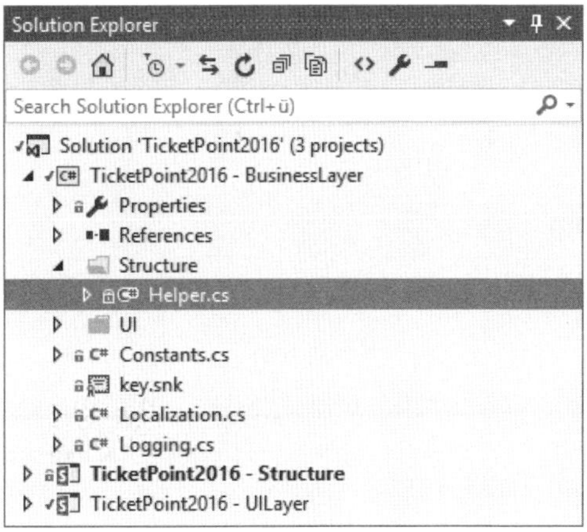

Abbildung 6.4 »Structure.Helper« in der Projektstruktur

In der Klasse sollten Sie nun zwei Methoden bereitstellen. Die erste Methode trägt den Namen `GetOrCreateLookupfield` und sorgt dafür, dass ein vorhandenes Nachschlagefeld aus dem übergebenen Web ermittelt wird. Wenn das Feld noch nicht existiert, wird es auf Basis der übergebenen Parameter angelegt.

```
public static SPFieldLookup GetOrCreateLookupfield(SPWeb currentWeb
    , string internalFieldname
    , string displaynameLocalizationKey
    , SPWeb sourceWeb
```

```
        , string sourceListUrl
        , string lookupField
        , bool allowMultiValues
        , bool required)
    {
        SPFieldLookup retVal = null;
        if (currentWeb.Fields.ContainsField(internalFieldname) == false)
        {
            SPList oList = sourceWeb.GetList(
                SPUrlUtility.CombineUrl(
                    sourceWeb.ServerRelativeUrl
                    , sourceListUrl));
            currentWeb.Fields.AddLookup(internalFieldname
                , oList.ID
                , oList.ParentWeb.ID
                , required);
            SPFieldLookup lkp = (SPFieldLookup)currentWeb
                .Fields[internalFieldname];
            lkp.Title = Localization.GetString(displaynameLocalizationKey);
            lkp.AllowMultipleValues = allowMultiValues;
            lkp.Required = required;
            lkp.LookupField = lookupField;
            lkp.Group = Localization.GetString(
                Localization.Keys.ApplicationTitle);
            lkp.Update(true);
            //Für jede Sprache den Displaynamen setzen
            CultureInfo currentCulture = Thread.CurrentThread.CurrentUICulture;
            foreach (CultureInfo culture in currentWeb.SupportedUICultures)
            {
                Thread.CurrentThread.CurrentUICulture = culture;
                lkp.Title = Localization.GetString(displaynameLocalizationKey);
                lkp.Update(true);
            }
            Thread.CurrentThread.CurrentUICulture = currentCulture;
            retVal = lkp;
        }
        else
        {
            retVal = (SPFieldLookup)currentWeb
                        .Fields
                        .GetFieldByInternalName(internalFieldname);
```

```
    }
    return retVal;
}
```

Listing 6.5 Methoden zum Ermitteln und Erstellen von Nachschlagespalten

Die zweite Methode trägt den Namen AddFieldToContentType. Sie sucht nach dem gewünschten Inhaltstyp im Web und prüft, ob die angegebene Spalte bereits in ihm verlinkt ist. Sollte die Verlinkung noch nicht vorhanden sein, wird sie angelegt.


```
public static void AddFieldToContentType(SPWeb currentWeb
    , string contentTypeId
    , SPField field
    , bool required)
{
    SPContentType contentType =
        currentWeb.ContentTypes[new SPContentTypeId(contentTypeId)];
    if (contentType != null)
    {
        SPFieldLink fieldLink = contentType
            .FieldLinks
            .Cast<SPFieldLink>()
            .ToList()
            .SingleOrDefault(l => l.Name.Equals(field.InternalName));
        if (fieldLink == null)
        {
            contentType.FieldLinks.Add(new SPFieldLink(field));
            contentType.Update(true);
            fieldLink =
                contentType.FieldLinks[field.InternalName];
            if (fieldLink.Required != required)
            {
                fieldLink.Required = required;
                contentType.Update(true);
            }
        }
    }
}
```

Listing 6.6 Methode um Spalten einem Inhaltstypen hinzuzufügen

Die Methode kann erst verwendet werden, nachdem alle notwendigen Listen und Inhaltstypen im Feature angelegt wurden, da auf Informationen aus diesen zurückgegriffen wird.

Deployen Sie die Lösung auf Ihren SharePoint, und prüfen Sie, ob alle Websitespalten korrekt angelegt wurden.

6.1.2 Via Code

Zum Anlegen von Websitespalten via Code erstellen Sie eigene Klassen. Wir beschränken uns auf die in TicketPoint 2016 benötigten Spaltentypen. Tabelle 6.5 enthält eine Liste der häufigsten Spaltentypen, die zugehörige Feldklasse und eine kurze Beschreibung.

SPFieldType	Feldklasse	Beschreibung
Text	SPFieldText	Textfeld
Note	SPFieldMultiLineText	mehrzeiliges Textfeld
Choice	SPFieldChoice	Auswahlfeld
Number	SPFieldNumber	Zahlenfeld
Currency	SPFieldCurrency	Währungsfeld
DateTime	SPFieldDateTime	Datum und Uhrzeit
Lookup	SPFieldLookup	Nachschlagefeld
Boolean	SPFieldBoolean	Ja/Nein-Feld
User	SPFieldUser	Benutzerfeld, Benutzerfeld mit Mehrfachauswahl
URL	SPFieldUrl	URL- und Bild-Feld
Calculated	SPFieldCalculated	berechnetes Feld

Tabelle 6.5 Spaltentypen

Die Attribute aus Tabelle 6.6 gelten für alle Spaltentypen.

Attribut	Beschreibung
ID	eindeutige Identifikation der Spalte im GUID-Format
Name	eindeutiger interner Name der Spalte
Display Name	der Anzeigename der Spalte im UI

Tabelle 6.6 Attribute für Spaltentypen

Attribut	Beschreibung
`Type`	Der Spaltentyp. Mögliche Werte: ▶ `Text` ▶ `Note` ▶ `Choice` ▶ `Number` ▶ `Currency` ▶ `DateTime` ▶ `Lookup` ▶ `Boolean` ▶ `User` ▶ `Url` ▶ `Calculated`
`Group`	die Gruppe, in der die Websitespalte angelegt wird
`Description`	die Spaltenbeschreibung
`AllowDeletion`	Optionaler boolescher Wert. Verhindert das Löschen des Feldes über das UI, wenn als Attributwert `false` angegeben wird. Standard: `true`
`AllowDuplicateValues`	Optionaler boolescher Wert. Gibt an, ob der Wert des Feldes eindeutig sein muss. Standard: `true`
`Filterable`	Optionaler boolescher Wert. Gibt an, ob auf den Wert des Feldes gefiltert werden kann. Standard: `true`
`Hidden`	Optionaler boolescher Wert. Gibt an, ob das Feld im UI sichtbar ist oder nicht. Standard: `false`

Tabelle 6.6 Attribute für Spaltentypen (Forts.)

Attribut	Beschreibung
`ReadOnly`	Optionaler boolescher Wert. Gibt an, ob das Feld im UI beschreibbar ist oder nicht. Standard: `false`
`Required`	Optionaler boolescher Wert. Gibt an, ob das Feld ein Pflichtfeld ist oder nicht. Standard: `false`
`ShowInDisplayForm`	Optionaler boolescher Wert. Gibt an, ob das Feld im Standard-Anzeigeformular sichtbar ist. Standard: `true`
`ShowInEditForm`	Optionaler boolescher Wert. Gibt an, ob das Feld im Standard-Bearbeiten-Formular sichtbar ist. Standard: `true`
`ShowInListSettings`	Optionaler boolescher Wert. Gibt an, ob das Feld in den Listensteinstellungen sichtbar ist. Standard: `true`
`ShowInNewForm`	Optionaler boolescher Wert. Gibt an, ob das Feld im Standard-Neu-Formular sichtbar ist. Standard: `true`
`ShowInVersionHistory`	Optionaler boolescher Wert. Gibt an, ob das Feld in der Versionshistorie von Elementen sichtbar ist. Standard: `true`
`Sortable`	Optionaler boolescher Wert. Gibt an, ob nach einer Spalte sortiert werden kann. Standard: `true`

Tabelle 6.6 Attribute für Spaltentypen (Forts.)

Einige Feldtypen verfügen über individuelle Attribute, die typabhängige Eigenschaften definieren.

Typ	Attribut	Beschreibung
`Note`	`AppendOnly`	Wenn die Versionsverwaltung einer Liste aktiviert und das Attribut mit `true` angegeben ist, werden neue Eingaben an den vorhandenen Spalteninhalt angehängt.
`Number`	`Commas`	Optionaler boolescher Wert. Gibt an, ob Kommas oder Punkte als Tausendertrennzeichen verwendet werden sollen.
	`Decimals`	Optionaler Integer-Wert. Gibt die Anzahl der Nachkommastellen einer Zahlenspalte an.
	`Max`	Optionaler Integer-Wert. Gibt den maximalen Wert des Feldes an.
	`Min`	Optionaler Integer-Wert. Gibt den minimalen Wert des Feldes an.
	`Percentage`	Optionaler boolescher Wert. Gibt an, ob die Spalte im Prozentformat dargestellt werden soll.
`Choice`	`FillInChoice`	Optionaler boolescher Wert. Gibt an, ob Benutzer bei einer Auswahlspalte die Möglichkeit haben, eigene Auswahlmöglichkeiten einzutragen.
`DateTime`	`Format`	Optionaler Textwert. Gibt die Art der Anzeige des eingetragenen Datums eines Feldes an. Mögliche Werte: ▶ `DateOnly`: Zeigt nur das ausgewählte Datum an ▶ `DateTime`: Zeigt das ausgewählte Datum inklusive Uhrzeit an ▶ `ISO8601`: Zeigt das Datum im ISO-8601-Zeitformat und im UTC-Format an (JJJJ-MM-TTTHH:MM:SSZ) ▶ `ISO8601Basic`: Zeigt das Datum im abgekürzten Format nach ISO-8601-Standard und im UTC-Format an (JJJJMMTTTHHMMSSZ)

Tabelle 6.7 Properties für unterschiedliche Spaltentypen

Typ	Attribut	Beschreibung
User	UserSelectionMode	Optionaler Textwert. Gibt an, ob nur Benutzer oder auch Benutzergruppen als Feldwert gesetzt werden können. Mögliche Werte: ▸ PeopleOnly – nur Personen ▸ PeopleAndGroups – Personen und Gruppen

Tabelle 6.7 Properties für unterschiedliche Spaltentypen (Forts.)

Da Sie jetzt einen Überblick über die verschiedenen Spaltentypen und ihre Attribute haben, können Sie die Klassen zur Erstellung der Spalten implementieren.

Zur besseren Übersicht erstellen Sie im *Structure*-Projekt einen Ordner *Fields* und legen dort die Klassen, die für die Spaltenerstellung benötigt werden, an. Erstellen Sie die drei Klassen `AvailableFieldTypes`, `Fields` und `FieldProperties`.

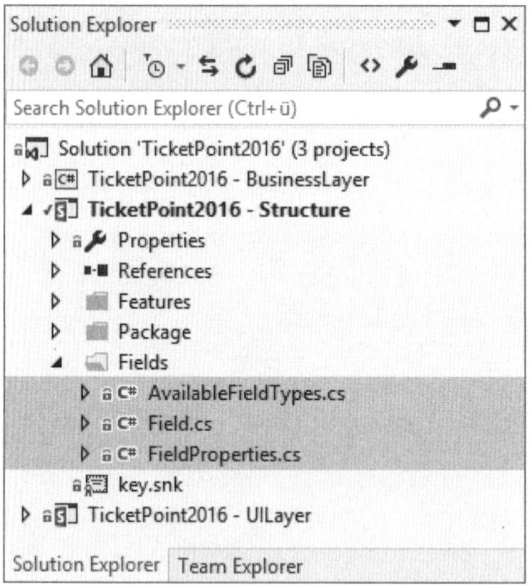

Abbildung 6.5 Klassen »AvailableFieldTypes«, »Fields« und »FieldProperties« in der Projektstruktur

Die Klasse `AvailableFieldTypes` enthält alle in der Anwendung TicketPoint 2016 verfügbaren Spaltentypen. Über diese Klasse können Sie jederzeit im Code einen der verfügbaren Spaltentypen auswählen. So wird sichergestellt, dass kein Spaltentyp verwendet wird, der noch nicht implementiert wurde. Wenn Sie weitere Spaltentypen unterstützen möchten, implementieren Sie die erforderlichen Klassen und ergänzen den Spaltentyp in der Klasse `AvailableFieldTypes`.

Fügen Sie den Code aus Listing 6.7 in die Klasse `AvailableFieldTypes` ein.

```
internal static class AvailableFieldTypes
{
        /// <summary>
        /// Spaltentyp Eine Textzeile
        /// </summary>
        public const SPFieldType Text = SPFieldType.Text;
        /// <summary>
        /// Spaltentyp Mehrere Textzeilen
        /// </summary>
        public const SPFieldType Note = SPFieldType.Note;
        /// <summary>
        /// Spaltentyp Zahl
        /// </summary>
        public const SPFieldType Number = SPFieldType.Number;
        /// <summary>
        /// Spaltentyp Person oder Gruppe
        /// </summary>
        public const SPFieldType User = SPFieldType.User;
        /// <summary>
        /// Spaltentyp Auswahl
        /// </summary>
        public const SPFieldType Choice = SPFieldType.Choice;
        /// <summary>
        /// Spaltentyp Ja/Nein
        /// </summary>
        public const SPFieldType Boolean = SPFieldType.Boolean;
        /// <summary>
        /// Spaltentyp Lookup
        /// </summary>
        public const SPFieldType Lookup = SPFieldType.Lookup;
}
```

Listing 6.7 Konstanten für verfügbare Spaltentypen

Um die Eigenschaften der Spalten setzen zu können, erstellen Sie nun eine Basisklasse, die alle allgemeinen Eigenschaften enthält. Um je Spaltentyp die unterschiedlichen Eigenschaften setzen zu können, erstellen Sie je Spaltentyp eine eigene Klasse und leiten von der Basisklasse ab, um die allgemeinen Eigenschaften zu erben und die typspezifischen zu ergänzen. Diese Klassen nutzen Sie später als Übergabeparameter, um der `Create`-Methode alle benötigten Informationen zur Anlage der Spalte mitzugeben.

Fügen Sie die folgenden Klassen der Klassendatei `FieldProperties` hinzu. Über dem Quellcode der Klassen finden Sie eine kurze Erläuterung. Die einzelnen Properties werden mit Kommentaren im Quellcode beschrieben. Einige Klassen enthalten aktuell noch keine Eigenschaften, da wir zum derzeitigen Zeitpunkt keine benötigen. Erstellen Sie trotzdem diese Klassen, das erleichtert Ihnen später eventuelle Erweiterungen.

Die Klasse FieldProperties enthält alle allgemeinen Attribute, die für jeden Spaltentyp gelten.

```
internal class FieldProperties
{
    /// <summary>
    /// Eindeutiger interner Name der Spalte
    /// </summary>
    internal string InternalName { get; set; }
    /// <summary>
    /// Der Anzeigename der Spalte im UI
    /// </summary>
    internal string DisplayName { get; set; }
    /// <summary>
    /// Spaltentyp der Spalte
    /// </summary>
    internal SPFieldType FieldType { get; set; }
    /// <summary>
    /// Die Gruppe, in der die Websitespalte angelegt wird.
    /// </summary>
    internal string Group { get; set; }
    /// <summary>
    /// Beschreibung der Spalte
    /// </summary>
    internal string Description { get; set; }
    /// <summary>
    /// Pflichtfeld Ja/Nein
    /// </summary>
    internal bool Required { get; set; }
}
```

Listing 6.8 Basisklasse für Spaltendefinitionen

Die Klasse FieldPropertiesBoolean enthält Attribute, die für den Spaltentyp Boolean gelten. In unserem Fall hat diese Klasse aktuell noch keine eigenen Attribute.

```
internal class FieldPropertiesBoolean : FieldProperties
{
}
```

Die Klasse FieldPropertiesText enthält Attribute, die für den Spaltentyp Text gelten.

```
internal class FieldPropertiesText : FieldProperties
{
    /// <summary>
    /// Mehrzeiliges Textfeld Ja/Nein
    /// </summary>
    internal bool Multiline { get; set; }
}
```


Die Klasse FieldPropertiesNumber enthält Attribute, die für den Spaltentyp Number gelten.

```
internal class FieldPropertiesNumber : FieldProperties
{
    /// <summary>
    /// Anzahl der Dezimalstellen
    /// </summary>
    internal int Decimals { get; set; }
}
```

Die Klasse FieldPropertiesChoice enthält Attribute, die für den Spaltentyp Choice gelten.

```
internal class FieldPropertiesChoice : FieldProperties
{
    /// <summary>
    /// Auswahlwerte
    /// </summary>
    internal string[] Choices { get; set; }
}
```

Die Klasse FieldPropertiesUser enthält Attribute, die für den Spaltentyp User gelten.

```
internal class FieldPropertiesUser : FieldProperties
{
    /// <summary>
    /// Auswahl mehrerer Benutzr erlauben ja/nein
    /// </summary>
    internal bool MultiUser { get; set; }
    /// <summary>
    /// Auswahl auf Benutzer einschränken
    /// </summary>
    internal bool PeopleOnly { get; set; }
}
```

Die Klasse `FieldPropertiesLookup` enthält Attribute, die für den Spaltentyp `Lookup` gelten.

```
internal class FieldPropertiesLookup:FieldProperties
{
    /// <summary>
    /// Quellweb
    /// </summary>
    internal SPWeb SourceWeb { get; set; }
    /// <summary>
    /// Url der Quellliste
    /// </summary>
    internal string SourceListUrl { get; set; }
    /// <summary>
    /// Interner Name der Spalte die als Lookupfeld angezeigt werden soll
    /// </summary>
    internal string LookupField { get; set; }
    /// <summary>
    /// Auswahl mehrerer Werte erlauben ja/nein
    /// </summary>
    internal bool AllowMultiValues { get; set; }
}
```

In der `Field`-Klassendatei erstellen Sie weitere Methoden, die Sie für das Anlegen und Ändern von Spalten benötigen. Um mit den Werten aus den `FieldProperties` neue Spalten zu erstellen, fügen Sie die Methode aus Listing 6.9 in der `Field`-Klassendatei hinzu.

```
internal static void CreateOrUpdateField(SPWeb web,
    FieldProperties fieldProps)
{
    try
    {
    if (!web.AvailableFields.ContainsField(fieldProps.InternalName))
    {
        if (fieldProps.FieldType != SPFieldType.Lookup)
            web.Fields.Add(fieldProps.InternalName,
                fieldProps.FieldType, false);
        else
        {
            FieldPropertiesLookup fieldPropsLookup =
                fieldProps as FieldPropertiesLookup;
            SPList list = fieldPropsLookup.SourceWeb.GetList(
              SPUrlUtility.CombineUrl(
```

```
                fieldPropsLookup.SourceWeb.ServerRelativeUrl,
                        fieldPropsLookup.SourceListUrl));
            web.Fields.AddLookup(
                        fieldPropsLookup.InternalName
                        , list.ID
                        , list.ParentWeb.ID
                        , fieldPropsLookup.Required);
                }
        }
}
```

Listing 6.9 Neue Spalten aus den »FieldProperties«

Nur wenn noch keine Spalte mit dem angegebenen internen Namen existiert, wird die Spalte erstellt. Achten Sie darauf, dass Sie Lookup-Spalten im Unterschied zu den restlichen Spaltentypen mit der `AddLookup`-Methode erstellen. Die SiteCollection-relative URL berechnen Sie am einfachsten mit der Utility-Methode `SPUrlUtility.CombineUrl`. Die Verwendung der Methode hat den Vorteil, dass Sie sich nicht darum kümmern müssen, ob Ihre einzelnen URL-Teile mit einem / beginnen oder nicht. Die Methode prüft dies und sorgt dafür, dass die einzelnen Teile der URL mit genau einem / getrennt werden.

Um die restlichen Eigenschaften der Spalten zu setzen und um vorhandene Spalten zu ändern, erstellen Sie je Spaltentyp eine Methode, in der Sie die Eigenschaften prüfen und falls, sich diese geändert haben, ein Update durchführen. Dazu prüfen Sie je unterstützte Property, ob sie sich vom hinterlegten Wert in der Spalte unterscheidet. Die `Update`-Methode der Spalte wird, um nicht unnötig viele Update-Befehle abzusetzen, nur aufgerufen, wenn sich ein Wert geändert hat.

Fügen Sie den Code aus Listing 6.10 in die `CreateOrUpdateField`-Methode hinter der Erstellung der Spalten ein.

```
SPField field =
    web.Fields.GetFieldByInternalName(fieldProps.InternalName);
if (fieldProps.FieldType == AvailableFieldTypes.Text)
    UpdateTextField(fieldProps, field);
else if (fieldProps.FieldType == AvailableFieldTypes.Note)
    UpdateNoteField(fieldProps, field);
else if (fieldProps.FieldType == AvailableFieldTypes.Number)
    UpdateNumberField(fieldProps, field);
else if (fieldProps.FieldType == AvailableFieldTypes.Choice)
    UpdateChoiceField(fieldProps, field);
else if (fieldProps.FieldType == AvailableFieldTypes.User)
    UpdateUserField(fieldProps, field);
```

```
else if (fieldProps.FieldType == AvailableFieldTypes.Boolean)
    UpdateBooleanField(fieldProps, field);
else if (fieldProps.FieldType == SPFieldType.Lookup)
    UpdateLookupField(fieldProps, field);
```

Listing 6.10 Update je Spaltentyp

Nachfolgend finden Sie die `Update`-Methoden je Spaltentyp, die Sie der Klasse `Field` hinzufügen. Der Ablauf ist bei allen Methoden identisch. Zuerst wird die Methode aufgerufen, in der alle allgemeinen Eigenschaften geprüft und gegebenenfalls angepasst werden. Im Anschluss werden die spaltenindividuellen Eigenschaften geprüft und gegebenenfalls gesetzt.

Die Methode `UpdateBooleanField` führt ein Update für Spalten vom Typ `Boolean` durch.

```
private static void UpdateBooleanField(
    FieldProperties fieldProperties,
    SPField field)
{
    SPFieldBoolean booleanField = (SPFieldBoolean) field;
    bool changed = SetCommonAttributes(booleanField, fieldProperties);
        if (changed)
        booleanField.Update();
}
```

Listing 6.11 »UpdateBooleanField«

Die Methode `UpdateNoteField` führt ein Update für Spalten vom Typ `Note` durch.

```
private static void UpdateNoteField(
    FieldProperties fieldProperties,
    SPField field)
{
    SPFieldMultiLineText noteField = (SPFieldMultiLineText) field;
    bool changed = SetCommonAttributes(noteField, fieldProperties);
    if (changed)
            noteField.Update();
}
```

Listing 6.12 »UpdateNoteField«

Die Methode `UpdateNoteUser` führt ein Update für Spalten vom Typ `User` durch.

```
private static void UpdateUserField(
    FieldProperties fieldProperties,
```

```
    SPField field)
{
    FieldPropertiesUser userFieldProperties
        = (FieldPropertiesUser) fieldProperties;
    SPFieldUser userField = (SPFieldUser) field;
    bool changed = SetCommonAttributes(userField, fieldProperties);
    if (userField.AllowMultipleValues != userFieldProperties.MultiUser)
    {
        userField.AllowMultipleValues = userFieldProperties.MultiUser;
        changed = true;
    }
    SPFieldUserSelectionMode selectionMode =
        SPFieldUserSelectionMode.PeopleAndGroups;
    if (userFieldProperties.PeopleOnly)
        selectionMode = SPFieldUserSelectionMode.PeopleOnly;
    if (userField.SelectionMode != selectionMode)
    {
        userField.SelectionMode = selectionMode;
        changed = true;
    }
    if (changed)
        userField.Update();
}
```

Listing 6.13 »UpdateNoteUser«

Die Methode `UpdateChoiceField` führt ein Update für Spalten vom Typ `Choice` durch.

```
private static void UpdateChoiceField(
    FieldProperties fieldProperties,
    SPField field)
{
    FieldPropertiesChoice choiceFieldProperties
        = (FieldPropertiesChoice) fieldProperties;
    SPFieldChoice choiceField = (SPFieldChoice) field;
    bool changed = SetCommonAttributes(choiceField, fieldProperties);
    if (!choiceFieldProperties.Choices.SequenceEqual(choiceField.Choices.Cast<
string>().ToList()))
    {
        choiceField.Choices.Clear();
        choiceField.Choices.AddRange(choiceFieldProperties.Choices);
        changed = true;
    }
```

```
    if (changed)
        choiceField.Update();
}
```

Listing 6.14 »UpdateChoiceField«

Die Methode `UpdateNumberField` führt ein Update für Spalten vom Typ `Number` durch.

```
private static void UpdateNumberField(
    FieldProperties fieldProperties,
    SPField field)
{
    FieldPropertiesNumber numberFieldProperties
        = (FieldPropertiesNumber) fieldProperties;
    SPFieldNumber numberField = (SPFieldNumber) field;
    bool changed = SetCommonAttributes(numberField, fieldProperties);
    if (numberFieldProperties.Decimals != -1)
    {
        SPNumberFormatTypes numberFormat =
        SPNumberFormatTypes.Automatic;
        if (numberFieldProperties.Decimals == 0)
            numberFormat = SPNumberFormatTypes.NoDecimal;
        else if (numberFieldProperties.Decimals == 1)
            numberFormat = SPNumberFormatTypes.OneDecimal;
        else if (numberFieldProperties.Decimals == 2)
            numberFormat = SPNumberFormatTypes.TwoDecimals;
        else if (numberFieldProperties.Decimals == 3)
            numberFormat = SPNumberFormatTypes.ThreeDecimals;
        else if (numberFieldProperties.Decimals == 4)
            numberFormat = SPNumberFormatTypes.FourDecimals;
        else if (numberFieldProperties.Decimals == 5)
             numberFormat = SPNumberFormatTypes.FiveDecimals;
        if (numberField.DisplayFormat != numberFormat)
         {
           numberField.DisplayFormat = numberFormat;
           changed = true;
         }
    }
    if (changed)
        numberField.Update();
}
```

Listing 6.15 »UpdateNumberField«

Die Methode UpdateTextField führt ein Update für Spalten vom Typ Text durch.

```
private static void UpdateTextField(
    FieldProperties fieldProperties,
    SPField field)
{
    FieldPropertiesText textFieldProperties
        = (FieldPropertiesText) fieldProperties;
    bool changed = SetCommonAttributes(field, fieldProperties);
    if (changed)
        field.Update();
}
```

Listing 6.16 »UpdateTextField«

Die Methode SetCommonAttributes führt ein Update der allgemeinen Eigenschaften aller Spaltentypen durch. Als Rückgabewert wird angegeben, ob ein Update erforderlich ist oder nicht.

```
private static bool SetCommonAttributes(SPField field,
    FieldProperties fieldProperties)
{
    try
    {
        bool changed = false;
        if (field.Title != fieldProperties.DisplayName)
        {
        field.Title = fieldProperties.DisplayName;
            changed = true;
        }
        if (field.Description != fieldProperties.Description)
        {
        field.Description = fieldProperties.Description;
            changed = true;
        }
        if (field.Group != fieldProperties.Group)
        {
        field.Group = fieldProperties.Group;
            changed = true;
        }
        if (field.Required != fieldProperties.Required)
        {
        field.Required = fieldProperties.Required;
            changed = true;
        }
```

```
            return changed;
        }
        catch (Exception ex)
        {
        Logging.LogError(ex, Constants.LogCategory.Structure);
            throw ex;
        }
    }
```

Listing 6.17 »SetCommonAttributes«

Bevor Sie Spalten anlegen können, müssen Sie die entsprechenden Einträge in der Ressourcendatei ergänzen. Da wir die Feldnamen und die späteren Labels des UI getrennt übersetzen, ist es sinnvoll, beide Einträge direkt vorzunehmen.

Öffnen Sie dazu die Datei *TicketPoint2016.resx* im *UILayer*-Projekt, und fügen Sie die Einträge aus Tabelle 6.8 hinzu:

Schlüssel	Wert
FldAddress	Anschrift
FldAssignedTo	Zugewiesen an
FldCity	Ort
FldComment	Kommentar
FldCommenttype	Kommentartyp
FldContactPerson	Ansprechpartner
FldDescription	Beschreibung
FldEmployees	Mitarbeiter
FldHourlyRate	Stundensatz
FldMailAddress	E-Mail-Adresse
FldPhoneNumber	Telefonnummer
FldProblemdescription	Problembeschreibung
FldProcessingTimeMinutes	Bearbeitungszeit (Min.)
FldSolution	Lösung
FldSubject	Betreff

Tabelle 6.8 Ressourcenschlüssel für die Übersetzungsdatei

Schlüssel	Wert
FldTicketnumber	Ticketnummer
FldZipCode	PLZ
TxtAddress	Anschrift
TxtAssignedTo	Zugewiesen an
TxtCity	Ort
TxtComment	Kommentar
TxtCommenttype	Kommentartyp
TxtContactPerson	Ansprechpartner
TxtDescription	Beschreibung
TxtEmployees	Mitarbeiter
TxtHourlyRate	Stundensatz
TxtMailAddress	E-Mail-Adresse
TxtPhoneNumber	Telefonnummer
TxtProblemdescription	Problembeschreibung
TxtProcessingTimeMinutes	Bearbeitungszeit (Min.)
TxtSolution	Lösung
TxtSubject	Betreff
TxtTicketnumber	Ticketnummer
TxtZipCode	PLZ
FldTicket	Ticket
FldPriority	Priorität
FldTicketstatus	Ticketstatus
FldAccountingstatus	Abrechnungsstatus
FldCustomer	Kunde
FldInfoMailActive	Informations-E-Mail aktiv
FldSupporter	Supporter

Tabelle 6.8 Ressourcenschlüssel für die Übersetzungsdatei (Forts.)

Da für die einfache Handhabung der Übersetzungsschlüssel in der Klasse *Localization.Keys* des *BusinessLayer*-Projektes alle Schlüssel als Konstanten vorgesehen sind, müssen die neuen Schlüssel auch hier hinzugefügt werden.

```
public const string FldTicketnumber = "FldTicketnumber";
public const string FldSubject = "FldSubject";
public const string FldProblemdescription = "FldProblemdescription";
public const string FldContactPerson = "FldContactPerson";
public const string FldComment = "FldComment";
public const string FldProcessingTimeMinutes = "FldProcessingTimeMinutes";
public const string FldCommenttype = "FldCommenttype";
public const string FldSolution = "FldSolution";
public const string FldDescription = "FldDescription";
public const string FldAssignedTo = "FldAssignedTo";
public const string FldHourlyRate = "FldHourlyRate";
public const string FldAddress = "FldAddress";
public const string FldZipCode = "FldZipCode";
public const string FldCity = "FldCity";
public const string FldMailAddress = "FldMailAddress";
public const string FldPhoneNumber = "FldPhoneNumber";
public const string FldEmployees = "FldEmployees";
public const string FldTicket = "FldTicket";
public const string FldPriority = "FldPriority";
public const string FldTicketstatus = "FldTicketstatus";
public const string FldAccountingstatus = "FldAccountingstatus";
public const string FldCustomer = "FldCustomer";
public const string FldInfoMailActive = "FldInfoMailActive";
public const string FldSupporter = "FldSupporter";
public const string TxtTicketnumber = "TxtTicketnumber";
public const string TxtSubject = "TxtSubject";
public const string TxtProblemdescription = "TxtProblemdescription";
public const string TxtContactPerson = "TxtContactPerson";
public const string TxtComment = "TxtComment";
public const string TxtProcessingTimeMinutes = "TxtProcessingTimeMinutes";
public const string TxtCommenttype = "TxtCommenttype";
public const string TxtSolution = "TxtSolution";
public const string TxtDescription = "TxtDescription";
public const string TxtAssignedTo = "TxtAssignedTo";
public const string TxtHourlyRate = "TxtHourlyRate";
public const string TxtAddress = "TxtAddress";
public const string TxtZipCode = "TxtZipCode";
public const string TxtCity = "TxtCity";
```

```
public const string TxtMailAddress = "TxtMailAddress";
public const string TxtPhoneNumber = "TxtPhoneNumber";
public const string TxtEmployees = "TxtEmployees";
```

Listing 6.18 Konstanten für die Übersetzungsschlüssel der Spaltennamen

Um den Zugriff auf die Felder aus dem Code heraus zu erleichtern, sollten Sie alle internen Feldnamen als Konstanten in der Klasse `Constants` im *BusinessLayer*-Projekt hinterlegen. Für eine bessere Gliederung der Konstanten sollten Sie eine neue Subklasse mit dem Namen `FieldInternalName` anlegen, in der die jeweiligen Feldnamen eingetragen werden.


```
public static class FieldInternalName
{
    public const string Ticketnumber = "fkr_tp_Ticketnumber";
    public const string Subject = "fkr_tp_Subject";
    public const string Problemdescription = "fkr_tp_Problemdescription";
    public const string ContactPerson = "fkr_tp_ContactPerson";
    public const string Comment = "fkr_tp_Comment";
    public const string ProcessingTimeMinutes =
        "fkr_tp_ProcessingTimeMinutes";
    public const string Commenttype = "fkr_tp_Commenttype";
    public const string Solution = "fkr_tp_Solution";
    public const string Description = "fkr_tp_Description";
    public const string AssignedTo = "fkr_tp_AssignedTo";
    public const string HourlyRate = "fkr_tp_HourlyRate";
    public const string Address = "fkr_tp_Address";
    public const string ZipCode = "fkr_tp_ZipCode";
    public const string City = "fkr_tp_City";
    public const string MailAddress = "fkr_tp_MailAddress";
    public const string PhoneNumber = "fkr_tp_PhoneNumber";
    public const string Employees = "fkr_tp_Employees";
    public const string Ticket = "fkr_tp_Ticket";
    public const string Priority = "fkr_tp_Priority";
    public const string Ticketstatus = "fkr_tp_Ticketstatus";
    public const string Accountingstatus = "fkr_tp_Accountingstatus";
    public const string Customer = "fkr_tp_Customer
    public const string Supporter = "fkr_tp_Supporter";
    public const stringInfoMailActive = "fkr_tp_InfoMailActive";
}
```

Listing 6.19 Konstanten für interne Spaltennamen

Auf Basis dieser Klassen können Sie die im Architekturdokument beschriebenen Spalten der Anwendung bereitstellen. Achten Sie darauf, bei jeder vollständig umgesetzten Spalte im Feld *Umgesetzt* des Architekturdokumentes ein »Ja« einzutragen. So können Sie und Ihr Projektleiter nachhalten, welche Spalten bereits im Code erstellt wurden und welche noch fehlen. Zum Anlegen der Spalten nutzen Sie das Feature im *Structure*-Projekt. Fügen Sie dem Feature einen Feature-EventReceiver hinzu. Detailliertere Informationen können Sie dem Kapitel 7 »Feature-EventReceiver« entnehmen.

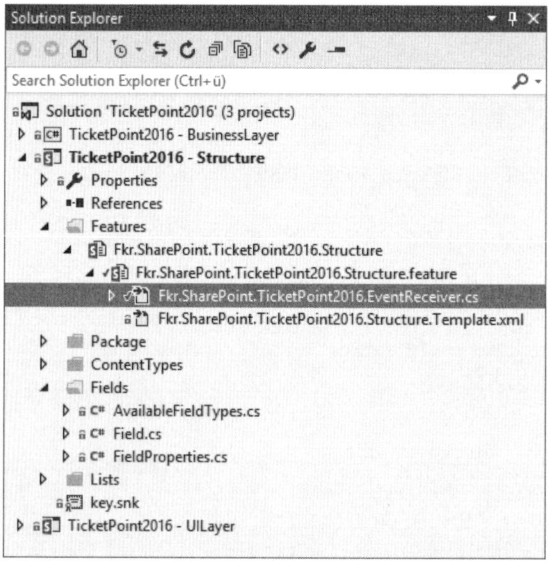

Abbildung 6.6 »Structure«-Feature inklusive Feature-EventReceiver

Zur Anlage der Spalten erstellen Sie in der Klasse des Feature-EventReceivers die Methode *CreateFields*. Mit dieser Methode werden alle Spalten bis auf die Lookup-Spalten erstellt. Die Lookup-Spalten können erst nach Anlage der Listen erstellt werden. Je Spalte wird ein *FieldProperties*-Objekt vom jeweiligen Spaltentyp erzeugt. Im Anschluss wird die `CreateOrUpdateField`-Methode der `Field`-Klasse aufgerufen, um die Spalte anzulegen. Sie können dem Kommentar im Quellcode entnehmen, welche Spalte jeweils angelegt wird. Fügen Sie dazu den Code aus Listing 6.20 ein.

```
private void CreateFields(SPWeb web)
{
    //Ticketnummer
    FieldPropertiesText ticketNumber = new FieldPropertiesText
    {
        InternalName = Constants.FieldInternalName.Ticketnumber,
        DisplayName =
```

```
    Localization.GetString(Localization.Keys.FldTicketnumber),
    FieldType = AvailableFieldTypes.Text,
    Group = Localization.GetString(Localization.Keys.ApplicationTitle)
};
Field.CreateOrUpdateField(web, ticketNumber);
//Betreff
FieldPropertiesText subject = new FieldPropertiesText
{
    InternalName = Constants.FieldInternalName.Subject,
    DisplayName = Localization.GetString(Localization.Keys.FldSubject),
    FieldType = AvailableFieldTypes.Text,
    Group = Localization.GetString(Localization.Keys.ApplicationTitle)
};
Field.CreateOrUpdateField(web, subject);
//Problembeschreibung
FieldPropertiesText problemDescription = new FieldPropertiesText
{
    InternalName = Constants.FieldInternalName.Problemdescription,
    DisplayName =
    Localization.GetString(Localization.Keys.FldProblemdescription),
    FieldType = AvailableFieldTypes.Note,
    Group = Localization.GetString(Localization.Keys.ApplicationTitle),
    Multiline = true
};
Field.CreateOrUpdateField(web, problemDescription);
//Ansprechpartner
FieldPropertiesUser contactPerson = new FieldPropertiesUser
{
    InternalName = Constants.FieldInternalName.ContactPerson,
    DisplayName =
    Localization.GetString(Localization.Keys.FldContactPerson),
    FieldType = AvailableFieldTypes.User,
    Group = Localization.GetString(Localization.Keys.ApplicationTitle)
};
Field.CreateOrUpdateField(web, contactPerson);
//Kommentar
FieldPropertiesText comment = new FieldPropertiesText
{
    InternalName = Constants.FieldInternalName.Comment,
    DisplayName = Localization.GetString(Localization.Keys.FldComment),
    FieldType = AvailableFieldTypes.Note,
    Group = Localization.GetString(Localization.Keys.ApplicationTitle),
```

```
    Multiline = true
};
Field.CreateOrUpdateField(web, comment);
//Bearbeitungszeit
FieldPropertiesNumber processingTimeMinutes = new FieldPropertiesNumber
{
    InternalName = Constants.FieldInternalName.ProcessingTimeMinutes,
    DisplayName =
     Localization.GetString(Localization.Keys.FldProcessingTimeMinutes),
    FieldType = AvailableFieldTypes.Number,
    Group = Localization.GetString(Localization.Keys.ApplicationTitle),
    Decimals = 0
};
Field.CreateOrUpdateField(web, processingTimeMinutes);
//Kommentartyp
FieldPropertiesChoice commenttype = new FieldPropertiesChoice
{
    InternalName = Constants.FieldInternalName.Commenttype,
    DisplayName =
    Localization.GetString(Localization.Keys.FldCommenttype),
     FieldType = AvailableFieldTypes.Choice,
    Group = Localization.GetString(Localization.Keys.ApplicationTitle),
    Choices = new string[]{
            Localization.GetString(Localization.Keys.ValCustomer),
            Localization.GetString(Localization.Keys.ValSupporter)
    }
};
Field.CreateOrUpdateField(web, commenttype);
//Lösung
FieldPropertiesBoolean solution = new FieldPropertiesBoolean
{
    InternalName = Constants.FieldInternalName.Solution,
    DisplayName = Localization.GetString(Localization.Keys.FldSolution),
    FieldType = AvailableFieldTypes.Boolean,
    Group = Localization.GetString(Localization.Keys.ApplicationTitle)
};
Field.CreateOrUpdateField(web, solution);
//Beschreibung
FieldPropertiesText description = new FieldPropertiesText
{
    InternalName = Constants.FieldInternalName.Description,
    DisplayName =
```

```
        Localization.GetString(Localization.Keys.FldDescription),
        FieldType = AvailableFieldTypes.Note,
        Group = Localization.GetString(Localization.Keys.ApplicationTitle),
        Multiline = true
    };
    Field.CreateOrUpdateField(web, description);
    //Zugewiesen an
        FieldPropertiesUser assignedTo = new FieldPropertiesUser
    {
        InternalName = Constants.FieldInternalName.AssignedTo,
        DisplayName = Localization.GetString(Localization.Keys.FldAssignedTo),
        FieldType = AvailableFieldTypes.User,
        Group = Localization.GetString(Localization.Keys.ApplicationTitle)
    };
    Field.CreateOrUpdateField(web, assignedTo);
    //Stundensatz
    FieldPropertiesNumber hourlyRate = new FieldPropertiesNumber
    {
        InternalName = Constants.FieldInternalName.HourlyRate,
        DisplayName = Localization.GetString(Localization.Keys.FldHourlyRate),
        FieldType = AvailableFieldTypes.Number,
        Group = Localization.GetString(Localization.Keys.ApplicationTitle),
        Decimals = 2
    };
    Field.CreateOrUpdateField(web, hourlyRate);
    //Anschrift
    FieldPropertiesText address = new FieldPropertiesText
    {
        InternalName = Constants.FieldInternalName.Address,
        DisplayName = Localization.GetString(Localization.Keys.FldAddress),
        FieldType = AvailableFieldTypes.Text,
        Group = Localization.GetString(Localization.Keys.ApplicationTitle)
    };
    Field.CreateOrUpdateField(web, address);
    //PLZ
    FieldPropertiesText zipCode = new FieldPropertiesText
    {
        InternalName = Constants.FieldInternalName.ZipCode,
        DisplayName = Localization.GetString(Localization.Keys.FldZipCode),
        FieldType = AvailableFieldTypes.Text,
        Group = Localization.GetString(Localization.Keys.ApplicationTitle)
    };
```

```
Field.CreateOrUpdateField(web, zipCode);
//Ort
FieldPropertiesText city = new FieldPropertiesText
{
    InternalName = Constants.FieldInternalName.City,
    DisplayName = Localization.GetString(Localization.Keys.FldCity),
    FieldType = AvailableFieldTypes.Text,
    Group = Localization.GetString(Localization.Keys.ApplicationTitle)
};
Field.CreateOrUpdateField(web, city);
//E-Mail-Adresse
FieldPropertiesText mailAddress = new FieldPropertiesText
{
    InternalName = Constants.FieldInternalName.MailAddress,
    DisplayName =
     Localization.GetString(Localization.Keys.FldMailAddress),
    FieldType = AvailableFieldTypes.Text,
    Group = Localization.GetString(Localization.Keys.ApplicationTitle)
};
Field.CreateOrUpdateField(web, mailAddress);
//Telefonnummer
FieldPropertiesText phoneNumber = new FieldPropertiesText
{
    InternalName = Constants.FieldInternalName.PhoneNumber,
    DisplayName =
    Localization.GetString(Localization.Keys.FldPhoneNumber),
    FieldType = AvailableFieldTypes.Text,
    Group = Localization.GetString(Localization.Keys.ApplicationTitle)
};
Field.CreateOrUpdateField(web, phoneNumber);
//Mitarbeiter
FieldPropertiesUser employees = new FieldPropertiesUser
{
    InternalName = Constants.FieldInternalName.Employees,
    DisplayName = Localization.GetString(Localization.Keys.FldEmployees),
    FieldType = AvailableFieldTypes.User,
    Group = Localization.GetString(Localization.Keys.ApplicationTitle),
    MultiUser = true
};
Field.CreateOrUpdateField(web, employees);
//Informations-E-Mail aktiv
FieldPropertiesBoolean infoMailActive =
     new FieldPropertiesBoolean
```

```
    {
        InternalName = Constants.FieldInternalName.InfoMailActive,
            DisplayName = Localization.GetString(
            Localization.Keys.FldInfoMailActive),
        FieldType = AvailableFieldTypes.Boolean,
         Group = Localization.GetString(Localization.Keys.ApplicationTitle)
    };
    Field.CreateOrUpdateField(web, infoMailActive);
    //Supporter
    FieldPropertiesUser supporter = new FieldPropertiesUser
    {
        InternalName = Constants.FieldInternalName.Supporter,
        DisplayName = Localization.GetString(Localization.Keys.FldSupporter),
        FieldType = AvailableFieldTypes.User,
        Group = Localization.GetString(Localization.Keys.ApplicationTitle),
        MultiUser = false
    };
    Field.CreateOrUpdateField(web, supporter);
}
```

Listing 6.20 Spalten erstellen

In der `FeatureActivated`-Methode der `FkrSharePointTicketPoint2016EventReceiver`-Klasse rufen Sie die `CreateFields`-Methode auf:

```
public override void FeatureActivated(SPFeatureReceiverProperties properties)
{
    try
    {
       SPWeb web = properties.Feature.Parent as SPWeb;
       // Erstellt alle Felder, bis auf Lookup-Felder
       CreateFields(web);
    }
    catch (Exception ex)
    {
        Logging.LogError(ex, Constants.LogCategory.Structure);
    }
}
```

Listing 6.21 Featureaktivierung

Deployen Sie die Solution, und aktivieren Sie das Strukturfeature. Prüfen Sie im Anschluss, ob die Spalten richtig angelegt wurden.

6.2 Inhaltstypen

Inhaltstypen sind eine Sammlung von Websitespalten, die in Kombination ein komplettes Informationsobjekt darstellen. Inhaltstypen werden über die gesamte Webseiten-Hierarchie abwärts vererbt. So können sie auf Wunsch global bereitgestellt, aber auch in einzelne Webs gekapselt werden. Sie haben die Möglichkeit, einen Inhaltstyp in beliebig vielen Listen oder Bibliotheken zu verwenden, sofern er im Web der Liste zur Verfügung steht. Bei der Verwendung eines Inhaltstyps in einer Liste wird eine vererbende Kopie des gewünschten Inhaltstyps erstellt und an die Liste gebunden. So haben Sie die Möglichkeit, den Inhaltstyp in der Liste abweichend zu konfigurieren, indem Sie z. B. den Anzeigenamen eines Feldes an die Bedürfnisse der Liste anpassen oder ein Feld von Pflicht- auf Nicht-Pflichtfeld umstellen. Auch bei der Erstellung neuer Inhaltstypen spielt das Konzept der Vererbung eine wesentliche Rolle. Grundsätzlich werden Inhaltstypen von einem Basistyp geerbt. So stehen im SharePoint-Standard die Basisinhaltstypen aus Tabelle 6.9 zur Verfügung. Jeder Typ stellt unterschiedliche Eigenschaften bereit und kann in Kombination mit unterschiedlichen Listentypen verwendet werden.

Name	**ID**
System	0x
Element	0x01
Dokument	0x0101
Ereignis	0x0102
Problem	0x0103
Ankündigung	0x0104
Link	0x0105
Kontakt	0x0106
Nachricht	0x0107
Aufgabe	0x0108
Workflow-Historie	0x0109
Post	0x0110
Kommentar	0x0111
Verzeichnis	0x0120

Tabelle 6.9 Basistypen

Zur Nachverfolgung der Vererbung wird die Inhaltstyp-ID entsprechend der Vererbung verkettet. Dabei wird an eine Kopie der ID des übergeordneten Inhaltstyps eine neue GUID ohne Steuer- oder Trennzeichenzeichen angehängt. So könnten Sie beispielsweise einen Inhaltstyp *Vertrag* auf Basis des Standardtyps *Element* erstellen. Als Trenner zwischen dem Inhaltstyp und der neuen GUID dienen zwei aufeinanderfolgende Nullen.

Würde auf Basis des Inhaltstyps *Vertrag* nun ein spezifischer Vertragsinhaltstyp, z. B. *Telefonvertrag*, erstellt, so könnte dieser vom *Vertrag* geerbt und mit den Spezifikationen eines Telefonvertrags angereichert werden. Die IDs der neuen Inhaltstypen sähen dann wie folgt aus:

Element

`0x01`

Vertrag

`0x0100``239FCA4AB3E840A0868709AD083AD19E`

Telefonvertrag

`0x0100239FCA4AB3E840A0868709AD083AD19E00``7D58CBF0EDCB43AAB5055916C8FCC567`

Für das Bereitstellen von Inhaltstypen stehen die unterschiedlichsten Möglichkeiten zur Verfügung. Genau wie beim Ausrollen von Websitespalten besteht die Möglichkeit, Inhaltstypen manuell über das UI zu erstellen, sie per PowerShell auszurollen oder mithilfe einer SharePoint-Lösung zu arbeiten. Wie bereits beim Ausrollen der Websitespalten stellen wir im Folgenden zwei unterschiedliche Möglichkeiten zum Ausrollen via SharePoint-Lösung vor: die Verwendung von Schema-Definitionen und die Verwendung von selbsterstelltem Quellcode, der im Feature-EventReceiver ausgeführt wird.

6.2.1 Via Schema

Für die Bereitstellung eines Inhaltstyps steht ein bestimmtes Schema im XML-Format bereit. In diesem Schema werden alle notwendigen Eigenschaften eines Inhaltstyps sowie die enthaltenen Websitespalten beschrieben. Das Schema für einen einfachen Inhaltstyp sehen Sie in Listing 6.22.

```
<ContentType ID="0x01010D48FAA8901B4112AD6E94EEB0B54EED"
    Name="$Resources:TicketPoint2016,Ticket"
    Group="$Resources:TicketPoint2016,ApplicationTitle"
    Description="$Resources:TicketPoint2016,DescTicket">
    <FieldRefs>
```

```
        <FieldRef ID="{152B748D-CEF2-407E-A4D1-13B7B3DD3B2C}"
        Name="fkr_tp_Ticketnumber"
        Required="FALSE"
        ShowInNewForm="FALSE"
        ShowInEditForm="FALSE" />
        <FieldRef ID="{06ADD4EE-00C4-4D47-87F8-A4FF6DA1EC08}"
        Name="fkr_tp_AssignedTo" />
        <RemoveFieldRef ID="{0E504DE1-C694-4011-9E4A-8207791FED6D}"
        Name="Attachments" />
    </FieldRefs>
</ContentType>
```

Listing 6.22 Beispiel für einen einfachen Inhaltstyp

In diesem Beispiel wird ein Inhaltstyp mit dem Namen *Ticket* in der Gruppe TicketPoint 2016 erstellt. Dem Inhaltstyp werden die Websitespalten *Ticket* und *Zugewiesen an* hinzugefügt. Da der Basis-Inhaltstyp die Spalte *Attachments* enthält, die wir in unserem Inhaltstyp nicht wünschen, wird sie in diesem Beispiel explizit aus dem geerbten Inhaltstyp entfernt.

Zusätzlich wird die Spalte *Ticketnummer* aus den New- und EditForms ausgeblendet.

Für die unterschiedlichen XML-Knoten stehen die Attribute aus Tabelle 6.10 zur Verfügung.

Knoten	Attribut	Beschreibung
`ContentType`	`Name`	der Name des Inhaltstyps
	`Description`	der Beschreibungstext des Inhaltstyps
	`Group`	die Gruppe, unter der der Inhaltstyp im UI gelistet wird
	`Inherits`	Optionaler boolescher Wert. Gibt an, ob der Inhaltstyp die Spalten seines Parent-Inhaltstyps erbt. Standard: `true`
	`ReadOnly`	Optionaler boolescher Wert. Gibt an, ob der Inhaltstyp bearbeitet werden kann. Standard: `false`

Tabelle 6.10 Aufbau des XML-Schemas für Inhaltstypen

Knoten	Attribut	Beschreibung
`ContentType` (Forts.)	`Hidden`	Optionaler boolescher Wert Gibt an, ob der Inhaltstyp im UI sichtbar ist. Standard: `false`
	`Sealed`	Optionaler boolescher Wert. Schränkt die Bearbeitung des Inhaltstyps ein. Nur Websitesammlungsadministratoren können die Versiegelung des Inhaltstyps aufheben, um Änderungen an ihm vorzunehmen. Standard: `false`
	`FeatureId`	Optionaler Textwert. Die ID des Features, mit dem der Inhaltstype ausgerollt wurde
`FieldRef`	`Description`	der Beschreibungstext der Spalte im Inhaltstyp
	`DisplayName`	der Anzeigetext der Spalte im Inhaltstyp
	`Filterable`	Optionaler boolescher Wert. Gibt an, ob nach der Spalte gefiltert werden darf. Standard: `true`
	`Hidden`	Optionaler boolescher Wert. Gibt an, ob die Spalte im UI sichtbar ist. Standard: `false`
	`ID`	die ID der referenzierten Spalte
	`Name`	der interne Name der referenzierten Spalte
	`ReadOnly`	Optionaler boolescher Wert. Gibt an, ob die Spalte lediglich lesend verwendet werden darf. Standard: `false`

Tabelle 6.10 Aufbau des XML-Schemas für Inhaltstypen (Forts.)

Knoten	Attribut	Beschreibung
FieldRef (Forts.)	Required	Optionaler boolescher Wert. Gibt an, ob die Spalte ein Pflichtfeld ist. Standard: `false`
	Sealed	Optionaler boolescher Wert. Schränkt die Bearbeitung der Spalte ein. Nur Websitesammlungsadministratoren können die Versiegelung der Spalte aufheben, um Änderungen an dieser vorzunehmen. Standard: `false`
	ShowInDisplayForm	Optionaler boolescher Wert. Gibt an, ob die Spalte in Standard-Anzeigeformularen in SharePoint angezeigt wird. Standard: `true`
	ShowInEditForm	Optionaler boolescher Wert. Gibt an, ob die Spalte in Standard-Bearbeiten-Formularen in SharePoint angezeigt wird. Standard: `true`
	ShowInNewForm	Optionaler boolescher Wert. Gibt an, ob die Spalte in Standard-Neu-Formularen in SharePoint angezeigt wird. Standard: `true`
	ShowInListSettings	Optionaler boolescher Wert. Gibt an, ob die Spalte in den Einstellungen einer Liste in SharePoint angezeigt wird. Standard: `true`
	Sortable	Optionaler boolescher Wert. Gibt an, ob nach der Spalte sortiert werden kann. Standard: `true`
RemoveFieldRef	ID	die ID der zu entfernenden Feldreferenz

Tabelle 6.10 Aufbau des XML-Schemas für Inhaltstypen (Forts.)

Auf Basis dieses Schemas können Sie nun die benötigten Inhaltstypen der Lösung erstellen. Öffnen Sie dazu das *Structure*-Projekt, und fügen Sie die einzelnen Inhaltstypen im Verzeichnis *ContentTypes* hinzu. Für eine bessere Übersicht im Projekt sollten Sie die Projektelemente mit _CT als Suffix erstellen. Dies hat keine Auswirkungen auf unsere SharePoint-Objekte und erleichtert die Trennung von Listen und Inhaltstypen in den Feature-Einstellungen.

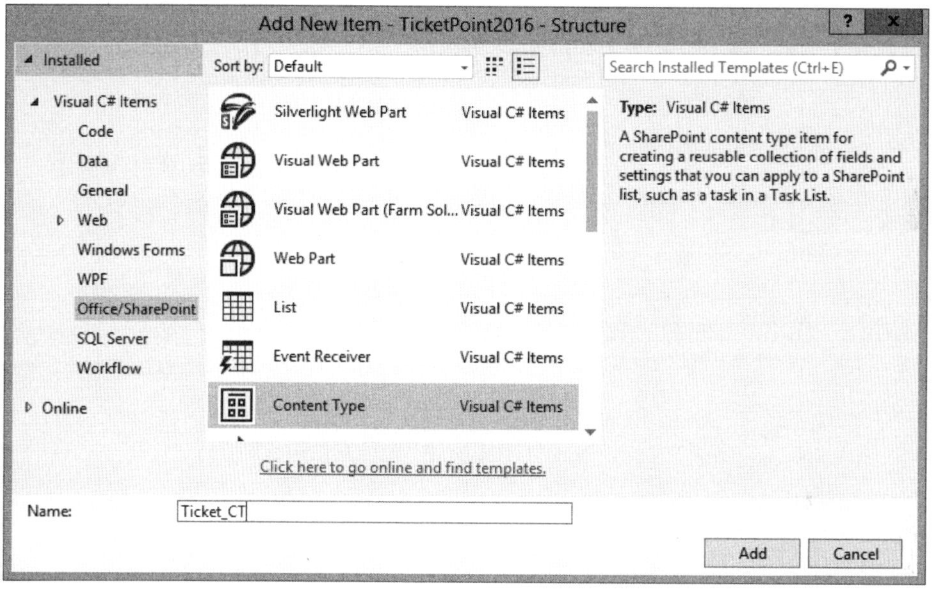

Abbildung 6.7 Inhaltstyp hinzufügen

Im Wizard wählen Sie als Basis-Inhaltstyp ITEM aus.

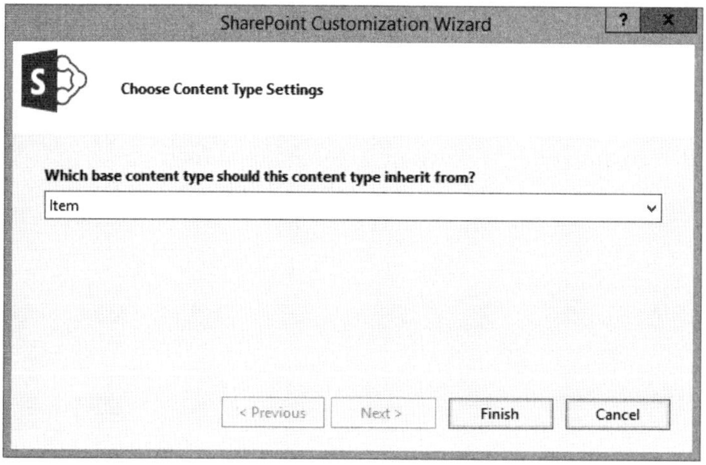

Abbildung 6.8 ContentType Wizard

Legen Sie so alle notwendigen Inhaltstypen aus dem Architekturdokument im *Structure*-Projekt an.

[»]

Hinweis

Achten Sie bei der Wahl des Basis-Inhaltstyps darauf, dass der Anhang nicht vom *Item*, sondern von *Document* erbt.

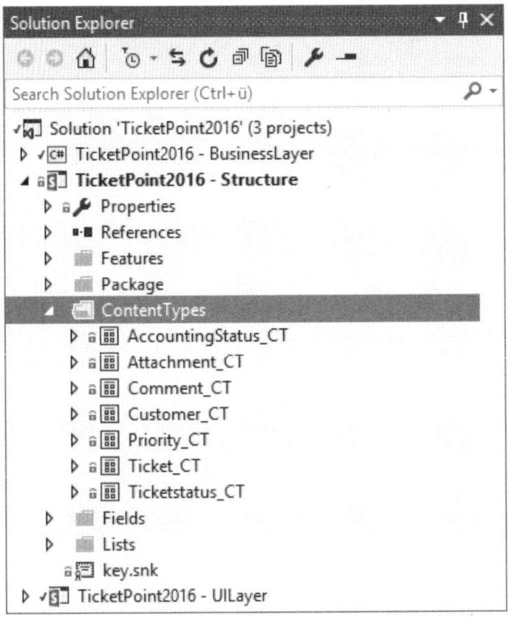

Abbildung 6.9 Inhaltstypen in der Projektstruktur

Erstellen Sie nun die Schemadefinitionen der Inhaltstypen auf Basis der Angaben im Architekturdokument. Dabei sollen Sie darauf achten, dass Sie im Architekturdokument für jede angelegte Spalte des Inhaltstyps die *Umgesetzt*-Information aktualisieren und die richtige ID des Inhaltstyps eintragen. Um die XML-Definition eines Inhaltstyps zu öffnen, expandieren Sie das entsprechende Element im Solution Explorer und öffnen die darunterliegenden *Elements.xml*. Die Definitionen der Inhaltstypen sollten wie in Listing 6.23 bis Listing 6.29 aussehen.

```
<?xml version="1.0" encoding="utf-8"?>
<Elements xmlns="http://schemas.microsoft.com/sharepoint/">
   <!-- Parent ContentType: Item (0x01) -->
   <ContentType ID="0x0100B2C35F8E0D144C1A8E32F32149917CB7"
            Name="$Resources:TicketPoint2016,CtTicket;"
            Group="$Resources:TicketPoint2016,ApplicationTitle;"
            Description="$Resources:TicketPoint2016,TxtTicketDescription;"
            Inherits="FALSE">
   <FieldRefs>
      <FieldRef ID="{93DC438D-EEF9-4AE8-8B57-8E47032B56A3}"
```

```
            Name="fkr_tp_Ticketnumber"
            Required="TRUE" />
        <FieldRef ID="{38296E85-8A44-451A-BDF1-527DCBC3F2C0}"
            Name="fkr_tp_Subject"
            Required="TRUE" />
        <FieldRef ID="{3F2F4D61-44FA-42FE-A9AD-E4EDA76541A0}"
            Name="fkr_tp_Problemdescription"
            Required="TRUE" />
        <FieldRef ID="{26EFA6B7-C2D5-4FA2-8595-472108D9D56E}"
            Name="fkr_tp_ContactPerson"
            Required="TRUE" />
        <FieldRef ID="{DA70318F-C2C0-43B5-8B95-91B54AA86C93}"
            Name="fkr_tp_AssignedTo"
            Required="FALSE" />
    </FieldRefs>
    </ContentType>
</Elements>
```

Listing 6.23 Ticket (Ticket_CT)

```
<?xml version="1.0" encoding="utf-8"?>
<Elements xmlns="http://schemas.microsoft.com/sharepoint/">
    <!-- Parent ContentType: Item (0x01) -->
    <ContentType ID="0x010065E097A7243548ACA1136932AA024795"
            Name="$Resources:TicketPoint2016,CtComment;"
            Group="$Resources:TicketPoint2016,ApplicationTitle;"
            Description="$Resources:TicketPoint2016,
             TxtCommentDescription;"
            Inherits="FALSE"
            Version="0">
    <FieldRefs>
        <FieldRef ID="{257DC719-FDF7-475D-B470-4B097C33C717}"
            Name="fkr_tp_Comment"
            Required="TRUE" />
        <FieldRef ID="{AC1E732E-38D3-44EE-B342-8B225703446E}"
            Name="fkr_tp_ProcessingTimeMinutes"
            Required="TRUE" />
        <FieldRef ID="{16783F1E-C24A-4EA3-985C-EA7980A21D47}"
            Name="fkr_tp_Commenttype"
            Required="TRUE" />
        <FieldRef ID="{D2F5D316-F27E-4279-9F4D-B90AAAA3B02F}"
            Name="fkr_tp_Solution"
            Required="FALSE" />
```

```
    </FieldRefs>
    </ContentType>
</Elements>
```

Listing 6.24 Kommentar (Comment_CT)

```
<?xml version="1.0" encoding="utf-8"?>
<Elements xmlns="http://schemas.microsoft.com/sharepoint/">
    <!-- Parent ContentType: Document (0x0101) -->
    <ContentType ID="0x010100742E28929145446BA956B54C095F21BE"
                 Name="$Resources:TicketPoint2016,CtAttachment;"
                 Group="$Resources:TicketPoint2016,ApplicationTitle;"
                 Description="$Resources:TicketPoint2016,
                  TxtAttachmentDescription;"
                 Inherits="TRUE">
    <FieldRefs>
    </FieldRefs>
    </ContentType>
</Elements>
```

Listing 6.25 Anhang (Attachment_CT)

```
<?xml version="1.0" encoding="utf-8"?>
<Elements xmlns="http://schemas.microsoft.com/sharepoint/">
    <!-- Parent ContentType: Item (0x01) -->
    <ContentType ID="0x01009271870E15964D279364A171DA704127"
                 Name="$Resources:TicketPoint2016,CtPriority;"
                 Group="$Resources:TicketPoint2016,ApplicationTitle;"
                 Description="$Resources:TicketPoint2016,
                  TxtPriorityDescription;"
                 Inherits="TRUE">
    <FieldRefs>
        <FieldRef ID="{FE0E638E-D1E3-4EB1-A2B9-38C122607675}"
                 Name="fkr_tp_Description"
                 Required="FALSE" />
        <FieldRef ID="{B36EA669-5E27-4909-8D19-66E17C8D258F}"
                 Name="fkr_tp_HourlyRate"
                 Required="FALSE" />
    </FieldRefs>
    </ContentType>
</Elements>
```

Listing 6.26 Priorität (Priority_CT)

```
<?xml version="1.0" encoding="utf-8"?>
<Elements xmlns="http://schemas.microsoft.com/sharepoint/">
   <!-- Parent ContentType: Item (0x01) -->
   <ContentType ID="0x010090730E5737FE45A6B79CCA7F6EE65484"
            Name="$Resources:TicketPoint2016,CtTicketstatus;"
            Group="$Resources:TicketPoint2016,ApplicationTitle;"
            Description="$Resources:TicketPoint2016,
             TxtTicketstatusDescription;"
            Inherits="TRUE">
   <FieldRefs>
      <FieldRef ID="{FE0E638E-D1E3-4EB1-A2B9-38C122607675}"
            Name="fkr_tp_Description"
            Required="FALSE" />
   </FieldRefs>
   </ContentType>
</Elements>
```

Listing 6.27 Ticketstatus (Ticketstatus_CT)

```
<?xml version="1.0" encoding="utf-8"?>
<Elements xmlns="http://schemas.microsoft.com/sharepoint/">
   <!-- Parent ContentType: Item (0x01) -->
   <ContentType ID="0x0100CBB2DAAE369840A084B9F5DD507915BD"
            Name="$Resources:TicketPoint2016,CtAccountingstatus;"
            Group="$Resources:TicketPoint2016,ApplicationTitle;"
            Description="$Resources:TicketPoint2016,
             TxtAccountingstatusDescription;"
            Inherits="TRUE">
   <FieldRefs>
      <FieldRef ID="{FE0E638E-D1E3-4EB1-A2B9-38C122607675}"
            Name="fkr_tp_Description"
            Required="FALSE" />
   </FieldRefs>
   </ContentType>
</Elements>
```

Listing 6.28 Abrechnungsstatus (Accountingstatus_CT)

```
<?xml version="1.0" encoding="utf-8"?>
<Elements xmlns="http://schemas.microsoft.com/sharepoint/">
   <!-- Parent ContentType: Item (0x01) -->
   <ContentType ID="0x0100213BF77EC5EB483C9CDE6B4C5CBD18CC"
            Name="$Resources:TicketPoint2016,CtCustomer;"
            Group="$Resources:TicketPoint2016,ApplicationTitle;"
```

```
            Description="$Resources:TicketPoint2016,
             TxtCustomerDescription;"
            Inherits="TRUE">
    <FieldRefs>
        <FieldRef ID="{96F8A5DF-DE7C-47ED-BAE4-7B5A4DA874B1}"
            Name="fkr_tp_Address"
            Required="FALSE" />
        <FieldRef ID="{B5F39F5C-C6F7-46BF-9255-31E09977A941}"
            Name="fkr_tp_ZipCode"
            Required="FALSE" />
        <FieldRef ID="{9938AD42-FCC1-4374-9499-56EEE451F16F}"
            Name="fkr_tp_City"
            Required="FALSE" />
        <FieldRef ID="{08FF7707-7809-4C26-A349-A5F80581E441}"
            Name="fkr_tp_MailAddress"
            Required="FALSE" />
        <FieldRef ID="{86411A2E-A706-43A6-A4AB-2E87D508BB6C}"
            Name="fkr_tp_PhoneNumber"
            Required="FALSE" />
        <FieldRef ID="{26EFA6B7-C2D5-4FA2-8595-472108D9D56E}"
            Name="fkr_tp_ContactPerson"
            Required="FALSE" />
        <FieldRef ID="{C055129A-75F2-4903-AE6C-C91B094C7C42}"
            Name="fkr_tp_Employees"
            Required="FALSE" />
    </FieldRefs>
    </ContentType>
</Elements>
```

Listing 6.29 Kunde (Customer_CT)

Sobald Sie die *Schema.xml* der Inhaltstypen erstellt haben, müssen Sie noch die fehlenden Schlüssel in der Ressourcendatei des *UILayer*-Projektes hinzufügen.

Schlüssel	Wert
CtTicket	Ticket
TxtTicketDescription	Ein Supportticket erstellen
CtComment	Bearbeitungskommentar
TxtCommentDescription	Einen Bearbeitungskommentar erstellen

Tabelle 6.11 Ressourcenschlüssel zur Übersetzung

Schlüssel	Wert
CtAttachment	Anhang
TxtAttachmentDescription	Einen Anhang zu einem Ticket erstellen
CtPriority	Priorität
TxtPriorityDescription	Eine Priorität erstellen
CtTicketstatus	Ticketstatus
TxtTicketstatusDescription	Einen Ticketstatus erstellen
CtAccountingstatus	Abrechnungsstatus
TxtAccountingstatusDescription	Einen Abrechnungsstatus erstellen
CtCustomer	Kunde
TxtCustomerDescription	Einen Kundendatensatz erstellen

Tabelle 6.11 Ressourcenschlüssel zur Übersetzung (Forts.)

Die erstellten Ressourcenschlüssel tragen Sie ebenfalls in der Klasse `Localization.Keys` ein.

```
public const string CtTicket = "CtTicket";
public const string CtComment = "CtComment";
public const string CtAttachment = "CtAttachment";
public const string CtPriority = "CtPriority";
public const string CtTicketstatus = "CtTicketstatus";
public const string CtAccountingstatus = "CtAccountingstatus";
public const string CtCustomer = "CtCustomer";
public const string TxtTicketDescription = "TxtTicketDescription";
public const string TxtCommentDescription = "TxtCommentDescription";
public const string TxtAttachmentDescription = "TxtAttachmentDescription";
public const string TxtPriorityDescription = "TxtPriorityDescription";
public const string TxtTicketstatusDescription =
    "TxtTicketstatusDescription";
public const string TxtAccountingstatusDescription =
    "TxtAccountingstatusDescription";
public const string TxtCustomerDescription = "TxtCustomerDescription";
```

Listing 6.30 Konstanten für Übersetzungsschlüssel

Um den Zugriff auf die Inhaltstypen über Code zu erleichtern, sollten Sie im *Business-Layer*-Projekt in der Klasse `Constants` eine Subklasse mit dem Namen `ContentTypeId` anlegen, in der Sie alle vorhandenen IDs der Inhaltstypen zum schnellen Zugriff bereitstellen.

```
public static class ContentTypeId
{
    public const string Ticket = "0x0100B2C35F8E0D144C1A8E32F32149917CB7";
    public const string Comment = "0x010065E097A7243548ACA1136932AA024795";
    public const string Attachment =
        "0x010100742E28929145446BA956B54C095F21BE";
    public const string Priority = "0x01009271870E15964D279364A171DA704127";
    public const string Ticketstatus =
        "0x010090730E5737FE45A6B79CCA7F6EE65484";
    public const string Accountingstatus =
        "0x0100CBB2DAAE369840A084B9F5DD507915BD";
    public const string Customer = "0x0100213BF77EC5EB483C9CDE6B4C5CBD18CC";
}
```

Listing 6.31 Konstanten für Inhaltstyp-IDs

Zum Abschluss nehmen Sie die Inhaltstypen als Bestandteil in das *Structure*-Feature im *Structure*-Projekt auf.

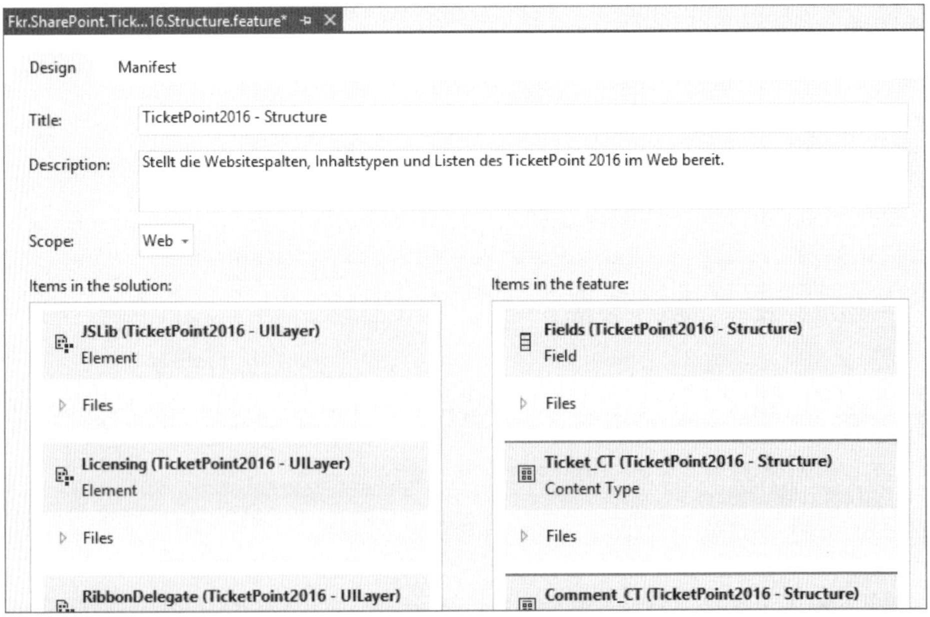

Abbildung 6.10 Inhaltstypen in das Feature aufnehmen

Deployen Sie die Lösung auf Ihren SharePoint, und prüfen Sie, ob die Inhaltstypen erfolgreich angelegt wurden.

6.2.2 Via Code

Zum Anlegen von Inhaltstypen via Code erstellen Sie sich eigene Klassen. Bei den Methoden zum Erstellen von Inhaltstypen beschränken wir uns auf die in Ticket-Point 2016 benötigten Optionen. Die Methoden können Sie bei Bedarf erweitern.

Zur Anlage von Inhaltstypen stehen die Eigenschaften aus Tabelle 6.12 zur Verfügung. Dem ContentType können FieldRefs hinzugefügt werden. FieldRefs sind Verweise auf die Spalten, die so dem Inhaltstyp zugeordnet werden

Klasse	Attribut	Beschreibung
`ContentType`	`Name`	der Name des Inhaltstyps
	`Description`	der Beschreibungstext des Inhaltstyps
	`Group`	die Gruppe, unter der der Inhaltstyp im UI gelistet wird
	`Inherits`	Optionaler boolescher Wert. Gibt an, ob der Inhaltstyp die Spalten seines Parent-Inhaltstyps erbt. Standard: `true`
	`ReadOnly`	Optionaler boolescher Wert. Gibt an, ob der Inhaltstyp bearbeitet werden kann. Standard: `false`
	`Hidden`	Optionaler boolescher Wert. Gibt an, ob der Inhaltstyp im UI sichtbar ist. Standard: `false`
	`Sealed`	Optionaler boolescher Wert. Schränkt die Bearbeitung des Inhaltstyps ein. Nur Websitesammlungsadministratoren können die Versiegelung des Inhaltstyps aufheben, um Änderungen an ihm vorzunehmen. Standard: `false`
	`FeatureId`	Optionaler Textwert. Die ID des Features, mit dem der Inhaltstyp ausgerollt wurde.

Tabelle 6.12 Definition des XML-Schema für Inhaltstypen

Klasse	Attribut	Beschreibung
`FieldRef`	`Description`	der Beschreibungstext der Spalte im Inhaltstyp
	`DisplayName`	der Anzeigetext der Spalte im Inhaltstyp
	`Filterable`	Optionaler boolescher Wert. Gibt an, ob nach der Spalte gefiltert werden darf. Standard: `true`
	`Hidden`	Optionaler boolescher Wert. Gibt an, ob die Spalte im UI sichtbar ist. Standard: `false`
	`ID`	die ID der referenzierten Spalte
	`Name`	der interne Name der referenzierten Spalte
	`ReadOnly`	Optionaler boolescher Wert. Gibt an, ob die Spalte lediglich lesend verwendet werden darf. Standard: `false`
	`Required`	Optionaler boolescher Wert. Gibt an, ob die Spalte ein Pflichtfeld ist. Standard: `false`
	`Sealed`	Optionaler boolescher Wert. Schränkt die Bearbeitung der Spalte ein. Nur Websitesammlungsadministratoren können die Versiegelung der Spalte aufheben, um Änderungen an dieser vorzunehmen. Standard: `false`
	`ShowInDisplayForm`	Optionaler boolescher Wert. Gibt an, ob die Spalte in Standardanzeigeformularen in SharePoint angezeigt wird. Standard: `true`
	`ShowInEditForm`	Optionaler boolescher Wert. Gibt an, ob die Spalte in Standardbearbeitungsformularen in SharePoint angezeigt wird. Standard: `true`

Tabelle 6.12 Definition des XML-Schema für Inhaltstypen (Forts.)

Klasse	Attribut	Beschreibung
`FieldRef` (Forts.)	`ShowInNewForm`	Optionaler boolescher Wert. Gibt an, ob die Spalte in Standardneuformularen in SharePoint angezeigt wird. Standard: `true`
	`ShowInListSettings`	Optionaler boolescher Wert. Gibt an, ob die Spalte in den Einstellungen einer Liste in SharePoint angezeigt wird. Standard: `true`
	`Sortable`	Optionaler boolescher Wert. Gibt an, ob nach der Spalte sortiert werden kann. Standard: `true`

Tabelle 6.12 Definition des XML-Schema für Inhaltstypen (Forts.)

Zur besseren Übersicht erstellen Sie im *Structure*-Projekt einen Ordner *ContentTypes* und legen dort die Klassen an, die Sie für die Erstellung und Anpassung von *ContentTypes* benötigen. Erstellen Sie die beiden Klassen `ContentType` und `ContentTypeProperties`.

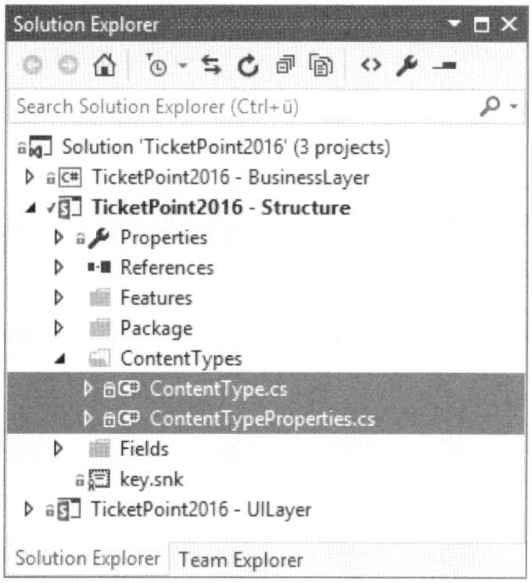

Abbildung 6.11 Die Klassen »ContentType« und »ContentTypeProperties« in der Projektstruktur

Analog zur Spaltenerstellung legen Sie die Klasse `ContentTypeProperties` an, die alle Eigenschaften, die für die Erstellung und Anpassung von ContentTypes benötigt werden, enthält. Die Beschreibung der einzelnen Properties entnehmen Sie bitte den Kommentaren. Öffnen Sie dazu die *ContentType.cs*-Datei, und fügen Sie den Code aus Listing 6.32 ein:

```
internal class ContentTypeProperties
{
    /// <summary>
    /// Name
    /// </summary>
    internal string Name { get; set; }
    /// <summary>
    /// Beschreibung
    /// </summary>
    internal string Description { get; set; }
    /// <summary>
    /// Gruppe
    /// </summary>
    internal string Group { get; set; }
    /// <summary>
    /// ContentType ID
    /// </summary>
    internal SPContentTypeId ContentTypeId { get; set; }
    /// <summary>
    /// Interne Namen, die dem ContentType hinzugefügt werden
    /// </summary>
    internal string[] InternalFieldNames { get; set; }
    /// <summary>
    /// Interne Namen der Pflichtspalten
    /// </summary>
    internal string[] RequiredFields { get; set; }
    /// <summary>
    /// Alle Spalten neu hinzufügen ja/nein
    /// </summary>
    internal bool ResetFields { get; set; }
}
```

Listing 6.32 Definitionsklasse für Inhaltstypen

Die `ContentTypeProperties`-Klasse wird als Übergabeparameter bei der Erstellung der ContentTypes verwendet.

Öffnen Sie die Datei *ContentType.cs*, und fügen Sie die `CreateOrUpdateContentType`-Methode hinzu. Mit der Methode werden ContentTypes erstellt bzw., wenn sie bereits existieren, angepasst. Genau wie bei der Spaltenerstellung führen Sie ein

Update nur durch, wenn dies erforderlich ist. Achten Sie darauf, die `ResetFields`-Eigenschaft unserer `ContentTypeProperties`-Klasse beim Anlegen neuer Content-Types auf `true` zu setzen, damit die Spalten hinzugefügt werden. Bei vorhandenen ContentTypes werden die Spalten nicht bei jedem Update geprüft.

```
internal static void CreateOrUpdateContentType(SPWeb web,
    ContentTypeProperties contentTypeProperties)
{
    SPContentType contentType =
    web.ContentTypes[contentTypeProperties.ContentTypeId];
    bool changed = false;
    if (contentType == null)
    {
        contentType =
            new SPContentType(contentTypeProperties.ContentTypeId,
            web.ContentTypes, contentTypeProperties.Name);
            web.ContentTypes.Add(contentType);
        changed = true;
        contentTypeProperties.ResetFields = true;
    }
    if (contentTypeProperties.ResetFields)
        changed = SetFields(contentType, contentTypeProperties);
    if (contentType.Name != contentTypeProperties.Name)
    {
        contentType.Name = contentTypeProperties.Name;
        changed = true;
    }
    if (contentType.Description != contentTypeProperties.Description)
    {
        contentType.Description = contentTypeProperties.Description;
        changed = true;
    }
    if (contentType.Group != contentTypeProperties.Group)
    {
        contentType.Group = contentTypeProperties.Group;
        changed = true;
    }
    if (changed)
    {
        contentType.Update(true);
    }
}
```

Listing 6.33 Methode zum Erstellen oder Aktualisieren von Inhaltstypen

Achten Sie bei einem Update eines ContentTypes darauf, den Übergabeparameter auf `true` zu setzen, damit die Child-ContentTypes in den Listen ebenfalls angepasst werden. Wenn Sie den Parameter `false` übergeben, wird nur der Website-ContentType angepasst.

Um die Spalten des ContentTypes zu setzen, erstellen Sie die `SetFields`-Methode in der Klasse `ContentType`.

```
private static bool SetFields(SPContentType contentType,
    ContentTypeProperties contentTypeProperties)
{
    bool changed = false;
        if (contentTypeProperties.InternalFieldNames != null)
        {
        changed = true;
        List<SPFieldLink> fldLinks2Remove = new List<SPFieldLink>();
        foreach (SPFieldLink fldLink in contentType.FieldLinks)
            fldLinks2Remove.Add(fldLink);
        foreach (string internalName in
            contentTypeProperties.InternalFieldNames)
        {
            SPField field = contentType.ParentWeb.
            AvailableFields.GetFieldByInternalName(internalName);
                    SPFieldLink fldLink = fldLinks2Remove.FirstOrDefault(
            fl => fl.Name == internalName);
                    if (fldLink != null)
                fldLinks2Remove.Remove(fldLink);
            SPFieldLink newFldLink = new SPFieldLink(field);
            newFldLink.Required =
            contentTypeProperties.RequiredFields != null &&
            contentTypeProperties.RequiredFields.Contains(internalName);
             if (contentType.FieldLinks[newFldLink.Id] == null)
            {
                contentType.FieldLinks.Add(newFldLink);
            }
        }
        foreach (SPFieldLink fldLink in fldLinks2Remove)
            contentType.FieldLinks.Delete(fldLink.Name);
        }
    return changed;
}
```

Listing 6.34 Methode zum Aktualisieren der Spalten

Die Spalten eines ContentTypes werden als `SPFieldLink` dem ContentType hinzugefügt. Wichtig ist an dieser Stelle, dass Sie die Spalte über die `AvailableFields`-Eigenschaft des `SPWeb`-Objekts holen und nicht über die `Fields`-Eigenschaft. Über die `AvailableFields`-Eigenschaft haben Sie Zugriff auf alle in dem Web verfügbaren Websitespalten, also auch auf Spalten aus einem Web oberhalb des aktuellen Webs in der Hierarchie. Wenn Sie über die `Fields`-Eigenschaft auf die Spalten zugreifen, haben Sie nur Zugriff auf die Spalten, die im aktuellen Web angelegt wurden. Nicht mehr benötigte Spalten werden im Anschluss aus dem ContentType entfernt. Wichtig ist an dieser Stelle, dass die Spalten nur aus dem ContentType entfernt werden und nicht aus einer Liste, an die ein Child-ContentType von diesem gebunden wurde. Wenn Sie die Spalten auch aus der Liste entfernen wollen, müssen Sie die Methode erweitern. Dazu müssten Sie alle Listen, die diesen ContentType verwenden, durchgehen und dort die Spalte entfernen.

Um einzelne Spalten nach dem Erstellen eines ContentTypes hinzuzufügen, erstellen Sie eine zusätzliche Methode. Mit ihr werden Sie später die Lookup-Spalten ergänzen, die Sie nach dem Erstellen der Listen hinzufügen.

Fügen Sie die Methode aus Listing 6.35 der Klasse `ContentType` hinzu:

```
internal static void AddField(SPWeb web, string contentTypeId,
    string internalName, bool required)
{
    SPContentType contentType =
        web.ContentTypes[new SPContentTypeId(contentTypeId)];
    SPField field =
        web.AvailableFields.GetFieldByInternalName(internalName);

    if (contentType != null)
    {
        SPFieldLink fieldLink = new SPFieldLink(field);
        fieldLink.Required = required;
        if (contentType.FieldLinks[fieldLink.Id] == null)
        {
            contentType.FieldLinks.Add(fieldLink);
            contentType.Update(true);
        }
    }
}
```

Listing 6.35 Feld zum Inhaltstyp hinzufügen

Die Methode holt sich anhand des internen Namens der Spalte die Spalte aus den `AvailableFields` des Webs und fügt diese dann als `SPFieldLink` dem ContentType hinzu.

Bevor Sie die Inhaltstypen erstellen, müssen Sie noch die fehlenden Schlüssel in der Ressourcendatei des *UILayer*-Projektes hinzufügen.

Schlüssel	Wert
`CtTicket`	Ticket
`TxtTicketDescription`	Ein Supportticket erstellen
`CtComment`	Kommentar
`TxtCommentDescription`	Einen Bearbeitungskommentar erstellen
`CtAttachment`	Anhang
`TxtAttachmentDescription`	Einen Anhang zu einem Ticket erstellen
`CtPriority`	Priorität
`TxtPriorityDescription`	Eine Priorität erstellen
`CtTicketstatus`	Ticketstatus
`TxtTicketstatusDescription`	Einen Ticketstatus erstellen
`CtAccountingstatus`	Abrechnungsstatus
`TxtAccountingstatusDescription`	Einen Abrechnungsstatus erstellen
`CtCustomer`	Kunde
`TxtCustomerDescription`	Einen Kundendatensatz erstellen
`CtConfigCustomer`	Konfiguration Kunde
`TxtConfigurationCustomer`	Einen Konfigurationseintrag für einen Kunden erstellen
`CtConfigSupporter`	Konfiguration Supporter
`TxtConfigurationSupporter`	Einen Konfigurationseintrag für einen Supporter erstellen

Tabelle 6.13 Übersetzungen für Ressourcendateien

Die erstellten Ressourcenschlüssel tragen Sie ebenfalls in der Klasse `Localization.Keys` ein.

```
public const string CtTicket = "CtTicket";
public const string CtComment = "CtComment";
public const string CtAttachment = "CtAttachment";
```

```
public const string CtPriority = "CtPriority";
public const string CtTicketstatus = "CtTicketstatus";
public const string CtAccountingstatus = "CtAccountingstatus";
public const string CtCustomer = "CtCustomer";
public const string CtConfigSupporter = "CtConfigSupporter";
public const string CtConfigCustomer = "CtConfigCustomer";
public const string TxtTicketDescription = "TxtTicketDescription";
public const string TxtCommentDescription = "TxtCommentDescription";
public const string TxtAttachmentDescription = "TxtAttachmentDescription";
public const string TxtPriorityDescription = "TxtPriorityDescription";
public const string TxtTicketstatusDescription =
    "TxtTicketstatusDescription";
public const string TxtAccountingstatusDescription =
    "TxtAccountingstatusDescription";
public const string TxtCustomerDescription = "TxtCustomerDescription";
public const string TxtConfigurationSupporter= "TxtConfigurationSupporter";
public const string TxtConfigurationCustomer = "TxtConfigurationCustomer";
```

Listing 6.36 Konstanten für Übersetzungsschlüssel

Um den Zugriff auf die verschiedenen Inhaltstypen über den Code zu erleichtern, sollten Sie im *BusinessLayer*-Projekt in der Klasse `Constants` eine Subklasse mit dem Namen `ContentTypeId` anlegen, in der Sie alle vorhandenen IDs der Inhaltstypen zum schnelleren Zugriff bereitstellen.

```
public static class ContentTypeId
{
    public const string Ticket = "0x0100B2C35F8E0D144C1A8E32F32149917CB7";
    public const string Comment = "0x010065E097A7243548ACA1136932AA024795";
    public const string Attachment =
        "0x010100742E28929145446BA956B54C095F21BE";
    public const string Priority = "0x01009271870E15964D279364A171DA704127";
    public const string Ticketstatus =
        "0x010090730E5737FE45A6B79CCA7F6EE65484";
    public const string Accountingstatus =
        "0x0100CBB2DAAE369840A084B9F5DD507915BD";
    public const string Customer = "0x0100213BF77EC5EB483C9CDE6B4C5CBD18CC";
    public const string ConfigurationSupporter =
        "0x010051A7D13B0B8F48C18565BC4BB6463595";
    public const string ConfigurationCustomer =
        "0x01001052E5A815DC4AFB88946C44F8A2F2E0";
}
```

Listing 6.37 Konstanten für Inhaltstyp-IDs

Zur Anlage der Inhaltstypen erstellen Sie in der Klasse des Feature-EventReceivers die Methode `CreateContentTypes`. Mit dieser Methode werden alle ContentTypes erstellt. Je ContentType wird ein `ContentTypeProperties`-Objekt erzeugt, in dem die Eigenschaften und Spalten des ContentTypes definiert werden. Im Anschluss daran wird die `CreateOrUpdateContentType`-Methode der `ContentType`-Klasse aufgerufen, um den ContentType anzulegen. Fügen Sie dazu den Code aus Listing 6.38 ein.

```
private void CreateContentTypes(SPWeb web)
{
  try
  {
    //Abrechnungsstatus
    ContentTypeProperties accountingstatus = new ContentTypeProperties
    {
      ContentTypeId = new
        SPContentTypeId(Constants.ContentTypeId.Accountingstatus),
      Name = Localization.GetString(Localization.Keys.CtAccountingstatus),
      Group = Localization.GetString(Localization.Keys.ApplicationTitle),
      Description = Localization.GetString(
      Localization.Keys.TxtAccountingstatusDescription),
      InternalFieldNames = new string[]{
        Constants.FieldInternalName.Description
      }
    };
    ContentType.CreateOrUpdateContentType(web, accountingstatus);
    //Anhang
    ContentTypeProperties attachment = new ContentTypeProperties
    {
      ContentTypeId = new
        SPContentTypeId(Constants.ContentTypeId.Attachment),
      Name = Localization.GetString(Localization.Keys.CtAttachment),
      Group = Localization.GetString(Localization.Keys.ApplicationTitle),
      Description = Localization.GetString(
        Localization.Keys.TxtAttachmentDescription)
    };
    ContentType.CreateOrUpdateContentType(web, attachment);
    //Kommentar
    ContentTypeProperties comment = new ContentTypeProperties
    {
      ContentTypeId = new
        SPContentTypeId(Constants.ContentTypeId.Comment),
      Name = Localization.GetString(Localization.Keys.CtComment),
      Group = Localization.GetString(Localization.Keys.ApplicationTitle),
      Description = Localization.GetString(
```

```
    Localization.Keys.TxtCommentDescription),
    InternalFieldNames = new string[]{
      Constants.FieldInternalName.Comment,
      Constants.FieldInternalName.ProcessingTimeMinutes,
      Constants.FieldInternalName.Commenttype,
      Constants.FieldInternalName.Solution
    },
    RequiredFields = new string[]{
      Constants.FieldInternalName.Comment,
      Constants.FieldInternalName.ProcessingTimeMinutes,
      Constants.FieldInternalName.Commenttype
    }
};
ContentType.CreateOrUpdateContentType(web, comment);
//Kunde
ContentTypeProperties customer = new ContentTypeProperties
{
  ContentTypeId = new
    SPContentTypeId(Constants.ContentTypeId.Customer),
  Name = Localization.GetString(Localization.Keys.CtCustomer),
  Group = Localization.GetString(
  Localization.Keys.ApplicationTitle),
  Description = Localization.GetString(
    Localization.Keys.TxtCustomerDescription),
  InternalFieldNames = new string[]{
    Constants.FieldInternalName.Address,
    Constants.FieldInternalName.ZipCode,
    Constants.FieldInternalName.City,
    Constants.FieldInternalName.MailAddress,
    Constants.FieldInternalName.PhoneNumber,
    Constants.FieldInternalName.ContactPerson,
    Constants.FieldInternalName.Employees
  }
};
ContentType.CreateOrUpdateContentType(web, customer);
//Priorität
ContentTypeProperties priority = new ContentTypeProperties
{
  ContentTypeId = new
    SPContentTypeId(Constants.ContentTypeId.Priority),
  Name = Localization.GetString(Localization.Keys.CtPriority),
  Group = Localization.GetString(
    Localization.Keys.ApplicationTitle),
  Description = Localization.GetString(
```

```
    Localization.Keys.TxtPriorityDescription),
  InternalFieldNames = new string[]{
    Constants.FieldInternalName.Description,
    Constants.FieldInternalName.HourlyRate
  }
};
ContentType.CreateOrUpdateContentType(web, priority);
//Ticket
ContentTypeProperties ticket = new ContentTypeProperties
{
  ContentTypeId = new
    SPContentTypeId(Constants.ContentTypeId.Ticket),
  Name = Localization.GetString(Localization.Keys.CtTicket),
  Group = Localization.GetString(
    Localization.Keys.ApplicationTitle),
  Description = Localization.GetString(
    Localization.Keys.TxtTicketDescription),
  InternalFieldNames = new string[]{
    Constants.FieldInternalName.Ticketnumber,
    Constants.FieldInternalName.Subject,
    Constants.FieldInternalName.Problemdescription,
    Constants.FieldInternalName.ContactPerson,
    Constants.FieldInternalName.AssignedTo
  },
  RequiredFields = new string[]{
    Constants.FieldInternalName.Ticketnumber,
    Constants.FieldInternalName.Subject,
    Constants.FieldInternalName.Problemdescription,
    Constants.FieldInternalName.ContactPerson
  }
};
ContentType.CreateOrUpdateContentType(web, ticket);
//Ticketstatus
ContentTypeProperties ticketstatus = new ContentTypeProperties
{
  ContentTypeId = new
    SPContentTypeId(Constants.ContentTypeId.Ticketstatus),
  Name = Localization.GetString(
    Localization.Keys.CtTicketstatus),
  Group = Localization.GetString(
    Localization.Keys.ApplicationTitle),
  Description = Localization.GetString(
    Localization.Keys.TxtTicketstatusDescription),
  InternalFieldNames = new string[]{
```

```
            Constants.FieldInternalName.Description
          }
        };
        ContentType.CreateOrUpdateContentType(web, ticketstatus);
        //Konfiguration Supporter
        ContentTypeProperties configSupporter = new ContentTypeProperties
        {
          ContentTypeId = new
            SPContentTypeId(Constants.ContentTypeId.ConfigurationSupporter),
          Name = Localization.GetString(
            Localization.Keys.CtConfigSupporter),
          Group = Localization.GetString(
            Localization.Keys.ApplicationTitle),
          Description = Localization.GetString(
            Localization.Keys.TxtConfigurationSupporter),
          InternalFieldNames = new string[]{
            Constants.FieldInternalName.Supporter,
            Constants.FieldInternalName.InfoMailActive
          }
        };
        ContentType.CreateOrUpdateContentType(web, configSupporter);
        //Konfiguration Kunde
        ContentTypeProperties configCustomer = new ContentTypeProperties
        {
          ContentTypeId = new
            SPContentTypeId(Constants.ContentTypeId.ConfigurationCustomer),
          Name = Localization.GetString(
            Localization.Keys.CtConfigCustomer),
          Group = Localization.GetString(
            Localization.Keys.ApplicationTitle),
          Description = Localization.GetString(
            Localization.Keys.TxtConfigurationCustomer),
          InternalFieldNames = new string[]{
            Constants.FieldInternalName.InfoMailActive
          }
        };
        ContentType.CreateOrUpdateContentType(web, configCustomer);
      }
      catch (Exception ex)
      {
        Logging.LogError(ex, Constants.LogCategory.Structure);
      }
    }
```

Listing 6.38 Inhaltstypen anlegen

In der `FeatureActivated`-Methode der `FkrSharePointTicketPoint2016EventReceiver`-Klasse rufen Sie die `CreateContentTypes`-Methode auf, um alle ContentTypes der Anwendung zu erstellen.

```
public override void FeatureActivated(SPFeatureReceiverProperties properties)
{
    try
    {
        SPWeb web = properties.Feature.Parent as SPWeb;
        CreateFields(web);
        CreateContentTypes(web);
    }
    catch (Exception ex)
    {
         Logging.LogError(ex, Constants.LogCategory.Structure);
    }
}
```

Listing 6.39 Featureaktivierung

Deployen Sie die Solution, und aktivieren Sie das Strukturfeature. Prüfen Sie im Anschluss, ob die Inhaltstypen richtig angelegt wurden.

6.3 Listen und Bibliotheken

Der zentrale Punkt zur Ablage von Informationen in SharePoint sind Listen und Bibliotheken. Der Unterschied zwischen Listen und Bibliotheken ist im Wesentlichen der Blickwinkel auf die enthaltenen Informationen. In *Listen* speichern Sie eine Sammlung aus Metadaten, die mit Dateien als Anhängen angereichert werden können. In *Bibliotheken* steht die abgelegte Datei im Fokus. Diese kann mit entsprechenden Metadaten angereichert werden. Anhand der Einstellungen einer Liste oder Bibliothek können Sie unter anderem die Inhalte versioniert verwalten oder durch Ein- und Auscheckregeln die Bearbeitung durch mehrere Benutzer organisieren.

Sowohl Listen als auch Bibliotheken bestehen grundsätzlich aus mindestens einem Inhaltstyp, der die Spalten für Metadaten zur Verfügung stellt. Sie können jederzeit beliebig viele weitere Inhaltstypen hinzufügen. Die Metadaten einer Liste oder Bibliothek bestehen aus der Summe aller Spalten der verknüpften Inhaltstypen. Wenn ein Datensatz in der Liste oder Bibliothek angelegt wird, enthält er die Information des zugrunde liegenden Inhaltstyps. Anhand dieser Information werden in dem Element nur die Spalten im UI angezeigt, die auch dem Inhaltstyp zugeordnet sind. Es gibt unterschiedlichen Typen von Listen und Bibliotheken, die an unterschiedliche

Bedürfnisse angepasst sind und entsprechende Funktionen mitbringen. In Tabelle 6.14 finden Sie die am häufigsten verwendeten Listentypen. Darüber hinaus gibt es noch viele weitere Typen. Diese sind aber meist Systemtypen, die in der normalen Lösungsentwicklung selten bis gar nicht benötigt werden.

Typ	ID
Benutzerdefinierte Liste	100
Dokumentbibliothek	101
Umfrage	102
Links	103
Ankündigungen	104
Kontakte	105
Kalender	106
Aufgaben	107
Diskussionsrunde	108
Bildbibliothek	109
Datenquellen für eine Website	110
Websitevorlagenkatalog	111
Benutzerinformationen	112
Wiki-Seitenbibliothek	119
Benutzerdefiniertes Raster für eine Liste	120
Datenverbindungsbibliothek für die Freigabe von Informationen zu externen Datenverbindungen	130
Workflowverlauf	140
Projekt-Aufgaben	150
Aufgaben mit Zeitplan und Hierarchie	171
Problemverfolgung	1100

Tabelle 6.14 Listen- und Bibliothekstypen

Wie bereits bei den Websitespalten und Inhaltstypen steht Ihnen zum Ausrollen von Listen und Bibliotheken eine Reihe möglicher Verfahren zur Auswahl. Nachfolgend werden wir zwei unterschiedliche Möglichkeiten beschreiben, Listen und Bibliotheken als Bestandteil einer SharePoint-Lösung auszurollen: zum einen die Verwendung von Schema-Definitionen, zum anderen die Bereitstellung von eigenem Quellcode zur Erstellung der Listen und Bibliotheken.

6.3.1 Via Schema

Listen und Bibliotheken, die via Schemadefinition ausgerollt werden, bestehen grundsätzlich aus drei Teilen:

- Die Listendefinition, in der alle Basisinformationen der Liste oder Bibliothek hinterlegt sind. Diese umfassen verlinkte Inhaltstypen, enthaltene Spalten und Websitespalten sowie ein Basis-Set von Ansichten. Auch verwendete Formulare für Elemente können im Listenschema angegeben werden. Die Informationen sind in der Datei *Schema.xml* im Listendefinitions-Element abgelegt.
- Das Listentemplate. Es wird über das Attribut `Name` der Listendefinition verknüpft. Im Template werden der Templatetyp und alle notwendigen Anzeigetexte und Informationen hinterlegt. Das Template ist als *Elements.xml* im Listendefinitions-Element abgelegt.
- Eine Listeninstanz. Sie ist die eigentliche Liste, die via URL erreichbar ist. Die Instanz wird auf Basis der Listentemplates generiert. Es ist auch möglich, mehrere Instanzen auf Basis eines Listentemplates anzulegen.

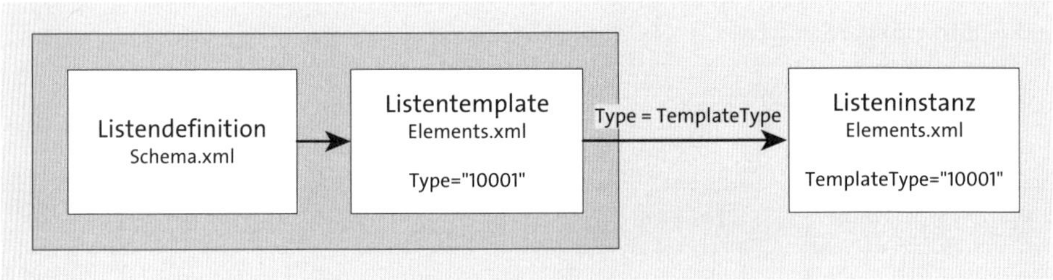

Abbildung 6.12 Verknüpfung Listentemplate und Listeninstanz

In unserer Anwendung werden wir für jede Liste und Bibliothek aus unserem Architekturdokument genau eine Listendefinition mit einer zugehörigen Listeninstanz erstellen.

Ein einfaches Listenschema hat den Aufbau, den Sie in Listing 6.40 sehen.

```
<List>
    <MetaData>
        <ContentTypes>
        </ContentTypes>
        <Fields>
```

```
        </Fields>
        <Views>
        </Views>
        <Forms>
        </Forms>
    </MetaData>
<List>
```

Listing 6.40 Ein einfaches Listenschema

Der Knoten `List` enthält als Attribute die Basisinformationen der Liste. Innerhalb des Knotens für die Metadaten sind Bereiche für verknüpfte Inhaltstypen, enthaltene Felder, Ansichten und Formulare vorgesehen.

Die verfügbaren Attribute für den `List`-Knoten finden Sie in Tabelle 6.15.

Attribut	Beschreibung
`BaseType`	Optionaler Textwert. Gibt den Basistyp an, der dem Schema zugrunde liegt.
`Description`	Optionaler Textwert. Die Beschreibung des Listenschemas
`Direction`	Gibt die Leserichtung der enthaltenen Informationen an. Mögliche Werte: ▶ `RTL`: von rechts nach links (right-to-left) ▶ `LTR`: von links nach rechts (left-to-right) ▶ `none`: Standardwert des Systems
`DisableAttachments`	Optionaler boolescher Wert. Gibt an, ob in der Liste Anhänge erlaubt sind. Standard: `true`
`DraftVersionVisibility`	Optionaler Zahlenwert. Gibt an, ab welchen Berechtigungen Entwürfe sichtbar sind. Mögliche Werte: ▶ `1` = Bearbeiten-Rechte ▶ `2` = Genehmiger-Rechte ▶ alles andere = Leser-Rechte

Tabelle 6.15 Attribute für XML-Knoten von Listen

Attribut	Beschreibung
EnableContentTypes	Optionaler boolescher Wert. Gibt an, ob Inhaltstypen in der Liste zur Verfügung stehen. Standard: false
EnableMinorVersions	Optionaler boolescher Wert. Gibt an, ob bei der Versionierung nur mit Hauptversionen gearbeitet werden soll. Standard: false
EnableThumbnails	Optionaler boolescher Wert. Gibt an, ob für Inhalte der Bibliothek Vorschauelemente erstellt werden sollen.
FolderCreation	Optionaler boolescher Wert. Gibt an, ob in der Liste oder Bibliothek Unterverzeichnisse angelegt werden dürfen.
ModeratedList	Optionaler boolescher Wert. Gibt an, ob der Inhalt der Liste moderiert wird. Ist der Parameter auf true gesetzt, müssen Inhaltsgenehmigungen erfolgen, um Inhalte freizuschalten. Standard: false
Name	der Name der Listendefinition
RootWebOnly	Optionaler boolescher Wert. Gibt an, ob das Listenschema ausschließlich im Rootweb einer SiteCollection zur Verfügung steht. Standard: false
Title	der eindeutige Anzeigename der Listendefinition
VersioningEnabled	Optionaler boolescher Wert. Gibt an, ob die Versionierung in der Liste aktiviert ist. Standard: false

Tabelle 6.15 Attribute für XML-Knoten von Listen (Forts.)

Im Bereich des ContentTypes-Knotens stehen die Varianten ContentType und ContentTypeRef zur Verfügung, um verknüpfte Inhaltstypen hinzuzufügen. Im ContentType-Knoten können Sie detaillierte Angaben zur Kopie des Inhaltstyps machen. So können Sie den Anzeigenamen überschreiben oder Attribute für einzelne Felder anpassen. Da in TicketPoint 2016 keine individuellen Anpassungen in einer Liste vorgesehen sind, sollten Sie den ContentTypeRef-Knoten verwenden, um die bestehenden Inhaltstypen mit den Listen zu verknüpfen.

Für die Ticketliste sähe die Referenz zum Beispiel wie in Listing 6.41 aus.


```
<ContentTypes>
    <ContentTypeRef ID="0x0100B2C35F8E0D144C1A8E32F32149917CB7">
    </ContentTypeRef>
</ContentTypes>
```

Listing 6.41 Beispiel für eine Referenz

[«]

> **Hinweis**
> Im selben Zuge müssen Sie auch die verwendeten Spalten im Fields-Knoten der Listendefinition hinterlegen. Das ist notwendig, da einzelne Feldattribute für die Verwendung einer Spalte in einer Liste manipuliert werden könnten.

Der Fields-Knoten sähe am Beispiel der Ticketliste aus wie in Listing 6.42.

```
<Fields>
    <Field ID="{93DC438D-EEF9-4AE8-8B57-8E47032B56A3}"
            Name="fkr_tp_Ticketnumber"
            DisplayName="$Resources:TicketPoint2016,FldTicketnumber;"
            Type="Text"
            Required="TRUE"
            Group="$Resources:TicketPoint2016,ApplicationTitle;"
            LinkToItem="TRUE"
            LinkToItemAllowed="Allowed"
            ListItemMenu="TRUE"
            ListItemMenuAllowed="Allowed">
    </Field>
    <Field ID="{38296E85-8A44-451A-BDF1-527DCBC3F2C0}"
            Name="fkr_tp_Subject"
            DisplayName="$Resources:TicketPoint2016,FldSubject;"
            Type="Text"
            Required="TRUE"
            Group="$Resources:TicketPoint2016,ApplicationTitle;">
    </Field>
    <Field ID="{3F2F4D61-44FA-42FE-A9AD-E4EDA76541A0}"
            Name="fkr_tp_Problemdescription"
            DisplayName="$Resources:TicketPoint2016,FldProblemdescription;"
```

```
            Type="Note"
            Required="TRUE"
            Group="$Resources:TicketPoint2016,ApplicationTitle;">
    </Field>
    <Field ID="{26EFA6B7-C2D5-4FA2-8595-472108D9D56E}"
            Name="fkr_tp_ContactPerson"
            DisplayName="$Resources:TicketPoint2016,FldContactPerson;"
            Type="User"
            Required="TRUE"
            Group="$Resources:TicketPoint2016,ApplicationTitle;">
    </Field>
    <Field ID="{DA70318F-C2C0-43B5-8B95-91B54AA86C93}"
            Name="fkr_tp_AssignedTo"
            DisplayName="$Resources:TicketPoint2016,FldAssignedTo;"
            Type="User"
            Required="FALSE"
            Group="$Resources:TicketPoint2016,ApplicationTitle;"
            UserSelectionMode="PeopleOnly">
    </Field>
</Fields>
```

Listing 6.42 Beispiel für einen »Fields«-Knoten

Den Views-Knoten werden wir in Abschnitt 6.4 genauer beleuchten. Der Forms-Knoten stellt die Verlinkung auf das Standard-Disp-, -Edit- und -NewForm bereit. Da wir diese im späteren Verlauf dieses Kapitels austauschen, können Sie diesen Block im Standard belassen.

Die XML-Definition eines Listentemplates sieht wie in Listing 6.43 aus.

```
<ListTemplate
    Name="Tickets"
    Type="10001"
    BaseType="0"
    OnQuickLaunch="TRUE"
    SecurityBits="11"
    Sequence="410"
    DisplayName="Tickets"
    Description=""
    Image="/_layouts/15/images/itgen.png"/>
```

Listing 6.43 XML-Definition eines Listentemplates

Die wichtigsten Attribute des Listentemplate-Knotens finden Sie in Tabelle 6.16.

Attribut	Beschreibung
`AllowDeletion`	Optionaler boolescher Wert. Gibt an, ob eine Liste, die auf diesem Template generiert wurde, gelöscht werden kann. Standard: `true`
`AllowEveryoneViewItems`	Optionaler boolescher Wert. Gib an, ob alle Benutzer die Elemente aus einer Liste dieses Templates sehen dürfen. Dies wird z. B. für den MasterPage-Katalog verwendet. Standard: `false`
`BaseType`	Gibt den Basistyp an, auf den das aktuelle Template beruht.
`Category`	Optionaler Textwert. Gibt die Kategorie an, in die eine Liste eingegliedert wird, die auf Basis dieses Templates angelegt wird. Mögliche Werte: ▶ `Libraries` ▶ `Communications` ▶ `Tracking` ▶ `Custom Lists`
`Description`	Beschreibungstext für das Template
`DisableAttachments`	Optionaler boolescher Wert. Deaktiviert die Möglichkeit, Anhänge in eine Liste hochzuladen, die auf diesem Template beruht. Standard: false
`DisallowContentTypes`	Optionaler boolescher Wert. Deaktiviert die Möglichkeit, Inhaltstypen in einer Liste zu verwenden, die auf diesem Template beruht. Standard: `false`
`DisplayName`	der Anzeigename des Listentemplates

Tabelle 6.16 Attribute für Listentemplate-Knoten

Attribut	Beschreibung
`EnableModeration`	Optionaler boolescher Wert. Gibt an, ob in einer Liste auf Basis dieses Templates automatisch die Inhaltsgenehmigung aktiviert ist. Standard: `false`
`FolderCreation`	Optionaler boolescher Wert. Gibt an, ob in einer Liste auf Basis dieses Templates automatisch das Erzeugen von Ordnern erlaubt ist. Standard: `false`
`Hidden`	Optionaler boolescher Wert. Gibt an, ob das Template beim Erstellen einer neuen Liste über das UI ausgeblendet wird. Standard: `false`
`Name`	der Name der zugrunde liegenden Listendefinition
`OnQuickLaunch`	Optionaler boolescher Wert. Gibt an, ob eine Liste, die auf Basis dieses Templates angelegt wird, automatisch in der QuickLaunch-Navigation verlinkt wird. Standard: `true`
`RootWebOnly`	Optionaler boolescher Wert. Gibt an, ob das Template nur im RootWeb einer Site-Collection zur Verfügung steht. Standard: `false`
`Type`	Die ID des Templates. Diese Angabe muss innerhalb des Features, mit dem das Template ausgerollt wird, eindeutig sein.
`VersioningEnabled`	Optionaler boolescher Wert. Gibt an, ob bei einer Liste, die auf Basis dieses Templates erstellt wird, die Versionierung standardmäßig aktiviert ist. Standard: `false`

Tabelle 6.16 Attribute für Listentemplate-Knoten (Forts.)

Das XML zur Definition einer Instanz sehen Sie in Listing 6.44.

```
<ListInstance Title="Tickets"
                OnQuickLaunch="TRUE"
                TemplateType="10001"
                Url="Lists/Tickets"
                Description="My List Instance">
</ListInstance>
```

Listing 6.44 XML zur Definition einer Instanz

Die Attribute aus Tabelle 6.17 stehen für den `ListInstance`-Knoten zur Verfügung.

Attribut	Beschreibung
`Description`	Optionaler Textwert. Beschreibung der Liste
`Hidden`	Optionaler boolescher Wert Gibt an, ob eine Liste im UI versteckt ist. Standard: `false`
`OnQuickLaunch`	Optionaler boolescher Wert. Gibt an, ob die Listeninstanz nach dem Anlegen automatisch in der QuickLaunch-Navigation verlinkt wird. Standard: `true`
`QuickLaunchUrl`	Optionaler Textwert. Gibt die URL an, mit der die Liste in der QuickLaunch-Navigation eingetragen wird.
`RootWebOnly`	Optionaler boolescher Wert. Gibt an, ob die Instanz nur im RootWeb einer SiteCollection erstellt wird. Standard: `false`
`TemplateType`	die ID der verwendeten Listendefinition für die Instanz
`Title`	der Titel der Liste
`Url`	die URL, unter der die Liste publiziert werden soll

Tabelle 6.17 Attribute für Listeninstanz-Knoten

Attribut	Beschreibung
`VersioningEnabled`	Optionaler boolescher Wert. Gibt an, ob die Versionierung von Elementen in dieser Listeninstanz aktiviert ist. Standard: `false`

Tabelle 6.17 Attribute für Listeninstanz-Knoten (Forts.)

Auf Basis dieser beiden Dateien können Sie jetzt die benötigten Listen und Bibliotheken aus dem Architekturdokument im *Structure*-Projekt anlegen.

Fügen Sie dazu unterhalb des Verzeichnisses *Lists* ein neues Element vom Typ LIST hinzu.

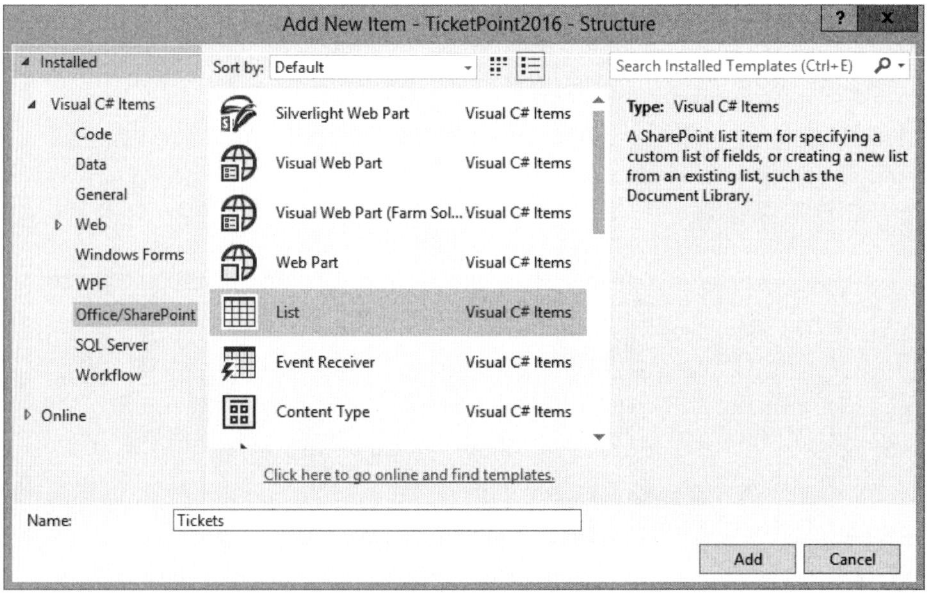

Abbildung 6.13 Neue Liste erstellen

Im darauf folgenden Wizard geben Sie an, welcher Basistyp der Liste zugrunde liegt. Hier wählen Sie DEFAULT (CUSTOM LIST), außer für die Bibliothek für Anhänge, die Sie vom Basistyp DOCUMENT LIBRARY ableiten (siehe Abbildung 6.14).

Wenn Sie alle Listen erstellt haben, sollte Ihr *Structure*-Projekt wie in Abbildung 6.15 aussehen.

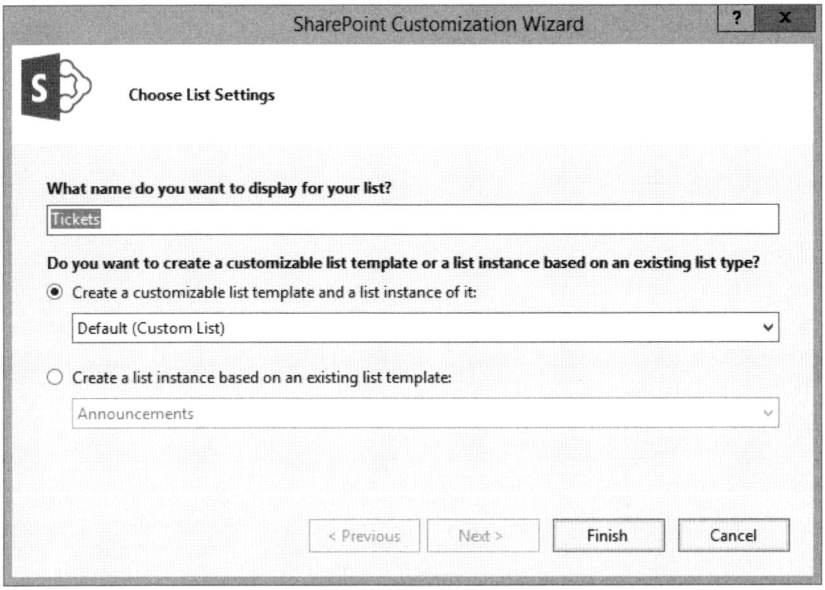

Abbildung 6.14 Wizard – Liste hinzufügen

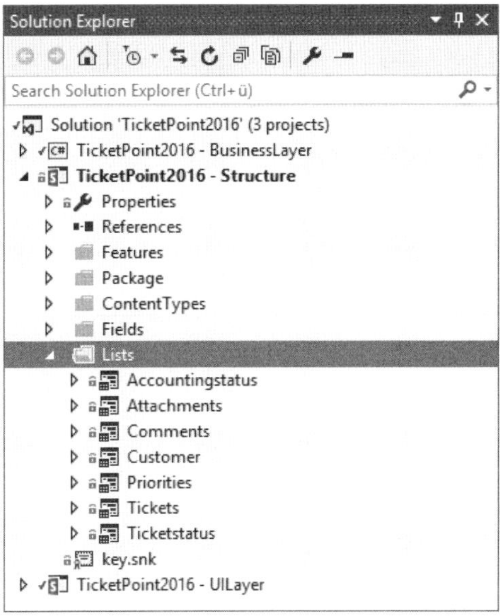

Abbildung 6.15 Listen in der Projektstruktur

Die einzelnen Definitionsdateien der Ticketlisten müssen Sie noch anpassen. Sie sollten nach der Anpassung wie in Listing 6.45 bis Listing 6.47 aussehen.

```
<List xmlns:ows="Microsoft SharePoint"
        Title="Tickets"
        FolderCreation="FALSE"
        Direction="$Resources:Direction;"
        Url="Lists/Tickets"
        BaseType="0"
        xmlns="http://schemas.microsoft.com/sharepoint/"
        EnableContentTypes="TRUE">
    <MetaData>
    <ContentTypes>
        <ContentTypeRef ID="0x0100B2C35F8E0D144C1A8E32F32149917CB7">
        </ContentTypeRef>
    </ContentTypes>
    <Fields>
        <Field ID="{93DC438D-EEF9-4AE8-8B57-8E47032B56A3}"
                Name="fkr_tp_Ticketnumber"
                DisplayName="$Resources:TicketPoint2016,FldTicketnumber;"
                Type="Text"
                Required="TRUE"
                Group="$Resources:TicketPoint2016,ApplicationTitle;"
                LinkToItem="TRUE"
                LinkToItemAllowed="Allowed"
                ListItemMenu="TRUE"
                ListItemMenuAllowed="Allowed">
        </Field>
        <Field ID="{38296E85-8A44-451A-BDF1-527DCBC3F2C0}"
                Name="fkr_tp_Subject"
                DisplayName="$Resources:TicketPoint2016,FldSubject;"
                Type="Text"
                Required="TRUE"
                Group="$Resources:TicketPoint2016,ApplicationTitle;">
        </Field>
        <Field ID="{3F2F4D61-44FA-42FE-A9AD-E4EDA76541A0}"
                Name="fkr_tp_Problemdescription"
                DisplayName=
"$Resources:TicketPoint2016,FldProblemdescription;"
                Type="Note"
                Required="TRUE"
                Group="$Resources:TicketPoint2016,ApplicationTitle;">
        </Field>
        <Field ID="{26EFA6B7-C2D5-4FA2-8595-472108D9D56E}"
                Name="fkr_tp_ContactPerson"
```

```
                DisplayName="$Resources:TicketPoint2016,FldContactPerson;"
                Type="User"
                Required="TRUE"
                Group="$Resources:TicketPoint2016,ApplicationTitle;">
        </Field>
        <Field ID="{DA70318F-C2C0-43B5-8B95-91B54AA86C93}"
                Name="fkr_tp_AssignedTo"
                DisplayName="$Resources:TicketPoint2016,FldAssignedTo;"
                Type="User"
                Required="FALSE"
                Group="$Resources:TicketPoint2016,ApplicationTitle;"
                UserSelectionMode="PeopleOnly">
        </Field>
    </Fields>
...
```

Listing 6.45 Tickets (Listendefinition – »Schema.xml«)

```
<ListTemplate
    Name="Tickets"
    Type="10001"
    BaseType="0"
    OnQuickLaunch="TRUE"
    SecurityBits="11"
    Sequence="410"
    DisplayName="$Resources:TicketPoint2016,LstTickets;"
    Description=""
    Image="/_layouts/15/images/itgen.png"/>
```

Listing 6.46 Tickets (Listentemplate – »Elements.xml«)

```
<ListInstance Title="$Resources:TicketPoint2016,LstTickets;"
                OnQuickLaunch="TRUE"
                TemplateType="10001"
                Url="Lists/Tickets"
                Description="$Resources:TicketPoint2016,
                    TxtTicketlistDescription;">
</ListInstance>
```

Listing 6.47 Tickets (Listeninstanz – »Elements.xml«)

Wenn Sie alle Listentemplates und -instanzen entsprechend vorbereitet haben, fügen Sie sie als Bestandteil zum *Structure*-Feature des *Structure*-Projektes hinzu.

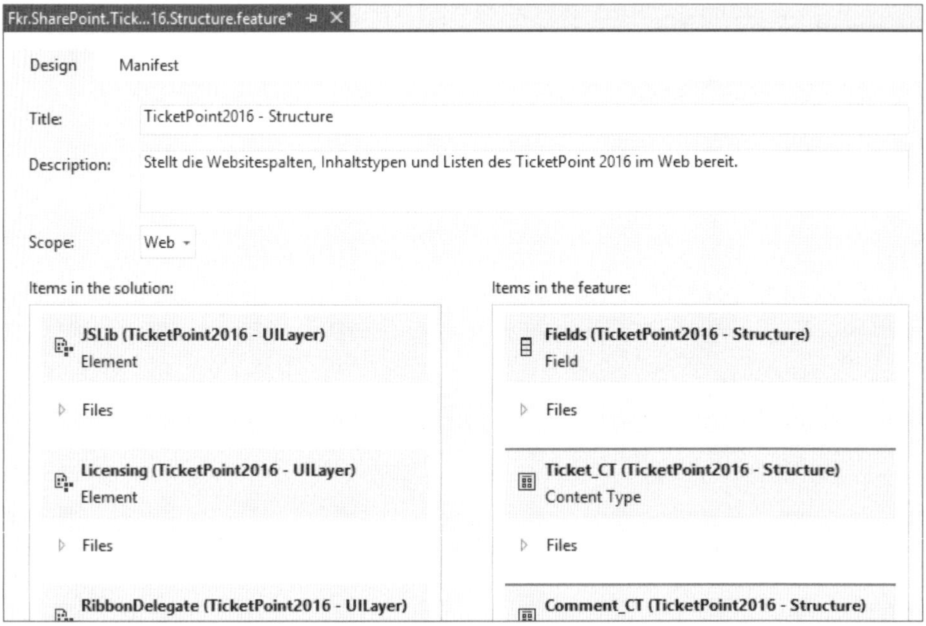

Abbildung 6.16 Listen zum »Structure«-Feature hinzufügen

Danach pflegen Sie die fehlenden Übersetzungen in die Datei *Resource.resx* im *UI-Layer*-Projekt ein.

Schlüssel	Wert
`LstTicketstatus`	Ticketstatus
`TxtTicketstatuslistDescription`	Enthält die möglichen Status, die ein Ticket annehmen kann
`LstPriorities`	Prioritäten
`TxtPrioritieslistDescription`	Enthält die möglichen Prioritäten, die ein Ticket erhalten kann
`LstCustomer`	Kunden
`TxtCustomerlistDescription`	Enthält alle Kunden, die in TicketPoint 2016 zur Verfügung stehen
`LstComments`	Kommentare
`TxtCommentslistDescription`	Enthält alle Kommentare, die zu Tickets abgegeben werden

Tabelle 6.18 Übersetzung für Ressourcendatei

Schlüssel	Wert
LstAttachments	Anhänge
TxtAttachmentslistDescription	Enthält alle Anhänge, die zu Tickets hochgeladen werden
LstTickets	Tickets
TxtTicketlistDescription	Enthält die Tickets aus TicketPoint 2016
LstAccountingstatus	Abrechnungsstatus
TxtAccountingstatuslistDescription	Enthält die Abrechnungsstatus-Stammdaten aus TicketPoint 2016

Tabelle 6.18 Übersetzung für Ressourcendatei (Forts.)

Zum leichteren Zugriff auf die Ressourcen fügen Sie die neuen Ressourcenschlüssel in der Klasse `Localization.Keys` im *BusinessLayer*-Projekt hinzu.

```
public const string LstTickets = "LstTickets";
public const string LstTicketstatus = "LstTicketstatus";
public const string LstPriorities = "LstPriorities";
public const string LstCustomer = "LstCustomer";
public const string LstComments = "LstComments";
public const string LstAttachments = "LstAttachments";
public const string LstAccountingstatus = "LstAccountingstatus";
public const string TxtTicketlistDescription = "TxtTicketlistDescription";
public const string TxtTicketstatuslistDescription =
    "TxtTicketstatuslistDescription";
public const string TxtPrioritieslistDescription =
    "TxtPrioritieslistDescription";
public const string TxtCustomerlistDescription =
    "TxtCustomerlistDescription";
public const string TxtCommentslistDescription =
    "TxtCommentslistDescription";
public const string TxtAttachmentslistDescription =
    "TxtAttachmentslistDescription";
public const string TxtAccountingstatuslistDescription =
    "TxtAccountingstatuslistDescription";
```

Listing 6.48 Konstanten für Übersetzungsschlüssel

Um den späteren codeseitigen Zugriff auf die Listen zu erleichtern, sollten Sie in der Klasse `Constants` im *BusinessLayer*-Projekt eine Subklasse mit dem Namen `ListUrl` erstellen und dort alle verfügbaren Listen-URLs als Konstanten hinterlegen.

```
public static class ListUrl
{
    public const string Tickets = "Lists/Tickets";
    public const string Ticketstatus = "Lists/Ticketstatus";
    public const string Priorities = "Lists/Priorities";
    public const string Customer = "Lists/Customer";
    public const string Comments = "Lists/Comments";
    public const string Attachments = "Lists/Attachments";
    public const string Accountingstatus = "Lists/Accountingstatus";
}
```

Listing 6.49 Konstanten für Listen-URLs

Tipp

Wenn Sie eine Listeninstanz bereits auf dem Web ausgerollt haben und die Lösung mit dem Visual Studio neu deployen, erscheint eine Hinweismeldung für die bereits vorhandenen Listeninstanzen.

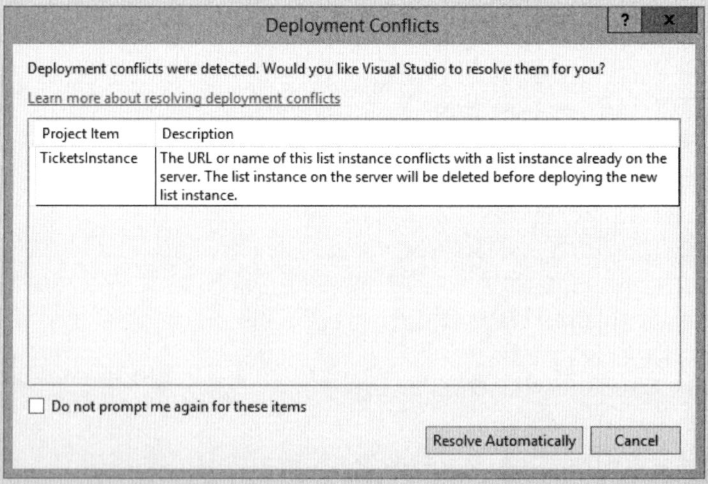

Abbildung 6.17 Deployment Conflicts

Um diesen Konflikt im Visual Studio zu vermeiden, können Sie in den Einstellungen der Listeninstanz im Solution Explorer die Einstellung DEPLOYMENT CONFLICT RESOLUTION auf NONE stellen. Das hat zur Folge, dass die Liste nicht neu erstellt wird, wenn sie bereits existiert.

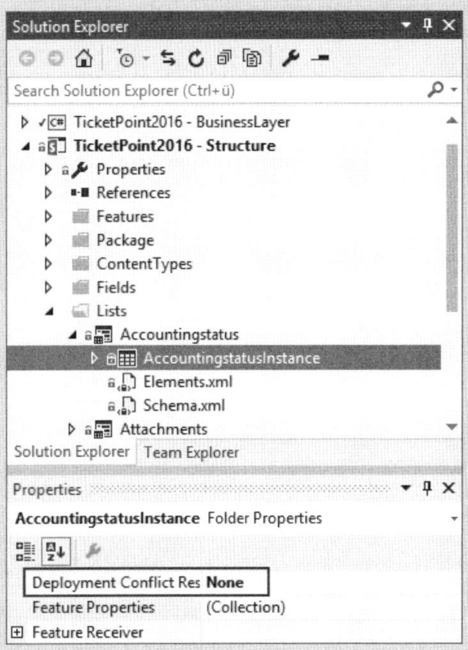

Abbildung 6.18 Deployment Conflict Resolution

Deployen Sie die Lösung auf Ihren SharePoint, und prüfen Sie, ob die Listen erfolgreich angelegt wurden. Prüfen Sie ebenfalls, ob alle Websitespalten und Inhaltstypen korrekt mit den Listen verknüpft wurden.

6.3.2 Via Code

Genau wie beim Anlegen der Spalten und beim Anlegen der ContentTypes erstellen Sie eigene Klassen, mit denen Sie dann alle erforderlichen Listen erstellen. Wir beschränken uns wieder auf die in TicketPoint benötigten Listentypen und -eigenschaften. Bei Bedarf erweitern Sie die erstellten Klassen und Methoden. Grundsätzlich können Sie bei der Erstellung von Listen via Code genauso vorgehen wie bei der Erstellung per XML, das heißt, Sie erstellen ein eigenes Listenschema und erzeugen davon dann die Listeninstanz. Da wir aber im Falle von TicketPoint jede Liste nur genau einmal benötigen, erstellen wir dafür kein eigenes Listenschema, sondern erzeugen eine Instanz eines Standardlistenschemas und fügen die ContentTypes via Code hinzu. Die benötigten Ansichten legen wir später in Abschnitt 6.4, »Ansichten«, an.

Die Eigenschaften aus Tabelle 6.19 sind diejenigen, die bei der Entwicklung von Listen am häufigsten benötigt werden.

Attribut	Beschreibung
ContentTypes	lesender Zugriff auf alle ContentTypes der Liste
ContentTypesEnabled	Optionaler boolescher Wert. Gibt an, ob der Liste weitere ContentTypes hinzugefügt werden dürfen. Standard: false
Description	Optionaler Textwert. Beschreibung der Liste
EnableFolderCreation	Optionaler boolescher Wert. Gibt an, ob in der Liste Ordner erstellt werden dürfen. Standard: unterschiedlich je nach Listentyp
EnableVersioning	Optionaler boolescher Wert. Gibt an, ob in der Liste die Versionierung aktiv ist. Standard: false
EventReceivers	Zugriff auf alle EventReceiver, die an der Liste hängen
Fields	Zugriff auf alle Felder, die der Liste zugeordnet wurden
Hidden	Optionaler boolescher Wert. Gibt an, ob eine Liste im UI versteckt ist. Standard: false
ImageUrl	serverrelative URL des Icons, das für die Liste verwendet wird
OnQuickLaunch	Optionaler boolescher Wert. Gibt an, ob die Listeninstanz nach dem Anlegen automatisch in der QuickLaunch-Navigation verlinkt wird. Standard: true
QuickLaunchUrl	Optionaler Textwert. Gibt die URL an, mit der die Liste in der QuickLaunch-Navigation eingetragen wird.
RootWebOnly	Optionaler boolescher Wert. Gibt an, ob die Instanz nur im RootWeb einer SiteCollection erstellt werden kann. Standard: false

Tabelle 6.19 Attribute für Listenknoten in Schema-XML

Attribut	Beschreibung
`TemplateType`	die ID der verwendeten Listendefinition für die Instanz
`Title`	der Titel der Liste
`Views`	Zugriff auf alle Views der Liste
`WorkflowAssociations`	Zugriff auf alle Workflowinstanzen, die der Liste zugeordnet wurden.

Tabelle 6.19 Attribute für Listenknoten in Schema-XML (Forts.)

Zur besseren Übersicht erstellen Sie im *Structure*-Projekt einen Ordner *Lists* und legen dort die beiden Klassen `List` und `ListProperties` an, mit denen Sie dann die Listen erstellen.

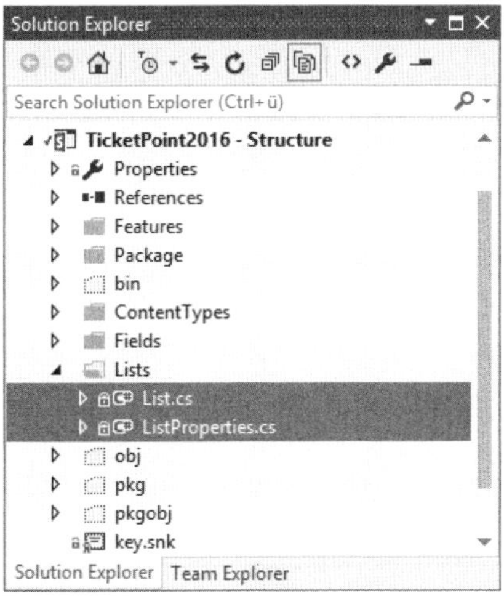

Abbildung 6.19 Klassen »List« und »ListProperties«

Um die Eigenschaften der Listen setzen zu können, fügen Sie das Codebeispiel aus Listing 6.50 in die `List`-Klassendatei ein. Diese Klasse wird später als Übergabeparameter bei der Listenerstellung verwendet. Die Beschreibung der einzelnen Properties entnehmen Sie bitte den Kommentaren in Listing 6.50.

```
internal class ListProperties
{
    /// <summary>
    /// Name der Liste
    /// </summary>
    internal string Title { get; set; }
    /// <summary>
```

```
    /// Beschreibung der Liste
    /// </summary>
    internal string Description { get; set; }
    /// <summary>
    /// Web-relative URL der Liste
    /// </summary>
    internal string Url { get; set; }
    /// <summary>
    /// Listentemplate
    /// </summary>
    internal SPListTemplateType Template { get; set; }
    /// <summary>
    /// Ordner erlauben
    /// </summary>
    internal bool EnableFolderCreation { get; set; }
    /// <summary>
    /// In Schnellstart-Navigation anzeigen
    /// </summary>
    internal bool OnQuickLaunch { get; set; }
    /// <summary>
    /// Inhaltstypen
    /// </summary>
    internal string[] ContentTypeIds { get; set; }
    /// <summary>
    /// Inhaltstypen neu hinzufügen ja/nein
    /// </summary>
    internal bool ResetContentType { get; set; }
}
```

Listing 6.50 Klasse für Listenbeschreibung

Öffnen Sie die Datei *List.cs*, und fügen Sie die die Methode aus Listing 6.51 hinzu. Mit dieser Methode werden Listen erstellt bzw., wenn sie bereits existieren, angepasst. Genau wie bei der Spaltenerstellung und der Erstellung der ContentTypes führen Sie ein Update nur durch, wenn es erforderlich ist.

```
internal static void CreateOrUpdateList(SPWeb web,
    ListProperties listProperties)
{
    SPList list = web.Lists.Cast<SPList>().FirstOrDefault(
        l => l.RootFolder.Url.Equals(listProperties.Url,
        StringComparison.OrdinalIgnoreCase));
    bool changed = false;
```

```
    if (list == null)
    {
        string tempTitle = listProperties.Url.ToLower();
        if (tempTitle.Contains(lists))
            tempTitle = tempTitle.Substring(tempTitle.IndexOf(lists) +
                lists.Length);
        Guid listGuid = web.Lists.Add(tempTitle, listProperties.Description,
             listProperties.Template);
         list = web.Lists[listGuid];
        listProperties.ResetContentType = true;
    }
}
```

Listing 6.51 Methode zum Erstellen und Aktualisieren von Listen

Zuerst wird geprüft, ob die Liste mit der URL bereits existiert, indem die URL der gewünschten Liste mit allen URLs der RootFolder der Listen verglichen wird. Wenn die Liste nicht existiert, wird sie erstellt. Die `Add`-Methode der `SPList`-Klasse erwartet einen Listentitel, der aber auch als URL verwendet wird. Daher übergeben wir als Listentitel unsere URL ohne den *Lists*-Teil der URL. Der Titel wird durch ein Update in der Methode wieder mit dem richtigen Text überschrieben. Achten Sie außerdem darauf, dass Sie `ResetContentType` auf `true` setzen, um die ContentTypes der Liste neu hinzuzufügen.

Im Anschluss fügen Sie den Code aus Listing 6.52 in die Methode ein, um die ContentTypes zu setzen und die anderen Properties zu prüfen und gegebenenfalls neu zu setzen. Ganz zum Schluss wird ein Update der Liste durchgeführt, wenn sich Properties oder ContentTypes geändert haben.

```
if (listProperties.ResetContentType)
    changed = SetContentTypes(list, listProperties);
if (list.Title != listProperties.Title)
{
    list.Title = listProperties.Title;
    changed = true;
}
if (list.Description != listProperties.Description
    && !string.IsNullOrWhiteSpace(listProperties.Description))
{
    list.Description = listProperties.Description;
    changed = true;
}
if (list.OnQuickLaunch != listProperties.OnQuickLaunch)
{
```

```
        list.OnQuickLaunch = listProperties.OnQuickLaunch;
        changed = true;
    }
    if (list.EnableFolderCreation != listProperties.EnableFolderCreation)
    {
        list.EnableFolderCreation = listProperties.EnableFolderCreation;
        changed = true;
    }
    if (changed)
        list.Update();
    }
```

Listing 6.52 Listeninhaltstypen prüfen und aktualisieren

Um die ContentTypes zuzuordnen, erstellen Sie in der `List`-Klasse die Methode `SetContentTypes`. Die Methode prüft, ob das Hinzufügen von ContentTypes erlaubt ist (`ContentTypesEnabled`-Property). Falls nicht, muss dies vorher durch Setzen der Property auf `true` aktiviert werden, da sonst beim Hinzufügen eine Exception ausgelöst wird. Wie beim Zuordnen der Spalten in den ContentTypes werden auch hier ContentTypes, die noch nicht zugeordnet sind, zugeordnet. Vorher wird allerdings noch geprüft, ob der jeweilige ContentType bei dieser Liste erlaubt ist. Im Anschluss werden nicht mehr benötigte ContentTypes aus der Liste entfernt.

```
private static bool SetContentTypes(SPList list,
    ListProperties listProperties)
{
    bool changed = false;
    if (listProperties.ContentTypeIds != null
        && listProperties.ContentTypeIds.Length > 0)
    {
        list.ContentTypesEnabled = true;
        changed = true;
        List<SPContentTypeId> ctIds2Remove = new List<SPContentTypeId>();
        foreach (SPContentType ct in list.ContentTypes)
            ctIds2Remove.Add(ct.Id);
        //ContentTypes hinzufügen
        foreach (string sctId in listProperties.ContentTypeIds)
        {
            SPContentTypeId contentTypeId = new SPContentTypeId(sctId);
            SPContentType contentType =
                list.ParentWeb.AvailableContentTypes[contentTypeId];
            if (contentType != null)
            {
```

```
                SPContentTypeId cid = ctIds2Remove.FirstOrDefault(
                   c => c.Parent == contentTypeId);
                if (cid != null)
                    ctIds2Remove.Remove(cid);
                if (!list.IsContentTypeAllowed(contentType))
                    Logging.LogError(…)
                else if (list.ContentTypes[contentType.Name] != null)
                    Logging.LogError(…)
                else
                    list.ContentTypes.Add(contentType);
            }
        }
        foreach (SPContentTypeId ctId in ctIds2Remove)
            list.ContentTypes.Delete(ctId);
    }
    return changed;
}
```


Listing 6.53 Inhaltstypen der Liste aktualisieren

Für das Erzwingen von eindeutigen Werten in den Konfigurationslisten benötigen Sie die `EnforceUniqueValues`-Methode. Fügen Sie dazu den Code aus Listing 6.54 in die Klasse `List` ein:

```
public static void EnforceUniqueValues(SPList list, string internalName)
{
    SPField field = list.Fields.GetFieldByInternalName(internalName);
    if (!field.EnforceUniqueValues)
    {
        field.Indexed = true;
        field.EnforceUniqueValues = true;
        field.Update();
    }
}
```

Listing 6.54 Eindeutige Werte erzwingen

Um die Prüfung auf Eindeutigkeit zu ermöglichen, muss die Spalte indexiert sein, daher setzen wir zusätzlich zur Property `EnforceUniqueValues` die Property `Indexed` auf `true`.

Bevor Sie die Listen erstellen, müssen Sie noch die fehlenden Schlüssel in der Ressourcendatei des *UILayer*-Projektes hinzufügen.

Schlüssel	Wert
`LstTicketstatus`	Ticketstatus
`TxtTicketstatuslistDescription`	Enthält die möglichen Status, die ein Ticket annehmen kann
`LstPriorities`	Prioritäten
`TxtPrioritieslistDescription`	Enthält die möglichen Prioritäten, die ein Ticket erhalten kann
`LstCustomer`	Kunden
`TxtCustomerlistDescription`	Enthält alle Kunden, die in TicketPoint 2016 zur Verfügung stehen
`LstComments`	Kommentare
`TxtCommentslistDescription`	Enthält alle Kommentare, die zu Tickets abgegeben werden
`LstAttachments`	Anhänge
`TxtAttachmentslistDescription`	Enthält alle Anhänge, die zu Tickets hochgeladen werden
`LstTickets`	Tickets
`TxtTicketlistDescription`	Enthält die Tickets aus TicketPoint 2016
`LstAccountingstatus`	Abrechnungsstatus
`TxtAccountingstatuslistDescription`	Enthält die Abrechnungsstatusstammdaten aus TicketPoint 2016
`LstConfigCustomer`	Konfiguration Kunde
`LstConfigSupporter`	Konfiguration Supporter

Tabelle 6.20 Übersetzung für Ressourcendatei

Zum leichteren Zugriff auf die Ressourcen fügen Sie die neuen Ressourcenschlüssel noch in der Klasse `Localization.Keys` im *BusinessLayer*-Projekt hinzu.

```
public const string LstTickets = "LstTickets";
public const string LstTicketstatus = "LstTicketstatus";
public const string LstPriorities = "LstPriorities";
public const string LstCustomer = "LstCustomer";
public const string LstComments = "LstComments";
```

```
public const string LstAttachments = "LstAttachments";
public const string LstAccountingstatus = "LstAccountingstatus";
public const string LstConfigSupporter = "LstConfigSupporter";
public const string LstConfigCustomer = "LstConfigCustomer";
public const string TxtTicketlistDescription = "TxtTicketlistDescription";
public const string TxtTicketstatuslistDescription =
    "TxtTicketstatuslistDescription";
public const string TxtPrioritieslistDescription =
    "TxtPrioritieslistDescription";
public const string TxtCustomerlistDescription =
    "TxtCustomerlistDescription";
public const string TxtCommentslistDescription =
    "TxtCommentslistDescription";
public const string TxtAttachmentslistDescription =
    "TxtAttachmentslistDescription";
public const string TxtAccountingstatuslistDescription =
    "TxtAccountingstatuslistDescription";
```

Listing 6.55 Konstanten für Übersetzungsschlüssel

Um den späteren Zugriff per Code auf die Listen zu erleichtern, sollten Sie in der Klasse `Constants` im *BusinessLayer*-Projekt eine Subklasse mit dem Namen `ListUrl` erstellen und dort alle verfügbaren Listen-URLs als Konstanten hinterlegen.

```
public static class ListUrl
{
    public const string Tickets = "Lists/Tickets";
    public const string Ticketstatus = "Lists/Ticketstatus";
    public const string Priorities = "Lists/Priorities";
    public const string Customer = "Lists/Customer";
    public const string Comments = "Lists/Comments";
    public const string Attachments = "Lists/Attachments";
    public const string Accountingstatus = "Lists/Accountingstatus";
    public const string ConfigSupporter = "Lists/ConfigurationSupporter";
    public const string ConfigCustomer = "Lists/ConfigurationCustomer";
}
```

Listing 6.56 Konstanten für Listen-URLs

Zur Anlage der Listen erstellen Sie in der Klasse des Feature-EventReceivers die Methode `CreateLists`. Diese Methode erstellt alle Listen und Bibliotheken. Je Liste wird ein `ListProperties`-Objekt erzeugt, in dem die Eigenschaften und Inhaltstypen der Liste definiert werden. Im Anschluss wird die `CreateOrUpdateList`-Methode der

List-Klasse aufgerufen, um die Liste zu erstellen. Fügen Sie dazu das Codebeispiel aus Listing 6.57 ein:

```
private void CreateLists(SPWeb web)
{
  //Prioritäten
  ListProperties lstPriorities = new ListProperties
  {
    Title = Localization.GetString(Localization.Keys.LstPriorities),
    // Description = Localization.GetString(Localization.Keys.lstd
    Url = Constants.ListUrl.Priorities,
    Template = SPListTemplateType.GenericList,
    EnableFolderCreation = false,
    OnQuickLaunch = false,
    ContentTypeIds = new string[]
    {
      Constants.ContentTypeId.Priority
    }
  };
  List.CreateOrUpdateList(web, lstPriorities);
  //Ticketstatus
  ListProperties lstTicketStatus = new ListProperties
  {
    Title = Localization.GetString(Localization.Keys.LstTicketstatus),
    Url = Constants.ListUrl.Ticketstatus,
    Template = SPListTemplateType.GenericList,
    EnableFolderCreation = false,
    OnQuickLaunch = false,
    ContentTypeIds = new string[]
    {
      Constants.ContentTypeId.Ticketstatus
    }
  };
  List.CreateOrUpdateList(web, lstTicketStatus);
  //Abrechnungsstatus
  ListProperties lstAccountingstatus = new ListProperties
  {
    Title = Localization.GetString(
      Localization.Keys.LstAccountingstatus),
    Url = Constants.ListUrl.Accountingstatus,
    Template = SPListTemplateType.GenericList,
    EnableFolderCreation = false,
    OnQuickLaunch = false,
```

```
  ContentTypeIds = new string[]
  {
    Constants.ContentTypeId.Accountingstatus
  }
};
List.CreateOrUpdateList(web, lstAccountingstatus);
//Kunden
ListProperties lstCustomer = new ListProperties
{
  Title = Localization.GetString(Localization.Keys.LstCustomer),
  Url = Constants.ListUrl.Customer,
  Template = SPListTemplateType.GenericList,
  EnableFolderCreation = false,
  OnQuickLaunch = false,
  ContentTypeIds = new string[]
  {
    Constants.ContentTypeId.Customer
  }
};
List.CreateOrUpdateList(web, lstCustomer);
//Tickets
ListProperties lstTickets = new ListProperties
{
  Title = Localization.GetString(Localization.Keys.LstTickets),
  Url = Constants.ListUrl.Tickets,
  Template = SPListTemplateType.GenericList,
  EnableFolderCreation = false,
  OnQuickLaunch = false,
  ContentTypeIds = new string[]
  {
    Constants.ContentTypeId.Ticket
  }
};
List.CreateOrUpdateList(web, lstTickets);
//Kommentare
ListProperties lstComments = new ListProperties
{
  Title = Localization.GetString(Localization.Keys.LstComments),
  Url = Constants.ListUrl.Comments,
  Template = SPListTemplateType.GenericList,
  EnableFolderCreation = false,
  OnQuickLaunch = false,
  ContentTypeIds = new string[]
```

```
    {
      Constants.ContentTypeId.Comment
    }
  };
  List.CreateOrUpdateList(web, lstComments);
  //Anhänge
  ListProperties lstAttachments = new ListProperties
  {
    Title = Localization.GetString(Localization.Keys.LstAttachments),
    Url = Constants.ListUrl.Attachments,
    Template = SPListTemplateType.DocumentLibrary,
    EnableFolderCreation = false,
    OnQuickLaunch = false,
    ContentTypeIds = new string[]
    {
      Constants.ContentTypeId.Attachment
    }
  };
  List.CreateOrUpdateList(web, lstAttachments);
  //Konfiguration Supporter
  ListProperties lstConfigSupporter = new ListProperties
  {
    Title = Localization.GetString(
      Localization.Keys.LstConfigSupporter),
    Url = Constants.ListUrl.ConfigSupporter,
    Template = SPListTemplateType.GenericList,
    EnableFolderCreation = false,
    OnQuickLaunch = false,
    ContentTypeIds = new string[]
    {
      Constants.ContentTypeId.ConfigurationSupporter
    }
  };
  List.CreateOrUpdateList(web, lstConfigSupporter);
  //Konfiguration Kunde
  ListProperties lstConfigCustomer = new ListProperties
  {
    Title = Localization.GetString(
      Localization.Keys.LstConfigCustomer),
    Url = Constants.ListUrl.ConfigCustomer,
    Template = SPListTemplateType.GenericList,
    EnableFolderCreation = false,
    OnQuickLaunch = false,
```

```
    ContentTypeIds = new string[]
    {
      Constants.ContentTypeId.ConfigurationCustomer
    }
  };
  List.CreateOrUpdateList(web, lstConfigCustomer);
}
```

Listing 6.57 Methode zum Erstellen von Listen

In der FeatureActivated-Methode der FkrSharePointTicketPoint2016EventReceiver-Klasse rufen Sie die CreateLists-Methode auf, um alle Listen der Anwendung zu erstellen.

```
public override void FeatureActivated(SPFeatureReceiverProperties properties)
{
    try
    {
        SPWeb web = properties.Feature.Parent as SPWeb;
        CreateFields(web);
        CreateContentTypes(web);
        CreateLists(web);
    }
    catch (Exception ex)
    {
        Logging.LogError(ex, Constants.LogCategory.Structure);
    }
}
```

Listing 6.58 Featureaktivierung

Deployen Sie die Solution, und aktivieren Sie das Strukturfeature. Prüfen Sie im Anschluss, ob die Listen und Bibliotheken richtig angelegt wurden.

6.3.3 Lookup-Spalten

Hinweis

Wenn Sie für die Strukturerstellung die Variante via Code verfolgen, lesen Sie in diesem Abschnitt, wie Sie die bisherigen Klassen so erweitern, dass Sie die Nachschlagespalten anlegen können. Sollten Sie die Strukturerstellung via Schema gewählt haben, können Sie diesen Abschnitt überspringen und erfahren in Abschnitt 7.1, »Nachschlagespalten«, wie Sie die notwendigen Felder anlegen.

Die Methoden zum Erstellen von Lookup-Spalten haben Sie bereits in Abschnitt 6.1, »Spalten«, implementiert. Die Methoden zum Hinzufügen einer Spalte zu einem ContentType haben Sie in Abschnitt 6.2, »Inhaltstypen«, bereits erstellt. Da alle benötigten Methoden bereits vorhanden sind, können Sie direkt die Methode hinzufügen, die alle in der Anwendung benötigten Lookup-Spalten anlegt. Ergänzen Sie dazu in der Klasse des Feature-EventReceivers die Methode `CreateLookupFields`. Je Spalte wird ein `FieldProperties`-Objekt erzeugt, in dem die Eigenschaften der Spalte definiert werden. Im Anschluss wird die `CreateOrUpdateField`-Methode der `Field`-Klasse aufgerufen, um die Lookup-Spalte anzulegen.

```
private void CreateLookupFields(SPWeb web)
{
  //Ticket
  FieldPropertiesLookup ticket = new FieldPropertiesLookup
  {
    InternalName = Constants.FieldInternalName.Ticket,
    DisplayName = Localization.GetString(Localization.Keys.FldTicket),
    FieldType = AvailableFieldTypes.Lookup,
    Group = Localization.GetString(Localization.Keys.ApplicationTitle),
    SourceWeb = web,
    SourceListUrl = Constants.ListUrl.Tickets,
    LookupField = Constants.FieldInternalName.Ticketnumber,
    Required = true,
    AllowMultiValues = false
  };
  Field.CreateOrUpdateField(web, ticket);
  //Priorität
  FieldPropertiesLookup priority = new FieldPropertiesLookup
  {
    InternalName = Constants.FieldInternalName.Priority,
    DisplayName = Localization.GetString(Localization.Keys.FldPriority),
    FieldType = AvailableFieldTypes.Lookup,
    Group =
      Localization.GetString(Localization.Keys.ApplicationTitle),
    SourceWeb = web,
    SourceListUrl = Constants.ListUrl.Priorities,
    LookupField = Constants.FieldInternalName.Title,
    Required = true,
    AllowMultiValues = false
  };
  Field.CreateOrUpdateField(web, priority);
  //Ticketstatus
  FieldPropertiesLookup ticketstatus = new FieldPropertiesLookup
```

```
{
  InternalName = Constants.FieldInternalName.Ticketstatus,
  DisplayName = Localization.GetString(
    Localization.Keys.FldTicketstatus),
  FieldType = AvailableFieldTypes.Lookup,
  Group = Localization.GetString(Localization.Keys.ApplicationTitle),
  SourceWeb = web,
  SourceListUrl = Constants.ListUrl.Ticketstatus,
  LookupField = Constants.FieldInternalName.Title,
  Required = true,
  AllowMultiValues = false
};
Field.CreateOrUpdateField(web, ticketstatus);
//Abrechnungstatus
FieldPropertiesLookup accountingstatus = new FieldPropertiesLookup
{
  InternalName = Constants.FieldInternalName.Accountingstatus,
  DisplayName = Localization.GetString(
    Localization.Keys.FldAccountingstatus),
  FieldType = AvailableFieldTypes.Lookup,
  Group = Localization.GetString(Localization.Keys.ApplicationTitle),
  SourceWeb = web,
  SourceListUrl = Constants.ListUrl.Accountingstatus,
  LookupField = Constants.FieldInternalName.Title,
  Required = true,
  AllowMultiValues = false
};
Field.CreateOrUpdateField(web, accountingstatus);
//Kunde
FieldPropertiesLookup customer = new FieldPropertiesLookup
{
  InternalName = Constants.FieldInternalName.Customer,
  DisplayName =
    Localization.GetString(Localization.Keys.FldCustomer),
  FieldType = AvailableFieldTypes.Lookup,
  Group =
    Localization.GetString(Localization.Keys.ApplicationTitle),
  SourceWeb = web,
  SourceListUrl = Constants.ListUrl.Customer,
  LookupField = Constants.FieldInternalName.Title,
  Required = true,
  AllowMultiValues = false
```

```
    };
    Field.CreateOrUpdateField(web, customer);
}
```

Listing 6.59 Methoden zum Anlegen von Nachschlagefeldern

Um die noch fehlenden Lookup-Spalten dem Inhaltstyp hinzuzufügen, erstellen Sie in der Klasse des `Feature-EventReceivers` die Methode aus Listing 6.60.

```
private void AddLookupFields(SPWeb web)
{
    // Kommentar
    ContentType.AddField(web, Constants.ContentTypeId.Comment,
        Constants.FieldInternalName.Ticket, true);
    // Anhang
    ContentType.AddField(web, Constants.ContentTypeId.Attachment,
        Constants.FieldInternalName.Ticket, true);
    // Ticket
    ContentType.AddField(web, Constants.ContentTypeId.Ticket,
        Constants.FieldInternalName.Priority, true);
    // Ticket
    ContentType.AddField(web, Constants.ContentTypeId.Ticket,
        Constants.FieldInternalName.Ticketstatus, true);
    // Ticket
    ContentType.AddField(web, Constants.ContentTypeId.Ticket,
        Constants.FieldInternalName.Accountingstatus, true);
    // Ticket
    ContentType.AddField(web, Constants.ContentTypeId.Ticket,
        Constants.FieldInternalName.Customer, true);
    //Konfiguration Kunde
     ContentType.AddField(web, Constants.ContentTypeId.ConfigurationCustomer,
         Constants.FieldInternalName.Customer, true);
}
```

Listing 6.60 Methode zum Hinzufügen von Nachschlagespalten

In der `FeatureActivated`-Methode der `FkrSharePointTicketPoint2016EventReceiver`-Klasse rufen Sie die `CreateLookupFields`-Methode auf, die alle Lookup-Spalten der Anwendung erstellt. Im Anschluss rufen Sie die `AddLookupFields`-Methode auf, um die Spalten den Inhaltstypen hinzuzufügen.

```
public override void FeatureActivated(SPFeatureReceiverProperties properties)
{
    try
    {
```

```
        SPWeb web = properties.Feature.Parent as SPWeb;
        CreateFields(web);
        CreateContentTypes(web);
        CreateLists(web);
        CreateLookupFields(web);
        AddLookupFields(web);
    }
    catch (Exception ex)
    {
        Logging.LogError(ex, Constants.LogCategory.Structure);
    }
}
```

Listing 6.61 Featureaktivierung

Nachdem nun alle Spalten der Anwendung erstellt wurden, können Sie bei den Konfigurationslisten für die Spalten *Supporter* und *Kunde* eindeutige Werte erzwingen. Erstellen Sie in der `FeatureEventReceiver`-Klasse die dafür benötigte Methode:

```
private void SetUniqueValues(SPWeb web)
{
    //Kundenliste: Kunden-Spalte
    SPList configCustomer = Globals.GetList(web,
    Constants.ListUrl.ConfigCustomer);
    List.EnforceUniqueValues(configCustomer,
    Constants.FieldInternalName.Customer);

    //Supporterliste: Supporter-Spalte
    SPList configSupporter = Globals.GetList(web,
    Constants.ListUrl.ConfigSupporter);
    List.EnforceUniqueValues(configSupporter,
    Constants.FieldInternalName.Supporter);
}
```

Listing 6.62 Eindeutige Werte erzwingen

Diese Methode rufen Sie dann im `FeatureActivated`-Event auf:

```
public override void FeatureActivated(SPFeatureReceiverProperties properties)
{
    try
    {
        SPWeb web = properties.Feature.Parent as SPWeb;
        CreateFields(web);
        CreateContentTypes(web);
```

```
            CreateLists(web);
            CreateLookupFields(web);
            AddLookupFields(web);
            SetUniqueValues(web);
        }
        catch (Exception ex)
        {
            Logging.LogError(ex, Constants.LogCategory.Structure);
        }
    }
```

Listing 6.63 Featureaktivierung

Deployen Sie die Solution, und aktivieren Sie das Strukturfeature. Prüfen Sie im Anschluss, ob die Lookup-Spalten richtig angelegt wurden. Bei den Konfigurationslisten sollten für die Spalten *Supporter* und *Kunde* eindeutige Werte erzwungen worden sein.

6.4 Ansichten

Die Anzeige von Listeninhalten realisiert SharePoint über Ansichten. Der Benutzer kann in verschiedenen Ansichten Spalten einer Liste zusammenfassen und gezielt nach Informationen filtern, sortieren oder gruppieren. So können Sie die Informationen aus Listenelementen für unterschiedliche Zwecke aufbereiten und zweckmäßig für verschiedene Benutzerrollen bereitstellen.

Eine Ansicht ist dabei an eine Liste gebunden und kann nur Informationen anzeigen, die in der Trägerliste enthalten sind. Es gibt verschiedene Typen von Ansichten. In der Standardansicht werden die gewünschten Daten als Liste angezeigt. In der Kalenderansicht wird z. B. ein Kalender als UI bereitgestellt, in dem die einzelnen Elemente als Termine hinterlegt sind. In der Datenblattansicht werden die Daten als Liste aufbereitet und können inline manipuliert werden. Eine Ansicht können Sie als öffentliche Ansicht für alle Benutzer oder als persönliche Ansicht nur für sich selbst zur Verfügung stellen. Ebenso wie Felder, Inhaltstypen und Listen können Sie die unterschiedlichen Ansichten, die in der Anwendung benötigt werden, auf verschiedenen Wegen ausrollen. Auch bei Ansichten werden wir die Verwendung von XML-Schemadefinitionen und eine Variante per Quellcode präsentieren.

6.4.1 Via Schema

Für die Definition von Ansichten steht ein Bereich in den Listendefinitionen zur Verfügung. Hier können Sie die Ansichten einer Liste mithilfe eines XML-Schemas integrieren. Dazu definieren Sie die Basisinformationen der Ansicht und eine CAML-Query für die Ermittlung der Daten. Die *Collaborative Application Markup Language* (CAML) ist eine XML-basierte Abfragesprache zum gezielten Ermitteln von Informationen in SharePoint. Mithilfe von CAML-Queries können Sie Informationen filtern, sortieren und gruppieren. Außerdem definieren Sie die Felder, die als Listenspalten zurückgegeben werden sollen.

Das Basis-XML für eine Ansicht sehen Sie in Listing 6.64.


```
<View BaseViewID="2"
        Name="37c8bd2e-6b02-420a-877f-6c7712a6eae6"
        DisplayName="Alle Tickets nach Status"
        Type="HTML"
        WebPartZoneID="Main"
        SetupPath="pages\viewpage.aspx"
        Url="Alle Tickets nach Status.aspx">
    <RowLimit>30</RowLimit>
    <ViewFields>
    <FieldRef Name="fkr_tp_Ticketnumber" />
    <FieldRef Name="fkr_tp_Subject" />
    <FieldRef Name="fkr_tp_ContactPerson" />
    </ViewFields>
    <Query />
    <Toolbar Type="Standard" />
    <XslLink Default="TRUE">main.xsl</XslLink>
    <JSLink>clienttemplates.js</JSLink>
</View>
```

Listing 6.64 XML für eine Ansicht

Für den `View`-Knoten stehen die Attribute aus Tabelle 6.21 zur Verfügung.

Attribut	Beschreibung
`BaseViewID`	ein Integer-Wert, der die eindeutige ID einer Ansicht in einer Liste festlegt
`DefaultView`	Optionaler boolescher Wert. Gibt an, ob die Ansicht die Standardansicht der Liste ist. Standard: `false`
`DisplayName`	der Anzeigename der Ansicht

Tabelle 6.21 Attribute für den »View«-Knoten

Attribut	Beschreibung
`Hidden`	Optionaler boolescher Wert. Gibt an, ob die Ansicht im UI angezeigt wird oder nicht. Standard: `false`
`MobileDefaultView`	Optionaler boolescher Wert. Gibt an, ob die Ansicht als Standardansicht für mobile Geräte verwendet wird. Standard: `false`
`MobileItemLimit`	Optionaler Zahlenwert. Gibt die Eintragsgrenze einer angezeigten Seite an.
`MobileView`	Optionaler boolescher Wert. Gibt an, ob es sich bei der aktuellen Ansicht um eine mobile Ansicht handelt. Standard: `false`
`ModerationType`	Optionaler Textwert. Gibt an, welche Elemente im Fall einer Inhaltsgenehmigung für spezielle Benutzer ausgeblendet werden sollen. Mögliche Werte: `HideUnapproved`: Nicht genehmigte Entwurfselemente werden für Benutzer ausgeblendet, die nur Berechtigung zum Lesen von Elementen haben. `Contributor`: Es werden nur ausstehende und abgelehnte Elemente für den aktuellen Benutzer angezeigt. `Moderator`: Auf die Liste können nur Benutzer zugreifen, die über die Berechtigung zum Verwalten von Listen verfügen. Es werden die Elemente aller Benutzer angezeigt, die über eine ausstehende oder abgelehnte Inhaltsgenehmigung verfügen.
`Name`	Der interne Name der Ansicht. Dieser Name muss innerhalb der Liste eindeutig sein.
`Path`	Optionaler Textwert. Gibt den Dateipfad der Ansicht an.

Tabelle 6.21 Attribute für den »View«-Knoten (Forts.)

Attribut	Beschreibung
ReadOnly	Optionaler boolescher Wert. Gibt an, ob die Ansicht schreibgeschützt ist. Standard: false
Scope	Optionaler Textwert. Gibt an, wie Unterverzeichnisse einer Dokumentenbibliothek behandelt werden. Mögliche Werte: FilesOnly: nur die Dateien eines bestimmten Ordners anzeigen Recursive: alle Dateien aller Ordner anzeigen RecursiveAll: alle Dateien und alle Unterordner aller Ordner anzeigen
SetupPath	Optionaler Textwert. Gibt die URL der Datei an, die als Grundlage der Ansicht verwendet werden soll.
Type	Optionaler Textwert. Gibt den Anzeigetyp der Ansicht an. Mögliche Werte: ▸ HTML ▸ Chart ▸ Pivot
Url	die URL, unter die die Ansicht bereitgestellt werden soll
WebPartOrder	Optionaler Zahlenwert. Gibt die vertikale Position des WebParts innerhalb einer Zone an.
WebPartZoneID	Optionaler Textwert. Die WebPart-Zone in der Grundlagendatei, in der die Ansicht angelegt werden soll.

Tabelle 6.21 Attribute für den »View«-Knoten (Forts.)

Im ViewFields-Knoten werden die Referenzen zu den Listenspalten aufgelistet, die in der Ansicht zur Anzeige gebracht werden sollen.

Aufgrund der fehlenden Nachschlagespalten können die Ansichten aus dem Architekturdokument an dieser Stelle noch nicht vollständig bereitgestellt werden. Dennoch werden wir die Basis der Anwendungen an dieser Stelle via Schema ausrollen.

Um die notwendigen Ansichten aus dem Architekturdokument bereitzustellen, erweitern Sie die vorhandenen Listendefinitionen der Ticketliste um die XML-Schemata aus Listing 6.65 der Ansichten.

```
<View BaseViewID="2"
        Name="37c8bd2e-6b02-420a-877f-6c7712a6eae6"
        DisplayName="$Resources:TicketPoint2016,ViewAllTicketsByStatus;"
        Type="HTML"
        WebPartZoneID="Main"
        SetupPath="pages\viewpage.aspx"
        Url="AllTicketsByStatus.aspx">
    <RowLimit>30</RowLimit>
    <ViewFields>
    <FieldRef Name="fkr_tp_Ticketnumber" />
    <FieldRef Name="fkr_tp_Subject" />
    <FieldRef Name="fkr_tp_ContactPerson" />
    </ViewFields>
    <Query>
    <OrderBy>
        <FieldRef Name="fkr_tp_Ticketnumber" />
    </OrderBy>
    </Query>    <Toolbar Type="Standard" />
    <XslLink Default="TRUE">main.xsl</XslLink>
    <JSLink>clienttemplates.js</JSLink>
</View>
<View BaseViewID="3"
        Name="5f46953d-14c2-4a57-902f-8ad336f24068"
        DisplayName="$Resources:TicketPoint2016,ViewMyOpenTickets;"
        Type="HTML"
        WebPartZoneID="Main"
        SetupPath="pages\viewpage.aspx"
        Url="MyOpenTickets.aspx">
    <RowLimit>30</RowLimit>
    <ViewFields>
    <FieldRef Name="fkr_tp_Ticketnumber" />
    <FieldRef Name="fkr_tp_Subject" />
    <FieldRef Name="fkr_tp_ContactPerson" />
    </ViewFields>
    <Query>
    <Where>
```

```
        <Eq>
            <FieldRef Name="fkr_tp_AssignedTo" LookupId="TRUE" />
        <Value Type="Integer">
            <UserID />
        </Value>
        </Eq>
    </Where>
    <OrderBy>
        <FieldRef Name="fkr_tp_Ticketnumber" />
    </OrderBy>
    </Query>
    <Toolbar Type="Standard" />
    <XslLink Default="TRUE">main.xsl</XslLink>
    <JSLink>clienttemplates.js</JSLink>
</View>
<View BaseViewID="4"
        Name="657ecad9-2b0a-4977-8978-ea1191b7289d"
        DisplayName="$Resources:TicketPoint2016,ViewTicketsByEmployee;"
        Type="HTML"
        WebPartZoneID="Main"
        SetupPath="pages\viewpage.aspx"
        Url="TicketsByEmployee.aspx">
    <RowLimit>30</RowLimit>
    <ViewFields>
    <FieldRef Name="fkr_tp_Ticketnumber" />
    <FieldRef Name="fkr_tp_Subject" />
    <FieldRef Name="fkr_tp_ContactPerson" />
    </ViewFields>
    <Query>
    <GroupBy Collapse="TRUE">
        <FieldRef Name="fkr_tp_AssignedTo" />
    </GroupBy>
    <OrderBy>
        <FieldRef Name="fkr_tp_Ticketnumber" />
    </OrderBy>
    </Query>
    <Toolbar Type="Standard" />
    <XslLink Default="TRUE">main.xsl</XslLink>
    <JSLink>clienttemplates.js</JSLink>
</View>
</Views>
```

Listing 6.65 Beispiel-Schema für Ansichten

Zur Erstellung der CAML-Query können Sie das in Abschnitt 3.10, »CAML Designer«, genannte Tool verwenden.

Um die Erstellung der Ansichten abzuschließen, fügen Sie die notwendigen Übersetzungstexte in die Ressourcendatei des *UILayer*-Projektes ein und erweitern die `Localization`-Klasse im *BusinessLayer*-Projekt um die neuen Übersetzungsschlüssel.

Schlüssel	Wert
`ViewAllTicketsByStatus`	Alle Tickets nach Status
`ViewMyOpenTickets`	Meine offenen Tickets
`ViewTicketsByEmployee`	Tickets je Mitarbeiter

Tabelle 6.22 Übersetzung für Ressourcendatei

```
public const string ViewAllTicketsByStatus = "ViewAllTicketsByStatus";
public const string ViewMyOpenTickets = "ViewMyOpenTickets";
public const string ViewTicketsByEmployee = "ViewTicketsByEmployee";
```

Deployen Sie die Lösung auf Ihren SharePoint, und prüfen Sie, ob die Ansichten korrekt zu den Listen hinzugefügt wurden.

6.4.2 Via Code

Zum Anlegen der Views via Code erstellen Sie eigene Klassen, mit denen Sie dann alle erforderlichen Views hinzufügen. Bei den Methoden zum Erstellen von Views beschränken wir uns auf die in TicketPoint 2016 benötigten Optionen. Die Methoden können Sie bei Bedarf erweitern.

Da die Views zu den Listen gehören, erstellen Sie im *Structure*-Projekt im Ordner *Lists* die Klasse `ViewProperties`.

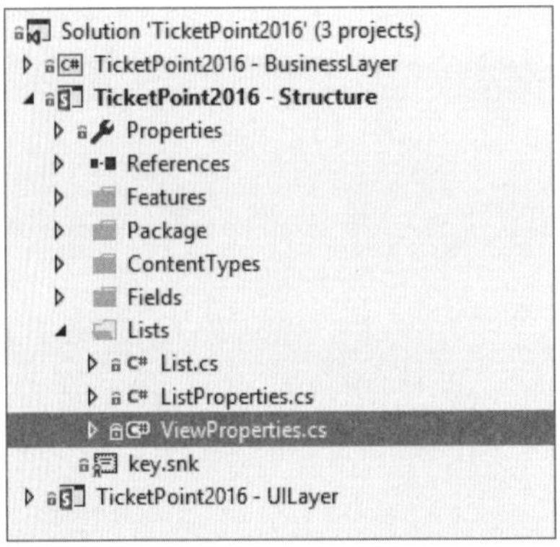

Abbildung 6.20 »ViewProperties«-Klasse in der Projektstruktur

Um die Eigenschaften der Views setzen zu können, fügen Sie das Codebeispiel aus Listing 6.66 in die `ViewProperties`-Klassendatei ein. Diese Klasse wird später als Übergabeparameter bei der Erstellung von Views verwendet. Die Beschreibung der einzelnen Properties entnehmen Sie bitte den Kommentaren in Listing 6.66.

```
internal class ViewProperties
{
    /// <summary>
    /// Titel der View
    /// </summary>
    internal string Title { get; set; }
    /// <summary>
    /// Dateiname der View
    /// </summary>
    internal string ViewName { get; set; }
    /// <summary>
    /// URL der Liste
    /// </summary>
    internal string ListUrl { get; set; }
    /// <summary>
    /// ViewFields
    /// </summary>
    internal string[] ViewFields { get; set; }
    /// <summary>
    /// Query, mit der die Items gefiltert werden
    /// </summary>
    internal string CamlQuery { get; set; }
    /// <summary>
    /// Sortierung
    /// </summary>
    internal string OrderBy { get; set; }
    /// <summary>
    /// Gruppierung
    /// </summary>
    internal string GroupBy { get; set; }
    /// <summary>
    /// RowLimit der View
    /// </summary>
    internal uint RowLimit { get; set; }
    /// <summary>
    /// Default-View ja/nein
```

```
        /// </summary>
        internal bool DefaultView { get; set; }
}
```

Listing 6.66 Klassendefinition von Ansichten

Öffnen Sie die *List.cs*-Klassendatei, und fügen Sie die Methode aus Listing 6.67 zum Erstellen von Views ein. Die Methode prüft, ob die View bereits existiert. Falls nicht, wird sie erstellt. Im Anschluss werden die angezeigten Spalten der View geprüft und gegebenenfalls angepasst. Danach werden die restlichen Eigenschaften geprüft und gegebenenfalls geändert. Auch bei den Views erfolgt ein Update nur dann, wenn sich Eigenschaften geändert haben.

```
internal static void CreateOrUpdateView(SPWeb web,
    ViewProperties viewProperties)
{
    SPList list = web.GetList(SPUrlUtility.CombineUrl(
        web.ServerRelativeUrl, viewProperties.ListUrl));
    SPView view = list.Views.Cast<SPView>().FirstOrDefault(
        v => v.Title == viewProperties.Title);
    bool changed = false;
    if (view == null)
    {
        view = CreateView(viewProperties, list);
        changed = true;
    }
    changed = UpdateViewFields(view, viewProperties);
    if (view.Title != viewProperties.Title)
    {
       view.Title = viewProperties.Title;
       changed = true;
    }
    string query = CreateQuery(viewProperties);
    if (view.Query != query)
    {
        view.Query = query;
        changed = true;
    }
    if (view.RowLimit != viewProperties.RowLimit)
    {
       view.RowLimit = viewProperties.RowLimit;
       changed = true;
    }
    if (view.DefaultView != viewProperties.DefaultView)
```

```
    {
        view.DefaultView = viewProperties.DefaultView;
        changed = true;
    }
        if (changed)
            view.Update();
}
```


Listing 6.67 Methode zum Erstellen und Aktualisieren von Ansichten

Fügen Sie die CreateView-Methode der List-Klasse hinzu. Diese Methode legt die View an und ordnet sie der Liste zu. Der Name der View wird hier mit dem Dateinamen vorbelegt. In der CreateOrUpdateView-Methode wird er später in den Anzeigenamen geändert.

```
private static SPView CreateView(ViewProperties viewProperties, SPList list)
{
    SPView view;
    System.Collections.Specialized.StringCollection viewFields =
        new System.Collections.Specialized.StringCollection();
    foreach (string internalName in viewProperties.ViewFields)
        viewFields.Add(internalName);
    view = list.Views.Add(viewProperties.ViewName, viewFields,
        CreateQuery(viewProperties), viewProperties.RowLimit, true,
        viewProperties.DefaultView);
    return view;
}
```

Listing 6.68 Methode zum Anlegen von Ansichten

Die Methode CreateQuery aus Listing 6.69 fügen Sie ebenfalls in die View-Klasse ein. Diese Methode setzt die einzelnen Teile der CAML-Query zusammen. Das Aufteilen der CAML-Query in den Teil zur Filterung, den OrderBy-Teil zur Sortierung und den GroupBy-Teil zur Gruppierung erhöht die Übersichtlichkeit bei komplexen Abfragen. Außerdem können Sie so, wenn Sie z. B. mehrere Ansichten einer Liste identisch sortieren wollen, diesen Teil der CAML-Query einfacher austauschen.

```
private static string CreateQuery(ViewProperties viewProperties)
{
    return viewProperties.CamlQuery +
           viewProperties.OrderBy +
           viewProperties.GroupBy;
}
```

Listing 6.69 Methode zum Erstellen einer CAML-Abfrage

Die `UpdateViewFields`-Methode prüft die Spalten, die in der View angezeigt werden, und passt sie gegebenenfalls an. Fügen Sie dazu Methode aus Listing 6.70 in die `List`-Klasse ein.

```
private static bool UpdateViewFields(SPView view,
     ViewProperties viewProperties)
{
    bool changed = false;
    StringCollection currentFields = view.ViewFields.ToStringCollection();
    // Spalten, die nicht mehr in der View enthalten sind, entfernen
    foreach (string fld in currentFields)
        if (!viewProperties.ViewFields.Contains(fld))
        {
            view.ViewFields.Delete(fld);
            changed = true;
        }
    //Neue Spalten hinzufügen
    foreach (string fld in viewProperties.ViewFields)
        if (!currentFields.Contains(fld))
        {
             view.ViewFields.Add(fld);
             changed = true;
        }
    //Reihenfolge prüfen
    for (int i = 0; i < currentFields.Count; i++)
        if (currentFields[i] != viewProperties.ViewFields[i])
            changed = true;

    if (changed)
    {
        //Neu anlegen
        view.ViewFields.DeleteAll();
        foreach (string fld in viewProperties.ViewFields)
        {
           view.ViewFields.Add(fld);
        }
    }
    return changed;
}
```

Listing 6.70 Methode zum Anpassen von Feldern in Ansichten

Um das Erstellen der Ansichten abzuschließen, fügen Sie die notwendigen Übersetzungstexte in die Ressourcendatei des *UILayer*-Projektes ein und erweitern die `Localization`-Klasse im *BusinessLayer*-Projekt um die neuen Übersetzungsschlüssel.

Schlüssel	Wert
ViewAllTicketsByStatus	Alle Tickets nach Status
ViewMyOpenTickets	Meine offenen Tickets
ViewTicketsByEmployee	Tickets je Mitarbeiter

Tabelle 6.23 Übersetzung für Ressourcendatei


```
public const string ViewAllTicketsByStatus = "ViewAllTicketsByStatus";
public const string ViewMyOpenTickets = "ViewMyOpenTickets";
public const string ViewTicketsByEmployee = "ViewTicketsByEmployee";
```

Zum Anlegen der Views erstellen Sie in der Klasse des Feature-EventReceivers die Methode `CreateViews`. Beachten Sie, dass Sie die Methode erst nach dem Erstellen der Lookup-Spalten verwenden können, da in einigen der Views Lookup-Spalten verwendet werden. Diese Methode erstellt alle Views von TicketPoint. Je View wird ein `ViewProperties`-Objekt erzeugt, in dem die Eigenschaften und Spalten der View definiert werden. Im Anschluss wird die `CreateOrView`-Methode der `List`-Klasse aufgerufen, um die View zu erstellen. Fügen Sie dazu den Code aus Listing 6.71 ein:

```
private void CreateViews(SPWeb web)
{
  //Alle Tickets nach Status
  ViewProperties viewAllTicketsByStatus = new ViewProperties
  {
    Title = Localization.GetString(
      Localization.Keys.ViewAllTicketsByStatus),
    ViewName = Constants.ViewName.AllTicketsByStatus,
    ListUrl = Constants.ListUrl.Tickets,
    RowLimit = 30,
    DefaultView = false,
    CamlQuery = "",
    OrderBy = string.Format("<OrderBy><FieldRef Name = '{0}'/></OrderBy>"
      , Constants.FieldInternalName.Ticketnumber),
    GroupBy = "",
    ViewFields = new string[]
    {
      Constants.FieldInternalName.Ticketnumber,
      Constants.FieldInternalName.Subject,
      Constants.FieldInternalName.ContactPerson
    }
```

```
};
List.CreateOrUpdateView(web, viewAllTicketsByStatus);
//Meine offenen Tickets
ViewProperties viewMyOpenTickets = new ViewProperties
{
  Title = Localization.GetString(Localization.Keys.ViewMyOpenTickets),
  ViewName = Constants.ViewName.MyOpenTickets,
  ListUrl = Constants.ListUrl.Tickets,
  RowLimit = 30,
  DefaultView = false,
  CamlQuery = "<Where>"
    + "<Eq><FieldRef Name ='"
    + Constants.FieldInternalName.AssignedTo
    + "' LookupId = 'TRUE'/>"
    + "<Value Type = 'Integer'><UserID/></Value></Eq>"
    + "</Where>",
  OrderBy = string.Format("<OrderBy><FieldRef Name = '{0}'/></OrderBy>"
    , Constants.FieldInternalName.Ticketnumber),
  GroupBy = "",
  ViewFields = new string[]
  {
    Constants.FieldInternalName.Ticketnumber,
    Constants.FieldInternalName.Subject,
    Constants.FieldInternalName.ContactPerson
  }
};
List.CreateOrUpdateView(web, viewMyOpenTickets);
//Tickets nach Kunde
ViewProperties viewTicketsByEmployee = new ViewProperties
{
  Title = Localization.GetString(
    Localization.Keys.ViewTicketsByEmployee),
  ViewName = Constants.ViewName.TicketsByEmployee,
  ListUrl = Constants.ListUrl.Tickets,
  RowLimit = 30,
  DefaultView = false,
  CamlQuery = "",
  OrderBy = string.Format("<GroupBy Collapse='TRUE'><FieldRef Name = '{0}'/
></GroupBy>"
    , Constants.FieldInternalName.AssignedTo),
  GroupBy = string.Format("<OrderBy><FieldRef Name = '{0}'/></OrderBy>"
```

```
        , Constants.FieldInternalName.Ticketnumber),
      ViewFields = new string[]
      {
        Constants.FieldInternalName.Ticketnumber,
        Constants.FieldInternalName.Subject,
        Constants.FieldInternalName.ContactPerson
      },
    };
    List.CreateOrUpdateView(web, viewTicketsByEmployee);
}
```

Listing 6.71 Methode zum Erstellen und Aktualisieren von Ansichten

In der FeatureActivated-Methode der FkrSharePointTicketPoint2016EventReceiver-Klasse rufen Sie die CreateViews-Methode auf, um alle Views der Anwendung zu erzeugen.

```
public override void FeatureActivated(SPFeatureReceiverProperties properties)
{
    try
    {
        SPWeb web = properties.Feature.Parent as SPWeb;
        CreateFields(web);
        CreateContentTypes(web);
        CreateLists(web);
        CreateLookupFields(web);
        AddLookupFields(web);
        SetUniqueValues(web);
        CreateViews(web);
    }
    catch (Exception ex)
    {
        Logging.LogError(ex, Constants.LogCategory.Structure);
    }
}
```

Listing 6.72 Featureaktivierung

Deployen Sie die Solution, und aktivieren Sie das Strukturfeature. Prüfen Sie im Anschluss, ob die Ansichten richtig angelegt wurden. Sie haben nun die komplette Datenstruktur bis auf die Archivstruktur erstellt.

6.5 Archivstruktur

Zum Anlegen der Archivstruktur benötigen Sie ein zusätzliches Feature, das Sie im Archivweb aktivieren können. Erstellen Sie im *Structure*-Projekt ein neues Feature, und benennen Sie es in *Fkr.SharePoint.TicketPoint2016.Structure.Archive* um.

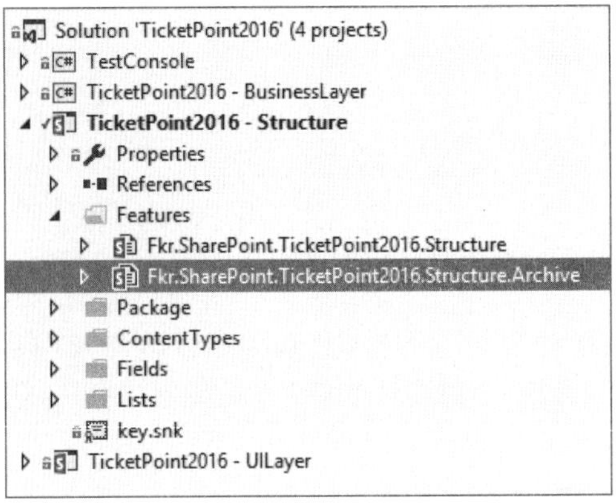

Abbildung 6.21 Archivfeature in der Projektstruktur

Dann fügen Sie einen Feature-EventReceiver hinzu, in dem Sie den Code zum Anlegen der Archivstruktur ausführen werden.

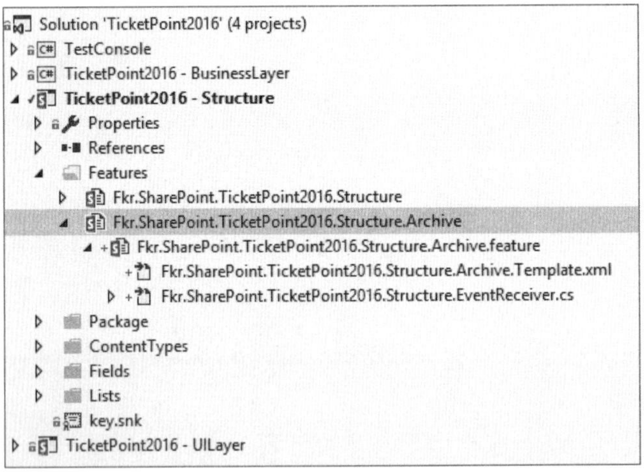

Abbildung 6.22 Archivfeature EventReceiver in der Projektstruktur

Damit das Archivfeature als Voraussetzung ein Web mit aktiviertem Strukturfeature hat, fügen Sie eine Featureabhängigkeit hinzu. Klappen Sie den Bereich FEATURE ACTIVATION DEPENDENCIES im Feature-Designer auf. Klicken Sie anschließend auf den ADD-Button.

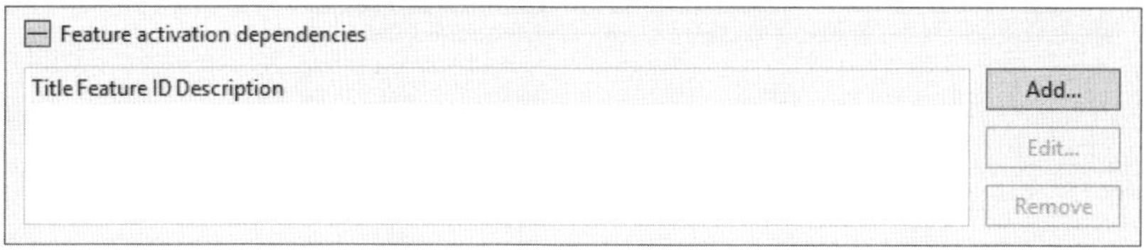

Abbildung 6.23 »Feature activation dependencies« im Feature-Designer

Dann wählen Sie das *Structure*-Feature als Abhängigkeit aus und bestätigen mit ADD. Über diesen Dialog können Sie nicht nur Features aus dem Projekt, sondern – über die Angabe einer Feature-ID – auch Features aus anderen Projekten oder Standard-SharePoint-Features als Abhängigkeiten auswählen.

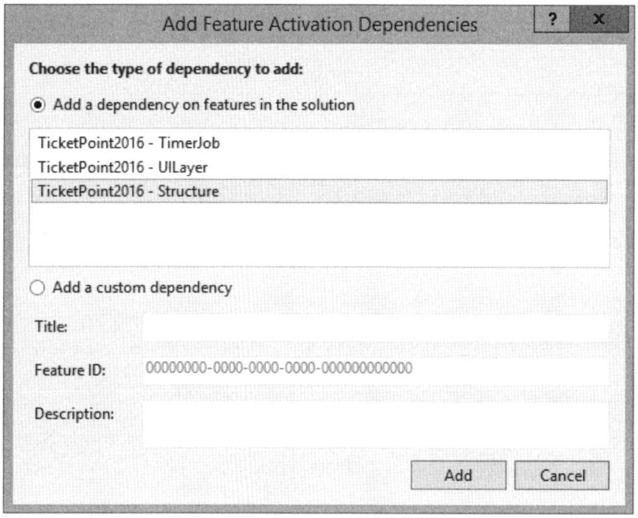

Abbildung 6.24 Dialog zum Hinzufügen einer neuen Featureabhängigkeit

Unter den Featureabhängigkeiten können Sie dann im Anschluss prüfen, ob das Hinzufügen erfolgreich war.

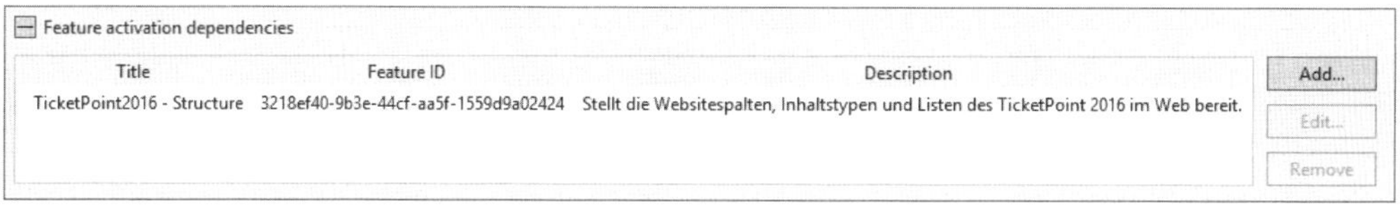

Abbildung 6.25 Aktive Featureabhängigkeiten

Im Anschluss sollten Sie die automatische Aktivierung der Features im Strukturprojekt abschalten, um zu verhindern, dass das Archivfeature und das Strukturfeature in der Entwicklungs-SiteCollection automatisch aktiviert werden.

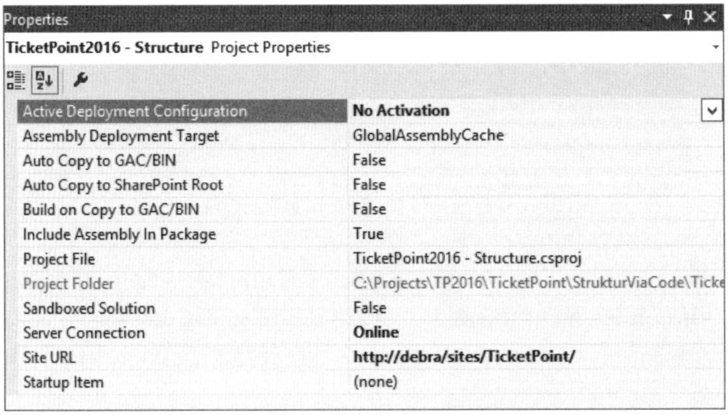

Abbildung 6.26 Projektproperties: automatisches Aktivieren der Features abschalten

Nun können Sie in einer neuen SiteCollection testen, ob die Featureabhängigkeiten korrekt funktionieren. Erstellen Sie dazu eine neue SiteCollection, und versuchen Sie, das Archivfeature zu aktivieren. Sie sollten anschließend die Fehlermeldung aus Abbildung 6.27 erhalten.

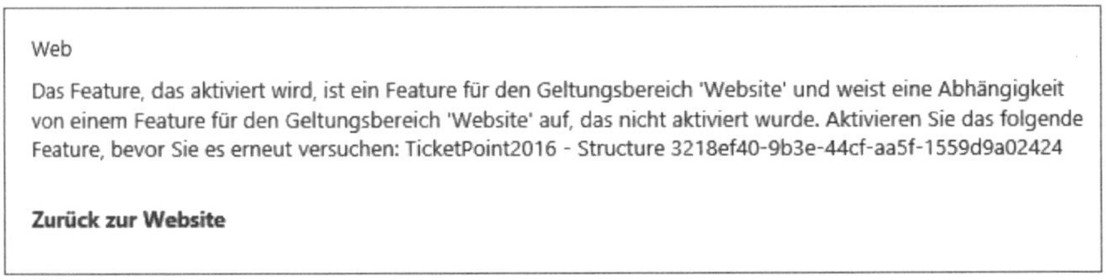

Abbildung 6.27 Fehlermeldung des Archivfeatures bei Aktivierung

Sobald Sie das Strukturfeature aktiviert haben, können Sie das Archivfeature aktivieren.

Um die zusätzlichen Spalten im Archivweb zu erstellen und den ContentTypes hinzuzufügen, fügen Sie den Code aus Listing 6.73 in die `FeatureActivated`-Methode des Feature-EventReceivers des Archivfeatures ein.

```
SPWeb web = properties.Feature.Parent as SPWeb;
// Erstellt alle Felder, bis auf Lookup Felder
CreateFields(web);
//Fügt die Felder zu den Contenttypes hinzu
AddFields(web);
```

Listing 6.73 Featureaktivierung des Archiv-Features

Die `CreateFields`-Methode erstellt mit den bekannten Methoden zur Spaltenerstellung die Spalte *OriginalItemId*, in der im Archivbereich die Item-IDs der ListItems aus dem Original-TicketPoint-Bereich hinterlegt werden. Legen Sie dazu auch die Ressourcentexte, Ressourcenschlüssel und Konstanten an.

```
private void CreateFields(SPWeb web)
{
    //Original Item Id
    FieldPropertiesText originalItemId = new FieldPropertiesText
    {
        InternalName = Constants.FieldInternalName.OriginalItemId,
        DisplayName = Localization.GetString(
        Localization.Keys.FldOriginalItemId),
        FieldType = AvailableFieldTypes.Text,
        Group = Localization.GetString(Localization.Keys.ApplicationTitle)
    };
    Field.CreateOrUpdateField(web, originalItemId);
}
```

Listing 6.74 Methode zum Erstellen und Aktualisieren von Spalten

Um die Spalte allen benötigten ContentTypes hinzuzufügen, nutzen Sie die `AddField`-Methode der `ContentType`-Klasse:

```
private void AddFields(SPWeb web)
{
    //Abrechnungsstatus
    ContentType.AddField(web,
        Constants.ContentTypeId.Accountingstatus,
        Constants.FieldInternalName.OriginalItemId,
        true);
    //Anhänge
    ContentType.AddField(web,
        Constants.ContentTypeId.Attachment,
        Constants.FieldInternalName.OriginalItemId,
        true);
    //Kommentare
    ContentType.AddField(web,
        Constants.ContentTypeId.Comment,
        Constants.FieldInternalName.OriginalItemId,
        true);
    //Kunden
    ContentType.AddField(web,
        Constants.ContentTypeId.Customer,
        Constants.FieldInternalName.OriginalItemId,
        true);
```

```
    //Prioritäten
    ContentType.AddField(web,
        Constants.ContentTypeId.Priority,
        Constants.FieldInternalName.OriginalItemId,
        true);
    //Tickets
    ContentType.AddField(web,
        Constants.ContentTypeId.Ticket,
        Constants.FieldInternalName.OriginalItemId,
        true);
     //Ticketstatus
     ContentType.AddField(web,
        Constants.ContentTypeId.Ticketstatus,
        Constants.FieldInternalName.OriginalItemId,
        true);
}
```

Listing 6.75 Methode zum Hinzufügen von Spalten

Erstellen Sie ein neues Testweb, um das Archivfeature zu testen. Deployen Sie die Solution, und aktivieren Sie das Archivfeature im neu erstellten Web. Prüfen Sie im Anschluss, ob dort das Strukturfeature automatisch aktiviert wurde. Alle Spalten, Inhaltstypen, Listen und Views sollten dort nun vorhanden sein.

Kapitel 7
Feature-EventReceiver

Erfahren Sie, wie Sie mithilfe von Feature-EventReceivern das Ausrollen von Anwendungen unterstützen, um Nacharbeiten der Installation zu automatisieren.

7

Um nach bestimmten Statusänderungen eines Features individuellen Code auszuführen, stehen die Feature-EventReceiver zur Verfügung. Die möglichen Events eines Features sind:

- `FeatureActivated`
- `FeatureDeactivating`
- `FeatureInstalled`
- `FeatureUninstalling`
- `FeatureUpgrading`

Mithilfe dieser Events können Sie nach der Installation oder Aktivierung des Features gewisse Vorbereitungen vollenden. Führen Sie während des Updates eines Features unterstützenden Code aus, oder bereinigen Sie beispielsweise während des Deaktivierens oder Deinstallierens eines Features SharePoint, um Artefakte der Anwendung zu entfernen.

In TicketPoint 2016 dient zum Beispiel der `FeatureActivated`-EventReceiver unter anderem für das Ausrollen von Nachschlagefeldern und das Ändern der Formulare für Inhaltstypen auf individuelle ApplicationPages.

Um die Features mit einem EventReceiver auszustatten, fügen Sie dem *Structure*-Feature im *Structure*-Projekt und dem *UILayer*-Feature im *UILayer*-Projekt jeweils einen neuen EventReceiver hinzu, indem Sie mit der rechten Maustaste auf das Feature klicken und dann auf ADD EVENTRECEIVER.

Hinweis

Wenn Sie die Webseitenstruktur via Code erstellt haben, haben Sie den EventReceiver für das *Structure*-Feature bereits angelegt.

[«]

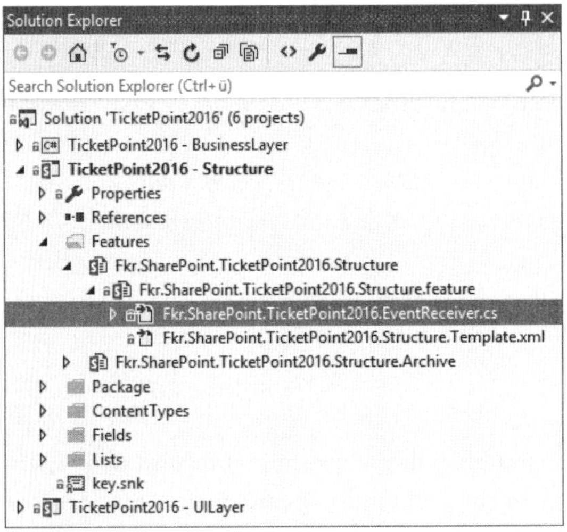

Abbildung 7.1 Feature-EventReceiver zum »Structure«-Feature hinzufügen

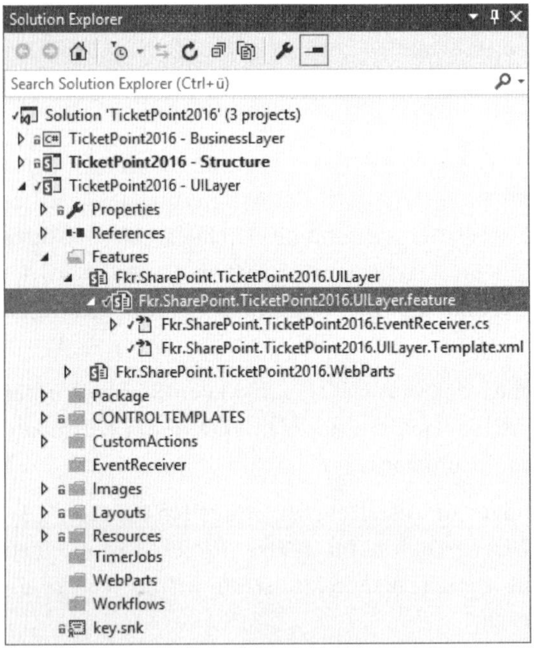

Abbildung 7.2 Feature-EventReceiver zum »UILayer«-Feature hinzufügen

7.1 Nachschlagespalten

Sofern Sie sich im oberen Bereich der Strukturanlage für den Weg über die Schema-Deklaration entschieden haben, müssen Sie nun noch die Nachschlagespalten anlegen. Sollten Sie die Spalten via Code erstellt haben, so können Sie diesen Abschnitt überspringen.

Um die Anlage der Anwendungsstruktur zu vollenden, müssen Sie die noch fehlenden Nachschlagefelder erstellen und den Inhaltstypen und Listen hinzufügen. Dazu haben wir in Abschnitt 6.1, »Spalten«, die notwendigen Hilfsmethoden im *Business-Logic*-Projekt erstellt. Mithilfe dieser Methoden erstellen Sie nun im Feature-Event-Receiver des *Structure*-Projekts die noch fehlenden Spalten.

Dazu fügen Sie in der Ressourcendatei im *UILayer*-Projekt die Übersetzungen für die Nachschlagespalten ein.

Schlüssel	**Wert**
`FldTicket`	Ticket
`FldPriority`	Priorität
`FldTicketstatus`	Ticketstatus
`FldAccountingstatus`	Abrechnungsstatus
`FldCustomer`	Kunde

Tabelle 7.1 Übersetzungen für Ressourcendatei

Danach öffnen Sie die `Localization`-Klasse im *BusinessLayer*-Projekt und fügen die notwendigen Übersetzungsschlüssel in der Klasse `Keys` ein.

```
public const string FldTicket = "FldTicket";
public const string FldPriority = "FldPriority";
public const string FldTicketstatus = "FldTicketstatus";
public const string FldAccountingstatus = "FldAccountingstatus";
public const string FldCustomer = "FldCustomer";
```

Listing 7.1 Konstanten für Übersetzungsschlüssel

In der Klasse `Constants.FieldInternalName` im *BusinessLayer*-Projekt legen Sie die internen Namen der Nachschlagespalten an.

```
public const string Ticket = "fkr_tp_Ticket";
public const string Priority = "fkr_tp_Priority";
public const string Ticketstatus = "fkr_tp_Ticketstatus";
public const string Accountingstatus = "fkr_tp_Accountingstatus";
public const string Customer = "fkr_tp_Customer";
```

Listing 7.2 Konstanten für interne Spaltennamen

Fügen Sie den Code aus Listing 7.3 in der Methode für das FeatureActivated-Event hinzu.

```
public override void FeatureActivated(SPFeatureReceiverProperties properties)
{
    SPWeb parentWeb = (SPWeb)properties.Feature.Parent;
    #region Nachschlagespalten erstellen
    #region Spalte Ticket
    // Spalte erstellen oder ermitteln
    SPFieldLookup ticketField = Helper.GetOrCreateLookupfield(parentWeb,
        Constants.FieldInternalName.Ticket,
        Localization.Keys.FldTicket,
        parentWeb,
        Constants.ListUrl.Tickets,
        Constants.FieldInternalName.Ticketnumber,
        false,
        true);
    // Spalte zu Inhaltstypen hinzufügen
    // Kommentar
    Helper.AddFieldToContentType(parentWeb,
        Constants.ContentTypeId.Comment,
        ticketField,
        true);
    // Anhang
    Helper.AddFieldToContentType(parentWeb,
        Constants.ContentTypeId.Attachment,
        ticketField,
        true);
    #endregion
    #region Spalte Priorität
    // Spalte erstellen oder ermitteln
    SPFieldLookup priorityField = Helper.GetOrCreateLookupfield(parentWeb,
        Constants.FieldInternalName.Priority,
        Localization.Keys.FldPriority,
        parentWeb,
        Constants.ListUrl.Priorities,
        Constants.FieldInternalName.Title,
        false,
        true);
    // Spalte zu Inhaltstypen hinzufügen
    // Ticket
```

```
Helper.AddFieldToContentType(parentWeb,
    Constants.ContentTypeId.Ticket,
    priorityField,
    true);
#endregion
#region Spalte Ticketstatus
// Spalte erstellen oder ermitteln
SPFieldLookup ticketstatusField =
    Helper.GetOrCreateLookupfield(parentWeb,
    Constants.FieldInternalName.Ticketstatus,
    Localization.Keys.FldTicketstatus,
    parentWeb,
    Constants.ListUrl.Ticketstatus,
    Constants.FieldInternalName.Title,
    false,
    true);
// Spalte zu Inhaltstypen hinzufügen
// Ticket
Helper.AddFieldToContentType(parentWeb,
    Constants.ContentTypeId.Ticket,
    ticketstatusField,
    true);
#endregion
#region Spalte Abrechnungsstatus
// Spalte erstellen oder ermitteln
SPFieldLookup accountingstatusField =
    Helper.GetOrCreateLookupfield(parentWeb,
    Constants.FieldInternalName.Accountingstatus,
    Localization.Keys.FldAccountingstatus,
    parentWeb,
    Constants.ListUrl.Accountingstatus,
    Constants.FieldInternalName.Title,
    false,
    true);
// Spalte zu Inhaltstypen hinzufügen
// Ticket
Helper.AddFieldToContentType(parentWeb,
    Constants.ContentTypeId.Ticket,
    accountingstatusField,
    true);
#endregion
#region Spalte Abrechnungsstatus
```

```
    // Spalte erstellen oder ermitteln
    SPFieldLookup customerField = Helper.GetOrCreateLookupfield(parentWeb,
        Constants.FieldInternalName.Customer,
        Localization.Keys.FldCustomer,
        parentWeb,
        Constants.ListUrl.Customer,
        Constants.FieldInternalName.Title,
        false,
        true);
    // Spalte zu Inhaltstypen hinzufügen
    // Ticket
    Helper.AddFieldToContentType(parentWeb,
        Constants.ContentTypeId.Ticket,
        customerField,
        true);
    #endregion
    #endregion
}
```

Listing 7.3 Feature Aktivierung

Deployen Sie die Lösung auf Ihren SharePoint, und prüfen Sie, ob die Nachschlagespalten korrekt angelegt und den Inhaltstypen und Listen hinzugefügt wurden.

7.2 Featureabhängigkeiten

Bei der späteren Installation der Anwendung ist die Aktivierungsreihenfolge der Features von grundlegender Bedeutung. Während der Aktivierung des *UILayer*-Features wird Bezug auf die Struktur der Anwendung genommen. Die Struktur steht jedoch erst bei aktiviertem *Structure*-Feature zur Verfügung. Aus diesem Grund besteht die Möglichkeit, Abhängigkeiten zwischen Features aufzubauen.

Öffnen Sie dazu das *UILayer*-Feature im *UILayer*-Projekt, und scrollen Sie dort bis ans Ende. Klappen Sie den Bereich FEATURE ACTIVATION DEPENDENCIES auf, und klicken Sie auf ADD....

In dem neu geöffneten Dialog wählen Sie das STRUCTURE-Feature aus und klicken auf ADD, um es als Abhängigkeit hinzufügen. Dadurch kann das *UILayer*-Feature nicht aktiviert werden, bevor das *Structure*-Feature nicht aktiviert wurde.

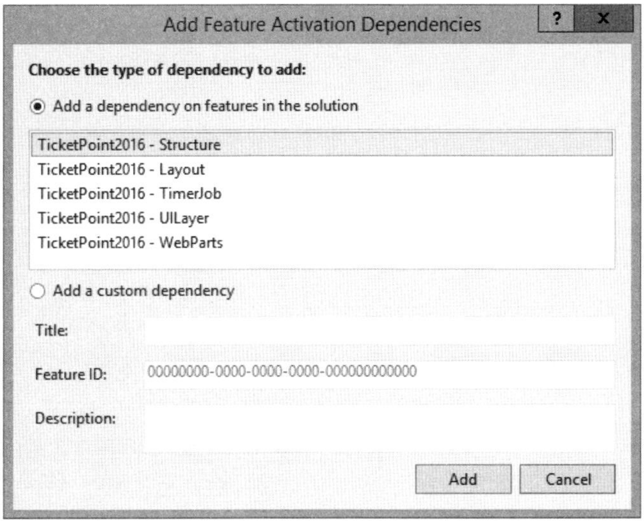

Abbildung 7.3 Feature-Abhängigkeit hinzufügen

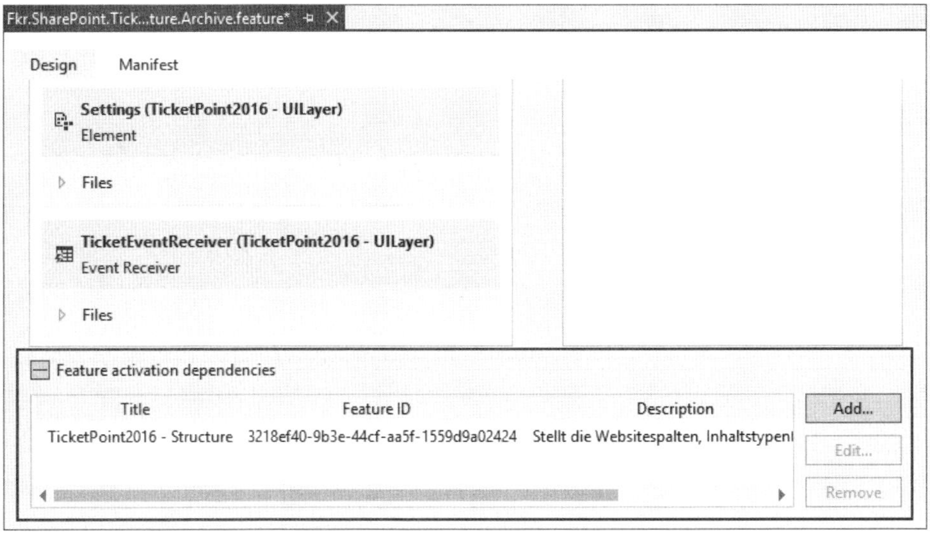

Abbildung 7.4 Feature-Abhängigkeiten

Kapitel 8
Berechtigungsmodell

Erfahren Sie, wie das SharePoint-Berechtigungsmodell zusammengesetzt ist und wie Sie die Berechtigungen Ihrer Anwendung schnell und einfach bereitstellen.

Die Berechtigungen der Anwendung werden anhand von SharePoint-Gruppen vergeben, die die einzelnen Zugriffsrollen repräsentieren. Für einige Zugriffsvarianten müssen eigene Berechtigungsstufen erstellt werden. Die Basis der Berechtigungen wird automatisch im `FeatureActivated`-EventReceiver erstellt. Durch dieses Vorgehen besteht für den Kunden die Möglichkeit einer schnellen Berechtigungsvergabe nach Installation der Anwendung. Da die notwendigen Rollen und Zuordnungen bereits existieren, muss der Kunde lediglich die gewünschten AD-Benutzer oder AD-Gruppen in den zugehörigen SharePoint-Gruppen hinzufügen. Der zweite Vorteil dieser Variante ist, dass SharePoint-Objekte, wie Berechtigungsstufen und Gruppen, in einer normalen Datensicherung enthalten sind und eine eventuelle Wiederherstellung im Notfall wesentlich einfacher und schneller vonstattengeht.

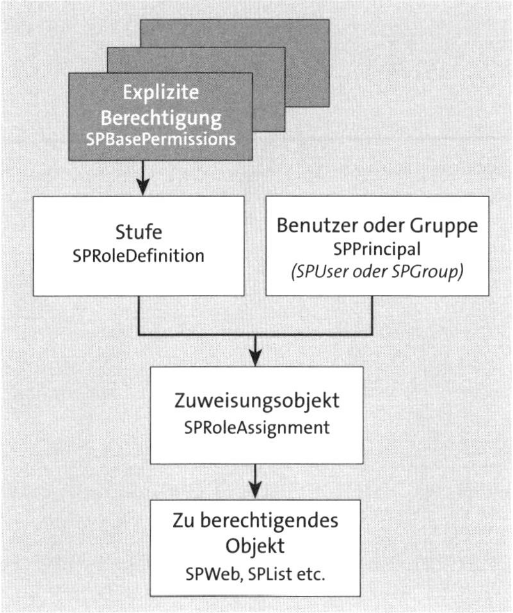

Abbildung 8.1 Berechtigungsvergabe in SharePoint

Das Konzept für die codeseitige Vergabe von Berechtigungen in SharePoint sehen Sie in Abbildung 8.1.

Um die Berechtigungsstruktur für TicketPoint 2016 zu erstellen, legen Sie die Übersetzungsinformationen aus Tabelle 8.1 in der Ressourcendatei im *UILayer*-Projekt an.

Schlüssel	Wert
`TxtCreate`	Erstellen
`TxtCreateDescription`	Kann Listenelemente erstellen, nicht bearbeiten oder löschen
`TxtSupporter`	Supporter
`TxtSupporterDescription`	Repräsentiert die Supporter, die in der Lage sind, Tickets zu bearbeiten und Zeiten auf diese zu buchen
`TxtSupportleader`	Supportleitung
`TxtSupportleaderDescription`	Repräsentiert die Supportleitung, die die Konfiguration der Anwendung durchführen kann und weitere Berechtigungen zum Bearbeiten und Löschen bestimmter Inhalte hat

Tabelle 8.1 Übersetzung für Ressourcendatei

Danach legen Sie die neuen Schlüssel in der Klasse `Localization.Keys` im *BusinessLayer*-Projekt an.

```
public const string TxtCreate = "TxtCreate";
public const string TxtCreateDescription = "TxtCreateDescription";
public const string TxtSupporter = "TxtSupporter";
public const string TxtSupporterDescription = "TxtSupporterDescription";
public const string TxtSupportleader = "TxtSupportleader";
public const string TxtSupportleaderDescription =
    "TxtSupportleaderDescription";
```

Listing 8.1 Konstanten für Übersetzungsschlüssel

Um im Projekt einen einfacheren Zugriff auf Listen zu ermöglichen, erstellen Sie eine Klasse `Globals` im *BusinessLayer*-Projekt. In dieser Klasse bringen Sie im weiteren Verlauf allgemeine Hilfsmethoden unter, die Ihnen die Programmierung erleichtern.

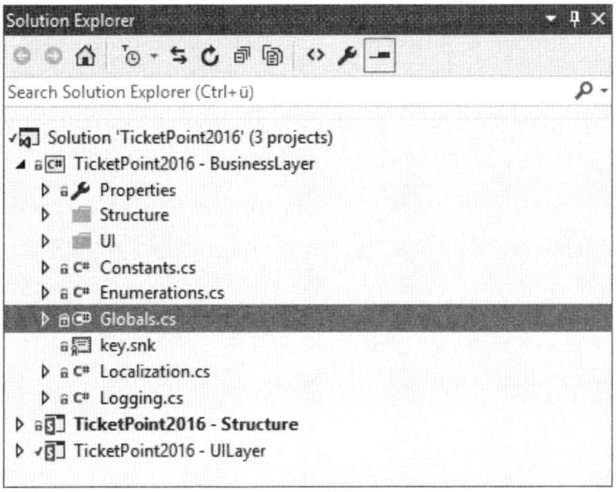

Abbildung 8.2 »Globals«-Klasse zum »BusinessLayer« hinzufügen

In der Klasse erstellen Sie die Methode aus Listing 8.2, die den Zugriff auf Listen erleichtert.

```
public static SPList GetList(SPWeb web, string listUrl)
{
    try
    {
        return web.GetList(SPUtility.ConcatUrls(web.Url, listUrl));
    }
    catch(Exception ex)
    {
        Logging.LogError(ex, Constants.LogCategory.BusinessLogic);
        return null;
    }
}
```

Listing 8.2 Methode zum Ermitteln von Listen

Der weitere Code zur Anpassung der Berechtigungsstrukturen muss auf einem Web-Objekt mit `AllowUnsafeUpdates=true` durchgeführt werden. Fügen Sie daher die beiden folgenden Zeilen in das `FeatureActivated`-Event ein, und platzieren Sie den weiteren Code dazwischen.

```
parentWeb.AllowUnsafeUpdates = true;
...
parentWeb.AllowUnsafeUpdates = false;
```

8.1 Stufen erstellen

Wenn die Vorbereitungen abgeschlossen sind, hinterlegen Sie im Feature-EventReceiver des *Structure*-Features den entsprechenden Quellcode, der die Berechtigungsstufe *Erstellen* aus dem Architekturdokument anlegt und die weiteren benötigten Stufen ermittelt.

Als Erstes erstellen Sie in der EventReceiver-Klasse die Methode aus Listing 8.3, die neue Berechtigungsstufen erstellt.

```
private SPRoleDefinition CreateRoleDefinition(SPWeb web
    , string name
    , string description
    , SPBasePermissions permissionSet)
{
    SPRoleDefinition roleDefinition = web.RoleDefinitions
        .Cast<SPRoleDefinition>()
        .ToList()
        .SingleOrDefault(d => d.Name.Equals(name));
    if (roleDefinition == null)
    {
        roleDefinition = new SPRoleDefinition();
        roleDefinition.BasePermissions = permissionSet;
        roleDefinition.Name = name;
        roleDefinition.Description = description;
        web.RoleDefinitions.Add(roleDefinition);
    }
    web.Update();
    return roleDefinition;
}
```

Listing 8.3 Methode zum Erstellen von Berechtigungsstufen

Im Anschluss fügen Sie den Code aus Listing 8.4 zum `FeatureActivated`-Event hinzu.

```
// Berechtigungsset der Stufe zusammenfassen
SPBasePermissions permissions = SPBasePermissions.AddListItems
    | SPBasePermissions.ViewListItems
    | SPBasePermissions.ViewPages
    | SPBasePermissions.Open;
// Berechtigungsstufe erstellen
SPRoleDefinition createRole = CreateRoleDefinition(parentWeb
    , Localization.GetString(Localization.Keys.TxtCreate)
    , Localization.GetString(Localization.Keys.TxtCreateDescription)
    , permissions);
```

```
// Standardstufen ermitteln
SPRoleDefinition readRole =
    parentWeb.RoleDefinitions.GetByType(SPRoleType.Reader);
SPRoleDefinition adminRole =
    parentWeb.RoleDefinitions.GetByType(SPRoleType.Administrator);
```

Listing 8.4 Erstellen und Ermitteln der Berechtigungsstufen

Deployen Sie die Lösung auf Ihren SharePoint, und prüfen Sie, ob die Berechtigungsstufe *Erstellen* erfolgreich angelegt wurde.

8.2 Rollen anlegen

Nachdem die Stufen vorbereitet sind, müssen die SharePoint-Gruppen angelegt werden. Erstellen Sie dafür die Methode aus Listing 8.5 innerhalb der EventReceiver-Klasse des *Structure*-Features.

```
private void CreateGroup(SPWeb web
    , string name
    , string description)
{
    SPGroup group = web
        .SiteGroups
        .Cast<SPGroup>()
        .ToList()
        .SingleOrDefault(g => g.Name.Equals(name));
    if (group == null)
    {
        web.SiteGroups.Add(name
            , web.Site.Owner
            , web.Site.Owner
            , description);
        web.AssociatedGroups.Add(web.SiteGroups[name]);
        web.Update();
    }
}
```

Listing 8.5 Methode zum Erstellen von Berechtigungsgruppen

Danach erweitern Sie den Code des `FeatureActivated`-Events um den Code aus Listing 8.6, mit dem die Gruppen *Supporter* und *Supportleiter* angelegt und die beiden Standardgruppen ermittelt werden.

```
// Gruppe Supporter anlegen
CreateGroup(parentWeb
    , Localization.GetString(Localization.Keys.TxtSupporter)
    , Localization.GetString(Localization.Keys.TxtSupporterDescription));
// Gruppe Supportleiter anlegen
CreateGroup(parentWeb
    , Localization.GetString(Localization.Keys.TxtSupportleader)
    , Localization.GetString(Localization.Keys.TxtSupportleaderDescription));
// Gruppen ermitteln
SPGroup supporterGroup = parentWeb.SiteGroups
        [Localization.GetString(Localization.Keys.TxtSupporter)];
SPGroup supportLeaderGroup =
    parentWeb.SiteGroups[Localization
        .GetString(Localization.Keys.TxtSupportleader)];
SPGroup visitorGroup = parentWeb.AssociatedVisitorGroup;
SPGroup ownerGroup = parentWeb.AssociatedOwnerGroup;
```

Listing 8.6 Erstellen der Berechtigungsgruppen

Deployen Sie die Lösung auf Ihren SharePoint, und prüfen Sie, ob die Berechtigungsgruppen erfolgreich auf Ihrem System angelegt wurden.

8.3 Berechtigungen zuordnen

Als letzter Schritt fassen Sie die Stufen und Gruppen zu den entsprechenden Zuweisungsobjekten zusammen. Dafür fügen Sie den Code aus Listing 8.7 unterhalb der Ermittlung der Gruppen hinzu.

```
// Assignments erstellen
// Supporter
SPRoleAssignment supporterAssignment =
    new SPRoleAssignment(supporterGroup);
supporterAssignment.RoleDefinitionBindings.Add(createRole);
supporterAssignment.RoleDefinitionBindings.Add(readRole);
// Supporter nur lesen
SPRoleAssignment supporterAssignmentReadOnly =
    new SPRoleAssignment(supporterGroup);
supporterAssignmentReadOnly.RoleDefinitionBindings.Add(readRole);
// Supportleitung
SPRoleAssignment supportleaderAssignment =
    new SPRoleAssignment(supportLeaderGroup);
supportleaderAssignment.RoleDefinitionBindings.Add(adminRole);
```

```
// Besucher
SPRoleAssignment visitorAssignment =
    new SPRoleAssignment(visitorGroup);
visitorAssignment.RoleDefinitionBindings.Add(createRole);
visitorAssignment.RoleDefinitionBindings.Add(readRole);
// Besucher nur lesen
SPRoleAssignment visitorAssignmentReadOnly =
    new SPRoleAssignment(visitorGroup);
visitorAssignmentReadOnly.RoleDefinitionBindings.Add(readRole);
// Besitzer
SPRoleAssignment ownerAssignment =
    new SPRoleAssignment(ownerGroup);
ownerAssignment.RoleDefinitionBindings.Add(adminRole);
```

Listing 8.7 Berechtigungszuordnungen erzeugen

Mithilfe dieser Zuordnungsobjekte können Sie nun die Berechtigungen für die gewünschten Rollen an die vorgesehenen Objekte binden.

```
// Berechtigungen auf Ticketliste anwenden
SPList ticketList = Globals.GetList(parentWeb, Constants.ListUrl.Tickets);
ticketList.BreakRoleInheritance(false);
ticketList.RoleAssignments.Add(supporterAssignment);
ticketList.RoleAssignments.Add(visitorAssignment);
ticketList.RoleAssignments.Add(supportleaderAssignment);
ticketList.RoleAssignments.Add(ownerAssignment);
// Berechtigungen auf Kommentarliste anwenden
SPList commentsList = Globals.GetList(parentWeb, Constants.ListUrl.Comments);
commentsList.BreakRoleInheritance(false);
commentsList.RoleAssignments.Add(supporterAssignment);
commentsList.RoleAssignments.Add(visitorAssignment);
commentsList.RoleAssignments.Add(supportleaderAssignment);
commentsList.RoleAssignments.Add(ownerAssignment);
// Berechtigungen auf Anhänge anwenden
SPList attachmentsList =
 Globals.GetList(parentWeb, Constants.ListUrl.Attachments);
attachmentsList.BreakRoleInheritance(false);
attachmentsList.RoleAssignments.Add(supporterAssignment);
attachmentsList.RoleAssignments.Add(visitorAssignment);
attachmentsList.RoleAssignments.Add(supportleaderAssignment);
attachmentsList.RoleAssignments.Add(ownerAssignment);
// Berechtigungen auf Prioritätenliste anwenden
SPList prioritiesList = Globals.GetList(parentWeb, Constants.ListUrl.Priorities);
```

```
prioritiesList.BreakRoleInheritance(false);
prioritiesList.RoleAssignments.Add(supporterAssignmentReadOnly);
prioritiesList.RoleAssignments.Add(visitorAssignmentReadOnly);
prioritiesList.RoleAssignments.Add(supportleaderAssignment);
prioritiesList.RoleAssignments.Add(ownerAssignment);
// Berechtigungen auf Prioritätenliste anwenden
SPList ticketstatusList =
 Globals.GetList(parentWeb, Constants.ListUrl.Ticketstatus);
ticketstatusList.BreakRoleInheritance(false);
ticketstatusList.RoleAssignments.Add(supporterAssignmentReadOnly);
ticketstatusList.RoleAssignments.Add(visitorAssignmentReadOnly);
ticketstatusList.RoleAssignments.Add(supportleaderAssignment);
ticketstatusList.RoleAssignments.Add(ownerAssignment);
// Berechtigungen auf Abrechnungsstatusliste anwenden
SPList accountingstatusList = Globals.GetList(parentWeb, Constants.ListUrl.
Accountingstatus);
accountingstatusList.BreakRoleInheritance(false);
accountingstatusList.RoleAssignments.Add(supporterAssignmentReadOnly);
accountingstatusList.RoleAssignments.Add(visitorAssignmentReadOnly);
accountingstatusList.RoleAssignments.Add(supportleaderAssignment);
accountingstatusList.RoleAssignments.Add(ownerAssignment);
// Berechtigungen auf Kundenliste anwenden
SPList customerList = Globals.GetList(parentWeb, Constants.ListUrl.Customer);
customerList.BreakRoleInheritance(false);
customerList.RoleAssignments.Add(supporterAssignmentReadOnly);
customerList.RoleAssignments.Add(visitorAssignmentReadOnly);
customerList.RoleAssignments.Add(supportleaderAssignment);
customerList.RoleAssignments.Add(ownerAssignment);
// Berechtigungen auf das Web anwenden
parentWeb.RoleAssignments.Add(supporterAssignmentReadOnly);
parentWeb.RoleAssignments.Add(supportleaderAssignment);
parentWeb.Update();
```

Listing 8.8 Berechtigungen setzen

Deployen Sie die Lösung auf Ihren SharePoint, und prüfen Sie, ob die Berechtigungen erfolgreich vergeben wurden.

Kapitel 9
Ribbonsteuerung

Erfahren Sie, welche Möglichkeiten Sie haben, das SharePoint-Ribbon zu beeinflussen, und wie Sie diese Möglichkeiten in Ihre Anwendung einfließen lassen.

Der Kern der Menüführung in SharePoint wird durch das *Menüband* (im folgenden *Ribbon* genannt) repräsentiert. Im Ribbon sind alle notwendigen Funktionen, die im aktuellen Kontext einer Anwendung zur Verfügung stehen, gebündelt. Um dem Benutzer die Verwendung Ihrer Anwendung zu erleichtern, sollten Sie sich die Standard-Menüführung von SharePoint zum Vorbild nehmen und Ihre Anwendung dort integrieren. Für die Manipulation des Ribbons steht ein XML-Schema zur Verfügung, das auf unterschiedlichen Wegen in den notwendigen Situationen eingebunden werden kann. Der einfachste Weg ist die Verwendung der Datei *Elements.xml*, mit deren Hilfe Sie ein XML-Schema an ein bestimmtes Objekt binden können. Das Objekt kann z. B. eine Liste oder ein Inhaltstyp sein. Sobald ein Element aus der Liste oder ein Element mit dem speziellen Inhaltstypen in SharePoint angezeigt wird, wird der Inhalt Ihrer *Elements.xml*-Datei zusätzlich zum Standardribbon geladen, und somit werden Ihre gewünschten Schaltflächen zur Verfügung gestellt. Alternativ kann das generierte XML zur Laufzeit, mithilfe von Code, zur aktuellen Seite hinzugefügt werden, entweder mithilfe von C#-Code oder mit JavaScript-Code.

In diesem Kapitel erläutern wir Ihnen den grundsätzlichen Aufbau der XML-Struktur und die Implementierung via *Elements.xml*. Nachfolgend werden wir eine Klasse erstellen, die das XML automatisch generiert und zur Laufzeit auf der gewünschten Seite implementiert. Dies bietet eine höhere Flexibilität als die Verwendung der *Elements.xml* beim Ansprechen gewisser Anwendungsbereiche wie ApplicationPages und erleichtert den Umgang mit dem Ribbon während des Entwicklungsprozesses.

9.1 Via »Elements.xml«

Die einzelnen Elemente des Ribbons werden über ein XML-Schema definiert. Mithilfe des Schemas bestimmen Sie, welche Tabs das Ribbon enthält, welche Gruppen in den Tabs verfügbar sind und welche Schaltflächen in den jeweiligen Gruppen verfügbar sind. Darüber hinaus werden wir das UI-Template der Gruppen und Schaltflächen sowie die auszuführenden Skripte der Schaltflächen inklusive der Methoden zur Angabe, ob eine Schaltfläche aktiviert oder deaktiviert ist, definieren. Da das XML-Schema sehr umfangreich ist, haben wir es in diesem Kapitel in einzelne logische Blöcke geteilt. Die wichtigsten dieser Blöcke werden wir genauer beschreiben.

Den logischen Aufbau des Ribbons sehen Sie in Abbildung 9.1.

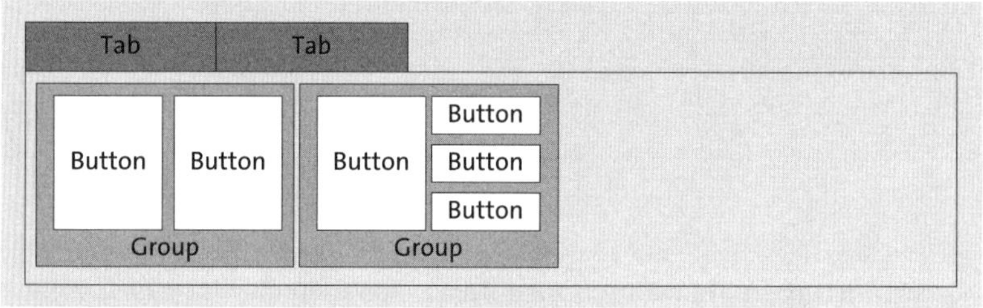

Abbildung 9.1 Aufbau des SharePoint-Ribbons

In die unterschiedlichen Tabs, die eine thematische Trennung der Ribboneinträge ermöglichen, werden die Buttons in Gruppen gekapselt. Für die unterschiedlichen Gruppen stehen Templates zur Verfügung, die definieren, ob und wo die Gruppe kleine und große Buttons enthalten kann. Jeder Tab, jede Gruppe und jeder Button hat eine eindeutige ID, über die das entsprechende Element angesprochen werden kann. So können Sie einen Button z. B. in eine bereits bestehende Gruppe integrieren oder gar einen bestehenden Button vollständig überschreiben. Die ID ist vom Namen her hierarchisch aufgebaut. Jeder Namensteil sollte den gewünschten Einsatzzweck möglichst sprechend beschreiben.

Den grundlegenden Aufbau des XML-Schemas, das einen Ribbon-Button in einer Bibliothek erstellt, sehen Sie in Listing 9.1.

```
<CustomAction
Id="NewUIRibbonControl"
RegistrationType="List"
RegistrationId="101"
Location="CommandUI.Ribbon">
<CommandUIExtension>
    <CommandUIDefinitions>
    <CommandUIDefinition
        Location="Ribbon.Library.Actions.Controls._children">
        <Button
         Id="Ribbon.Library.Actions.HelloWorld"
         Alt="Say Hello!"
         Sequence="100"
         Command="HelloWorld"
```

```
            Image32by32="/_layouts/images/TicketPoint2016/helloWorld.png"
            LabelText="Hello World"
            TemplateAlias="o1"/>
        </CommandUIDefinition>
        </CommandUIDefinitions>
        <CommandUIHandlers>
        <CommandUIHandler
         Command="HelloWorld"
         CommandAction="javascript:alert('Hello World');" />
        </CommandUIHandlers>
    </CommandUIExtension>
    </CustomAction>
```


Listing 9.1 XML-Definition eines Ribbon-Button

Die Registrierung des Elements erfolgt über den Knoten `CustomAction`, in dem angegeben wird, an welches SharePoint-Objekt die folgende Struktur gebunden werden soll. In diesem Beispiel geben wir über die Attribute `RegistrationType` und `RegistrationId` in Kombination an, dass die Struktur an alle Listen vom Basistyp 101 gebunden werden soll.

Der Bereich `CommandUIDefinitions` enthält den Bereich, der als sichtbare Controls im UI angezeigt wird, in diesem Fall einen Button. Nicht alle Control-Knoten müssen direkt unterhalb der `CommandUIDefinition` gegliedert werden. Auch der logische Aufbau zusammengehöriger Knoten ist möglich. So kann ein Button nicht nur im `CommandUIDefinition`, sondern auch in einem `Group`-Knoten eingebettet werden. Der `Group`-Knoten wiederum kann entweder im `CommandUIDefinition`-Knoten oder in einem `Tab`-Knoten untergebracht werden. Um die Lesbarkeit des XML zu erhöhen, ist es also sinnvoll, sofern eben möglich, die hierarchische Gliederung zu berücksichtigen und Buttons in Gruppen sowie Gruppen in Tabs zu gliedern.

Im Rahmen der `CommandUIDefinition` ist es auch möglich, neue *GroupTemplates* aufzubauen. Mit GroupTemplates besteht die Möglichkeit, die eingesetzten Buttons wie gewünscht zu platzieren und die Größe der jeweiligen Buttons an einer bestimmten Position vorzugeben. Eine mögliche Templatedefinition sehen Sie in Listing 9.2.

```
<GroupTemplate Id="Ribbon.Templates.CustomTemplateExample">
    <Layout
    Title="OneLargeTwoMedium" LayoutTitle="OneLargeTwoMedium">
    <Section Alignment="Top" Type="OneRow">
        <Row>
            <ControlRef DisplayMode="Large" TemplateAlias="row1" />
        </Row>
    </Section>
```

```
    <Section Alignment="Top" Type="TwoRow">
        <Row>
        <ControlRef DisplayMode="Medium" TemplateAlias="row2" />
        </Row>
        <Row>
        <ControlRef DisplayMode="Medium" TemplateAlias="row3" />
        </Row>
    </Section>
    </Layout>
</GroupTemplate>
```

Listing 9.2 XML-Definition eines Gruppen-Templates

Die folgenden Strukturelemente sind beim Aufbau des Ribbons verfügbar und je nach Ergebniswunsch erforderlich.

CustomAction

Die *CustomAction* ist der Einstiegspunkt der Ribbondefinition, mit der Sie das nachfolgende Schema an das gewünschte Objekt binden.

Attribut	Beschreibung
`RequiredAdmin`	Optionaler Textwert. Gibt an, welche Berechtigungen zum Anzeigen dieser CustomAction erforderlich sind. Mögliche Werte sind dabei: ▸ `Delegated` ▸ `Farm` ▸ `Machine`
`Id`	Optionaler Textwert. Die eindeutige ID der CustomAction.
`Location`	Optionaler Textwert. Die Position, an der die CustomAction in der Seite eingebunden wird. Wenn die CustomAction ein `CommandUIExtension`-Element enthält, muss die Location mit `CommandUI.Ribbon` beginnen.

Tabelle 9.1 CustomAction

Attribut	Beschreibung
RegistrationId	Optionaler Textwert. Die ID der Liste oder des Inhaltstypen, an den die CustomAction gebunden werden soll. Alternativ kann ein Dateityp oder die Programm-ID angegeben werden.
RegistrationType	Optionaler Textwert. Definiert den Objekttyp, an den die CustomAction gebunden werden soll. Mögliche Werte sind dabei: ▶ None ▶ List ▶ ContentType ▶ ProgId ▶ FileType
RequireSiteAdministrator	Optionaler boolescher Wert. Gibt an, ob der Benutzer Websitesammlungsadministrator sein muss, um die CustomAction sehen zu können. Standard: false
Rights	Optionaler Textwert. Ein Set von Basisberechtigungen, die der Benutzer haben muss, um diese CustomAction sehen zu dürfen. Die verschiedenen Werte werden kommasepariert angegeben.
RootWebOnly	Optionaler boolescher Wert. Gibt an, ob die CustomAction nur im RootWeb der SiteCollection verfügbar ist. Standard: false
Sequence	Optionaler Zahlenwert. Definiert die Reihenfolge, in der unterschiedliche CustomActions an einer Position angegeben werden sollen.

Tabelle 9.1 CustomAction (Forts.)

Attribut	Beschreibung
ShowInReadOnlyContentTypes	Optionaler boolescher Wert. Gibt an, ob die CustomAction in Inhaltstypen angezeigt wird, die als ReadOnly angegeben sind. Standard: false
ShowInSealedContentTypes	Optionaler boolescher Wert. Gibt an, ob die CustomAction in Inhaltstypen angezeigt wird, die als Sealed angegeben sind. Standard: false
Title	der Titel der CustomAction

Tabelle 9.1 CustomAction (Forts.)

Mögliche Unterelemente sind:

- CommandUIExtension
- UrlAction

CommandUIDefinition

Enthält die Elemente zur Definition des Ribbons in der Benutzeroberfläche.

Attribute	Beschreibung
Location	Optionaler Textwert. Die Position, an der das unterliegende UI-Element positioniert werden soll.

Tabelle 9.2 CommandUIDefinition

Mögliche Unterelemente sind:

- Button
- CheckBox
- ComboBox
- ColorPicker
- ContextualGroup
- ContextualTab
- Controls
- DropDown
- FlyoutAnchor
- Gallery
- GalleryButton
- GroupTemplate
- Group
- Groups

- `InsertTable`
- `Label`
- `MRUSplitButton`
- `MaxSize`
- `Menu`
- `MenuSection`
- `QAT`
- `Ribbon`
- `Scale`
- `Scaling`
- `Spinner`
- `SplitButton`
- `Tab`
- `Tabs`
- `TextBox`
- `ToggleButton`

Tab

Definiert einen Tab im Ribbon.

Attribut	Beschreibung
`Command`	Optionaler Textwert. ID des Commands, der ausgeführt werden soll, wenn der Tab geklickt wird.
`CssClass`	Optionaler Textwert. Der Name der CSS-Klasse für den Tab
`Description`	Optionaler Textwert. Die Beschreibung des Tabs
`Id`	die ID des Tabs
`Sequence`	Optionaler Zahlenwert. Die Reihenfolge, in der Tabs angezeigt werden sollen
`Title`	der Anzeigetitel des Tabs

Tabelle 9.3 Tab

Mögliche Unterelemente:

- `Scaling`
- `Groups`

Group

Definiert eine Gruppe im Ribbon.

Attribut	Beschreibung
Command	Optionaler Textwert. Die ID des Commands, der ausgeführt wird, um die Controls in der Gruppe zu aktivieren oder zu deaktivieren. Wird die Gruppe deaktiviert, werden die Einzelcommands zum Aktivieren oder Deaktivieren der unterliegenden Buttons nicht mehr ausgeführt.
Description	Optionaler Textwert. Die Beschreibung der Gruppe
Id	die ID der Gruppe
Image32by32Popup	Optionaler Textwert. URL zu einem 32 × 32 Pixel großen Bild, das die Gruppe im eingeklappten Zustand repräsentiert
Image32by32PopupClass	Optionaler Textwert. Der Name der CSS-Klasse, die auf das Popup-Bild der Gruppe angewendet wird
Image32by32PopupLeft	Optionaler Zahlenwert. Ein negativer Zahlenwert, der den Pixel-Offset von der linken Seite des angegebenen Popup-Images angibt
Image32by32PopupTop	Optionaler Zahlenwert. Ein negativer Zahlenwert, der den Pixel-Offset von der oberen Seite des angegebenen Popup-Images angibt
Sequence	Optionaler Zahlenwert Gibt die Anzeigereihenfolge von Gruppen an derselben Position an.
Template	Optionaler Textwert. Die ID des Templates (GroupTemplate), das auf die Gruppe angewendet werden soll
Title	der Titel der Gruppe

Tabelle 9.4 Group

Mögliche Unterelemente:

- Controls

Button

Definiert eine Schaltfläche im Ribbon.

Attribute	Beschreibung
`Alt`	der Hover-Text des Buttons
`Command`	Optionaler Textwert. Die ID des Commands, der beim Klicken der Schaltfläche ausgeführt werden soll
`CommandType`	Optionaler Textwert. Eine Enumeration, die den Typ der Schaltfläche angibt. Mögliche Werte: ▶ `General`: allgemeine Schaltfläche ▶ `OptionSelection`: wird nur ausgeführt, wenn eine Auswahl in einer Auswahlgruppe getätigt wurde ▶ `IgnoredByMenu`: wird nur ausgeführt, wenn im Command das Menü nicht geschlossen wird
`Description`	die Beschreibung der Schaltfläche
`Id`	die eindeutige ID der Schaltfläche
`Image32by32`	Optionaler Textwert. Die URL zum Bild der Schaltfläche, wenn diese im 32×32-Format angezeigt wird
`Image32by32Class`	Optionaler Textwert. Der Name der Klasse, die auf das 32×32-Bild der Schaltfläche angewendet werden soll
`Image32by32Left`	Optionaler Zahlenwert. Ein negativer Zahlenwert als Offset von der linken Seite des 32×32-Bildes der Schaltfläche
`Image32by32Top`	Optionaler Zahlenwert. Ein negativer Zahlenwert als Offset von der oberen Seite des 32×32-Bildes der Schaltfläche

Tabelle 9.5 Button

Attribute	Beschreibung
`Image16by16`	Optionaler Textwert. Die URL zum Bild der Schaltfläche, wenn diese im 16×16-Format angezeigt wird.
`Image16by16Class`	Optionaler Textwert. Der Name der Klasse, die auf das 16×16-Bild der Schaltfläche angewendet werden soll.
`Image16by16Left`	Optionaler Zahlenwert. Ein negativer Zahlenwert als Offset von der linken Seite des 16×16-Bildes der Schaltfläche.
`Image16by16Top`	Optionaler Zahlenwert. Ein negativer Zahlenwert als Offset von der oberen Seite des 16×16-Bildes der Schaltfläche.
`LabelCss`	Optionaler Textwert. Die CSS-Klasse, die auf das Label der Schaltfläche angewendet werden soll.
`LabelText`	Optionaler Textwert. Der Anzeigetext der Schaltfläche.
`Sequence`	Optionaler Zahlenwert. Die Reihenfolge, in der Schaltflächen an derselben Position angezeigt werden sollen.
`TemplateAlias`	Optionaler Textwert. Die ID des TemplateAlias eines `ControlRef`-Elements in einem GroupTemplate, das die Größe der Schaltfläche definiert.

Tabelle 9.5 Button (Forts.)

CommandUIHandler

Definiert einen ausführbaren Befehl, der an ein oder mehrere Elemente im Ribbon gebunden werden kann.

Attribut	Beschreibung
Command	der eindeutige Name des Befehls
CommandAction	Eine Skriptanweisung, die beim Aufruf des Befehls ausgeführt wird. Platzhalter, die Sie im Skript verwenden können: ▸ {ItemId}: ID des Elements aus der Listenansicht ▸ {ItemUrl}: webrelative URL des Listenelements ▸ {RecurrenceId}: ID des Serienelements ▸ {SiteUrl}: die komplette URL der Seite ▸ {ListId}: die ID der Liste ▸ {ListUrlDir}: serverrelative URL der Liste (inklusive Ordner der Liste) ▸ {Source}: die URL des aktuellen Seitenaufrufs ▸ {SelectedListId}: die ID (GUID) der aktuellen Liste ▸ {SelectedItemId}: die ID des aktuell ausgewählten Elements der Ansicht einer Liste
EnabledScript	Optionaler Textwert. Das Skript, mit dem angegeben wird, ob der aktuelle Befehl im UI aktiviert oder deaktiviert ist.

Tabelle 9.6 CommandUIHandler

GroupTemplate

Definiert das Template, mit dem ein `Group`-Element im Ribbon aufgebaut werden kann.

Attribut	Beschreibung
Id	die eindeutige ID des Templates
ClassName	Optionaler Textwert. Der Name der CSS-Klasse, die referenzierenden Gruppen zugeordnet werden soll.

Tabelle 9.7 GroupTemplate

Layout

Weist den Steuerelementen im GroupTemplate das Layout zu.

Attribut	Beschreibung
Title	eindeutiger Titel des Layouts im GroupTemplate

Tabelle 9.8 Layout

Section

Definiert den Bereich des Layouts.

Attribut	Beschreibung
Type	Optionaler Textwert. Definiert den Typen des Bereichs.
	Mögliche Werte: ▶ Divider: Ein Trenner. Kann keine Row-Elemete enthalten ▶ OneRow: ein Bereich mit einer Zeile für Schaltflächen ▶ TwoRow: ein Bereich mit zwei Zeilen für Schaltflächen ▶ ThreeRow: ein Bereich mit drei Zeilen für Schaltflächen
Alignment	Optionaler Textwert. Definiert die vertikale Ausrichtung des Bereichs. Mögliche Werte: ▶ Top ▶ Middle

Tabelle 9.9 Section

ControlRef

Definiert einen Platzhalter eines Control-Elements im Ribbon.

Attribut	Beschreibung
DisplayMode	Optionaler Textwert. Definiert, wie das Control in diesem Platzhalter gerendert wird.

Tabelle 9.10 ControlRef

Attribut	Beschreibung
`DisplayMode` (Forts.)	Mögliche Werte: ▶ `Small`: ein kleines Icon inklusive Titel ▶ `Medium`: ein 16 × 16 Pixel großes Logo inklusive Beschreibung ▶ `Large`: ein 32 × 32 Pixel großes Logo inklusive Beschreibung ▶ `Menu`: ein Textelement, das als Menü gerendert wird ▶ `Menu16`: ein Menüelement, das mit Text und einem 16 × 16 Pixel großen Bild gerendert wird ▶ `Menu32`: ein Menüelement, das mit Text und einem 32 × 32 Pixel großen Bild gerendert wird
`TemplateAlias`	Optionaler Textwert. Eine ID, die von Controls im aktuellen Template angesteuert werden kann.

Tabelle 9.10 ControlRef (Forts.)

Positionen

Zur Positionierung von Ribbonelementen steht das Attribut `Location` in allen relevanten Knoten zur Verfügung. Mithilfe dieses Attributs können Sie das Element an eine neue Position im Ribbon verschieben, es in vorhandenen Tabs oder Gruppen einbinden und sogar vorhandene Elemente überschreiben.

Wollen Sie ein Element als Unterelement eines bereits existierenden Controls einbinden, so sollten Sie an die Location-ID des übergeordneten Elements die Erweiterung `.Controls._children` anfügen. Die finale Position innerhalb des übergeordneten Tabs oder der Gruppe steuern Sie dann über das `Sequence`-Attribut.

```
Ribbon.Library.Actions.Controls._children
```

Alternativ zum additiven Hinzufügen können Sie durch die vollständige Location-Angabe eines vorhandenen Elements dieses vollständig überschreiben.

```
Ribbon.Library.Actions.ConnectToClient
```

Eine Liste aller vorhandenen Elemente im SharePoint-Standard finden Sie in Anhang C, »Ribbon-Location«. Mithilfe dieser Liste ermitteln Sie, welchen Tab und welche Gruppe Sie im Standard ansteuern können und wie die Location-Attribute heißen müssen, um die vorhandenen Elemente zu überschreiben.

9.2 Via Code zur Laufzeit

Da das Erstellen des XML-Codes mit hohem Aufwand verbunden, durchaus fehleranfällig und nicht in allen Situationen sehr flexibel ist, sollten Sie über die Verwendung einer codebasierten Lösung zum Einbinden des Ribbons nachdenken. Wenn Sie den Code hierzu einmal erstellt haben, können Sie ihn im Idealfall immer wieder verwenden. Die Grundlage für die codeseitige Erstellung von Ribbon-Controls liegt darin, dass die SharePoint-API die Möglichkeit bietet, auch zur Laufzeit individuelle XML-Strukturen in das Ribbon zu laden. Dies möchten wir uns in diesem Kapitel zunutze machen und eine Klassenstruktur erstellen, mit der wir zur Laufzeit das vollständige Ribbon von TicketPoint 2016 mithilfe von C#-Objekten erzeugen.

Neben der XML-Struktur des Ribbons benötigen wir das JavaScript für die clientseitigen Funktionen der Controls. Diesen Code müssen wir in diesem Fall selbst bereitstellen. Fügen Sie dazu im *UILayer*-Projekt im JS-Verzeichnis unter LAYOUTS eine neue JavaScript-Datei mit dem Namen *PageComponent.js* hinzu.

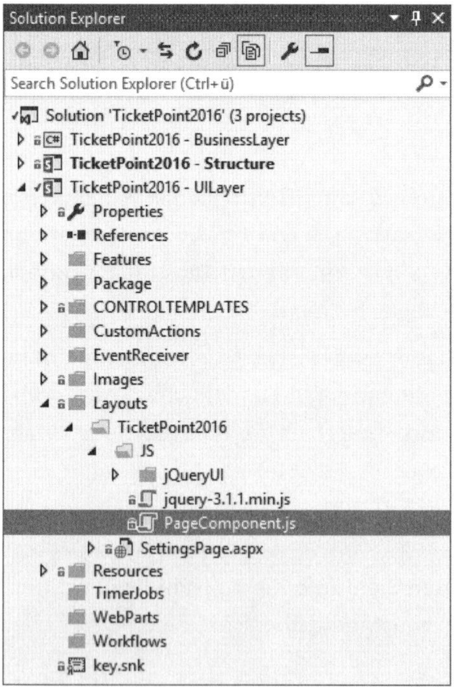

Abbildung 9.2 »PageComponent.js« in der Projektstruktur

In dieser Datei hinterlegen Sie die notwendigen Methoden, die für die Funktionalität des Ribbons benötigt werden. Diese Datei wird auf jeder Seite geladen, damit die benötigten Funktionen zur Verfügung stehen. Fügen Sie dazu den Code aus Listing 9.3 in die Datei ein.

```
Type.registerNamespace('FkrRibbon');
// RibbonApp Page Component
FkrRibbon.PageComponent = function () {
    FkrRibbon.PageComponent.initializeBase(this);
}
FkrRibbon.PageComponent.initialize = function () {
    ExecuteOrDelayUntilScriptLoaded(Function.createDelegate(null,
        FkrRibbon.PageComponent.initializePageComponent), 'SP.Ribbon.js');
}
FkrRibbon.PageComponent.initializePageComponent = function () {
    var ribbonPageManager = SP.Ribbon.PageManager.get_instance();
    if (null !== ribbonPageManager) {
        ribbonPageManager.addPageComponent(FkrRibbon.PageComponent.instance);
        ribbonPageManager.get_focusManager().requestFocusForComponent(
        FkrRibbon.PageComponent.instance);
    }
}
FkrRibbon.PageComponent.refreshRibbonStatus = function () {
    SP.Ribbon.PageManager
        .get_instance()
        .get_commandDispatcher()
        .executeCommand(Commands.CommandIds.ApplicationStateChanged, null);
}
FkrRibbon.PageComponent.prototype = {
    focusedCommands: null,
    globalCommands: null,
    registerWithPageManager: function () {
        SP.Ribbon.PageManager.get_instance().addPageComponent(this);
        SP.Ribbon.PageManager
            .get_instance()
            .get_focusManager()
            .requestFocusForComponent(this);
    },
    unregisterWithPageManager: function () {
        SP.Ribbon.PageManager.get_instance().removePageComponent(this);
    },
    init: function () {
        this.enabledStatusChecked = false;
    },
    getFocusedCommands: function () {
        return [];
    },
    getGlobalCommands: function () {
```

```
        return getFkrRibbonCommands();
    },
    isFocusable: function () {
        return true;
    },
    receiveFocus: function () {
        return true;
    },
    yieldFocus: function () {
        return true;
    },
    canHandleCommand: function (commandId) {
        return commandEnabledFkrRibbon(commandId);
    },
    handleCommand: function (commandId, properties, sequence) {
        return handleCommand(commandId, properties, sequence);
    }
}
// Register classes
FkrRibbon.PageComponent.registerClass('FkrRibbon.PageComponent',
    CUI.Page.PageComponent);
FkrRibbon.PageComponent.instance = new FkrRibbon.PageComponent();
```

Listing 9.3 PageComponent.js

Dieses Skript registriert die notwendigen Events zur Steuerung der Ribbon-Controls auf der Seite. Die beiden Events `canHandleCommand` und `getGlobalCommands` sind hierbei die entscheidenden Punkte. Während alle anderen Events den SharePoint-Standard als Rückgabe verwenden, arbeiten wir in diesen Events mit individuellen Funktionen, die über den nachfolgend erstellten C#-Code zur Laufzeit generiert und auf der Seite bereitgestellt werden. Das Event `canHandleCommand` wird dazu verwendet, Controls im Ribbon situationsbezogen zu aktivieren oder zu deaktivieren. Das Event `getGlobalCommands` dient dazu, den auszuführenden Code des jeweiligen Controls zu ermitteln.

Wenn Sie die Datei bereitgestellt haben, fügen Sie im *UILayer*-Projekt ein neues Verzeichnis *Ribbon* hinzu und erstellen darin die folgenden Klassen:

- `Button`
- `Enumeration`
- `Group`
- `Helper`
- `Tab`

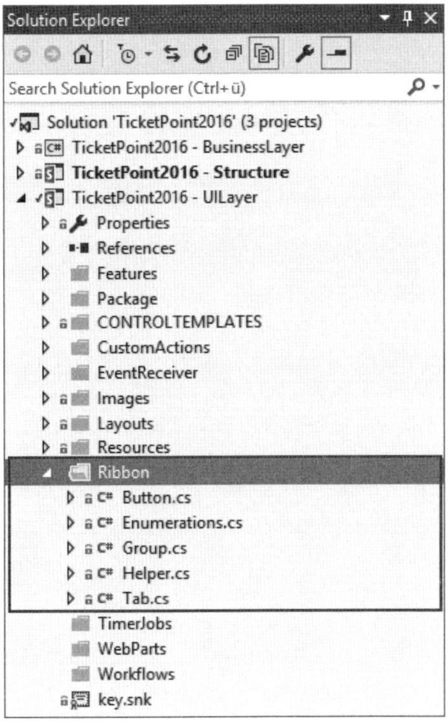

Abbildung 9.3 Ribbonklassen in der Projektstruktur

Beginnen sollten Sie mit der Enumerations-Klasse, in der Sie alle notwendigen Enumerationen für das Ribbon bereitstellen. Fügen Sie dazu den Code aus Listing 9.4 in die Klasse ein.

```
namespace Fkr.SharePoint.TicketPoint2016.UILayer.Ribbon
{
    public static class Enumerations
    {
        public enum GroupTemplate
        {
            OneRowLargeIcon,
            ThreeRowsSmallIcon
        }
        public enum DefaultGroupPositions
        {
            [Description("Ribbon.ListItem.Manage")]
            ListItemManage,
            [Description("Ribbon.List.Actions")]
            ListActions,
```

```
            [Description("Ribbon.Library.Actions")]
            LibraryActions,
        }
        public static string ToDescriptionString(this Enum value)
        {
            FieldInfo fi = value.GetType().GetField(value.ToString());
            DescriptionAttribute[] attributes =
                (DescriptionAttribute[])fi.GetCustomAttributes(
                typeof(DescriptionAttribute), false);
            if (attributes != null && attributes.Length > 0)
                return attributes[0].Description;
            else
                return value.ToString();
        }
    }
}
```

Listing 9.4 Enumerationen

Als Erstes bauen wir zwei Enumerationen auf. Die eine stellt alle verfügbaren Gruppentemplates bereit, die im späteren Code ausprogrammiert zur Verfügung stehen. Die zweite Enumeration stellt eine Auswahl an Standardpositionen für Controls innerhalb des Ribbons bereit. Die Methode `ToDescriptionString` löst die jeweils gewählte Standardposition mithilfe ihres Beschreibungstextes auf und bettet sie im XML ein.

Im nächsten Schritt sollten Sie Buttons, Groups und Tabs als Klassen bereitstellen. Fügen Sie dazu in den jeweiligen Klassen die Codeabschnitte aus Listing 9.5 bis Listing 9.7 ein.

```
class Button
{
    public string Title { get; set; }
    public string Description { get; set; }
    public int Sequence { get; set; }
    public string Image16 { get; set; }
    public string Image16CssClass { get; set; }
    private int m_Image16Left = 0;
    public int Image16Left
    {
        get { return m_Image16Left; }
        set { m_Image16Left = value; }
    }
    private int m_Image16Top = 0;
```

```
    public int Image16Top
    {
        get { return m_Image16Top; }
        set { m_Image16Top = value; }
    }
    public string Image32 { get; set; }
    private int m_Image32Left = 0;
    public int Image32Left
    {
        get { return m_Image32Left; }
        set { m_Image32Left = value; }
    }
    private int m_Image32Top = 0;
    public int Image32Top
    {
        get { return m_Image32Top; }
        set { m_Image32Top = value; }
    }
    public string Image32CssClass { get; set; }
    public string Tab { get; set; }
    public string Group { get; set; }
    public string ClickFunction { get; set; }
    public string EnableFunction { get; set; }
    public bool IsDefaultPosition { get; set; }
    public DefaultGroupPositions DefaultPosition { get; set; }
    public string PositionExtension { get; set; }
    public string DefaultTemplate { get; set; }
    public bool Hide { get; set; }
}
```

Listing 9.5 »Button.cs«

```
class Group
{
    public string Title { get; set; }
    public string Description { get; set; }
    public int Sequence { get; set; }
    public GroupTemplate GroupTemplate { get; set; }
    public List<Button> Buttons { get; set; }
    public bool Hide { get; set; }
}
```

Listing 9.6 »Group.cs«

```
class Tab
{
    public string Title { get; set; }
    public string Description { get; set; }
    public int Sequence { get; set; }
    public bool InitTab { get; set; }
    public List<Group> Groups { get; set; }
}
```

Listing 9.7 »Tab.cs«

Mithilfe dieser Klassen erstellen und gliedern wir jetzt die gewünschten Ribbonobjekte im Codebehind. Fügen Sie nun die notwendigen Methoden hinzu, mit denen Sie die Objekte in die jeweiligen XML-Strukturen umwandeln.

Beginnen Sie mit zwei Hilfsmethoden in der Klasse `Helper.cs`: eine Methode, die Titel und Namen in korrekte Methodennamen ohne Sonderzeichen umwandelt, und eine Methode, die die JavaScript-Datei *PageComponent.js* auf der aktuellen Seite registriert.

```
#region Hilfsmethoden
public static string CreateFunctionName(string objectTitle)
{
    return string.IsNullOrWhiteSpace(objectTitle)
        ? string.Empty
        : objectTitle
            .Replace(" ", "_")
            .Replace("ä", "ae")
            .Replace("Ä", "ae")
            .Replace("ö", "oe")
            .Replace("ö", "oe")
            .Replace("Ü", "ue")
            .Replace("ü", "ue")
            .Replace("ß", "ss")
            .Replace("&", "AND")
            .Replace(" ", "")
            .Replace("-", "")
            .Replace("_", "");
}
public static void InsertRibbonJS(System.Web.UI.Page page)
{
    ClientScriptManager manager = page.ClientScript;
    if (!manager.IsClientScriptIncludeRegistered(@"amxRibbonJS"))
    {
```

```
        manager.RegisterClientScriptInclude(typeof(Helper)
            , @"amxRibbonJS"
            , page.ResolveClientUrl(
                "/_layouts/15/TicketPoint2016/JS/PageComponent.js")
            );
    }
}
#endregion
```

Listing 9.8 Hilfsmethoden für den Ribbon

Als Nächstes fügen Sie in der `Button.cs`-Klasse drei Methoden hinzu. Erst eine Methode, die alle Buttons, die in einem vorgegebenen Tab enthalten sind, als Liste zurückgibt. Sie benötigen wir später, um alle notwendigen Enable- und Clickcommands zu erstellen und als JavaScript auf der Seite zu registrieren. Die zweite Methode erzeugt aus dem aktuellen Button das notwendige XML. Als Letztes fügen Sie eine Methode ein, die einen Button an einer Standardposition erstellt und im Ribbon registriert.


```
public static List<Button> GetAllButtonsFromTablist(List<Tab> ribbonTabs)
{
    List<Button> ribbonButtons = new List<Button>();
    foreach (Tab tab in ribbonTabs)
    {
        foreach (Group group in tab.Groups.Where(g => !g.Hide))
        {
            foreach (Button button in group.Buttons.Where(b => !b.Hide))
            {
                button.Tab = tab.Title;
                button.Group = group.Title;
                ribbonButtons.Add(button);
            }
        }
    }
    return ribbonButtons;
}

public void AddDefaultButton(Page page)
{
    string id = string.Format("{0}.{1}"
        , Enumerations.ToDescriptionString(DefaultPosition)
        , (!string.IsNullOrWhiteSpace(PositionExtension))
            ? PositionExtension
            : Helper.CreateFunctionName(Title));
    string command = string.Format("{0}.{1}.Click"
```

```
        , Enumerations.ToDescriptionString(DefaultPosition)
        , Helper.CreateFunctionName(Title));
    string templateAlias = ((!string.IsNullOrWhiteSpace(DefaultTemplate))
        ? DefaultTemplate : "o1");
    string buttonXml = @"<Button Id=""" + id + @"""
                    Command=""" + command + @"""
                    Image16by16=""" + Image16 + @"""
                    Image16by16Left=""" + Image16Left + @"""
                    Image16by16Top=""" + Image16Top + @"""
                    Image16by16Class=""" + Image16CssClass + @"""
                    Image32by32=""" + Image32 + @"""
                    Image32by32Left=""" + Image32Left + @"""
                    Image32by32Top=""" + Image32Top + @"""
                    Image32by32Class=""" + Image32CssClass + @"""
                    Sequence=""" + Sequence.ToString() + @"""
                    LabelText=""" + Title + @"""
                    Description=""" + Description + @"""
                    TemplateAlias=""" + templateAlias + @""" />";
    // XML des Standard-Buttons registrieren
    SPRibbon ribbon = SPRibbon.GetCurrent(page);
    XmlDocument ribbonExtensions = new XmlDocument();
    ribbonExtensions.LoadXml(buttonXml);
    string location = ((!string.IsNullOrWhiteSpace(PositionExtension))
        ? Enumerations.ToDescriptionString(DefaultPosition) +
            "." + PositionExtension
        : Enumerations.ToDescriptionString(DefaultPosition) +
            ".Controls._children");
    ribbon.RegisterDataExtension(ribbonExtensions.FirstChild, location);
}

public string GetButtonString(string tabName
    , string groupName
    , string templateAlias)
{
    string id = string.Format("Ribbon.{0}.{1}.RSButton.{2}"
        , tabName
        , groupName
        , Helper.CreateFunctionName(this.Title));
    string command = string.Format("Ribbon.{0}.{1}.RSButton.{2}"
        , tabName
        , groupName
        , Helper.CreateFunctionName(this.Title));
```

```
    string description = (!string.IsNullOrWhiteSpace(this.Description))
        ? this.Description
        : "";
    string sequence = (this.Sequence > 0) ? this.Sequence.ToString() : "10";
    string image16 = (!string.IsNullOrWhiteSpace(this.Image16))
        ? this.Image16 : "";
    string image32 = (!string.IsNullOrWhiteSpace(this.Image32))
        ? this.Image32 : "";
    string button = @"<Button Id=""" + id + @"""
                        Sequence=""" + sequence + @"""
                        Description=""" + description + @"""
                        Command=""" + command + @".Click""
                        Image16by16=""" + image16 + @"""
                        Image32by32=""" + image32 + @"""
                        LabelText=""" + this.Title + @"""
                        TemplateAlias=""" + templateAlias + @""" />";
    return button;
}
```

Listing 9.9 Hilfsmethoden zur Erstellung von Buttons

In der Klasse `Group.cs` erstellen Sie eine Methode, die das notwendige XML-Schema für das Template der Gruppe erzeugt.

```
public string CreateGroupTemplate(string tabName)
{
    string contextualGroupTemplate = "";
    string tabId = Helper.CreateFunctionName(tabName);
    string groupId = Helper.CreateFunctionName(this.Title);
    string title = string.Format("RSTab{0}RSGrp{1}", tabId, groupId);
    string id = string.Format("Ribbon.Templates.{0}", title);

    string newGroupTemplate = "";
    if (this.GroupTemplate == GroupTemplate.OneRowLargeIcon)
    {
        newGroupTemplate = @"<GroupTemplate Id=""" + id + @"%doubquote%>
                            <Layout Title=""" + title + @"""
                                LayoutTitle=""" + title + @"%doubquote%>
                                <Section Alignment=""Top""
                                         Type=""OneRow"">
                                <Row>
                                    {0}
                                </Row>
                                </Section>
```

```
                                    </Layout>
                                    </GroupTemplate>";
    }
    else if (this.GroupTemplate == GroupTemplate.ThreeRowsSmallIcon)
    {
        newGroupTemplate = @"<GroupTemplate Id=""" + id + @"%doubquote%>
                                    <Layout Title=""" + title + @"""
                                        LayoutTitle=""" + title + @"%doubquote%>
                                        <Section Alignment=""Top""
                                                 Type=""ThreeRow"">
                                            {0}
                                        </Section>
                                    </Layout>
                                    </GroupTemplate>";
    }
    string itmCtrls = "";
    for (int i = 0; i < this.Buttons.Count; i++)
    {
        string alias = string.Format("RSTab{0}RSGrp{1}RSButton{2}"
            , tabId
            , groupId
            , i.ToString());
        if (this.GroupTemplate == GroupTemplate.OneRowLargeIcon)
        {
            itmCtrls += @"<ControlRef DisplayMode=""Large""
                                    TemplateAlias=""" + alias + @""" />";
        }
        else if (this.GroupTemplate == GroupTemplate.ThreeRowsSmallIcon)
        {
            itmCtrls += @"<Row><ControlRef DisplayMode=""Medium""
                                        TemplateAlias=""" + alias + @""" />
                                </Row>";
        }
    }
    contextualGroupTemplate += string.Format(newGroupTemplate, itmCtrls);
    return contextualGroupTemplate;
}
```

Listing 9.10 Hilfsmethoden zur Erstellung von Gruppen

Das letzte noch fehlende XML-Schema ist das des Tabs. Fügen Sie also in der Klasse `Tab.cs` die notwendige Methode hinzu, um den Tab inklusive der unterliegenden Gruppen und Buttons per XML zu definieren.

```
public static string CreateMainTab(Tab tab)
{
    string tabId = Helper.CreateFunctionName(tab.Title);
    string mainTab = "";
    string currentTab = @"<Tab Id=""Ribbon.RSTab" + tabId + @"""
                            Title=""" + tab.Title + @"""
                            Description=""""
                            Sequence=""1105"">
                        <Scaling Id=""Ribbon.RSTab" + tabId + @".Scaling"">
                            {0}
                        </Scaling>
                        <Groups Id=""Ribbon.RSTab" + tabId + @".Groups"">
                            {1}
                        </Groups>
                        </Tab>";
    string groupXml = "";
    string groupScalingXml = "";
    foreach (Group group in tab.Groups.Where(g => !g.Hide))
    {
        string groupName = Helper.CreateFunctionName(group.Title);
        string groupId = string.Format("Ribbon.RSTab{0}.RSGrp{1}"
            , tabId
            , groupName);
        string maxSizeId = string.Format("Ribbon.RSTab{0}.MaxSize.RSGrp{1}"
            , tabId
            , groupName);
        string scaleId = string.Format("Ribbon.RSTab{0}.Scaling.RSGrp{1}"
            , tabId
            , groupName);
        string size = string.Format("RSTab{0}RSGrp{1}"
            , tabId
            , groupName);
        string template = string.Format("Ribbon.Templates.RSTab{0}RSGrp{1}"
            , tabId
            , groupName);
        string scalingPattern = @"<MaxSize Id=""" + maxSizeId + @"""
                                    GroupId=""" + groupId + @"""
                                    Size=""" + size + @""" />
                            <Scale Id=""" + scaleId + @"""
                                    GroupId=""" + groupId + @"""
                                    Size=""" + size + @""" />";
        string groupPatter = @"<Group Id=""" + groupId + @"""
                                    Description=""""
```

```
                                     Title=""" + group.Title + @"""
                                     Sequence=""52""
                                     Template=""" + template + @"%doubquote%>
                                 <Controls Id=""" + groupId + @".Controls"">
                                 {0}
                                 </Controls>
                             </Group>";
        // Buttons der Gruppe hinzufügen
        int aliasCount = 0;
        string individualButtons = "";
        foreach (Button item in group.Buttons.Where(b => !b.Hide))
        {
            string templateAlias = "RSTab" + tabId + "RSGrp" +
                groupName + "RSButton" + aliasCount.ToString();
            individualButtons += item.GetButtonString("RSTab" + tabId
                , "RSGrp" + groupName
                , templateAlias);
            aliasCount++;
        }
        groupScalingXml += scalingPattern;
        groupXml += string.Format(groupPatter, individualButtons);
    }
    return mainTab = string.Format(currentTab, groupScalingXml, groupXml);
}
```

Listing 9.11 Hilfsmethoden zur Erstellung von Tabs

Jetzt, wo alle notwendigen XML-Schemata erstellt werden können, fügen Sie in der Klasse `Helper.cs` noch die Methoden ein, die alle Einzelkomponenten erstellen, zusammenfassen und auf der Seite registrieren.

Die Methode `InitRibbon` wird als Einstiegspunkt von extern verwendet und dient zum Aufruf der bisher genannten Steuerungsmethoden.

```
public static void InitRibbon(Page page
    , List<Tab> ribbonTabs
    , List<Button> ribbonButtons
    , Literal litRibbonCSS = null
    , Literal litRibbonCommands = null
    , Literal litEnalbeCommands = null)
{
    if ((ribbonTabs != null && ribbonTabs.Count > 0)
        || (ribbonButtons != null && ribbonButtons.Count > 0))
    {
```

```
        // JavaScript und Ribbon-XML erstellen und registrieren
        AddRibbon(page
            , ribbonTabs
            , ribbonButtons
            , litRibbonCSS
            , litRibbonCommands
            , litEnalbeCommands);
        // EventCommands erstellen und registrieren
        List<Button> allRibbonButtons = new List<Button>();
        if (ribbonTabs != null)
            allRibbonButtons.AddRange(Button
                .GetAllButtonsFromTablist(ribbonTabs));
        if (ribbonButtons != null)
            allRibbonButtons.AddRange(ribbonButtons);
        AddRibbonEvents(page, allRibbonButtons);
    }
}
```


Listing 9.12 Initialisierung des Ribbons

In der Methode `AddRibbon` erstellen wir die in der *PageComponent.js* referenzierten JavaScript-Funktionen `getFkrRibbonCommands` und `commandEnabledFkrRibbon` auf Basis der vorliegenden Button-Controls und registrieren sie als Skript auf der Seite.

```
private static void AddRibbon(Page page
    , List<Tab> ribbonTabs
    , List<Button> ribbonButtons
    , Literal litRibbonCSS = null
    , Literal litRibbonCommands = null
    , Literal litEnalbeCommands = null)
{
    #region JavaScripts vorbereiten und registrieren
    // Notwendige JavaScript-Bestandteile aufbauen
    List<Button> allRibbonButtons = new List<Button>();
    if (ribbonTabs != null)
        allRibbonButtons.AddRange(Button
            .GetAllButtonsFromTablist(ribbonTabs));
    if (ribbonButtons != null)
        allRibbonButtons.AddRange(ribbonButtons);
    string CommandArray = "";
    string enableFunctionCaller = "";
    string enableFunctions = "";
    # region Buttonscripts erstellen
    foreach (Button ribbonButton in allRibbonButtons)
```

```
    {
        // Command zu JavaScript-Array hinzufügen
        string commandName = "";
        if (ribbonButton.IsDefaultPosition)
        {
            commandName = string.Format("{0}.{1}.Click"
                , Enumerations
                      .ToDescriptionString(ribbonButton.DefaultPosition)
                , CreateFunctionName(ribbonButton.Title));
        }
        else
        {
            commandName =
  string.Format("Ribbon.RSTab{0}.RSGrp{1}.RSButton.{2}.Click"
                , CreateFunctionName(ribbonButton.Tab)
                , CreateFunctionName(ribbonButton.Group)
                , CreateFunctionName(ribbonButton.Title));
        }
        CommandArray += string.IsNullOrWhiteSpace(CommandArray)
            ? "'" + commandName + "'"
            : ",'" + commandName + "'";
        // Enable Funktionen erstellen
        string enableFunctionBody =
            !string.IsNullOrWhiteSpace(ribbonButton.EnableFunction)
                ? ribbonButton.EnableFunction
                : "return true;";
        string enableFunction = @" function " + commandName.Replace(".",
"") + @"Enabled() {
                                return " + enableFunctionBody + @"
                            }";
        enableFunctions += enableFunction;
        enableFunctionCaller += @" if(commandId === '" + commandName + @"') {
                                return " + commandName.Replace(".",
"") + @"Enabled();
                            } ";
    }
    # endregion
    string scriptInit = "<script language=\"javascript\"";
    string scriptEnd = "</script>";
    # region Scripts auf Seite registrieren
    // getRibbonisorCommands registrieren
    string getFkrRibbonCommands = @"function getFkrRibbonCommands() {
```

```
                                                    return [" + CommandArray + @"];
                                                }";
    string litRibbonCommandsText = string.Format("{0}{1}{2}"
        , scriptInit
        , getFkrRibbonCommands
        , scriptEnd);
    if (litRibbonCommands != null)
        litRibbonCommands.Text = litRibbonCommandsText;
    else
        page.Header.Controls.Add(new LiteralControl(litRibbonCommandsText));
    // commandEnabledFkrRibbon registrieren
    string baseEnabeldFunction = enableFunctions +
                                            @" function commandEnabledFkrRibbon
(commandId) {
                                                " + enableFunctionCaller + @"
                                                return true;
                                            }";
    string litEnalbeCommandsText = string.Format("{0}{1}{2}"
        , scriptInit
        , baseEnabeldFunction
        , scriptEnd);
    if (litEnalbeCommands != null)
        litEnalbeCommands.Text = litEnalbeCommandsText;
    else
        page.Header.Controls.Add(new LiteralControl(litEnalbeCommandsText));
    # endregion

    # endregion
    # region Ribbon XML erstellen und einfügen
    // Buttons an Standardpositionen einfügen
    if (ribbonButtons != null)
    {
        foreach (Button button in ribbonButtons)
        {
            button.AddDefaultButton(page);
        }
    }
    // Individuelle Positionen erstellen
    if (ribbonTabs != null)
    {
        foreach (Tab tab in ribbonTabs) // Pro Tab
        {
```

```
            AddRibbonTab(page, tab);
        }
    }
    # endregion
}
```

Listing 9.13 Hinzufügen des Ribbons

In der Methode AddRibbonTab wird der übergebene Tab mithilfe der zuvor erstellten Methoden in den entsprechenden XML-Code umgewandelt und auf der aktuellen Seite im Ribbon registriert. Sollte das Ribbon auf der aktuellen Seite nicht aktiv sein, wird es hier aktiviert.

```
private static void AddRibbonTab(Page page
    , Tab tab)
{
    // Gets the current instance of the ribbon on the page.
    SPRibbon ribbon = SPRibbon.GetCurrent(page);
    if (ribbon != null)
    {
        //Prepares an XmlDocument object used to load the ribbon
        XmlDocument ribbonExtensions = new XmlDocument();
        //Load the contextual tab XML and register the ribbon.
        ribbonExtensions.LoadXml(Tab.CreateMainTab(tab));
        ribbon.RegisterDataExtension(ribbonExtensions.FirstChild,
            "Ribbon.Tabs._children");
        //Load the custom templates and register the ribbon.
        foreach (Group group in tab.Groups)
        {
            ribbonExtensions.LoadXml(group.CreateGroupTemplate(tab.Title));
            ribbon.RegisterDataExtension(ribbonExtensions.FirstChild,
                "Ribbon.Templates._children");
        }
        ribbon.Visible = true;
        ribbon.Enabled = true;
        ribbon.Minimized = false;
        ribbon.CommandUIVisible = true;
        string initialTabId = "Ribbon.RSTab" + CreateFunctionName(tab.Title);
        if (!ribbon.IsTabAvailable(initialTabId))
            ribbon.MakeTabAvailable(initialTabId);
        if (tab.InitTab)
        {
```

```
            ribbon.InitialTabId = initialTabId;
        }
    }
}
```

Listing 9.14 Hinzufügen eines Tabs zum Ribbon

In der Methode `AddRibbonEvents` werden die Commands der Buttons auf der Seite registriert, die PageComponents eingebunden und das enthaltene JavaScript im Anschluss initialisiert.

```
private static void AddRibbonEvents(Page page, List<Button> ribbonButtons)
{
    ScriptLink.RegisterScriptAfterUI(page, "CUI.js", false, true);
    ScriptLink.RegisterScriptAfterUI(page, "SP.Ribbon.js", false, true);
    var commands = new List<IRibbonCommand>();
    // Commands registrieren
    foreach (Button ribbonButton in ribbonButtons)
    {
        string commandName = "";
        if (ribbonButton.IsDefaultPosition)
            commandName = string.Format("{0}.{1}.Click"
                , Enumerations
                      .ToDescriptionString(ribbonButton.DefaultPosition)
                , CreateFunctionName(ribbonButton.Title));
        else
            commandName =
 string.Format("Ribbon.RSTab{0}.RSGrp{1}.RSButton.{2}.Click"
                , CreateFunctionName(ribbonButton.Tab)
                , CreateFunctionName(ribbonButton.Group)
                , CreateFunctionName(ribbonButton.Title));
        commands.Add(new SPRibbonCommand(commandName
            , ribbonButton.ClickFunction
            , "true"));
    }
    // JS auf Seite schreiben
    try
    {
        InsertRibbonJS(page);
    }
    catch { }
    //Register initialize function
    string registerScript = @"_spBodyOnLoadFunctionNames
                               .push(""initRibbon"");
```

```
                                function initRibbon() {
                                    FkrRibbon.PageComponent.initialize();
                                };";
    page.ClientScript.RegisterStartupScript(page.GetType()
        , "InitPageComponent"
        , registerScript
        , true);

    // Register ribbon scripts
    var manager = new SPRibbonScriptManager();
    manager.RegisterGetCommandsFunction(page, "getGlobalCommands", commands);
    manager.RegisterCommandEnabledFunction(page, "commandEnabled", commands);
    manager.RegisterHandleCommandFunction(page, "handleCommand", commands);
}
```

Listing 9.15 Ribbon-Events erzeugen

Deployen Sie die Lösung auf Ihren SharePoint, und prüfen Sie so, ob die Bereitstellung fehlerfrei funktioniert.

Kapitel 10
Anwendungskonfiguration

Erfahren Sie, welche Möglichkeiten Sie haben, die Konfigurationsdaten Ihrer Anwendung zu speichern, und wie Sie diese am einfachsten in Ihre Anwendung integrieren.

Bevor wir mit der weiteren Umsetzung der Anwendung fortfahren, werden wir uns um die Konfiguration kümmern. In diesem Kapitel implementieren wir eine Konfigurationsseite für die Anwendung. Außerdem werden Sie erfahren, wie und wo Sie diese Konfigurationsseite verlinken können, um den berechtigten Benutzern ein einfaches Zugreifen zu ermöglichen. Wie Sie die Einstellungen im Property Bag des Webs hinterlegen, erfahren Sie in Abschnitt 10.2, »Property Bag«. Dort legen Sie alle benötigten Klassen an, um die Konfigurationseinträge zu erstellen und auszulesen.

Für die Konfigurationslisten, mit denen die Informations-E-Mail-Benachrichtigungen je Kunde bzw. je Supporter abgeschaltet werden können, werden wir keine gesonderte Konfigurationsoberfläche oder Listenformulare erstellen. Hier nutzen wir die Mittel, die uns SharePoint zur Verfügung stellt. In Kapitel 6, »Datenstruktur aufbauen«, haben Sie bereits erfahren, dass wir durch Setzen der `EnforceUniqueValues`-Property in der Kundenspalte und der Supporterspalte eindeutige Werte für diese Spalte in der jeweiligen Liste erzwingen können. Das reicht an dieser Stelle vollkommen aus, um mit den Konfigurationslisten arbeiten zu können. Bei Bedarf erstellen Sie hier eine eigene Oberfläche. Denkbar wäre an dieser Stelle auch, die Informations-E-Mail durch den Versand einer E-Mail, die Sie an eine vorbereitete SharePoint-Bibliothek schicken, abzuschalten. Dazu konfigurieren Sie eine Bibliothek so, dass sie E-Mails empfangen kann. Durch das Programmieren eines EventReceivers, der den Betreff der E-Mails analysiert, können Sie automatisch den Konfigurationseintrag für den Kunden erstellen oder anpassen.

10.1 CustomAction-Links

Im Planungsteil des Buches haben wir festgelegt, dass die Konfigurationsseite in den WEBSITEEINSTELLUNGEN in einem eigenen Bereich und zusätzlich über das Administrationsmenü aufrufbar sein soll. Dies erreichen Sie über CustomAction-Links, über die Sie sich in die Standard-SharePoint-Navigation einklinken.

Erstellen Sie dazu im *UILayer*-Projekt im *CustomActions*-Ordner ein neues Element vom Typ EMPTY ELEMENT mit dem Namen *Settings*.

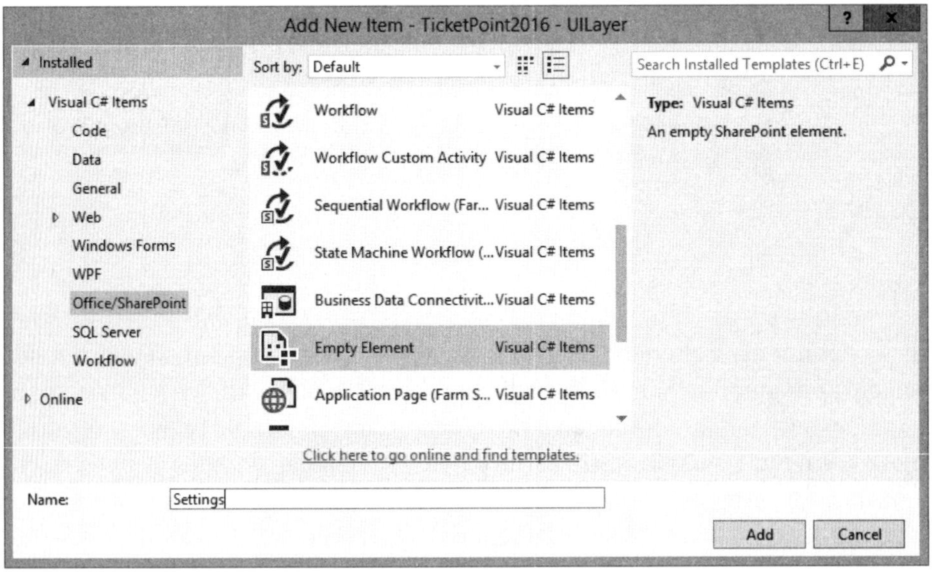

Abbildung 10.1 Neues Element vom Typ »Empty Element« erstellen

Ihrem Projekt wird damit eine leere XML-Datei hinzugefügt, in der Sie den XML-Code zur Anzeige der CustomActions erstellen können.

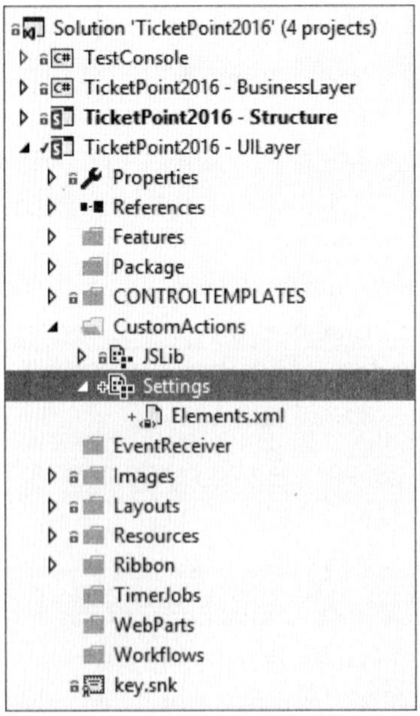

Abbildung 10.2 Projektstruktur – Settings

Hinweis

Damit die CustomActions auch über das Feature aktiviert werden, vergessen Sie nicht, das *Settings*-Element über die Featureansicht hinzuzufügen. Wenn Ihre Links nicht sichtbar sind, sollten Sie immer zuerst prüfen, ob sie dem Feature zugeordnet wurden. Dieser Schritt wird häufig vergessen.

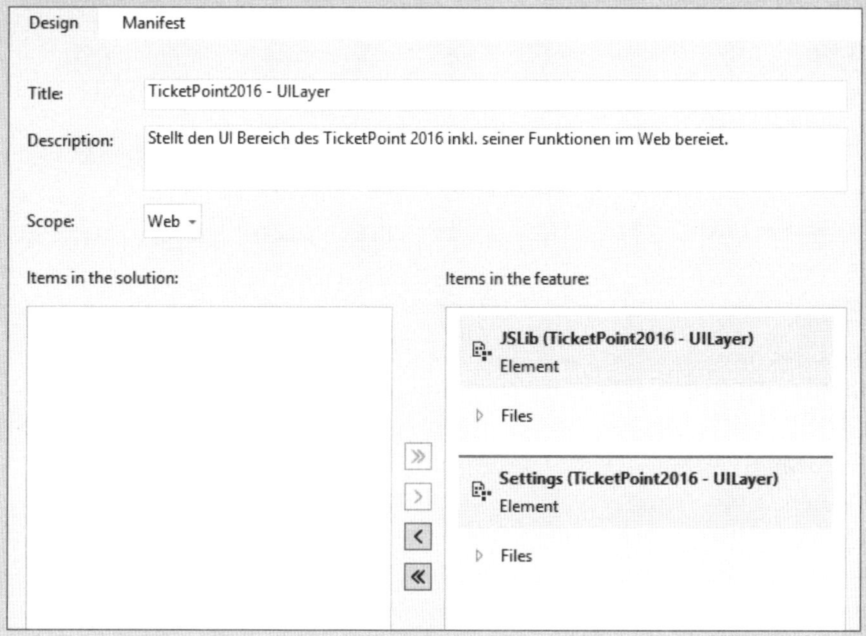

Abbildung 10.3 Feature mit »Settings«-Element

Bevor wir uns um die Erstellung des XML kümmern, schauen wir uns erst einmal den Aufbau einer CustomAction-Group und im Anschluss einer CustomAction an. Den schematischen Aufbau haben wir jeweils durch eine Tabelle, in der wir die einzelnen XML-Attribute kurz erläutern, ergänzt. Wir beschränken uns an dieser Stelle auf die in TicketPoint 2016 verwendeten Attribute.

```
<CustomActionGroup
    Description = "Text"
    Id = "Text"
    Location = "Text"
    Sequence = "Integer"
    Title = "Text">
</CustomActionGroup>
```

Listing 10.1 Beispiel einer CustomAction-Group

Attribut	Beschreibung
`Description`	Optionaler Textwert. Die Beschreibung der Gruppe
`Id`	Die ID der Gruppe. Die ID muss eindeutig sein. Sie können eine beschreibende ID, aber auch eine generierte GUID verwenden.
`Location`	Erforderlicher Textwert. Gibt einen Wert für den Ort der Aktion an. Diese Zeichenfolge ist ein Name, der im `LinkSectionTable`-Steuerelement innerhalb einer Seite deklariert ist. Eine Liste möglicher Werte finden Sie hier: *https://msdn.microsoft.com/de-de/library/office/bb802730.aspx*.
`Sequence`	Optionaler Integer-Wert. Gibt die Reihenfolge, in der die Gruppen in der Location angezeigt werden, an.
`Title`	erforderlicher Textwert, der als Titel der Gruppe angezeigt wird

Tabelle 10.1 Verfügbare Attribute für den CustomActionGroups-Knoten

```
<CustomAction
   Description = "Text"
   GroupId = "Text"
   Id = "Text"
   Location = "Text"
   RegistrationId = "Text"
   RegistrationType = "Text"
   RequireSiteAdministrator = "TRUE" | "FALSE"
   Rights = "Text"
   RootWebOnly = "TRUE" | "FALSE"
   ScriptSrc = "Text"
   ScriptBlock = "Text"
   Sequence = "Integer"
   ShowInLists = "TRUE" | "FALSE"
   ShowInReadOnlyContentTypes = "TRUE" | "FALSE"
   ShowInSealedContentTypes = "TRUE" | "FALSE"
   Title = "Text"
   UIVersion = "Integer">
</CustomAction>
```

Listing 10.2 XML-Definition CustomAction

Attribut	Beschreibung
`Description`	Optionaler Textwert. Die Beschreibung der CustomAction
`GroupId`	Optionaler Textwert. Die ID der Gruppe, der die CustomAction hinzugefügt werden soll
`Id`	Die ID der CustomAction. Die ID muss eindeutig sein. Sie können eine beschreibende ID, aber auch eine generierte GUID verwenden.
`Location`	Erforderlicher Textwert. Gibt einen Wert für den Ort der Aktion an. Diese Zeichenfolge ist ein Name, der im `LinkSectionTable`-Steuerelement innerhalb einer Seite deklariert ist. Eine Liste möglicher Werte finden Sie hier: *https://msdn.microsoft.com/de-de/library/office/bb802730.aspx*.
`Rights`	Optionaler Textwert. Gibt Rechte an, die der Benutzer haben muss, damit die CustomAction angezeigt wird. Es können mehrere Rechte kommasepariert angegeben werden. Eine Liste möglicher Werte finden Sie hier: *https://msdn.microsoft.com/de-de/library/office/microsoft.sharepoint.spbasepermissions.aspx*.
`Sequence`	Optionaler Integer-Wert. Gibt die Reihenfolge an, in der die CustomActions in der Location bzw. in der Gruppe angezeigt werden.
`Title`	erforderlicher Textwert, der als Titel der CustomAction angezeigt wird

Tabelle 10.2 Attribute des CustomAction-Knoten

Um mit der CustomAction einen Link darzustellen, fehlt noch das untergeordnete Element `UrlAction`. Mit diesem Element wird der eigentliche Link, auf den die CustomAction verlinken soll, konfiguriert.

```
<UrlAction
   Url = "Text">
</UrlAction>
```

Attribut	Beschreibung
`Url`	Erforderlicher Textwert. Die URL kann webrelativ mit `~site` oder SiteCollection-relativ mit `~sitecollection` angegeben werden.

Da Sie jetzt den Aufbau des XML kennen, erstellen Sie wir jetzt das XML zur Anzeige der Links. Fügen Sie das XML aus Listing 10.3 in die Datei *Elements.xml* des *Settings*-Items ein, um den Link im Administrationsmenü zu erstellen.

```
<CustomAction
    Id="fkrWebsiteSettingsMenu"
    GroupId="SiteActions"
    Location="Microsoft.SharePoint.StandardMenu"
    Sequence="40"
    Rights="ManagePermissions"
    Title="TicketPoint-Einstellungen">
    <UrlAction Url="~site/_layouts/15/TicketPoint2016/SettingsPage.aspx"/>
</CustomAction>
```

Listing 10.3 CustomAction im SharePoint-Menü

Attribut	Beschreibung
`Id`	Tragen Sie hier den beschreibenden Namen `fkrWebsiteSettingsMenu` ein, um bei mehreren CustomActions den Überblick zu behalten.
`GroupId`	Als GroupId tragen wir `SiteActions` ein, damit der Link in der Gruppe der `SiteActions` angezeigt wird.
`Location`	Als Location tragen wir `Microsoft.SharePoint.StandardMenu` ein, um den Link im Menü der Website zu platzieren.
`Sequence`	Die Sequenz `40` bewirkt, dass der Link als letzter in der Gruppe der `SiteActions` angezeigt wird, da es in dieser Gruppe nur Actions mit einer Sequenz unter 40 gibt. Um den Link weiter oben in der Gruppe zu platzieren, verwenden Sie einfach eine niedrigere ID. Hier können Sie verschiedene Werte größer 0 eintragen und testen. Wenn zwei Elemente die gleiche Sequenz haben, wird bei jedem Seitenaufbau eine zufällige Reihenfolge ausgewählt. Dadurch können Links/Buttons ungewollt ihre Positionen tauschen.
`Rights`	Unter `Rights` tragen wir `ManagePermissions` ein, wodurch der Link nur für Benutzer mit dem Recht *ManagePermissions* angezeigt wird. In unserem Fall sind das die Administratoren und Supportleiter.

Tabelle 10.3 Zu setzende Attribute des CustomAction-Knoten

Attribut	Beschreibung
`Title`	TicketPoint-Einstellungen wird als Text des Links dargestellt.
`UrlAction`	*~site/_layouts/15/TicketPoint2016/SettingsPage.asp* ist die URL, auf die verlinkt wird. `~site` bewirkt, dass SharePoint den Link automatisch webrelativ anzeigt.

Tabelle 10.3 Zu setzende Attribute des CustomAction-Knoten (Forts.)

Im Administrationsmenü sollte jetzt ein neuer Link auf die TicketPoint-Einstellungsseite sichtbar sein.

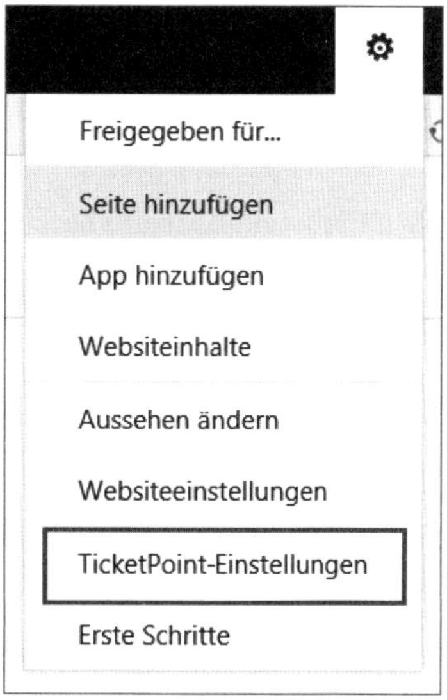

Abbildung 10.4 Administrationsmenü mit Link auf die TicketPoint-Einstellungen

Fügen Sie das XML aus Listing 10.4 in die Datei *Elements.xml* des `Settings`-Items ein, um den eigenen Bereich in den Websiteeinstellungen zu erstellen:

```
<CustomActionGroup
    Id="fkrWebsiteSettingsGroup"
    Location="Microsoft.SharePoint.SiteSettings"
    Title="TicketPoint 2016"
    Sequence="100">
</CustomActionGroup>
```

Listing 10.4 Beispiel CustomActionGroup in den Websiteeinstellungen

Attribut	Beschreibung
Id	Wir tragen hier den beschreibenden Namen fkrWebsiteSettings-Group ein, um bei mehreren CustomActions-Groups den Überblick zu behalten.
Location	Als Location tragen wir Microsoft.SharePoint.SiteSettings ein, um den Link auf der Websiteeinstellungsseite zu platzieren.
Title	TicketPoint 2016 wird als Text der Gruppe dargestellt.
Sequence	Die Sequenz 100 bewirkt, dass die Gruppe als letzte Gruppe angezeigt wird. Um den Link weiter oben zu platzieren, verwenden Sie einfach eine niedrigere ID. Hier können Sie verschiedene Werte größer 0 eintragen und testen.

Tabelle 10.4 Attributwerte der CustomActionGroup

Zum Schluss fügen Sie das XML ein, um den Link auf die Einstellungsseite darzustellen:

```
<CustomAction
    Id="fkrWebsiteSettings"
    GroupId="fkrWebsiteSettingsGroup"
    Location="Microsoft.SharePoint.SiteSettings"
    Sequence="40"
    Rights="ManagePermissions"
    Title="Einstellungen">
    <UrlAction Url="~site/_layouts/15/TicketPoint2016/SettingsPage.aspx"/>
</CustomAction>
```

Listing 10.5 CustomAction in den Websiteeinstellungen

Attribut	Beschreibung
Id	Wir tragen hier den beschreibenden Namen fkrWebsiteSettings-Menu ein, um bei mehreren CustomActions den Überblick zu behalten.
GroupId	Als GroupId tragen wir fkrWebsiteSettings ein, damit der Link in der soeben erstellten Gruppe angezeigt wird.
Location	Als Location tragen wir Microsoft.SharePoint.SiteSettings ein, um den Link auf der Websiteeinstellungsseite zu platzieren.

Tabelle 10.5 Attributwerte der CustomAction

Attribut	Beschreibung
`Sequence`	Da wir aktuell nur einen Link in der Gruppe anzeigen, spielt die Sequenz an dieser Stelle keine Rolle. Um zukünftig weitere Links vor und nach dem Link hinzufügen zu können, tragen wir hier den Wert `40` ein.
`Rights`	Unter `Rights` tragen wir `ManagePermissions` ein, wodurch der Link nur Benutzern mit dem Recht *ManagePermissions* angezeigt wird. In unserem Falle sind das die Administratoren und Supportleiter.
`Title`	EINSTELLUNGEN wird als Text des Links dargestellt.
`UrlAction Url`	*~site/_layouts/15/TicketPoint2016/SettingsPage.asp* ist die URL, auf die verlinkt wird. `~site` bewirkt, dass SharePoint den Link automatisch webrelativ anzeigt.

Tabelle 10.5 Attributwerte der CustomAction (Forts.)

In den WEBSITEEINSTELLUNGEN sollte jetzt ein neuer Bereich mit Link auf die Einstellungsseite sichtbar sein.

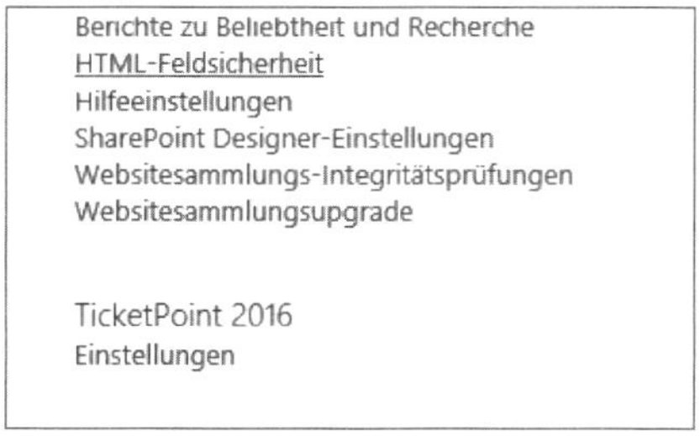

Abbildung 10.5 Websiteeinstellungen mit Link auf die TicketPoint-Einstellungen

Deployen Sie die Solution, und aktivieren Sie das *UILayer*-Feature. Prüfen Sie, ob der Link in den WEBSITEEINSTELLUNGEN und im Administrationsmenü sichtbar ist und auf die korrekte Seite verlinkt.

10.2 Property Bag

Wie schon in der Planung angesprochen, werden die Einstellungen von TicketPoint 2016 im Property Bag des Webs abgelegt. Um den unerwünschten Zugriff zu erschweren, werden die Werte im Property Bag verschlüsselt gespeichert. Die für die Konfiguration benötigten Klassen legen Sie im *BusinessLayer* an. Erstellen Sie dazu im *BusinessLayer* einen *Settings*-Ordner.

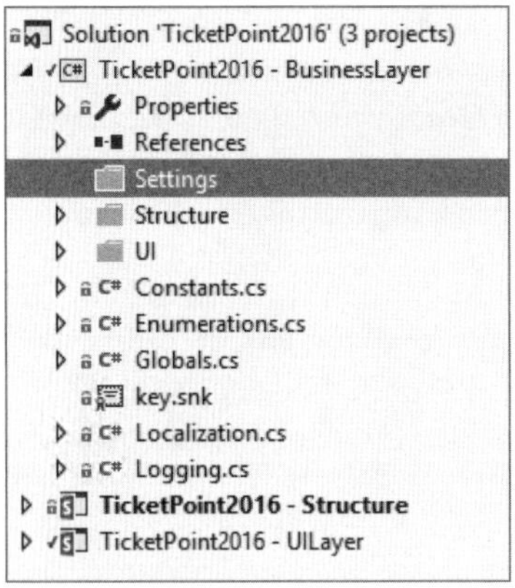

Abbildung 10.6 »Settings«-Ordner im »BusinessLayer«

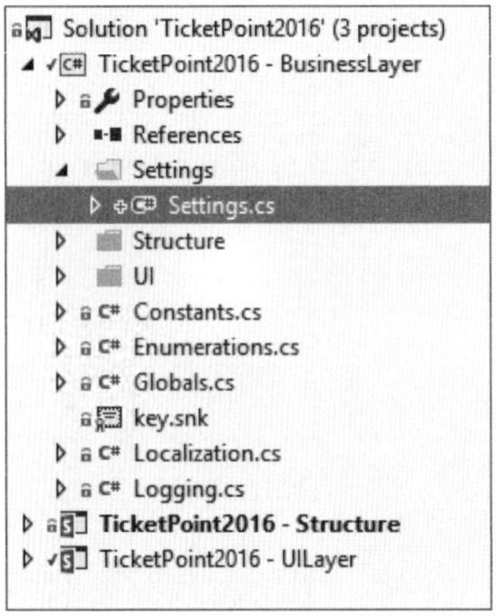

Abbildung 10.7 »Settings«-Klasse

Erstellen Sie im *Settings*-Ordner die Klasse `Settings`. Diese Klasse wird alle Einstellungen von TicketPoint enthalten, sodass Sie nur eine Instanz dieser Klasse benötigen, um auf alle Einstellungen zugreifen zu können. Fügen Sie dazu alle benötigten Einstellungen als Properties hinzu. Den Code für die ersten vier Properties finden Sie in Listing 10.6. Die anderen Properties legen Sie nach demselben Schema an.

```
/// <summary>
/// Gibt an, ob den betroffenen Supportern eine Informationsmail
/// gesendet werden soll.
/// </summary>
public bool SendSupporterMail { get; set; }
/// <summary>
/// Der Betreff der Informationsmail, die an einen Supporter gesendet wird.
```

```
/// </summary>
public string SupporterMailSubject { get; set; }
/// <summary>
/// Der Inhalt der Informationsmail, die an einen Supporter gesendet wird.
/// </summary>
public string SupporterMailBody { get; set; }
/// <summary>
///    Gibt an, ob dem Kunden, der ein Ticket erstellt hat,
///    Informationsmails gesendet werden sollen.
/// </summary>
public bool SendCustomerMail { get; set; }
///...
```

Listing 10.6 Properties für Anwendungskonfiguration

Um die Einstellungen im Property Bag abzulegen, werden Keys benötigt. Diese legen Sie im *BusinessLayer* in der Klasse `Constants` an. Öffnen Sie die Klassendatei, und fügen Sie den Code aus Listing 10.7 ein, um die Konstanten für die Property-Bag-Keys zu erstellen:

```
public static class PropertyBagKey
{
    public const string SendSupporterMail = "SendSupporterMail";
    public const string SupporterMailSubject = "SupporterMailSubject";
    public const string SupporterMailBody = "SupporterMailBody";
    public const string SendCustomerMail = "SendCustomerMail";
    public const string CustomerMailSubject = "CustomerMailSubject";
    public const string CustomerMailBody = "CustomerMailBody";
    public const string StatusMailNew = "StatusMailNew";
    public const string StatusMailAssumed = "StatusMailAssumed";
    public const string StatusMailFinished = "StatusMailFinished";
    public const string StatusMailCanceled = "StatusMailCanceled";
    public const string StatusNew = "StatusNew";
    public const string StatusAssumed = "StatusAssumed";
    public const string StatusFinished = "StatusFinished";
    public const string StatusCanceled = "StatusCanceled";
    public const string ApprovalActive = "ApprovalActive";
    public const string ApprovalMailSubject = "ApprovalMailSubject";
    public const string ApprovalMailBody = "ApprovalMailBody";
    public const string ArchivingActive = "ArchivingActive";
    public const string ArchivingCAMLQuery = "ArchivingCAMLQuery";
    public const string ReminderActive = "ReminderActive";
    public const string ReminderCAMLQuery = "ReminderCAMLQuery";
```

```
    public const string ReminderMailSubject = "ReminderMailSubject";
    public const string ReminderMailBody = "ReminderMailBody";
    public const string EscalationActive = "EscalationActive";
    public const string EscalationCAMLQuery = "EscalationCAMLQuery";
    public const string EscalationMailSubject = "EscalationMailSubject";
    public const string EscalationMailBody = "EscalationMailBody";
    public const string ReportGroups = "ReportGroups";
    public const string ReportSummaryLastWeekActive =
        "ReportSummaryLastWeekActive";
    public const string ReportPendingTicketsActive =
        "ReportPendingTicketsActive";
    public const string ReportSummaryLastWeekCAMLQuery =
        "ReportSummaryLastWeekCAMLQuery";
    public const string ReportPendingTicketsCAMLQuery =
        "ReportPendingTicketsCAMLQuery";
    public const string ReportMailSubject = "ReportMailSubject";
    public const string ReportMailBody = "ReportMailBody";
}
```

Listing 10.7 Konstanten der Property-Bag-Schlüssel für die Anwendungseinstellungen

Je Einstellung wird ein Property-Bag-Key angelegt. Grundsätzlich sollten Sie für Ihre Property-Bag-Keys Konstanten definieren, um in Ihrer Anwendung möglichst einfach darauf zuzugreifen. So ist sichergestellt, dass Sie die Keys zentral pflegen können und nicht den Überblick darüber verlieren, welche bereits existieren.

Um neue Einträge im Property Bag zu erstellen oder vorhandene anzupassen, fügen Sie die `SetProperty`-Methode zur `Settings`-Klasse hinzu. Die Methode erwartet das Web-Objekt, in dem der Property-Bag-Eintrag erstellt werden soll, den Key, den Wert und den `Overwrite`-Parameter, mit dem Sie festlegen, ob ein eventuell vorhandener Property-Bag-Eintrag mit demselben Key überschrieben werden soll.

```
public static void SetProperty(SPWeb web, string key,
    string value, bool overwrite = true)
{
    try
    {
        if (!web.Properties.ContainsKey(key))
            web.Properties.Add(key, Encrypt(value));
        else if (overwrite)
            web.Properties[key] = Encrypt(value);
            web.Properties.Update();
    }
    catch (Exception ex)
```

```
    {
        Logging.LogError(ex, Constants.LogCategory.BusinessLogic);
        throw;
        }
}
```

Listing 10.8 Methode zum Setzen einer Anwendungseinstellung

Um die Werte aus dem Property Bag auslesen zu können, fügen Sie die Methode `GetPropertyValue` ein. Die Methode erwartet das Web-Objekt, in dem die Einstellung gespeichert ist, und den Key zum Zugriff auf den Eintrag.

```
public static string GetPropertyValue(SPWeb web, string key)
{
    try
    {
        if (web.Properties.ContainsKey(key))
        {
            string value = web.Properties[key].ToString();
            return Decrypt(value);
        }
        return null;
    }
    catch (Exception ex)
    {
        Logging.LogError(ex, Constants.LogCategory.BusinessLogic);
            throw;
    }
}
```

Listing 10.9 Methode zum Auslesen einer Anwendungseinstellung

Wie Sie bei den Methoden `SetProperty` und `GetPropertyValue` bemerkt haben, werden alle Einträge mit den Methoden `Encrypt` und `Decrypt` ver- bzw. entschlüsselt. Da die unterschiedlichen möglichen Algorithmen für die Verschlüsselung, mit ihren Vor- und Nachteilen, nicht Thema dieses Buches sind, überlasse ich Ihnen die Implementierung dieser beiden Methoden. Wenn Sie weitere Informationen zur Verschlüsselung benötigen, können Sie sich zum Beispiel auf folgender Seite informieren: *https://msdn.microsoft.com/de-de/library/as0w18af(v=vs.110).aspx*.

Kommen wir zum Auslesen der Konfiguration. Fügen Sie den Konstruktor für die `Settings`-Klasse hinzu. Als Übergabeparameter wird das Web-Objekt benötigt, damit die Einstellungen ausgelesen werden können. Für vier der Property-Bag-Einträge wurden beispielhaft die Werte ausgelesen. Der Eintrag im Property Bag wird jeweils mithilfe von `GetPropertyValue` ausgelesen und in der zugehörigen Eigenschaft gespeichert. Die `GetBooleanValue`-Methode zum Auslesen von `bool`-Werten wird im Anschluss implementiert. Nach dem gleichen Schema lesen Sie die verbleibenden Property-Bag-Einträge aus.

```
public Settings(SPWeb web)
{
    this.ApprovalActive = GetBooleanValue(GetPropertyValue(web,
         Constants.PropertyBagKey.ApprovalActive));
    this.ApprovalMailBody = GetPropertyValue(web,
        Constants.PropertyBagKey.ApprovalMailBody);
    this.ApprovalMailSubject = GetPropertyValue(web,
        Constants.PropertyBagKey.ApprovalMailSubject);
    this.ArchivingActive = GetBooleanValue(GetPropertyValue(web,
         Constants.PropertyBagKey.ArchivingActive));
    this.ArchivingCAMLQuery = GetPropertyValue(web,
        Constants.PropertyBagKey.ArchivingCAMLQuery);
    ///...
}
```

Listing 10.10 Konstruktor für die Anwendungseinstellungsklasse

Zum Auslesen von `bool`-Werten ergänzen Sie die Hilfsmethode aus Listing 10.11:

```
private static bool GetBooleanValue(string value)
{
    bool result = false;
    if (bool.TryParse(value, out result))
        return result;
    else
    {
        Logging.LogError(new Exception("Der string {0} kann nicht in ein
            Objekt vom Typ bool konvertiert werden.", value),
            Constants.LogCategory.BusinessLogic);
        return false;
    }
}
```

Listing 10.11 Methode zum Auslesen von Anwendungseinstellungen als Boolean

Um eine Initialkonfiguration ablegen und später über die Einstellungsseite die Konfiguration anpassen zu können, benötigen Sie noch eine Methode, mit der Sie die Änderungen speichern. Fügen Sie dazu die `Save`-Methode der *Settings.cs*-Klassendatei hinzu. Mit dieser Methode wird die aktuelle Instanz der `Settings`-Klasse gespeichert.

Über den Übergabeparameter `overwrite` kann mitgegeben werden, ob vorhandene Properties überschrieben werden sollen. Jede Property der Klasse wird mit der `SetProperty`-Methode in den Property Bag des Webs geschrieben.

```
public void Save(SPWeb web, bool overwrite = false)
{
   SetProperty(web, Constants.PropertyBagKey.ApprovalActive,
           this.ApprovalActive.ToString(), overwrite);
   SetProperty(web, Constants.PropertyBagKey.ApprovalActive,
           this.ApprovalActive.ToString(), overwrite);
   SetProperty(web, Constants.PropertyBagKey.ApprovalMailBody,
           this.ApprovalMailBody, overwrite);
   SetProperty(web, Constants.PropertyBagKey.ApprovalMailSubject,
           this.ApprovalMailSubject, overwrite);
   ///...
}
```

Listing 10.12 Methode zum Speichern der Anwendungseinstellungen

10.3 ApplicationPage

Für die Konfiguration über die Oberfläche erstellen Sie eine ApplicationPage. Öffnen Sie dazu das *UILayer*-Projekt, erstellen Sie im Ordner *Layouts* • *TicketPoint2016* eine ApplicationPage, und nennen Sie sie *SettingsPage.aspx*.

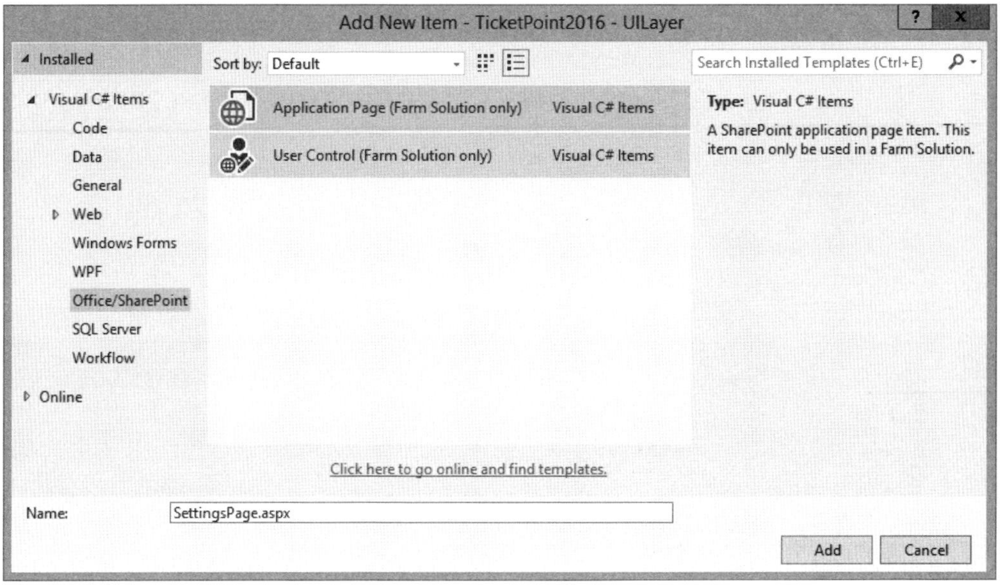

Abbildung 10.8 »SettingsPage.aspx« erstellen

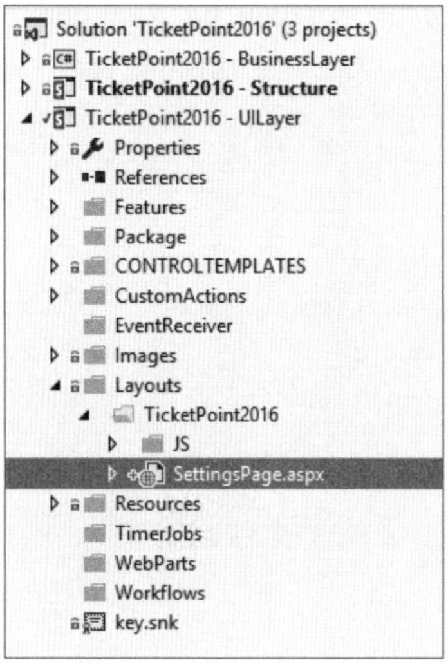

Abbildung 10.9 »SettingsPage« in der Projektstruktur

Da auf der Konfigurationsseite mehrere E-Mail-Texte inklusive Betreff und Platzhalter konfiguriert werden sollen, erstellen Sie für die Konfiguration einer kompletten E-Mail ein eigenes UserControl, um dieses dann mehrfach zu verwenden. Erstellen Sie im Ordner *CONTROLTEMPLATES • TicketPoint2016* ein neues UserControl, und nennen Sie es *EmailSettingsUserControl.ascx.*

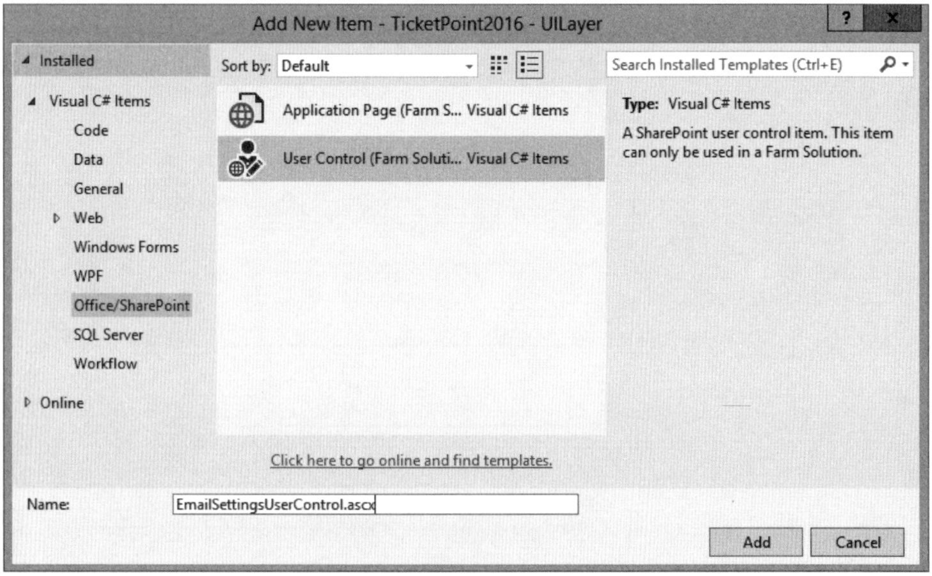

Abbildung 10.10 »EmailSettingsUserControl.ascx« erstellen

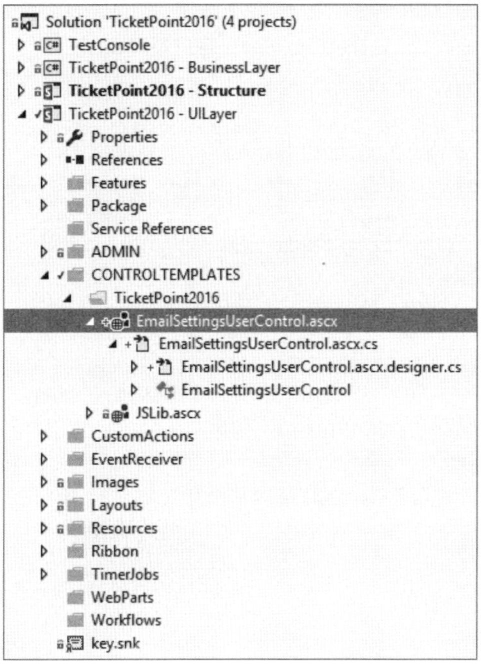

Abbildung 10.11 »EmailSettingsUserControl« in der Projektstruktur

Wechseln Sie zum Markup des UserControls, und registrieren Sie die *BusinessLayer*-Assembly und den Namespace, um auf die Methoden zugreifen zu können. Das `PublicKeyToken` finden Sie z. B. mit dem in Kapitel 3 vorgestellten Tool *GetStrongName* heraus.

```
<%@ Assembly Name="Fkr.SharePoint.TicketPoint2016.BusinessLayer,
Version=1.0.0.0, Culture=neutral, PublicKeyToken=861259dfcacfc7b3" %>
<%@ Import Namespace="Fkr.SharePoint.TicketPoint2016.BusinessLayer" %>
```

Fügen Sie dann den Code aus Listing 10.13 ein:

```
<table>
    <tr>
        <td>
            <%=Localization.GetString(Localization.Keys.TxtSubject) %>
            <asp:TextBox ID="txtSubject" runat="server" Width="340px">
            </asp:TextBox>
            <br />
            <asp:TextBox ID="txtBody" runat="server" TextMode="MultiLine"
                Style="width:700px; height: 250px;"></asp:TextBox>
            <br />
```

```
            <div class="fkrSettingsHeader">
                <%=Localization.GetString(Localization.Keys.TxtTestMail) %>
            </div>
            <%=Localization.GetString(
                Localization.Keys.TxtTestMailAddress) %>
            <asp:TextBox ID="txtAddress" runat="server"></asp:TextBox>
            <asp:Button ID="btnSend" runat="server"
                Text="<%$Resources:TicketPoint2016, BtnSend%>"
                OnClick="btnSend_Click" />
        </td>
        <td style="vertical-align:top;">
            <asp:Panel runat="server"
                GroupingText="<%$Resources:TicketPoint2016,
                 TxtPlaceholder%>">
                <table runat="server" id="tblPlaceholder"></table>
            </asp:Panel>
        </td>
    </tr>
</table>
```

Listing 10.13 Markup des UserControls für die Einstellungsseite

Dieses Markup erstellt Controls zur Eingabe des Betreffs und des E-Mail-Textes. Ein Bereich für die Platzhalter wird definiert, den Sie später im Codebehind des UserControls mit den möglichen Werten füllen werden. Unterhalb der Controls zur Eingabe gibt es die Möglichkeit zum Versenden einer Test-E-Mail, um so die eingetragenen Texte und das Ersetzen der Platzhalter direkt und einfach testen zu können.

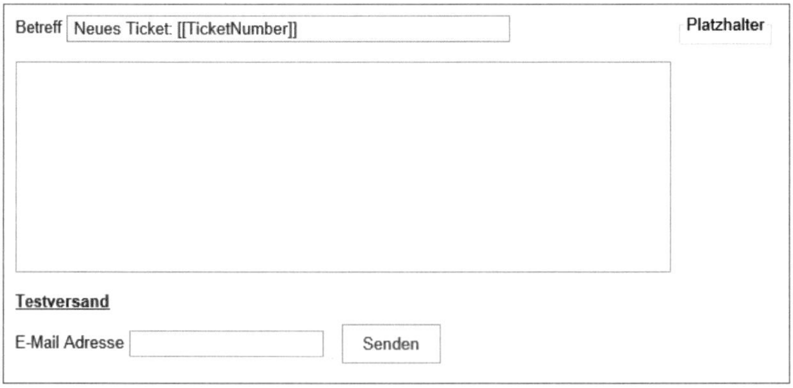

Abbildung 10.12 UserControl: »EmailSettingsUserControl«

Wechseln Sie zur Codebehind-Datei des UserControls. Zum Setzen der gespeicherten Werte und zum Auslesen der Benutzereingaben fügen Sie die beiden Properties Subject und Body hinzu. Mit diesen Properties greifen Sie direkt auf den Text in den Eingabecontrols zu. Dies erleichtert Ihnen den Zugriff auf die Werte.

```
public string Subject
{
    get
    {
        return txtSubject.Text;
    }
    set
    {
        txtSubject.Text = value;
    }
}
public  string Body
{
    get
    {
        return txtBody.Text;
    }
    set
    {
        txtBody.Text = value;
    }
}
```

Listing 10.14 Properties für den E-Mail-Betreff und E-Mail-Text

Um unterscheiden zu können, ob es sich bei den verfügbaren Platzhaltern um einen Report oder um eine ticketbezogene E-Mail handelt, fügen Sie die Report-Property hinzu. Den Wert der Report-Property speichern Sie im ViewState des UserControls, damit er nach einem Postback der Seite noch verfügbar ist. Ansonsten würden nach dem Speichern der Seite oder dem Versenden einer Test-E-Mail die falschen Platzhalter dargestellt.

```
public bool Report
{
    get
    {
        if (ViewState["fkrReport"] != null)
            return (bool) ViewState["fkrReport"];
        else
            return false;
    }
```

```
        set
        {
            ViewState["fkrReport"] = value;
        }
    }
```

Listing 10.15 Property für den ViewState

Fügen Sie die `Page_Load`-Methode hinzu, in der Sie die `InitializeControls`-Methode aufrufen, um die Eingabecontrols zu initialisieren.

```
protected void Page_Load(object sender, EventArgs e)
{
    try
    {
        InitializeControls();
    }
    catch (Exception ex)
    {
        Logging.LogError(ex, Constants.LogCategory.UI);
    }
}
```

Listing 10.16 Page_Load der Seite

In der `InitializeControls`-Methode wird die Tabelle der gültigen Platzhalter aufgebaut. Dazu wird mit der Methode `IsValidPlaceholder` geprüft, ob für diese E-Mail der jeweilige Platzhalter erlaubt ist, um ihn dann gegebenenfalls hinzuzufügen.

```
private void InitializeControls()
{
    foreach (Email.Placeholder placeholder
        in Enum.GetValues(typeof(Email.Placeholder)))
    {
        if (IsValidPlaceholder(placeholder))
        {
            HtmlTableRow row = new HtmlTableRow();
            tblPlaceholder.Rows.Add(row);
            HtmlTableCell cellLeft = new HtmlTableCell();
            cellLeft.Style.Add(HtmlTextWriterStyle.VerticalAlign,
                "text-top");
            HtmlTableCell cellRight = new HtmlTableCell();
            row.Cells.Add(cellLeft);
            row.Cells.Add(cellRight);
            cellLeft.Controls.Add(new LiteralControl(
```

```
            $"[[{placeholder.ToString()}]]"));
            cellRight.Controls.Add(new LiteralControl(
                Ribbon.Enumerations.ToDescriptionString(placeholder)));
        }
    }
}
```

Listing 10.17 Initialisierung der Seite

Die `IsValidPlaceholder`-Methode prüft anhand des übergebenen Platzhalters, ob der Platzhalter für diese E-Mail erlaubt ist oder nicht. Die Unterscheidung findet hier auf Basis der `Report`-Property statt, da für alle E-Mails, bis auf die Reportmails, dieselben Platzhalter möglich sind.


```
private bool IsValidPlaceholder(Email.Placeholder placeholder)
{
    if (Report)
    {
        if (placeholder == Email.Placeholder.CountClosedTickets
            || placeholder == Email.Placeholder.CountCreatedTickets
            || placeholder == Email.Placeholder.CountPendingTickets
            || placeholder == Email.Placeholder.CountProcessedTickets)
        {
            return true;
        }
    }
    else
    {
        if (placeholder != Email.Placeholder.CountClosedTickets
           && placeholder != Email.Placeholder.CountCreatedTickets
           && placeholder != Email.Placeholder.CountPendingTickets
           && placeholder != Email.Placeholder.CountProcessedTickets)
        {
            return true;
        }
    }
    return false;
}
```

Listing 10.18 Methode zum Prüfen gültiger Platzhalter

Nun fehlt Ihnen lediglich die Methode zum Versenden der Test-E-Mail. Fügen Sie die `btnSend_Click`-Methode aus Listing 10.19 hinzu:

```
protected void btnSend_Click(object sender, EventArgs e)
{
    try
    {
        SPList ticketList = Globals.GetList(SPContext.Current.Web,
            Constants.ListUrl.Tickets);
        if (ticketList.Items.Count > 0)
        {
            SPListItem ticket = ticketList.Items[0];
            string subject = Email.ReplacePlaceholder(txtSubject.Text,
                ticket);
            string body = Email.ReplacePlaceholder(txtBody.Text, ticket);
            Email.SendMail(SPContext.Current.Web, txtAddress.Text,
                subject, body);
            BusinessLayer.UI.Helper.AddStatusmessageToPage(this.Page,
                Localization.GetString(Localization.Keys.MsgSuccess),
                Localization.GetString(Localization.Keys.
                MsgSuccessSendMail),
                Constants.StatusmessageLevel.Success);
        }
        else
        {
            BusinessLayer.UI.Helper.AddStatusmessageToPage(this.Page,
                Localization.GetString(Localization.Keys.MsgError),
                Localization.GetString(Localization.Keys.
                MsgErrorSendMailNoTicket),
                Constants.StatusmessageLevel.Success);
        }
    }
    catch (Exception ex)
    {
        Logging.LogError(ex, Constants.LogCategory.UI);
        BusinessLayer.UI.Helper.AddStatusmessageToPage(this.Page,
            Localization.GetString(Localization.Keys.MsgError),
            Localization.GetString(Localization.Keys.MsgErrorSendMail),
            Constants.StatusmessageLevel.Success);
    }
}
```

Listing 10.19 Methode zum Senden von E-Mails

Die Methode prüft, ob die Ticketliste Items enthält, um dann das erste Item der Liste für den Testversand zu verwenden. Wenn die Ticketliste keine Items enthält, wird eine Fehlermeldung angezeigt. Zum Ersetzen der Platzhalter und für den E-Mail-Versand werden die Methoden verwendet, die Sie in Abschnitt 12.2, »E-Mail-Versand«, noch implementieren werden. Besonders wichtig sind an dieser Stelle die Ausgaben der Meldungen an den Benutzer, um ihn über Erfolg oder Misserfolg des Testversands zu informieren. Nur so hat er die Möglichkeit, Fehler bei der Konfiguration zu erkennen und zu beheben.

Damit haben Sie das UserControl zur E-Mail-Konfiguration fertiggestellt.

Öffnen Sie das Markup der Settingspage, und registrieren Sie, wie beim UserControl, die *BusinessLayer*-Assembly und den Namespace, um auf die Methoden zugreifen zu können.


```
<%@ Assembly Name="Fkr.SharePoint.TicketPoint2016.BusinessLayer,
Version=1.0.0.0, Culture=neutral, PublicKeyToken=861259dfcacfc7b3" %>
<%@ Import Namespace="Fkr.SharePoint.TicketPoint2016.BusinessLayer" %>
```

Listing 10.20 Using-Direktive des BusinessLayer

Für CSS-Anpassungen benötigen Sie eine CSS-Klasse, die Sie im Header-Bereich der Seite definieren. Wir verzichten an dieser Stelle auf eine globale CSS- bzw. LESS-Datei, da wir nur eine einzige CSS-Klasse benötigen und diese auch nur auf der Settingspage verwenden wollen.

```
<style type="text/css">
    .fkrSettingsHeader {
        font-weight: bold;
        text-decoration: underline;
        padding-bottom: 10px;
    }
</style>
```

Listing 10.21 CSS-Style

Die Tabs der Settingspage erstellen Sie mithilfe der `tabs`-Funktion von jQueryUI. Um die einzelnen Tabs darzustellen, ergänzen Sie im `Body`-Bereich das Codebeispiel aus Listing 10.22:

```
<script type="text/javascript">
    $fkr(document).ready(function () {
        $fkr("#tabs").tabs();
    });
</script>
<div id="tabs">
    <ul>
        <li><a href="#tabs-1">
```

```
            <%=Localization.GetString(Localization.Keys.TxtGeneral) %>
            </a></li>
                <li><a href="#tabs-2">
            <%=Localization.GetString(Localization.Keys.TxtInformationmails)%>
            </a></li>
            <li><a href="#tabs-3">
            <%=Localization.GetString(Localization.Keys.TxtRemindermails) %>
            </a></li>
            <li><a href="#tabs-4">
            <%=Localization.GetString(Localization.Keys.TxtEscalationmails) %>
            </a></li>
             <li><a href="#tabs-5">
            <%=Localization.GetString(Localization.Keys.TxtReports) %>
            </a></li>
             <li><a href="#tabs-6">
            <%=Localization.GetString(Localization.Keys.TxtApprovalWorkflow) %>
            </a></li>
            <li><a href="#tabs-7">
            <%=Localization.GetString(Localization.Keys.TxtArchiving) %>
            </a></li>
        </ul>
        <div id="tabs-1">
        </div>
        ...
    </div>
```

Listing 10.22 Markup

Das Ergebnis sieht aus wie in Abbildung 10.13.

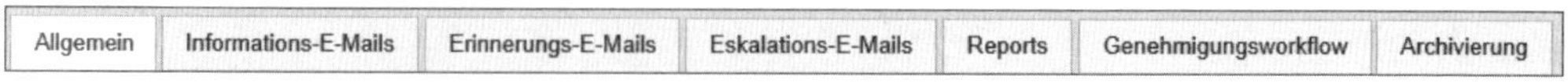

Abbildung 10.13 Tabs auf der Settingspage

Den Inhalt der einzelnen Tabs fügen Sie jeweils in ein eigenes `div` ein, das Sie mit der jeweiligen ID des Tabs versehen. Beispiel: `tabs-1` ist der erste Tab. Wir werden uns an dieser Stelle nicht alle Tabs im Detail anschauen, da sie sich nicht groß in der Programmierung unterscheiden. Wir beschränken uns auf die Bereiche, an denen sie sich unterscheiden, damit Sie die Verwendung der unterschiedlichen Eingabecontrols nachvollziehen können.

Zuerst müssen Sie jedoch die grundlegenden Methoden in der Settings-Page programmieren. Wechseln Sie dafür zur Codebehind-Datei. Bei der Settingspage verwenden Sie die `TicketPointPageBase`, die Sie in Abschnitt 11.2, »Eigene Formulare entwickeln und einbinden«, noch erstellen werden. Um auf die Methoden einfacher zugreifen zu können, erben Sie von der TicketPointPageBase-Klasse.

```
public partial class SettingsPage : TicketPointPageBase
{
}
```

Fügen Sie dann die Property hinzu, um den Titel der Seite darzustellen.

```
public string CurrentPageTitle
{
    get
    {
        return Localization.GetString(Localization.Keys.TxtConfiguration);
    }
}
```


Listing 10.23 Property für den Seitentitel

Ergänzen Sie im Markup bzw. ersetzen Sie die Placeholder, falls sie bereits existieren:

```
<asp:Content ID="PageTitle" ContentPlaceHolderID="PlaceHolderPageTitle"
runat="server">
    <%=CurrentPageTitle %>
</asp:Content>
<asp:Content ID="PageTitleInTitleArea" ContentPlaceHolderID=
"PlaceHolderPageTitleInTitleArea" runat="server">
    <%=CurrentPageTitle %>
</asp:Content>
```

Listing 10.24 Seitentitel setzen

In der Page_Load-Methode findet die Überprüfung der Berechtigung statt. Nur wenn der aktuell angemeldete Benutzer ein Supportleiter oder ein SiteCollection-Administrator ist, werden die Eingabecontrols initialisiert. Der Link auf die Konfigurationsseite wird nur den Supportleitern und dem SiteCollection-Administrator angezeigt. Trotzdem ist eine Berechtigungsprüfung an dieser Stelle notwendig, da ein anderer Benutzer irgendwie an den Link auf diese Seite gekommen sein könnte. Wenn der Benutzer keine Berechtigung hat, auf diese Seite zuzugreifen, wird er mit der CloseOrRedirect-Methode aus der Helper-Klasse auf die Startseite von TicketPoint weitergeleitet.

```
protected void Page_Load(object sender, EventArgs e)
{
    if (Globals.CurrentUserIsSupportleader()
```

```
            || SPContext.Current.Web.CurrentUser.IsSiteAdmin)
            InitializeControls();
        else
            Helper.CloseOrRedirect(Page);
}
```

Listing 10.25 Page_Load

In der InitializeControls-Methode werden die Eingabecontrols initialisiert, das heißt, hier werden die Werte der Auswahlcontrols gefüllt, aber auch die gespeicherten Werte gesetzt. Für ausgewählte Tabs werden wir hier später den Code ergänzen.

```
private void InitializeControls()
{
    if (!IsPostBack)
    {
        Settings settings = this.Settings;
        ///...
    }
}
```

Listing 10.26 Initialisierung der Seite

Fügen Sie die btnSave_Click-Methode ein. In der Methode wird das Settings-Objekt über die Settings-Property ausgelesen. Dann werden die Werte aus den Eingabecontrols ausgelesen, um sie dann im Settings-Objekt zu ändern. Diesen Teil werden wir später einfügen. Nachdem alle Änderungen am Settings-Objekt durchgeführt wurden, wird die Save-Methode des Settings-Objekts aufgerufen, um die Einstellungen im Property Bag zu speichern. Im Anschluss wird eine *Erfolgreich*-Meldung ausgegeben. Wenn eine Exception ausgelöst wurde, wird sie geloggt und eine Fehlermeldung für den Anwender ausgegeben.

```
protected void btnSave_Click(object sender, EventArgs e)
{
    try
    {
        Settings settings = this.Settings;
        ///...
        settings.Save(SPContext.Current.Web, true);
        Helper.AddStatusmessageToPage(this.Page,
            Localization.GetString(Localization.Keys.MsgSuccess),
            Localization.GetString(Localization.Keys.
                MsgSuccessSaveSettings),
            Constants.StatusmessageLevel.Success);
```

```
    }
    catch (Exception ex)
    {
        Logging.LogError(ex, Constants.LogCategory.UI);
        Helper.AddStatusmessageToPage(this.Page,
            Localization.GetString(Localization.Keys.MsgError),
            Localization.GetString(Localization.Keys.
                MsgErrorSaveSettings),
            Constants.StatusmessageLevel.Success);
    }
}
```

Listing 10.27 Speichern der Daten

Als letzte Methode fehlt noch die `btnCancel_Click`-Methode, die die Bearbeitung der Einstellungen abbricht. Diese Methode verwendet die `CloseOrRedirect`-Methode der `Helper`-Klasse, um auf die Startseite der Anwendung weiterzuleiten.

```
protected void btnCancel_Click(object sender, EventArgs e)
{
    Helper.CloseOrRedirect(Page);
}
```

Listing 10.28 Seite abbrechen

Um die Dropdown-Listen im ALLGEMEIN-Tab darzustellen, fügen Sie den Code aus Listing 10.29 in das `div`-Tag des ALLGEMEIN-Tabs ein:

```
<div class="fkrSettingsHeader">
    <%=Localization.GetString(Localization.Keys.TxtStatusConfiguration) %>
</div>
<table>
    <tr>
        <td><%=Localization.GetString(Localization.Keys.TxtStatusNew) %></td>
        <td><asp:DropDownList runat="server" ID="ddlStatusNew"/></td>
    </tr>
    <tr>
        <td>
        <%=Localization.GetString(Localization.Keys.TxtStatusAssumed) %>
        </td>
         <td><asp:DropDownList runat="server" ID="ddlStatusAssumed"/></td>
    </tr>
        <tr>
        <td>
        <%=Localization.GetString(Localization.Keys.TxtStatusFinished) %>
```

```
        </td>
         <td><asp:DropDownList runat="server" ID="ddlStatusFinished"/></td>
    </tr>
        <tr>
        <td>
        <%=Localization.GetString(Localization.Keys.TxtStatusCanceled) %>
        </td>
         <td><asp:DropDownList runat="server" ID="ddlStatusCanceled"/></td>
    </tr>
</table>
```

Listing 10.29 Markup des Allgemein-Tabs

Damit werden vier Dropdown-Listen zur Konfiguration der Ticketstatus dargestellt. Um die Auswahllisten mit Werten zu füllen, wechseln Sie zur `InitializeControls`-Methode im Codebehind und ergänzen den Code aus Listing 10.30. So werden aus der Ticketstatusliste alle Elemente ausgelesen, und für jedes der Elemente wird eine Option im Auswahlcontrol erstellt. Die ID des Statuselements verwenden wir hier als Value des ListItems zur Auswahl.

```
SPListItemCollection ticketStatusCol = Globals.GetItems(CurrentWeb
        , Constants.ListUrl.Ticketstatus, "");
foreach (SPListItem ticketStatus in ticketStatusCol)
{
    ListItem item1 = new ListItem(
        ticketStatus[Constants.FieldInternalName.Title] as string
        , ticketStatus.ID.ToString());
    ddlStatusNew.Items.Add(item1);
    ListItem item2 = new ListItem(
        ticketStatus[Constants.FieldInternalName.Title] as string
        , ticketStatus.ID.ToString());
    ddlStatusAssumed.Items.Add(item2);
    ListItem item3 = new ListItem(
        ticketStatus[Constants.FieldInternalName.Title] as string
        , ticketStatus.ID.ToString());
    ddlStatusCanceled.Items.Add(item3);
    ListItem item4 = new ListItem(
        ticketStatus[Constants.FieldInternalName.Title] as string
        , ticketStatus.ID.ToString());
    ddlStatusFinished.Items.Add(item4);
}
```

Listing 10.30 Ticketstatus in Control aufnehmen

Um die gespeicherten Werte zu setzen, wird die `SelectedValue`-Property der Dropdown-Listen auf den in der Konfiguration hinterlegten Wert gesetzt. Der Wert ist jeweils die ID des ListItems in der Statusliste.

```
ddlStatusNew.SelectedValue = settings.StatusNew.ToString();
ddlStatusAssumed.SelectedValue = settings.StatusAssumed.ToString();
ddlStatusCanceled.SelectedValue = settings.StatusCanceled.ToString();
ddlStatusFinished.SelectedValue = settings.StatusFinished.ToString();
```

Listing 10.31 Gespeicherte Status in Controls setzen

Um ausgewählte Werte zu speichern, fügen Sie den Code aus Listing 10.31 in die `btnSave_Click`-Methode ein:


```
settings.StatusNew = int.Parse(ddlStatusNew.SelectedValue);
settings.StatusAssumed = int.Parse(ddlStatusAssumed.SelectedValue);
settings.StatusCanceled = int.Parse(ddlStatusCanceled.SelectedValue);
settings.StatusFinished = int.Parse(ddlStatusFinished.SelectedValue);
```

Listing 10.32 Gespeicherte Werte übernehmen

Damit haben Sie den Tab ALLGEMEIN fertiggestellt. Das Ergebnis in der Oberfläche sollte wie in Abbildung 10.14 aussehen:

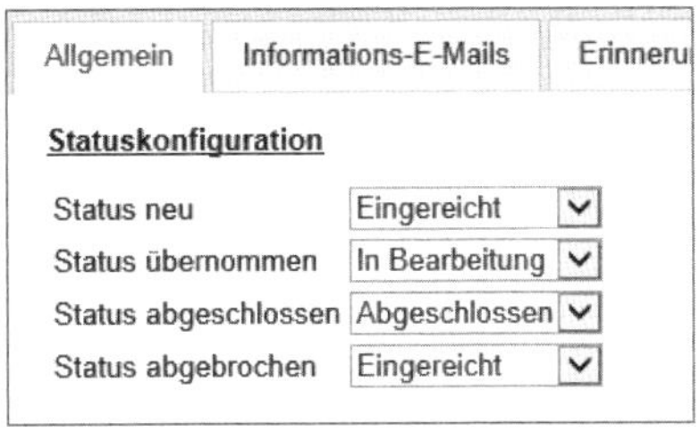

Abbildung 10.14 Statuskonfiguration

Den Tab zur Konfiguration der Informations-E-Mail überspringen wir an dieser Stelle. Den vollständigen Quellcode können Sie sich aus dem Downloadbereich herunterladen.

Fügen Sie den Code zur Registrierung des `EmailSettingsUserControls` ein:

```
<%@ Register TagPrefix="fkr" TagName="EmailSettingsUserControl"
Src="~/_controltemplates/15/TicketPoint2016/EmailSettingsUserControl.ascx" %>
```

Zur Konfiguration der Erinnerungs-E-Mails fügen Sie den Code aus Listing 10.33 ins Markup ein.

```
<div id="tabs-3">
    <%=Localization.GetString(Localization.Keys.TxtActivateReminderMails) %>
    <asp:CheckBox runat="server" ID="cBoxReminderActive" />
    <br />
    <%=Localization.GetString(Localization.Keys.TxtCamlQuery) %>
    <br />
    <asp:TextBox runat="server" ID="txtReminderCamlQuery"
        TextMode="MultiLine" Style="width:700px; height: 50px;"></asp:TextBox>
    <br />
     <div class="fkrSettingsHeader">
          <%=Localization.GetString(Localization.Keys.TxtReminderMail) %>
     </div>
    <fkr:EmailSettingsUserControl runat="server"
        ID="mailSettingsReminderMail"></fkr:EmailSettingsUserControl>
</div>
```

Listing 10.33 Markup

Wir benötigen eine CheckBox zur Eingabe der aktiven Erinnerungen, eine TextBox, in der die CAML-Query zur Suche der relevanten Tickets eingetragen wird, und das `EmailSettingsUserControl` zur Konfiguration der E-Mail-Texte. Die Eingabecontrols werden durch einige Beschreibungstexte ergänzt. Das Ergebnis sollte wie in Abbildung 10.15 aussehen:

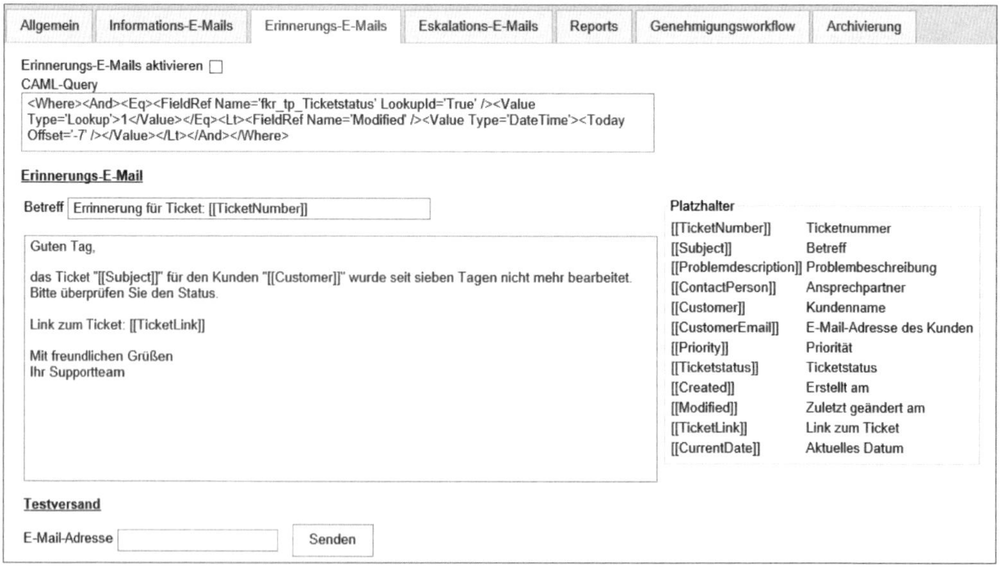

Abbildung 10.15 Konfiguration der Erinnerungs-E-Mails

Um die gespeicherten Werte zu setzen, wechseln Sie zur InitializeControls-Methode im Codebehind und ergänzen den Code aus Listing 10.34:

```
cBoxReminderActive.Checked = settings.ReminderActive;
txtReminderCamlQuery.Text = settings.ReminderCAMLQuery;
((EmailSettingsUserControl) mailSettingsReminderMail).Subject =
    settings.ReminderMailSubject;
((EmailSettingsUserControl) mailSettingsReminderMail).Body =
    settings.ReminderMailBody;
```

Listing 10.34 Gespeicherte Werte der Mails in die Controls übernehmen

Durch das Setzen der Properties des EmailSettingsUserControls werden direkt in diesem UserControl die Eingabecontrols vorbelegt.

Um die konfigurierten Werte speichern zu können, fügen Sie den Code aus Listing 10.35 in die btnSave_Click-Methode ein:

```
settings.ReminderActive = cBoxReminderActive.Checked;
settings.ReminderCAMLQuery = txtReminderCamlQuery.Text;
settings.ReminderMailSubject =
    ((EmailSettingsUserControl) mailSettingsReminderMail).Subject;
settings.ReminderMailBody =
    ((EmailSettingsUserControl) mailSettingsReminderMail).Body;
```

Listing 10.35 Werte der E-Mail-Einstellungen speichern

Von den verbleibenden Tabs schauen wir uns noch Ausschnitte aus dem REPORT-Tab an, da hier ein ClientPeoplePicker-Control zur Auswahl der Gruppen verwendet wird. Das ClientPeoplePicker-Control ist das Standard-SharePoint-Control zur Eingabe von Personen und Gruppen. Das Control validiert automatisch die Eingaben, gibt Fehlermeldungen aus und löst die Benutzer bzw. Gruppen auf. Im Markup fügen Sie dazu die Zeilen aus Listing 10.36 ein:

```
<SharePoint:ClientPeoplePicker
    runat="server"
    ID="ppReportGroups"
    AllowMultipleEntities="true"
    PrincipalAccountType="SPGroup"/>
```

Listing 10.36 PeoplePicker-Control

Achten Sie darauf, AllowMultipleEntities auf true zu setzen, um die Eingabe mehrerer Gruppen zu erlauben. Durch das Setzen des PrincipalAccountTypes auf SPGroup legen Sie fest, dass nur SharePoint-Gruppen eingetragen werden dürfen. Weitere mögliche Werte, die Sie auch kommasepariert kombinieren können, sind:

- `User` (Benutzer)
- `DL` (Verteilerlisten)
- `SecGroup` (Sicherheitsgruppen)

Um die gespeicherten Werte zu setzen, wechseln Sie zur `InitializeControls`-Methode im Codebehind und ergänzen den folgenden Code, der die initialen Accounts setzt. Nach dem Laden der Seite werden diese vom Control validiert und aufgelöst. Es werden dann die Gruppennamen dargestellt.

```
ppReportGroups.InitialUserAccounts = settings.ReportGroups;
```

Um die eingetragenen Gruppen speichern zu können, fügen Sie das Codebeispiel aus Listing 10.37 in die `btnSave_Click`-Methode ein:

```
string groups = "";
foreach (PickerEntity s in ppReportGroups.ResolvedEntities)
    groups += s.Key + ";";
settings.ReportGroups = groups;
```

Listing 10.37 Ausgewählte Gruppen aufbereiten

In der `ResolvedEntities`-Property finden Sie, wie der Name schon vermuten lässt, alle aufgelösten Entities, in unserem Fall die eingetragenen SharePoint-Gruppen. Im Property Bag speichern wir eine semikolongetrennte Liste der Gruppen-IDs, die wir aus der `Key`-Property des `PickerEntity`-Objekts auslesen. Durch das Speichern der IDs erleichtern wir uns den späteren Zugriff auf diese Gruppen, da wir mithilfe der ID einfach auf diese Gruppen zugreifen können.

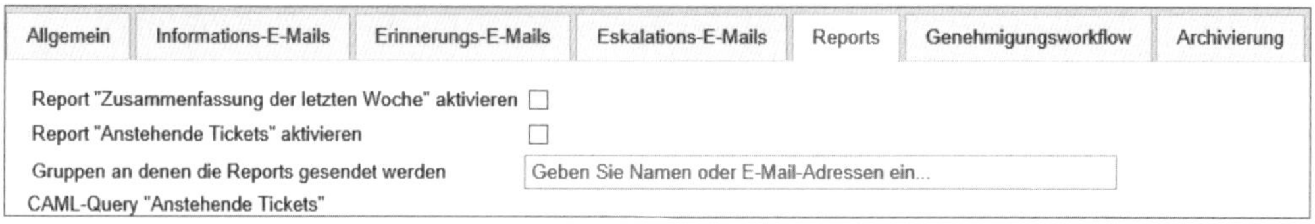

Abbildung 10.16 Ausschnitt aus der Konfiguration der Reports

Jetzt haben Sie alle Informationen, die Sie benötigen, um die Settingspage fertigzustellen. Implementieren Sie die noch fehlenden Elemente der Settingspage, und orientieren Sie sich dabei an den Mockups aus dem Planungsteil. Deployen Sie dann die Solution, und rufen Sie die Settingspage auf, um diese durch Speichern und Laden unterschiedlicher Konfigurationen zu testen.

10.4 Basiskonfiguration

Um die Basiskonfiguration initial festzulegen, erweitern Sie die Settings-Klasse im *BusinessLayer*-Projekt um die Methode SetDefaultSettings.

```
public static void SetDefaultSettings(SPWeb web)
{
    Settings settings = new Settings();
    //Ticketstatus
    settings.StatusAssumed = 2;
    settings.StatusCanceled = 4;
    settings.StatusFinished = 3;
    settings.StatusNew = 1;
    //Informations-E-Mails
    settings.SendCustomerMail = false;
    settings.SendSupporterMail = false;
    settings.StatusMailAssumed = false;
    settings.StatusMailCanceled = false;
    settings.StatusMailFinished = false;
    settings.StatusMailNew = false;
    settings.SupporterMailSubject =
    Constants.DefaultSettings.SupporterMailSubject;
    settings.CustomerMailSubject =
    Constants.DefaultSettings.CustomerMailSubject;
    settings.SupporterMailBody =
    Constants.DefaultSettings.SupporterMailBody;
    settings.CustomerMailBody = Constants.DefaultSettings.CustomerMailBody;

    ///...
    settings.Save(web, false);
}
```

Listing 10.38 Die Methode »SetDefaultSettings«

Die Methode erstellt ein neues Settings-Objekt, setzt die Werte und speichert es mit der Save-Methode. Wichtig ist, dass Sie den Übergabeparameter false verwenden, um nicht bei jedem erneutem Aktivieren alle Änderungen, die über die Konfigurationsseite gemacht wurden, zu überschreiben. Ergänzen Sie die noch fehlenden Einstellungen. Diese können Sie in Abschnitt 10.2, »Property Bag«, nachlesen.

Die E-Mail-Texte und die CAML-Queries werden in einer neuen Klasse innerhalb der Constants-Klasse im *BusinessLayer*-Projekt angelegt. Fügen Sie die Klasse DefaultSettings ein, und ergänzen Sie die fehlenden Konstanten.

```
public static class DefaultSettings
{
    //Informationsmails
    public const string SupporterMailSubject
        = "Neues Ticket: [[TicketNumber]]";
    public const string CustomerMailSubject = "Ticket: [[TicketNumber]]";
    public const string SupporterMailBody = "Guten Tag,\r\n\r\n" +
            "es wurde ein neues Ticket für den Kunden \"[[Customer]]\"" +
        "erstellt:\r\n" +
            "Betreff: [[Subject]]\r\n" +
            "Problemdescription: [[Problemdescription]]\r\n\r\n" +
            "Link zum Ticket: [[TicketLink]]\r\n\r\n" +
            "Mit freundlichen Grüßen\r\n" +
        "Ihr Supportteam";
    ///...
}
```

Listing 10.39 Klasse für Standardeinstellungen

Schauen wir uns ein paar der CAML-Queries genauer an:

Fügen Sie die CAML-Query ein, mit der Sie die Tickets finden, die zum Versenden der Eskalations-E-Mails benötigt werden. Diese Query fragt alle Tickets ab, die sich im Ticketstatus *neu* oder *übernommen* befinden und zusätzlich seit 14 Tagen nicht bearbeitet wurden. Gesucht wird hier über die Lookup-ID des Ticketstatus. Das hat den Vorteil, dass auch bei einer Anpassung des Statustextes keine Anpassung der CAML-Query erforderlich ist, da die ID des Items gleich bleibt. `<Today />` wird von SharePoint dynamisch durch das aktuelle Datum ersetzt. Die Angabe des `Offset`s von `-14` bewirkt, dass vom aktuellen Datum 14 Tage abgezogen werden. Bei einem positiven `Offset` würden die Tage addiert.

```
public const string EscalationCAMLQuery = "<Where>" +
    "<And>" +
        "<Or>" +
            "<Eq><FieldRef Name='fkr_tp_Ticketstatus' LookupId='True' />" +
           "<Value Type='Lookup'>1</Value></Eq>" +
                "<Eq><FieldRef Name='fkr_tp_Ticketstatus' LookupId='True' />" +
           "<Value Type='Lookup'>2</Value></Eq>" +
           "</Or>" +
           "<Lt><FieldRef Name='Modified' />" +
           "<Value Type='DateTime'><Today Offset='-14' /></Value></Lt>" +
        "</And>" +
    "</Where>";
```

Listing 10.40 Abfrage für E-Mail-Einstellungen – Eskalationsmail

Fügen Sie die CAML-Query ein, um die Tickets zu finden, die zum Versenden der Erinnerungs-E-Mails benötigt werden. Diese Query fragt alle Tickets ab, die sich im Ticketstatus *übernommen* befinden und zusätzlich seit 7 Tagen nicht bearbeitet wurden. Die Abfrage geschieht auch hier wieder über die ID des Status.

```
public const string ReminderCAMLQuery = "<Where>" +
    "<And>" +
        "<Eq><FieldRef Name='fkr_tp_Ticketstatus' LookupId='True' />" +
        "<Value Type='Lookup'>1</Value></Eq>" +
         "<Lt><FieldRef Name='Modified' /><Value Type='DateTime'>"+
        "<Today Offset='-7' /></Value></Lt>" +
        "</And>"+
"</Where>";
```


Listing 10.41 Abfrage für E-Mail-Einstellungen – Erinnerungsmail

Fügen Sie die CAML-Query ein, um die Tickets zu finden, die zum Versenden des Reports *Zusammenfassung der Letzten Woche* benötigt werden. Diese Query fragt alle Tickets ab, die innerhalb der letzten 7 Tage bearbeitet wurden.

```
public const string ReportSummaryLastWeekCAMLQuery = "<Where>" +
    "<Geq><FieldRef Name='Modified' /><Value Type='DateTime'>" +
    "<Today Offset='-7' /></Value></Geq>" +
"</Where>";
```

Listing 10.42 Abfrage der E-Mail-Einstellungen – wöchentliche Zusammenfassung

Fügen Sie die CAML-Query ein, um die Tickets zu finden, die zum Versenden des Reports *Anstehende Tickets* benötigt werden. Mit dieser Query werden alle Tickets, die nicht abgeschlossen oder abgebrochen wurden, abgefragt.

```
public const string ReportPendingTicketsCAMLQuery = "<Where>" +
    "<And>" +
        "<Eq><FieldRef Name='fkr_tp_Ticketstatus' LookupId='True' />" +
        "<Value Type='Lookup'>1</Value></Eq>" +
         "<Eq><FieldRef Name='fkr_tp_Ticketstatus' LookupId='True' />" +
        "<Value Type='Lookup'>2</Value></Eq>" +
    "</And>" +
"</Where>";
```

Listing 10.43 Abfrage der E-Mail-Einstellungen – anstehende Tickets

Weitere Informationen zu CAML finden Sie unter folgender URL: *https://msdn.microsoft.com/de-de/library/office/ms467521.aspx*.

Ergänzen Sie den Methodenaufruf `Settings.SetDefaultSettings(web);` im Feature-EventReceiver des Struktur-Features, und deployen Sie die Solution. Bevor Sie das Feature aktivieren, sollten Sie die vorhandenen Property-Bag-Einträge, die durch das Testen der Settingspage erstellt wurden, entfernen, beispielsweise über die PowerShell oder mit dem SharePoint Manager. Aktivieren Sie das Strukturfeature, und überprüfen Sie mithilfe der Settingspage oder des SharePoint Managers die Property-Bag-Einträge.

Kapitel 11
UI-Entwicklung

Erfahren Sie, wie Sie die unterschiedlichen UI-Komponenten einer SharePoint-Anwendung ansprechen und zu einer einheitlichen Optik zusammenführen können.

Die grafische Oberfläche ist aus Anwendersicht der Kern einer jeden Anwendung. Ist das UI optisch ansprechend und obendrein übersichtlich strukturiert, fühlt sich der Anwender gut aufgehoben und es macht ihm Spaß, mit der Anwendung zu arbeiten. Verfügt die Anwendung hingegen über eine schlechte Optik oder hat sie eine zu komplizierte Menüführung, so fühlt sich der Anwender in seiner täglichen Arbeit gestört, und die Akzeptanz der Anwendung sinkt. Nach dem Motto »der erste Eindruck zählt« sollte eine SharePoint-Anwendung also die Vorteile des Trägersystems hervorheben und die Nachteile kompensieren. So ist beispielsweise das Ribbon als Menüführung in SharePoint ein absoluter Gewinn, den wir uns in einem der vorigen Kapitel zunutze gemacht haben. Aus Entwickler- oder Consultant-Sicht sind die selbsterstellten Ein- und Ausgabeformulare von Listen und Bibliotheken eine enorme Erleichterung und Zeitersparnis. Leider bieten ebendiese in vielen Situationen nicht das, was der Anwender sich unter einer übersichtlichen Oberfläche vorstellt. Insbesondere bei größeren oder geschachtelten Listen stoßen die Standardformulare an ihre Grenzen. Aus diesem Grund sollten Sie bei einer selbsterstellten Anwendung genau abwägen, wann die Standardformulare ausreichen und wann ein individuell erstelltes Formular, trotz des Mehraufwandes der Erstellung, den späteren Nutzen der Anwendung erhöht.

11.1 Vor- und Nachteile individueller Formulare

Bei der Entscheidung, ob und wie Sie eigene Formulare entwickeln, kommt es ganz darauf an, die Vor- und Nachteile der unterschiedlichen Formularvarianten abzuwägen. In diesem Buch werden wir die beiden Varianten SharePoint-Standardformular und ApplicationPages einander gegenüberstellen. Darüber hinaus gibt es noch weit mehr Möglichkeiten, zum Beispiel die umfangreiche Manipulation von Standardformularen mithilfe von JavaScripts oder der Einsatz von WebParts. Da wir uns in TicketPoint 2016 für eine Mischung aus Standardformularen und ApplicationPages entscheiden haben, möchten wir die Vor- und Nachteile dieser Varianten hervorheben.

Die Vorteile beim Einsatz von Standardformularen sind ganz klar der entfallende Entwicklungsaufwand für die grafische Oberfläche und die Flexibilität, dass neue Listenfelder automatisch in das Formular mit aufgenommen werden. Auch das immer einheitliche Erscheinungsbild ist insoweit vorteilhaft, als der Benutzer die Bedienung aller Controls gewohnt ist, ein vertrautes Ribbon verfügbar ist und der Benutzer sich direkt und ohne weitere Einarbeitung im Formular zurechtfindet.

Der größte Nachteil ist sicherlich, dass ein übergreifender Einsatz von Objekten, z. B. Informationen aus zwei oder mehr Listen in einem Formular, im Standard nicht möglich ist. Da das Formular grundsätzlich einspaltig gerendert wird, geht auch die Übersichtlichkeit bei großen Listen schnell verloren. Außerdem besteht keine Möglichkeit, einzelne Bereiche des Formulars nur für bestimmte Benutzergruppen ein- oder auszublenden.

Selbsterstellte ApplicationPages sind sehr flexibel, da Sie alle gewünschten Funktionen selbst und nach den eigenen Vorstellungen entwickeln können. Dies birgt aber direkt den Nachteil, dass die initiale Erstellung mit einem entsprechenden Entwicklungsaufwand verbunden ist. ApplicationPages sind universal einsetzbar. Sie können entweder als Elementformulare an Inhaltstypen oder Listen gebunden oder direkt in der Anwendung verlinkt werden. Neben dem Entwicklungsaufwand ist der einzige gravierende Nachteil, dass das Standardribbon eines Elements auf der ApplicationPage nicht zur Verfügung steht und Sie gewünschte Funktionen individuell nachprogrammieren müssen. Mithilfe der verfügbaren Klassen aus diesem Kapitel ist dies aber mit vertretbarem Aufwand möglich.

Standardformulare	ApplicationPages
schnelle Erstellung	individuell einsetzbar
flexible Erweiterung	Möglichkeit der flexiblen Erweiterbarkeit
bekannte UI	frei zu gestalten
	Objektzusammenführung (Informationen aus unterschiedlichen Listen und Webs können in einem Formular zusammengefasst werden)
	Möglichkeit zur Nutzung von Drittanbieter-Controls

Tabelle 11.1 Vorteile

Standardformulare	ApplicationPages
unflexibel bei objektübergreifendem Einsatz	Entwicklungsaufwand

Tabelle 11.2 Nachteile

Standardformulare	ApplicationPages
unübersichtlich bei vielen Metadaten	Standard-Elementribbon ist nicht verfügbar
keine berechtigungs-bezogenen Ansichten	

Tabelle 11.2 Nachteile (Forts.)

11.2 Eigene Formulare entwickeln und einbinden

In diesem Kapitel beschreiben wir die Entwicklung eines individuellen Formulars als ApplicationPage am Beispiel des Ticketformulars. Achten Sie darauf, dass alle Übersetzungstexte korrekt in die Anwendung implementiert werden. Dies werden wir im Folgenden nicht für jeden Text erneut beschreiben.

Vor Beginn der Umsetzung sollten Sie darüber nachdenken, ob es sinnvoll ist, eine PageBase-Klasse zu erstellen, von der Ihre ApplicationPages ableiten. In dieser PageBase können Sie wiederkehrende Methoden und Properties für alle Ihre Seiten bereitstellen. Da die meisten ApplicationPages in TicketPoint 2016 zur Anzeige oder Manipulation von Listenelementen gedacht sind, arbeiten wir mit einer PageBase, in der wir das aktuelle Web, das aktuelle Listenelement und die Anwendungseinstellungen als Property bereitstellen. Öffnen Sie dazu das *BusinessLayer*-Projekt, und fügen Sie im Verzeichnis *UI* eine neue Klasse mit dem Namen `TicketPointPageBase` hinzu.

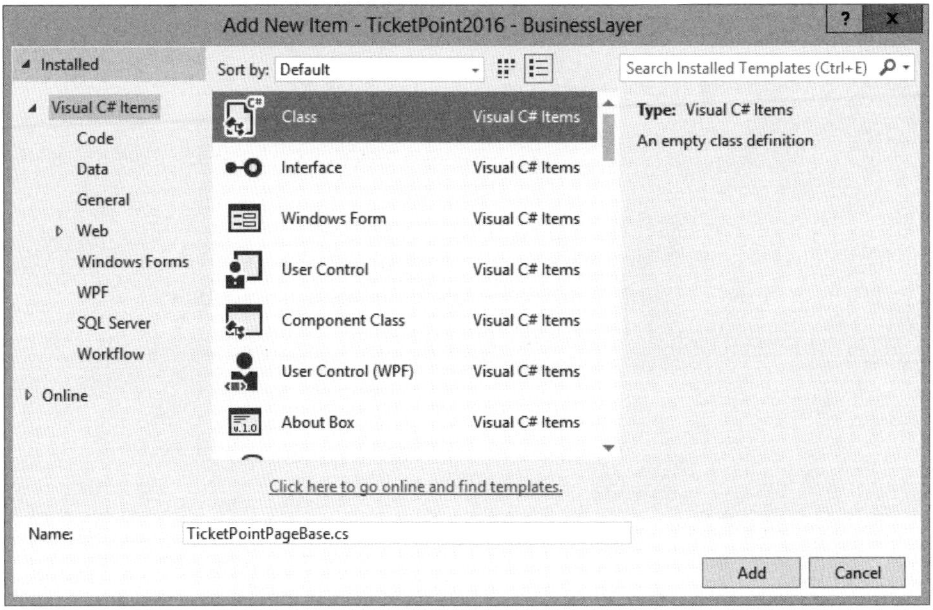

Abbildung 11.1 »PageBase«-Klasse hinzufügen

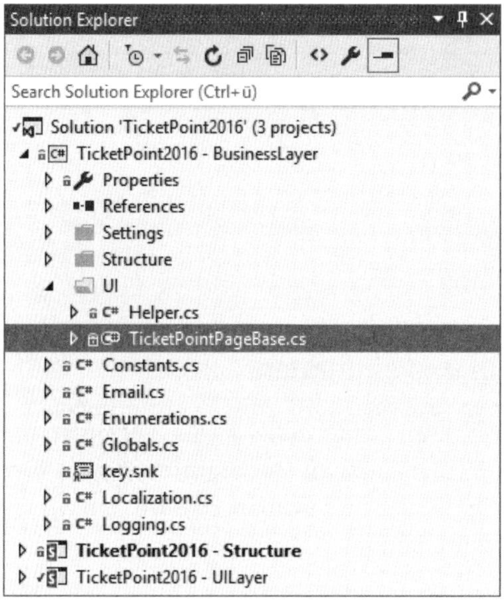

Abbildung 11.2 »TicketPointPageBase« in der Projektstruktur

Die Klasse `TicketPointPageBase` sollte von der Klasse `Microsoft.SharePoint.WebControls.LayoutsPageBase` ableiten, da dies die Standardklasse für ApplicationPages in SharePoint ist.

```
using Microsoft.SharePoint.WebControls;
...
namespace Fkr.SharePoint.TicketPoint2016.BusinessLayer.UI
{
    public class TicketPointPageBase : LayoutsPageBase
    {
    }
}
```

In dieser Klasse erstellen Sie als Erstes eine Property mit dem Namen `CurrentWeb` vom Typ `SPWeb`. In dieser Property werden wir das aktuelle Web bereitstellen.

```
public SPWeb CurrentWeb
{
    get
    {
        if (SPContext.Current != null
            && SPContext.Current.Web != null)
            return SPContext.Current.Web;
```

```
        else
            return null;
    }
}
```

Danach erzeugen Sie eine Property mit dem Namen `Settings` vom Typ `Fkr.SharePoint.TicketPoint.2016.BusinessLayer.Settings`.

```
public Settings Settings
{
    get
    {
        return new Settings(CurrentWeb);
    }
}
```


Zum Abschluss legen Sie die Property `CurrentItem` vom Typ `SPListItem` an, der entweder das aktuell benötigte Element oder einen Null-Wert zurück gibt.

```
public SPListItem CurrentItem
{
    get
    {
        try
        {
            // Element aus dem Kontext ermitteln, falls vorhanden
            if (SPContext.Current.ListItem != null)
            {
                return SPContext.Current.ListItem;
            }
            // Element anhand der ID im URL-Parameter
            // aus der Liste im Kontext ermitteln, falls diese vorhanden ist
            else if (!string.IsNullOrWhiteSpace(Page
                    .Request.QueryString[Constants.UrlParameter.ID])
                && SPContext.Current.List != null)
            {
                int itemId = (int.Parse(Page
                    .Request.QueryString[Constants.UrlParameter.ID]));
                return SPContext.Current.List.GetItemById(itemId);
            }
```

```
            // Element anhand der ID aus dem URL-Parameter
            // aus der Liste ermitteln, deren ListId als URL-Parameter
            // übergeben wurde
            else if (!string.IsNullOrWhiteSpace(Page
                    .Request.QueryString[Constants.UrlParameter.ID])
                && !string.IsNullOrWhiteSpace(Page
                    .Request.QueryString[Constants.UrlParameter.List])
                )
            {
                SPList list =
                    CurrentWeb.Lists[new Guid(Page
                        .Request.QueryString[Constants.UrlParameter.List])];
                int itemId =
                    (int.Parse(Page
                        .Request.QueryString[Constants.UrlParameter.ID]));
                return list.GetItemById(itemId);
            }
            // Wenn mit den bisherigen Gegebenheiten kein Element
            // ermittelt werden konnte
            else
            {
                return null;
            }
        }
        catch(Exception ex)
        {
            Logging.LogError(ex, Constants.LogCategory.UI);
            return null;
        }
    }
}
```

Listing 11.1 Hilfsmethode zur Ermittlung des aktuell aktiven Elements

Innerhalb der Formulare werden wir Tabs mithilfe von jQueryUI umsetzen. Dazu binden wir die Skripte für die jQueryUI-Bibliothek in die Anwendung ein. Laden Sie die aktuellste Freeware-Version von der Herstellerseite (*https://jquery.com*) herunter, und fügen Sie die enthaltenen Dateien im *UILayer*-Projekt an der vorgesehenen Stelle im LAYOUTS-Verzeichnis hinzu.

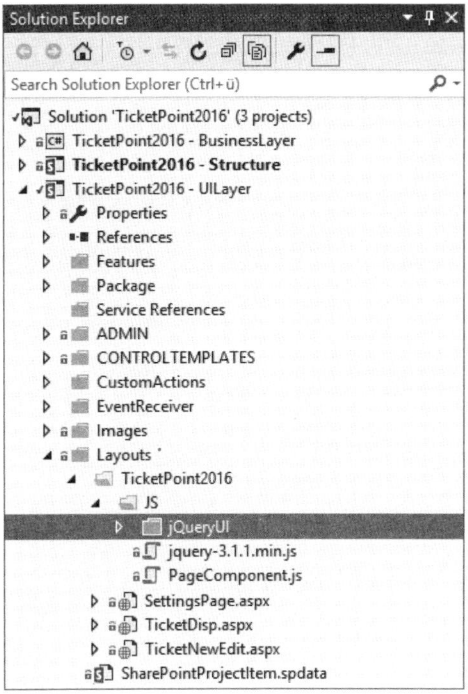

Abbildung 11.3 jQueryUI in der Projektstruktur

Um die jQueryUI-Komponente nicht auf jeder Seite gesondert einbinden zu müssen, fügen Sie in der Datei *JSLib.ascx* in den *Controltemplates* die entsprechende Implementierung ein. Durch die Verwendung der *JSLib.ascx* als Additional Page-Header steht die jQueryUI überall zur Verfügung.

```
<link rel="stylesheet" href="<%=WebUrl %>/_layouts/15/TicketPoint2016/JS/
jQueryUI/jquery-ui.css">
<script type="text/javascript" src="<%=WebUrl %>/_layouts/15/TicketPoint2016/
JS/jQueryUI/jquery-ui.min.js" ></script>
```

Zum Abschluss der Vorbereitungen fügen Sie in der Klasse `Globals` im *BusinessLayer*-Projekt eine Methode ein, die prüft, ob der aktuelle Benutzer Supporter ist, und eine Methode, die prüft, ob der aktuelle Benutzer Supportleiter ist.

Zusätzlich benötigen Sie zum Ermitteln der nächsten Ticketnummer eine Methode, die die nächste zu verwendende ID innerhalb einer Liste zurückgibt.

```
public static bool CurrentUserIsSupporter()
{
    SPGroup supporter = SPContext
        .Current
```

```
            .Web
            .SiteGroups[Localization.GetString(Localization.Keys.TxtSupporter)];
        if (supporter.ContainsCurrentUser)
            return true;
        else
            return false;
    }
    public static bool CurrentUserIsSupportleader()
    {
        SPGroup supportleader = SPContext
            .Current
            .Web
            .SiteGroups[Localization
                .GetString(Localization.Keys.TxtSupportleader)];
        if (supportleader.ContainsCurrentUser)
            return true;
        else
            return false;
    }
    public static int NextListItemID(SPWeb web, Guid listId)
    {
        int listItemId = -1;
        SPSecurity.RunWithElevatedPrivileges(delegate ()
        {
            using (SPSite secureSite = new SPSite(web.Site.ID))
            {
                using (SPWeb secureWeb = secureSite.OpenWeb(web.ID))
                {
                    SPList queryList = secureWeb.Lists[listId];
                    SPQuery query = new SPQuery()
                    {
                        ViewFields = "<FieldRef Name='ID' />",
                        Query = @"<Where /><OrderBy>
                                    <FieldRef Name='ID' Ascending='FALSE' />
                                </OrderBy>",
                        RowLimit = 1
                    };
                    SPListItemCollection items = queryList.GetItems(query);
                    if (items.Count > 0)
                        listItemId = items[0].ID;
```

```
                else
                    listItemId = 1;
            }
        }
    });
    return listItemId;
}
```

Listing 11.2 Hilfsmethoden für Berechtigungsprüfung und Wertermittlung

Nachdem die Basisklasse für ApplicationPages bereitsteht und die Zusatzkomponenten eingebunden sind, beginnen Sie im *UILayer*-Projekt mit der Anlage der neuen ApplicationPage unterhalb des Verzeichnisses LAYOUTS • TICKETPOINT2016. Fügen Sie eine ApplicationPage zum Erstellen und Bearbeiten von Tickets mit dem Namen *TicketNewEdit.aspx* und eine zum Anzeigen von Tickets mit dem Namen *TicketDisp.aspx* hinzu.

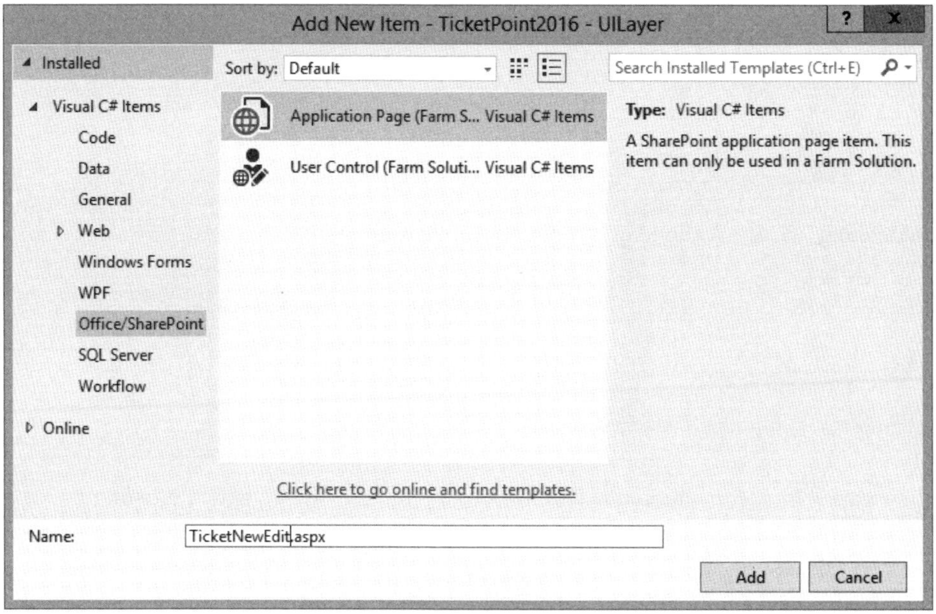

Abbildung 11.4 »TicketNewEdit«-Formular hinzufügen

Beginnen Sie mit dem Bearbeiten des *TicketNewEdit*-Formulars. Um schnell und einfach auf die Unterstützungsklasse für die Mehrsprachigkeit zugreifen zu können, fügen Sie die Tags aus Listing 11.3 im Markup der ApplicationPage hinzu, womit Sie die *BusinessLayer*-Bibliothek und deren Namespace registrieren.

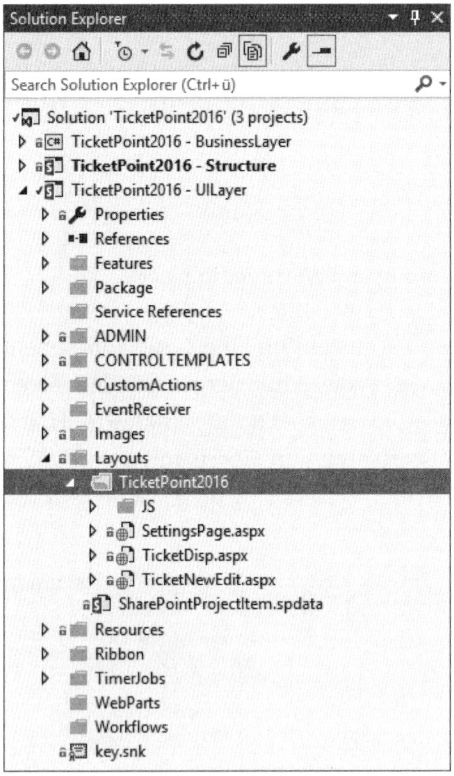

Abbildung 11.5 ApplicationPages für die Ticketbearbeitung

```
<%@ Assembly Name="Fkr.SharePoint.TicketPoint2016.BusinessLayer,
Version=1.0.0.0, Culture=neutral, PublicKeyToken=861259dfcacfc7b3" %>
<%@ Import Namespace="Fkr.SharePoint.TicketPoint2016.BusinessLayer" %>
```

Listing 11.3 Einbinden des BusinessLayer

Im *PlaceHolderMain* erzeugen Sie das Markup, das zur Anzeige der Seite dient.

```
<script type="text/javascript">
    $fkr(document).ready(function () {
        $fkr("#tabs").tabs();
    });
    function saveClick() {
        document.getElementById('<%=btnSave.ClientID %>').click();
    }
    function cancelClick() {
        document.getElementById('<%=btnCancel.ClientID %>').click();
    }
```

```
</script>
<table>
    <tr id="ticketnumberRow" runat="server">
        <td style="width: 113px;"
            class="ms-formlabel"
            nowrap="true"
            valign="top">
            <span class="ms-h3 ms-standardheader">
                <b><%=Localization.GetString(Localization
                    .Keys.TxtTicketnumber) %></b>
            </span>
        </td>
        <td colspan="3" class="ms-formbody" valign="top">
            <b><asp:Label ID="lblTicketnumber"
                runat="server" Text=""></asp:Label></b>
        </td>
    </tr>
    <tr>
        <td style="width: 113px;"
            class="ms-formlabel"
            nowrap="true"
            valign="top">
            <span class="ms-h3 ms-standardheader">
                <%=Localization.GetString(Localization.Keys.TxtCustomer) %>
                <span title="Dies ist ein Pflichtfeld."
                    class="ms-accentText"> *</span>
            </span>
        </td>
        <td class="ms-formbody" valign="top">
            <asp:DropDownList ID="ddlCustomer"
                runat="server" style="width: 100%;">
            </asp:DropDownList>
            <br />
            <asp:RequiredFieldValidator ID="reqValCustomer"
                runat="server"
                ErrorMessage=
                            "<%$Resources:TicketPoint2016, TxtValueRequired%>"
                ControlToValidate="ddlCustomer"
                Display="Dynamic"
                ForeColor="Red">
            </asp:RequiredFieldValidator>
        </td>
```

```
</tr>
<tr>
    <td style="width: 113px;" class="ms-formlabel" nowrap="true" valign=
                                                                 "top">
        <span class="ms-h3 ms-standardheader">
            <%=Localization.GetString(Localization.Keys.TxtSubject) %>
            <span title="Dies ist ein Pflichtfeld."
                class="ms-accentText"> *</span>
        </span>
    </td>
    <td class="ms-formbody" valign="top">
        <asp:TextBox ID="txtSubject"
            runat="server"
            style="width: 100%;"></asp:TextBox>
        <br />
        <asp:RequiredFieldValidator ID="reqValSubject"
            runat="server"
            ErrorMessage=
                        "<%$Resources:TicketPoint2016, TxtValueRequired%>"
            ControlToValidate="txtSubject"
            Display="Dynamic"
            ForeColor="Red">
        </asp:RequiredFieldValidator>
    </td>
</tr>
<tr>
    <td style="width: 113px;"
        class="ms-formlabel"
        nowrap="true"
        valign="top">
        <span class="ms-h3 ms-standardheader">
            <%=Localization.GetString(Localization
                .Keys.TxtContactPerson) %>
            <span title="Dies ist ein Pflichtfeld."
                class="ms-accentText"> *</span>
        </span>
    </td>
    <td class="ms-formbody" valign="top">
        <SharePoint:ClientPeoplePicker ID="ppContactPerson"
            runat="server" />
        <asp:RequiredFieldValidator ID="reqValContactPerson"
            runat="server"
            ErrorMessage=
```

```
                            "<%$Resources:TicketPoint2016, TxtValueRequired%>"
                ControlToValidate="ppContactPerson"
                Display="Dynamic"
                ForeColor="Red">
            </asp:RequiredFieldValidator>
        </td>
    </tr>
    <tr>
        <td style="width: 113px;"
            class="ms-formlabel"
            nowrap="true"
            valign="top">
            <span class="ms-h3 ms-standardheader">
                <%=Localization.GetString(Localization.Keys.TxtPriority) %>
                <span title="Dies ist ein Pflichtfeld."
                    class="ms-accentText"> *</span>
            </span>
        </td>
        <td class="ms-formbody" valign="top">
            <asp:DropDownList ID="ddlPriority"
                runat="server"
                style="width: 100%;">
            </asp:DropDownList>
            <br />
            <asp:RequiredFieldValidator ID="reqValPriority"
                runat="server"
                ErrorMessage=
                            "<%$Resources:TicketPoint2016, TxtValueRequired%>"
                ControlToValidate="ddlPriority"
                Display="Dynamic"
                ForeColor="Red">
            </asp:RequiredFieldValidator>
        </td>
    </tr>
</table>
<br />
<div id="tabs">
    <ul>
        <li><a href="#tabs-1"><%=Localization.GetString(Localization
                                .Keys.TxtProblemdescription) %></a></li>
        <li><a href="#tabs-2"><%=Localization.GetString(Localization
                                .Keys.TxtAdditionalInformation) %></a></li>
```

```
        </ul>
        <div id="tabs-1">
            <asp:TextBox ID="txtDescription"
                runat="server"
                TextMode="MultiLine"
                style="width: 100%; height: 250px;"></asp:TextBox>
        </div>
        <div id="tabs-2">
            <asp:Panel ID="pnlAdditionalFields" runat="server"></asp:Panel>
        </div>
    </div>
    <br />
    <div style="width: 100%; text-align: right;">
        <asp:Button ID="btnSave"
            runat="server"
            Text="<%$Resources:TicketPoint2016, BtnSave%>"
            OnClick="btnSave_Click"
            CausesValidation="true" />
        <asp:Button ID="btnCancel"
            runat="server"
            Text="<%$Resources:TicketPoint2016, BtnCancel%>"
            OnClick="btnCancel_Click"
            CausesValidation="false" />
    </div>
```

Listing 11.4 Markup der Ticket-Seite

Für die Tabelle zur Anzeige der Daten sollten Sie auf die CSS-Klassen von SharePoint zurückgreifen. Dadurch sorgen Sie zum einen dafür, dass die Oberfläche Ihrer Anwendung den Benutzern vertrauter erscheint, zum anderen dafür, dass sich Ihre Anwendung in jedes sauber entwickelte SharePoint-Branding integriert. Für Labelzellen verwenden Sie die Klasse `ms-formlabel`, für Wertezellen die Klasse `ms-formbody`.

[»]

Hinweis

Den JavaScript-Block zum Erstellen der Tabs und zum Bereitstellen der weiteren Funktionen sollten Sie ebenfalls im Bereich des `PlaceHolderMain` implementieren. Binden Sie das Skript bereits im Bereich des `PlaceHolderAdditionalPageHeader` ein, erhalten Sie Laufzeitfehler. Diese werden dadurch hervorgerufen, dass die Page-Header der Seite vor den Additional Page-Headern der Anwendung geladen werden und somit im Skriptablauf die Komponenten von jQuery und jQueryUI noch nicht verfügbar sind.

Wenn das Markup der Seite entsprechend vorbereitet ist, erstellen Sie eine Property im Codebehind, die anhand des CurrentItems identifiziert, ob sich der Benutzer auf dem NewForm oder dem EditForm befindet, und den entsprechenden Seitentitel erzeugt.

```
public string CurrentPageTitle
{
    get
    {
        if (CurrentItem != null)
            return Localization.GetString(Localization.Keys.TxtEditTicket);
        else
            return Localization.GetString(Localization.Keys.TxtNewTicket);
    }
}
```


Listing 11.5 Property für den aktuellen Seitetitel

Binden Sie den Seitentitel in den entsprechenden Platzhaltern im Markup ein.

```
<asp:Content ID="PageTitle"
    ContentPlaceHolderID="PlaceHolderPageTitle"
    runat="server">
<%=CurrentPageTitle %>
</asp:Content>
<asp:Content ID="PageTitleInTitleArea"
    ContentPlaceHolderID="PlaceHolderPageTitleInTitleArea"
    runat="server" >
<%=CurrentPageTitle %>
</asp:Content>
```

Listing 11.6 Markup des Seitentitels

Im Codebehind benötigen Sie eine Methode, die die ID des aktuell zugehörigen Kunden ermittelt, sofern der Benutzer kein Supporter ist. Dazu suchen wir mit einer CAML-Query in der Kundenliste nach einem Datensatz, in dem der aktuelle Benutzer entweder als Ansprechpartner oder Mitarbeiter hinterlegt ist.

```
private int? GetCustomerForUser()
{
    int? customerId = null;
    string camlQuery = @"<Where>
                            <Or>
```

```
                                        <Eq>
                                            <FieldRef Name=""" + Constants
                                                .FieldInternalName
                                                .ContactPerson + @""" />
                                            <Value Type=""Integer"">
                                                <UserID />
                                            </Value>
                                        </Eq>
                                        <Eq>
                                            <FieldRef Name=""" + Constants
                                                .FieldInternalName
                                                .Employees + @""" />
                                            <Value Type=""UserMulti""><UserID /></Value>
                                        </Eq>
                                    </Or>
                                </Where>";
    SPListItemCollection customerItems = Globals.GetItems(CurrentWeb
        , Constants.ListUrl.Customer
        , camlQuery);
    if (customerItems.Count > 0)
    {
        customerId = customerItems[0].ID;
    }
    return customerId;
}
```

Listing 11.7 Methode zur Ermittlung der Kundenzuordnung für den angemeldeten Benutzer

Als Nächstes benötigen Sie eine Methode, die mögliche Werte für die Nachschlagefelder ermittelt und die Standardwerte der Controls setzt. Wenn sich das Formular im Edit-Modus befindet, werden die aktuellen Werte des Listenelements geladen. Wenn das Formular im New-Modus aufgerufen wurde, wird der aktuelle Benutzer als Ansprechpartner gesetzt.

```
private void InitializeControls()
{
    if (!IsPostBack)
    {
        #region Auswahllisten befüllen
        // Verfügbare Kunden in die Kundenliste laden
        ListItem emptyItem = new ListItem(
```

```
                "- Bitte auswählen -"
            , "-1");
        ddlCustomer.Items.Add(emptyItem);
        ddlPriority.Items.Add(emptyItem);
        SPListItemCollection customerItems = Globals.GetItems(CurrentWeb
            , Constants.ListUrl.Customer
            , "");
        foreach (SPListItem customerItem in customerItems)
        {
            ListItem item = new ListItem(
                    customerItem[Constants.FieldInternalName.Title] as string
                , customerItem.ID.ToString());
            ddlCustomer.Items.Add(item);
        }
        // Verfügbare Prioritäten in die Prioritätenliste laden
        SPListItemCollection prioItems = Globals.GetItems(CurrentWeb
            , Constants.ListUrl.Priorities
            , "");
        foreach (SPListItem prioItem in prioItems)
        {
            ListItem item = new ListItem(
                    prioItem[Constants.FieldInternalName.Title] as string
                , prioItem.ID.ToString());
            ddlPriority.Items.Add(item);
        }
        #endregion

        #region Feldwerte laden
        if(CurrentItem != null) // Wenn im Editmode
        {
            lblTicketnumber.Text =
                CurrentItem[
Constants.FieldInternalName.Ticketnumber] as string;
            txtSubject.Text =
                CurrentItem[Constants.FieldInternalName.Subject] as string;
            txtDescription.Text =
                CurrentItem[
Constants.FieldInternalName.Problemdescription] as string;
            // Kunde laden
            SPFieldLookupValue customer =
                new SPFieldLookupValue(CurrentItem[Constants
                    .FieldInternalName
```

```
                .Customer] as string);
        ddlCustomer.SelectedValue =
            (customer != null) ? customer.LookupId.ToString() : "-1";
        // Priorität laden
        SPFieldLookupValue priority =
            new SPFieldLookupValue(CurrentItem[Constants
                .FieldInternalName
                .Priority] as string);
        ddlPriority.SelectedValue =
            (priority != null) ? priority.LookupId.ToString() : "-1";
        // Ansprechpartner laden
        if (CurrentItem[Constants.FieldInternalName.ContactPerson] != null)
        {
            SPFieldUserValue userVal = new SPFieldUserValue(CurrentWeb
                , CurrentItem[Constants.FieldInternalName.ContactPerson]
            as string);
            PickerEntity UserEntity = new PickerEntity()
            {
                DisplayText = userVal.LoginName,
                Key = userVal.LoginName
            };
            ppContactPerson.AllEntities.Add(UserEntity);
            ppContactPerson.Validate();
        }
    }
    else // Wenn ein neues Ticket angelegt wird
    {
        ticketnumberRow.Visible = false;
        // Ansprechpartner vorbelegen
        PickerEntity UserEntity = new PickerEntity()
        {
            DisplayText = CurrentWeb.CurrentUser.Name,
            Key = CurrentWeb.CurrentUser.LoginName
        };
        ppContactPerson.AllEntities.Add(UserEntity);
        ppContactPerson.Validate();
    }
    #endregion
  }
}
```

Listing 11.8 Control-Initialisierung

Nun werden alle Auswahlwerte in das UI geladen und im Falle des Bearbeiten-Modus die aktuellen Elementwerte geladen. Als Nächstes stellen Sie eine Methode für das Thema Berechtigungen bereit. Beispielsweise müssen Sie prüfen, ob der aktuelle Benutzer ein Supporter oder ein Supportleiter ist. Ist dies nicht der Fall, so sollte der Kunde vorbelegt und das Dropdown-Feld deaktiviert werden, damit ein Kunde keine Tickets für einen anderen Kunden anlegen kann.

```
private void InitializePage()
{
    // Kunde vorbelegen, wenn der aktuelle Benutzer kein Supporter ist
    if (!Globals.CurrentUserIsSupporter()
        && !Globals.CurrentUserIsSupportleader())
    {
        ddlCustomer.Enabled = false;
        int? customerId = GetCustomerForUser();
        if (customerId.HasValue)
        {
            ddlCustomer.SelectedValue = customerId.Value.ToString();
        }
        else
        {
            Helper.AddStatusmessageToPage(Page
                , Localization.GetString(Localization
                    .Keys
                    .MsgInformation)
                , Localization.GetString(Localization
                    .Keys
                    .MsgCustomerConnectionMissing)
                , Constants.StatusmessageLevel.Error);
        }
    }
}
```

Listing 11.9 Seiten-Initialisierung

Um die Bedienung des Formulars zu vereinheitlichen, sollten Sie alle notwendigen Funktionen mithilfe der Ribbonsteuerung als Ribbon bereitstellen. Fügen Sie dazu die Methode aus Listing 11.10 zum Codebehind der Seite hinzu.

```
private void InitializeRibbon()
{
    int? customerId = GetCustomerForUser();
    bool isSupporter = Globals.CurrentUserIsSupporter()
```

```
        || Globals.CurrentUserIsSupportleader();
    bool canSave = isSupporter || (customerId.HasValue && CurrentItem == null);
    List<Ribbon.Tab> tabs = new List<Ribbon.Tab>()
    {
        new Ribbon.Tab()
        {
            Title = Localization.GetString(Localization.Keys.ApplicationTitle),
            Sequence = 0,
            InitTab = true,
            Groups = new List<Ribbon.Group>()
            {
                new Ribbon.Group()
                {
                    Title = Localization.GetString(Localization.Keys.TxtActions),
                    GroupTemplate = Ribbon.Enumerations.GroupTemplate.
OneRowLargeIcon,
                    Sequence = 0,
                    Buttons = new List<Ribbon.Button>()
                    {
                        new Ribbon.Button()
                        {
                            Title = Localization
                                .GetString(Localization.Keys.BtnSave),
                            Sequence = 0,
                            Image32 = "/_layouts/15/1031/images/formatmap32x32.png",
                            Image32Left = -512,
                            Image32Top = -32,
                            ClickFunction = "saveClick();",
                            EnableFunction = (canSave) ? "true;" : "false;"
                        },
                        new Ribbon.Button()
                        {
                            Title = Localization
                                .GetString(Localization.Keys.BtnCancel),
                            Sequence = 0,
                            Image32 = "/_layouts/15/1031/images/formatmap32x32.png",
                            Image32Left = -512,
                            Image32Top = -512,
                            ClickFunction = "cancelClick();",
                            EnableFunction = "true;"
                        }
```

```
                    }
                }
            }
        }
    };
    Ribbon.Helper.InitRibbon(Page, tabs, null);
}
```

Listing 11.10 Ribbon-Aufbau

Um die bisher erstellten Methoden aufzurufen, passen Sie die Page_Load-Methode wie folgt an:

```
protected void Page_Load(object sender, EventArgs e)
{
    InitializeControls();
    InitializePage();
    InitializeRibbon();
}
```


Um das Formular fertigzustellen, fügen Sie noch die OnClick-Methoden für die SPEICHERN- und die ABBRECHEN-Schaltfläche hinzu.

```
protected void btnCancel_Click(object sender, EventArgs e)
{
    Helper.CloseOrRedirect(Page);
}
protected void btnSave_Click(object sender, EventArgs e)
{
    try
    {
        string ticketListUrl =
            SPUtility.ConcatUrls(CurrentWeb.Url, Constants.ListUrl.Tickets);
        SPList ticketList = CurrentWeb.GetList(ticketListUrl);
        // Das vorhandene Ticket zum Updaten nutzen
        // oder ein neues Ticket-Element erstellen.
        SPListItem ticketItem = null;
        if (CurrentItem != null)
            ticketItem = CurrentItem;
        else
        {
            ticketItem = ticketList.AddItem();
```

```
        // Die Ticketnummer muss nur beim neuen Erstellen gesetzt werden
        ticketItem[Constants.FieldInternalName.Ticketnumber] =
            Globals.NextListItemID(CurrentWeb, ticketList.ID);
    }
    ticketItem[Constants.FieldInternalName.Subject] = txtSubject.Text;
    ticketItem[Constants.FieldInternalName.Problemdescription] =
                                                        txtDescription.Text;
    // Kunden setzen
    SPFieldLookupValue lkpCustomer =
        new SPFieldLookupValue(int.Parse(ddlCustomer.SelectedItem.Value)
            , ddlCustomer.SelectedItem.Text);
    ticketItem[Constants.FieldInternalName.Customer] = lkpCustomer;
    // Priorität setzen
    SPFieldLookupValue lkpPriority =
        new SPFieldLookupValue(int.Parse(ddlPriority.SelectedItem.Value)
            , ddlPriority.SelectedItem.Text);
    ticketItem[Constants.FieldInternalName.Priority] = lkpPriority;
    // Ansprechpartner setzen
    string contactLoginName =
        ((PickerEntity)ppContactPerson.ResolvedEntities[0]).Key;
    SPUser contact = CurrentWeb.EnsureUser(contactLoginName);
    ticketItem[Constants.FieldInternalName.ContactPerson] = contact;
    // Einstiegsstatus eines Tickets ermitteln und setzen
    try
    {
        SPList statusList = Globals.GetList(CurrentWeb
            , Constants.ListUrl.Ticketstatus);
        SPListItem statusItem =
            statusList.GetItemById(Settings.StatusNew);
        SPFieldLookupValue lkpStatus =
            new SPFieldLookupValue(statusItem.ID
                , statusItem[Constants.FieldInternalName.Title] as string);
        ticketItem[Constants.FieldInternalName.Ticketstatus] = lkpStatus;
    }
    catch (Exception ex)
    {
        Logging.LogError(ex, Constants.LogCategory.UI);
    }
    // Einstiegs-Abrechnungsstatus eines Tickets ermitteln und setzen
    try
    {
```

```
}
            string accountingStatusQuery = @"<Where>
                                    <Eq>
                                        <FieldRef Name='" + Constants
                                                .FieldInternalName.Title + @"' />
                                        <Value Type='Text'>" + Localization
                                                .GetString(Localization
                                                            .Keys
                                                            .TxtOpen) + @"</Value>
                                    </Eq>
                                </Where>";
            SPListItemCollection accountingStatusItems = Globals.GetItems(CurrentWeb
                , Constants.ListUrl.Accountingstatus
                , accountingStatusQuery);
            if (accountingStatusItems.Count > 0)
            {
                SPFieldLookupValue lkpAccountingStatus =
                    new SPFieldLookupValue(accountingStatusItems[0].ID
                        , accountingStatusItems[0][Constants
                            .FieldInternalName.Title] as string);
                ticketItem[Constants.FieldInternalName.Accountingstatus] =
                    lkpAccountingStatus;
            }
        }
        catch (Exception ex)
        {
            Logging.LogError(ex, Constants.LogCategory.UI);
        }
        ticketItem.Update();
        Helper.CloseOrRedirect(Page, true);
    }
    catch(Exception ex)
    {
        Logging.LogError(ex, Constants.LogCategory.UI);
        Helper.AddStatusmessageToPage(Page
            , Localization.GetString(Localization.Keys.MsgError)
            , Localization.GetString(Localization.Keys.MsgErrorSaveItem)
            , Constants.StatusmessageLevel.Error);
    }
}
```

Listing 11.11 Abbrechen- und Speichern-Methode

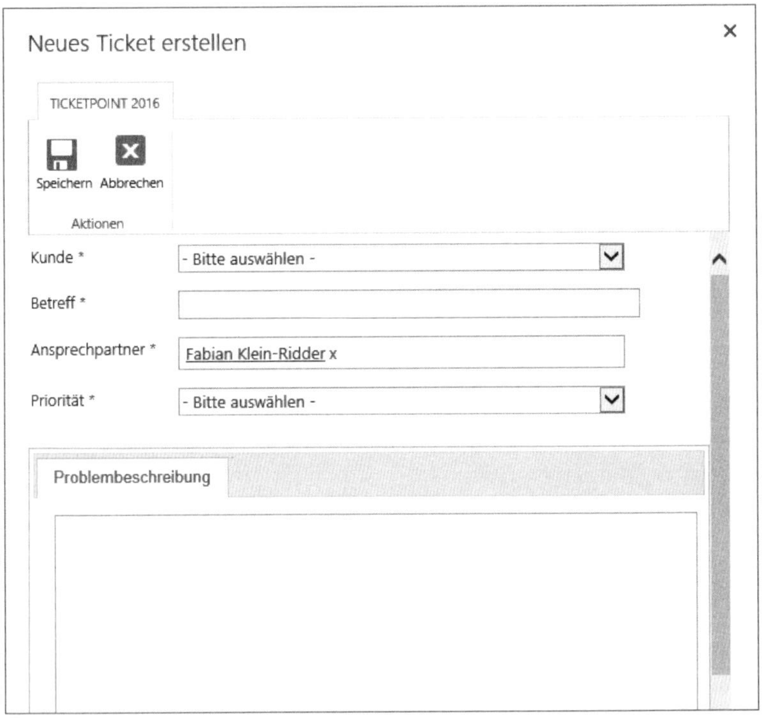

Abbildung 11.6 Neues Ticket erstellen

Jetzt haben Sie das erste Formular erstellt und sind in der Lage, neue Tickets anzulegen und vorhandene Tickets zu bearbeiten. Anhand dieses Beispiels können Sie alle weiteren Formulare, die in der Anwendung benötigt werden, umsetzen. Oder Sie greifen auf den vorgefertigten Beispielcode zurück, den Sie unter der URL *https://www.rheinwerk-verlag.de/4237* finden.

Deployen Sie die Lösung auf Ihren SharePoint, und prüfen Sie, ob das Formular erfolgreich bereitgestellt wurde und aufgerufen werden kann.

11.2.1 Dynamische Felder einbinden

Für die Fertigstellung der Ticket-Formulare ist es vonnöten, einen Bereich einzubinden, in dem neu angelegte Felder eines Kunden automatisch gerendert werden. Um dies zu gewährleisten, sollten Sie im *BusinessLayer*-Projekt einen Bereich zum Verwalten dynamischer Felder hinzufügen. Mithilfe der darin enthaltenen Klasse werden Sie später in der Lage sein, eine Liste oder einen Inhaltstyp zu analysieren und die benötigten Felder inklusive Ihrer UI-Controls zurückzugeben. Zusätzlich soll die Möglichkeit bestehen, eine Liste an Feldern an eine Methode zu übergeben und sie in einer aufbereiteten Tabelle zurückgeliefert zu bekommen, die Sie dann als Control auf Ihrer Seite hinzufügen können.

Öffnen Sie dazu das *BusinessLayer*-Projekt, fügen Sie im Verzeichnis *UI* ein neues Verzeichnis mit dem Namen *DynamicFields* ein, und legen Sie darin eine neue Klasse mit dem Namen `Helper` und eine Klasse mit dem Namen `Field` an.

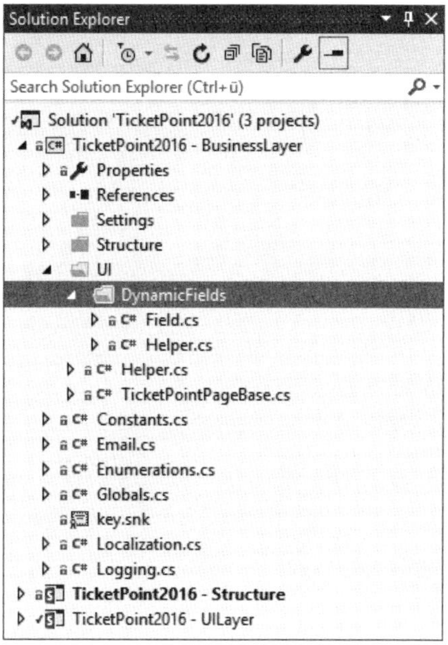

Abbildung 11.7 »DynamicFields« in der Projektstruktur

In der Klasse `Fields` fügen Sie Properties ein, mit denen Sie Basisinformationen zum angezeigten Feld und die zugehörigen Controls speichern können.

```
namespace Fkr.SharePoint.TicketPoint2016.BusinessLayer.UI.DynamicFields
{
    public class Field
    {
        public string Title { get; set; }
        public string InternalName { get; set; }
        public bool Required { get; set; }
        public Control BaseControl { get; set; }
        public Control FieldValidator { get; set; }
    }
}
```

Listing 11.12 Klasse zur Felddefinition

In der Klasse `Helper` fügen Sie eine Methode hinzu und übergeben ihr eine SharePoint-Liste, den Anzeigemodus als `SPControlMode`-Objekt und eine Liste an internen Spaltennamen, die als Blacklist dient. Die Blacklist dient dazu, Felder, die bereits manuell auf einer Seite hinzugefügt wurden, oder unerwünschte Systemfelder herauszufiltern.

```
public static List<Field> GetFields(SPList list
    , SPControlMode displayMode
    , List<string> blacklist)
{
    List<Field> fields = new List<Field>();
    foreach(SPField field in list.Fields)
    {
        bool isShown = false;
        switch(displayMode)
        {
            case SPControlMode.Display:
                isShown = (field.ShowInDisplayForm != null)
                    ? (bool)field.ShowInDisplayForm : true;
                break;
            case SPControlMode.Edit:
                isShown = (field.ShowInEditForm != null)
                    ? (bool)field.ShowInEditForm : true;
                break;
            case SPControlMode.New:
                isShown = (field.ShowInNewForm != null)
                    ? (bool)field.ShowInNewForm : true;
                break;
        }
        if (blacklist != null && blacklist.Contains(field.InternalName))
            isShown = false;
        if (field.Hidden || field.ReadOnlyField)
            isShown = false;
        if (isShown)
        {
            BaseFieldControl ctrl = field.FieldRenderingControl;
            ctrl.ControlMode = displayMode;
            if (displayMode != SPControlMode.Display)
            {
                ctrl.ID = field.InternalName;
                ctrl.ListId = field.ParentList.ID;
                ctrl.FieldName = field.InternalName;
                ctrl.RenderContext = SPContext.Current;
                ctrl.ItemContext = SPContext.Current;
                ctrl.EnableViewState = true;
                ctrl.Visible = true;
```

```
            }
            fields.Add(new Field()
            {
                Title = field.Title,
                InternalName = field.InternalName,
                Required = field.Required,
                BaseControl = ctrl
            });
        }
    }
    return fields;
}
```

Listing 11.13 Ermitteln der Feld-Objekte einer Liste

Als Zweites fügen Sie eine ähnliche Methode hinzu, in der Sie die Felder nicht aus der Liste, sondern aus einem Inhaltstyp ermitteln.

```
public static List<Field> GetFields(SPList list
    , SPContentType ctype
    , SPControlMode displayMode
    , List<string> blacklist)
{
    List<Field> fields = new List<Field>();
    foreach(SPFieldLink link in ctype.FieldLinks)
    {
        SPField field = list.Fields.GetFieldByInternalName(link.Name);

        bool isShown = false;
        switch (displayMode)
        {
            case SPControlMode.Display:
                isShown = (field.ShowInDisplayForm != null)
                    ? (bool)field.ShowInDisplayForm : true;
                break;
            case SPControlMode.Edit:
                isShown = (field.ShowInEditForm != null)
                    ? (bool)field.ShowInEditForm : true;
                break;
            case SPControlMode.New:
                isShown = (field.ShowInNewForm != null)
                    ? (bool)field.ShowInNewForm : true;
                break;
        }
```

```
        if (blacklist != null && blacklist.Contains(field.InternalName))
            isShown = false;
        if (field.Hidden || link.Hidden || field.ReadOnlyField)
            isShown = false;
        if (isShown)
        {
            BaseFieldControl ctrl = field.FieldRenderingControl;
            ctrl.ControlMode = displayMode;
            if (displayMode != SPControlMode.Display)
            {
                ctrl.ID = field.InternalName;
                ctrl.ListId = field.ParentList.ID;
                ctrl.FieldName = field.InternalName;
                ctrl.RenderContext = SPContext.Current;
                ctrl.ItemContext = SPContext.Current;
                ctrl.EnableViewState = true;
                ctrl.Visible = true;
            }
            fields.Add(new Field()
            {
                Title = field.Title,
                InternalName = field.InternalName,
                Required = link.Required,
                BaseControl = ctrl
            });
        }
    }
    return fields;
}
```

Listing 11.14 Ermittlung der Feld-Objekte eines Inhaltstypen

Nachdem Sie die beiden Methoden bereitgestellt haben, mit denen Sie alle notwendigen Felder aus einer Liste oder einem Inhaltstyp ermitteln und vorbereiten, benötigen Sie noch eine Methode, mit der Sie diese Felder zur Ansicht aufbereiten.

Erstellen Sie dazu eine Methode, die die Felder in einer tabellarischen Ansicht zusammenfasst. Hier haben Sie auch die Möglichkeit, zu entscheiden, in wie vielen Spalten Sie die Felder anzeigen möchten.

```
public static Control RenderFieldsAsTable(List<Field> fields
    , int columns
    , SPControlMode displayMode)
{
```

```
Table table = new Table();
int colCount = 0;
TableRow currentRow = null;
foreach (Field field in fields)
{
    if(colCount == 0)
        currentRow = new TableRow();
    string reqString = "";
    if (field.Required && displayMode != SPControlMode.New)
        reqString =
            @"<span title=""Dies ist ein Pflichtfeld.""
                    class=""ms-accentText""> *</span>";
    TableCell labelCell = new TableCell();
    labelCell.CssClass = "ms-formlabel";
    labelCell.Attributes.Add("nowrap", "true");
    labelCell.Attributes.Add("valign", "top");
    labelCell.Controls.Add(new Literal()
    {
        Text = field.Title + reqString
    });
    currentRow.Controls.Add(labelCell);
    TableCell valueCell = new TableCell();
    valueCell.CssClass = "ms-formbody";
    valueCell.Attributes.Add("valign", "top");
    valueCell.Controls.Add(field.BaseControl);

    currentRow.Controls.Add(valueCell);
    colCount++;
    if (colCount == columns)
    {
        table.Controls.Add(currentRow);
        colCount = 0;
    }
}
// Letzte Zeile abschließen, falls unvollständig
if (colCount > 0)
{
    while (colCount < columns)
    {
        currentRow.Controls.Add(new TableCell());
        currentRow.Controls.Add(new TableCell());
        colCount++;
    }
```

```
        table.Controls.Add(currentRow);
    }
    return table;
}
```

Listing 11.15 Aufbau einer Tabelle zum Rendern der Felder

Abschließend stellen Sie eine Methode bereit, mit deren Hilfe Sie beim Auslesen der Werte ein Feld in der Tabelle wiederfinden.

```
public static Control FindControlRecursive(Control control
    , string strId)
{
    if (control.ID == strId)
        return control;
    if (control.FindControl(strId) != null)
        return control.FindControl(strId);
    foreach (Control cntr in control.Controls)
    {
        Control resControl = FindControlRecursive(cntr, strId);
        if (!(resControl == null))
            return resControl;
    }
    return null;
}
```

Listing 11.16 Methode zum Ermitteln von Controls

Nach Abschluss der `Helper`-Klasse können Sie die notwendigen Erweiterungen an den Dateien *TicketNewEdit.aspx* und der *TicketDisp.aspx* vornehmen. Fügen Sie im Markup der beiden Dateien im entsprechenden Tab für die Zusatzinformationen ein Panel hinzu, in dem Sie die Felder rendern.

```
<div id="tabs-2">
    <asp:Panel ID="pnlAdditionalFields" runat="server"></asp:Panel>
</div>
```

Im Codebehind der *TicketEditNew.aspx*-Datei fügen Sie eine Property mit dem Namen `Blacklist` ein, in der alle Felder aufgelistet werden, die nicht als Zusatzinformation gerendert werden sollen.

```
private List<string> Blacklist
{
    get
    {
```

```
        return new List<string>()
        {
            Constants.FieldInternalName.Ticketnumber,
            Constants.FieldInternalName.ContentType,
            Constants.FieldInternalName.Title,
            Constants.FieldInternalName.Subject,
            Constants.FieldInternalName.Customer,
            Constants.FieldInternalName.Priority,
            Constants.FieldInternalName.Problemdescription,
            Constants.FieldInternalName.Ticketstatus,
            Constants.FieldInternalName.AssignedTo,
            Constants.FieldInternalName.Accountingstatus,
            Constants.FieldInternalName.ContactPerson
        };
    }
}
```


Listing 11.17 Blacklist als Property

Am Ende der Methode `InitialzeControls` fügen Sie den Code hinzu, den Sie zum Ermitteln und Hinzufügen der zusätzlichen Felder benötigen. Für den Fall, dass keine Zusatzinformationen existieren, rendern Sie ein Skript auf die Seite, das den Tab im UI ausblendet.

```
SPControlMode mode = SPControlMode.Edit;
SPList currentList = null;
SPContentType ctype = null;
if (CurrentItem != null)
{
    currentList = CurrentItem.ParentList;
    ctype = CurrentItem.ContentType;
}
else
{
    mode = SPControlMode.New;
    currentList =
        CurrentWeb.GetList(SPUtility
            .ConcatUrls(CurrentWeb.Url, Constants.ListUrl.Tickets));
    SPContentTypeId ctypeIdBase =
        new SPContentTypeId(Constants.ContentTypeId.Ticket);
    SPContentTypeId ctypeId =
        currentList.ContentTypes.BestMatch(ctypeIdBase);
    ctype = currentList.ContentTypes[ctypeId];
}
```

```
List<Field> dynamicFields =
    BusinessLayer.UI.DynamicFields
    .Helper.GetFields(currentList
        , ctype
        , mode
        , Blacklist);
if (dynamicFields.Count > 0)
{
    pnlAdditionalFields.Controls
        .Add(BusinessLayer
            .UI.DynamicFields
            .Helper.RenderFieldsAsTable(dynamicFields
                , 1
                , SPControlMode.Edit));
}
else
{
    string hideScript = @"$fkr(document).ready(function() {
            $fkr(""[href = '#tabs-2']"").css(""display"", ""none"")
        });";
    Page.ClientScript.RegisterClientScriptBlock(Page.GetType()
        , "hideAdditionalFields"
        , hideScript
        , true);
}
```

Listing 11.18 Aufbau der dynamischen Anzeige

Speichern der dynamischen Daten

Zum Speichern der Zusatzinformationen fügen Sie in der Methode btnSave_click vor dem Update des neuen Ticketelements den entsprechenden Code hinzu, der die Werte der Zusatzinformationen in das Ticketelement übernimmt.

```
List<Field> dynamicFields =
    BusinessLayer.UI.DynamicFields
    .Helper.GetFields(CurrentItem.ParentList
        , CurrentItem.ContentType
        , SPControlMode.Edit
        , Blacklist);
if (dynamicFields.Count > 0)
{
    foreach (Field dynamicField in dynamicFields)
```

```
    {
        BaseFieldControl ctrl = (BaseFieldControl)BusinessLayer
            .UI.DynamicFields
            .Helper.FindControlRecursive(pnlAdditionalFields
                , dynamicField.BaseControl.ID);
        ticketItem[dynamicField.InternalName] = ctrl.Value;
    }
}
```

Listing 11.19 Speichern der Werte

Um die Pflichtfeldvalidierung für die Zusatzinformationen sicherzustellen, fügen Sie am Anfang der `bntSave_Click`-Methode den Code aus Listing 11.20 hinzu.

```
this.Page.Validate();
if (!this.Page.IsValid)
    return;
```

Listing 11.20 Formularvalidierung

Deployen Sie die Lösung auf Ihren SharePoint, und prüfen Sie, ob die dynamischen Felder erfolgreich im Formular angezeigt werden.

11.2.2 Formularmapping für Inhaltstypen

Wenn die Entwicklung der Formulare abgeschlossen ist, müssen Sie diese noch an die entsprechenden Objekte binden. Im Fall von TicketPoint möchten wir die Formulare zum Anzeigen, Erstellen und Bearbeiten von Tickets an den entsprechenden Inhaltstyp binden. Dadurch kann gewährleistet werden, dass alle Inhaltstypen vom Typ *Ticket* mit den selbsterstellten Formularen arbeiten. Um die Bindung aufzubauen, erstellen Sie in der `Constants`-Klasse im *BusinessLayer*-Projekt eine neue Subklasse mit dem Namen `PageUrl`. In dieser Klasse hinterlegen Sie alle URLs zu ApplicationPages als Konstanten.

```
public static class PageUrl
{
    public const string TicketNewEdit =
        "/_layouts/15/TicketPoint2016/TicketNewEdit.aspx";
    public const string TicketDisp =
        "/_layouts/15/TicketPoint2016/TicketDisp.aspx";
}
```

Listing 11.21 Konstanten für Formular-URLs

Im Anschluss fügen Sie dem *UILayer*-Feature im *UILayer*-Projekt einen EventReceiver hinzu. Den EventReceiver benötigen Sie, um nach der Aktivierung die Standardformulare der Inhaltstypen auf die mit diesem Feature bereitgestellten Formulare zu ändern.

In dem EventReceiver aktivieren Sie die Methode `FeatureActivated` und fügen den Code aus Listing 11.22 zum Binden der Inhaltstypformulare hinzu.

```
public override void FeatureActivated(SPFeatureReceiverProperties properties)
{
    try
    {
        SPWeb currentWeb = (SPWeb)properties.Feature.Parent;
        SPContentTypeId ctypeIdTicketBase =
            new SPContentTypeId(Constants.ContentTypeId.Ticket);
        SPContentTypeId ctypeIdTicket =
            currentWeb.AvailableContentTypes.BestMatch(ctypeIdTicketBase);
        SPContentType ctypeTicket = currentWeb.ContentTypes[ctypeIdTicket];
        ctypeTicket.NewFormUrl =
            Constants.PageUrl.TicketNewEdit.TrimStart('/');
        ctypeTicket.EditFormUrl =
            Constants.PageUrl.TicketNewEdit.TrimStart('/');
        ctypeTicket.DisplayFormUrl =
            Constants.PageUrl.TicketDisp.TrimStart('/');
        ctypeTicket.Update(true);
    }
    catch (Exception ex)
    {
        Logging.LogError(ex, Constants.LogCategory.UI);
    }
}
```

Listing 11.22 Formulare an Inhaltstypen binden

Wenn Sie nun das Feature aktivieren, werden die eigenen Formulare an den Ticket-Inhaltstyp gebunden. Jede SharePoint-Standardaktion verweist nun auf die anwendungsspezifischen Formulare.

Deployen Sie die Lösung auf Ihren SharePoint, und prüfen Sie, ob die Formulare erfolgreich mit den Inhaltstypen verknüpft wurden.

11.3 Umsetzung Use Cases

Selbstverständlich reicht die einfache Formularentwicklung nicht aus, um eine umfangreiche Anwendung zu programmieren. Sie müssen die Formulare noch mit der notwendigen Funktionalität ausstatten. Um dies zu ermöglichen, haben wir im Architekturdokument die entsprechenden Use Cases definiert. Anhand dieser Use Cases können Sie das Ribbon und die zugehörigen Funktionen unterschiedlichen Stellen der Anwendung zuordnen. Schauen Sie sich im Architekturdokument die Use Cases der Tickets an (Details siehe Abschnitt 2.5).

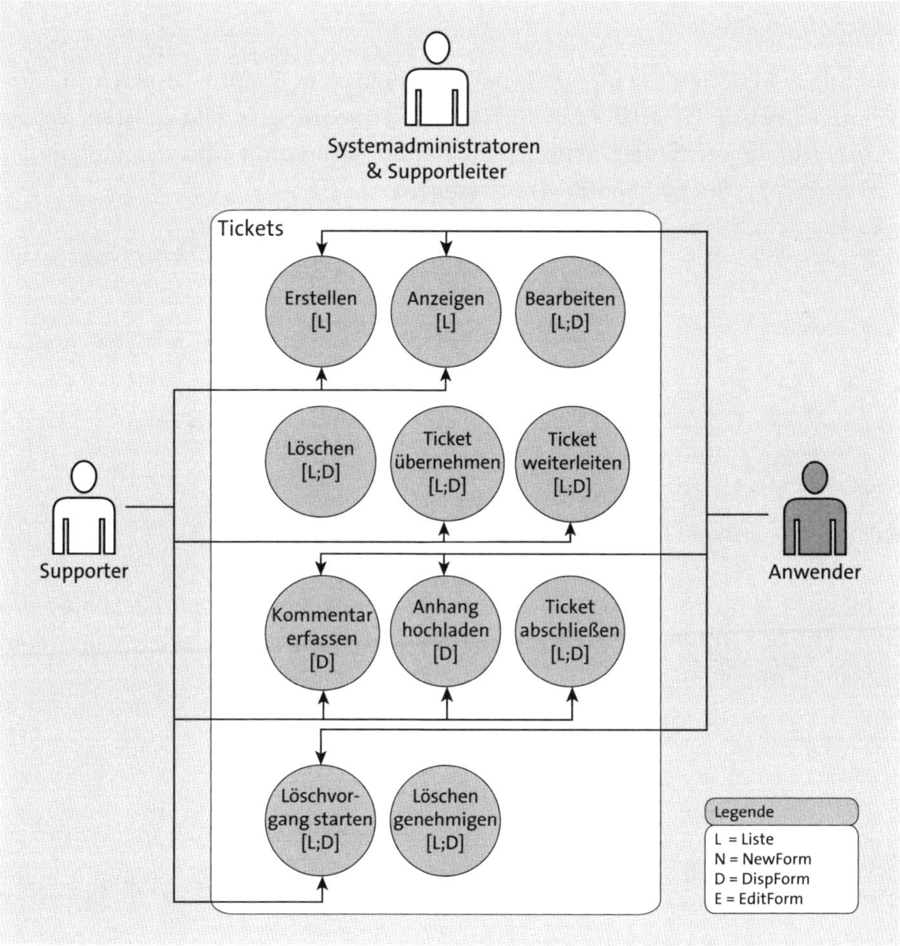

Abbildung 11.8 Use Cases der Tickets

Am Beispiel der *TicketDisp.aspx* erhalten Sie aus dem Schaubild die Information, dass das Ribbon des Formulars die folgenden Funktionen bereitstellen soll:

- Element bearbeiten
- Löschen
- Ticket übernehmen
- Ticket weiterleiten
- Kommentar erfassen
- Anhang hochladen
- Ticket abschließen
- Löschvorgang starten
- Löschen genehmigen

Dies sind die Aktionen, die innerhalb des Schaubilds mit »D« für »Displayformular« gekennzeichnet sind. Darüber hinaus lässt sich aus dem Schaubild ableiten, welche Benutzergruppe welche der Aktionen ausführen darf. Somit wird das Ribbon des Ticketformulars wie in Abbildung 11.9 aussehen.

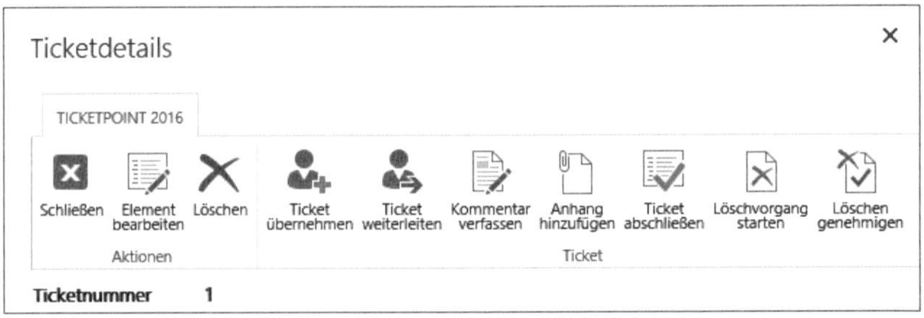

Abbildung 11.9 Ribbon »TicketDisp.aspx«

Um dieses Ribbon zum Formular hinzuzufügen, erstellen Sie im Codebehind der Datei *TicketDisp.aspx* eine Methode mit dem Namen `InitializeRibbon` und dem Inhalt aus Listing 11.23.

```
private void InitializeRibbon()
{
    bool canEdit = Globals.CurrentUserIsSupportleader();
    bool canAssume = Globals.CurrentUserIsSupporter()
        || Globals.CurrentUserIsSupportleader();

    List<Ribbon.Tab> tabs = new List<Ribbon.Tab>()
    {
        new Ribbon.Tab()
        {
            Title = Localization
                .GetString(Localization.Keys.ApplicationTitle),
```

```
Sequence = 10,
InitTab = true,
Groups = new List<Ribbon.Group>()
{
    new Ribbon.Group()
    {
        Title = Localization
            .GetString(Localization.Keys.TxtActions),
        GroupTemplate = Ribbon.Enumerations
            .GroupTemplate.OneRowLargeIcon,
        Sequence = 0,
        Buttons = new List<Ribbon.Button>()
        {
            new Ribbon.Button()
            {
                Title = Localization
                    .GetString(Localization.Keys.BtnClose),
                Sequence = 10,
                Image32 = "/_layouts/15/1031/images/formatmap32x32.png",
                Image32Left = -512,
                Image32Top = -512,
                ClickFunction = "cancelClick();",
                EnableFunction = "true;"
            },
            new Ribbon.Button()
            {
                Title = Localization
                    .GetString(Localization.Keys.BtnEdit),
                Sequence = 20,
                Image32 = "/_layouts/15/1031/images/formatmap32x32.png",
                Image32Left = -512,
                Image32Top = -342,
                ClickFunction = "editClick();",
                EnableFunction = (canEdit) ? "true;" : "false;"
            },
            new Ribbon.Button()
            {
                Title = Localization
                    .GetString(Localization.Keys.BtnDelete),
                Sequence = 30,
                Image32 = "/_layouts/15/1031/images/formatmap32x32.png",
                Image32Left = -512,
```

```
                Image32Top = -307,
                ClickFunction = "deleteClick();",
                EnableFunction = (canEdit) ? "true;" : "false;"
            }
        }
    },
    new Ribbon.Group()
    {
        Title = Localization
            .GetString(Localization.Keys.TxtTicket),
        GroupTemplate = Ribbon.Enumerations
            .GroupTemplate.OneRowLargeIcon,
        Sequence = 20,
        Buttons = new List<Ribbon.Button>()
        {
            new Ribbon.Button()
            {
                Title = Localization
                    .GetString(Localization.Keys.BtnAssumeTicket),
                Sequence = 10,
                Image32 = "/_layouts/15/1031/images/formatmap32x32.png",
                Image32Left = -308,
                Image32Top = -105,
                ClickFunction = "assumeClick();",
                EnableFunction = (canAssume) ? "true;" : "false;"
            },
            new Ribbon.Button()
            {
                Title = Localization
                    .GetString(Localization.Keys
                        .BtnForwardTicket),
                Sequence = 20,
                Image32 = "/_layouts/15/1031/images/formatmap32x32.png",
                Image32Left = -105,
                Image32Top = -445,
                ClickFunction = "forwardClick();",
                EnableFunction = (canAssume) ? "true;" : "false;"
            },
            new Ribbon.Button()
            {
                Title = Localization
```

```
        .GetString(Localization.Keys
            .BtnCreateComment),
    Sequence = 30,
    Image32 = "/_layouts/15/1031/images/formatmap32x32.png",
    Image32Left = -138,
    Image32Top = -172,
    ClickFunction = "createCommentClick();",
    EnableFunction = "true;"
},
new Ribbon.Button()
{
    Title = Localization
        .GetString(Localization.Keys
            .BtnAddAttachment),
    Sequence = 40,
    Image32 = "/_layouts/15/1031/images/formatmap32x32.png",
    Image32Left = -442,
    Image32Top = -204,
    ClickFunction = "addAttachmentClick();",
    EnableFunction = "true;"
},
new Ribbon.Button()
{
    Title = Localization
        .GetString(Localization.Keys.BtnCloseTicket),
    Sequence = 50,
    Image32 = "/_layouts/15/1031/images/formatmap32x32.png",
    Image32Left = -273,
    Image32Top = -71,
    ClickFunction = "closeTicketClick();",
    EnableFunction = (canAssume) ? "true;" : "false;"
},
new Ribbon.Button()
{
    Title = Localization
        .GetString(Localization.Keys
            .BtnStartDeletion),
    Sequence = 60,
    Image32 = "/_layouts/15/1031/images/formatmap32x32.png",
    Image32Left = 0,
    Image32Top = -35,
```

```
                                    ClickFunction = "startDeletionClick();",
                                    EnableFunction = (canAssume) ? "true;" : "false;"
                                },
                                new Ribbon.Button()
                                {
                                    Title = Localization
                                        .GetString(Localization.Keys
                                            .BtnApproveDeletion),
                                    Sequence = 70,
                                    Image32 = "/_layouts/15/1031/images/formatmap32x32.png",
                                    Image32Left = -35,
                                    Image32Top = -0,
                                    ClickFunction = "approveDeletionClick();",
                                    EnableFunction = (canEdit) ? "true;" : "false;"
                                }
                            }
                        }
                    }
                }
    };
    Ribbon.Helper.InitRibbon(Page, tabs, null);
}
```

Listing 11.23 Ribbon-Aufbau

Im Markup der Seite erstellen Sie danach die JavaScript-Methoden, die vom Ribbon aufgerufen werden. Fügen Sie die Methoden im Scriptblock am Beginn des `PlaceHolderMain` ein.

```
function closeClick() {
    document.getElementById('<%=btnClose.ClientID %>').click();
}
function editClick() {
    location.href = "<%=EditUrl %>";
}
function deleteClick() {
    if (confirm('<%=Localization
                    .GetString(Localization.Keys.MsgConfirmDelete)%>')) {
    }
}
function assumeClick() {
}
```

```
function forwardClick() {
}
function createCommentClick() {
}
function addAttachmentClick() {
}
function closeTicketClick() {
}
function startDeletionClick() {
}
function approveDeletionClick() {
}
```

Listing 11.24 JavaScript für Ribbon-Commands

Für einige Funktionen reicht die Verwendung von JavaScript aus. Sollte dies nicht der Fall sein, so können Sie einen Button am Ende der Seite einfügen, den Sie mithilfe des JavaScripts anklicken. Dies geschieht zum Beispiel bei der Schaltfläche zum Schließen der Seite. Wenn Sie einen Button benötigen, diesen aber außer im Ribbon nicht sichtbar auf der Seite anzeigen möchten, so können Sie ihn mit dem CSS-Attribut `visibility: false;` setzen. So steht der Button weiterhin für Ihr JavaScript zur Verfügung und kann darüber angeklickt werden.

Die Funktionalität, die hinter den jeweiligen Aktionen stecken soll, finden Sie im Architekturdokument im Abschnitt »Ablaufpläne« (siehe Abschnitt 2.5).

Schauen wir uns das einmal am Beispiel des Use Case *Kommentar hinzufügen* an. Erweitern Sie die JavaScript-Funktion zum Hinzufügen eines Kommentars im Markup der Datei *TicketDisp.aspx*, um den Dialog zur Kommentareingabe zu öffnen. Fügen Sie außerdem eine Callback-Funktion im JavaScript hinzu, die das Aktualisieren der Seite anstößt, sobald ein neuer Bearbeitungskommentar eingegeben wurde.

```
function createCommentClick() {
    openModalWithCallback("<%=Localization.GetString(Localization
            .Keys.TxtCreateComment)%>"
        , "<%=AddCommentUrl %>"
        , createCommentClickCallback);
}
function createCommentClickCallback(result, returnValue) {
    if (result == SP.UI.DialogResult.OK) {
        SP.UI.Status.removeAllStatus(true);
        AddStatusmessage('<%=Localization.GetString(Localization
                .Keys.MsgSuccess)%>'
            , '<%=Localization.GetString(Localization
                .Keys.MsgSuccessSaveComment)%>'
```

```
            , "green"
            , true);
    } else if (result == SP.UI.DialogResult.cancel) {
        SP.UI.Status.removeAllStatus(true);
    }
}
```

Listing 11.25 JavaScript zum Aufruf eines ModalDialog

Wenn Sie das Formular zur Kommentareingabe mit der im *BusinessLayer*-Projekt enthaltenen *UI-Helper*-Methode `CloseOrRedirect` beenden, können Sie im Nachgang die Rückgabeinformationen verarbeiten und entweder die Ticketdaten aktualisieren oder einfach auf der Ticketseite bleiben.

Laut Vorgabe im Architekturdokument sind nicht alle Use Cases in Formularen untergebracht. Einige Use Cases müssen auch im Listenribbon eingebunden werden. Als Einstiegspunkt für diese speziellen Ribbonelemente sollten Sie einen Additional Page-Header nutzen. Mithilfe eines neuen Page-Headers können Sie analysieren, ob sich der Benutzer aktuell auf einer Listenansicht befindet, und dann die Ribbonelemente laden. Fügen Sie dazu im *UILayer*-Projekt unter CONTROLTEMPLATES ein neues UserControl mit dem Namen *RibbonDelegate* hinzu.

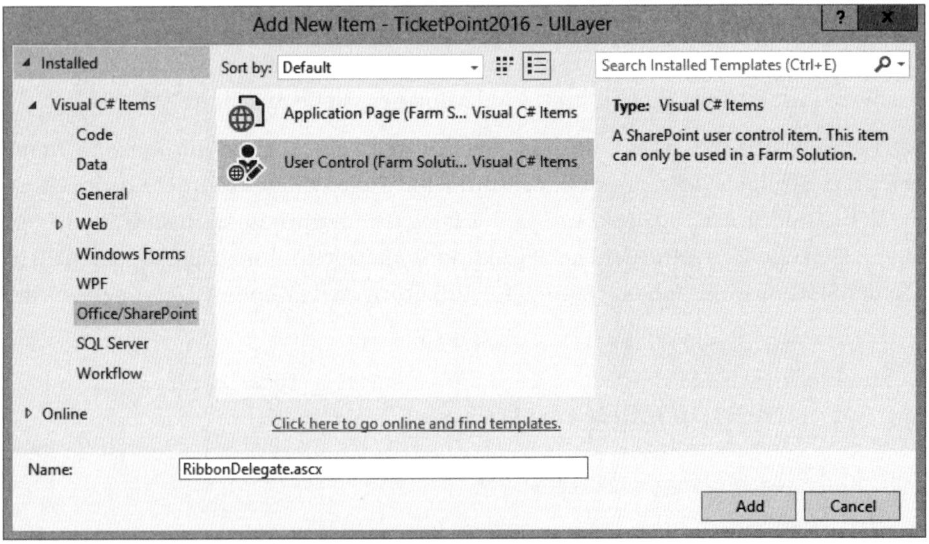

Abbildung 11.10 »RibbonDelegate.ascx« hinzufügen

Des Weiteren legen Sie unter CUSTOMACTIONS ein neues leeres SharePoint-Element mit dem Namen *RibbonDelegate* an.

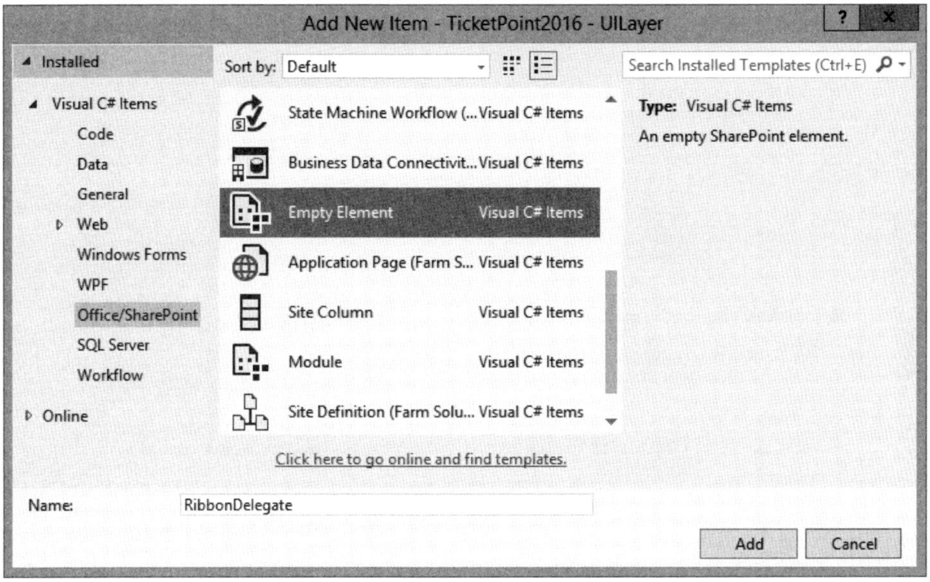

Abbildung 11.11 »RibbonDelegate«-CustomAction hinzufügen

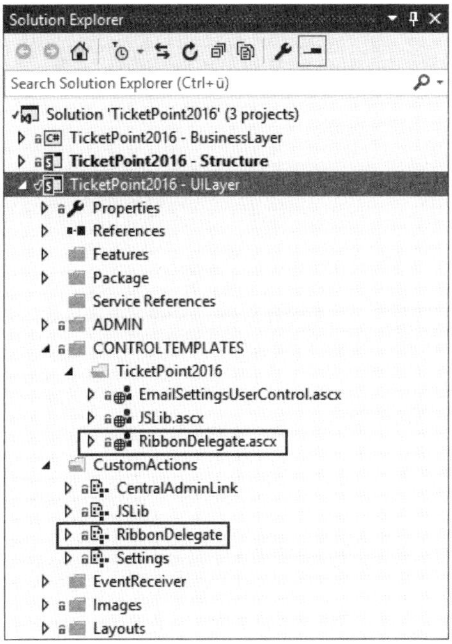

Abbildung 11.12 »RibbonDelegate«-Komponenten in der Projektstruktur

Nach dem Erstellen der Elemente fügen Sie die CustomAction zum Feature des *UILayer*-Projekts hinzu.

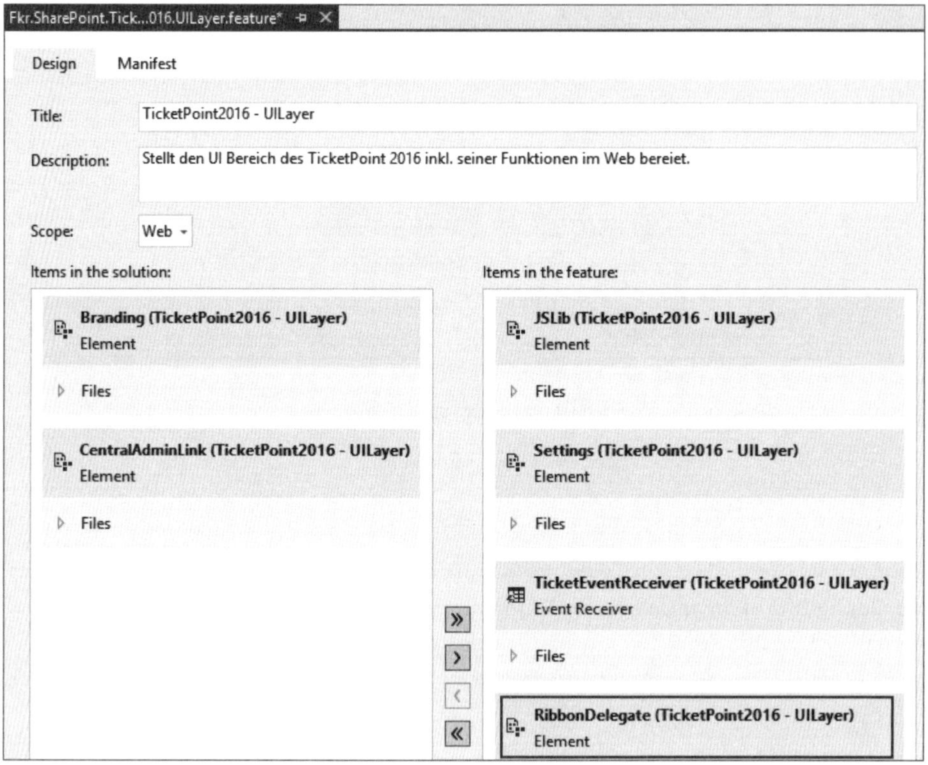

Abbildung 11.13 »RibbonDelegate« ins Feature aufnehmen

Im *Elements.xml* der CustomAction fügen Sie die notwendige Referenz zum User-Control hinzu:

```
<?xml version="1.0" encoding="utf-8"?>
<Elements xmlns="http://schemas.microsoft.com/sharepoint/">
   <Control Id="AdditionalPageHead"
         ControlSrc=
            "~/_controltemplates/15/TicketPoint2016/RibbonDelegate.ascx"
         Sequence="10" />
</Elements>
```

Listing 11.26 Einbinden des RibbonDelegate als AdditionalPageHeader

Im Markup des UserControls *RibbonDelegate.ascx* fügen Sie drei Literal-Controls hinzu, in der die notwendigen JavaScript-Funktionen des Ribbons hinzugefügt werden. Dies ist notwendig, weil während des PageLoads eines Additional Page-Headers keine Manipulation der Control-Auflistung möglich ist. Deshalb muss von Anfang an ein Control in der Auflistung existieren, in dem die entsprechenden JavaScript-Funktionen eingefügt werden können. Auf einer ApplicationPage ist dies nicht erforderlich.

```
<asp:Literal ID="litRibbonCss" runat="server"></asp:Literal>
<asp:Literal ID="litRibbonCommands" runat="server"></asp:Literal>
<asp:Literal ID="litRibbonEnableCommands" runat="server"></asp:Literal>
```

In der Page_Load-Methode im Codebehind des UserControls benötigen Sie eine Prüfung, ob der Benutzer sich aktuell im Kontext einer Liste befindet. Ist dies der Fall, prüfen Sie, in welcher Liste, um die entsprechenden Ribbonelemente zu ermitteln. Über diesen Weg können Sie mithilfe des Additional Page-Headers dafür sorgen, dass die gewünschten zusätzlichen Schaltflächen zur Steuerung der Liste bzw. Listenelemente in das Ribbon geladen werden.

```
protected void Page_Load(object sender, EventArgs e)
{
    try
    {
        if(SPContext.Current.List != null
            && SPContext.Current.ListItem == null)
        {
            List<Ribbon.Tab> tabs = null;
            // Ticketliste
            if (SPContext.Current.List.RootFolder.Url
                    .Equals(Constants.ListUrl.Tickets
                        , StringComparison.CurrentCultureIgnoreCase)
                && !Request.RawUrl.ToLower()
                    .Contains(Constants.PageUrl.TicketNewEdit.ToLower()))
            {
                tabs = GetTicketListRibbon();
            }
            if(tabs != null)
                Ribbon.Helper.InitRibbon(Page
                    , tabs
                    , null
                    , litRibbonCss
                    , litRibbonCommands
                    , litRibbonEnableCommands);
        }
    }
    catch(Exception ex)
    {
        Logging.LogError(ex, Constants.LogCategory.UI);
    }
}
```

Listing 11.27 Page_Load des UserControls

Des Weiteren stellen Sie eine Methode bereit, in der Sie die Ribbonelemente der Ticketliste definieren.

```
private List<Ribbon.Tab> GetTicketListRibbon()
{
    bool canEdit = Globals.CurrentUserIsSupportleader();
    bool canAssume = Globals.CurrentUserIsSupporter()
        || Globals.CurrentUserIsSupportleader();
    List<Ribbon.Tab> tabs = new List<Ribbon.Tab>()
    {
        new Ribbon.Tab()
        {
            Title = Localization.GetString(Localization
                .Keys.ApplicationTitle),
            Sequence = 10,
            InitTab = true,
            Groups = new List<Ribbon.Group>()
            {
                new Ribbon.Group()
                {
                    Title = Localization.GetString(Localization
                        .Keys.TxtTicket),
                    GroupTemplate = Ribbon.Enumerations
                        .GroupTemplate.OneRowLargeIcon,
                    Sequence = 20,
                    Buttons = new List<Ribbon.Button>()
                    {
                        new Ribbon.Button()
                        {
                            Title = Localization.GetString(Localization
                                .Keys.BtnAssumeTicket),
                            Sequence = 10,
                            Image32 = "/_layouts/15/1031/images/formatmap32x32.png",
                            Image32Left = -308,
                            Image32Top = -105,
                            ClickFunction = "lstAssumeClick();",
                            EnableFunction = (canAssume) ? "true;" : "false;"
                        },
                        new Ribbon.Button()
                        {
                            Title = Localization.GetString(Localization
                                .Keys.BtnForwardTicket),
                            Sequence = 20,
```

```
                Image32 = "/_layouts/15/1031/images/formatmap32x32.png",
                Image32Left = -105,
                Image32Top = -445,
                ClickFunction = "lstForwardClick();",
                EnableFunction = (canAssume) ? "true;" : "false;"
            },
            new Ribbon.Button()
            {
                Title = Localization.GetString(Localization
                    .Keys.BtnCloseTicket),
                Sequence = 50,
                Image32 = "/_layouts/15/1031/images/formatmap32x32.png",
                Image32Left = -273,
                Image32Top = -71,
                ClickFunction = "lstCloseTicketClick();",
                EnableFunction = (canAssume) ? "true;" : "false;"
            },
            new Ribbon.Button()
            {
                Title = Localization.GetString(Localization
                    .Keys.BtnStartDeletion),
                Sequence = 60,
                Image32 = "/_layouts/15/1031/images/formatmap32x32.png",
                Image32Left = 0,
                Image32Top = -35,
                ClickFunction = "lstStartDeletionClick();",
                EnableFunction = (canAssume) ? "true;" : "false;"
            },
            new Ribbon.Button()
            {
                Title = Localization.GetString(Localization
                    .Keys.BtnApproveDeletion),
                Sequence = 70,
                Image32 = "/_layouts/15/1031/images/formatmap32x32.png",
                Image32Left = -35,
                Image32Top = -0,
                ClickFunction = "lstApproveDeletionClick();",
                EnableFunction = (canEdit) ? "true;" : "false;"
            }
        }
    }
  }
}
```

```
    };
    return tabs;
}
```

Listing 11.28 Ribbon-Definition

Die JavaScript-Funktionen, die aus dem Listenribbon aufgerufen werden, sollten Sie mit einem Präfix versehen, damit Sie nicht versehentlich denselben Methodennamen innerhalb einer ApplicationPage verwenden. In TicketPoint haben wir den betroffenen Funktionen das Präfix `lst` vorangestellt.

Die aufgerufenen JavaScript-Funktionen für das Listenribbon können Sie mithilfe des UserControls *JSLib.ascx* global bereitstellen.

Deployen Sie die Lösung auf Ihren SharePoint, und prüfen Sie, ob die umgesetzten Use Cases korrekt angezeigt werden und ob Ihre Funktionalität gegeben ist.

Kapitel 12
Umsetzung EventReceiver

Erfahren Sie, welche Möglichkeiten Sie haben, auf unterschiedliche Events in SharePoint zu reagieren und sich diese in Ihrer Anwendung zunutze zu machen.

In diesem Kapitel setzen wir die EventReceiver von TicketPoint 2016 um. Zunächst ein paar allgemeine Hinweise zur Entwicklung von EventReceivern.

Wie Sie bereits im Planungsteil erfahren haben, gibt es synchrone EventReceiver, die ausgelöst werden, bevor die Aktion, z. B. das Ändern eines ListItems, vollständig durchgeführt wurde, und asynchrone EventReceiver, die ausgelöst werden, nachdem die Aktion vollständig ausgeführt wurde. Also z. B. nachdem die Daten, die am ListItem geändert wurden, in der Inhaltsdatenbank gespeichert wurden. Der Zugriff auf die Werte des Listitems unterscheidet sich dabei. Bei den asynchronen Events können Sie auf das `SPListItem`-Objekt über die `ListItem`-Property des `SPItemEventProperties`-Objekts zugreifen. Mit diesem Objekt können Sie verfahren wie mit jedem anderen `SPListItem`-Objekt, das Sie z. B. direkt aus einer Liste ausgelesen haben. Wenn Sie sich jedoch in einem synchronen Event befinden, können Sie dieses `ListItem`-Objekt nicht verwenden, um die aktuellen Werte auszulesen. Im `ItemAdding`-Event ist die `ListItem`-Property *null*. Im `ItemUpdating`-Event können Sie diese Property dazu verwenden, auf die Werte zuzugreifen, die vor dem Speichern in dem Item hinterlegt waren. Wenn Sie die aktuellen Werte bzw. die Werte, die gespeichert werden sollen, benötigen, müssen Sie über die `AfterProperties`-Property des `SPItemEventProperties`-Objekts darauf zugreifen. Dabei müssen Sie jedoch beachten, dass sich die Werte aus den Properties des `SPListItem` von den Werten aus den `AfterProperties` unterscheiden. Ein Beispiel, wie Sie dabei mit einer Lookup-Spalte verfahren können, finden Sie in diesem Kapitel, wenn wir die Methode `StatusChanged` beschreiben.

Änderungen am ListItem können Sie im synchronen EventReceiver direkt in den `AfterProperties` vornehmen. Hierzu ist kein Update des Objekts nötig. Wenn Sie Änderungen im asynchronen Event am ListItem vornehmen wollen, müssen Sie dies über das `SPListItem`-Objekt durchführen. Hier ist dann ein Update notwendig, damit die Änderungen übernommen werden.

Beachten Sie dabei, dass Sie durch das Update wiederum die EventReceiver triggern, die dann wieder das Update auslösen usw. Um dies zu verhindern, gibt es im Kontext eines EventReceivers die Property `EventFiringEnabled`, mit der Sie durch das Setzen auf `false` die Events abschalten, bis Sie durch das Setzen der Property auf `true` diese wieder aktivieren.

Beispiel:

```
this.EventFiringEnabled = false;
//Code, der ein Update auslöst
this.EventFiringEnabled = true;
```

[»]

Hinweis

Setzen Sie diese Möglichkeit sparsam ein, und prüfen Sie genau, ob dadurch nicht unerwünschte Nebeneffekte auftreten. Durch das Abschalten der Events werden alle Events, die im aktuellen Thread ausgeführt werden, für die Laufzeit des Threads deaktiviert. Das heißt, dass auch Standard-SharePoint-EventReceiver nicht ausgeführt werden.

Diese Probleme werden meist erst im späteren Projektverlauf erkannt. Wenn Sie z. B. eine Taxonomy-Spalte verwenden, werden durch die Standard-SharePoint-Event-Receiver versteckte Spaltenwerte gesetzt, die für die Indexierung der Inhalte durch die SharePoint-Suche zwingend erforderlich sind. Das Nichtsetzen dieser Spalte hat zur Folge, dass die ListItems nicht vollständig indiziert werden.

Der Zugriff auf Objekte aus dem SharePoint-Kontext ist in einem EventReceiver nicht möglich, so wird z. B. durch `SPContext.Current.Web` eine NullReferenceException ausgelöst. Um Zugriff auf die Objekte zu erhalten, verwenden Sie die `SPItemEventProperties`. Dieses Objekt enthält z. B. auch das aktuelle `SPWeb`-Objekt.

Bevor wir mit der eigentlichen Programmierung des EventReceivers beginnen, noch ein Hinweis zum Debuggen von EventReceivern: Genau wie beim Debuggen von Formularen hängen Sie sich an den w3wp-Prozess.

12.1 Benutzerbenachrichtigungen

Kommen wir nun zum EventReceiver, der zum Versenden der Benutzerbenachrichtigungen verwendet wird. Zuerst erstellen Sie den EventReceiver im *UILayer*-Projekt im Ordner EVENTRECEIVER.

Klicken Sie dazu im Kontextmenü auf ADD NEW ITEM, und wählen Sie im Anschluss unter OFFICE/SHAREPOINT EVENTRECEIVER aus. Geben Sie als Namen »TicketEvent-Receiver« ein.

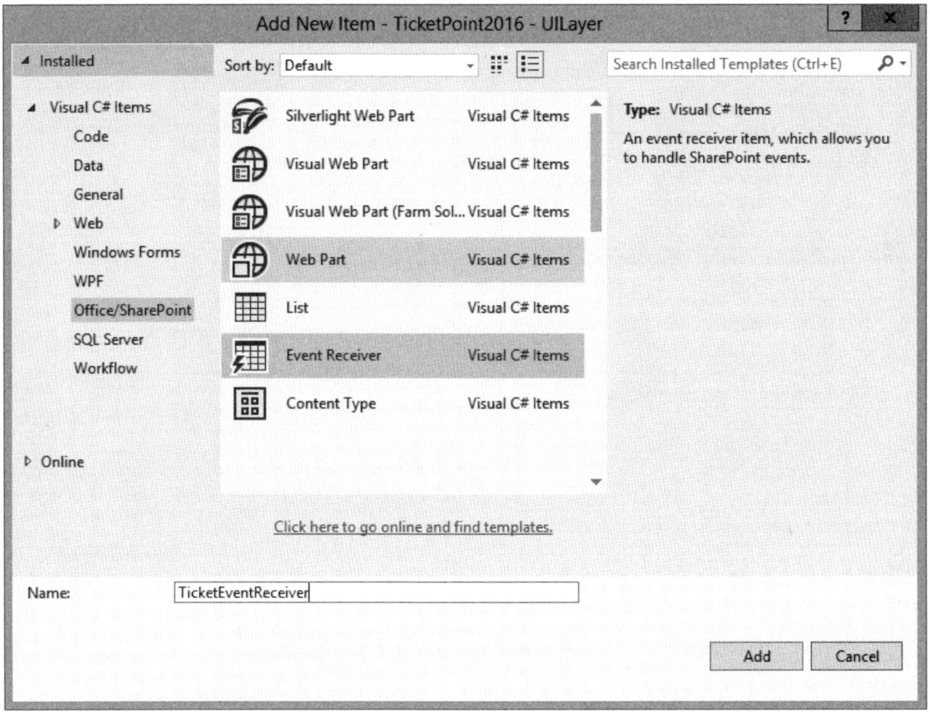

Abbildung 12.1 »Add New Item«-EventReceiver

Im nächsten Schritt des Wizards wählen Sie LIST ITEM EVENTS als Typ aus, da Sie einen EventReceiver für die Ticketliste erstellen wollen. Als Eventquelle wählen Sie CUSTOM LIST aus. Das hat zur Folge, dass der EventReceiver mit dem automatisch generierten XML an jede benutzerdefinierte Liste gehängt wird. Das passen wir später an, um die Events auf die Ticketliste zu beschränken.

Als zu behandelnde Events wählen Sie AN ITEM IS BEING UPDATED und AN ITEM WAS ADDED aus. Wir verwenden hier das `ItemAdded`-Event, da im `ItemAdding`-Event noch kein ListItem erstellt wurde und somit die `ListItemId` nicht feststeht. Diese benötigen wir jedoch für den Platzhalter `TicketLink`.

Das `ItemUpdating`-Event verwenden wir, um die Möglichkeit zu haben, über die `AfterProperties` zu prüfen, ob sich der Ticketstatus geändert hat. Das ist erforderlich, da wir nur bei einer Änderung des Ticketstatus eine E-Mail versenden wollen.

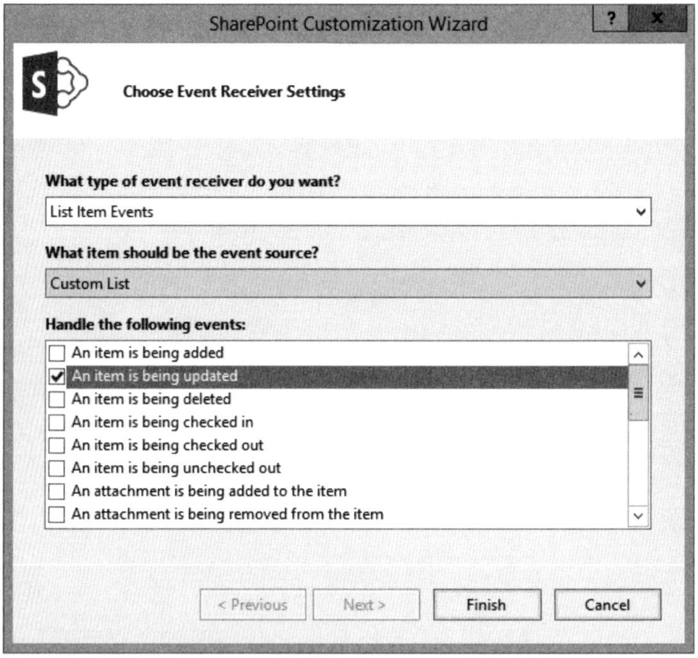

Abbildung 12.2 »ItemAdded«-Event auswählen

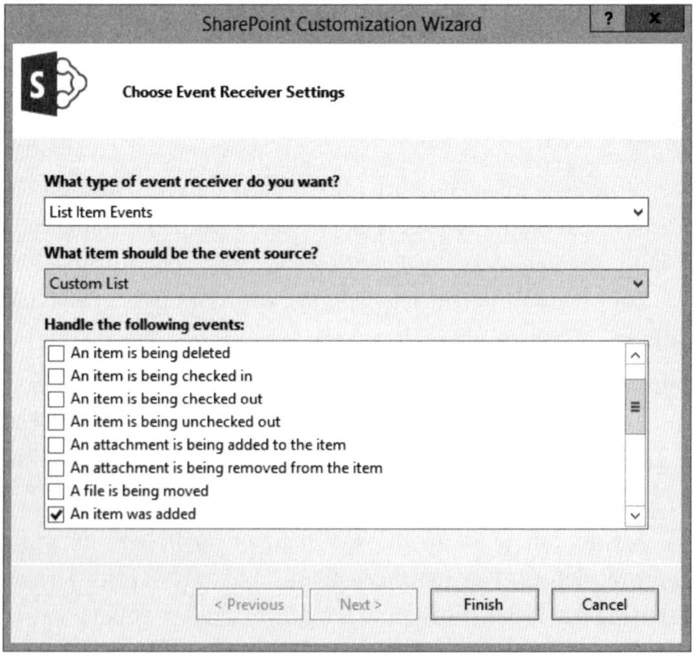

Abbildung 12.3 »ItemUpdating«-Event auswählen

Nach dem Klick auf den FINISH-Button wird dann eine Klasse mit zwei Methoden erstellt, die auf die beiden ausgewählten Events reagiert. Zusätzlich wird automatisch eine XML-Datei generiert, die die Events automatisch an die im Wizard ausgewählte Eventquelle hängt.

Abbildung 12.4 »TicketEventReceiver« in der Projektstruktur

Das XML zum Hinzufügen der EventReceiver an die Quellen sehen Sie in Listing 12.1:

```
<Receivers ListUrl="Lists/tickets">
    <Receiver>
        <Name>TicketEventReceiverItemUpdating</Name>
        <Type>ItemUpdating</Type>
         <Assembly>$SharePoint.Project.AssemblyFullName$</Assembly>
           <Class>
           Fkr.SharePoint.TicketPoint2016.UILayer.TicketEventReceiver
        </Class>
        <SequenceNumber>10000</SequenceNumber>
    </Receiver>
        <Receiver>
        <Name>TicketEventReceiverItemAdded</Name>
           <Type>ItemAdded</Type>
        <Assembly>$SharePoint.Project.AssemblyFullName$</Assembly>
        <Class>
           Fkr.SharePoint.TicketPoint2016.UILayer.TicketEventReceiver
        </Class>
```

```
    <SequenceNumber>10000</SequenceNumber>
  </Receiver>
</Receivers>
```

Listing 12.1 EventReceiver anhängen

Schauen wir uns den XML-Code einmal genauer an:

```
<Receivers ListUrl="Lists/tickets">
```

Dies ist die einzige Stelle, an der Sie eine Anpassung durchführen müssen. Im automatisch generierten XML stand hier vorher `ListTemplateId="100"`, was zur Folge hat, dass der EventReceiver an alle Listen vom Typ *Benutzerdefinierte Liste* gehangen wird. Da Sie den EventReceiver ausschließlich an der Ticketliste benötigen, schränken Sie die Listen über das `ListUrl`-Attribut auf die Ticketliste ein.

```
<Name>TicketEventReceiverItemUpdating</Name>
```

Sie können einen beliebigen Namen eintragen. Dieser Name ist später in der Oberfläche nicht sichtbar. Sie sollten aber grundsätzlich einen beschreibenden Namen verwenden, um bei mehreren EventReceivern den Überblick zu behalten.

```
<Type>ItemUpdating</Type>
```

Bei `Type` tragen Sie den Typ des Events ein. Der Typname ist identisch mit dem Methodennamen in der Eventklasse.

```
<Assembly>$SharePoint.Project.AssemblyFullName$</Assembly>
<Class>
  Fkr.SharePoint.TicketPoint2016.UILayer.TicketEventReceiver
</Class>
```

Über `Assembly` und `Class` definieren Sie die Assembly und die Klasse, in der sich die Methoden für die Eventbehandlung befinden.

```
<SequenceNumber>10000</SequenceNumber>
```

Mit der `SequenceNumber` können Sie die Eventreihenfolge, wenn mehrere Events an einer Liste hängen, beeinflussen. Je größer die `SequenceNumber`, desto später wird das Event ausgeführt.

Nun fügen Sie den EventReceiver zum Feature im *UILayer* hinzu. Wenn Sie diesen Schritt auslassen, werden die EventReceiver nicht bei der Ticketliste registriert und somit nicht ausgeführt.

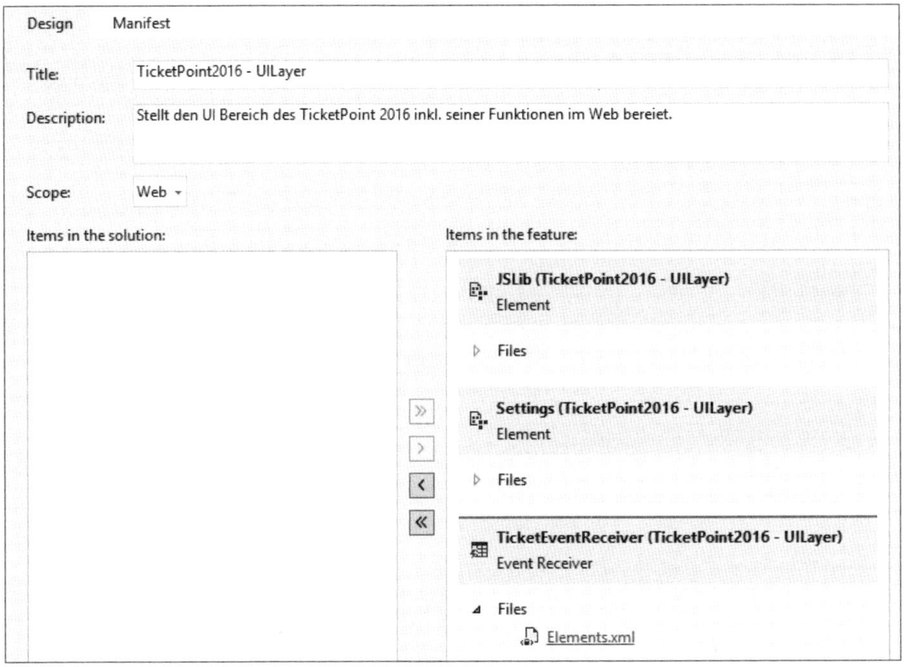

Abbildung 12.5 Feature mit »TicketEventReceiver«

Um zu prüfen, ob die EventReceiver korrekt hinzugefügt wurden, können Sie z. B. den SharePoint Manager verwenden. Navigieren Sie dazu im SharePoint Manager zur Ticketliste, und öffnen Sie den Punkt EVENTRECEIVERS.

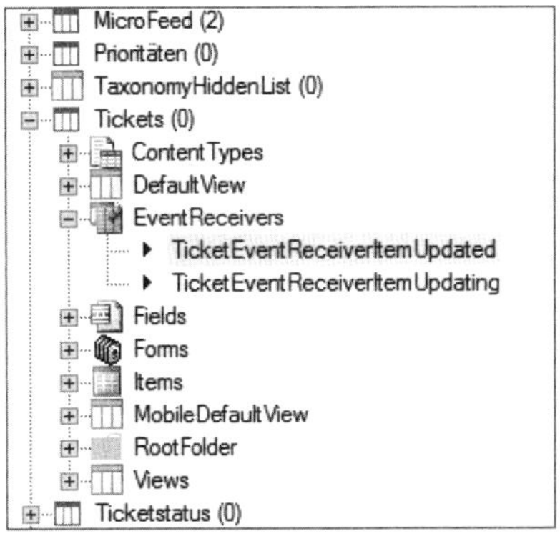

Abbildung 12.6 SharePoint Manager – Events der Ticketliste

Wie im Planungsteil dieses Buches bereits angekündigt, schauen wir uns die Möglichkeit, EventReceiver über Code anzuhängen, ebenfalls an. Öffnen Sie dazu die *List.cs*-Klassendatei im *Structure*-Projekt, und ergänzen Sie Methode aus Listing 12.2:

```
public static void EnsureEventReceiver(
    SPList list,
    IEnumerable<SPEventReceiverType> eventReceiverTypes,
    Type type,
    SPEventReceiverSynchronization synchronization,
    int sequenceNumber,
    string className)
{
    foreach (SPEventReceiverType eventReceiverType in eventReceiverTypes)
    {
        string name = string.Concat(className, eventReceiverType.ToString());
         if (list.EventReceivers.Cast<SPEventReceiverDefinition>().All(
            i => i.Name != name))
        {
            SPEventReceiverDefinition eventReceiverDefinition =
                list.EventReceivers.Add();
                eventReceiverDefinition.Name = name;
                eventReceiverDefinition.Type = eventReceiverType;
                eventReceiverDefinition.Assembly = type.Assembly.FullName;
                eventReceiverDefinition.Class = type.FullName;
                eventReceiverDefinition.SequenceNumber = sequenceNumber;
                eventReceiverDefinition.Synchronization = synchronization;
                eventReceiverDefinition.Update();
        }
    }
}
```

Listing 12.2 Methode zum sicheren Anhängen eines EventReceivers

Die Methode prüft für jeden der übergebenen EventReceiver-Typen, ob er bereits der Liste zugeordnet wurde, und fügt ihn hinzu, wenn er noch nicht existiert. Dieser Schritt verhindert, dass ein EventReceiver mehrfach der Liste hinzugefügt wird. Die einzelnen Properties sind die gleichen wie bei der Definition über XML.

Ersetzen Sie die `ItemAdded`-Methode im EventReceiver durch die Methode, die Sie in Listing 12.3 finden.

```
public override void ItemAdded(SPItemEventProperties properties)
{
    try
    {
         CheckAndSendMail(properties);
    }
    catch (Exception ex)
```

```
    {
        Logging.LogError(ex, Constants.LogCategory.EventReceiver);
    }
    base.ItemAdded(properties);
}
```

Listing 12.3 »ItemAdded-Event«

Im `ItemAdding`-Event wird die Methode `CheckAndSendMail` aufgerufen, in der sich die komplette Logik des EventReceivers befindet. Im Anschluss wird lediglich noch die `base`-Methode aufgerufen.

Ersetzen Sie die `ItemUpdating`-Methode durch die Methode aus Listing 12.4:

```
public override void ItemUpdating(SPItemEventProperties properties)
{
    try
    {
        //Status geändert?
        if (StatusChanged(properties))
        {
            CheckAndSendMail(properties);
        }
    }
    catch (Exception ex)
    {
        Logging.LogError(ex, Constants.LogCategory.EventReceiver);
    }
    base.ItemUpdating(properties);
}
```

Listing 12.4 »ItemUpdating-Event«

Auch hier wird die `CheckAndSendMail`-Methode und im Anschluss die `base`-Methode des Events aufgerufen. Der Unterschied ist an dieser Stelle, dass vorher mit der `StatusChanged`-Methode geprüft wird, ob sich der Ticketstatus geändert hat. Eine Anforderung an das Versenden der Benachrichtigungen ist, dass nur dann eine E-Mail gesendet werden soll, wenn sich der Status geändert hat. Schauen wir uns einmal die `StatusChanged`-Methode genauer an.

```
private bool StatusChanged(SPItemEventProperties properties)
{
    string currentValue = GetValue(properties,
        Constants.FieldInternalName.Ticketstatus) as string;
    string beforeValue = properties.ListItem[
```

```
        Constants.FieldInternalName.Ticketstatus] as string;
    return new SPFieldLookupValue(currentValue).LookupId
        != new SPFieldLookupValue(beforeValue).LookupId;
}
```

Listing 12.5 StatusChanged-Methode

Der aktuelle Wert – genauer genommen der zukünftige, da das Update noch nicht vollständig abgeschlossen ist – wird mithilfe der `GetValue`-Methode aus den `AfterProperties` der `SPItemEventProperties` ausgelesen. Den vorherigen Wert der Ticketstatusspalte erhalten wir durch Zugriff auf die `ListItem`-Property. In ihr befindet sich das `SPListItem`-Objekt mit dem Stand der Werten, bevor der Update-Prozess gestartet wurde. Diese beiden Werte können nicht über String-Operationen verglichen werden, da sich im vorherigen Wert ein `LookupValue`-String befindet, in den `AfterProperties` allerdings nur die ID des ausgewählten Elements.

Beispiel:

```
currentValue = "3"
beforeValue = "3;#abgeschlossen"
```

Durch das Erzeugen von `SPFieldLookupValue`-Objekten können diese beiden Werte einfach verglichen werden.

Die `GetValue`-Methode liefert den Wert der Spalte je nach Eventtyp aus den `AfterProperties` oder aus dem `ListItem`.

```
private object GetValue(SPItemEventProperties prop, string internalName)
{
    switch (prop.EventType)
    {
        case SPEventReceiverType.ItemAdding:
        return prop.AfterProperties[internalName];
        case SPEventReceiverType.ItemAdded:
        return prop.ListItem[internalName];
        case SPEventReceiverType.ItemUpdating:
        return prop.AfterProperties[internalName];
        case SPEventReceiverType.ItemUpdated:
        return prop.ListItem[internalName];
        default:
        throw new Exception("Der Event Typ wird nicht unterstützt.");
    }
}
```

Listing 12.6 Wertermittlung

Um zu prüfen, ob für den jeweiligen Ticketstatus eine E-Mail gesendet werden soll, ergänzen Sie die Methode aus Listing 12.7. Die Methode prüft für den übergebenen Ticketstatus im Settings-Objekt, ob die E-Mail-Benachrichtigung aktiv ist oder nicht.

```
private bool CheckStatus(int statusId, Settings settings)
{
    if (statusId == settings.StatusNew && settings.StatusMailNew)
        return true;
    else if (statusId == settings.StatusAssumed &&
            settings.StatusMailAssumed)
        return true;
    else if (statusId == settings.StatusCanceled &&
            settings.StatusMailCanceled)
        return true;
    else if (statusId == settings.StatusFinished &&
            settings.StatusMailFinished)
        return true;
    else
        return false;
}
```

Listing 12.7 Statusprüfung

Die Überprüfung, ob für einen bestimmten Supporter eine E-Mail gesendet werden soll, lagern wir in eine zusätzliche Methode aus:

```
private bool CheckSupporter(SPUser supporter)
{
    bool result = true;
    SPList list = Globals.GetList(supporter.ParentWeb,
        Constants.ListUrl.ConfigSupporter);
    SPQuery query = new SPQuery();
    query.Query = "<Where><Eq>" +
        $"<FieldRef Name = '{Constants.FieldInternalName.Supporter}'" +
        "LookupId = 'True'/>"+
        $"<Value Type = 'User'>{supporter.ID}</Value>"+
        "</Eq></Where>";
    query.ViewFields = $"<FieldRef Name =
        '{Constants.FieldInternalName.InfoMailActive}' />";
    query.ViewFieldsOnly = true;
    SPListItemCollection items = list.GetItems(query);
    if (items.Count == 1)
    {
        bool? mailActive =
            items[0][Constants.FieldInternalName.InfoMailActive] as bool?;
```

```
            if (mailActive.HasValue)
                result = mailActive.Value;
        }
        return result;
    }
```

Listing 12.8 Prüfung, ob der aktuelle Benutzer »Supporter« ist

Die Methode fragt die Supporterkonfigurationsliste ab. Durch die Option `LookupId='True'` erfolgt die Suche über die ID des Benutzers. Um die Datenmengen möglichst gering zu halten, schränken wir die Spalten der Ergebnismenge durch das Setzen der `ViewFields` und der Option `ViewFieldsOnly` ein. Wenn für den Supporter ein Eintrag gefunden wurde, wird die Spalte *Informationsemail aktiv* ausgewertet, ansonsten wird direkt `true` zurückgeliefert. Das bedeutet, wenn für einen Supporter keine Konfiguration hinterlegt wurde, wird eine E-Mail gesendet.

Denselben Schritt führen Sie mit der Methode `CheckCustomer` für die Kunden durch:

```
private bool CheckCustomer(SPListItem customer)
{
    bool result = true;
    SPList list = Globals.GetList(customer.Web,
        Constants.ListUrl.ConfigCustomer);
    SPQuery query = new SPQuery();
    query.Query = "<Where><Eq>" +
        $"<FieldRef Name = '{Constants.FieldInternalName.Customer}'" +
        $"LookupId = 'True'/>" +
        $"<Value Type = 'Lookup'>{customer.ID}</Value>" +
        "</Eq></Where>";
    query.ViewFields = "<FieldRef Name = " +
        $"'{Constants.FieldInternalName.InfoMailActive}' />";
    query.ViewFieldsOnly = true;
    SPListItemCollection items = list.GetItems(query);
    if (items.Count == 1)
    {
        bool? mailActive =
            items[0][Constants.FieldInternalName.InfoMailActive] as bool?;
        if (mailActive.HasValue)
            result = mailActive.Value;
    }
    return result;
}
```

Listing 12.9 Prüfung, ob der aktuelle Benutzer »Kunde« ist

Die Methode fragt die Kundenkonfigurationsliste ab. Durch die Option `LookupId='True'` erfolgt die Suche über die `ListItemId` des Kunden. Wenn für den Kunden ein Eintrag gefunden wurde, wird die Spalte *Informationsemail aktiv* ausgewertet, ansonsten wird `true` zurückgeliefert. Das bedeutet, wenn für einen Kunden keine Konfiguration hinterlegt wurde, wird eine E-Mail gesendet.

Bei neu erstellten Tickets sollen alle Supporter per E-Mail benachrichtigt werden. Alle Supporter befinden sich in der Gruppe *Supporter*. Wir greifen auf diese Gruppe zu und prüfen je Benutzer, ob in der Konfigurationsliste die E-Mail-Benachrichtigungen für den jeweiligen Supporter abgeschaltet wurden. Nur wenn für den Supporter die E-Mail-Benachrichtigungen aktiv sind und eine E-Mail-Adresse hinterlegt wurde, wird diese E-Mail-Adresse zur Ergebnismenge hinzugefügt.

```
private string GetSupporterMailAddresses(SPWeb web)
{
    SPGroup group = web.SiteGroups[Localization.GetString(
        Localization.Keys.TxtSupporter)];
    string result = "";
    foreach (SPUser user in group.Users)
    {
        if (CheckSupporter(user)
                && !string.IsNullOrWhiteSpace(user.Email))
        {
            if (!string.IsNullOrWhiteSpace(result))
                result += ",";
            result += user.Email;
        }
    }
    return result;
}
```

Listing 12.10 Ermittlung der E-Mail-Adresse des Supporters

Sie benötigen noch eine Methode, die aus dem Lookup-Wert für den Kunden das Kunden-Item aus der Kundenliste ausliest. Ergänzen Sie die Methode aus Listing 12.11.

```
private SPListItem GetCustomer(SPWeb web, string lookupValue)
{
    if (!string.IsNullOrWhiteSpace(lookupValue))
    {
        SPList customerList = Globals.GetList(web,
            Constants.ListUrl.Customer);
            SPFieldLookupValue lv = new SPFieldLookupValue(lookupValue);
        return customerList.GetItemById(lv.LookupId);
```

```
    }
    else
        return null;
}
```

Listing 12.11 Ermittlung des Kunden

Kommen wir nun zur Methode CheckAndSendMail.

```
private void CheckAndSendMail(SPItemEventProperties properties)
{
    Settings settings = new Settings(properties.Web);
    string address = "";
    string subject = "";
    string body = "";
    bool sendMail = false;
    //Status
    int statusId = 0;
    object statusValue = GetValue(properties,
        Constants.FieldInternalName.Ticketstatus);
    if (statusValue != null)
    {
        SPFieldLookupValue lv = new
            SPFieldLookupValue(statusValue.ToString());
        statusId = lv.LookupId;
    }
    //Prüfen, ob für den Status E-Mails aktiv sind
    if (CheckStatus(statusId, settings))
    {
        //Supporter werden bei neuen Tickets informiert,
        //Kunde bei allen anderen Ticketstatusänderungen
        if (statusId == settings.StatusNew)
        {
            subject = settings.SupporterMailSubject;
            body = settings.SupporterMailBody;
            address = GetSupporterMailAddresses(properties.Web);
            sendMail = !string.IsNullOrWhiteSpace(address);
        }
        else
        {
            subject = settings.CustomerMailSubject;
            body = settings.CustomerMailBody;
            SPListItem customer = GetCustomer(properties.Web,
                GetValue(properties,
                   Constants.FieldInternalName.Customer).ToString());
            sendMail = CheckCustomer(customer);
```

```
            address = customer[Constants.FieldInternalName.MailAddress]
                as string;
        }
        if (sendMail)
        {
            subject = Email.ReplacePlaceholder(subject, properties);
            body = Email.ReplacePlaceholder(body, properties);
            Email.SendMail(properties.Web, address, subject, body);
        }
    }
}
```

Listing 12.12 Versenden der E-Mail

In der Methode wird mithilfe der vorher erstellten Methoden geprüft, ob die Benutzerbenachrichtigungen aktiv sind. Dann wird geprüft, ob für den aktuellen Status E-Mails gesendet werden sollen. Im Anschluss liest die Methode die konfigurierten Texte aus und prüft, ob für den jeweiligen Kunden bzw. Supporter diese E-Mail gesendet werden soll. Zum Schluss ersetzt sie, wenn die E-Mail gesendet werden soll, die Platzhalter und sendet die E-Mail.

12.2 E-Mail-Versand

Für den E-Mail-Versand und das Ersetzen der Platzhalter benötigen wir noch weitere Funktionen. Für diese Methoden erstellen Sie die Klasse `Email` im *BusinessLayer*-Projekt. Wir berücksichtigen bei der Entwicklung direkt, dass wir diese Klasse auch später bei den TimerJobs für den E-Mail-Versand nutzen möchten.

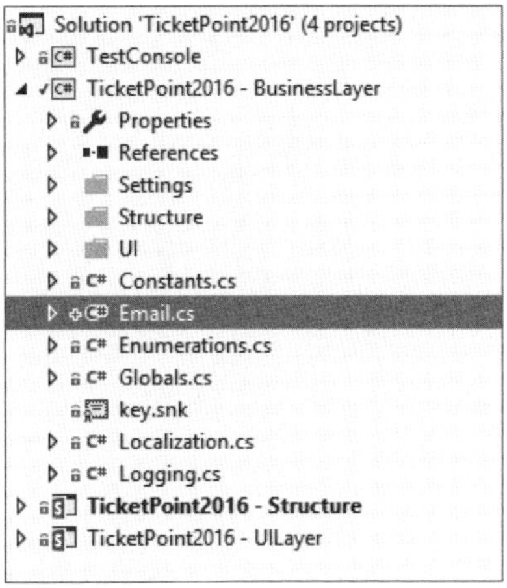

Abbildung 12.7 »Email«-Klasse

Zuerst erstellen Sie eine Enumeration, um alle möglichen Platzhalter festzulegen, die dann automatisch ersetzt werden sollen. Wie Sie sehen, erstellen wir auch direkt die Platzhalter für die TimerJobs, z. B. CountPendingTickets.

```
public enum Placeholder
{
    [Description("Ticketnummer")]
    TicketNumber,
    [Description("Betreff")]
    Subject,
    [Description("Problembeschreibung")]
    Problemdescription,
    [Description("Ansprechpartner")]
    ContactPerson,
    [Description("Kundenname")]
    Customer,
    [Description("E-Mail-Adresse des Kunden")]
    CustomerEmail,
    [Description("Priorität")]
    Priority,
    [Description("Ticketstatus")]
    Ticketstatus,
    [Description("Erstellt am")]
    Created,
    [Description("Zuletzt geändert am")]
    Modified,
    [Description("Link zum Ticket")]
    TicketLink,
    [Description("Aktuelles Datum")]
    CurrentDate,
    [Description("Anzahl der anstehenden Tickets")]
    CountPendingTickets,
    [Description("Anzahl der bearbeiteten Tickets der letzten Woche")]
    CountProcessedTickets,
    [Description("Anzahl der abgeschlossenen Tickets der letzten Woche")]
    CountClosedTickets,
    [Description("Anzahl der erstellten Tickets der letzten Woche")]
    CountCreatedTickets
}
```

Listing 12.13 Platzhalterdefinition

Um die Platzhalter in einem Text zu ersetzen, fügen Sie die Methode aus Listing 12.14 ein.

```
public static string ReplacePlaceholder(string text, object data,
    Dictionary<string, string> values = null)
{
    Regex regex = new Regex(@"\[\[[a-z A-Z]*]]");
    MatchCollection matchCol = regex.Matches(text);
    foreach (Match match in matchCol)
    {
        string placeholder = match.Value.Replace("[[", "").Replace("]]", "");
           text = text.Replace(match.Value,
           GetPlaceholderValue(placeholder, data, values));
    }
    return text;
}
```

Listing 12.14 Hilfsmethode zum Austauschen der Platzhalter im Text

Die Methode erwartet den Text, in dem die Platzhalter ersetzt werden sollen, ein Datenobjekt und ein Dictionary mit zusätzlichen Daten. Das Datenobjekt ist allgemein gehalten, damit wir diese Methode aus dem EventReceiver mit `SPListItemEventProperties` und aus dem TimerJob mit dem `SPListItem`-Objekt aufrufen können. Die folgenden Methoden werden ebenfalls, soweit möglich, mit dem allgemeinen Objekt arbeiten. Das Dictionary wird später zusätzliche Daten enthalten, die nicht im ListItem enthalten sind, zum Beispiel die Anzahl aller offenen Tickets. Um alle Platzhalter zu ersetzen, suchen wir sie über einen Regex-Ausdruck und tauschen sie im Anschluss aus. Mit dem Regex-Ausdruck `\[\[[a-z A-Z]*]]` suchen wir in dem übergebenen Text die Platzhalter in eckigen Klammern. Erstellen Sie die Methode `GetPlaceholderValue`, die den Text für den Platzhalter ermittelt.

```
private static string GetPlaceholderValue(string placeholder, object data,
    Dictionary<string, string> values)
{
    string result = "";
    return result;
}
```

Listing 12.15 Hilfsmethode zum Ermitteln der Platzhalterwerte

Um die Platzhalter zu ersetzen, die aus den Daten des ListItems ausgelesen werden, fügen Sie die Codezeilen aus Listing 12.16 ein.

```
if (placeholder == Placeholder.ContactPerson.ToString())
        result =
 GetFieldValue(data, Constants.FieldInternalName.ContactPerson);
else if (placeholder == Placeholder.Created.ToString())
    result = GetFieldValue(data, Constants.FieldInternalName.Created);
```

```
else if (placeholder == Placeholder.Customer.ToString())
    result = GetFieldValue(data, Constants.FieldInternalName.Customer);
else if (placeholder == Placeholder.Priority.ToString())
    result = GetFieldValue(data, Constants.FieldInternalName.Priority);
else if (placeholder == Placeholder.Problemdescription.ToString())
    result = GetFieldValue(data,
        Constants.FieldInternalName.Problemdescription);
else if (placeholder == Placeholder.Subject.ToString())
    result = GetFieldValue(data, Constants.FieldInternalName.Subject);
else if (placeholder == Placeholder.TicketNumber.ToString())
    result = GetFieldValue(data, Constants.FieldInternalName.Ticketnumber);
else if (placeholder == Placeholder.Ticketstatus.ToString())
    result = GetFieldValue(data, Constants.FieldInternalName.Ticketstatus);
else if (placeholder == Placeholder.Modified.ToString())
    result = GetFieldValue(data, Constants.FieldInternalName.Modified);
```

Listing 12.16 Wertermittlung je Platzhalter

Für diese Platzhalter wird die `GetFieldValue`-Methode aufgerufen, die den Wert aus dem Datenobjekt ausliest und zurückliefert. Diese Methode werden Sie im Anschluss erstellen. Fügen Sie den Code aus Listing 12.17 ein.

```
else if (placeholder == Placeholder.CountClosedTickets.ToString())
    result = values != null ?
        values[Placeholder.CountClosedTickets.ToString()] : "";
else if (placeholder == Placeholder.CountCreatedTickets.ToString())
    result = values != null ?
        values[Placeholder.CountCreatedTickets.ToString()] : "";
else if (placeholder == Placeholder.CountPendingTickets.ToString())
    result = values != null ?
        values[Placeholder.CountPendingTickets.ToString()] : "";
else if (placeholder == Placeholder.CountProcessedTickets.ToString())
    result = values != null ?
        values[Placeholder.CountProcessedTickets.ToString()] : "";
```

Listing 12.17 Wertermittlung je Platzhalter

Die Platzhalter für die zusätzlichen Daten aus dem Dictionary werden hier ersetzt. Wenn die Daten vorhanden sind, werden sie über den Key ausgelesen.

Um den Platzhalter für das aktuelle Datum zu ersetzen, ergänzen Sie den Code aus Listing 12.18.

```
else if (placeholder == Placeholder.CurrentDate.ToString())
    result = DateTime.Now.ToString("d", CultureInfo.GetCultureInfo(1031));
```

Listing 12.18 Wertermittlung je Platzhalter

Um den Platzhalter für den Link auf das aktuelle Ticket zu ersetzen, fügen Sie den Code aus Listing 12.19 ein.

```
else if (placeholder == Placeholder.TicketLink.ToString())
    result = $"<a href='{GetTicketUrl(data)}'>"
        + $"{GetFieldValue(data,
        Constants.FieldInternalName.Ticketnumber)}</a>";
```

Listing 12.19 Wertermittlung je Platzhalter

Zum Schluss fügen Sie den Code aus Listing 12.20 ein, um die E-Mail-Adresse des Kunden einfügen zu können.

```
else if (placeholder == Placeholder.CustomerEmail.ToString())
{
    SPList customerList = Globals.GetList(GetWeb(data),
        Constants.ListUrl.Customer);
    SPListItem customer = GetListItem(customerList, data,
        Constants.FieldInternalName.Customer);
    result = GetFieldValue(customer,
        Constants.FieldInternalName.MailAddress);
}
```

Listing 12.20 Wertermittlung je Platzhalter

Mit der Methode `GetListItem` wird auf das Kunden-ListItem zugegriffen, um im Anschluss den Wert der E-Mail-Spalte auszulesen. Die `GetListItem`-Methode werden wir in diesem Kapitel noch implementieren.

Nun erstellen Sie die Methode `GetFieldValue`. Diese Methode liefert den Wert aus dem `ListItem` oder den `EventProperties`. Wenn es sich um ein `SPListItem` handelt, wird die Überladung, die die Daten aus dem `ListItem` ausliest, aufgerufen. Wenn es sich um `SPItemEventProperties` handelt, wird zusätzlich der Eventtyp geprüft. Beim `Added`-Event befinden sich die Daten im `ListItem`. Beim `Updating`-Event müssen die Daten aus den `AfterProperties` ausgelesen werden, weshalb wir die Überladung für die `SPItemEventProperties` aufrufen.

```
private static string GetFieldValue(object data, string internalName)
{
    if (data is SPListItem)
        return GetFieldValue(data as SPListItem, internalName);
    else if (data is SPItemEventProperties)
    {
        SPItemEventProperties itemEventProps =
            data as SPItemEventProperties;
```

```
        if(itemEventProps.EventType == SPEventReceiverType.ItemUpdating)
            return GetFieldValue(itemEventProps, internalName);
        else
            return GetFieldValue(itemEventProps.ListItem, internalName);
    }
    else
    {
        Logging.LogError(new Exception("Es werden nur Daten vom Typ SPListItem
und SPItemEventProperties unterstützt."),
        Constants.LogCategory.BusinessLogic);
        return "";
    }
```

Listing 12.21 Ermittlung von Feldwerten aus EventProperties

Fügen Sie die Überladung für `SPListItems` ein. Die Methode greift auf die Spalte zu und verwendet die `GetFieldValueAsText`-Methode, um sich anhand des Wertes direkt den für die Ausgabe formatierten Text zu holen.

```
private static string GetFieldValue(SPListItem item, string internalName)
{
    return item.Fields.GetFieldByInternalName(internalName).
        GetFieldValueAsText(item[internalName]);
}
```

Listing 12.22 Ermittlung von Feldwerten aus einem ListItem

Die Überladung für die `SPListItemEventProperties` ist etwas komplexer. Hier müssen Sie je nach Spaltentyp die Daten anders für die Ausgabe aufbereiten. Dazu holen Sie sich zuerst das `Field`-Objekt aus dem ListItem.

```
public static string GetFieldValue(SPItemEventProperties
    ticketEventProperties, string internalName)
{
    SPField field = ticketEventProperties.ListItem.Fields.
        GetFieldByInternalName(internalName);
    string result = "";

    return result;
}
```

Listing 12.23 Ermittlung von Feldwerten aus ItemEventProperties

Da die Werte für `Created` und `Modified` nicht in den `AfterProperties` enthalten sind, müssen wir uns diese Werte anderweitig beschaffen. Den Zeitpunkt der Erstellung können wir aus dem ListItem auslesen, da er sich nicht ändert. Für das Änderungsdatum nutzen wir das aktuelle Datum. Der Updateprozess ist zwar noch nicht vollständig abgeschlossen und der Wert könnte um wenige Millisekunden abweichen, für die Ausgabe in einer Informations-E-Mail spielt das aber keine Rolle.

```
if (internalName == Constants.FieldInternalName.Created)
    result = GetFieldValue(ticketEventProperties.ListItem, internalName);
else if (internalName == Constants.FieldInternalName.Modified)
    result = field.GetFieldValueAsText(DateTime.Now);
```

Listing 12.24 Ermittlung von Feldwerten aus ItemEventProperties

Werte vom Typ Text oder Multiline-Text können wir mit der Standardmethode formatiert auslesen.

```
else if (field.Type == SPFieldType.Text || field.Type == SPFieldType.Note)
    result = field.GetFieldValueAsText(
        ticketEventProperties.AfterProperties[internalName]);
```


Listing 12.25 Ermittlung von Feldwerten aus ItemEventProperties

Bei Spalten vom Typ *Benutzer* stehen wir vor der Herausforderung, dass wir in den AfterProperties nur die ID des Benutzers erhalten. Um Zugriff auf das Benutzerobjekt mit dem ermittelten Anzeigenamen zu erhalten, greifen wir über das SPWeb-Objekt auf die SiteUsers-Property und dann auf die GetByID-Methode zu. Die SiteUsers-Property enthält alle Benutzer der SiteCollection.

Hinweis

Beachten Sie, dass derselbe Benutzer in einer anderen SiteCollection nicht unbedingt dieselbe ID hat. Im Falle von TicketPoint ist dies hier nicht relevant.

```
else if (field.Type == SPFieldType.User)
{
    string temp =
        ticketEventProperties.AfterProperties[internalName].ToString();
    SPUser user =
        ticketEventProperties.Web.SiteUsers.GetByID(int.Parse(temp));
    result = user.Name;
}
```

Listing 12.26 Ermittlung von Feldwerten aus ItemEventProperties

Zuletzt fehlt Ihnen noch die Möglichkeit, Lookup-Werte zu ersetzen. Über das SPFieldLookup-Objekt lesen wir die Properties LookupWebId und LookupList aus, um das Web und die Liste zu erzeugen, damit wir im Anschluss das ListItem auslesen können, um dann mit unserer GetFieldValue-Methode den formatierten Wert auszulesen.

```
else if (field.Type == SPFieldType.Lookup)
{
    SPFieldLookup lookupField = field as SPFieldLookup;
    string temp =
        ticketEventProperties.AfterProperties[internalName].ToString();
    using (SPWeb lookupWeb =
        ticketEventProperties.Web.Site.OpenWeb(lookupField.LookupWebId))
    {
        SPList list = lookupWeb.Lists[new Guid(lookupField.LookupList)];
        SPListItem item = list.GetItemById(int.Parse(temp));
        result = GetFieldValue(item, lookupField.LookupField);
    }
}
```

Listing 12.27 Ermittlung von Feldwerten aus ItemEventProperties

Um das SPWeb-Objekt aus dem Datenobjekt auszulesen, erstellen Sie die Methode aus Listing 12.28, die, je nachdem, um welchen Objekttyp es sich handelt, auf das SPWeb-Objekt zugreift und dieses zurückliefert.

```
private static SPWeb GetWeb(object data)
{
    if (data is SPListItem)
         return (data as SPListItem).Web;
    else if (data is SPItemEventProperties)
            return (data as SPItemEventProperties).Web;
    else
    {
         Logging.LogError(new Exception("Es werden nur Daten vom Typ
                SPListItem
            und SPItemEventProperties unterstützt."),
            Constants.LogCategory.BusinessLogic);
            return null;
    }
}
```

Listing 12.28 Ermittlung des aktuellen Webs

Die Methode aus Listing 12.29 liefert aus dem Datenobjekt das ListItem einer Lookup-Spalte, wenn die Lookup-Spalte gefüllt ist. Auch hier wird wieder zwischen dem SPListItem- und dem SPListItemEventProperties-Objekt unterschieden.

```
private static SPListItem GetListItem(SPList list,
    object data, string lookupFieldName)
{
    SPListItem result = null;
    if (data is SPListItem)
    {
        SPListItem listItem = data as SPListItem;
        if (listItem[lookupFieldName] != null)
        {
            SPFieldLookupValue lv = new
                SPFieldLookupValue(listItem[lookupFieldName].ToString());
            result = list.GetItemById(lv.LookupId);
        }
    }
    else if (data is SPItemEventProperties)
    {
        SPItemEventProperties eventProperties =
            data as SPItemEventProperties;
        if (eventProperties.AfterProperties[lookupFieldName] != null)
        {
            SPFieldLookupValue lv = new SPFieldLookupValue(
                eventProperties.AfterProperties[lookupFieldName].ToString());
            result = list.GetItemById(lv.LookupId);
        }
    }
    else
    {
        Logging.LogError(new Exception("Es werden nur Daten vom Typ SPListItem
 und SPItemEventProperties unterstützt."),
        Constants.LogCategory.BusinessLogic);
    }
    return result;
}
```

Listing 12.29 Ermittlung des aktuellen ListItems

Fügen Sie die `GetTicketUrl`-Methode ein, um den Link auf das Ticket zu generieren:

```
public static string GetTicketUrl(object data)
{
    SPListItem ticket = null;
    if (data is SPListItem)
        ticket = data as SPListItem;
    else if (data is SPItemEventProperties)
```

```
        ticket = (data as SPItemEventProperties).ListItem;
    return ticket.Web.Site.MakeFullUrl(
        ticket.ParentList.DefaultDisplayFormUrl) + "?ID=" + ticket.ID;
}
```

Listing 12.30 Ermittlung der Ticket-URL

Da Sie nun alle Methoden zum Ersetzen der Platzhalter erstellt haben, kommen wir zum eigentlichen Versand der E-Mail. Dazu erstellen Sie eine Methode, die die Einstellungen für ausgehende E-Mails, die in der CENTRAL ADMINISTRATION vorgenommen wurden, ausliest und dann die E-Mail versendet:

```
public static void SendMail(SPWeb web, string address,
    string subject, string body)
{
    MailMessage message = new MailMessage();
    message.IsBodyHtml = true;
        message.From =
        new MailAddress(web.Site.WebApplication.OutboundMailSenderAddress);
    SPOutboundMailServiceInstance smtpServer =
        web.Site.WebApplication.OutboundMailServiceInstance;
    if (smtpServer != null)
    {
        SmtpClient smtp = new SmtpClient(smtpServer.Server.Address);
            message.To.Add(address);
            message.Subject = subject;
            message.Body = body;
            smtp.Send(message);
    }
    else
    {
            throw new Exception("Die E-Mail-Einstellungen in SharePoint
            sind nicht konfiguriert.");
    }
}
```

Listing 12.31 E-Mail senden

Damit haben Sie nun alle Methoden erstellt, um die erforderlichen E-Mail versenden zu können. Deployen Sie die Solution, und aktivieren Sie das Strukturfeature. Starten Sie *smtp4dev* (siehe Abschnitt 3.5, »smtp4dev«), und überprüfen Sie die Funktion der EventReceiver durch Erstellen und Ändern von Tickets.

Kapitel 13

Umsetzung Workflows

Erfahren Sie, wie Sie Workflows erstellen und als Bestandteil Ihrer Anwendung auf anderen Systemen ausrollen.

Wie Sie bereits im Planungsteil des Buches erfahren haben, können Sie SharePoint-Designer-Workflows und Visual-Studio-Workflows entwickeln.

In SharePoint 2016 gibt es zwei unterschiedliche Workflow-Plattformen:

- SharePoint 2010 Workflow-Plattform
- SharePoint 2013 Workflow-Plattform

Die SharePoint 2010 Workflow-Plattform wird automatisch bei der Installation von SharePoint mit installiert und konfiguriert. Die SharePoint 2013 Workflow-Plattform können Sie erst verwenden, nachdem Sie sie auf einem Server Ihrer Farm installiert und konfiguriert haben.

Hinweis

Informationen zur Installation und Konfiguration finden Sie unter folgender URL: *https://social.technet.microsoft.com/wiki/contents/articles/34407.sharepoint-2016-step-by-step-installation-of-workflow-manager.aspx*

Ein SharePoint-Designer-Workflow (2010 und 2013) ist ein deklarativer Workflow, das heißt, er besteht aus XOML-Dateien und enthält keinen eigenen Code. Daher wird er auch nicht kompiliert, sondern die XOML-Dateien werden in einer WSP-Datei zusammengefasst und in der Solution Gallery als Sandbox-Solution bereitgestellt. Das trifft auch auf einen Visual-Studio-Workflow zu, der für die SharePoint-2013-Workflow-Platform erstellt wird.

Die Fehlersuche in einem SharePoint-Designer-Workflow gestaltet sich nicht immer einfach, da sich diese Workflows nicht debuggen lassen und die Fehlermeldungen, die Sie in der Workflowverlaufsliste erhalten, nicht immer aussagekräftig sind. Nutzen Sie hier eigene Logmeldungen. Geben Sie Zwischenergebnisse und Schritte im Workflow aus, um so einfacher feststellen zu können, an welcher Stelle des Workflows genau der Fehler aufgetreten ist und welche Werte dort zu diesem Zeitpunkt vorhanden waren.

Bei der Workflow-Entwicklung beschränken wir uns auf die Anforderungen von TicketPoint 2016. Wir fokussieren uns auf die Integration von Workflows in die Anwendung TicketPoint 2016. Das heißt im Detail: Wir schauen uns eine Möglichkeit an, einen Workflow bereitzustellen, zu deployen und zu aktivieren. Des Weiteren erfahren Sie, wie Sie einen Workflow über einen eigenen Ribbon-Button starten können. Da wir nur einen sehr einfachen Workflow benötigen und den Konfigurations- und Administrationsaufwand gering halten wollen, beschränken wir uns auf einen SharePoint-2010-Designer-Workflow. Den E-Mail-Versand werden wir über zusätzliche EventReceiver an der Aufgabenliste realisieren, um unsere Methoden für den E-Mail-Versand verwenden zu können.

13.1 Workflow erstellen

Um den Workflow zu erstellen, starten Sie den SharePoint Designer und öffnen eine SiteCollection, in der Sie bereits das Strukturfeature von TicketPoint 2016 aktiviert haben. Wechseln Sie in die Workflowansicht, und erstellen Sie einen neuen wiederverwendbaren Workflow. Ein wiederverwendbarer Workflow kann exportiert und in einer anderen SiteCollection, die auch in einer anderen Farm liegen kann, installiert und verwendet werden. Es müssen lediglich die verwendeten Inhaltstypen und Spalten vorhanden sein.

Geben Sie als Namen »Ticket löschen« ein, und wählen Sie bei der INHALTSTYP-Auswahl TICKET aus. Dadurch legen Sie fest, dass dieser Workflow nur für Elemente des Inhaltstyps TICKET verwendet werden kann.

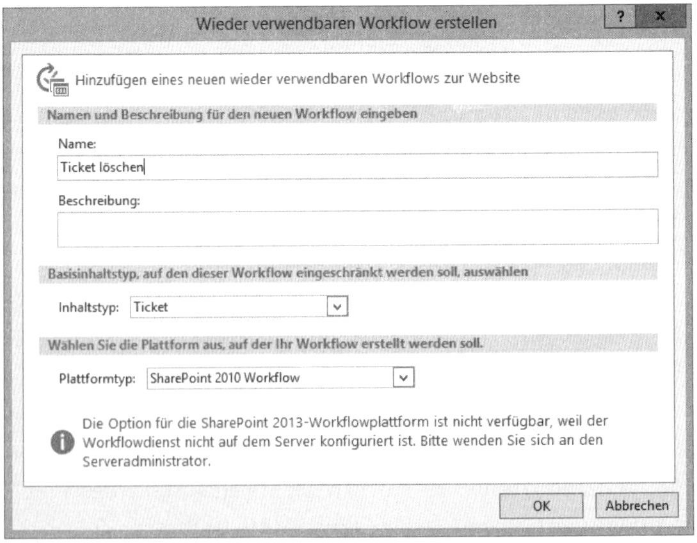

Abbildung 13.1 Workflow »Ticket löschen« erstellen

Fügen Sie die Aktion BENUTZERDEFINIERTEN AUFGABENVORGANG STARTEN hinzu.

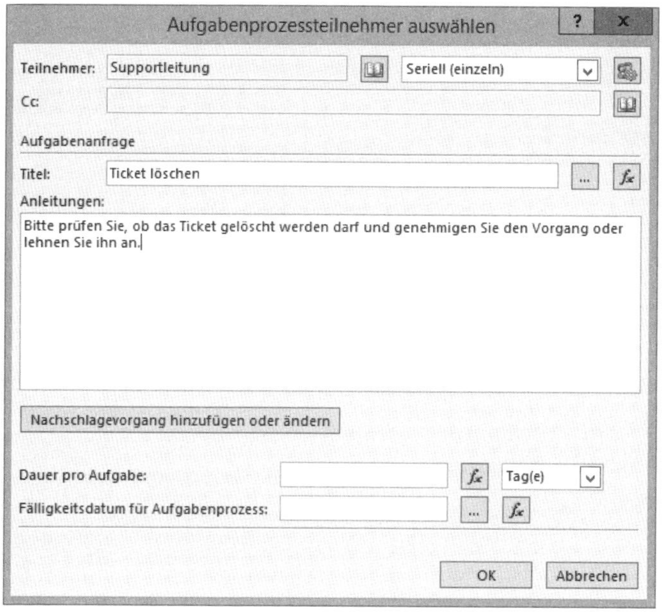

Abbildung 13.2 Aufgabenprozess-Konfiguration

Wählen Sie als TEILNEHMER die SharePoint-Gruppe SUPPORTLEITUNG aus. Dadurch legen Sie fest, dass die Mitglieder dieser Gruppe die Workflowaufgabe bearbeiten sollen. Geben Sie einen TITEL und den Text an, der später in der Aufgabe angezeigt werden soll. Anschließend bestätigen Sie den Dialog mit OK. Der Workflow sollte dann wie in Abbildung 13.3 aussehen.

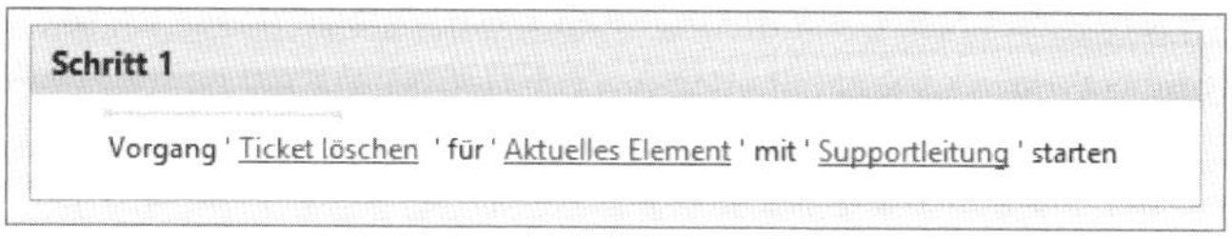

Abbildung 13.3 Workflow im SharePoint Designer

Klicken Sie auf den Vorgangsnamen TICKET LÖSCHEN, um den Vorgang zu bearbeiten. Wählen Sie dann unter ALLGEMEINE EINSTELLUNGEN aus, dass die Workflowaufgabe nur vom Aufgabenempfänger und vom Prozessbesitzer gelesen und bearbeitet werden darf. Sie stellen dadurch sicher, dass die Berechtigungen auf diese Aufgabe automatisch vom Workflow gesetzt werden.

Im Anschluss wählen Sie noch die NEUZUORDNUNG ab, da wir sie nicht benötigen. Neuzuordnung bedeutet an dieser Stelle, dass die Aufgabe vom Bearbeiter an einen anderen Benutzer delegiert werden kann.

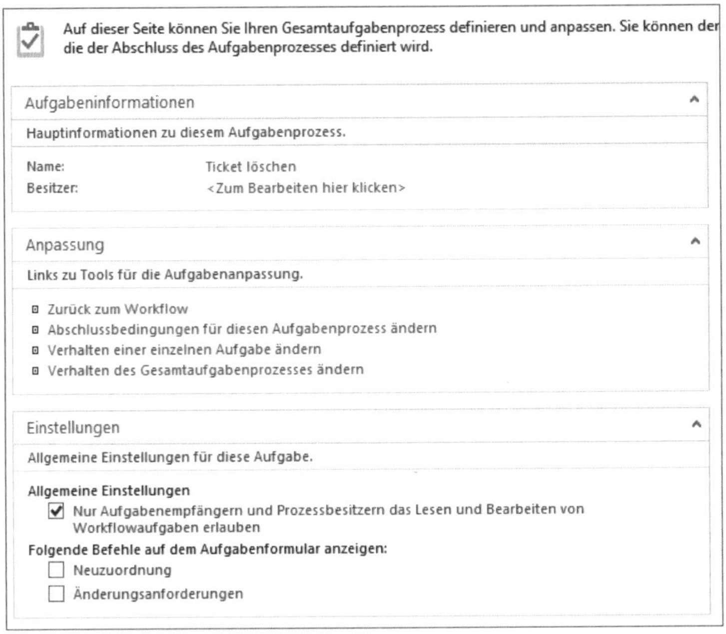

Abbildung 13.4 Workflowkonfiguration

Bisher würde der Workflow beim Start eine Aufgabe anlegen, sie der Supportleitung zuweisen und dann warten, bis ein Benutzer aus dieser Gruppe die Aufgabe bearbeitet und die Löschung des Tickets genehmigt oder ablehnt. Im Anschluss würde sich der Workflow beenden. Damit bei einer Genehmigung auch das Ticket gelöscht wird, klicken Sie auf Verhalten des Gesamtaufgabenprozesses ändern, um den Aufgabenprozess zu erweitern. Fügen Sie unter Wenn der Aufgabenprozess abgeschlossen wird die Bedingung Wenn ein beliebiger Wert gleich Wert ist ein, und wählen Sie als Datenquelle Aufgabenergebnisse: Ticket löschen aus, um an das Ergebnis der Genehmigungsaufgabe zu gelangen.

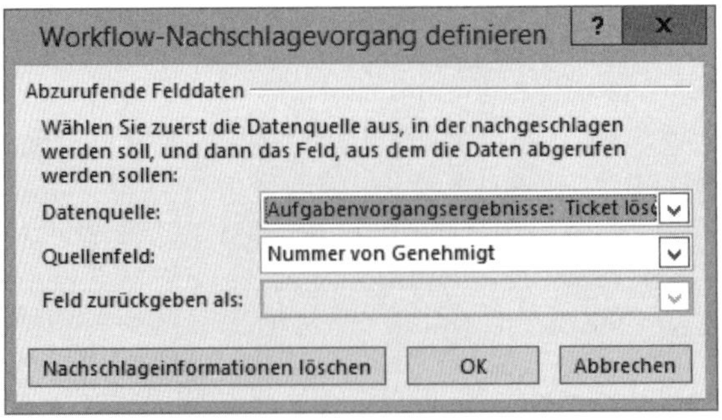

Abbildung 13.5 Workflow-Nachschlagevorgang

Vergleichen Sie diesen Wert mit 1 (1 entspricht *genehmigt*). Wenn diese Bedingung zutrifft, dann soll das Ticket gelöscht werden. Fügen Sie dazu die Aktion ELEMENT LÖSCHEN ein, und wählen Sie AKTUELLES ELEMENT aus. Die abhängigen Daten, wie Kommentare und Dokumente, werden durch die Löschbeschränkungskonfiguration in den Listen automatisch gelöscht. Diese Konfiguration nehmen Sie im nächsten Kapitel vor. Damit haben Sie den SharePoint-Designer-Workflow fertiggestellt. Im Anschluss stellen Sie ihn mit dem VERÖFFENTLICHEN-Button in der SiteCollection bereit.

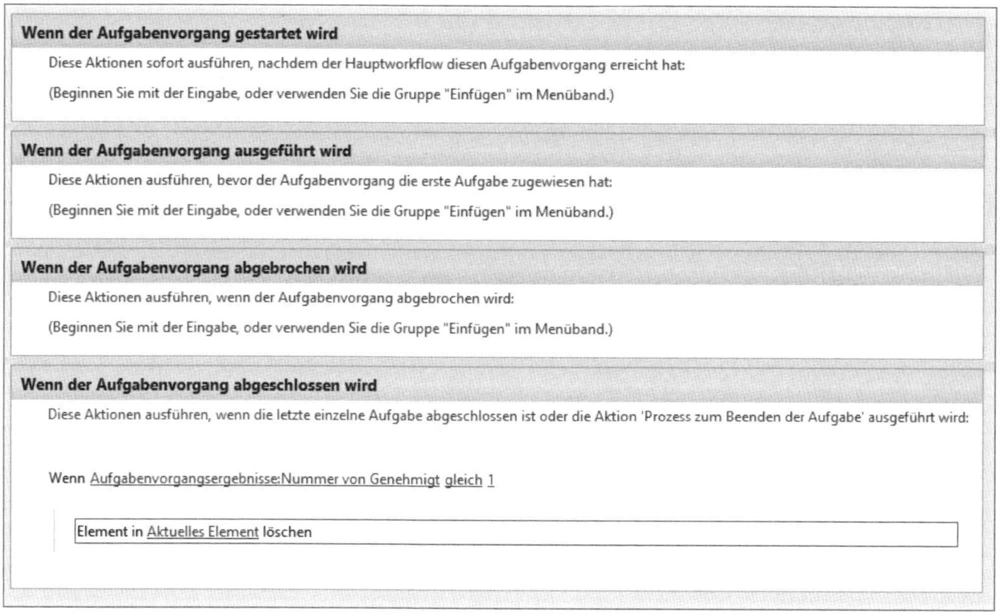

Abbildung 13.6 Erweiterung Aufgabenvorgang

Assoziieren Sie den Workflow mit der Ticketliste, und starten Sie den Workflow manuell für ein Ticket, um ihn zu testen.

13.2 E-Mail-Benachrichtigungen

Um die Anforderungen an die E-Mail-Benachrichtigungen während des Genehmigungsprozesses zu erfüllen, benötigen wir noch einen EventReceiver, der das Versenden der E-Mails übernimmt. Fügen Sie dazu im *UILayer*-Projekt im EVENTRECEIVER-Verzeichnis den EventReceiver TASKEVENTRECEIVER hinzu. Als Events wählen Sie ITEMADDED und ITEMUPDATED aus. Die im Wizard ausgewählte Liste ist nebensächlich, da Sie im Anschluss die Datei *Elements.xml* löschen. Der EventReceiver wird per

Code an die Aufgabenliste des Workflows gehängt, da Sie diese Liste zum derzeitigen Zeitpunkt noch nicht kennen.

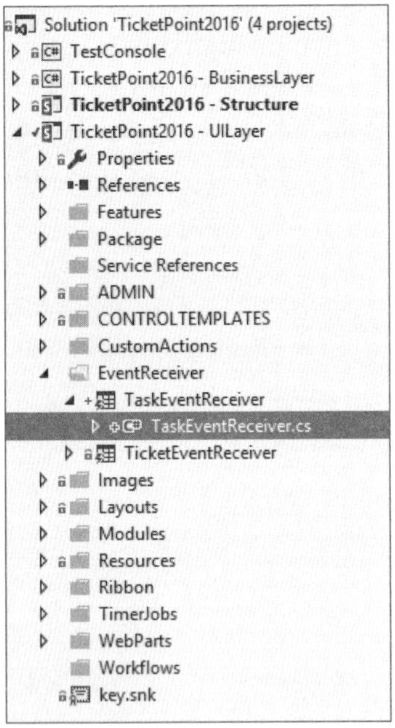

Abbildung 13.7 »TaskEventReceiver« in der Projektstruktur

In den beiden Methoden `ItemAdded` und `ItemUpdated` rufen Sie die `CheckAndSendMail`-Methode auf, die den E-Mail-Versand übernimmt.

```
public override void ItemAdded(SPItemEventProperties properties)
{
    try
    {
        CheckAndSendMail(properties);
    }
    catch (Exception ex)
    {
        Logging.LogError(ex, Constants.LogCategory.EventReceiver);
    }
     base.ItemAdded(properties);
}
public override void ItemUpdated(SPItemEventProperties properties)
{
    try
    {
        CheckAndSendMail(properties);
```

```
        }
        catch (Exception ex)
        {
            Logging.LogError(ex, Constants.LogCategory.EventReceiver);
        }
        base.ItemUpdated(properties);
}
```

Listing 13.1 »ItemAdded«-Event

Fügen Sie die `CheckAndSendMail`-Methode hinzu. In dieser Methode wird geprüft, ob der Genehmigungsprozess aktiv ist, um nur dann die E-Mails zur Benachrichtigung der entsprechenden Personen zu versenden.

```
private void CheckAndSendMail(SPItemEventProperties properties)
{
    Settings settings = new Settings(properties.Web);
        if (settings.ApprovalActive)
        {
        //...
        }
}
```

Listing 13.2 E-Mail-Versand

Ergänzen Sie die folgenden Variablen an der Stelle //.... Wir werden sie noch für den Versand der E-Mails verwenden.

```
string address = "";
string subject = "";
string body = "";
bool sendMail = false;
```

Schauen wir uns zunächst den Versand der E-Mail an die Supportleiter an, wenn eine neue Aufgabe erstellt wurde.

```
if (properties.EventType == SPEventReceiverType.ItemAdded)
{
    //Supportleiter wird informiert
    subject = settings.ApprovalMailSubject;
    body = settings.ApprovalMailBody;
    address = GetSupporterLeaderMailAddresses(properties.Web);
    sendMail = true;
}
```

Listing 13.3 Aufbauen der E-Mail

13

Der Betreff der E-Mail und der E-Mail-Inhalt werden aus dem `Settings`-Objekt ausgelesen. Die Platzhalter werden später ersetzt. Die `GetSupporterLeaderMailAddresses`-Methode liefert die E-Mail-Adressen aller Supportleiter.

Als Nächstes schauen wir uns die E-Mail-Benachrichtigungen beim Update einer Aufgabe an. Zuerst wird das Workflowergebnis aus dem Feld `WorkflowOutcome` ausgelesen und mit den Werten für *genehmigt* und *abgelehnt* verglichen. Je nach Ergebnis werden aus der Ressourcendatei der passende E-Mail-Betreff und der E-Mail-Inhalt ausgelesen. Diese Texte sind nicht konfigurierbar. Bei Bedarf können Sie dies anpassen und die Texte ebenfalls über die Konfigurationsseite zur Konfiguration zur Verfügung stellen.

```
else
{
    //Initiator des Workflows wird informiert
    SPFieldUserValue userValue = new SPFieldUserValue(properties.Web,
        properties.ListItem
       [Constants.FieldInternalName.Author].ToString());
    address = userValue.User.Email;
    //Workflow-Ergebnis prüfen
    string result = properties.ListItem
        [Constants.FieldInternalName.WorkflowOutcome] as string;
    if (!string.IsNullOrWhiteSpace(result))
    {
        if (result == Localization.GetString(Localization.Keys.ValApproved))
        {
            subject = Localization.GetString(
                Localization.Keys.MailSubjectTicketDeletionApproved);
            body = Localization.GetString(
                Localization.Keys.MailBodyTicketDeletionApproved);
        }
        else
        {
            subject = Localization.GetString(
                Localization.Keys.MailSubjectTicketDeletionRejected);
            body = Localization.GetString(
                Localization.Keys.MailBodyTicketDeletionApproved);
        }
        sendMail = true;
    }
}
```

Listing 13.4 Aufbauen der E-Mail

Wenn die E-Mail gesendet werden soll, wird über den Wert der Spalte `WorkflowLink` auf den Link zum Ticket zugegriffen. Mithilfe einfacher String-Operationen erhalten wir die Ticket-ID und haben damit über die Ticketliste Zugriff auf das Ticket-ListItem. Dieses benötigen wir, um den Platzhalter im E-Mail-Betreff und im E-Mail-Inhalt zu ersetzen. Zum Ersetzen der Platzhalter und zum Versenden der E-Mail verwenden wir die bekannten Methoden `ReplacePlaceholder` und `SendMail` der `Email`-Klasse.

```
if (sendMail)
{
    // Zugriff auf das Ticket
    SPList ticketList = Globals.GetList(properties.Web,
        Constants.ListUrl.Tickets);
     string ticketLink = properties.ListItem
        [Constants.FieldInternalName.WorkflowLink].ToString();
        string temp = ticketLink.Substring(ticketLink.IndexOf("ID=")+3);
     string ticketId = temp.Substring(0, temp.IndexOf(','));
        SPListItem ticket = ticketList.GetItemById(int.Parse(ticketId));
    //Platzhalter ersetzen und E-Mail versenden
     subject = Email.ReplacePlaceholder(subject, ticket);
        body = Email.ReplacePlaceholder(body, ticket);
    Email.SendMail(properties.Web, address, subject, body);
}
```

Listing 13.5 Aufbauen der E-Mail

Als letzte Methode zum Versand der E-Mails fehlt uns noch die `GetSupporterLeaderMailAddresses`-Methode, die Sie in Listing 13.6 sehen. In dieser Methode greifen wir über den Gruppennamen auf die Gruppe der Supportleiter zu. Für jedes Mitglied dieser Gruppe wird die E-Mail-Adresse des Benutzers zur Ergebnismenge hinzugefügt.

```
private string GetSupporterLeaderMailAddresses(SPWeb web)
{
    SPGroup group = web.SiteGroups[Localization.GetString(
    Localization.Keys.TxtSupportleader)];
    string result = "";
    foreach (SPUser user in group.Users)
    {
        if (!string.IsNullOrWhiteSpace(result))
               result += ",";
        result += user.Email;
    }
     return result;
}
```

Listing 13.6 Ermittlung der E-Mail-Adresse

13.3 Workflow Installation

Um den Workflow während der Installation automatisch einrichten zu können, benötigen Sie die WSP-Datei, die den Workflow enthält. Wählen Sie dazu den Workflow in der Übersicht im SharePoint Designer aus, und klicken Sie auf ALS VORLAGE SPEICHERN. Der Workflow wird dann in der Bibliothek *Websiteobjekte* als WSP-Datei gespeichert.

Abbildung 13.8 Workflow als Vorlage speichern

Um an die WSP-Datei zu gelangen, laden Sie sie über die SharePoint-Oberfläche herunter oder exportieren Sie sie über den SharePoint Designer aus der *Websiteobjekte*-Bibliothek mit dem Ribbon-Button EXPORTDATEI.

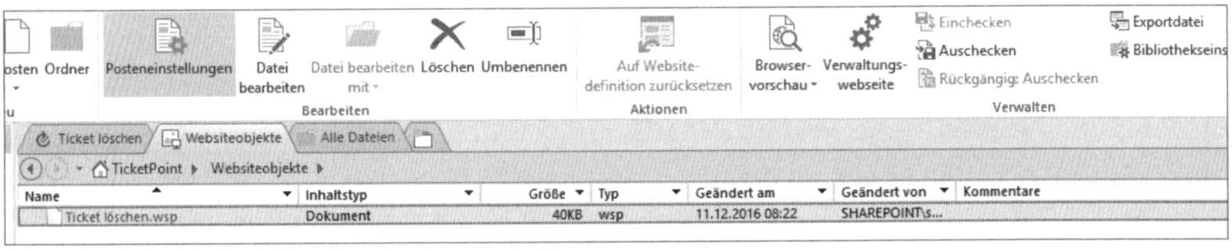

Abbildung 13.9 Workflow exportieren

Diese WSP-Datei benötigen Sie in Kapitel 20, »Produktbesonderheiten«. Dort werden Sie erfahren, wie Sie diese Datei automatisch über einen Installer in den Lösungskatalog einer Websitesammlung hochladen. Im Anschluss soll automatisch das Workflowfeature aktiviert werden, damit der Workflow in der SiteCollection zur Verfügung steht.

Um die vom Ticket abhängigen Daten zu löschen – in unserem Fall sind das die Kommentare in der Kommentar-Liste und die Anhänge in der Anhänge-Bibliothek –, nutzen wir eine Standard-SharePoint-Funktion von Lookup-Spalten. Lookup-Spalten können so konfiguriert werden, dass sie die referenzielle Integrität zwischen den Listen gewährleisten. Dazu gibt es zwei Möglichkeiten:

- Löschbeschränkung: Das Löschen eines ListItems aus der Lookup-Liste wird verhindert, wenn dieses ListItem noch bei mindestens einem anderen Item als Lookup-Wert ausgewählt wurde.
- Löschweitergabe: Wenn ein ListItem aus der Lookup-Liste gelöscht wird, werden alle ListItems, bei denen dieses ListItem als Lookup-Wert ausgewählt wurde, ebenfalls gelöscht.

Um die Löschbeschränkungen setzen zu können, erweitern Sie die `List`-Klasse im *Structure*-Projekt um die Methode `SetRelationshipDeleteBehavior`. Da man die Löschbeschränkung auf Listenebene aktiviert, übergeben Sie die Liste, den internen Namen der Spalte und das Verhalten als `SPRelationshipDeleteBehavior`. Für das Löschverhalten ist es notwendig, dass die Spalte indiziert ist, daher setzen Sie die entsprechende Eigenschaft auf `true`. Im Anschluss wird die Löschbeschränkung gesetzt und durch Aufruf der `Update`-Methode übernommen.

```
public static void SetRelationshipDeleteBehavior(
    SPList list,
    string internalName,
    SPRelationshipDeleteBehavior behavior)
{
    SPFieldLookup field =
        list.Fields.GetFieldByInternalName(internalName)as SPFieldLookup;
    if (field != null && field.RelationshipDeleteBehavior != behavior)
     {
        field.Indexed = true;
        field.RelationshipDeleteBehavior = behavior;
        field.Update();
    }
}
```

Listing 13.7 Löschbeschränkung konfigurieren

Wechseln Sie in den Feature-EventReceiver des *Structure*-Projekts, und erstellen Sie die `SetRelationshipDeleteBehavior`-Methode, um die Löschbeschränkungen für die Kommentare und die Anhänge eines Tickets festzulegen. Die Methode erzeugt das `SPList`-Objekt der jeweiligen Liste und ruft die `SetRelationshipDeleteBehavior`-Methode der `List`-Klasse auf. Um die Kommentare und Anhänge eines Tickets automatisch mit zu löschen, wenn das Ticket gelöscht wird, übergeben Sie als letzten Parameter den Wert `SPRelationshipDeleteBehavior.Cascade`.

```
private void SetRelationshipDeleteBehavior(SPWeb web)
{
    //Kommentar-Liste: Ticket-Spalte
     SPList commentList = Globals.GetList(web, Constants.ListUrl.Comments);
```

```
        List.SetRelationshipDeleteBehavior(commentList,
            Constants.FieldInternalName.Ticket,
            SPRelationshipDeleteBehavior.Cascade);
        //Anhang-Bibliothek: Ticket-Spalte
        SPList attachments =
            Globals.GetList(web, Constants.ListUrl.Attachments);
        List.SetRelationshipDeleteBehavior(attachments,
            Constants.FieldInternalName.Ticket,
            SPRelationshipDeleteBehavior.Cascade);
}
```

Listing 13.8 Löschbeschränkung konfigurieren

Um die Methode auszuführen, fügen Sie folgende Zeile in die `FeatureActivated`-Methode des Feature-EventReceivers ein:

```
SetRelationshipDeleteBehavior(web);
```

Während der Installation soll der Workflow automatisch an die Ticketliste gehängt werden. Um dies zu erreichen, erweitern wir den Feature-EventReceiver des *Structure*-Features. Erstellen Sie die `ConfigureWorkflow`-Methode, die die Einrichtung des Workflows übernimmt:

```
private void ConfigureWorkflow(SPWeb web)
{
    string workflowName =
        Localization.GetString(Localization.Keys.TxtWorkflowName);
    string taskListName =
        Localization.GetString(Localization.Keys.LstTaskList);
    string historyListName =
        Localization.GetString(Localization.Keys.LstHistoryList);
    SPList ticketList = Globals.GetList(web, Constants.ListUrl.Tickets);
    SPWorkflowAssociation association =
        ticketList.ContentTypes[0].WorkflowAssociations.
        GetAssociationByName(workflowName, CultureInfo.CurrentCulture);
    if (association == null)
    {
    }
}
```

Listing 13.9 Workflow an Liste binden

Zuerst greifen wir auf den Namen des Workflows, den Namen der Aufgabenliste und den Namen der Workflowverlaufsliste zu. In der Workflowverlaufsliste wird der

Workflowverlauf protokolliert. Einträge, die während der Abarbeitung des Workflows in diese Liste geschrieben werden, können zur Nachverfolgung ausgewertet werden. Die Namen der Listen lesen wir aus unserer Ressourcendatei aus. Im Anschluss wird geprüft, ob der Ticketliste für den Genehmigungsworkflow bereits eine Workflow-Assoziation zugeordnet wurde. Die Codezeilen aus Listing 13.10 fügen Sie innerhalb der `if`-Bedingung ein.

```
//Workflowverlaufsliste
SPList historyList;
Guid historyListGuid = web.Lists.Add(
    historyListName,
    string.Empty,
    SPListTemplateType.WorkflowHistory);
historyList = web.Lists.GetList(historyListGuid, false);
historyList.Hidden = true;
historyList.Update();
```

Listing 13.10 Verlaufsliste ermitteln

Die Workflowverlaufsliste wird erstellt. Als Template wählen Sie `SPListTemplateType.WorkflowHistory` aus, da die Liste sonst nicht als Workflowverlaufsliste verwendet werden kann. Wir verstecken die Liste durch das Setzen der `Hidden`-Property auf `true`, da auf den Verlauf auch über die jeweilige Workflowinstanz zugegriffen werden kann.

Fügen Sie die Zeilen aus Listing 13.11 ein, um die Aufgabenliste, die der Workflow verwenden soll, anzulegen. Wichtig ist hier die Verwendung des Listentemplates *SPListTemplateType.Tasks*, da auch die Aufgabenliste sonst nicht verwendet werden kann.

```
//Aufgabenliste
SPList taskList;
Guid taksListGuid = web.Lists.Add(
    taskListName,
    string.Empty,
    SPListTemplateType.Tasks);
taskList = web.Lists.GetList(taksListGuid, false);
```

Listing 13.11 Aufgabenliste ermitteln

Über die `Site`-Property des Web-Objekts greifen wir auf den Workflowmanager zu. Ihn benötigen wir später, um die Workflow-Assoziation zu erstellen. Das Workflow-Template erhalten wir über die `WorkflowTemplates`-Property des Web-Objekts. Gesucht wird das Template anhand des Namens.

```
SPWorkflowManager workflowManager = web.Site.WorkflowManager;
SPWorkflowTemplate template =
web.WorkflowTemplates.GetTemplateByName(workflowName,
                                        CultureInfo.CurrentCulture);
```

Listing 13.12 Workflow-Template ermitteln

Erstellt wird eine Assoziation für einen Listen-ContentType, deshalb verwenden wir die Methode `CreateListContentTypeAssociation`. Nachdem die Assoziation erstellt wurde, legen wir durch das Setzen der Property `AllowManual` auf `true` und `AutoStartCreate` auf `false` fest, dass der Workflow nur manuell gestartet werden kann. Im Anschluss wird die Workflow-Assoziation dem Ticket-ContentType der Ticket-Liste hinzugefügt und durch das Setzen von `Enabled` auf `true` aktiviert.

```
association = SPWorkflowAssociation.CreateListContentTypeAssociation(
    template, template.Name, taskList, historyList);
association.AllowManual = true;
association.AutoStartCreate = false;
association.SetTaskList(taskList);
ticketList.ContentTypes[0].WorkflowAssociations.Add(association);
ticketList.Update();
association.Enabled = true;
```

Listing 13.13 Bindung aufbauen

Als letzter Installationsschritt des Workflows fehlt uns noch der Aufgaben-Event-Receiver für den E-Mail-Versand:

```
//Aufgaben-EventReceiver anhängen
List<SPEventReceiverType> events = new List<SPEventReceiverType>();
events.Add(SPEventReceiverType.ItemAdded);
events.Add(SPEventReceiverType.ItemUpdated);
List.EnsureEventReceiver(taskList, events, typeof(TaskEventReceiver), SPEventR
eceiverSynchronization.Asynchronous, 1000, "TaskEventReceiver");
```

Listing 13.14 EventReceiver anhängen

Mit der bekannten `EnsureEventReceiver`-Methode der `List`-Klasse fügen wir den EventReceiver hinzu. Achten Sie hier darauf, dass Sie die beiden Events `ItemAdded` und `ItemUpdated` verwenden.

Deployen Sie die Solution, und aktivieren Sie das Strukturfeature. Testen Sie im Anschluss den E-Mail-Versand, indem Sie den Workflow für ein Ticket ausführen.

13.4 Workflow starten

Um den Workflow für den Benutzer komfortabel aus dem Ticket heraus starten zu können, haben wir bereits einen Ribbon-Button auf dem DispForm erstellt. Es fehlt dort allerdings noch die Logik zum Starten des Workflows. Wechseln Sie dazu zur Datei *TicketDisp.aspx*, und ergänzen Sie die JavaScript-Methode aus Listing 13.15, die über den bereits erstellten Ribbon-Button zum Starten des Workflows aufgerufen wird. In der JavaScript-Methode wird lediglich der Dialog zum Starten des Workflows aufgerufen.

```
function startDeletionClick() {
    openModalWithCallback(
        "<%=Localization.GetString(Localization.Keys.TxtStartWorkflow)%>"
            , "<%=StartWorkflowUrl %>"
            , startWorkflowClickCallback);
}
```

Listing 13.15 Aufruf der Startseite des Workflows

Die URL der Seite zum Starten des Workflows wird im Codebehind der Seite zusammengesetzt und über die Property `StartWorkflowUrl` bereitgestellt.

```
public string StartWorkflowUrl
{
    get
    {
        //Workflow Association
        SPWorkflowAssociation workflowAssociation =
                CurrentItem.ContentType.
            WorkflowAssociations.GetAssociationByName(
                Localization.GetString(
            Localization.Keys.TxtDeletionApprovalWorkflowName),
                CultureInfo.CurrentUICulture);

        return string.Format("{0}?{1}={2}&{3}={4}&{5}={6}&{7}={8}"
            , SPUtility.ConcatUrls(CurrentWeb.Url
            , Constants.PageUrl.StartWorkflow)
            , Constants.UrlParameter.List
            , CurrentItem.ParentList.ID.ToString("B")
            , Constants.UrlParameter.ID
            , CurrentItem.ID.ToString()
            , Constants.UrlParameter.ItemGuid
```

```
                , CurrentItem.UniqueId.ToString("B")
                , Constants.UrlParameter.TemplateID
                , workflowAssociation.Id.ToString("B"));
    }
}
```

Listing 13.16 Ermittlung der Start-Workflow -URL

Dazu suchen wir zuerst die Workflow-Assoziation anhand des Namens über den ContentType. Von dieser Workflow-Assoziation benötigen wir die ID zum Starten des Workflows. Beachten Sie, dass sich die ID der Workflow-Assoziation bei jeder neuen Version des Workflows ändert. Im Anschluss wird die URL zusammengesetzt und als String zurückgeliefert. Die URL besteht aus folgenden Teilen:

- URL der Standardseite zum Starten von Workflows
- GUID der Ticketliste
- ID des Ticket-Items, für das der Workflow gestartet werden soll
- GUID des Ticket-Items, für das der Workflow gestartet werden soll
- `TemplateID` der Workflow-Assoziation, für die eine neue Workflowinstanz erzeugt werden soll

Wenn Sie auf den Ribbon-Button LÖSCHVORGANG STARTEN klicken, sollte das Ergebnis wie in Abbildung 13.10 aussehen.

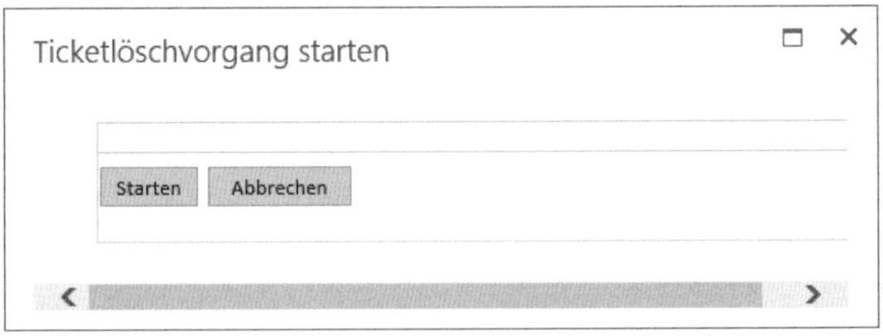

Abbildung 13.10 Formular zum Starten des Workflows

Deployen Sie die Solution, und aktivieren Sie das Strukturfeature. Nun können Sie den Start des Workflows aus dem DispForm eines Tickets heraus testen. Öffnen Sie ein Ticket, und testen Sie den Workflow.

Kapitel 14
Umsetzung TimerJobs

Erfahren Sie, wie Sie TimerJobs in Ihre Anwendung integrieren und zeitgesteuerte Abläufe zum Einsatz bringen.

In diesem Kapitel setzen wir die drei TimerJobs von TicketPoint um. Zunächst einmal einige allgemeine Hinweise zur Entwicklung von TimerJobs:

TimerJobs werden nicht in einem w3wp-Prozess ausgeführt. Wenn Sie einen TimerJob debuggen möchten, müssen Sie sich an den Prozess *owstimer.exe* hängen. Wenn Sie CKSDev verwenden, wählen Sie im Kontextmenü Attach to OWS Timer Processes oder Attach to All SharePoint Processes aus, um sich an den richtigen Prozess zu hängen und TimerJobs debuggen zu können.

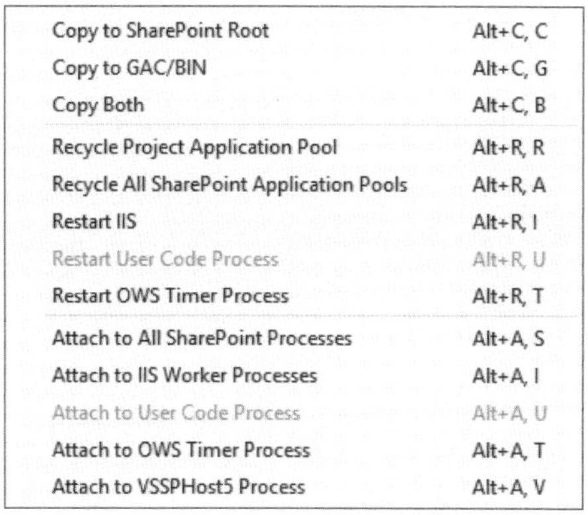

Abbildung 14.1 CKSDev-Kontextmenü

Wenn Sie eine WSP-Datei mit Codeanpassungen deployen, wird nur der Application-Pool recycelt. Es spielt keine Rolle, ob Sie dies über die Zentraladministration, über die PowerShell oder über Visual Studio durchführen. Da TimerJobs aber in einem separaten Prozess ausgeführt werden, wird auch die DLL separat gecacht, und ein Neustart des SharePoint-Timer-Service ist nötig, um die Änderungen anzuwenden. Wenn Sie diesen Schritt auslassen, wird der TimerJob noch mit der alten DLL ausgeführt, die Anpassungen sind nicht enthalten, und Sie können den TimerJob nicht debuggen. Den SharePoint-Timer-Service können Sie direkt über die Windows-Services-Konfiguration neu starten oder mithilfe von CKSDev unter dem Menüpunkt Restart OWS Timer Process.

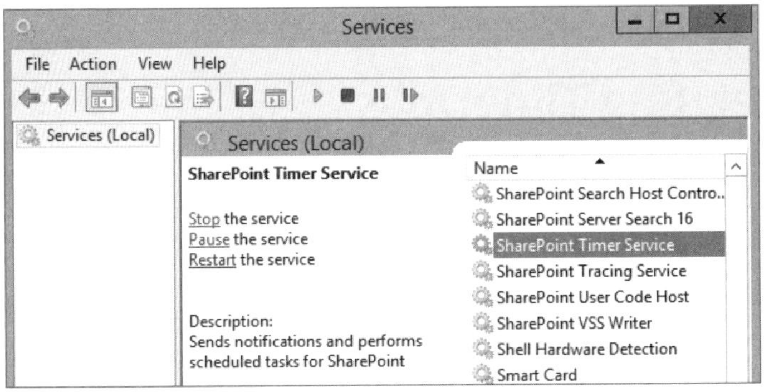

Abbildung 14.2 Services-Konfiguration

14.1 Konfiguration

Um die Konfiguration zu speichern, benötigen wir die Klasse `TimerJobSettings`. Erstellen Sie diese im *UILayer*-Projekt im Ordner TIMERJOBS.

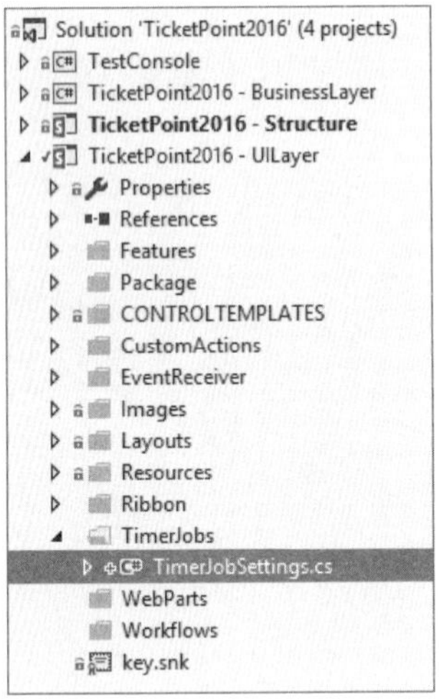

Abbildung 14.3 »TimerJobsSettings«-Klasse

Fügen Sie den Code aus Listing 14.1 in die Klasse ein:

```
public class TimerJobSettings : SPPersistedObject
{
    /// <summary>
    /// Absolute URL zur TicketPoint SiteCollection
    /// </summary>
    [Persisted]
    private string urlTicketPoint;
```

```
    /// <summary>
    /// Absolute URL zur TicketPoint-Archiv-SiteCollection
    /// </summary>
    [Persisted]
    private string urlTicketPointArchiv;
    public TimerJobSettings() { }
    public TimerJobSettings(string name, SPPersistedObject parent, Guid id)
            : base(name, parent, id)
    {
    }
    /// <summary>
    /// Absolute URL zur TicketPoint SiteCollection
    /// </summary>
    public string UrlTicketPoint
    {
        get { return this.urlTicketPoint; }
        set { this.urlTicketPoint = value; }
    }
    /// <summary>
    /// Absolute URL zur TicketPoint-Archiv-SiteCollection
    /// </summary>
    public string UrlTicketPointArchiv
    {
         get { return this.urlTicketPointArchiv; }
         set { this.urlTicketPointArchiv = value; }
    }
}
```

Listing 14.1 Objekt für TimerJob-Einstellungen

Die Klasse wird die Konfigurationsoptionen der TimerJobs enthalten. Damit die Werte in der Konfigurationsdatenbank von SharePoint gespeichert werden können, muss die Klasse von `SPPersistedObject` erben. Die `SPPersistedObjects` haben wir in Abschnitt 2.8.3, »PersistedObjects«, näher erläutert. Außerdem benötigt die Klasse die beiden Konstruktoren, mit denen wir die Klasse instanziieren können. Sie brauchen zwei Properties, um die beiden URLs speichern zu können:

- `urlTicketPoint`: absolute URL zur TicketPoint-SiteCollection
- `urlTicketPointArchiv`: absolute URL zur TicketPoint-Archiv-SiteCollection

Die Properties markieren Sie mit dem `Persisted`-Attribut, um sie automatisch in der Konfigurationsdatenbank zu speichern. Da sich die TimerJobs in der Konfiguration, die wir in der Zentraladministration vornehmen wollen, kaum unterscheiden, verwenden wir für alle TimerJobs dieselbe Konfigurationsklasse.

Um die TimerJobs in der Central Administration konfigurieren zu können, benötigen Sie eine Settings-Page, in der Sie die Konfiguration vornehmen und die TimerJobs dann auch starten können. Fügen Sie dazu dem Projekt einen Mapped Folder hinzu, wählen Sie unter TEMPLATE den Ordner ADMIN aus, und bestätigen Sie mit OK.

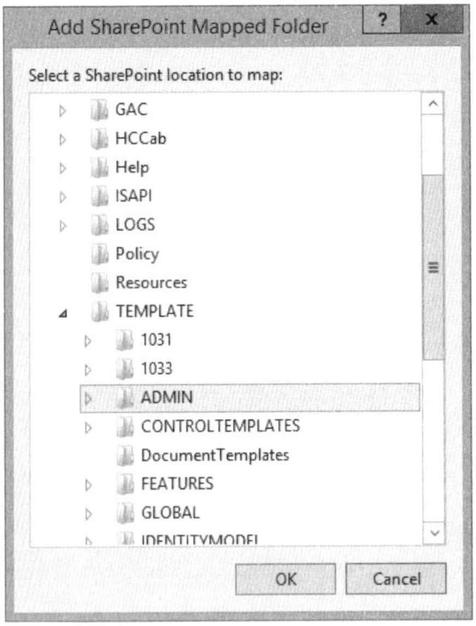

Abbildung 14.4 »ADMIN«-Folder als Mapped Folder hinzufügen

Erstellen Sie danach einen Ordner *TicketPoint*, in dem wir die Administrationsseite erstellen werden.

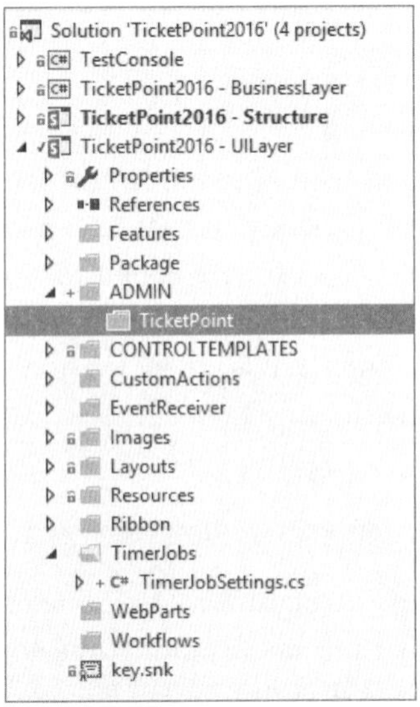

Abbildung 14.5 »TicketPoint«-Ordner für die Administrationsseite in der Projektstruktur

Fügen Sie eine ApplicationPage als Administrationsseite hinzu. Nennen Sie diese Seite *ManageTimerJobs*. Über diese Seite werden später die drei TimerJobs konfiguriert und gestartet.

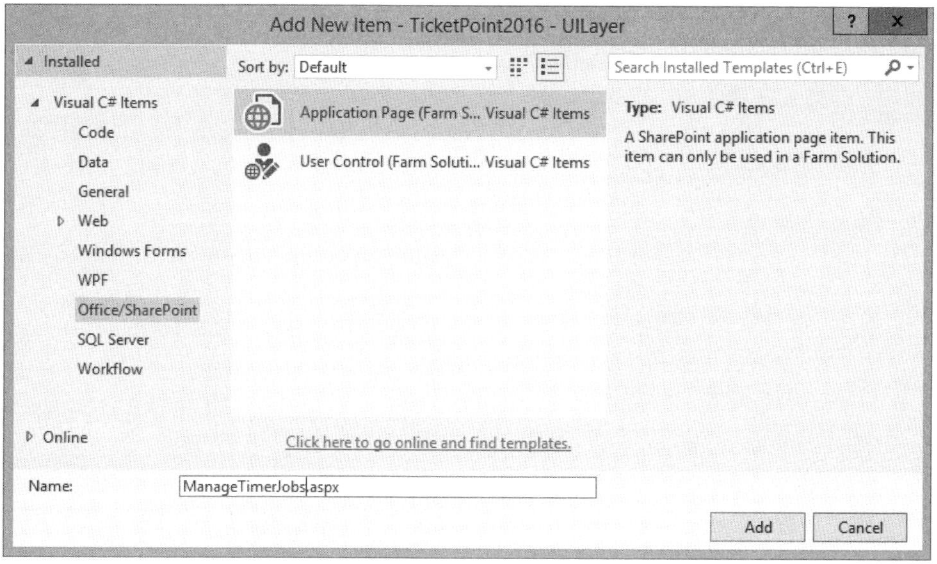

Abbildung 14.6 »ManageTimerJobs.aspx«

Die Projektstruktur sollte nun wie in Abbildung 14.7 aussehen.

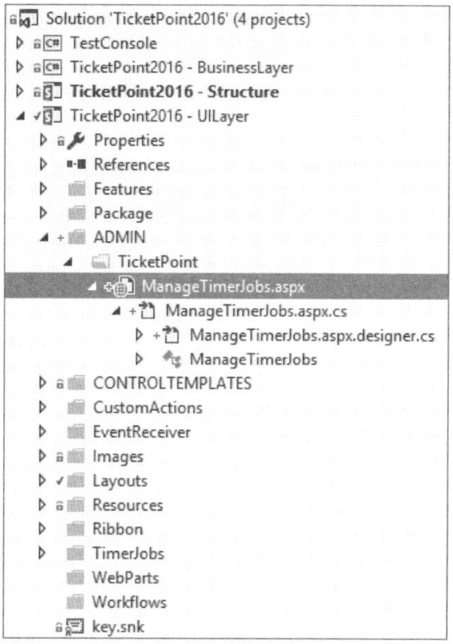

Abbildung 14.7 »ManageTimerJobs.aspx« in der Projektstruktur

Wenn die *ManageTimerJobs.aspx*-Seite im *Layouts*-Verzeichnis erstellt wurde, können Sie sie einfach per Drag and Drop in das richtige Verzeichnis verschieben.

Ergänzen Sie nun die für die Konfigurationsseite benötigten Texte in der Ressourcendatei. Öffnen Sie dazu die Datei *TicketPoint2016.resx* im *UILayer*-Projekt, und fügen Sie die Einträge aus Tabelle 14.1 hinzu.

Schlüssel	Wert
`TxtTimerJobConfigDescription`	Konfiguration der TicketPoint-2016-Timerjobs
`TxtUrlSiteCollection`	URL der SiteCollection
`TxtUrlSiteCollectionDescription`	Geben Sie die URL der TicketPoint-Site-Collection ein.
`TxtUrlArchiveSiteCollectionDescription`	Geben Sie die URL der TicketPoint-Archiv-SiteCollection ein.
`TxtStartTimerJobs`	Starten Sie die TimerJobs.
`TxtStartTimerJobsDescription`	Konfigurieren Sie das Ausführungsintervall, und starten Sie die TimerJobs.

Tabelle 14.1 Benötigte Einträge für die Datei »TicketPoint2016.resx«

Ergänzen Sie die Übersetzungsschlüssel in der Klasse `Localization.Keys` des *Business-Layer*-Projektes.

```
public const string TxtTimerJobConfigDescription =
     "TxtTimerJobConfigDescription";
public const string TxtUrlSiteCollection =
    "TxtUrlSiteCollection";
public const string TxtUrlSiteCollectionDescription =
     "TxtUrlSiteCollectionDescription";
public const string TxtUrlArchiveSiteCollectionDescription =
     "TxtUrlArchiveSiteCollectionDescription";
public const string TxtStartTimerJobs = "TxtStartTimerJobs";
public const string TxtStartTimerJobsDescription =
     "TxtStartTimerJobsDescription";
```

Listing 14.2 Konstanten für Übersetzungsschlüssel

Öffnen Sie die *ManageTimerJobs.aspx*-Datei, und ersetzen Sie

```
DynamicMasterPageFile="~masterurl/default.master"
```

durch

```
MasterPageFile="~/_admin/admin.master"
```

um die Masterpage der Zentraladministration und somit das Layout der Seiten innerhalb der Zentraladministration zu verwenden.

Registrieren Sie das `InputFormSection`-Control und das `ButtonSection`-Control, um diese beiden Standardcontrols verwenden zu können. Wofür Sie diese beiden Controls benötigen, erfahren Sie im Laufe dieses Kapitels.

```
<%@ Register TagPrefix="wssuc" TagName="InputFormSection"
Src="~/_controltemplates/15/InputFormSection.ascx" %>
<%@ Register TagPrefix="wssuc" TagName="ButtonSection"
Src="~/_controltemplates/15/ButtonSection.ascx" %>
```

Listing 14.3 Einbinden der UserControls

Fügen Sie den Code aus Listing 14.4 in die Platzhalter ein, um den Titel und die Beschreibung für die Seite festzulegen.


```
<asp:Content ID="PageTitle" ContentPlaceHolderID="PlaceHolderPageTitle"
runat="server">
    <%=Localization.GetString(Localization.Keys.ApplicationTitle) %>
</asp:Content>
<asp:Content ID="PageTitleInTitleArea" ContentPlaceHolderID=
"PlaceHolderPageTitleInTitleArea" runat="server" >
    <%=Localization.GetString(Localization.Keys.
        TxtTimerJobConfigDescription) %>
</asp:Content>
```

Listing 14.4 Markup der Seitentitel

Das Ergebnis sollte wie in Abbildung 14.8 aussehen.

Abbildung 14.8 Titel der Konfigurationsseite

Um Fehlermeldungen darzustellen, fügen Sie folgende Zeilen in den `PlaceHolderMain` ein. Fehlermeldungen stellen wir in einem Literal-Control auf der Konfigurationsseite dar.

```
<table width="100%" class="propertysheet" cellpadding="0"
    cellspacing="0" border="0">
```

```
    <tr>
        <td class="ms-error">
            <asp:Literal ID="litError" runat="server"
                EnableViewState="false" />
        </td>
    </tr>
</table>
```

Listing 14.5 Markup für den Platzhalter für Fehlermeldungen

Um sich dem Layout der Standard-Konfigurationsseiten anzupassen, fügen Sie das folgende `table`-Element ein, in dem Sie dann im Anschluss die anderen Controls platzieren:

```
<table border="0" cellspacing="0" cellpadding="0" width="100%">
</table>
```

Zur Auswahl der WebApplication fügen Sie das `WebApplicationSelector`-Control hinzu. Indem Sie es innerhalb einer `InputFormSection` platzieren, erhalten Sie automatisch, ohne weitere Schritte, das Standardlayout einer TimerJob-Konfigurationsseite. Für die Ressourcentexte verwenden Sie die SharePoint-Standard-Ressourcentexte.

```
<wssuc:InputFormSection runat="server"
    Title="<%$Resources:spadmin, multipages_webapplication_title%>"
    Description="<%$Resources:spadmin, multipages_webapplication_desc%>">
    <template_inputformcontrols>
        <tr>
             <td>
                <SharePoint:WebApplicationSelector
                id="webAppSelector" runat="server" />
            </td>
        </tr>
    </template_inputformcontrols>
</wssuc:InputFormSection>
```

Listing 14.6 Markup für das WebApplicationSelector-Control

Das Control zur Auswahl der WebApplication sollte aussehen wie in Abbildung 14.9:

Abbildung 14.9 Auswahl der Webanwendung

Um die URL zur TicketPoint-SiteCollection konfigurieren zu können, fügen Sie eine TextBox zur Eingabe der URL hinzu. Auch hier verwenden Sie das `InputFormSection`-Control. Text innerhalb der `template_description` wird als Beschreibung dargestellt. Eingabecontrols werden innerhalb der `template_inputformcontrols` eingefügt. Das `template_inputformcontrols` kann ebenfalls durch Beschreibungstexte ergänzt werden.

```
<wssuc:InputFormSection runat="server" title="TicketPoint SiteCollection">
    <template_description>
        <%=Localization.GetString(Localization.Keys.
        TxtUrlSiteCollectionDescription) %>
    </template_description>
    <template_inputformcontrols>
        <%=Localization.GetString(Localization.Keys.TxtUrlSiteCollection) %>:
        <asp:TextBox id="txtUrlSiteCollection"
            runat="server" width="100%">
         </asp:TextBox>
    </template_inputformcontrols>
</wssuc:InputFormSection>
```


Listing 14.7 Markup einer TimerJob-Einstellung

Der Bereich zur Konfiguration der URL der SiteCollection sieht wie in Abbildung 14.10 aus.

Abbildung 14.10 Konfiguration der TicketPoint-SiteCollection

Für die Eingabe der URL zur Archiv-SiteCollection fügen Sie darunter die Codezeilen aus Listing 14.8 ein.

```
<wssuc:InputFormSection runat="server"
    title="TicketPoint Archiv-SiteCollection">
    <template_description>
        <%=Localization.GetString(Localization.Keys.
        TxtUrlArchiveSiteCollectionDescription) %>
    </template_description>
    <template_inputformcontrols>
        <%=Localization.GetString(Localization.Keys.TxtUrlSiteCollection) %>:
        <asp:TextBox id="txtUrlArchiveSiteCollection"
            runat="server" width="100%">
```

```
        </asp:TextBox>
    </template_inputformcontrols>
</wssuc:InputFormSection>
```

Listing 14.8 Markup einer TimerJob-Einstellung

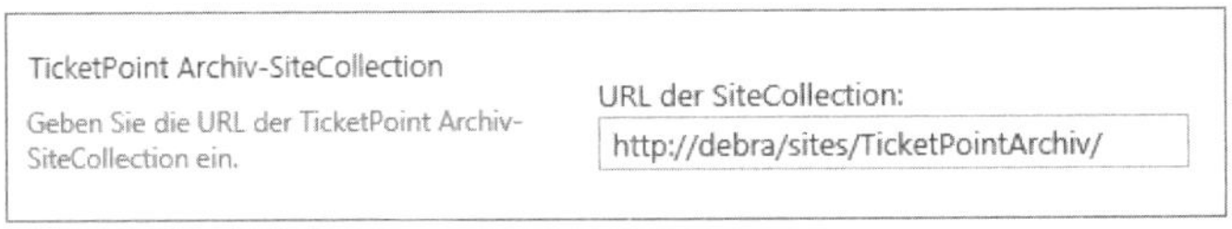

Abbildung 14.11 Konfiguration der TicketPoint-Archiv-SiteCollection

Um die Links auf die drei JobDefinitions darzustellen, fügen Sie das Codebeispiel aus Listing 14.9 ein.

```
<wssuc:InputFormSection runat="server" title=
"<%$Resources:TicketPoint2016, TxtStartTimerJobs%>">
    <template_description>
        <%=Localization.GetString(Localization.Keys.
            TxtStartTimerJobsDescription) %>
    </template_description>
    <template_inputformcontrols>
        <div><asp:HyperLink id="configLinkArchivingJob" runat="server"
            Text="Archiving TimerJob Definition" ></asp:HyperLink></div>
        <div><asp:HyperLink id="configLinkReminderJob" runat="server"
            Text="Reminder TimerJob Definition" ></asp:HyperLink></div>
        <div><asp:HyperLink id="configLinkReportJob" runat="server"
            Text="Report TimerJob Definition" ></asp:HyperLink></div>
     </template_inputformcontrols>
</wssuc:InputFormSection>
```

Listing 14.9 Markup einer TimerJob-Einstellung

Die URLs setzen Sie später im Codebehind der Einstellungsseite.

Abbildung 14.12 Links auf die TimerJob-Definitionen

Den SPEICHERN-Button fügen Sie innerhalb eines `ButtonSection`-Controls hinzu. Im `OnClick`-Event wird die Konfiguration gespeichert. Der ABBRECHEN-Button wird automatisch durch die Verwendung der `ButtonSection` ergänzt.

```
<wssuc:ButtonSection runat="server">
    <template_buttons>
        <asp:Button id="btnSave" runat="server"
            class="ms-ButtonHeightWidth"
                Text="<%$Resources:TicketPoint2016, BtnSave%>"
                OnClick="btnSave_Click" />
        </template_buttons>
</wssuc:ButtonSection>
```

Listing 14.10 Markup für den »Speichern«-Button

Abbildung 14.13 Buttons zum Speichern und Abbrechen

Die vollständige Konfigurationsseite sieht nun wie in Abbildung 14.14 aus.

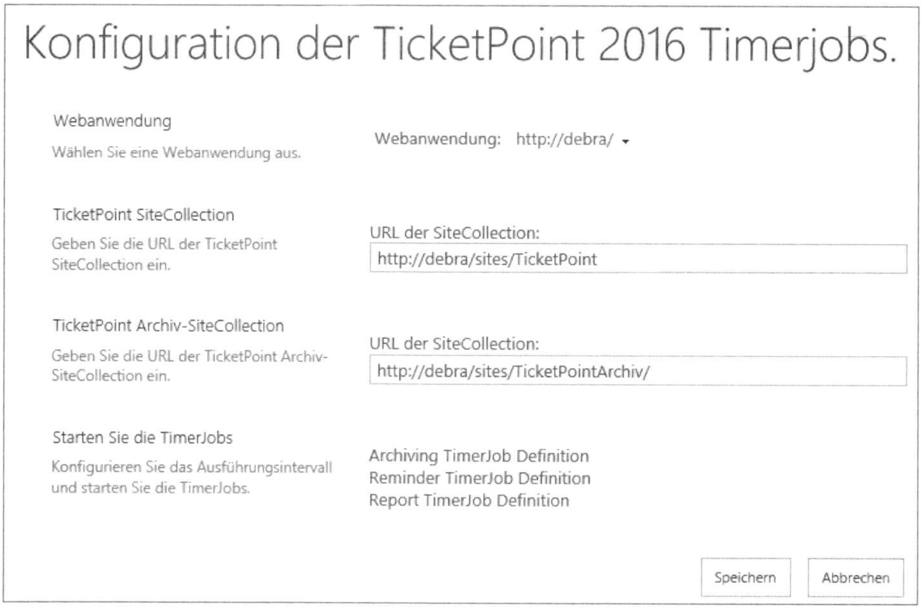

Abbildung 14.14 Vollständige Konfigurationsseite

Nachdem Sie alle benötigten Controls zur Eingabe platziert haben, wechseln Sie zur Codeansicht und ersetzen `LayoutsPageBase` durch `GlobalAdminPageBase`, um von dieser Klasse zu erben. Die Klasse `GlobalAdminPageBase` wird für Konfigurationsseiten innerhalb der Central Administration verwendet. Ergänzen Sie die Referenz auf die DLL *C:\Program Files\Common Files\microsoft shared\Web Server Extensions\16\CONFIG*

ADMINBIN\Microsoft.SharePoint.ApplicationPages.Administration.dll, um die `GlobalAdminPageBase`-Klasse verwenden zu können.

Für die Implementierung benötigen Sie noch einige Konstanten. Fügen Sie die `TimerJob`-Klasse in die `Constants`-Klasse im *BusinessLayer*-Projekt ein.

```
public static class TimerJob
{
    public const string JobSettingsId = "TicketPoint TimerJob Settings";
    public const string JobNameArchivingJob = "TicketPoint Archiving Job";
    public const string JobNameReminderJob = "TicketPoint Reminder Job";
    public const string JobNameReportJob = "TicketPoint Report Job";
}
```

Listing 14.11 Konstanten für die TimerJob-Einstellungen

Für die TimerJob-Einstellungen wird die `JobSettingsId` als eindeutige ID für den Zugriff auf die Einstellungen benötigt. Die drei anderen Konstanten sind die eindeutigen Namen für die drei TimerJobs.

Da das Control zur Auswahl der WebApplication erst im `OnPreRender`-Event der Seite vollständig geladen ist, setzen wir dort die gespeicherten Werte.

Fügen Sie die `OnPreRender`-Methode aus Listing 14.12 ein.

```
protected override void OnPreRender(EventArgs e)
{
    base.OnPreRender(e);
    JobConfigured();
    TimerJobSettings settings =
        this.webAppSelector.CurrentItem.GetChild<TimerJobSettings>
        (Constants.TimerJob.JobSettingsId);
    txtUrlSiteCollection.Text = settings.UrlTicketPoint;
    txtUrlArchiveSiteCollection.Text = settings.UrlTicketPointArchiv;
    string jobGuidArchiving = "";
    string jobGuidReminder = "";
    string jobGuidReport = "";
    foreach (SPJobDefinition oldJob in
        this.webAppSelector.CurrentItem.JobDefinitions)
    {
        if (oldJob.Title == Constants.TimerJob.JobNameArchivingJob)
            jobGuidArchiving = oldJob.Id.ToString();
        else if (oldJob.Title == Constants.TimerJob.JobNameReminderJob)
            jobGuidReminder = oldJob.Id.ToString();
        else if (oldJob.Title == Constants.TimerJob.JobNameReportJob)
            jobGuidReport = oldJob.Id.ToString();
```

```
    }
    SetJobDefinitionLink(configLinkArchivingJob, jobGuidArchiving);
    SetJobDefinitionLink(configLinkReminderJob, jobGuidReminder);
    SetJobDefinitionLink(configLinkReportJob, jobGuidReport);
}
```

Listing 14.12 OnPreRender

Die `JobConfigured`-Methode stellt sicher, dass eine gültige Konfiguration vorliegt, auch wenn die Seite zum ersten Mal aufgerufen wird. Im Anschluss werden die gespeicherten Einstellungen ausgelesen, um dann die Eingabecontrols mit den passenden Werten vorzubelegen. Die Schleife über alle JobDefinitions in der WebApplication prüft, für welche der TimerJobs von TicketPoint es in der WebApplication schon Definitionen gibt. Die Unterscheidung findet anhand des Namens statt. Zum Schluss werden die drei Links auf die JobDefinitions, falls vorhanden, mithilfe der `SetJobDefinitionLink`-Methode erstellt. Je TimerJob benötigen Sie eine JobDefinition, in der Sie das Ausführungsintervall hinterlegen. Das Ausführungsintervall können Sie auf der JobDefinition-Seite, für die Sie die Links erstellt haben, konfigurieren. Über diese Seite wird dann später auch der TimerJob gestartet.

Fügen Sie die `JobConfigured`-Methode ein, die prüft, ob für die ausgewählte WebApplication ein `Settings`-Objekt existiert. Falls kein `Settings`-Objekt existiert, wird ein neues erstellt und in der Konfigurationsdatenbank gespeichert.

```
private void JobConfigured()
{
    TimerJobSettings settings =
        this.webAppSelector.CurrentItem.GetChild<TimerJobSettings>
        (Constants.TimerJob.JobSettingsId);
    if (settings == null)
    {
        SPContext.Current.Web.AllowUnsafeUpdates = true;
        SPPersistedObject parent = this.webAppSelector.CurrentItem;
        settings = new TimerJobSettings(Constants.TimerJob.JobSettingsId,
            parent, Guid.NewGuid());
        settings.Update();
    }
}
```

Listing 14.13 Methode zum Speichern der TimerJob-Konfiguration

Fügen Sie die `SetJobDefinitionLink`-Methode ein. Die Methode prüft, ob eine `jobGuid` übergeben wurde. Wenn eine `jobGuid`-Methode übergeben wurde, wird auf die *JobEdit.aspx*-Seite verlinkt. Auf dieser Seite kann das Ausführungsintervall konfiguriert und der TimerJob gestartet werden. Wenn keine jobGuid übergeben wurde, wird auf die Übersichtsseite aller Jobdefinitionen verlinkt.

```
private void SetJobDefinitionLink(HyperLink link, string jobGuid)
{
    if (jobGuid != "")
        link.NavigateUrl = "/_admin/JobEdit.aspx?JobId=" + jobGuid
            +"&Source=/_admin/TicketPoint/ManageTimerJobs.aspx";
    else
        link.NavigateUrl = "/_admin/ServiceJobDefinitions.aspx";
}
```

Listing 14.14 Link zur TimerJob-Definitionsseite setzen

Fügen Sie die btnSave_Click-Methode aus Listing 14.15 ein, um die Einstellungen speichern zu können und die Jobdefinitionen für die TimerJobs zu erstellen.

```
protected void btnSave_Click(object sender, EventArgs e)
{
    TimerJobSettings settings =
        this.webAppSelector.CurrentItem.GetChild<TimerJobSettings>
        (Constants.TimerJob.JobSettingsId);
    settings.UrlTicketPoint = txtUrlSiteCollection.Text;
    settings.UrlTicketPointArchiv = txtUrlArchiveSiteCollection.Text;
    settings.Update();
    EnsureJobDefinition(Constants.TimerJob.JobNameArchivingJob);
    EnsureJobDefinition(Constants.TimerJob.JobNameReminderJob);
    EnsureJobDefinition(Constants.TimerJob.JobNameReportJob);
}
```

Listing 14.15 Speichern der TimerJob-Konfiguration

Das TimerJobSettings-Objekt wird aus der WebApplication ausgelesen, und die Werte werden aktualisiert. Dann wird je TimerJob die EnsureJobDefinition-Methode aufgerufen, um sicherzustellen, dass es für den TimerJob eine JobDefinition gibt. Falls es keine gibt, wird eine erstellt.

```
private void EnsureJobDefinition(string jobName)
{
    bool createDefinition = true;
    foreach (SPJobDefinition job in
        this.webAppSelector.CurrentItem.JobDefinitions)
    {
        if (job.Title == jobName)
```

```
        {
            createDefinition = false;
                break;
         }
    }
    //Neue TimerJob-Definition erstellen
    if (createDefinition == true)
        CreateNewJobDefinition(jobName);
}
```

Listing 14.16 Prüfung und Anlegen der JobDefinition

Um neue Jobdefinitionen zu erstellen, fügen Sie die `CreateNewJobDefinition`-Methode ein. Die Methode erstellt, je nachdem, um welchen TimerJob es sich handelt, die JobDefinition und setzt das Ausführungsintervall. Dieses können Sie später über die JobDefinitions-Seite anpassen. Der TimerJob wird an dieser Stelle noch nicht gestartet. Auch dies können Sie später über die JobDefinitions-Seite erledigen.

```
private void CreateNewJobDefinition(string jobName)
{
    SPJobDefinition job = null;
    if (jobName == Constants.TimerJob.JobNameArchivingJob)
         job = new ArchivingJob(this.webAppSelector.CurrentItem);
    else if (jobName == Constants.TimerJob.JobNameReminderJob)
         job = new ReminderJob(this.webAppSelector.CurrentItem);
    else if (jobName == Constants.TimerJob.JobNameReportJob)
         job = new ReportJob(this.webAppSelector.CurrentItem);
    SPDailySchedule schedule = new SPDailySchedule();
    schedule.EndMinute = 10;
    schedule.BeginMinute = 5;
    schedule.BeginHour = 23;
    schedule.EndHour = 23;
    job.Schedule = schedule;
    job.IsDisabled = true;
    job.Update();
}
```

Listing 14.17 Anlegen einer TimerJob-Definition

Das war die letzte Methode, die Sie zum Konfigurieren der TimerJobs benötigen.

Um die Konfigurationsseite in der Zentraladministration zu verlinken, fügen Sie im CUSTOMACTIONS-Ordner im *UILayer*-Projekt ein neues EMPTY ELEMENT ein und nennen es »CentralAdminLink«.

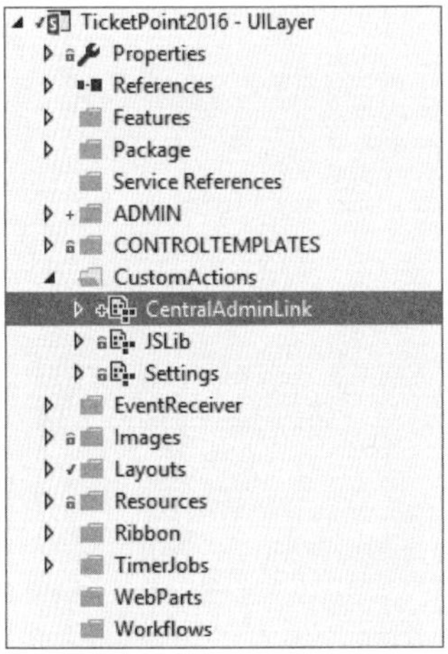

Abbildung 14.15 »CentralAdminLink« in der Projektstruktur

Öffnen Sie die Datei, und fügen Sie das XML aus Listing 14.18 ein, um eine neue Gruppe und den Link auf die Settings-Page im Bereich der Anwendungsverwaltung in der Zentraladministration zu erstellen. Nähere Informationen zu den einzelnen Properties entnehmen Sie bitte Abschnitt 10.1, »CustomAction-Links«.

```
<CustomActionGroup
    Title="TicketPoint 2016"
    Id = "TicketPointTimerJobGroup"
    Location="Microsoft.SharePoint.Administration.Applications"
    Sequence = "999"
    <ImageUrl="_layouts/15/images/TicketPoint2016/icon.png">
</CustomActionGroup>
<CustomAction
    Title="TimerJobs konfigurieren"
    Id="TicketPointTimerJob"
    GroupId="TicketPointTimerJobGroup"
    Location="Microsoft.SharePoint.Administration.Applications"
    Sequence="9">
    <UrlAction Url="_admin/TicketPoint/ManageTimerJobs.aspx"/>
</CustomAction>
```

Listing 14.18 XML für die CustomAction

Um die XML-Datei zu deployen, benötigen Sie noch ein Farmfeature. Erstellen Sie im FEATURES-Ordner das neue Feature *Fkr.SharePoint.TicketPoint2016.TimerJob*.

Öffnen Sie das Feature, und wählen Sie als SCOPE FARM aus. Fügen Sie das Item *CentralAdminLink* hinzu, und bestätigen Sie mit OK. Ergänzen Sie den Link auf das Feature-Icon, und passen Sie den Titel und die Beschreibung an.

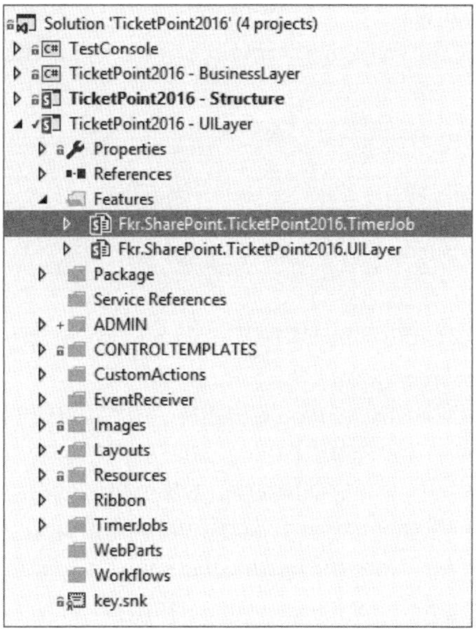

Abbildung 14.16 TimerJob-Feature in der Projektstruktur

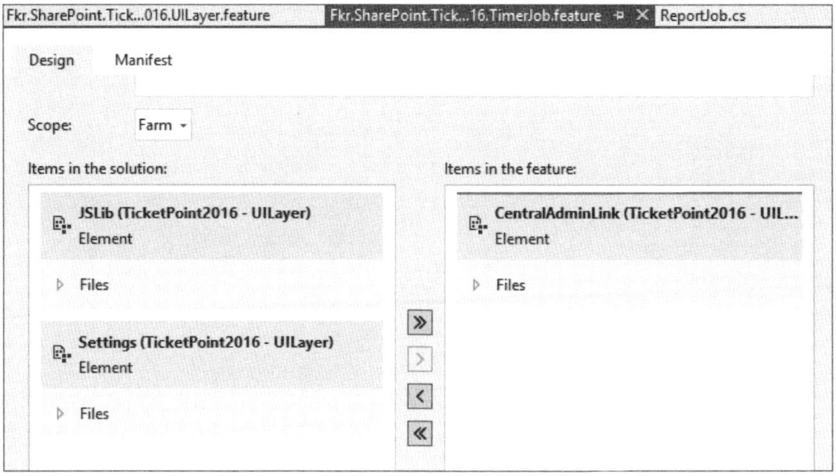

Abbildung 14.17 TimerJob-Feature

Deployen Sie das Projekt, und rufen Sie die Seite der Farmfeatures auf. Sie werden bemerken, dass das Feature automatisch aktiviert wurde. Das liegt daran, dass Farmfeatures automatisch aktiviert werden.

Abbildung 14.18 TimerJob-Feature in der Zentraladministration

Wechseln Sie zur Anwendungsverwaltung. Dort werden Sie den neuen TICKETPOINT 2016-Bereich vorfinden. Über den Link TIMERJOBS KONFIGURIEREN erreichen Sie die Konfigurationsseite.

Abbildung 14.19 TicketPoint-2016-Bereich in der Anwendungsverwaltung

Deployen Sie die Solution, und wechseln Sie zur Central Administration. Rufen Sie dort die Einstellungsseite auf, und testen Sie, ob sich die Seite aufrufen lässt. Das Speichern der Konfiguration können Sie an dieser Stelle noch nicht testen, da in dem Speichern-Event auch die Jobdefinitionen erstellt werden, die wir erst im nächsten Kapitel erstellen werden. Wenn Sie das Speichern der Konfiguration an dieser Stelle bereits testen wollen, kommentieren Sie den Inhalt der Methode `CreateNewJobDefinition` aus.

14.2 Grundgerüst

Erstellen Sie im *UILayer*-Projekt im TIMERJOBS-Ordner die drei Klassen `Archiving-Job`, `ReminderJob` und `ReportJob`.

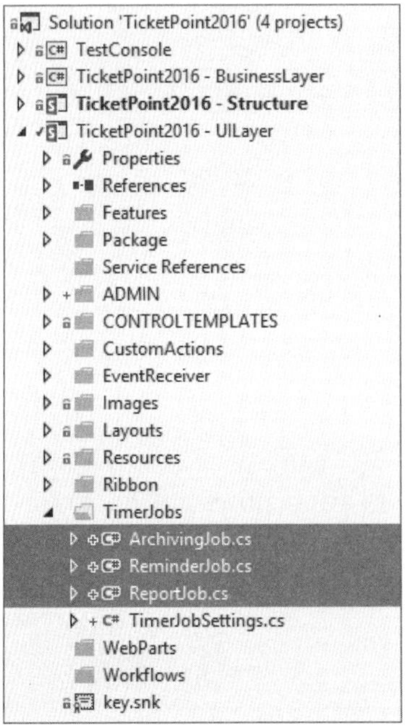

Abbildung 14.20 TimerJobs-Klassen in der Projektstruktur

Das sind die Klassen, die die Logik zur Ausführung der TimerJobs enthalten werden. Öffnen Sie die Datei *ArchivingJob.cs*, und lassen Sie die ArchivingJob-Klasse von der Klasse SPJobDefinition erben, um die ArchivingJob-Klasse als TimerJob-Definition verwenden zu können.

Fügen Sie die benötigten Konstruktoren ein:

```
public ArchivingJob()
    : base()
{
}
public ArchivingJob(SPWebApplication webApp)
    : base(Constants.TimerJob.JobNameArchivingJob,
        webApp, null, SPJobLockType.Job)
{
    this.Title = Constants.TimerJob.JobNameArchivingJob;
}
```

Listing 14.19 Konstruktoren für den Archivierungs-TimerJob

Achten Sie darauf, dass Sie den SPJobLockType Job auswählen. Damit stellen Sie sicher, dass der TimerJob nur auf einem Server in der Farm ausgeführt wird. Wenn Sie beispielsweise den SPLockType ContentDatabase auswählen, wird der TimerJob je Inhaltsdatenbank in der WebApplication ausgeführt. Das heißt, wenn es in der WebApplication fünf Inhaltsdatenbanken gibt, wird der TimerJob fünfmal ausgeführt. Beim SPJobLockType None wird der TimerJob auf jedem Server in der Farm ausgeführt, auf dem die benötigten TimerJob-Dienste laufen, es sei denn, der TimerJob wurde einem bestimmten Server zugeordnet – dann läuft er ausschließlich auf dem zugeordneten Server.

Nun müssen Sie nur noch die Execute-Methode erstellen. Damit haben Sie eine vollständige TimerJob-Definition, die ausgeführt werden kann. In der Execute-Methode erstellen Sie später die Logik, die während der Ausführung ausgeführt werden soll. Diese Methode wird von SharePoint aufgerufen, wenn der TimerJob ausgeführt wird.

```
public override void Execute(Guid oContentDBId)
{
}
```

Führen Sie diese Schritte für die anderen beiden TimerJobs ebenfalls durch.

Deployen Sie die Lösung, und wechseln Sie zur Konfigurationsseite in der Zentraladministration. Starten Sie jeden der TimerJobs über den JobDefinitions-Link. Über den JETZT AUSFÜHREN-Button können Sie den TimerJob einmalig zum Testen ausführen.

Unter ZULETZT AUSGEFÜHRT können Sie prüfen, ob und wann der TimerJob zuletzt ausgeführt wurde. Denken Sie daran, bei Anpassungen am TimerJob den SharePoint-Timer-Service neu zu starten.

14.3 Archivierungstimerjob

Kommen wir nun zur Umsetzung des Archivierungstimerjobs. Öffnen Sie die Datei *ArchivingJob.cs*, und fügen Sie die Codezeilen aus Listing 14.20 in die `Execute`-Methode ein:

```
TimerJobSettings timerJobSettings =
    this.WebApplication.GetChild<TimerJobSettings>
    (Constants.TimerJob.JobSettingsId);
ArchiveTickets(timerJobSettings);
```

Listing 14.20 Einstellungen des Archivierungs-TimerJobs

Hier wird die TimerJob-Konfiguration aus der Konfigurationsdatenbank ausgelesen und die Methode `ArchiveTickets` aufgerufen, die die Logik zur Archivierung enthält.

Ergänzen Sie die `ArchiveTickets`-Methode, in der auf die TicketPoint-SiteCollection zugegriffen wird, um das `Settings`-Objekt aus dem Property Bag auszulesen:

```
private void ArchiveTickets(TimerJobSettings timerJobSettings)
{
    using (SPSite site = new SPSite(timerJobSettings.UrlTicketPoint))
    {
        using (SPWeb web = site.OpenWeb())
        {
            //Zugriff auf die Einstellungen im Property Bag des Webs
            Settings settings = new Settings(web);
        }
    }
}
```

Listing 14.21 Ticketarchivierung einleiten

Fügen Sie dann unter die Initialisierung des `Settings`-Objekts die Codezeilen aus Listing 14.22 ein, um zu prüfen, ob die Archivierung aktiv ist. Im Anschluss greifen Sie auf das Archivweb zu, um mit der `SyncMasterData`-Methode die Stammdaten zu synchronisieren und dann die Tickets, die archiviert werden sollen, zu suchen. Zum Schluss werden diese dann über die `ArchiveTicket`-Methode archiviert.

```
//Prüfen, ob Archivierung aktiv
if (settings.ArchivingActive)
{
    //Archivweb
    using (SPSite archiveSite =
        new SPSite(timerJobSettings.UrlTicketPointArchiv))
    {
        using (SPWeb archiveWeb = archiveSite.OpenWeb())
        {
            //Stammdaten synchronisieren
            SyncMasterData(web, archiveWeb);
            //Ticketliste im Archivweb
            SPList ticketArchiveList = Globals.GetList(archiveWeb,
            Constants.ListUrl.Tickets);
            //Tickets, die archiviert werden sollen
            SPListItemCollection tickets = Globals.GetItems(web,
            Constants.ListUrl.Tickets, settings.ArchivingCAMLQuery);
            foreach (SPListItem ticket in tickets)
            {
                ArchiveTicket(ticket, ticketArchiveList);
            }
        }
    }
}
```


Listing 14.22 Archivierung von Tickets anstoßen

Fügen Sie die SyncMasterData-Methode ein. In der Methode wird je Stammdatenliste die SyncItems-Methode aufgerufen, die dann alle Items in den Archivbereich synchronisiert.

```
private void SyncMasterData(SPWeb web, SPWeb archiveWeb)
{
    //Abrechnungsstatus
    SPList accountingstatusList = Globals.GetList(web,
        Constants.ListUrl.Accountingstatus);
    SPList archiveAccountingstatusList = Globals.GetList(archiveWeb,
        Constants.ListUrl.Accountingstatus);
    SyncItems(accountingstatusList, archiveAccountingstatusList);
    //Prioritäten
    SPList prioList = Globals.GetList(web,
        Constants.ListUrl.Priorities);
    SPList archivePrioList = Globals.GetList(archiveWeb,
        Constants.ListUrl.Priorities);
```

```
    SyncItems(prioList, archivePrioList);
    //Ticketstatus
    SPList ticketStatusList = Globals.GetList(web,
        Constants.ListUrl.Ticketstatus);
    SPList archiveTicketStatusList = Globals.GetList(archiveWeb,
        Constants.ListUrl.Ticketstatus);
    SyncItems(ticketStatusList, archiveTicketStatusList);
    //Kunden
    SPList customerList = Globals.GetList(web,
        Constants.ListUrl.Customer);
    SPList archiveCustomerList = Globals.GetList(archiveWeb,
        Constants.ListUrl.Customer);
    SyncItems(customerList, archiveCustomerList);
}
```

Listing 14.23 Daten ins Archiv verschieben

Die SyncItems-Methode liest alle Items der Stammdatenliste aus und prüft über die CAML-Query, ob schon ein Item dazu im Archivweb existiert. Dazu wird eine Abfrage auf die *OriginalItemId*-Spalte durchgeführt. Wenn das Item existiert, wird ein Update durchgeführt, falls nicht, wird es neu erstellt. Das Update wird mit der Methode SyncItem erledigt.

```
private void SyncItems(SPList list, SPList archiveList)
{
    foreach (SPListItem item in list.Items)
    {
        SPQuery query = new SPQuery();
        query.Query = "<Where><Eq>" +
            $"<FieldRef Name = '{Constants.FieldInternalName.OriginalItemId}'
               />" +
            $"<Value Type = 'Text'>{item.ID}</Value>" + "</Eq></Where>";
        SPListItemCollection result = archiveList.GetItems(query);
        SPListItem archiveItem;
            if (result.Count > 0)
                archiveItem = result[0];
            else
             archiveItem = archiveList.AddItem();
        SyncItem(item, archiveItem);
    }
}
```

Listing 14.24 Daten ins Archiv verschieben

Die SyncItem-Methode wird auch für die Archivierung der Tickets und der dazugehörigen Daten, z. B. Kommentare, verwendet. Es werden nur relevante Spaltenwerte kopiert. Systemspalten, Inhaltstypen und Anhänge werden nicht synchronisiert. Wenn Sie dies benötigen, müssen Sie die Methode erweitern.

```
private void SyncItem(SPListItem item, SPListItem archiveItem)
{
    foreach (SPField field in item.Fields)
    {
        if (!field.ReadOnlyField
            && !field.Hidden
            && field.InternalName != Constants.FieldInternalName.ContentType
            && field.InternalName != Constants.FieldInternalName.Attachments
            && field.InternalName != Constants.FieldInternalName.FileLeafRef)
            {
            }
    }
}
```

Listing 14.25 Daten ins Archiv verschieben

Je Spaltentyp wird das Kopieren der Werte in den Archivbereich gesondert durchgeführt; die meisten Werte können einfach übernommen werden:

```
if (field.Type == SPFieldType.Boolean
|| field.Type == SPFieldType.Choice
|| field.Type == SPFieldType.DateTime
|| field.Type == SPFieldType.MultiChoice
|| field.Type == SPFieldType.Note
|| field.Type == SPFieldType.Number
|| field.Type == SPFieldType.Text
|| field.Type == SPFieldType.URL)
{
    archiveItem[field.InternalName] = item[field.InternalName];
}
```

Listing 14.26 Daten ins Archiv verschieben

Personenspalten werden gesondert behandelt. Da die Benutzer in der Archiv-SiteCollection eine andere ID haben, können die SPUserFieldValues nicht einfach übernommen werden. Um die User-ID im Archivweb zu ermitteln und das SPFieldUserValue-Objekt zu erzeugen, wird die GetUserFieldValue-Methode aufgerufen. Diese werden Sie später noch erstellen.

```
else if (field.Type == SPFieldType.User)
{
    if (item[field.InternalName] != null)
    {
        if ((field as SPFieldUser).AllowMultipleValues)
        {
            SPFieldUserValueCollection userValueCol = new
                SPFieldUserValueCollection(item.Web,
                item[field.InternalName].ToString());
            SPFieldUserValueCollection newUserValueCol = new
                SPFieldUserValueCollection();
            foreach (SPFieldUserValue uv in userValueCol)
                newUserValueCol.Add(
                    GetUserFieldValue(archiveItem.Web, uv));
            archiveItem[field.InternalName] = newUserValueCol;
        }
        else
        {
            SPFieldUserValue userValue = new SPFieldUserValue(item.Web,
                item[field.InternalName].ToString());
            archiveItem[field.InternalName] =
                GetUserFieldValue(archiveItem.Web, userValue);
        }
    }
}
```

Listing 14.27 Daten ins Archiv verschieben

Auch Lookup-Spalten werden gesondert behandelt, da sich auch hier die IDs der Stammdaten unterscheiden können, z. B. wenn manuelle Anpassungen im Archivbereich durchgeführt wurden. Hier wird zum Ermitteln der ID und Erzeugen des `SPFieldLookupValue`-Objekts die Methode `GetArchiveLookupValue` verwendet. Diese werden Sie später implementieren. Der Einfachheit halber werden nur Einfachauswahlspalten unterstützt. Die Methode können Sie aber erweitern, wenn Sie Mehrfachauswahlspalten benötigen.

```
else if (field.Type == SPFieldType.Lookup)//aktuell nur Einfachauswahl
{
    if (item[field.InternalName] != null)
    {
        SPFieldLookup lookupField =
            archiveItem.Fields.GetFieldByInternalName(
```

```
            field.InternalName) as SPFieldLookup;
        if (!lookupField.AllowMultipleValues)
        {
            archiveItem[field.InternalName] = GetArchiveLookupValue(
                    archiveItem.Web,
                    lookupField,
                    item[field.InternalName].ToString());
        }
        else
                Logging.LogError(new Exception("Der Spaltentyp wird nicht"
                + "unterstützt."), Constants.LogCategory.TimerJob);
    }
}
```

Listing 14.28 Daten ins Archiv verschieben

Zuletzt wird noch die ursprüngliche Item-ID des Elements in das Archivitem übernommen und das Update durchgeführt:

```
archiveItem[Constants.FieldInternalName.OriginalItemId] = item.ID;
archiveItem.Update();
```

Fügen Sie die `GetUserFieldValueCollection`-Methode ein. Diese Methode erstellt ein `SPFieldUserValueCollection`-Objekt, das die Werte aus dem ListItem enthält. Damit die Verarbeitung später einfacher ist, wird auch für Personenspalten, in denen keine Mehrfachauswahl erlaubt ist, ein `SPFieldUserValueCollection`-Objekt erstellt.

```
private SPFieldUserValueCollection GetUserFieldValueCollection(
    SPField field, SPListItem item)
{
    SPFieldUserValueCollection result = new SPFieldUserValueCollection();
    SPFieldUser userField = field as SPFieldUser;
    if (userField != null && item[field.InternalName] != null)
    {
        string value = item[field.InternalName].ToString();
        if (!string.IsNullOrWhiteSpace(value))
        {
            if (userField.AllowMultipleValues)
                result = new SPFieldUserValueCollection(
                    item.Web, value);
            else
                result.Add(new SPFieldUserValue(item.Web, value));
        }
```

```
    }
    return result;
}
```

Listing 14.29 Benutzer ermitteln

Ergänzen Sie nun die `GetUserFieldValue`-Methode. Die Methode holt mit der `EnsureUser`-Methode des `SPWeb`-Objekts über den Loginnamen des Benutzers das `SPUser`-Objekt. Wenn der Benutzer in dem Archivweb noch nicht existiert, wird er durch die `EnsureUser`-Methode automatisch erstellt. Dann wird mit der ID und dem Loginnamen des Benutzers das neue `SPFieldUserValue`-Objekt erzeugt.

```
private SPFieldUserValue GetUserFieldValue(
    SPWeb web, SPFieldUserValue userFieldValue)
{
    SPUser user = web.EnsureUser(userFieldValue.User.LoginName);
    return new SPFieldUserValue(web, user.ID, user.LoginName);
}
```

Listing 14.30 Benutzer auflösen

Jetzt fehlt Ihnen noch die `GetArchiveLookupValue`-Methode, die das `SPFieldLookupValue`-Objekt für den Archivbereich erzeugt. Die Methode sucht über eine Abfrage auf die ursprüngliche Item-ID das Archivitem, um dann das `SPFieldLookupValue`-Objekt zu erzeugen.

```
private SPFieldLookupValue GetArchiveLookupValue(SPWeb archiveWeb,
    SPFieldLookup field, string value)
{
    SPFieldLookupValue lookupValue = new SPFieldLookupValue(value);
    SPList list = archiveWeb.Lists[new Guid(field.LookupList)];
        SPQuery query = new SPQuery();
        query.Query = "<Where><Eq>" +
          $"<FieldRef Name = '{Constants.FieldInternalName.OriginalItemId}'/>" +
          $"<Value Type = 'Text'>{lookupValue.LookupId}</Value>" +
          "</Eq></Where>";
    SPListItemCollection result = list.GetItems(query);
    if (result.Count > 0)
    {
        return new SPFieldLookupValue(result[0].ID,
        result[0][field.LookupField].ToString());
    }
    else
```

```
        return null;
}
```

Listing 14.31 Nachschlagewert im Archiv ermitteln

Die `ArchiveTicket`-Methode erstellt in der Ticketliste im Archivweb ein neues Item und ruft damit dann die `SyncItem`-Methode auf, um alle Spaltenwerte zu übernehmen. Im Anschluss daran werden dann noch die Dokumente und Kommentare über die `ArchiveDependentData`-Methode archiviert. Zuletzt wird das Ticket in den Papierkorb der Websitesammlung verschoben. Alternativ könnten Sie es auch direkt über die `Delete`-Methode komplett löschen, allerdings haben Sie dann auch als Administrator nicht mehr die Möglichkeit, es wiederherzustellen.

```
private void ArchiveTicket(SPListItem ticket, SPList archiveList)
{
    //Ticket in den Archivbereich kopieren
    SPListItem archiveTicket = archiveList.Items.Add();
    SyncItem(ticket, archiveTicket);
    //Dokumente zum Ticket in den Archivbereich kopieren
    ArchiveDependentData(ticket, archiveTicket,
        Constants.ListUrl.Attachments);
    //Kommentare
    ArchiveDependentData(ticket, archiveTicket, Constants.ListUrl.Comments);
    //Originalticket in den Papierkorb verschieben
        ticket.Recycle();
}
```

Listing 14.32 Ticketarchivierung

Als letzte Methode für die Archivierung fügen Sie die `ArchiveDependentData`-Methode ein:

```
private void ArchiveDependentData(SPListItem ticket, SPListItem archiveTicket,

    string listUrl)
{
    SPList list = Globals.GetList(ticket.Web, listUrl);
    SPList archiveList = Globals.GetList(archiveTicket.Web, listUrl);
     SPQuery query = new SPQuery();
        query.Query = "<Where><Eq>" +
            $"<FieldRef Name = '{Constants.FieldInternalName.Ticket}'" +
         $"LookupId = 'True'/>" +
        $"<Value Type = 'Lookup'>{ticket.ID}</Value>" +
         "</Eq></Where>";
```

```
    SPListItemCollection dependentItems = list.GetItems(query);
    for (int i = dependentItems.Count - 1; i >= 0; i--)
     {
        SPListItem dependentItem = dependentItems[i];
         SPListItem archiveItem=null;
           if (archiveList.BaseType != SPBaseType.DocumentLibrary)
           archiveItem = archiveList.AddItem();
           else
        {
              SPFile file= archiveList.RootFolder.Files.Add(
                   dependentItem.File.Name,
                      dependentItem.File.OpenBinary(),
                   true);
            archiveItem = file.Item;
           }
        SyncItem(dependentItem, archiveItem);
        dependentItem.Recycle();
    }
}
```

Listing 14.33 Zugehörige Daten verschieben

Die zum Ticket gehörigen Daten werden über eine CAML-Query gesucht. Dann wird je Item ein neues Item im Archivbereich erzeugt; die Spaltenwerte werden wieder mit der `SyncItem`-Methode kopiert. Dokumente müssen wir gesondert behandeln, um die Datei auch in den Archivbereich zu kopieren. Zum Schluss wird noch das Originalitem in den Papierkorb verschoben. Nun haben Sie den Archivierungstimerjob vollständig umgesetzt.

Deployen Sie die Solution, und starten Sie den Timer-Service neu. Testen Sie im Anschluss den Archivierungstimerjob.

14.4 Eskalations-TimerJob und Erinnerungs-TimerJob

Als Nächstes implementieren Sie den Eskalations- und Erinnerungs-TimerJob. Öffnen Sie die Datei *ReminderJob.cs*, und fügen Sie die Codezeilen aus Listing 14.34 in die `Execute`-Methode ein:

```
TimerJobSettings timerJobSettings =
    this.WebApplication.GetChild<TimerJobSettings>
    (Constants.TimerJob.JobSettingsId);
using (SPSite site = new SPSite(timerJobSettings.UrlTicketPoint))
```

```
{
    using (SPWeb web = site.OpenWeb())
     {
        //Zugriff auf die Einstellungen im Property Bag des Webs
        Settings settings = new Settings(web);
        if (settings.ReminderActive)
            SendReminderMails(web, settings);
        if (settings.EscalationActive)
            SendEscalationMails(web, settings);
    }
}
```

Listing 14.34 Eskalations- und Erinnerungs-E-Mail versenden

Diese Methode liest die TimerJob-Konfiguration aus der Konfigurationsdatenbank aus. Dann prüft sie, ob die Erinnerungs-E-Mails aktiv sind. Diese werden dann gegebenenfalls mit der `SendReminderMails`-Methode versendet. Im Anschluss wird geprüft, ob die Eskalationsbenachrichtigungen aktiv sind. Falls ja, werden sie ebenfalls versendet.

Fügen Sie die `SendReminderMails`-Methode ein. Über die globale Methode `GetItems` werden alle Tickets abgerufen, für die eine Erinnerung gesendet werden soll. Für jedes dieser Tickets wird die E-Mail-Adresse aus dem Feld *Zugewiesen an* ausgelesen, und die Platzhalter für den E-Mail-Betreff und den E-Mail-Text werden mit der bekannten Methode `ReplacePlaceholder` aus der `Email`-Klasse ersetzt, siehe Abschnitt 12.2, »E-Mail-Versand«. Im Anschluss wird noch die E-Mail mit der `SendMail`-Methode aus der `Email`-Klasse versendet.

```
private void SendReminderMails(SPWeb web, Settings settings)
{
  SPListItemCollection tickets = Globals.GetItems(web,
    Constants.ListUrl.Tickets, settings.ReminderCAMLQuery);
  foreach (SPListItem ticket in tickets)
  {
    if (ticket[Constants.FieldInternalName.AssignedTo] != null)
    {
      SPFieldUserValue userValue = new SPFieldUserValue(web,
        ticket[Constants.FieldInternalName.AssignedTo].ToString());
      if (userValue.User != null
        && !string.IsNullOrWhiteSpace(userValue.User.Email))
      {
        string subject = Email.ReplacePlaceholder(
          settings.ReminderMailSubject, ticket);
        string body = Email.ReplacePlaceholder(
```

```
            settings.ReminderMailBody, ticket);
          Email.SendMail(web, userValue.User.Email,subject, body);
        }
      }
    }
  }
```

Listing 14.35 Erinnerungs-E-Mails senden

Die SendEscalationMails-Methode unterscheidet sich im Wesentlichen darin, dass hier die GetMailAddresses-Methode zum Auslesen der E-Mail-Adressen der Supportleiter aufgerufen wird.

```
private void SendEscalationMails(SPWeb web, Settings settings)
{
    SPListItemCollection tickets = Globals.GetItems(web,
        Constants.ListUrl.Tickets, settings.EscalationCAMLQuery);
    foreach (SPListItem ticket in tickets)
    {
        string subject = Email.ReplacePlaceholder(
            settings.EscalationMailSubject, ticket);
        string body = Email.ReplacePlaceholder(
            settings.EscalationMailBody, ticket);
        string addresses = Email.GetMailAddresses(web,
            Localization.GetString(
            Localization.Keys.TxtSupportleader));
        if (!string.IsNullOrWhiteSpace(addresses))
            Email.SendMail(web, addresses, subject, body);
    }
}
```

Listing 14.36 Eskalations-E-Mails senden

Fügen Sie die GetMailAddresses-Methode zur Email-Klasse hinzu:

```
public static string GetMailAddresses(SPWeb web, string groupName)
{
    SPGroup group = web.SiteGroups[groupName];
    string result = "";
    foreach (SPUser user in group.Users)
    {
```

```
        if (!string.IsNullOrWhiteSpace(user.Email))
        {
                if (!string.IsNullOrWhiteSpace(result))
                    result += ",";
                    result += user.Email;
        }
    }
    return result;
}
```

Listing 14.37 E-Mail-Adresse ermitteln

Über den Gruppennamen wird auf die SharePoint-Gruppe zugegriffen. Dann wird je Benutzer geprüft, ob eine E-Mail-Adresse konfiguriert wurde, um dann gegebenenfalls diese E-Mail-Adresse der Ergebnismenge hinzuzufügen.

Als letzte Methode für den Eskalations- und Erinnerungs-TimerJob fügen Sie die `GetItems`-Methode in die `Globals`-Klasse ein. Diese Methode führt eine CAML-Abfrage auf die übergebene Liste durch und liefert die ListItems als Ergebnis zurück. Wenn ViewFields übergeben wurden, werden diese auch berücksichtigt. Durch Angabe der ViewFields werden die Felder der Ergebnismenge auf diese Felder eingeschränkt, um die Datenmenge zu reduzieren und die Performance zu erhöhen.


```
public static SPListItemCollection GetItems(SPWeb web, string listUrl,
    string camlQuery, string viewFields = null)
{
    SPList list = Globals.GetList(web, listUrl);
    SPQuery query = new SPQuery();
    query.Query = camlQuery;
    if (!string.IsNullOrWhiteSpace(viewFields))
    {
        query.ViewFields = viewFields;
        query.ViewFieldsOnly = true;
    }
    return list.GetItems(query);
}
```

Listing 14.38 Listenelemente ermitteln

Sie haben den Eskalations-TimerJob und Erinnerungs-TimerJob nun vollständig erstellt. Deployen Sie die Solution, und starten Sie den Timer-Service neu. Testen Sie im Anschluss die beiden erstellten Jobs.

14.5 Report-TimerJob

Als Nächstes implementieren Sie den Report-TimerJob. Öffnen Sie die Datei *ReminderJob.cs*, und fügen Sie die Codezeilen aus Listing 14.39 in die Execute-Methode ein:

```
TimerJobSettings timerJobSettings =
    this.WebApplication.GetChild<TimerJobSettings>
    (Constants.TimerJob.JobSettingsId);
using (SPSite site = new SPSite(timerJobSettings.UrlTicketPoint))
{
    using (SPWeb web = site.OpenWeb())
    {
        //Zugriff auf die Einstellungen im Property Bag des Webs
        Settings settings = new Settings(web);
        Dictionary<string, string> values = GetReportValues(web, settings);
        if (settings.ReportPendingTicketsActive)
            SendReportPendingTickets(web, settings, values);
        if (settings.ReportSummaryLastWeekActive)
        SendReportReportSummaryLastWeek(web, settings, values);
    }
}
```

Listing 14.39 Einstellungen ermitteln und prüfen

In dieser Methode wird die TimerJob-Konfiguration der Konfigurationsdatenbank ausgelesen. Die speziellen Platzhalterdaten werden mit der GetReportValues-Methode erstellt. Dann wird geprüft, ob der Report *Anstehende Tickets* aktiv ist. Dieser wird dann gegebenenfalls mit der SendReportPendingTickets-Methode verwendet. Im Anschluss wird geprüft, ob der Report *Zusammenfassung der letzten Woche* aktiv ist, und dieser wird, falls er aktiv ist, ebenfalls versendet.

Fügen Sie dann die GetReportValues-Methode aus Listing 14.40 ein. Diese Methode fragt mit der GetItems-Methode aus der Globals-Klasse die für die Berechnungen erforderlichen Tickets mit den konfigurierten CAML-Queries ab. Dann werden die Werte berechnet und der Ergebnismenge hinzugefügt.

```
private Dictionary<string, string> GetReportValues(SPWeb web,
    Settings settings)
{
    //Alle Tickets, die in der letzen Woche bearbeitet wurden
    SPListItemCollection ticketsLastWeek = Globals.GetItems(web,
    Constants.ListUrl.Tickets, settings.ReportSummaryLastWeekCAMLQuery);
    //Alle Tickets, die nicht abgeschlossen sind
    SPListItemCollection ticketsPending = Globals.GetItems(web,
        Constants.ListUrl.Tickets, settings.ReportPendingTicketsCAMLQuery);
```

```
    int countNew = 0;
    int countClosed = 0;
    foreach (SPListItem ticket in ticketsLastWeek)
    {
        if (ticket[Constants.FieldInternalName.Ticketstatus] != null)
        {
            SPFieldLookupValue lv = new SPFieldLookupValue(
                ticket[Constants.FieldInternalName.Ticketstatus].ToString());
            if (lv.LookupId == settings.StatusFinished)
                countClosed++;
            DateTime created = (DateTime)ticket[
                Constants.FieldInternalName.Created];
            if (created.Date.AddDays(7) >= DateTime.Now.Date)
                countNew++;
        }
    }
    Dictionary<string, string> result = new Dictionary<string, string>();
    //Anzahl der anstehenden Tickets
    result.Add(Email.Placeholder.CountPendingTickets.ToString(),
        string.Format("{0}", ticketsPending.Count));
    //Anzahl der abgeschlossenen Tickets der letzten Woche
    result.Add(Email.Placeholder.CountClosedTickets.ToString(),
        string.Format("{0}", countClosed));
    // Anzahl der erstellten Tickets der letzten Woche
    result.Add(Email.Placeholder.CountCreatedTickets.ToString(),
        string.Format("{0}", countNew));
    //Anzahl der bearbeiteten Tickets der letzten Woche
    result.Add(Email.Placeholder.CountProcessedTickets.ToString(),
        string.Format("{0}", ticketsLastWeek.Count));

    return result;
}
```

Listing 14.40 Report-Werte ermitteln

Die Methode `SendReportPendingTickets` erstellt den Report für die anstehenden Tickets und versendet ihn im Anschluss per E-Mail. Dazu werden die bekannten Methoden zum Ersetzen der Platzhalter und zum Versand der E-Mail verwendet.

```
private void SendReportPendingTickets(SPWeb web, Settings settings,
    Dictionary<string, string> values)
{
    string subject = Email.ReplacePlaceholder(
```

```
        settings.ReportPendingTicketsMailSubject, null, values);
    string body = Email.ReplacePlaceholder(
        settings.ReportPendingTicketsMailBody, null, values);
    string addresses = GetMailAddresses(web, settings);
    if (!string.IsNullOrWhiteSpace(addresses))
        Email.SendMail(web, addresses, subject, body);
}
```

Listing 14.41 Report senden

Die Methode `SendReportReportSummaryLastWeek` erstellt den Report für die anstehenden Tickets und versendet ihn im Anschluss per E-Mail. Auch hier werden die bekannten Methoden zum Ersetzen der Platzhalter und zum Versand der E-Mail verwendet.

```
private void SendReportReportSummaryLastWeek(SPWeb web, Settings settings,
    Dictionary<string, string> values)
{
    string subject = Email.ReplacePlaceholder(
        settings.ReportSummaryLastWeekMailSubject, null, values);
    string body = Email.ReplacePlaceholder(
        settings.ReportSummaryLastWeekMailBody, null, values);
    string addresses = GetMailAddresses(web, settings);
    if (!string.IsNullOrWhiteSpace(addresses))
        Email.SendMail(web, addresses, subject, body);
}
```

Listing 14.42 Report senden

Die einzige neue Methode ist hier die `GetMailAddresses`-Methode. Sie liest die konfigurierten Gruppen, deren Mitglieder die beiden Reports erhalten sollen, aus und liefert als Ergebnis die E-Mail-Adressen der Benutzer. Das `Settings`-Objekt enthält die Gruppennamen.

```
private string GetMailAddresses(SPWeb web, Settings settings)
{
    string result = "";
    if (!string.IsNullOrWhiteSpace(settings.ReportGroups))
    {
        string[] groupNames =
             settings.ReportGroups.Split(new char[] { ';' }
           , StringSplitOptions.RemoveEmptyEntries);
        foreach (string groupName in groupNames)
```

```
        {
            SPGroup group = web.SiteGroups[groupName];
            foreach (SPUser user in group.Users)
            {
                if (!string.IsNullOrWhiteSpace(user.Email))
                {
                    if (!string.IsNullOrWhiteSpace(result))
                         result += ",";
                    result += user.Email;
                }
            }
        }
    }
    return result;
}
```

Listing 14.43 E-Mail-Adressen ermitteln

Sie haben den Reporttimerjob nun vollständig erstellt. Deployen Sie die Solution, und starten Sie den Timer-Service neu. Testen Sie im Anschluss den Reporttimerjob.

Kapitel 15
WebParts

Erfahren Sie, wie Sie WebParts als UI-Komponente in Ihre Anwendung einfließen lassen können.

Einige grafische Komponenten der Anwendungen sollen nicht als ApplicationPage, sondern als Visual WebPart bereitgestellt werden. Das hat den Vorteil, dass der Kunde die Bestandteile frei im Web implementieren und die umliegende Seite nach eigenen Wünschen anpassen kann.

Um die WebPart-Entwicklung vorzubereiten, legen Sie ein neues Feature im *UILayer*-Projekt an. Die bisherigen Features haben den Scope *Web*. WebParts müssen jedoch über ein SiteCollection-Feature, also ein Feature im Scope *Site*, ausgerollt werden. Dies kommt daher, dass die WebPart-Datei in der Bibliothek WebPart-Gallery abgelegt wird, die lediglich im RootWeb der SiteCollection vorhanden ist. Klicken Sie im Solution Explorer mit der rechten Maustaste auf das FEATURES-Verzeichnis und dann auf ADD FEATURE.

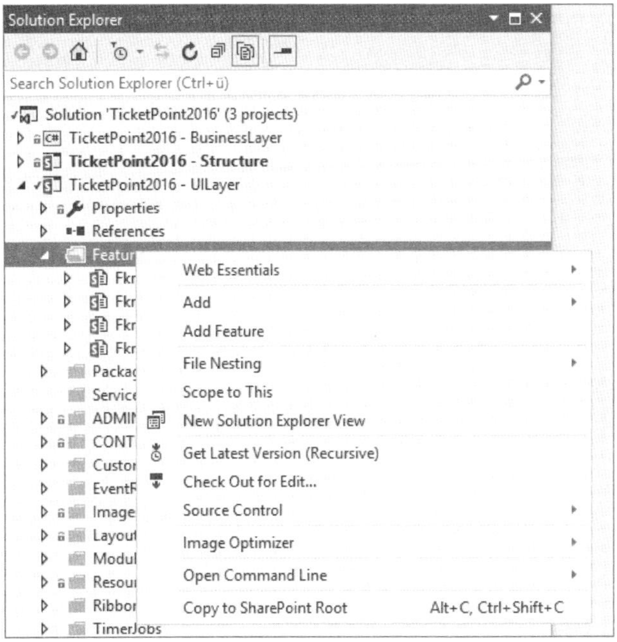

Abbildung 15.1 Feature hinzufügen

Geben Sie dem Feature den Namen *»Fkr.SharePoint.TicketPoint2016.WebParts«*, und öffnen Sie es danach zur Bearbeitung. Vergeben Sie einen Titel und die Beschreibung für das Feature, und setzen den SCOPE auf SITE.

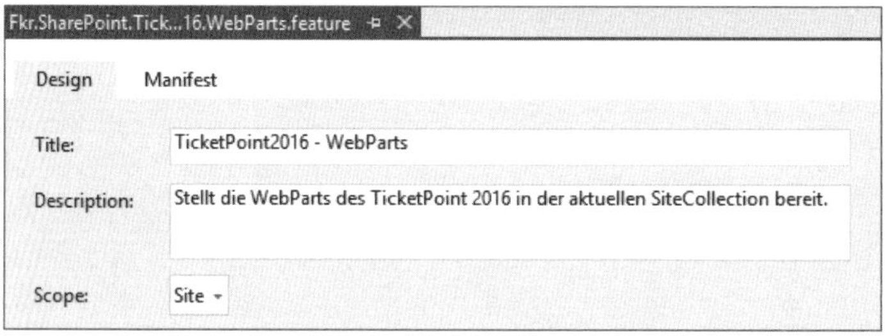

Abbildung 15.2 WebParts-Feature

Öffnen Sie die Properties des WebParts, und passen Sie dort den DEPLOYMENT PATH sowie die IMAGE URL an. Speichern Sie die Änderungen, um die Erstellung des Features abzuschließen.

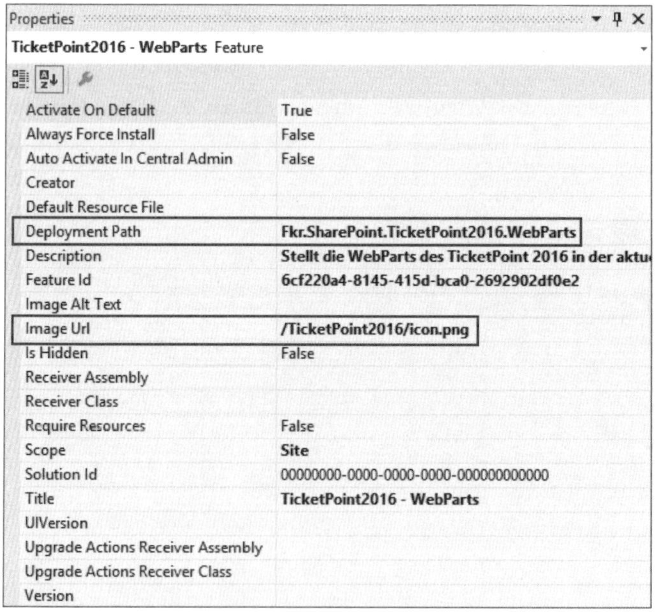

Abbildung 15.3 WebPart-Feature-Properties

15.1 Lösungssuche

Für die Lösungssuche soll ein Visual WebPart bereitgestellt werden. Das WebPart wird genau wie alle anderen WebParts im *UILayer*-Projekt im Verzeichnis *WebParts* angelegt und über das zuvor erstellte Feature *TicketPoint 2016 WebParts* ausgerollt. Zur Erstellung des WebParts fügen Sie im *UILayer*-Projekt ein neues Visual WebPart mit dem Namen *SolutionSearch* hinzu.

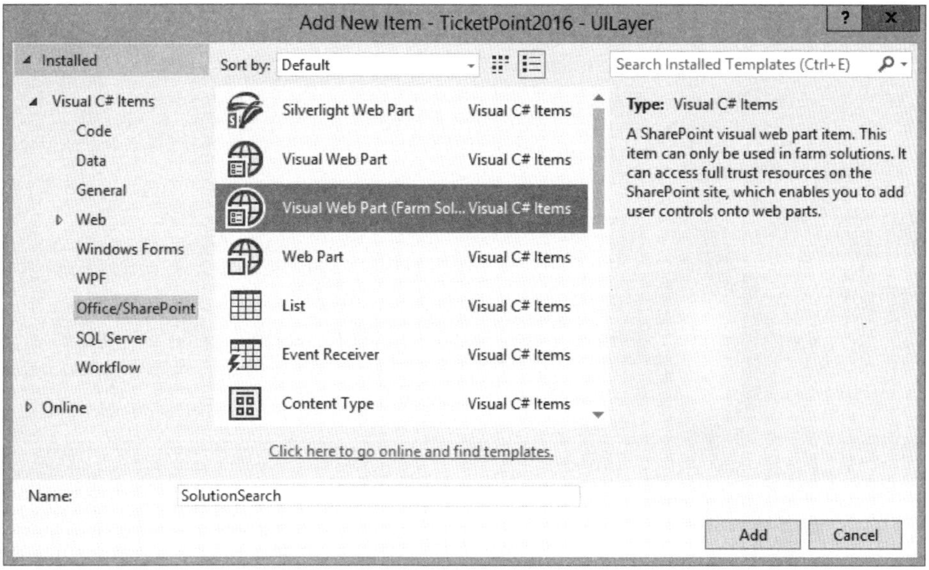

Abbildung 15.4 »SolutionSearch«-Visual-WebPart hinzufügen

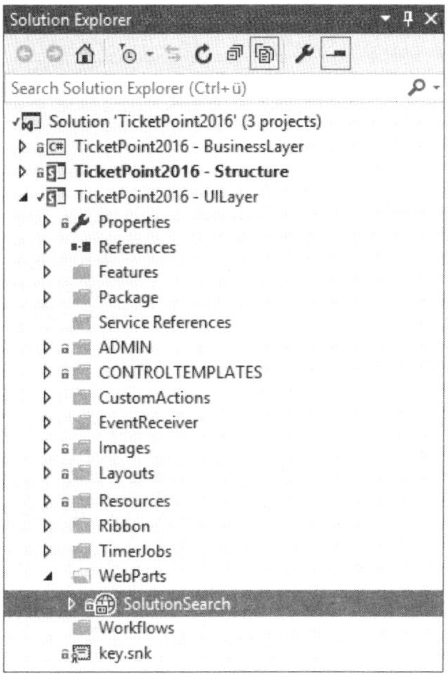

Abbildung 15.5 »SolutionSearch«-WebPart in der Projektstruktur

Nachdem Sie das WebPart erstellt haben, müssen Sie es noch zum Feature *Ticket-Point 2016 WebParts* hinzufügen.

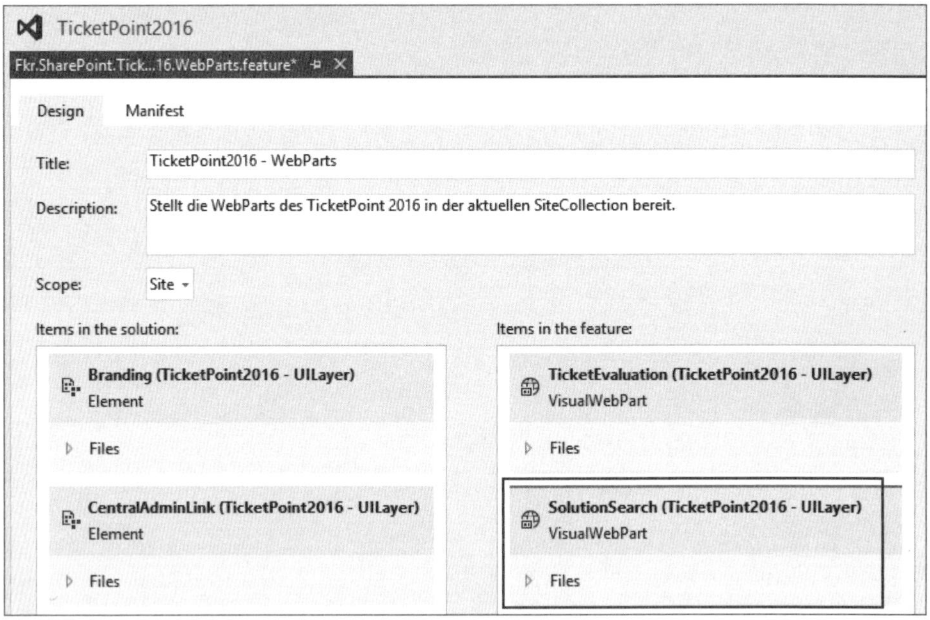

Abbildung 15.6 »SolutionSearch«-WebPart im Feature

Im Architekturdokument sind die Basisinformationen des WebParts in einer Tabelle zusammengefasst.

Name	Lösungssuche
Beschreibung	Bietet die Möglichkeit, Tickets nach bestimmten Kriterien zu suchen, um für regelmäßig wiederkehrende Probleme schnell die passende Lösung zu ermitteln.
Gruppe	TicketPoint 2016

Laut der Tabelle soll das WebPart den Namen *Lösungssuche* mit der entsprechenden Beschreibung erhalten und in der Gruppe *TicketPoint 2016* untergebracht werden.

Öffnen Sie dazu als Erstes die *Elements.xml*-Datei des WebParts, und passen Sie das XML an wie in Listing 15.1, um die Gruppe, in der das WebPart auswählbar sein wird, festzulegen. In der *Elements.xml*-Datei ist konfiguriert, dass die WebPart-Datei *SolutionSearch.webpart* in die WebPart-Galerie der SiteCollection hochgeladen werden soll.

```
<?xml version="1.0" encoding="utf-8"?>
<Elements xmlns="http://schemas.microsoft.com/sharepoint/" >
  <Module Name="SolutionSearch" List="113" Url="_catalogs/wp">
  <File Path="SolutionSearch\SolutionSearch.webpart"
      Url="TicketPoint2016 - UILayer_SolutionSearch.webpart"
      Type="GhostableInLibrary" >
    <Property Name="Group" Value="TicketPoint 2016" />
  </File>
  </Module>
</Elements>
```

Listing 15.1 »Elements.xm«l

Als Nächstes öffnen Sie die Datei *SolutionSearch.webpart* und passen das darin enthaltene XML an wie in Listing 15.2, um den WebPart-Titel und die Beschreibung festzulegen. Hier wurden automatisch die Assembly und der Klassenname inklusive Namespace eingetragen, damit SharePoint das WebPart laden kann. Legen Sie für den WebPart-Titel und die Beschreibung die entsprechenden Einträge in der Ressourcendatei an.

15

Hinweis

[«]

Der Klassenname wird nur beim Anlegen der Datei eingetragen. Wenn Sie im späteren Projektverlauf Änderungen an dem Klassennamen oder am Namespace vornehmen, müssen Sie dies manuell in der Datei *SolutionSearch.webpart* eintragen.

```
<?xml version="1.0" encoding="utf-8"?>
<webParts>
  <webPart xmlns="http://schemas.microsoft.com/WebPart/v3">
  <metaData>
    <type name=
"Fkr.SharePoint.TicketPoint2016.UILayer.WebParts.SolutionSearch.SolutionSearch
, $SharePoint.Project.AssemblyFullName$" />
  <importErrorMessage>$Resources:core,ImportErrorMessage;</importErrorMessage>
  </metaData>
  <data>
    <properties>
    <property name="Title" type="string">
      $Resources:TicketPoint2016,TxtWebpartSolutionSearch;
    </property>
    <property name="Description" type="string">
```

```
      $Resources:TicketPoint2016,TxtWebpartSolutionSearchDescription;
    </property>
    </properties>
  </data>
  </webPart>
</webParts>
```

Listing 15.2 Webpart-Datei

Als Nächstes öffnen Sie die *SolutionSearch.cs*-Datei, in der sich das WebPart befindet, und fügen den Code aus Listing 15.3 ein, um die WebPart-Properties anzulegen.

```
private bool m_CustomSearchQuery;
[Personalizable(PersonalizationScope.Shared)]
[WebBrowsable(true)]
[System.ComponentModel.Category("TicketPoint 2016")]
[WebDisplayName("Eigene Suchabfrage")]
[WebDescription("Gibt an, ob anstelle der integrierten Suchabfrage eine
                 eigene Suchabfrage genutzt werden soll.")]
public bool CustomSearchQuery
{
  get { return m_CustomSearchQuery; }
  set { m_CustomSearchQuery = value; }
}
private string m_SearchQuery;
[Personalizable(PersonalizationScope.Shared)]
[WebBrowsable(true)]
[System.ComponentModel.Category("TicketPoint 2016")]
[WebDisplayName("Suchabfrage")]
[WebDescription("Die Suchabfrage vom Typ KQL, mit der alternativ nach den
                 passenden Tickets gesucht werden soll. Die Abfrage wird
                 automatisch um den angegebenen Suchparameter erweitert.")]
public string SearchQuery
{
  get { return m_SearchQuery; }
  set { m_SearchQuery = value; }
}
//...
```

Listing 15.3 WebPart-Einstellungen

Ergänzen Sie für alle im Architekturdokument beschriebenen Konfigurationsoptionen die WebPart-Properties. Dies wären laut Planungsdokument die Konfigurationsparameter aus Tabelle 15.1.

Name	Beschreibung	Datentyp
Eigene Suchabfrage	Gibt an, ob anstelle der integrierten Suchabfrage eine eigene Suchabfrage genutzt werden soll.	`Boolean`
Suchabfrage	Die Suchabfrage vom Typ KQL, mit der alternativ nach den passenden Tickets gesucht wird. Die Abfrage wird automatisch um den angegebenen Suchparameter erweitert.	`Text`
Ergebnisfelder	Auflistung der Managed Properties, die im Suchergebnis angezeigt werden sollen	`Text`
Managed Property Kunde	Managed Property, die für die *Kunde*-Spalte erstellt wurde	`Text`
Managed Property Ansprechpartner	Managed Property, die für die *Ansprechpartner*-Spalte erstellt wurde	`Text`
Managed Property Bearbeiter	Managed Property, die für die *Bearbeiter*-Spalte erstellt wurde	`Text`
Managed Property Problembeschreibung	Managed Property, die für die *Problembeschreibung*-Spalte erstellt wurde	`Text`
Managed Property Betreff	Managed Property, die für die *Betreff*-Spalte erstellt wurde	`Text`

Tabelle 15.1 Konfigurations-Parameter

Die Datentypen aus Tabelle 15.2 werden im Standard unterstützt und automatisch als WebPart-Property in der Bearbeiten-Ansicht dargestellt:

Datentyp	Anzeigecontrol in der »Bearbeiten«-Ansicht
`string`	TextBox
`int`	TextBox
`Bool`	TextBox
`enum`	DropDown

Tabelle 15.2 Typen für WebPart-Properties

Sie können allerdings auch beliebige weitere Datentypen verwenden, wenn Sie ein *CustomToolPart* implementieren. Dann haben Sie die Möglichkeit, den Bereich in der Konfigurationsoberfläche frei zu gestalten. Im Fall von TicketPoint 2016 beschränken wir uns auf den Standard.

Wenn Sie alle WebPart-Properties erstellt haben, sollte die Bearbeiten-Ansicht des WebParts aussehen wie in Abbildung 15.7.

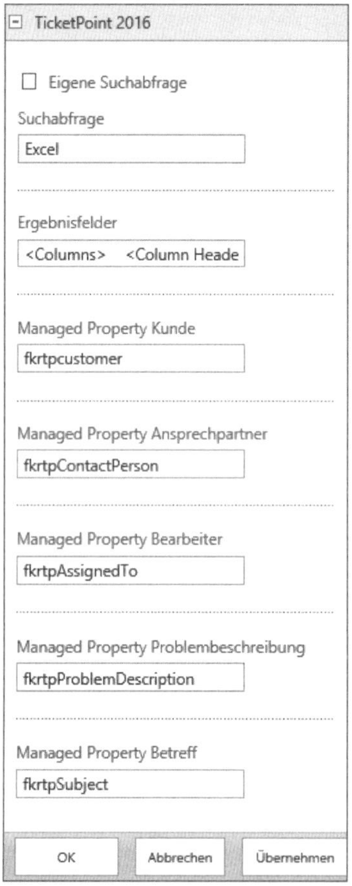

Abbildung 15.7 »SolutionSearch«-WebPart, Properties

Schauen wir uns den generierten Quellcode der `SolutionSearch`-Klasse einmal genauer an:

```
public class SolutionSearch : WebPart
{
  private const string _ascxPath =
    @"~/_CONTROLTEMPLATES/15/Fkr.SharePoint.TicketPoint2016.UILayer.WebParts/
    SolutionSearch/SolutionSearchUserControl.ascx";
```

```
  protected override void CreateChildControls()
  {
    Control control = Page.LoadControl(_ascxPath);
      Controls.Add(control);
  }
}
```

Listing 15.4 »UserControl« einbinden

Die Klasse erbt von der `WebPart`-Klasse, damit sie als WebPart in SharePoint verwendet werden kann. In der `CreateChildControls`-Methode wird das dazugehörige UserControl geladen und der ControlCollection des WebParts hinzugefügt. Die eigentliche Logik wird dann in dem UserControl programmiert.

Für einen leichteren Zugriff auf die Properties aus dem *SolutionSearchUserControl*-UserControl heraus ist es sinnvoll, analog zu den WebPart-Properties referenzierende Properties im Codebehind des UserControls anzulegen.

```
private bool CustomSearchQuery
{
  get
  {
    return ((SolutionSearch)this.Parent).CustomSearchQuery;
  }
}

private string SearchQuery
{
  get
  {
     return ((SolutionSearch)this.Parent).SearchQuery;
  }
}
//...
```

Listing 15.5 Properties für die WebPart-Konfiguration

Ergänzen Sie hier die noch fehlenden Properties.

Die angezeigten Spalten der Ergebnistabelle werden über die `Columns`-Property konfiguriert. Die Konfiguration wird als XML-String abgelegt. Um diesen XML-String im Code einfach auszuwerten, ohne ihn manuell zu parsen, generieren Sie Klassen, mit deren Hilfe Sie den XML-String deserialisieren. Erstellen Sie dazu im *BusinessLayer*-Projekt im SETTINGS-Verzeichnis eine weitere Klasse, und nennen Sie sie `Columns`.

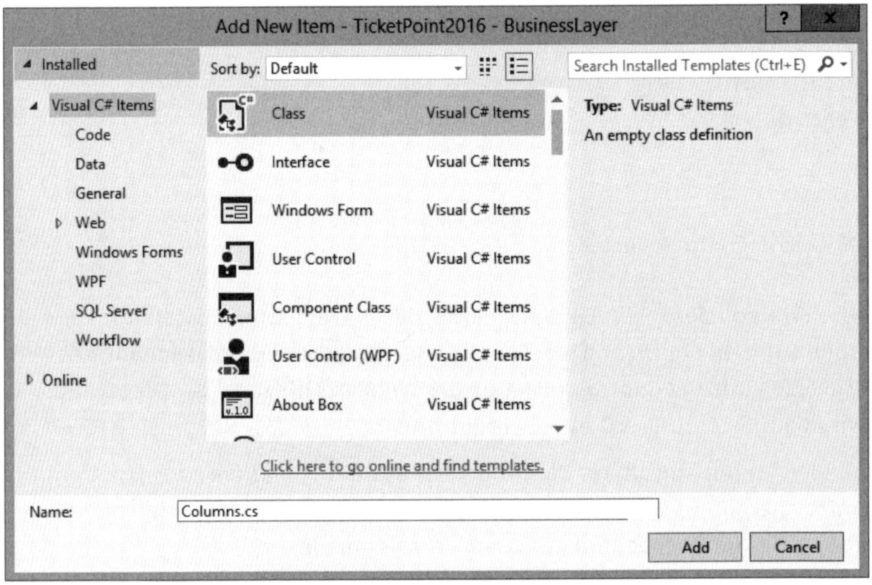

Abbildung 15.8 »Columns«-Klasse erstellen

In dieser Klasse werden Sie im weiteren Verlauf zusätzliche Klassen erstellen, die Sie dann für die Deserialisierung des XML verwenden werden.

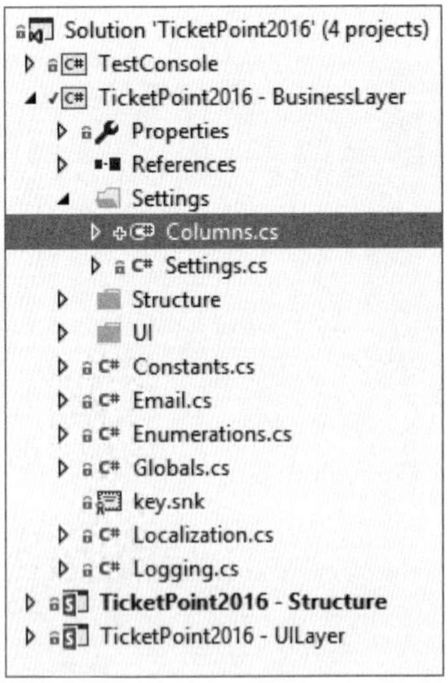

Abbildung 15.9 »Columns«-Klasse in der Projektstruktur

Als Nächstes lassen wir uns von Visual Studio die Klassen zu unserer XML-Konfiguration generieren. Kopieren Sie dazu die Beispielkonfiguration aus Listing 15.6 in den Zwischenspeicher.

```
<Columns>
  <Column Header="ManagedProperty1" ManagedProperty="Spaltenname1"/>
  <Column Header="ManagedProperty2" ManagedProperty="Spaltenname2"/>
</Columns>
```

Listing 15.6 Beispielkonfiguration

Klicken Sie in die *Columns.cs*-Klassendatei, um den Cursor dort zu platzieren. Um die Klassen automatisch zu generieren, klicken Sie im Visual Studio im Menü auf EDIT und wählen im Anschluss über PASTE SPECIAL den Menüpunkt PASTE XML AS CLASSES aus. Visual Studio generiert dann für Sie für jedes Tag im XML-Dokument eine eigene Klasse und fügt für jede Property im XML-Dokument auch eine Property vom passenden Datentyp in die generierte Klasse ein.

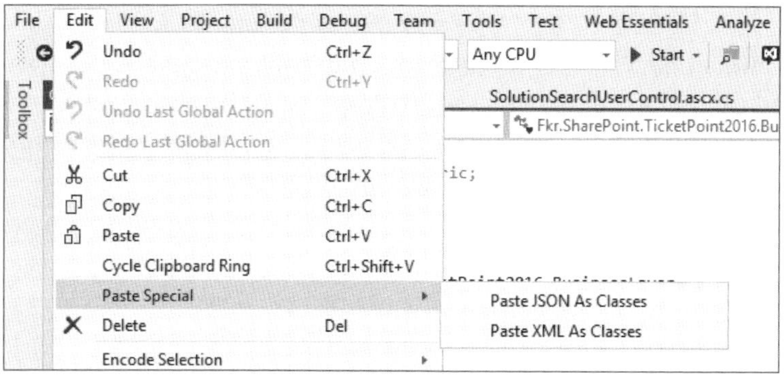

Abbildung 15.10 »Paste XML as Classes«

Über die RENAME-Funktion von Visual Studio passen Sie die Klassen- und Property-Namen so an, dass Sie den Code aus Listing 15.7 erhalten. Das Umbenennen ist nicht zwingend erforderlich, steigert aber die Übersichtlichkeit enorm und wird deshalb empfohlen.

```
/// <remarks/>
[System.SerializableAttribute()]
[System.ComponentModel.DesignerCategoryAttribute("code")]
[System.Xml.Serialization.XmlTypeAttribute(AnonymousType = true)]
[System.Xml.Serialization.XmlRootAttribute(Namespace = "", IsNullable =
 false)]
public partial class Columns
{
  private Column[] columns;
  /// <remarks/>
  [System.Xml.Serialization.XmlElementAttribute("Column")]
```

```
  public Column[] ColumnArray
  {
    get
    {
      return this.columns;
    }
    set
    {
      this.columns = value;
    }
  }
}
```

Listing 15.7 Spaltendefinition

Die `Columns`-Klasse enthält die Property `ColumnArray`, in der alle verfügbaren Spalten hinterlegt sind. Die `Column`-Klasse enthält die `Header`-Property, die den Anzeigenamen der Spalte enthalten wird, und die `ManagedProperty`-Property, in der die Managed Property abgelegt wird, deren Wert in der Spalte angezeigt werden soll.

```
/// <remarks/>
[System.SerializableAttribute()]
[System.ComponentModel.DesignerCategoryAttribute("code")]
[System.Xml.Serialization.XmlTypeAttribute(AnonymousType = true)]
public partial class Column
{
  private string header;
  private string mananagedProperty;
  /// <remarks/>
  [System.Xml.Serialization.XmlAttributeAttribute()]
  public string Header
  {
    get
    {
      return this.header;
    }
    set
    {
      this.header = value;
    }
  }
  /// <remarks/>
  [System.Xml.Serialization.XmlAttributeAttribute()]
  public string MananagedProperty
```

```
  {
    get
    {
      return this.mananagedProperty;
    }
     set
     {
       this.mananagedProperty = value;
    }
  }
}
```

Listing 15.8 Spaltendefinition

Mithilfe dieser Klassen arbeiten Sie dann im Quellcode, um die Konfiguration zu verwenden. Nun fehlt Ihnen noch die Deserialisierung des XML-Strings in die XML-Klassen. Fügen Sie dazu den Code aus Listing 15.9 in das UserControl ein, um die `ColumnArray`-Property zur Verfügung zu stellen. Die Deserialisierung erfolgt mithilfe der `XmlSerializer`-Klasse und der `Deserialize`-Methode.


```
private Columns m_Columns = null;
private Column[] ColumnArray
{
  get
  {
    if (m_Columns == null)
    {
      XmlSerializer serializer = new XmlSerializer(typeof(Columns));
      using (StringReader stream = new StringReader(Columns))
      {
        using (XmlReader reader = XmlReader.Create(stream))
        {
          m_Columns = (Columns)
          serializer.Deserialize(reader);
        }
      }
    }
    return m_Columns.ColumnArray;
  }
}
```

Listing 15.9 Property zur Ermittlung der Spalten

Damit haben Sie nun alle benötigten Properties erstellt.

Kommen wir zur Implementierung der Oberfläche. Im Markup des *UserControls* erstellen Sie als Erstes zwei Panel. Das Panel *pnlConfigurationInfo* wird eingeblendet, wenn die Konfiguration des WebParts fehlerhaft oder unvollständig ist. Das zweite Panel, *pnlMainContent*, enthält den eigentlichen WebPart-Inhalt und wird nur dann angezeigt, wenn die Konfiguration gültig ist.

```
<asp:Panel ID="pnlConfigurationInfo" runat="server">
  <asp:Label ID="lblMsg" runat="server" Text="" ForeColor="Red"></asp:Label>
</asp:Panel>
<asp:Panel ID="pnlMainContent" runat="server">
</asp:Panel>
```

Listing 15.10 Markup für WebPart-Inhalte

Fügen Sie den Code aus Listing 15.11 in die `Page_Load`-Methode ein, um die `Validate-Configuration`-Methode aufzurufen. Je nach Ergebnis wird das passende Panel eingeblendet oder eine Fehlermeldung ausgegeben.

```
protected void Page_Load(object sender, EventArgs e)
{
  if (!ValidateConfiguration())
  {
    pnlConfigurationInfo.Visible = true;
    pnlMainContent.Visible = false;
    lblMsg.Text =
      Localization.GetString(Localization
        .Keys.MsgErrorWebPartConfiguration);
  }
  else
  {
    dtpFrom.LocaleId = System.Threading.Thread.
      CurrentThread.CurrentUICulture.LCID;
      dtpTo.LocaleId = System.Threading.Thread.
      CurrentThread.CurrentUICulture.LCID;
    pnlConfigurationInfo.Visible = false;
    pnlMainContent.Visible = true;
  }
}
```

Listing 15.11 Page_Load

Die `ValidateConfiguration`-Methode prüft alle Properties, die gefüllt sein müssen, und liefert `false` zurück, wenn dies nicht der Fall ist. Es wird zusätzlich über `Column-`

Array.Length geprüft, ob überhaupt Spalten konfiguriert wurden, die angezeigt werden sollen.

```
private bool ValidateConfiguration()
{
  if (string.IsNullOrWhiteSpace(Columns))
    return false;
  if (CustomSearchQuery && string.IsNullOrWhiteSpace(SearchQuery))
    return false;
  if (string.IsNullOrWhiteSpace(ManagedPropertyAssignedTo))
    return false;
  if (string.IsNullOrWhiteSpace(ManagedPropertyContactPerson))
    return false;
  if (string.IsNullOrWhiteSpace(ManagedPropertyCustomer))
    return false;
  if (string.IsNullOrWhiteSpace(ManagedPropertyProblemDescription))
    return false;
  if (string.IsNullOrWhiteSpace(ManagedPropertySubject))
    return false;
  if (string.IsNullOrWhiteSpace(Columns))
    return false;
  if (ColumnArray.Length == 0)
    return false;
  return true;
}
```

Listing 15.12 Validierung der Konfiguration

Bei einer unvollständigen Konfiguration wird das Panel *pnlConfigurationInfo* eingeblendet, wodurch der Benutzer in der Oberfläche sehen kann, dass das WebPart nicht vollständig oder fehlerhaft konfiguriert wurde:

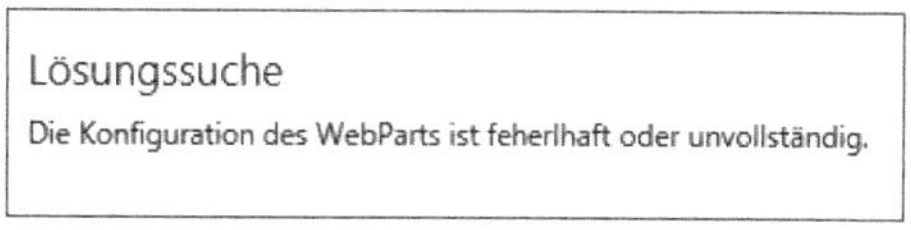

Abbildung 15.11 Fehlermeldung bei unvollständiger Konfiguration

Erstellen Sie nun den Suchbereich im Markup des UserControls. Schauen Sie sich vorher noch einmal das Mockup zum Lösungssuche-WebPart (Abbildung 2.21) in Kapitel 2 des Buches an.

Hinzugefügt werden eine TextBox für die Eingabe der Ticketnummer, auf die sich die Lösungssuche beziehen soll, und ein fieldset-Bereich, in dem die Suchparameter festgelegt werden können.

```
<%=Localization.GetString(Localization.Keys.TxtTicketnumber) %>
<asp:TextBox ID="txtTicketNumber" runat="server"></asp:TextBox>
<br />
<%=Localization.GetString(Localization.Keys.TxtTicketNumberDescription) %>
<br /><br />
<fieldset style="max-width: 600px;">
  <legend><%=
Localization.GetString(Localization.Keys.TxtSearchParameters) %></legend>
  <table>

  </table>
</fieldset>
```

Listing 15.13 Markup

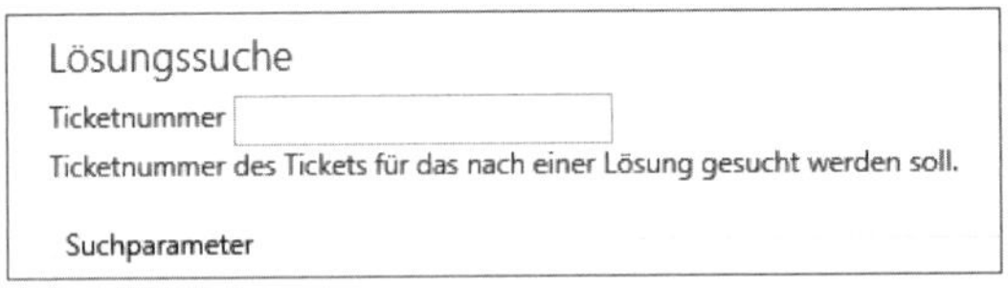

Abbildung 15.12 Suchbereich

Fügen Sie die Zeilen aus Listing 15.15 ein, um die drei CheckBoxen inklusive Beschreibung hinzuzufügen, damit der Benutzer auswählen kann, ob der Kunde, der Ansprechpartner und/oder der Bearbeiter bei der Suchabfrage berücksichtigt werden sollen.

```
<tr>
  <td colspan="4">
    <asp:CheckBox runat="server" ID="cBoxIncludeCustomer" />
    <%=Localization.GetString(Localization.Keys.TxtIncludeCustomer) %>
  </td>
</tr>
<tr>
  <td colspan="4">
    <asp:CheckBox runat="server" ID="cBoxIncludeContactPerson" />
    <%=Localization.GetString(Localization.Keys.TxtIncludeContactPerson)%>
  </td>
</tr>
<tr>
  <td colspan="4">
    <asp:CheckBox runat="server" ID="cBoxIncludeAssignedTo" />
```

```
    <%=Localization.GetString(Localization.Keys.TxtIncludeAssignedTo) %>
  </td>
</tr>
```

Listing 15.14 Markup der Suchparameter

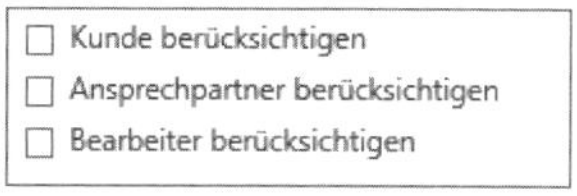

Abbildung 15.13 Suchparameter: Kunde, Ansprechpartner und Bearbeiter berücksichtigen

Wenn der Bearbeiter berücksichtigt wird, hat der Benutzer die Wahl, ob er selbst in der Suchabfrage berücksichtigt wird oder ein ausgewählter Benutzer. Zur Auswahl des Benutzers verwenden wir das *ClientPeoplePicker*-Control.


```
<tr>
  <td colspan="4">
  <asp:RadioButton runat="server" ID="rBtnAssignedToMe"
    GroupName="AssignedTo"/>
  <%=Localization.GetString(Localization.Keys.TxtI) %>
  </td>
</tr>
<tr>
  <td colspan="4">
    <asp:RadioButton runat="server" ID="rBtnAssignedToSupporter"
      GroupName="AssignedTo"/>
    <%=Localization.GetString(Localization.Keys.TxtDifferentSupporter)%>
    <SharePoint:ClientPeoplePicker runat="server" ID="ppAssignedTo"
       AllowMultipleEntities="false" />
  </td>
</tr>
```

Listing 15.15 Markup der Lösungssuche

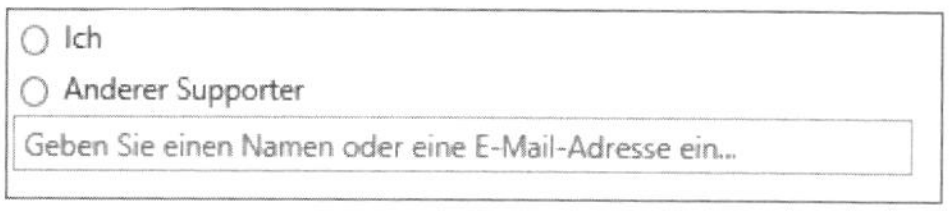

Abbildung 15.14 Suchparameter: Bearbeiter

Zur Auswahl des Zeitraums verwenden Sie zwei Controls vom Typ `DateTimeControl`. Das sind die Standard-SharePoint-Controls zur Auswahl von Datumswerten. Über `DateOnly="true"` legen Sie fest, das hier nur das Datum ohne Uhrzeit ausgewählt werden kann.

```
<tr>
  <td>
    <%=Localization.GetString(Localization.Keys.TxtPeriod) %>
    <%=Localization.GetString(Localization.Keys.TxtFrom) %>
  </td>
  <td>
    <SharePoint:DateTimeControl ID="dtpFrom"
        runat="server" DateOnly="true" />
   </td>
   <td>
     <%=Localization.GetString(Localization.Keys.TxtTill) %>
  </td>
   <td>
    <SharePoint:DateTimeControl ID="dtpTo"
        runat="server" DateOnly="true" />
  </td>
</tr>
```

Listing 15.16 Markup der Lösungssuche

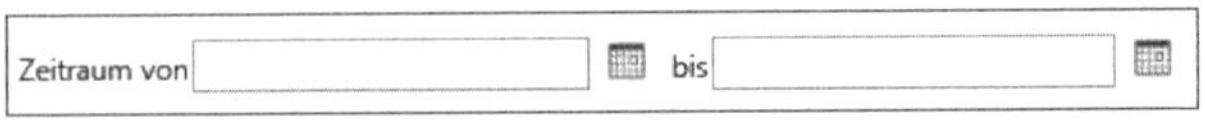

Abbildung 15.15 Suchparameter: Zeitraum

Für den Suchparameterbereich fehlen nun lediglich noch die TextBox zur Eingabe von Schlagwörtern und der SUCHEN-Button.

```
<tr>
  <td>
      <%=Localization.GetString(Localization.Keys. TxtKeyWord) %>
  </td>
    <td colspan="3">
      <asp:TextBox runat="server" ID="txtKeyWord"></asp:TextBox>
  </td>
</tr>
<tr>
  <td style="text-align: right;" colspan="4">
    <asp:Button runat="server" ID="btnSearch" OnClick="btnSearch_Click"
      Text="<%$Resources:TicketPoint2016, BtnSearch%>" />
    </td>
</tr>
```

Listing 15.17 Markup der Lösungssuche

Abbildung 15.16 Suchparameter: Schlagwort und »Suchen«-Button

Zum Schluss fügen Sie noch das `Panel` und die `Table` zur Anzeige der Suchergebnisse ein.

```
<asp:Panel ID="pnlResults" runat="server" Visible="false">
  <asp:Table runat="server" ID="tblResults"></asp:Table>
</asp:Panel>
```

Wechseln Sie nun in die Codebehind-Datei des UserControls.

Beginnen wir mit der Methode `GetTicket`, die Sie benötigen, um das Ticket, auf das sich die Suchabfrage beziehen soll, zu suchen.

Die Suche erfolgt mit einer CAML-Query und der bekannten `GetItems`-Methode aus der `Globals`-Klasse. Mit der CAML-Query suchen Sie über die Ticketnummer das gewünschte Ticket. Die `ViewFields` schränken Sie auf die Felder ein, die Sie für die Suchabfrage aus Listing 15.18 benötigen.


```
private SPListItem GetTicket(string ticketNumber)
{
  string query = "<Where>" +
    $"<Eq><FieldRef Name = '{Constants.FieldInternalName.Ticketnumber}' />" +
    $"<Value Type = 'Text'>{ticketNumber}</Value></Eq>" +
    "</Where>";
  string viewFields = "<ViewFields>" +
    $"<FieldRef Name = '{Constants.FieldInternalName.Customer}' />" +
    $"<FieldRef Name = '{Constants.FieldInternalName.ContactPerson}' />" +
    $"<FieldRef Name = '{Constants.FieldInternalName.AssignedTo}' />" +
    "</ViewFields>";
  SPListItemCollection tickets = Globals.GetItems(
    SPContext.Current.Web,
    Constants.ListUrl.Tickets, query, null);
  if (tickets.Count == 1)
    return tickets[0];
  else
    return null;
}
```

Listing 15.18 Ticketsuche

Die btnSearch_Click-Methode sucht anhand der eingetragenen Ticketnummer mit der GetTicket-Methode das Ticket. Im Anschluss wird die Suchabfrage dynamisch erstellt und dann über die Search-Methode abgesetzt. Die Search-Methode werden Sie in diesem Kapitel noch erstellen. Die Ergebnisse der Suche werden dann mit der ShowResultTable-Methode in der Oberfläche dargestellt. Auch diese Methode werden Sie noch in diesem Kapitel erstellen.

```
protected void btnSearch_Click(object sender, EventArgs e)
{
  SPListItem ticket = GetTicket(txtTicketNumber.Text);
  DataTable result = null;
  if (ticket != null)
  {
    // Suchabfrage erstellen
    //..
    // Suche durchführen
    result = Search(query, selectProperties.ToArray(), null);

    // Ergebnisse anzeigen
    ShowResultTable(result);
  }
}
```

Listing 15.19 Codebehind des »Suchen«-Button

Schauen wir uns zunächst die dynamische Erstellung der Suchabfrage an.

Generell werden die Suchergebnisse über die ContentTypeId des Ticket-ContentTypes auf Elemente vom Typ Ticket eingeschränkt.

```
//Auf den Ticket-ContentType einschränken
string query = $"{Constants.ManagedProperty.ContentTypeId}:
   {Constants.ContentTypeId.Ticket}*";
```

Wenn eine eigene Suchabfrage konfiguriert wurde, dann wird die Suchabfrage um die benutzerdefinierte Suchabfrage erweitert:

```
//Suchabfrage um konfigurierte Abfrage ergänzen
if (CustomSearchQuery)
  query += " " + SearchQuery;
```

Wenn der Kunde berücksichtigt werden soll, wird der Kunde als SPFieldLookupValue aus dem Ticket ausgelesen. Die Suchabfrage wird dann um eine Abfrage auf den Kunden ergänzt. Verwendet wird dabei der Anzeigename.

```
//Kunde berücksichtigen
if (cBoxIncludeCustomer.Checked)
{
  SPFieldLookupValue customer =
    new SPFieldLookupValue(
    ticket[Constants.FieldInternalName.Customer].ToString());
  query += $" {ManagedPropertyCustomer}:'{customer.LookupValue}'";
}
```

Listing 15.20 Aufbau der Suchabfrage

Wenn die Kontaktperson berücksichtigt werden soll, wird sie als `SPFieldUserValue` aus dem Ticket ausgelesen und in der Suchabfrage verwendet.

```
//Kontaktperson berücksichtigen
if (cBoxIncludeContactPerson.Checked)
{
  SPFieldUserValue contactPerson =
    new SPFieldUserValue(SPContext.Current.Web,
    ticket[Constants.FieldInternalName.ContactPerson].ToString());
  query += $" {ManagedPropertyContactPerson}:'{contactPerson.User.Name}'";
}
```


Listing 15.21 Aufbau der Suchabfrage

Bei der Einschränkung auf den Bearbeiter gibt es zwei Möglichkeiten: Verwenden Sie den aktuellen Benutzer oder alternativ einen über den ClientPeoplePicker ausgewählten Benutzer. In beiden Fällen werden über den Anzeigenamen des Benutzers die Suchergebnisse eingeschränkt.

```
//Bearbeiter berücksichtigen
if (cBoxIncludeAssignedTo.Checked)
{
  if (rBtnAssignedToMe.Checked)
  {
    query += $" {ManagedPropertyAssignedTo}:
      '{SPContext.Current.Web.CurrentUser.Name}'";
  }
  else if (rBtnAssignedToSupporter.Checked)
  {
    if (ppAssignedTo.ResolvedEntities.Count == 1)
    {
      PickerEntity entity = ppAssignedTo.ResolvedEntities[0]
        as PickerEntity;
```

```
        query += $" {ManagedPropertyAssignedTo}:
          '{entity.DisplayText}'";
      }
    }
}
```

Listing 15.22 Aufbau der Suchabfrage

Die Suchergebnisse werden auf einen bestimmten Zeitraum eingeschränkt, wenn Werte in den Controls für den Zeitraum eingetragen wurden. Beachten Sie hier, dass Sie das Datum passend im Format yyyy-MM-dd formatieren müssen, damit die SharePoint-Suche es in der Suchabfrage akzeptiert.

```
//Zeitraum
if (!dtpFrom.IsDateEmpty)
{
  query += $" {Constants.ManagedProperty.Created}>=
    {dtpFrom.SelectedDate.ToString("yyyy-MM-dd")}";
}
if (!dtpTo.IsDateEmpty)
{
  query += $" {Constants.ManagedProperty.LastModifiedTime}<=
    {dtpTo.SelectedDate.ToString("yyyy-MM-dd")}";
}
```

Listing 15.23 Aufbau der Suchabfrage

Als letzte Möglichkeit zur Einschränkung fügen Sie die Schlagwörter ein. Die Schlagwörter werden nicht speziell in einer Spalte gesucht, sondern über alle indizierten Spalten der Ticketliste.

```
//Schlagwörter
if (!string.IsNullOrWhiteSpace(txtKeyWord.Text))
  query += " " + txtKeyWord.Text;
```

Nun fehlen uns noch die selectProperties. Das sind die Spalten in der Ergebnis-DataTable, die wir für die Anzeige benötigen. Die listItemId und die URL benötigen wir für die Erstellung des Links auf die Tickets der Ergebnismenge. Zusätzlich benötigen Sie je Spalte die konfigurierten Managed Properties, die ebenfalls hinzugefügt werden.

```
//SelectProperties
List<string> selectProperties = new List<string>();
selectProperties.Add(Constants.ManagedProperty.ListItemId);
```

```
selectProperties.Add(Constants.ManagedProperty.Url);
//Spalten, die angezeigt werden sollen, ergänzen
foreach (Column column in ColumnArray)
{
  if (!selectProperties.Contains(column.MananagedProperty))
     selectProperties.Add(column.MananagedProperty);
}
```

Listing 15.24 Aufbau der Suchabfrage

Fügen Sie die `Search`-Methode ein, die die Suchabfrage absetzt und die Ergebnis-DataTable zurückliefert. Die Suchabfrage erfolgt, wie im Planungsteil des Buches beschrieben, mit erweiterten Berechtigungen. Um auf die benötigten Klassen zugreifen zu können, referenzieren Sie die DLL *C:\Program Files\Common Files\Microsoft Shared\Web Server Extensions\16\ISAPI\Microsoft.Office.Server.Search.dll* und ergänzen das `using` *Microsoft.Office.Server.Search.Query*.

```
private DataTable Search(string queryText, string[] selectProperties,
  string sortProperty)
{
  DataTable resultTable = new DataTable();
  SPSecurity.RunWithElevatedPrivileges(delegate ()
  {
    using (SPSite site = new SPSite(SPContext.Current.Site.ID,
      SPContext.Current.Site.Zone))
    {
      //Suche
      //...
    }
  }
}
```

Listing 15.25 Suchabfrage vorbereiten

Fügen Sie den Code Listing 15.26 aus an der Stelle `//...` ein, um die Suche durchzuführen. Es wird ein `KeywordQuery`-Objekt erzeugt, in dem die Suchparameter gesetzt werden:

- `KeywordInclusion`: Durch Setzen auf `AllKeywords` legen Sie fest, dass alle Suchbegriffe enthalten sein sollen.
- `RowLimit`: maximale Anzahl der Suchergebnisse, die zurückgeliefert werden
- `QueryText`: die Suchabfrage, anhand der die Suche durchgeführt wird

- SelectProperties: Managed Properties, die als Spalten in der Ergebnis-DataTable zurückgeliefert werden
- SortList: eine Liste von Managed Properties, nach denen die Ergebnisse sortiert werden

```
using (KeywordQuery keywordQuery = new KeywordQuery())
{
  keywordQuery.KeywordInclusion = KeywordInclusion.AllKeywords;
  keywordQuery.RowLimit = 50;
  keywordQuery.QueryText = queryText;
  //Spalten, die in der Ergebnis DataTable enthalten sind
  keywordQuery.SelectProperties.Clear();
  keywordQuery.SelectProperties.AddRange(selectProperties);
  //Sortierung
  keywordQuery.SortSimilar = false;
  if (!string.IsNullOrWhiteSpace(sortProperty))
    keywordQuery.SortList.Add(sortProperty,
  Microsoft.Office.Server.Search.Query.SortDirection.Ascending);

  //...
}
```

Listing 15.26 Suchabfrage aufbauen

Die Suche wird mit der ExecuteQuery-Methode der SearchExecuter-Klasse durchgeführt. Wenn Ergebnisse gefunden wurden, werden sie in die DataTable *resultTable* geladen.

```
SearchExecutor se = new SearchExecutor();
ResultTableCollection rtc = null;
rtc = se.ExecuteQuery(keywordQuery);
if (rtc.Count > 0)
{
  var results = rtc.Filter("TableType", KnownTableTypes.RelevantResults);
  if (results != null && results.Count() == 1)
    resultTable.Load(results.First(),
      LoadOption.OverwriteChanges);
}
```

Listing 15.27 Suche ausführen

Die letzte Methode, die nun noch fehlt, ist die Methode zur Darstellung der Suchergebnisse:

```
private void ShowResultTable(DataTable result)
{
  pnlResults.Visible = true;
}
```

Listing 15.28 Suchergebnisse darstellen

Ergänzen Sie den Code aus Listing 15.29, um die Spaltenüberschriften darzustellen. Es werden eine TableRow und je konfigurierter Spalte eine TableCell erstellt, in der der Anzeigetext als LiteralControl hinzugefügt wird.

```
//Header
TableRow headerRow = new TableRow();
headerRow.Style.Add("border-bottom", "1px solid #666");
foreach (Column column in ColumnArray)
{
  TableCell headerCell = new TableCell();
  headerCell.Style.Add("padding", "5px");
  headerCell.Controls.Add(new LiteralControl(column.Header));
  headerRow.Cells.Add(headerCell);
}
tblResults.Rows.Add(headerRow);
```

Listing 15.29 Suchergebnisse aufbereiten

Als Nächstes prüfen Sie, ob Ergebnisse vorhanden sind. Wenn im else-Zweig keine Ergebnisse vorhanden sind, fügen Sie eine TableRow mit einer Zelle ein, um anzuzeigen, dass keine Suchergebnisse gefunden wurden:

```
if (result != null && result.Rows.Count > 0)
{
  //Anzeige der Ergebnisse
}
else
{
  TableRow row = new TableRow();
  TableCell cell = new TableCell();
  cell.Style.Add("padding", "5px");
  cell.ColumnSpan = ColumnArray.Length;
  string text = Localization.GetString(
    Localization.Keys.MsgInformationNoResult);
  cell.Controls.Add(new LiteralControl(text));
```

```
    row.Cells.Add(cell);
    tblResults.Rows.Add(row);
}
```

Listing 15.30 Suchergebnisse aufbereiten

Im then-Zweig werden die Ergebnisse dargestellt. Je Ergebnis wird eine TableRow erzeugt. Für jede konfigurierte Spalte wird dann eine Zelle erstellt, in der der Text aus dem Suchergebnis angezeigt wird. Der Zugriff erfolgt über den Namen der Managed Property.

```
for (int i = 0; i < result.Rows.Count; i++)
{
  DataRow dataRow = result.Rows[i];
  TableRow row = new TableRow();
  foreach (Column column in ColumnArray)
  {
    TableCell cell = new TableCell();
    cell.Style.Add("padding", "5px");
    if (i % 2 == 1)
      cell.Style.Add("background-color", "#EAEAEA");
    string text = "";
    if (dataRow[column.MananagedProperty] != DBNull.Value)
      text = dataRow[column.MananagedProperty].ToString();
    cell.Controls.Add(new LiteralControl(text));
    row.Cells.Add(cell);
  }
  tblResults.Rows.Add(row);
}
```

Listing 15.31 Suchergebnisse aufbereiten

Laut Anforderungen soll es die Möglichkeit geben, einen Link auf das Ticket darzustellen, um das Ticket in einem modalen Dialog zu öffnen. Fügen Sie dazu vor cell.Controls.Add(new LiteralControl(text)); den Code aus Listing 15.32 ein:

```
if (column.MananagedProperty == ManagedPropertySubject)
{
  //Link auf das Ticket darstellen
  HyperLink hpl = new HyperLink();
  hpl.Text = text;
  string url = dataRow[Constants.ManagedProperty.Url].ToString() +
      $"&{Constants.UrlParameter.ElevatedPreviliges}=1";
  string js = $"openModal('','{url}');";
```

```
  hpl.NavigateUrl = "javascript:" + js;
  cell.Controls.Add(hpl);
}
else
  cell.Controls.Add(new LiteralControl(text));
```

Listing 15.32 Ergebnistabelle aufbauen

In der `if`-Bedingung wird geprüft, ob es sich um die Betreff-Spalte handelt. Falls ja, soll der Betreff des Tickets als Link dargestellt werden. Statt des LiteralControls wird ein Hyperlink erstellt. Als URL wird ein Script zum Öffnen des Tickets in einem modalen Dialog gesetzt.

Damit haben Sie das Lösungssuche-WebPart vollständig umgesetzt.

Wechseln Sie zu Ihrer Test-SiteCollection, fügen Sie das WebPart auf einer Seite hinzu. Konfigurieren Sie das WebPart.

WebPart-Property	Wert
Eigene Suchabfrage	`false`
Suchabfrage	

Ergebnisfelder	`<Columns>`
	`<Column Header="Betreff" MananagedProperty="fkrtpSubject"/>`
	`<Column Header="Erstellt" MananagedProperty="Created"/>`
	`<Column Header="Zuletzt geändert" MananagedProperty="LastModifiedTime"/>`
	`</Columns>`

Managed Property Kunde	`fkrtpcustomer`
Managed Property Ansprechpartner	`fkrtpContactPerson`
Managed Property Bearbeiter	`fkrtpAssignedTo`
Managed Property Problembeschreibung	`fkrtpProblemDescription`
Managed Property Betreff	`fkrtpSubject`

Tabelle 15.3 WebPart-Konfiguration

Wie Sie die benötigten Managed Properties anlegen, erfahren Sie in Abschnitt 15.1.1, »Suchkonfiguration«.

Legen Sie einige Testdaten an, und testen Sie das WebPart. Das Ergebnis sollte bis auf die Suchergebnisse wie in Abbildung 15.17 aussehen.

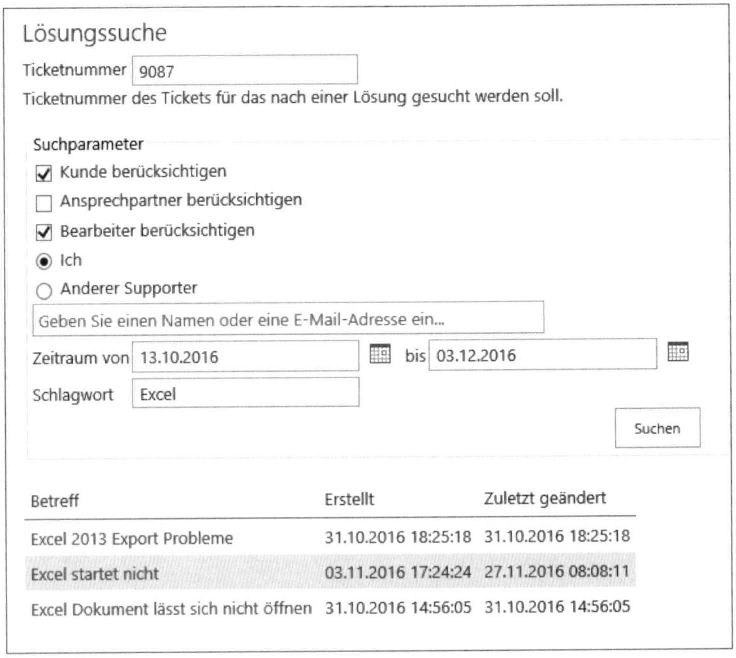

Abbildung 15.17 Oberfläche Lösungssuche-Webpart

15.1.1 Suchkonfiguration

Um das WebPart verwenden zu können, müssen Sie einige Managed Properties in der Suchkonfiguration von SharePoint erstellen. Wir legen an dieser Stelle nur die Managed Properties an, die wir für TicketPoint 2016 benötigen, und gehen auch nur auf die für TicketPoint relevanten Eigenschaften etc. ein. Eine vollständige Konfiguration der Suche ist nicht Thema dieses Buches.

[»]

Hinweis

Detaillierte Informationen zum Einrichten der Suche finden Sie unter der folgenden URL: *https://technet.microsoft.com/en-us/library/gg502597.aspx*

Wechseln Sie in die Zentraladministration, und rufen Sie die *Search Service Application* auf. Klicken Sie auf SEARCH SCHEMA unter QUERIES AND RESULTS, um auf die Managed Properties von SharePoint zuzugreifen.

Abbildung 15.18 »Search Schema« in der Suchadministration

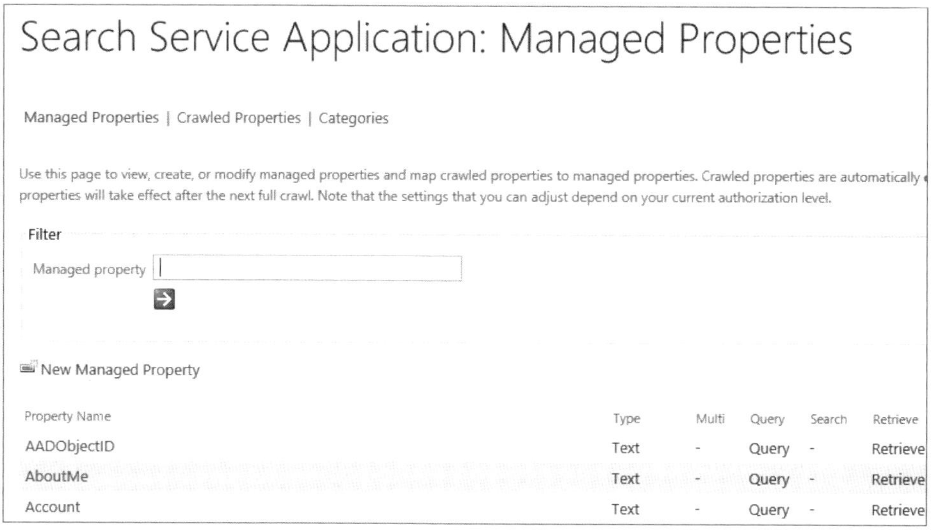

Abbildung 15.19 Managed Properties

Über diese Seite können Sie nach vorhandenen Managed Properties suchen und neue anlegen. Managed Properties sind Properties, denen man *Crawled Properties* zuordnen kann, um diese in einer Suchabfrage verwenden zu können. Passend konfiguriert können Managed Properties auch als Spalte einer Ergebnistabelle in den Suchergebnissen zurückgeliefert werden. Wir benötigen für die Verwendung des

Lösungssuche-WebParts eine Reihe von Managed Properties, die wir jetzt erstellen. Klicken Sie dazu auf NEW MANAGED PROPERTY.

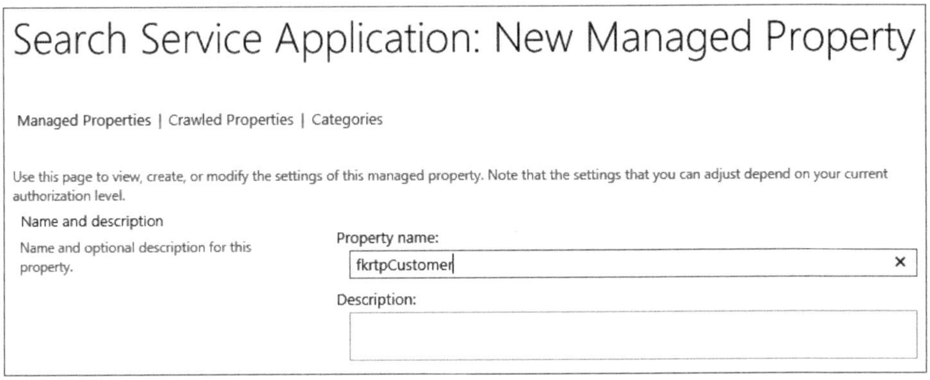

Abbildung 15.20 »New Managed Property«- Dialog

Geben Sie »fkrtpCustomer« als Namen ein, wählen Sie als Typ TEXT aus, und setzen Sie den Haken bei SEARCHABLE, QUERYABLE, RETRIEVABLE und SORTABLE. Im Anschluss fügen Sie über ADD MAPPING die Crawled Property `ows_fkr_tp_Customer` hinzu und bestätigen dies mit OK.

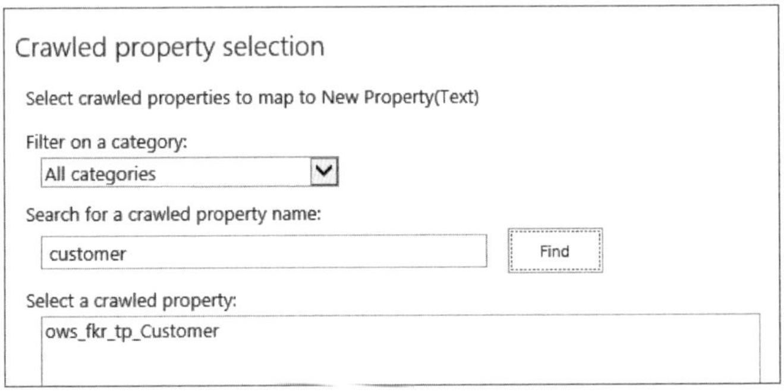

Abbildung 15.21 Crawled Property hinzufügen

Erstellen Sie auf diesem Wege alle Managed Properties aus Tabelle 15.4. Alle Managed Properties sind vom Typ TEXT, SEARCHABLE, QUERYABLE, und RETRIEVABLE. SORTABLE sind die Managed Properties `fkrtpCustomer`, `fkrtpAssignedTo` und `fkrtpContact-Person`.

Managed Property	Managed Crawled Properties
`fkrtpCustomer`	`ows_fkr_tp_Customer`
`fkrtpAssignedTo`	`ows_fkr_tp_AssignedTo`

Tabelle 15.4 Zuordnung Managed Properties zu Managed Crawled Properties

Managed Property	Managed Crawled Properties
fkrtpContactPerson	ows_fkr_tp_ContactPerson
fkrtpProblemDescription	ows_fkr_tp_Problemdescription
fkrtpSubject	ows_q_TEXT_fkr_tp_Subject

Tabelle 15.4 Zuordnung Managed Properties zu Managed Crawled Properties (Forts.)

Denken Sie daran, im Anschluss einen Full Crawl durchzuführen, damit die Änderungen wirksam werden. Bei einem Incremental Crawl werden die Änderungen nicht wirksam.

Die von Ihnen erstellten Managed Properties finden Sie auf der Übersichtsseite unter dem Präfix FKRTP. Die von SharePoint erstellten Managed Properties mit dem Präfix FKRTP haben wir in Abbildung 15.22 zur besseren Übersicht ausgeblendet.

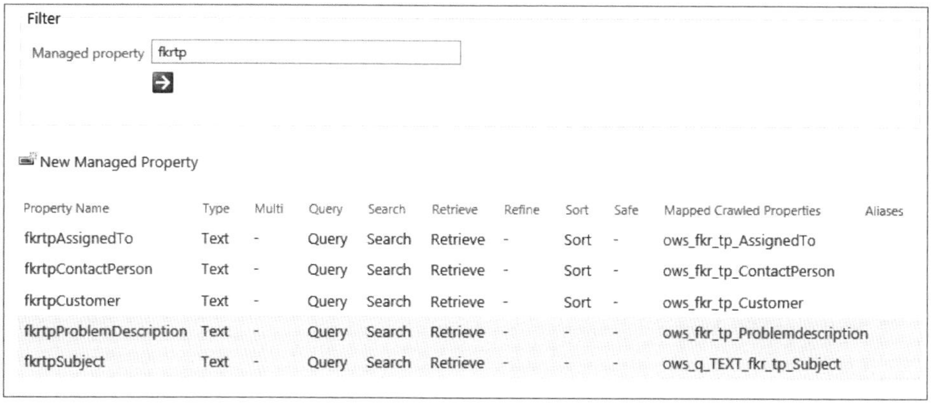

Abbildung 15.22 Erstellte Managed Properties

Nachdem Sie nun die benötigten Managed Properties erstellt haben, können Sie das WebPart testen. Deployen Sie die Solution, und aktivieren Sie das Feature TicketPoint 2016 WebParts. Fügen Sie das WebPart einer Wiki-Seite hinzu, konfigurieren Sie es, und testen Sie dann die Funktionen.

Begriffe

Wenn der Indexer der Suche z. B. ListItems crawlt, werden die Spalten des ListItems automatisch als *Crawled Properties* angelegt. Sie haben keinen Einfluss durch Konfiguration auf die Crawled Properties. Crawled Properties können nicht direkt in Suchabfragen verwendet werden.

Managed Properties sind Gruppierungen von einer oder mehreren Crawled Properties. Managed Properties können in Suchabfragen verwendet werden.

15.2 Ticketauswertung

Für die Ticketauswertung soll ein Visual WebPart bereitgestellt werden. Zur Erstellung des WebParts fügen Sie im *UILayer*-Projekt ein neues Visual WebPart mit dem Namen *TicketEvaluation* hinzu.

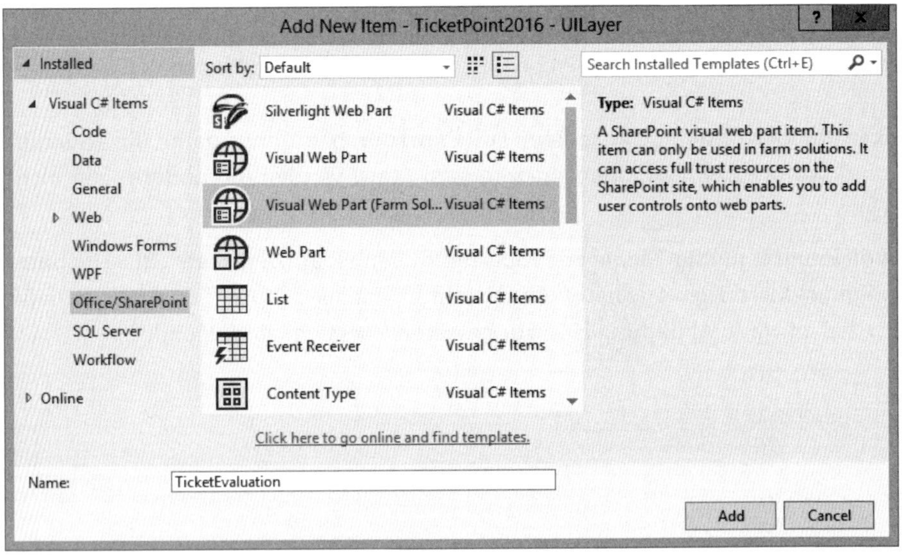

Abbildung 15.23 Visual WebPart hinzufügen

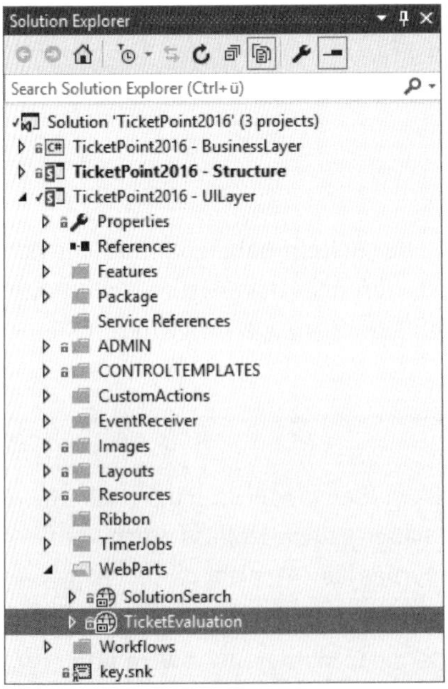

Abbildung 15.24 »TicketEvaluation«-WebPart in der Projektstruktur

Im Architekturdokument sind die Basisinformationen des WebParts in Tabelle 15.5 zusammengefasst.

Name	Ticketauswertung
Beschreibung	Bietet die Möglichkeit, Tickets innerhalb eines gewünschten Zeitraums zu suchen und auszuwerten.
Gruppe	TicketPoint 2016

Tabelle 15.5 WebPart-Eigenschaften

Laut der Tabelle soll das WebPart den Namen *Ticketauswertung* mit der entsprechenden Beschreibung erhalten und in der Gruppe *TicketPoint 2016* untergebracht werden.

Öffnen Sie dazu als Erstes die *Elements.xml*-Datei des WebParts, und passen Sie das XML gemäß Listing 15.33 an.

```
<?xml version="1.0" encoding="utf-8"?>
<Elements xmlns="http://schemas.microsoft.com/sharepoint/" >
  <Module Name="TicketEvaluation" List="113" Url="_catalogs/wp">
  <File Path="TicketEvaluation\TicketEvaluation.webpart"
      Url="TicketPoint2016 - UILayer_TicketEvaluation.webpart"
      Type="GhostableInLibrary" >
    <Property Name="Group" Value="TicketPoint 2016" />
  </File>
  </Module>
</Elements>
```

Listing 15.33 Elements.xml

Als Nächstes öffnen Sie die Datei *TicketEvaluation.webpart* und passen das darin enthaltene XML wie in Listing 15.34 an.

```
<?xml version="1.0" encoding="utf-8"?>
<webParts>
  <webPart xmlns="http://schemas.microsoft.com/WebPart/v3">
  <metaData>
    <type name="Fkr.SharePoint.TicketPoint2016
          .UILayer.WebParts.TicketEvaluation.TicketEvaluation,
          $SharePoint.Project.AssemblyFullName$" />
    <importErrorMessage>
      $Resources:core,ImportErrorMessage;
    </importErrorMessage>
  </metaData>
```

```
  <data>
    <properties>
    <property name="Title" type="string">
      $Resources:TicketPoint2016,TxtWebpartTicketEvaluation;
    </property>
    <property name="Description" type="string">
      $Resources:TicketPoint2016,TxtWebpartTicketEvaluationDescription;
    </property>
    </properties>
  </data>
  </webPart>
</webParts>
```

Listing 15.34 WebPart-Datei

Des Weiteren ist die notwendige WebPart-Konfiguration in Tabelle 15.6 im Architekturdokument beschrieben.

Name	Beschreibung	Datentyp
URL TicketPoint 2016	Gibt die URL zu TicketPoint 2016 an. Unterhalb dieser URL wird nach der Ticketliste für die Auswertung gesucht.	Text

Tabelle 15.6 WebPart-Konfiguration

Laut dieser Tabelle soll das WebPart über eine WebPart-Property zur Angabe einer URL verfügen, unter der das TicketPoint-2016-Web angesteuert werden kann. Um die WebPart-Property anzulegen, fügen Sie am Anfang der Klasse `TicketEvaluation` in der Datei *TicketEvaluation.cs* den Code aus Listing 15.35 ein, mit dem Sie die entsprechende WebPart-Property definieren.

```
private string m_ApplicationUrl;
[Personalizable(PersonalizationScope.Shared)]
[WebBrowsable(true)]
[System.ComponentModel.Category("TicketPoint 2016")]
[WebDisplayName("URL TicketPoint 2016")]
[WebDescription("Gibt die URL zu TicketPoint 2016 an. Unterhalb dieser URL
wird nach der Ticketliste für die Auswertung gesucht.")]
public string ApplicationUrl
{
  get
  {
```

```
    if (m_ApplicationUrl == null)
    {
      m_ApplicationUrl = "";
    }
    return m_ApplicationUrl.Replace("_", " ");
  }
  set { m_ApplicationUrl = value; }
}
```

Listing 15.35 Properties für die WebPart-Konfiguration

Um aus dem UserControl des WebParts möglichst einfach auf die WebPart-Property zugreifen zu können, sollten Sie im Codebehind des UserControls *TicketEvaluationUserControl.ascx* eine gleichnamige Property anlegen, die den aktuell konfigurierten Wert der WebPart-Property zurückgibt.

```
private string ApplicationUrl
{
  get
  {
    return ((TicketEvaluationUserControl)this.Parent).ApplicationUrl;
  }
}
```

Listing 15.36 Property zur Übergabe der Konfiguration in das UserControl

Damit Sie im WebPart auf die Mehrsprachigkeit des *BusinessLayers* zugreifen können, fügen Sie, genau wie bereits in der ApplicationPages, im Markup des UserControls die beiden Tags aus Listing 15.37 als Referenz auf den *BusinessLayer* ein.

```
<%@ Assembly Name="Fkr.SharePoint.TicketPoint2016.BusinessLayer,
Version=1.0.0.0, Culture=neutral, PublicKeyToken=861259dfcacfc7b3" %>
<%@ Import Namespace="Fkr.SharePoint.TicketPoint2016.BusinessLayer" %>
```

Listing 15.37 Einbinden des BusinessLayer

Um zu prüfen, ob das WebPart korrekt konfiguriert ist, und um im Fehlerfall den Benutzer zu informieren, fügen Sie im Markup des UserControls *TicketEvaluationUserControl.ascx* ein Panel mit einem enthaltenden Label und ein leeres Panel ein.

```
<asp:Panel ID="pnlConfigurationInfo" runat="server">
  <asp:Label ID="lblMsg"
    runat="server"
    Text="" ForeColor="Red">
  </asp:Label>
```

```
</asp:Panel>
<asp:Panel ID="pnlMainContent" runat="server">
</asp:Panel>
```

Listing 15.38 Markup für den WebPart Inhalt

Wie bei dem WebPart der Lösungssuche soll das obere Panel eingeblendet werden, wenn die WebPart-Konfiguration unvollständig ist oder ein Fehler auftritt. Es soll ausgeblendet werden, wenn alles korrekt konfiguriert ist. Das untere Panel wird nur dann angezeigt, wenn die WebPart-Konfiguration vollständig ist. Fügen Sie dazu in der `Page_Load`-Methode im Codebehind die Prüfung aus Listing 15.39 ein. Es wird lediglich geprüft, ob ein Wert für die WebPart-Property `ApplicationUrl` konfiguriert wurde.

```
if(string.IsNullOrWhiteSpace(ApplicationUrl))
{
  pnlConfigurationInfo.Visible = true;
  pnlMainContent.Visible = false;
  lblMsg.Text =
    Localization.GetString(Localization
      .Keys.MsgErrorWebPartConfiguration);
  return;
}
else
{
  pnlConfigurationInfo.Visible = false;
  pnlMainContent.Visible = true;
}
```

Listing 15.39 Validierung der WebPart-Konfiguration

Im Main `pnlMainContent` hinterlegen Sie das Markup zur Angabe der Filterparameter und das Markup für die Auswertungsergebnisse. Fügen Sie für die Filter das `fieldset` aus Listing 15.40 ein.

```
<fieldset>
  <legend><%=Localization.GetString(Localization.Keys.TxtFilter) %></legend>
  <table>
    <tr>
      <td>
        <%=Localization.GetString(Localization.Keys.TxtCustomer) %>
      <span title="Dies ist ein Pflichtfeld." class="ms-accentText"> *</span>
      </td>
      <td colspan="4">
```

```
      <asp:DropDownList ID="ddlCustomer"
        runat="server"
        style="width: 100%;">
      </asp:DropDownList>
    </td>
  </tr>
  <tr>
    <td>
      <%=Localization.GetString(Localization.Keys.TxtContactPerson) %>
    </td>
    <td colspan="4">
      <SharePoint:ClientPeoplePicker runat="server"
        ID="ppContactPerson"
        AllowMultipleEntities="false"
        PrincipalAccountType="User"
        Width="100%" />
    </td>
  </tr>
  <tr>
    <td>
      <%=Localization.GetString(Localization.Keys.TxtPeriod) %>
      <span title="Dies ist ein Pflichtfeld." class="ms-accentText"> *</
                                                                    span>
    </td>
    <td>
      <%=Localization.GetString(Localization.Keys.TxtFrom) %>
    </td>
    <td>
      <SharePoint:DateTimeControl ID="dtpFrom"
        runat="server"
        DateOnly="true"
        LocaleId="1031" />
    </td>
    <td>
      <%=Localization.GetString(Localization.Keys.TxtTill) %>
    </td>
    <td>
      <SharePoint:DateTimeControl ID="dtpTill"
        runat="server"
        DateOnly="true"
        LocaleId="1031" />
    </td>
  </tr>
```

```
    <tr>
      <td colspan="4">
        <asp:Label ID="lblFilterError"
          runat="server"
          Text=""
          ForeColor="Red"></asp:Label>
      </td>
      <td style="text-align: right;">
        <asp:Button ID="btnFilter"
          runat="server"
          Text="<%$Resources:TicketPoint2016, BtnAnalyse%>"
          OnClick="btnFilter_Click" />
      </td>
    </tr>
  </table>
</fieldset>
```

Listing 15.40 Markup für den Fliter-Bereich des WebParts

Zur Ausgabe der Analysewerte fügen Sie direkt darunter die Tabelle aus Listing 15.41 im Markup ein.

```
<table>
  <tr>
    <td>
      <b>
        <%=Localization.GetString(Localization
          .Keys.TxtEvaluationPeriod) %>
      </b>
    </td>
    <td>
      <b>
        <asp:Label ID="lblEvaluationPeriod"
          runat="server"
          Text="">
        </asp:Label>
      </b>
    </td>
  </tr>
  <tr><td></td></tr>
  <tr>
    <td>
      <%=Localization.GetString(Localization
        .Keys.TxtQuantityTickets) %>
```

```
    </td>
    <td style="text-align: right;">
      <asp:Label ID="lblQtyTickets" runat="server" Text=""></asp:Label>
    </td>
  </tr>
  <tr>
    <td>
      <%=Localization.GetString(Localization.Keys.TxtReactionTime) %>
    </td>
    <td style="text-align: right;">
      <asp:Label ID="lblReactionTime"
        runat="server"
        Text="">
      </asp:Label>
    </td>
  </tr>
  <tr>
    <td>
      <%=Localization.GetString(Localization.Keys.TxtEditingTime) %>
    </td>
    <td style="text-align: right;">
      <asp:Label ID="lblEditingTime"
        runat="server"
        Text="">
      </asp:Label>
    </td>
  </tr>
</table>
```


Listing 15.41 Markup für Ergebnis-Ausgabe

Danach legen Sie im Codebehind die zwei Methoden aus Listing 15.42 an: eine, mit der Sie die notwendigen Nachschlagewerte ermitteln und die Controls befüllen, und eine weitere, mit der Sie das Formular den aktuellen Berechtigungen entsprechend vorbereiten.

```
private void InitializePage()
{
  if (!IsPostBack)
  {
    using (SPSite site = new SPSite(ApplicationUrl))
    {
      using (SPWeb web =
        site.OpenWeb())
```

```
          {
            // Verfügbare Kunden in die Kundenliste laden
            ListItem emptyItem = new ListItem(
              Localization.GetString(Localization.Keys.ValEmpty)
            , "");
            ddlCustomer.Items.Add(emptyItem);
            SPListItemCollection customerItems = Globals.GetItems(web
              , Constants.ListUrl.Customer
              , "");
            foreach (SPListItem customerItem in customerItems)
            {
              ListItem item = new ListItem(
                customerItem[Constants.FieldInternalName.Title] as string
                , customerItem.ID.ToString());
              ddlCustomer.Items.Add(item);
            }
          }
        }
      }
    }
    private void InitializeControls()
    {
      using (SPSite site = new SPSite(ApplicationUrl))
      {
        using (SPWeb web =
          site.OpenWeb(ApplicationUrl.Replace(site.Url, "")))
        {
          // Kunde vorbelegen, wenn der aktuelle Benutzer
          // kein Supporter ist
          if (!Globals.CurrentUserIsSupporter(web)
            && !Globals.CurrentUserIsSupportleader(web))
          {
            ddlCustomer.Enabled = false;
            int? customerId = Globals.GetCustomerForUser(web);
            if (customerId.HasValue)
            {
              ddlCustomer.SelectedValue = customerId.Value.ToString();
            }
            else
            {
              pnlConfigurationInfo.Visible = true;
              pnlMainContent.Visible = false;
              lblMsg.Text =
                Localization.GetString(Localization
                  .Keys.MsgErrorNoCustomerRelated);
```

```
          }
        }
      }
    }
}
```

Listing 15.42 Initialisierung der Controls und der Seite

Damit beim Speichern gewährleistet ist, dass alle Pflichtangaben getätigt wurden, erstellen Sie im Codebehind eine Methode mit dem Namen `ValidateFilter`, mit der alle Pflichtfelder validiert werden.

```
private bool ValidateFilter()
{
  if (string.IsNullOrWhiteSpace(ddlCustomer.SelectedValue))
    return false;
  else if (dtpFrom.IsDateEmpty)
    return false;
  else if (dtpTill.IsDateEmpty)
    return false;
  else if (dtpFrom.SelectedDate > dtpTill.SelectedDate)
    return false;
  return true;
}
```

Listing 15.43 Filtereingaben prüfen

In der `Click`-Methode des Analyse-Buttons `btnFilter` rufen Sie die Validierungsmethode auf und geben im Fehlerfall eine entsprechende Meldung an den Benutzer aus:

```
protected void btnFilter_Click(object sender, EventArgs e)
{
  if(!ValidateFilter())
  {
    lblFilterError.Text =
      Localization.GetString(Localization.Keys.MsgErrorFilter);
    lblFilterError.Visible = true;
  }
  else
  {
    lblFilterError.Visible = false;
    ...
  }
}
```

Listing 15.44 Klick-Funktion des Filtern-Button

Wenn alle Filterparameter korrekt eingetragen wurden, bauen Sie die notwendige CAML-Abfrage auf, fragen die Tickets aus dem hinterlegten Web ab und führen im Anschluss die Analyse durch:

```
using (SPSite site = new SPSite(applicationWebUrl))
{
  using (SPWeb web = site.OpenWeb())
  {
    SPUser contactPersons = null;
    if(ppContactPerson.ResolvedEntities.Count > 0)
    {
      string userName =
        ((PickerEntity)ppContactPerson.ResolvedEntities[0]).Key;
      contactPersons = web.EnsureUser(userName);
    }
    string userFilterStart = "";
    string userFilter = "";
    if (contactPersons != null)
    {
      userFilterStart = "<And>";
      userFilter = @"  <Eq>
                 <FieldRef Name=
'" + Constants.FieldInternalName.ContactPerson + @"' LookupId='True' />
                 <Value Type='User'>" + contactPersons.ID.ToString() + @"</
Value>
              </Eq>
            </And>";
    }
    string camlQuery = @"<Where>
                 <And>
                   <Eq>
                     <FieldRef Name=
'" + Constants.FieldInternalName.Customer + @"' LookupId='TRUE' />
                     <Value Type=
""Lookup"">" + ddlCustomer.SelectedValue + @"</Value>
                   </Eq>
                   <And>
                     <Geq>
                       <FieldRef Name=
'" + Constants.FieldInternalName.Created + @"' />
                       <Value Type=
""DateTime"">" + dtpFrom.SelectedDate.ToString("yyyy-MM-ddTHH:mm:ssZ") + @"</
```

```
Value>
                            </Geq>
                            {0}
                            <Leq>
                              <FieldRef Name=
'" + Constants.FieldInternalName.Created + @"' />
                              <Value Type=
""DateTime"">" + dtpTill.SelectedDate.ToString("yyyy-MM-ddTHH:mm:ssZ") + @"</
Value>
                            </Leq>
                            {1}
                          </And>
                        </And>
                      </Where>";
    camlQuery = string.Format(camlQuery
      , userFilterStart
      , userFilter);

    SPListItemCollection tickets = Globals.GetItems(web,
    Constants.ListUrl.Tickets
    , camlQuery);
    lblEvaluationPeriod.Text = string.Format("{0} - {1}"
      , dtpFrom.SelectedDate.ToString("dd.MM.yyyy")
      , dtpTill.SelectedDate.ToString("dd.MM.yyyy"));
    lblQtyTickets.Text = tickets.Count.ToString();
    lblReactionTime.Text = GetReactionTime(web, tickets).ToString();
    lblEditingTime.Text = GetEditinTime(web, tickets).ToString();
  }
}
```

Listing 15.45 Ermittlung der Ergebniswerte

Um anhand der zuvor ermittelten Tickets die durchschnittliche Reaktionszeit zu berechnen, erstellen Sie eine Methode, die alle Reaktionszeiten summiert und dann den Durchschnitt errechnet. Dazu benötigen Sie zusätzlich eine Methode, in der Sie die Zeitspanne von der Erstellung eines Tickets bis zur Eingabe des ersten Kommentars ermitteln.

```
private int GetReactionTime(SPWeb web
  , SPListItemCollection tickets)
{
  int reactionTime = 0;
  foreach(SPListItem ticket in tickets)
```

```
  {
    reactionTime += GetReactionTimeForTicket(web, ticket);
  }
  reactionTime = reactionTime / tickets.Count;
  return reactionTime;
}
private int GetReactionTimeForTicket(SPWeb web
  , SPListItem ticket)
{
  int reactionTime = 0;
  string camlQuery = @"<Where>
                <Eq>
                  <FieldRef Name=""" + Constants.FieldInternalName.Ticket
                                      + @""" LookupId=""TRUE"" />
                  <Value Type=""Lookup"">" + ticket.ID.ToString() + @"</Value>
                </Eq>
              </Where>
              <OrderBy>
                <FieldRef Name='" + Constants.FieldInternalName.Id + @"' />
              </OrderBy>";
  SPQuery query = new SPQuery();
  SPListItemCollection comments = Globals.GetItems(web
    , Constants.ListUrl.Comments
    , camlQuery
    , null
    , 1);
  if(comments.Count == 1)
  {
    DateTime firstComment =
      (DateTime)comments[0][Constants.FieldInternalName.Created];
    DateTime ticketCreated =
      (DateTime)ticket[Constants.FieldInternalName.Created];
    TimeSpan span = firstComment.Subtract(ticketCreated);
    reactionTime = Convert.ToInt32(span.TotalMinutes);
  }
  return reactionTime;
}
```

Listing 15.46 Reaktionszeit ermitteln

Dasselbe müssen Sie noch für die Berechnung der durchschnittlichen Bearbeitungszeit hinzufügen:

```
private int GetEditingTime(SPWeb web
  , SPListItemCollection tickets)
{
  int editingTime = 0;
  foreach (SPListItem ticket in tickets)
  {
    editingTime += GetEditingTimeForTicket(web, ticket);
  }
  editingTime = editingTime / tickets.Count;
  return editingTime;
}
private int GetEditingTimeForTicket(SPWeb web
  , SPListItem ticket)
{
  int editingTime = 0;
  string camlQuery = @"<Where>
               <Eq>
                 <FieldRef Name=""" + Constants.FieldInternalName.Ticket
                                  + @""" LookupId=""TRUE"" />
                 <Value Type=""Lookup"">" + ticket.ID.ToString() + @"</Value>
               </Eq>
             </Where>";
  SPQuery query = new SPQuery();
  SPListItemCollection comments = Globals.GetItems(web
    , Constants.ListUrl.Comments
    , camlQuery);
  foreach(SPListItem comment in comments)
  {
    if(comment[Constants.FieldInternalName.ProcessingTimeMinutes] != null)
    {
      editingTime +=
        Convert.ToInt32((double)comment[Constants
          .FieldInternalName.ProcessingTimeMinutes]);
    }
  }
  return editingTime;
}
```

Listing 15.47 Bearbeitungsdauer ermitteln

Wenn die Entwicklung des WebParts abgeschlossen ist, fügen Sie das WebPart dem Feature hinzu.

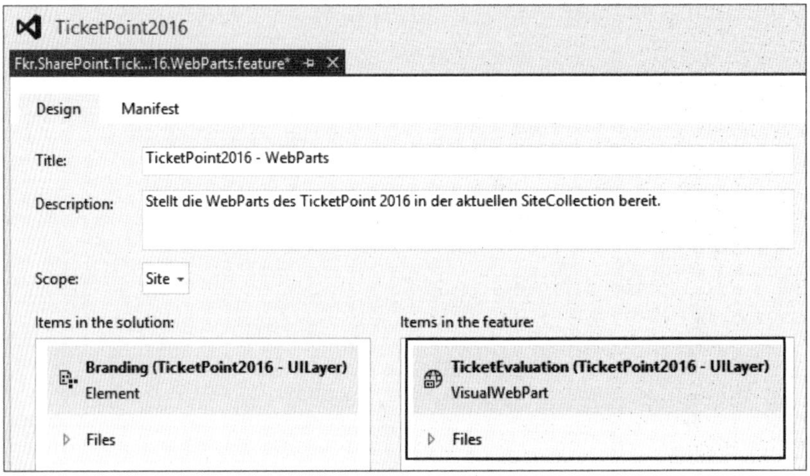

Abbildung 15.25 »TicketEvaluation« in Feature aufnehmen

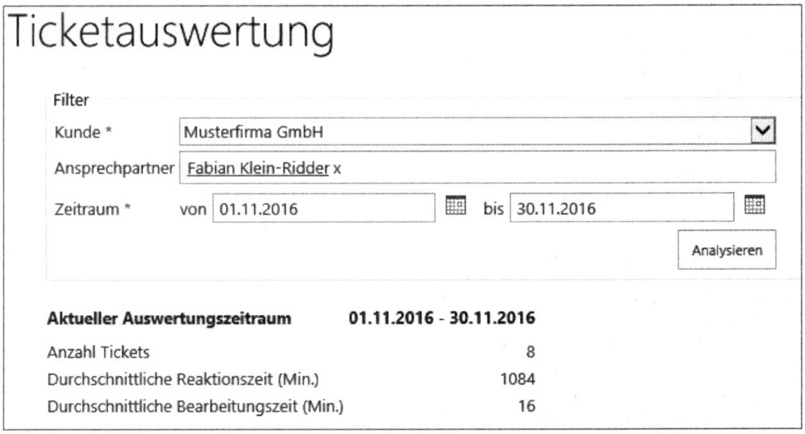

Abbildung 15.26 »TicketEvaluation«

Deployen Sie die Lösung auf Ihren SharePoint, und prüfen Sie, ob das WebPart zur Verfügung steht und verwendet werden kann.

15.3 Abrechnung

Um eine Kostenübersicht und die Nutzung unterschiedlicher Abrechnungsstatus der Tickets verwalten zu können, soll das Abrechnungs-WebPart bereitgestellt werden, und zwar als Visual WebPart im *UILayer*-Projekt. Fügen Sie dazu ein neues Visual WebPart mit dem Namen *Accounting* im Verzeichnis WEBPARTS zum Projekt hinzu.

Die notwendigen Schritte sehen Sie in den Abbildungen 15.27 und 15.28.

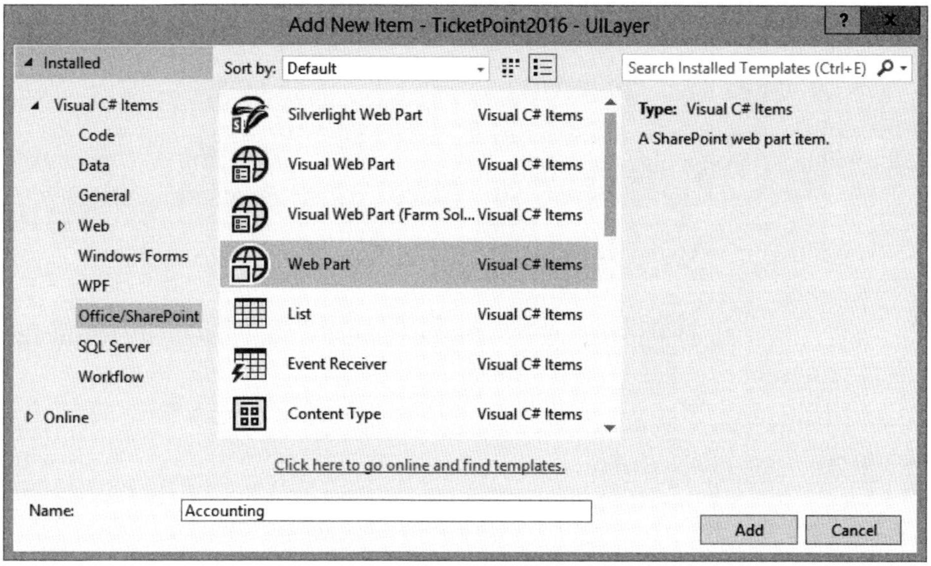

Abbildung 15.27 Abrechnungs-WebPart hinzufügen

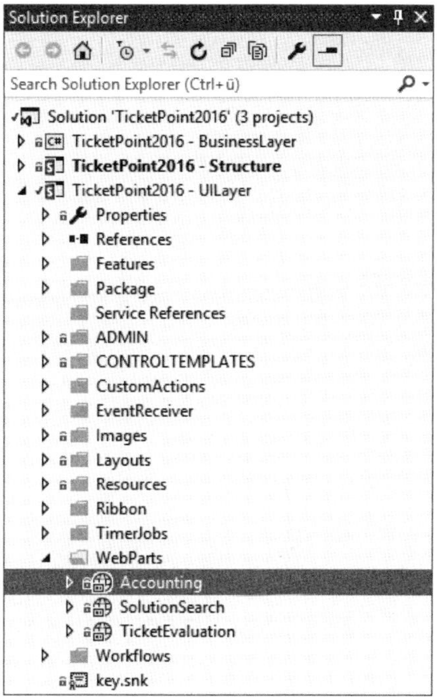

Abbildung 15.28 Abrechnungs-WebPart in der Projektstruktur

Übernehmen Sie die Basisinformationen wie Name, Beschreibung und Gruppe aus dem Architekturdokument, indem Sie den Namen und die Beschreibung in die Datei *Accounting.webpart* und die Gruppe in die *Elements.xml* des WebParts eintragen.

Name	Abrechnung
Beschreibung	Bietet die Möglichkeit, den Abrechnungsstatus zu überblicken und auf einfachem Weg Tickets zu bündeln, die zur Abrechnung stehen.
Gruppe	TicketPoint 2016

Nach den notwendigen Anpassungen sollte die Datei *Accounting.webpart* wie in Listing 15.48 aussehen.

```
<?xml version="1.0" encoding="utf-8"?>
<webParts>
  <webPart xmlns="http://schemas.microsoft.com/WebPart/v3">
  <metaData>
    <type name="Fkr.SharePoint.TicketPoint2016.UILayer.WebParts
           .Accounting.Accounting,
           $SharePoint.Project.AssemblyFullName$" />
  <importErrorMessage>
    $Resources:core,ImportErrorMessage;
  </importErrorMessage>
  </metaData>
  <data>
    <properties>
    <property name="Title" type="string">
      $Resources:TicketPoint2016,TxtWebpartAccounting;
    </property>
    <property name="Description" type="string">
      $Resources:TicketPoint2016,TxtWebpartAccountingDescription;
    </property>
    </properties>
  </data>
  </webPart>
</webParts>
```

Listing 15.48 WebPart-Datei

Ändern Sie den Inhalt der Datei *Elements.xml* gemäß Listing 15.49.

```
<?xml version="1.0" encoding="utf-8"?>
<Elements xmlns="http://schemas.microsoft.com/sharepoint/" >
  <Module Name="Accounting" List="113" Url="_catalogs/wp">
  <File Path="Accounting\Accounting.webpart"
      Url="TicketPoint2016 - UILayer_Accounting.webpart"
      Type="GhostableInLibrary" >
    <Property Name="Group" Value="TicketPoint 2016" />
  </File>
  </Module>
</Elements>
```

Listing 15.49 Elements.xml

Wie im Architekturdokument beschrieben, soll die Konfiguration des WebParts über die WebPart-Properties aus Tabelle 15.7 erfolgen.

Name	Beschreibung	Datentyp
URL TicketPoint 2016	Gibt die URL zu TicketPoint 2016 an. Unterhalb dieser URL wird nach der Ticketliste für die Auswertung gesucht.	Text
Ticketstatus Abgeschlossen	Gibt an, welchen Status ein Ticket hat, das als abgeschlossen gilt und somit für die Abrechnung relevant ist.	Text
Abrechnungsstatus Abrechenbar	Gibt den Abrechnungsstatus an, in dem ein Ticket abgerechnet werden kann.	Text
Abrechnungsstatus offene Rechnung	Gibt den Abrechnungsstatus an, den ein Ticket erhalten soll, für das bereits eine Rechnung geschrieben wurde, die aber noch offen ist.	Text
Abrechnungsstatus Abgerechnet	Gibt den Abrechnungsstatus an, den ein Ticket erhalten soll, wenn die Rechnung bezahlt wurde.	Text

Tabelle 15.7 WebPart-Konfiguration

Legen Sie die Properties in der Datei *Accounting.cs* wie in Listing 15.50 beschrieben an:

```
private string m_ApplicationUrl;
[Personalizable(PersonalizationScope.Shared)]
[WebBrowsable(true)]
[System.ComponentModel.Category("TicketPoint 2016")]
```

```
[WebDisplayName("URL TicketPoint 2016")]
[WebDescription("Gibt die URL zu TicketPoint 2016 an. Unterhalb dieser URL
wird nach der Ticketliste für die Auswertung gesucht.")]
public string ApplicationUrl
{
  get
  {
    if (m_ApplicationUrl == null)
    {
      m_ApplicationUrl = "";
    }
    return m_ApplicationUrl.Replace("_", " ");
  }
  set { m_ApplicationUrl = value; }
}

private string m_TicketClosed;
[Personalizable(PersonalizationScope.Shared)]
[WebBrowsable(true)]
[System.ComponentModel.Category("TicketPoint 2016")]
[WebDisplayName("Ticketstatus Abgeschlossen")]
[WebDescription("Gibt an, welchen Status ein Ticket hat, das als
abgeschlossen gilt und somit für die Abrechnung relevant ist.")]
public string TicketClosed
{
  get
  {
    if (m_TicketClosed == null)
    {
      m_TicketClosed = "";
    }
    return m_TicketClosed;
  }
  set { m_TicketClosed = value; }
}

private string m_TicketAccountable;
[Personalizable(PersonalizationScope.Shared)]
[WebBrowsable(true)]
[System.ComponentModel.Category("TicketPoint 2016")]
[WebDisplayName("Abrechnungsstatus Abrechenbar")]
```

```
[WebDescription("Gibt den Abrechnungsstatus an, in dem ein Ticket abgerechnet
werden kann.")]
public string TicketAccountable
{
  get
  {
    if (m_TicketAccountable == null)
    {
      m_TicketAccountable = "";
    }
    return m_TicketAccountable;
  }
  set { m_TicketAccountable = value; }
}
private string m_TicketAccountingOpen;
[Personalizable(PersonalizationScope.Shared)]
[WebBrowsable(true)]
[System.ComponentModel.Category("TicketPoint 2016")]
[WebDisplayName("Abrechnungsstatus offene Rechnung")]
[WebDescription("Gibt den Abrechnungsstatus an, den ein Ticket erhalten soll,
für das bereits eine Rechnung geschrieben wurde, die aber noch offen ist.")]
public string TicketAccountingOpen
{
  get
  {
    if (m_TicketAccountingOpen == null)
    {
      m_TicketAccountingOpen = "";
    }
    return m_TicketAccountingOpen;
  }
  set { m_TicketAccountingOpen = value; }
}
private string m_TicketAccounted;
[Personalizable(PersonalizationScope.Shared)]
[WebBrowsable(true)]
[System.ComponentModel.Category("TicketPoint 2016")]
[WebDisplayName("Abrechnungsstatus Abgerechnet")]
[WebDescription("Gibt den Abrechnungsstatus an, den ein Ticket erhalten soll,
wenn die Rechnung bezahlt wurde.")]
public string TicketAccounted
{
```

```
  get
  {
    if (m_TicketAccounted == null)
    {
      m_TicketAccounted = "";
    }
    return m_TicketAccounted;
  }
  set { m_TicketAccounted = value; }
}
```

Listing 15.50 Properties für WebPart-Einstellungen

Für einen erleichterten Zugriff auf die Properties aus dem UserControl heraus ist es sinnvoll, analog zu den WebPart-Properties referenzierende Properties im Codebehind des UserControls *AccountingUserControl.ascx* anzulegen:

```
private string ApplicationUrl
{
  get
  {
    return ((Accounting)this.Parent).ApplicationUrl;
  }
}
private string TicketClosed
{
  get
  {
    return ((Accounting)this.Parent).TicketClosed;
  }
}
private string TicketAccountable
{
  get
  {
    return ((Accounting)this.Parent).TicketAccountable;
  }
}
private string TicketAccountingOpen
{
  get
  {
    return ((Accounting)this.Parent).TicketAccountingOpen;
  }
```

```
}
private string TicketAccounted
{
  get
  {
    return ((Accounting)this.Parent).TicketAccounted;
  }
}
```

Listing 15.51 Properties zur Übergabe der Einstellungen an das UserControl

Im Markup des UserControls erstellen Sie als Erstes ein Panel, das Sie einblenden, wenn die Konfiguration des WebParts fehlerhaft oder unvollständig ist, und eines, das den eigentlichen WebPart-Inhalt enthält.

```
<asp:Panel ID="pnlConfigurationInfo" runat="server">
  <asp:Label ID="lblMsg" runat="server" Text="" ForeColor="Red"></asp:Label>
</asp:Panel>
<asp:Panel ID="pnlMainContent" runat="server">
</asp:Panel>
```

Listing 15.52 Markup für den WebPart-Inhalt

Als Nächstes sollten Sie im Codebehind prüfen, ob die Konfiguration des WebParts valide ist, und abhängig vom Prüfungsergebnis das korrekte Panel einblenden.

```
private bool ValidateConfiguration()
{
  if (string.IsNullOrWhiteSpace(ApplicationUrl))
    return false;
  if (string.IsNullOrWhiteSpace(TicketClosed))
    return false;
  if (string.IsNullOrWhiteSpace(TicketAccountable))
    return false;
  if (string.IsNullOrWhiteSpace(TicketAccountingOpen))
    return false;
  if (string.IsNullOrWhiteSpace(TicketAccounted))
    return false;
  return true;
}
protected void Page_Load(object sender, EventArgs e)
{
  if (!ValidateConfiguration())
  {
```

```
    pnlConfigurationInfo.Visible = true;
    pnlMainContent.Visible = false;
    lblMsg.Text =
      Localization.GetString(Localization
        .Keys.MsgErrorWebPartConfiguration);
    return;
  }
  else
  {
    pnlConfigurationInfo.Visible = false;
    pnlMainContent.Visible = true;
  }
}
```

Listing 15.53 Page_Load und Validierung der WebPart-Konfiguration

Im Markup fügen Sie nun die Bereiche zur Filtereingabe und zur Ausgabe der Ergebnismenge sowie die Buttons zum Ändern des Abrechnungsstatus ein. Beginnen Sie mit den Filterparametern, die laut Mockup in einem `fieldset`, also einem umrandeten Seiten-Segment, gegliedert werden sollen.

```
<fieldset>
  <legend><%=Localization.GetString(Localization.Keys.TxtFilter) %></legend>
  <table>
    <tr>
      <td>
        <%=Localization.GetString(Localization.Keys.TxtCustomer) %>
      <span title="Dies ist ein Pflichtfeld." class="ms-accentText"> *</span>
      </td>
      <td colspan="4">
        <asp:DropDownList ID="ddlCustomer"
          runat="server"
          style="width: 100%;">
        </asp:DropDownList>
      </td>
    </tr>
    <tr>
      <td>
        <%=Localization.GetString(Localization.Keys.TxtPeriod) %>
        <span title="Dies ist ein Pflichtfeld." class="ms-accentText"> *</
        span>
      </td>
      <td>
```

```
      <%=Localization.GetString(Localization.Keys.TxtFrom) %>
    </td>
    <td>
      <SharePoint:DateTimeControl ID="dtpFrom"
        runat="server"
        DateOnly="true"
        LocaleId="1031" />
    </td>
    <td>
      <%=Localization.GetString(Localization.Keys.TxtTill) %>
    </td>
    <td>
      <SharePoint:DateTimeControl ID="dtpTill"
        runat="server"
        DateOnly="true"
        LocaleId="1031" />
    </td>
  </tr>
  <tr>
    <td>
      <%=Localization.GetString(Localization.Keys.TxtAccountingstatus) %>
    </td>
    <td colspan="4">
      <asp:DropDownList ID="ddlAccounting"
        runat="server"
        style="width: 100%;">
      </asp:DropDownList>
    </td>
  </tr>
  <tr>
    <td colspan="4">
      <asp:Label ID="lblFilterError"
        runat="server"
        Text=""
        ForeColor="Red"></asp:Label>
    </td>
    <td style="text-align: right;">
      <asp:Button ID="btnAnalyse"
        runat="server"
        Text="<%$Resources:TicketPoint2016, BtnAnalyse%>"
        OnClick="btnAnalyse_Click" />
    </td>
```

```
    </tr>
  </table>
</fieldset>
```

Listing 15.54 Markup des Filter-Bereichs

Für die Ausgabe der Ergebnismenge greifen Sie auf einen *Repeater* zurück. Durch die Verwendung des Repeater-Controls können Sie die Ergebnistabelle im Codebehind aufbereiten und als Datenquelle an das Control übergeben. Im Markup wird das Layout für die Ausgabe der Daten definiert.

```
<asp:Panel ID="pnlResults" runat="server" Visible="false">
  <asp:Repeater ID="repResults" runat="server">
    <HeaderTemplate>
      <table>
        <tr style="border-bottom: 1px solid #666;">
          <td style="width: 100px;">
            <b>
              <%=Localization.GetString(Localization.Keys.TxtTicketnumber) %>
            </b>
          </td>
          <td style="width: 100px;">
            <b>
              <%=Localization.GetString(Localization.Keys.TxtCreated) %>
            </b>
          </td>
          <td style="width: 100px;">
            <b>
              <%=Localization.GetString(Localization.Keys.TxtClosed) %>
            </b>
          </td>
          <td style="width: 75px;">
            <b>
              <%=Localization.GetString(Localization.Keys.TxtStatus) %>
            </b>
          </td>
          <td style="width: 145px;">
            <b>
              <%=Localization.GetString(Localization.Keys.TxtPriority) %>
            </b>
          </td>
          <td style="width: 100px;">
            <b>
              <%=Localization.GetString(Localization.Keys.TxtHourlyRate) %>
```

```
          </b>
        </td>
        <td style="width: 100px;">
          <b>
            <%=Localization.GetString(Localization.Keys.TxtEffortHours) %>
          </b>
        </td>
        <td style="width: 100px;">
          <b>
            <%=Localization.GetString(Localization.Keys.TxtCosts) %>
          </b>
        </td>
      </tr>
  </HeaderTemplate>
  <ItemTemplate>
      <tr>
        <td>
          <asp:HiddenField ID="hiddenId" runat="server" Value='<%#
          Eval("ItemId") %>' />
          <%#Eval("Ticketnumber") %>
        </td>
        <td>
          <%#Eval("Created")  %>
        </td>
        <td>
          <%#Eval("Closed") %>
        </td>
        <td>
          <%#Eval("Status") %>
        </td>
        <td>
          <%#Eval("Priority") %>
        </td>
        <td style="text-align: right;">
          <%#Eval("HourlyRate") %>
        </td>
        <td style="text-align: right;">
          <%#Eval("EffortHours") %>
        </td>
        <td style="text-align: right;">
          <%#Eval("Costs") %>
        </td>
      </tr>
```

```
    </ItemTemplate>
    <AlternatingItemTemplate>
        <tr style="background-color: #EAEAEA;">
          <td>
            <asp:HiddenField ID="hiddenId" runat="server" Value='<%#
            Eval("ItemId") %>' />
            <%#Eval("Ticketnumber") %>
          </td>
          <td>
            <%#Eval("Created")  %>
          </td>
          <td>
            <%#Eval("Closed") %>
          </td>
          <td>
            <%#Eval("Status") %>
          </td>
          <td>
            <%#Eval("Priority") %>
          </td>
          <td style="text-align: right;">
            <%#Eval("HourlyRate") %>
          </td>
          <td style="text-align: right;">
            <%#Eval("EffortHours") %>
          </td>
          <td style="text-align: right;">
            <%#Eval("Costs") %>
          </td>
        </tr>
    </AlternatingItemTemplate>
    <FooterTemplate>
      </table>
    </FooterTemplate>
  </asp:Repeater>
```

Listing 15.55 Markup der Ergebnistabelle

Unterhalb des Repeaters benötigen wir eine Zeile, in der die summierten Werte der Tabelle aufgelistet werden. Zusätzlich bringen wir hier die Buttons zur Statusänderung unter.

```
  <table>
    <tr style="border-top: 1px solid #666;">
      <td style="text-align: right; width: 630px;">
        <b>
          <%=Localization.GetString(Localization.Keys.TxtComplete) %>
        </b>
      </td>
      <td style="text-align: right; width: 100px;">
        <b>
          <asp:Label ID="lblCompleteHours" runat="server" Text="0">
          </asp:Label>
        </b>
      </td>
      <td style="text-align: right; width: 100px;">
        <b>
          <asp:Label ID="lblCompleteCosts" runat="server" Text="0,00 €">
          </asp:Label>
        </b>
      </td>
    </tr>
  </table>
  <br />
  <p style="width: 835px; text-align: right;">
    <asp:Button ID="btnSetAccounting"
      runat="server"
      Text="<%$Resources:TicketPoint2016, BtnSetAccounting%>"
      OnClick="btnSetAccounting_Click" />
    <asp:Button ID="btnSetAccounted"
      runat="server"
      Text="<%$Resources:TicketPoint2016, BtnSetAccounted%>"
      OnClick="btnSetAccounted_Click" />
  </p>
</asp:Panel>
```

Listing 15.56 Markup des Tabellenfooters

Um die Controls der Filterparameter mit den notwendigen Werten zu befüllen, im Anschluss die Berechtigungen des aktuellen Benutzers zu prüfen und die Controls entsprechend zu aktivieren oder zu deaktivieren, fügen Sie zwei Methoden hinzu: eine Methode mit dem Namen `InitializePage`, die die Listenwerte der Kunden- und der Abrechnungsstatus-Liste abruft und in die Dropdown-Listen übernimmt, sowie eine zweite Methode namens `InitializeControls`, die prüft, ob der aktuelle Benutzer Supporter oder Supportleiter ist, und dementsprechend die Controls setzt.

```
private void InitializePage()
{
  if (!IsPostBack)
  {
    using (SPSite site = new SPSite(ApplicationUrl))
    {
      using (SPWeb web = site.OpenWeb())
      {
        ListItem emptyItem = new ListItem(
          Localization.GetString(Localization.Keys.ValEmpty)
        , "");
        ddlCustomer.Items.Add(emptyItem);
        ddlAccounting.Items.Add(emptyItem);
        // Verfügbare Kunden in die Kundenliste laden
        SPListItemCollection customerItems = Globals.GetItems(web
          , Constants.ListUrl.Customer
          , "");
        foreach (SPListItem customerItem in customerItems)
        {
          ListItem item = new ListItem(
              customerItem[Constants.FieldInternalName
                .Title] as string
            , customerItem.ID.ToString());
          ddlCustomer.Items.Add(item);
        }
        // Verfügbare Abrechnungsstatus laden
        SPListItemCollection accountingStatusItems =
          Globals.GetItems(web
            , Constants.ListUrl.Accountingstatus
            , "");
        foreach (SPListItem accountingStatusItem in
          accountingStatusItems)
        {
          ListItem item =
            new ListItem(accountingStatusItem[Constants
                .FieldInternalName.Title] as string
              , accountingStatusItem.ID.ToString());
          ddlAccounting.Items.Add(item);
        }
      }
    }
  }
}
```

```
private void InitializeControls()
{
  using (SPSite site = new SPSite(ApplicationUrl))
  {
    using (SPWeb web =
      site.OpenWeb(ApplicationUrl.Replace(site.Url, "")))
    {
      // Kunde vorbelegen, wenn der aktuelle
      // Benutzer kein Supporter ist
      if (!Globals.CurrentUserIsSupporter(web)
        && !Globals.CurrentUserIsSupportleader(web))
      {
        ddlCustomer.Enabled = false;
        int? customerId = Globals.GetCustomerForUser(web);
        if (customerId.HasValue)
        {
          ddlCustomer.SelectedValue = customerId.Value.ToString();
        }
        else
        {
          pnlConfigurationInfo.Visible = true;
          pnlMainContent.Visible = false;
          lblMsg.Text =
            Localization.GetString(Localization.Keys
              .MsgErrorNoCustomerRelated);
        }
      }
    }
  }
}
```

Listing 15.57 Initialisierung der Seite und der Controls

Die beiden Methoden rufen Sie am Ende der `Page_Load`-Methode auf. Als Start in die Ergebnisberechnung prüfen Sie, ob alle notwendigen Filterparameter angegeben wurden. Erstellen Sie dazu eine Methode, mit der Sie die Filterparameter validieren:

```
private bool ValidateFilter()
{
  if (string.IsNullOrWhiteSpace(ddlCustomer.SelectedValue))
    return false;
  else if (dtpFrom.IsDateEmpty)
    return false;
  else if (dtpTill.IsDateEmpty)
```

```
    return false;
  else if (dtpFrom.SelectedDate > dtpTill.SelectedDate)
    return false;
  return true;
}
```

Listing 15.58 Prüfung der eingegebenen Filterwerte

Nun erstellen Sie eine Methode als Einstiegspunkt in die Ergebnisberechnung, die die Validierung überprüft. Im Fehlerfall wird eine entsprechende Meldung an den Benutzer ausgegeben, und im Erfolgsfall wird auf das Zielweb zugegriffen und die Berechnung gestartet.

```
private void StartCalculate()
{
  if (!ValidateFilter())
  {
    lblFilterError.Text =
      Localization.GetString(Localization.Keys.MsgErrorFilter);
    lblFilterError.Visible = true;
  }
  else
  {
    lblFilterError.Visible = false;
    pnlResults.Visible = true;
    using (SPSite site = new SPSite(ApplicationUrl))
    {
      using (SPWeb web =
        site.OpenWeb())
      {
        CalculateTickets(web);
      }
    }
  }
}
```

Listing 15.59 Start der Ergebnisermittlung

Als Nächstes erstellen Sie alle Hilfsmethoden, die Sie während der Ergebnisberechnung benötigen. Als Erstes benötigen Sie eine Methode, die anhand der WebPart-Property `TicketClosed` das entsprechende Statuselement aus der Statusliste ermittelt.

```
private int GetClosedStatusId(SPWeb web)
{
  string camlQuery = @"<Where>
```

```
              <Eq>
                <FieldRef Name=""" + Constants.FieldInternalName.Title +
                 @""" />
                <Value Type=""Text"">" + TicketClosed + @"</Value>
              </Eq>
              </Where>";
  SPListItemCollection status = Globals.GetItems(web
    , Constants.ListUrl.Ticketstatus
    , camlQuery
    , null
    , 1);
  if (status.Count == 1)
    return status[0].ID;
  else
    return -1;
}
```

Listing 15.60 Ermittlung der notwendigen Status-ID

Jetzt benötigen Sie eine Methode, die das Abschlussdatum eines Tickets anhand des Erstelldatums des Lösungskommentars ermittelt:


```
private DateTime? GetCloseDate(SPWeb web,
  SPListItem ticket)
{
  try
  {
    string camlQuery = @"<Where>
                <And>
                  <Eq>
                    <FieldRef Name=""" + Constants.FieldInternalName.Ticket +
                     @""" LookupId=""TRUE"" />
                    <Value Type=""Lookup"">" + ticket.ID.ToString() + @"</
                     Value>
                  </Eq>
                  <Eq>
                    <FieldRef Name=""" + Constants.FieldInternalName.Solution +
                      @""" />
                    <Value Type=""Integer"">1</Value>
                  </Eq>
                </And>
              </Where>
              <OrderBy>
                <FieldRef Name='" + Constants.FieldInternalName.Id + @"' />
```

```
            </OrderBy>";
    SPQuery query = new SPQuery();
    SPListItemCollection comments = Globals.GetItems(web
      , Constants.ListUrl.Comments
      , camlQuery
      , null
      , 1);
    if (comments.Count == 1)
      return (DateTime)comments[0][Constants.FieldInternalName.Created];
    else
      return null;
  }
  catch(Exception ex)
  {
    Logging.LogError(ex, Constants.LogCategory.WebPart);
    return null;
  }
}
```

Listing 15.61 Ermittlung des Abschluss-Datums

Zudem benötigen Sie eine Methode, mit der Sie den Stundensatz eines Tickets anhand der zugewiesenen Priorität ermitteln:

```
private double? GetHourlyRate(SPWeb web
  , int priorityId)
{
  try
  {
    SPList priorityList =
      web.GetList(SPUtility.ConcatUrls(web.Url
        , Constants.ListUrl.Priorities));

    SPListItem priority = priorityList.GetItemById(priorityId);
    return (double)priority[Constants.FieldInternalName.HourlyRate];
  }
  catch(Exception ex)
  {
    Logging.LogError(ex, Constants.LogCategory.WebPart);
    return null;
  }
}
```

Listing 15.62 Ermittlung des Stundensatzes eines Tickets

Zum Abschluss der Berechnung wird schließlich noch eine Methode benötigt, mit der Sie die gesamte Bearbeitungszeit eines Tickets auf Basis der erfassten Kommentare ermitteln.

```
private double GetEditingTimeForTicket(SPWeb web
  , SPListItem ticket)
{
  double editingTime = 0;
  string camlQuery = @"<Where>
              <Eq>
                <FieldRef Name=""" + Constants.FieldInternalName.Ticket +
                 @"""
                  LookupId=""TRUE"" />
              <Value Type=""Lookup"">" +
                 ticket.ID.ToString() + @"</Value>
              </Eq>
            </Where>";
  SPQuery query = new SPQuery();
  SPListItemCollection comments = Globals.GetItems(web
    , Constants.ListUrl.Comments
    , camlQuery);
  foreach (SPListItem comment in comments)
  {
    if (comment[Constants.FieldInternalName.ProcessingTimeMinutes] !=
      null)
    {
      editingTime +=
        (double)comment[Constants.FieldInternalName
          .ProcessingTimeMinutes];
    }
  }
  return editingTime;
}
```

Listing 15.63 Ermittlung der Bearbeitungsdauer des Tickets

Nachdem alle notwendigen Berechnungsmethoden zur Verfügung stehen, erstellen Sie eine Methode mit dem Namen `CalculateTickets`, in der Sie die notwendigen Berechnungen durchführen und in die Controls der Seite schreiben.

```
private void CalculateTickets(SPWeb web)
{
  int closedStatusId = GetClosedStatusId(web);
```

```
  double completeEffort = 0;
  double completeCosts = 0;

  string statusFilterStart = "";
  string statusFilter = "";
  if (!string.IsNullOrWhiteSpace(ddlAccounting.SelectedValue))
  {
    statusFilterStart = "<And>";
    statusFilter = @"  <Eq>
                <FieldRef Name=
'" + Constants.FieldInternalName.Accountingstatus + @"' LookupId='TRUE' />
                <Value Type='Lookup'>" + ddlAccounting.SelectedValue + @"</
Value>
              </Eq>
            </And>";
  }
  string camlQuery = @"<Where>
              <And>
                <Eq>
                  <FieldRef Name=
'" + Constants.FieldInternalName.Customer + @"' LookupId='TRUE' />
                  <Value Type=""Lookup"">" + ddlCustomer.SelectedValue + @"</
Value>
                </Eq>
                <And>
                  <Geq>
                    <FieldRef Name=
'" + Constants.FieldInternalName.Created + @"' />
                    <Value Type=
""DateTimc"">" + dtpFrom.SelectedDate.ToString("yyyy-MM-ddTHH:mm:ssZ") + @"</
Value>
                  </Geq>
                  <And>
                  <Leq>
                    <FieldRef Name=
'" + Constants.FieldInternalName.Created + @"' />
                    <Value Type=
""DateTime"">" + dtpTill.SelectedDate.ToString("yyyy-MM-ddTHH:mm:ssZ") + @"</
Value>
                  </Leq>
                  {0}
                    <Eq>
                      <FieldRef Name=
```

```
'" + Constants.FieldInternalName.Ticketstatus + @"' LookupId='TRUE' />
                     <Value Type=
""Lookup"">" + closedStatusId.ToString() + @"</Value>
                   </Eq>
                   {1}
                 </And>
               </And>
             </And>
           </Where>";
  camlQuery = string.Format(camlQuery
    , statusFilterStart
    , statusFilter);
  SPListItemCollection tickets = Globals.GetItems(web
          , Constants.ListUrl.Tickets
          , camlQuery);
  DataTable dt = new DataTable();
  dt.Columns.Add("ItemId", typeof(string));
  dt.Columns.Add("Ticketnumber", typeof(string));
  dt.Columns.Add("Created", typeof(string));
  dt.Columns.Add("Closed", typeof(string));
  dt.Columns.Add("Status", typeof(string));
  dt.Columns.Add("Priority", typeof(string));
  dt.Columns.Add("HourlyRate", typeof(string));
  dt.Columns.Add("EffortHours", typeof(string));
  dt.Columns.Add("Costs", typeof(string));
  foreach (SPListItem ticket in tickets)
  {
    SPFieldLookupValue lkpValAccountingStatus =
      new SPFieldLookupValue(ticket[Constants.FieldInternalName
        .Accountingstatus] as string);
    SPFieldLookupValue lkpValPriority =
      new SPFieldLookupValue(ticket[Constants.FieldInternalName
        .Priority] as string);
    DateTime? closeDate = GetCloseDate(web, ticket);
    double? hourlyRate = GetHourlyRate(web, lkpValPriority.LookupId);
    double editingTime = GetEditingTimeForTicket(web, ticket);
    if (editingTime > 0)
      editingTime = Math.Round(editingTime / 60, 2);
    double costs = 0;
    if(hourlyRate.HasValue)
      costs = editingTime * hourlyRate.Value;

    DataRow dr = dt.NewRow();
```

```
        dr["ItemId"] = ticket.ID.ToString();
        dr["Ticketnumber"] =
          ticket[Constants.FieldInternalName.Ticketnumber] as string;
        dr["Created"] =
          ((DateTime)ticket[Constants.FieldInternalName.Created])
            .ToString("dd.MM.yyyy");
        dr["Closed"] =
          (closeDate.HasValue)
            ? closeDate.Value.ToString("dd.MM.yyyy") : "?";
        dr["Status"] = lkpValAccountingStatus.LookupValue;
        dr["Priority"] = lkpValPriority.LookupValue;
        dr["HourlyRate"] =
          (hourlyRate.HasValue) ? hourlyRate.Value.ToString("C") : "?";
        dr["EffortHours"] = editingTime.ToString("N2");
        dr["Costs"] = costs.ToString("C");
        dt.Rows.Add(dr);
        completeEffort += editingTime;
        completeCosts += costs;
      }
      repResults.DataSource = dt;
      repResults.DataBind();

      lblCompleteHours.Text = Math.Round(completeEffort, 2).ToString("N2");
      lblCompleteCosts.Text = Math.Round(completeCosts, 2).ToString("C");
    }
```

Listing 15.64 Aufbau der Ergebnismenge

Um das WebPart korrekt ausführen zu können, erstellen Sie nun noch die `OnClick`-Methoden der beiden Buttons zum Setzen des Abrechnungsstatus. Beim Klick auf einen der beiden Buttons sollen alle aktuell im Repeater angezeigten Tickets in den entsprechenden Abrechnungsstatus geändert und die Ergebnismenge in der Anzeige danach aktualisiert werden.

Beginnen Sie mit einer Methode, die das Element des Abrechnungsstatus anhand des Titels, der in der WebPart-Konfiguration hinterlegt ist, ermittelt. Dieses Element nutzen Sie als Wert für das Nachschlagefeld im Ticket.

```
private SPFieldLookupValue GetAccoutingStatus(SPWeb web
  , string accountingStatusTitle)
{
  string camlQuery = @"<Where>
    <Eq>
    <FieldRef Name=""" + Constants.FieldInternalName.Title + @""" />
```

```
    <Value Type=""Text"">" + accountingStatusTitle + @"</Value>
    </Eq>
    </Where>";
  SPListItemCollection status = Globals.GetItems(web
    , Constants.ListUrl.Accountingstatus
    , camlQuery
    , null
    , 1);
  if (status.Count == 1)
    return new SPFieldLookupValue(status[0].ID, accountingStatusTitle);
  else
    return null;
}
```

Listing 15.65 Nachschlagewert für Status ermitteln

Danach benötigen Sie eine Methode, die über alle Tickets im Repeater iteriert, den gewünschten Abrechnungsstatus setzt und im Anschluss die Neuberechnung der Ergebnistabelle anstößt:

```
private void SetAccountingStatus(string statusTitle)
{
  using (SPSite site = new SPSite(ApplicationUrl))
  {
    using (SPWeb web = site.OpenWeb())
    {
      SPFieldLookupValue accountingStatus = GetAccoutingStatus(web
        , statusTitle);
      SPList ticketList =
        Globals.GetList(web, Constants.ListUrl.Tickets);
      foreach (RepeaterItem item in repResults.Items)
      {
        if (item.ItemType == ListItemType.Item
          || item.ItemType == ListItemType.AlternatingItem)
        {
          HiddenField hiddenId =
            (HiddenField)item.FindControl("hiddenId");
          int ticketId = int.Parse(hiddenId.Value);
          SPListItem ticket = ticketList.GetItemById(ticketId);
          ticket[Constants.FieldInternalName.Accountingstatus] =
            accountingStatus;
          ticket.Update();
        }
      }
```

```
    }
  }
  StartCalculate();
}
```

Listing 15.66 Abrechnungsstatus setzen

Die Methode `SetAccountingStatus` rufen Sie nun in den Button-Klick-Methoden mit dem gewünschten Zielstatus auf:

```
protected void btnSetAccounting_Click(object sender, EventArgs e)
{
  SetAccountingStatus(TicketAccountingOpen);
}
protected void btnSetAccounted_Click(object sender, EventArgs e)
{
  SetAccountingStatus(TicketAccounted);
}
```

Listing 15.67 Abrechnungsstatzs setzen

Damit ist die Entwicklung des WebParts abgeschlossen. Nehmen Sie das WebPart noch in das *WebPart*-Feature im *UILayer*-Projekt auf.

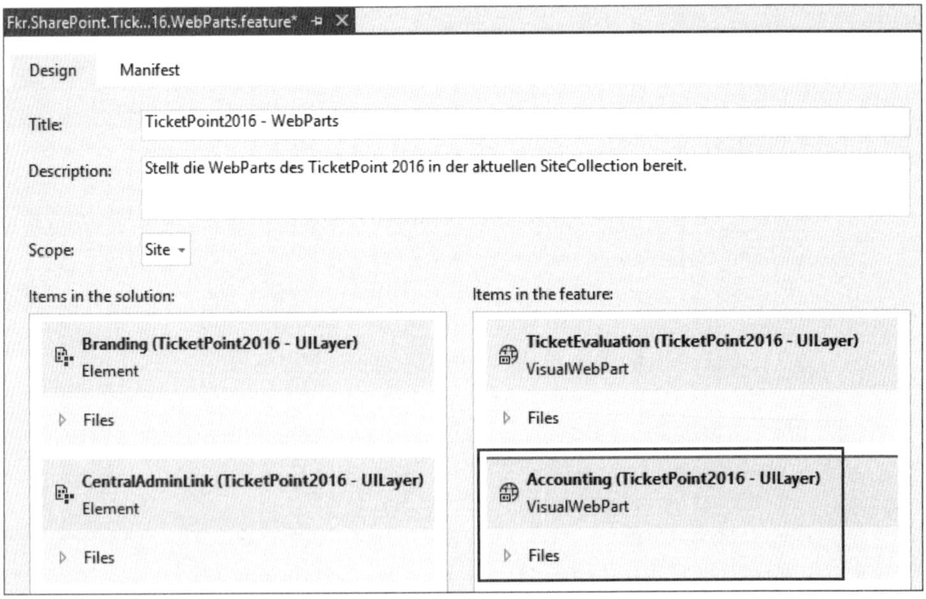

Abbildung 15.29 Abrechnungs-WebPart im Feature

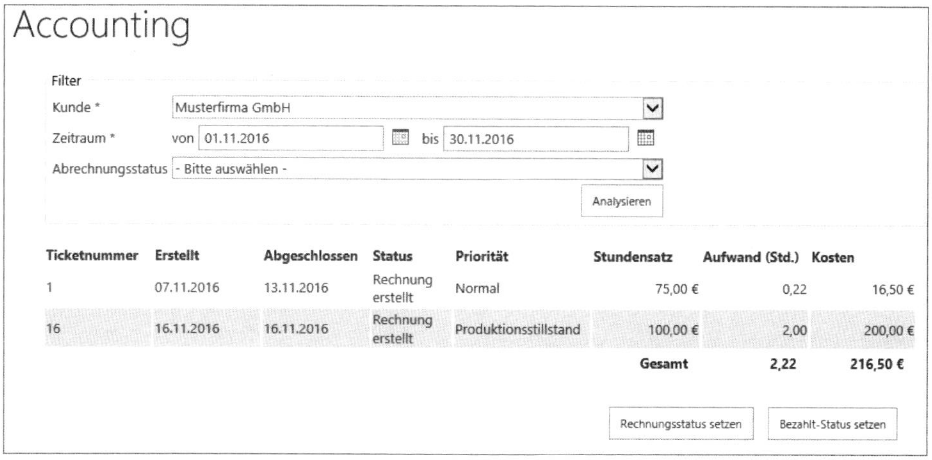

Abbildung 15.30 Abrechnungs-WebPart

Deployen Sie die Lösung auf Ihren SharePoint, und prüfen Sie, ob das WebPart zur Verfügung steht und verwendet werden kann.

Kapitel 16
Anpassung der Navigation

Erfahren Sie, wie Sie die Navigation Ihrer Anwendung automatisch anpassen lassen.

Nachdem Sie die WebPart-Seiten erstellt haben, passen Sie die Navigation an, um den Benutzern ein einfaches Erreichen der wichtigsten Seiten zu ermöglichen. Öffnen Sie das *BusinessLayer*-Projekt, und erstellen Sie im STRUCTURE-Ordner die zwei neuen Klassen `Navigation` und `NavigationNode`.

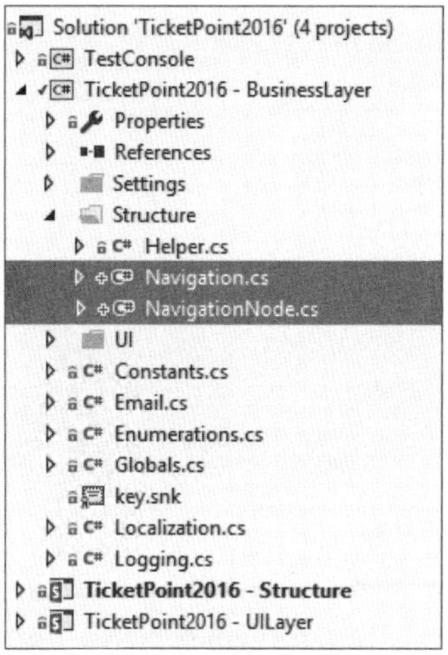

Abbildung 16.1 Navigationsklassen in der Projektstruktur

Öffnen Sie die Datei *NavigationNode.cs*, und fügen Sie die Klasse aus Listing 16.1 ein.

```
public class NavigationNode
{
    public int Id { get; set; }
    public string Title { get; set; }
    public string Url { get; set; }
    int ParentId { get; set; }
}
```

Listing 16.1 Definition-Klasse für Navigationsknoten

Diese Klasse enthält alle Properties, die Sie zum Erstellen der einzelnen Navigationspunkte benötigen:

- Id: ID des Navigationspunktes
- Title: Anzeigetext des Navigationspunktes
- Url: URL des Navigationspunktes
- ParentId: ID des übergeordneten Navigationspunktes, falls vorhanden, sonst -1

Um die Top-Navigation als die obere Navigationsleiste anzupassen, fügen Sie die Methode aus Listing 16.2 in die Navigation-Klasse ein:

```
public static void SetTopNavigation(
SPWeb web,
List<NavigationNode> navNodes)
{
    for (int i = web.Navigation.TopNavigationBar.Count - 1; i >= 0; i--)
    {
        SPNavigationNode node = web.Navigation.TopNavigationBar[i];
        web.Navigation.TopNavigationBar.Delete(node);
    }

    if (navNodes != null)
    {
        //Navigation erstellen
    }
     web.Update();
}
```

Listing 16.2 Top-Navigation setzen

Die Methode erwartet ein SPWeb-Objekt, in dem die Navigation angepasst wird, und eine Liste von NavigationNode-Objekten, die die einzelnen Navigationspunkte repräsentieren. Zuerst werden alle vorhandenen Navigationspunkte entfernt. Wenn eine Liste mit Navigationselementen übergeben wurde, wird im Anschluss die Navigation komplett neu erstellt. Ergänzen Sie dazu den Code aus Listing 16.3 innerhalb der if-Bedingung:

```
Dictionary<int, SPNavigationNode> newNavNodes = new Dictionary<int,
SPNavigationNode>();
foreach (NavigationNode node in navNodes)
{
    if (!newNavNodes.ContainsKey(node.Id)
        && (node.ParentId < 0
        || newNavNodes.ContainsKey(node.ParentId)))
```

```
    {
        SPNavigationNode newNavNode = new SPNavigationNode(node.Title,
            node.Url);
        if (node.ParentId < 0)
            newNavNode =
                web.Navigation.TopNavigationBar.AddAsLast(newNavNode);
        else
            newNavNodes[node.ParentId].Children.AddAsLast(newNavNode);
            newNavNodes.Add(node.Id, newNavNode);
    }
}
```

Listing 16.3 Navigationsknoten erstellen

Für jeden Navigationspunkt wird geprüft, ob er bereits existiert. Falls nicht, wird er erstellt und dem Parent hinzugefügt oder als neuer Knoten hinter den vorhandenen Hauptnavigationspunkten ergänzt, falls er keinen Parent-Navigationsknoten hat.

Hinweis

Beachten Sie, dass nach der Anpassung der Navigation ein Update des `SPWeb`-Objektes notwendig ist, um die Anpassungen zu übernehmen.

Um die linke Seitennavigation anzupassen, fügen Sie die Methode aus Listing 16.4 in die `Navigation`-Klasse ein.

```
public static void SetQuickLaunchNavigation(
    SPWeb web,
    List<NavigationNode> navNodes)
{
    for (int i = web.Navigation.QuickLaunch.Count - 1; i >= 0; i--)
    {
        SPNavigationNode node = web.Navigation.QuickLaunch[i];
        web.Navigation.QuickLaunch.Delete(node);
    }
    if (navNodes != null)
    {
        //Navigation erstellen
    }
    web.Update();
}
```

Listing 16.4 Schnellstart-Navigation anpassen

Auch hier wird zuerst die komplette vorhandene Navigation geleert, bevor sie im Anschluss neu aufgebaut wird. Der Unterschied zwischen den beiden Methoden ist, dass jeweils auf eine andere Property zugegriffen wird. Bei der Anpassung der oberen Navigation wird auf die Property `TopNavigationBar` zugegriffen, bei der Anpassung der Seitennavigation auf die Property `QuickLaunch`. Fügen Sie dazu den Code aus Listing 16.5 innerhalb der `if`-Bedingung ein, um die Seitennavigation zu erstellen.

```
Dictionary<int, SPNavigationNode> newNavNodes
    = new Dictionary<int, SPNavigationNode>();
foreach (NavigationNode node in navNodes)
{
    if (!newNavNodes.ContainsKey(node.Id)
        && (node.ParentId < 0
        || newNavNodes.ContainsKey(node.ParentId)))
    {
        SPNavigationNode newNavNode
            = new SPNavigationNode(node.Title, node.Url);
        if (node.ParentId < 0)
            newNavNode = web.Navigation.QuickLaunch.AddAsLast(newNavNode);
        else
            newNavNodes[node.ParentId].Children.AddAsLast(newNavNode);
        newNavNodes.Add(node.Id, newNavNode);
    }
}
```

Listing 16.5 Navigationsknoten erstellen

Nun haben Sie alle Methoden erstellt, um die Navigation anpassen zu können. Öffnen Sie den Feature-EventReceiver des *Structure*-Features, und fügen Sie die `CreateNavigation`-Methode ein, die die Navigationspunkte erstellt:

```
private void CreateNavigation(SPWeb web)
{
    List<NavigationNode> nodesQuickLaunch = new List<NavigationNode>();
    //TicketPoint 2016
    nodesQuickLaunch.Add(new NavigationNode()
    {
        Id = 1,
         Title = Localization.GetString(Localization.Keys.ApplicationTitle),
            ParentId = -1,
            Url = "#"
    });
    //Neues Ticket
    nodesQuickLaunch.Add(new NavigationNode()
```

```
{
        Id = 2,
        Title = Localization.GetString(Localization.Keys.TxtNewTicket),
     ParentId = 1,
    Url = Constants.PageUrl.TicketNewEdit.TrimStart('/')
});
//Ticketübersicht
nodesQuickLaunch.Add(new NavigationNode()
{
    Id = 3,
    Title = Localization.GetString(Localization.Keys.TxtTicketOverView),
        ParentId = -1,
        Url = Constants.ListUrl.Tickets
});
    //Zu bearbeitende Tickets
 nodesQuickLaunch.Add(new NavigationNode()
    {
     Id = 4,
    Title = Localization.GetString(Localization.Keys.TxtOpenTickets),
        ParentId = 3,
        Url = SPUrlUtility.CombineUrl(Constants.ListUrl.Tickets,
        Constants.ViewName.MyOpenTickets + ".aspx")
});
//Auswertung
nodesQuickLaunch.Add(new NavigationNode()
{
    Id = 5,
        Title = Localization.GetString(Localization.Keys.TxtEvaluation),
        ParentId = -1,
    Url = "#"
});
//Ticketauswertung
nodesQuickLaunch.Add(new NavigationNode()
 {
    Id = 6,
        Title = Localization.GetString(Localization.Keys.TxtTicketEvaluation),
     ParentId = 5,
     Url = SPUrlUtility.CombineUrl(Constants.ListUrl.SitePages,
        Constants.PageUrl.TicketEvaluation)
});
//Abrechnung
nodesQuickLaunch.Add(new NavigationNode()
{
```

```
        Id = 7,
         Title = Localization.GetString(Localization.Keys.TxtAccounting),
        ParentId = 5,
        Url = SPUrlUtility.CombineUrl(Constants.ListUrl.SitePages,
            Constants.PageUrl.Accounting)
    });
    //Lösungssuche
    nodesQuickLaunch.Add(new NavigationNode()
    {
        Id = 8,
            Title =
Localization.GetString(Localization.Keys.TxtSolutionSearch),
            ParentId = 5,
         Url = SPUrlUtility.CombineUrl(Constants.ListUrl.SitePages,
            Constants.PageUrl.SolutionSearch)
     });
    Navigation.SetQuickLaunchNavigation(web, nodesQuickLaunch);
    //TicketPoint 2016
     List<NavigationNode> nodesTopNavigation = new List<NavigationNode>();
     nodesTopNavigation.Add(new NavigationNode()
     {
        Id = 1,
        Title = Localization.GetString(Localization.Keys.ApplicationTitle),
        ParentId = -1,
        Url = "#"
    });
    Navigation.SetTopNavigation(web, nodesTopNavigation);
}
```

Listing 16.6 Definition der Navigationsknoten erstellen und setzen

In der Methode werden die Links für die Quicklaunch und die TopLinkBar als `NavigationNode`-Objekte erstellt und dann als Liste an die Methoden `SetQuickLaunchNavigation` bzw. `SetTopNavigation` übergeben, um die Navigationselemente zu erstellen. Wichtig an dieser Stelle ist, dass die URLs hier webrelativ, ohne führendes /, erwartet werden.

Rufen Sie die `CreateNavigation`-Methode im `FeatureActivated`-Event auf.

```
//Navigation anpassen
CreateNavigation(web);
```

Das Ergebnis sollte wie in Abbildung 16.2 aussehen.

Abbildung 16.2 TopLink-Navigation

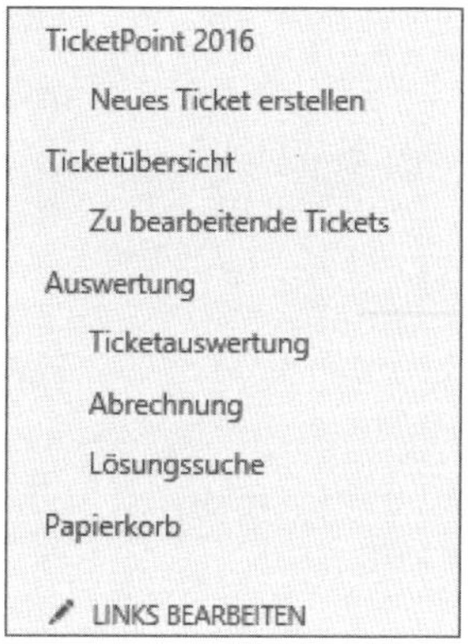

Abbildung 16.3 Quicklaunch-Navigation

Durch das Aufrufen der `CreateNavigation`-Methode wird die Navigation bei jedem Aktivieren des Strukturfeatures komplett neu erstellt. Das hat zur Folge, dass Anpassungen, die durch die Benutzer durchgeführt werden, überschrieben werden. Dazu gehören auch von Benutzern erstellte Links. Falls das nicht gewünscht ist, können Sie die Methode anpassen und z. B. über einen Property-Bag-Eintrag sicherstellen, dass die Navigation nicht bei jedem Aktivieren des Features neu generiert wird. Eine Möglichkeit wäre, zu prüfen, ob der Eintrag vorhanden ist, und nur, wenn der Eintrag nicht vorhanden ist, die Navigationsmethode aufzurufen. Nach dem Erstellen der Navigation wird der Eintrag erstellt. Beim nächsten Aktivieren würde die Navigation nicht mehr neu erstellt. Wenn ein Zurücksetzen der Navigation gewünscht ist, entfernen Sie einfach den Property-Bag-Eintrag. Danach aktivieren Sie das Feature neu, wodurch die Navigation neu erstellt wird.

Deployen Sie die Solution, und aktivieren Sie das *Structure*-Feature. Überprüfen Sie dann die Navigationseinträge.

Kapitel 17
Aufbau der WebPart-Seiten

Erfahren Sie, wie Sie unterschiedliche WebPart-Seiten als Bestandteil Ihrer Anwendung ausrollen und dem Kunden so den Einstieg in die Nutzung erleichtern.

Um eine abgerundete Lösung für Ihre Kunden bereitzustellen, sollten Sie einige vorbereitete WebPart-Seiten mit der Lösung ausrollen. Die Seiten werden im Normalfall zwar individualisiert, komplettieren aber den Gesamteindruck Ihrer Lösung nach der Installation. Die notwendigen Seiten erstellen Sie am besten im `FeatureActivated`-EventReceiver des *UILayer*-Projektes. So werden sie automatisch bei Featureaktivierung für den Endbenutzer bereitgestellt.

Um dies zu realisieren, legen Sie als Erstes zwei Methoden im *BusinessLayer*-Projekt an: eine Methode, mit der Sie die gewünschte Wiki- oder WebPart-Seite ermitteln und, falls erforderlich, neu anlegen, und eine weitere Methode, mit der Sie ein WebPart auf der Seite platzieren. Die beiden Methoden sollten Sie in der `Globals`-Klasse unterbringen.


```
public static SPFile GetPage(string fileName
    , string pageTitle
    , SPTemplateFileType pageTemplate
    , SPList targetList
    , out bool existed)
{
    SPFile pageFile = null;
    try
    {
        SPFolder rootFolder = targetList.RootFolder;
        SPFileCollection files = rootFolder.Files;
        // Datei aus Bibliothek laden
        try
        {
            if (files != null && files.Count > 0)
            {
                pageFile =
                    files.Cast<SPFile>()
```

```
                        .FirstOrDefault(f => f.Name.Equals(fileName));
            }
        }
        catch (Exception ex)
        {
            Logging.LogError(ex, Constants.LogCategory.BusinessLogic);
        }
        // Wenn die Datei noch nicht existiert, muss sie angelegt werden
        if (pageFile == null || !pageFile.Exists)
        {
            pageFile =
                rootFolder.Files.Add(
                    SPUtility.ConcatUrls(rootFolder.ServerRelativeUrl
                        , fileName)
                    , pageTemplate);
            SPListItem pageItem = pageFile.Item;
            pageItem[Constants.FieldInternalName.Name] = pageTitle;
            pageItem.UpdateOverwriteVersion();
            existed = false;
        }
        else
        {
            existed = true;
        }
    }
    catch (Exception ex)
    {
        Logging.LogError(ex, Constants.LogCategory.BusinessLogic);
        existed = false;
    }
    return pageFile;
}
public static void AddWebPartToPage(SPFile page
    , string zoneId
    , System.Web.UI.WebControls.WebParts.WebPart webPart)
{
    if (page.Item.ParentList.ForceCheckout)
        page.CheckOut();
    using (SPLimitedWebPartManager wpManager =
        page.Web.GetLimitedWebPartManager(page.Url
            , PersonalizationScope.Shared))
    {
        wpManager.AddWebPart(webPart, zoneId, 0);
```

```
        wpManager.SaveChanges(webPart);
    }
    if (page.Item.ParentList.ForceCheckout)
        page.CheckIn("AddWebPartToPage");
}
```

Listing 17.1 Hilfsmethoden zum Ermitteln von Seiten und Hinzufügen von WebParts

Mithilfe dieser beiden Methoden legen Sie nun im `FeatureActivated`-EventReceiver des *UILayer*-Features im *UILayer*-Projekt für jedes der drei WebParts eine eigene Seite an. Fügen Sie dazu den Codeausschnitt aus Listing 17.2 am Ende der `FeatureActivated`-Methode ein.

```
SPList sitePages = currentWeb.GetList(SPUtility.ConcatUrls(currentWeb.Url
    , Constants.ListUrl.SitePages));
// Ticketauswertung
bool siteExists = false;
SPFile ticketEvaluationFile =
 Globals.GetPage(Constants.PageUrl.TicketEvaluation
    , Localization.GetString(Localization.Keys.TxtTicketEvaluation)
    , SPTemplateFileType.StandardPage
    , sitePages
    , out siteExists);
if (!siteExists)
{
    WebParts.TicketEvaluation.TicketEvaluation webPart =
        new WebParts.TicketEvaluation.TicketEvaluation()
        {
            Title =
                Localization.GetString(Localization.Keys.TxtTicketEvaluation),
                ApplicationUrl = currentWeb.Url
        };
    Globals.AddWebPartToPage(ticketEvaluationFile
        , "Main"
        , webPart);
}

// Abrechnung
siteExists = false;
SPFile accountingFile = Globals.GetPage(Constants.PageUrl.Accounting
    , Localization.GetString(Localization.Keys.TxtAccounting)
    , SPTemplateFileType.StandardPage
    , sitePages
    , out siteExists);
```

```
if (!siteExists)
{
    WebParts.Accounting.Accounting webPart =
        new WebParts.Accounting.Accounting()
        {
            Title = Localization.GetString(Localization.Keys.TxtAccounting),
            ApplicationUrl = currentWeb.Url,
            TicketClosed = Constants.DefaultSettings.TicketClosed,
            TicketAccountable = Constants.DefaultSettings.TicketAccountable,
            TicketAccounted = Constants.DefaultSettings.TicketAccounted,
            TicketAccountingOpen =
                Constants.DefaultSettings.TicketAccountingOpen
        };
    Globals.AddWebPartToPage(accountingFile
        , "Main"
        , webPart);
}
// Lösungssuche
siteExists = false;
SPFile solutionSearchFile = Globals.GetPage(Constants.PageUrl.SolutionSearch
    , Localization.GetString(Localization.Keys.TxtSolutionSearch)
    , SPTemplateFileType.StandardPage
    , sitePages
    , out siteExists);
if (!siteExists)
{
    WebParts.SolutionSearch.SolutionSearch webPart =
        new WebParts.SolutionSearch.SolutionSearch()
        {
            Title =
                Localization.GetString(Localization.Keys.TxtSolutionSearch)
        };
    Globals.AddWebPartToPage(solutionSearchFile
        , "Main"
        , webPart);
}
```

Listing 17.2 Aufbau der WebPart-Seiten bei Featureaktivierung

Wenn Sie nach Abschluss dieser Anpassungen die Lösung deployen und das *UILayer*-Feature aktivieren, werden in der SitePages-Bibliothek die drei Seiten *Ticketauswertung*, *Abrechnung* und *Lösungssuche* angelegt. In den Seiten sind die jeweiligen WebParts eingebunden.

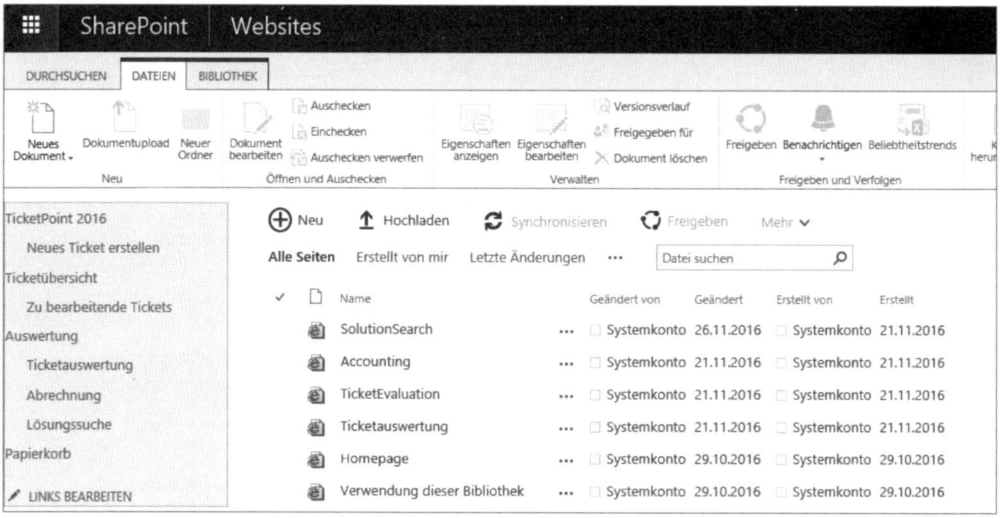

Abbildung 17.1 WebPart-Seiten in der SitePages-Bibliothek

In Abbildung 17.2 sehen Sie die Seite *Ticketauswertung* mit dem konfigurierten Web-Part zur Auswertung der Tickets.

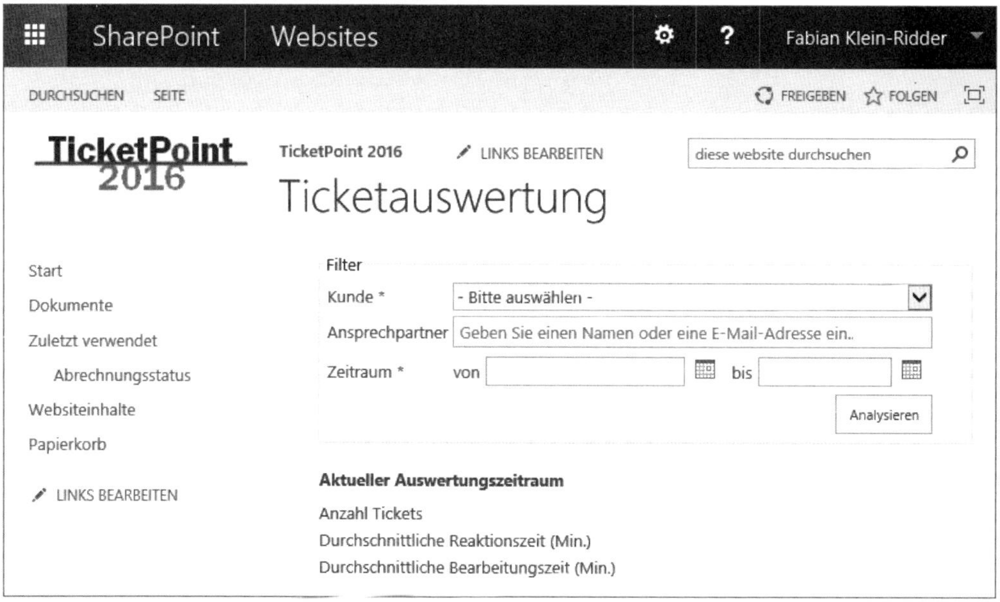

Abbildung 17.2 Ticketauswertung

Deployen Sie die Lösung auf Ihren SharePoint, und prüfen Sie, ob die WebPart-Seiten korrekt angelegt wurden und aufrufbar sind.

Kapitel 18
Umsetzung des Brandings

Erfahren Sie, wie Sie schnell und einfach Anpassungen an einem SharePoint-Branding vornehmen können, um Ihre Lösung auf einfachem Wege optisch aufzuwerten.

Ein individuelles Branding verbessert die optische Darstellung Ihrer Anwendung enorm und hebt sie von anderen Standardapplikationen ab. Kunden, die bereits SharePoint mit eigenem Branding im Einsatz haben, werden dazu neigen, ihr eigenes Branding auf Ihre Applikation zu schalten. Kunden, die jedoch mit SharePoint ohne Anpassungen starten, können Sie mit einem ansprechenden Branding direkt abholen – nach dem Motto »Der erste Eindruck zählt«.

TicketPoint 2016 soll sich insbesondere farblich vom SharePoint-Standard abheben. Dazu wollen wir mit einfachen Mitteln eine CSS-Datei bereitstellen, die die Standard-CSS-Klassen von SharePoint überschreibt und damit eigene Akzente setzt. Dies ist mit Sicherheit keine komplexe UI-Anpassung mit MasterPages und Seitenlayouts, aber eine schnelle und effektive Möglichkeit, eine Standard-SharePoint-Applikation zu individualisieren. 18

Das Branding sollte als eigenes Feature im *UILayer*-Projekt bereitgestellt werden. Dadurch besteht die Möglichkeit, das Layout losgelöst von der Anwendung zu aktivieren und zu deaktivieren. Fügen Sie also im *UILayer*-Projekt ein neues Feature mit dem Namen *Fkr.SharePoint.TicketPoint2016.Branding* hinzu.

Das Feature muss im Scope Web bereitgestellt werden und sollte den Titel und die Beschreibung tragen, die Sie in Abbildung 18.1 sehen.

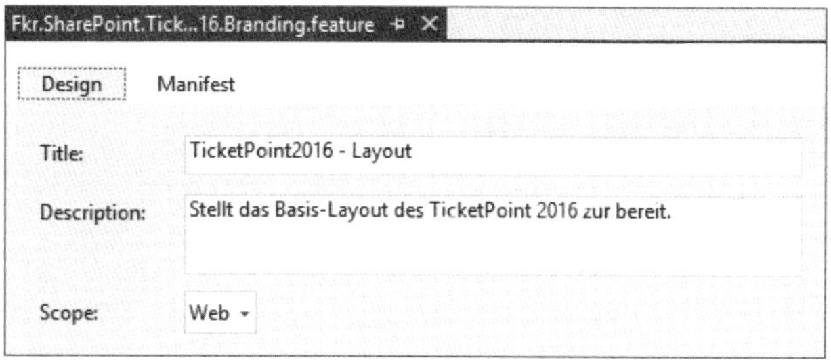

Abbildung 18.1 Branding-Feature

Setzen Sie danach wie gewohnt in den Feature-Properties den DEPLOYMENT PATH und die IMAGE URL.

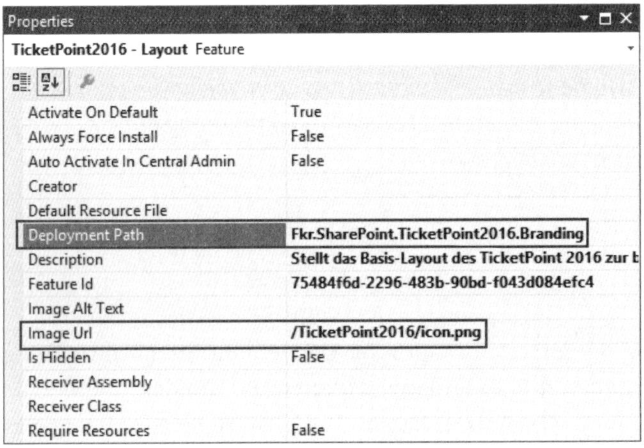

Abbildung 18.2 Feature-Properties

Danach fügen Sie im *UILayer*-Projekt ein neues Verzeichnis mit dem Namen *Modules* ein. Darin können Sie Module unterbringen, durch die bei der Featureaktivierung Dateien in SharePoint hochgeladen werden. In diesem Verzeichnis legen Sie ein neues Modul mit dem Namen `BrandingCSS` an.

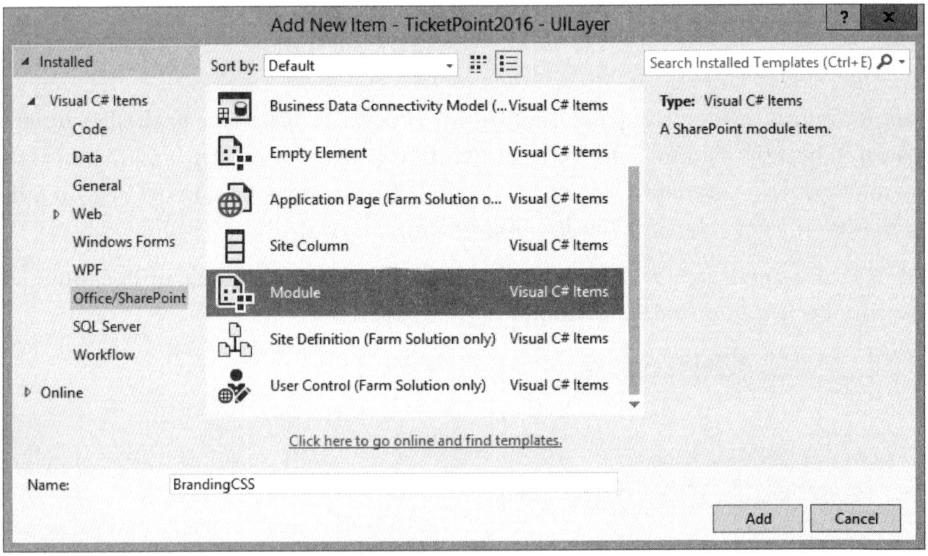

Abbildung 18.3 »BrandingCSS«-Modul hinzufügen

In diesem Modul erstellen Sie eine neue CSS-Datei mit dem Namen *Branding.css* und fügen darin den Style-Code aus Listing 18.1 ein.

```
#sideNavBox {
    float: left;
    margin-left: 0px;
    margin-right: 20px;
    width: 210px;
    border: 1px solid silver;
    background-color: rgba( 239,239,239,0.78 );
}
.ms-core-listMenu-horizontalBox .ms-core-listMenu-selected:link,
.ms-core-listMenu-horizontalBox .ms-core-listMenu-selected:visited,
.ms-core-listMenu-horizontalBox .ms-core-listMenu-selected,
.ms-tv-selected:link {
    background-color: transparent;
    color: #990000;
}
.ms-pivotControl-surfacedOpt:hover, .ms-pivotControl-overflowDot:hover,
.ms-pivotControl-surfacedOpt-selected {
    color: #990000;
}
.o365cs-base .ms-bgc-tp, .o365cs-base .ms-bgc-tp-h:hover,
.ms-bgc-tp.o365cs-base {
    background-color: #990000;
}
.ms-cui-cg.ms-cui-cg-db {
    border-top-color: #990000;
}
.ms-cui-cg-db .ms-cui-ct-first > .ms-cui-tt-a,
.ms-cui-cg-db .ms-cui-ct-first > .ms-cui-tt-a:hover {
    border-left-color: #990000;
}
.ms-cui-cg-db .ms-cui-ct-last > .ms-cui-tt-a,
.ms-cui-cg-db .ms-cui-ct-last > .ms-cui-tt-a:hover {
    border-right-color: #990000;
}
.ms-core-form-heading {
    color: #990000;
}
.ms-core-listMenu-selected:link, .ms-core-listMenu-selected:visited,
.ms-core-listMenu-selected {
    background-color: #BB2222;
    color: #ffffff;
}
```

Listing 18.1 Style-Code der Datei »Branding.css«

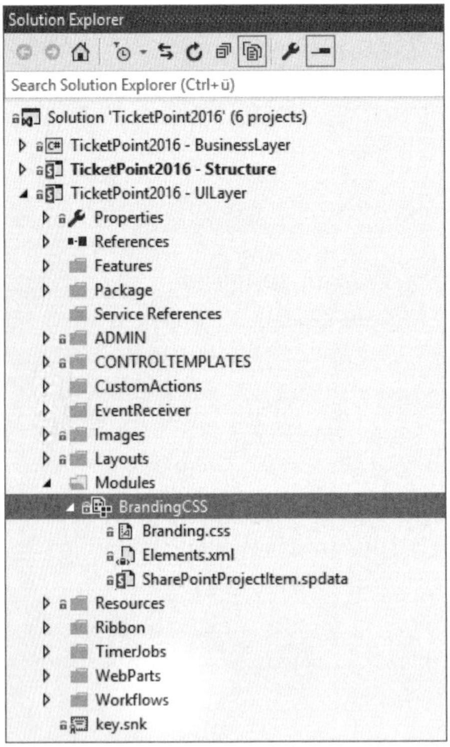

Abbildung 18.4 Branding-Modul in der Projektstruktur

Nachdem Sie die CSS-Datei zum Modul hinzugefügt haben, öffnen Sie die *Elements.xml* des Moduls und passen sie wie in Listing 18.2 an, damit sie korrekt in die Formatbibliothek von SharePoint hochgeladen wird.

```
<?xml version="1.0" encoding="utf-8"?>
<Elements xmlns="http://schemas.microsoft.com/sharepoint/">
    <Module Name="BrandingCSS"
            Url="Style Library">
    <File Path="BrandingCSS\Branding.css"
            Url="Branding/Branding.css"
            IgnoreIfAlreadyExists="True"
            Type="GhostableInLibrary" />
    </Module>
</Elements>
```

Listing 18.2 Modul zum Upload der CSS-Datei

Wenn das Modul entsprechend angepasst ist, erstellen Sie in den CONTROLTEMPLATES des *UILayer*-Projekts ein neues UserControl mit dem Namen *Branding.ascx*.

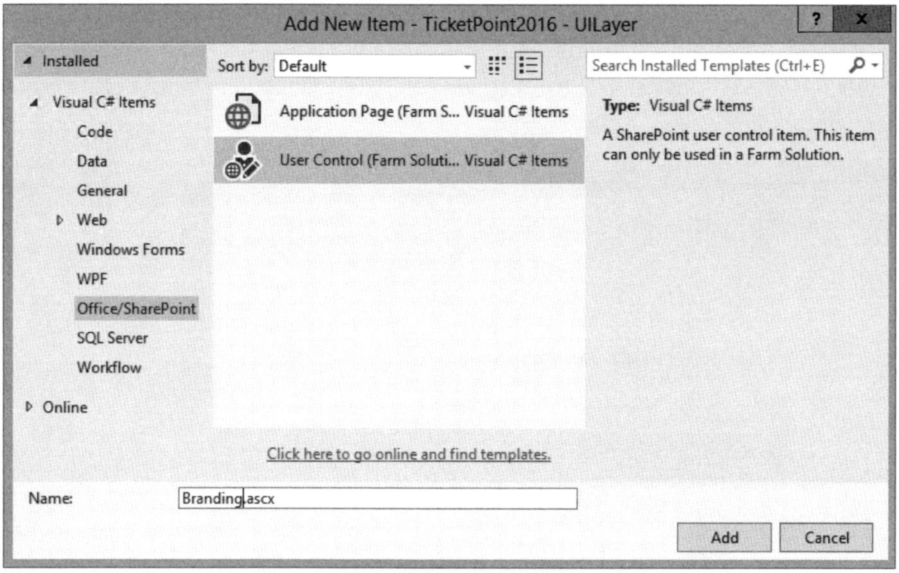

Abbildung 18.5 Branding-UserControl hinzufügen

Abbildung 18.6 Branding-UserControl in der Projektstruktur

Im Markup des UserControls fügen Sie einen Link auf die *Branding.css* in der Formatbibliothek ein.

```
<link rel="stylesheet" href="<%=SPContext.Current.Web.Url %>/Style Library/
Branding/Branding.css">
```

Damit das UserControl als Additional Page-Header auf die Seite geladen wird und die CSS-Datei automatisch einbindet, müssen Sie noch ein leeres Element im Verzeichnis *CustomActions* des *UILayer*-Projekts erstellen. Geben Sie dem Element den Namen *Branding*.

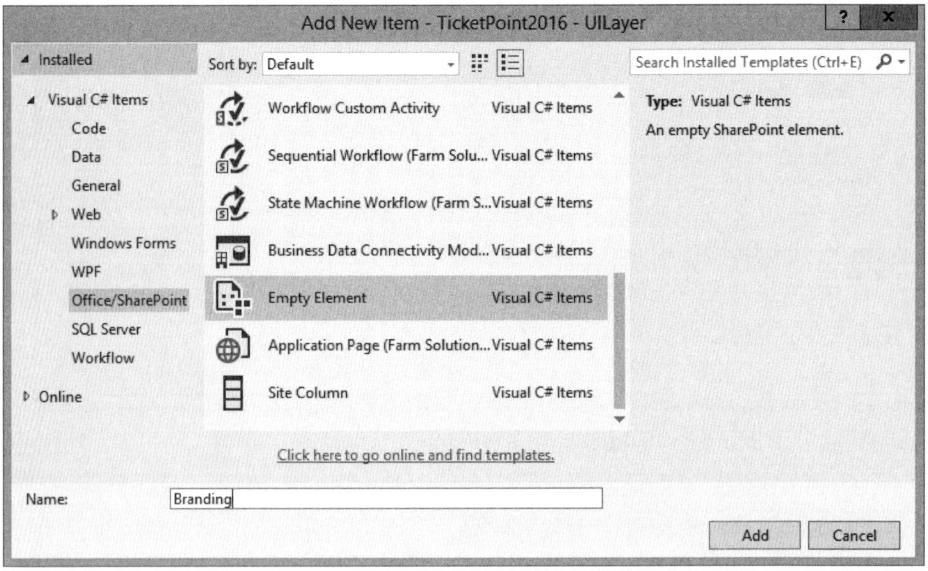

Abbildung 18.7 CustomAction hinzufügen

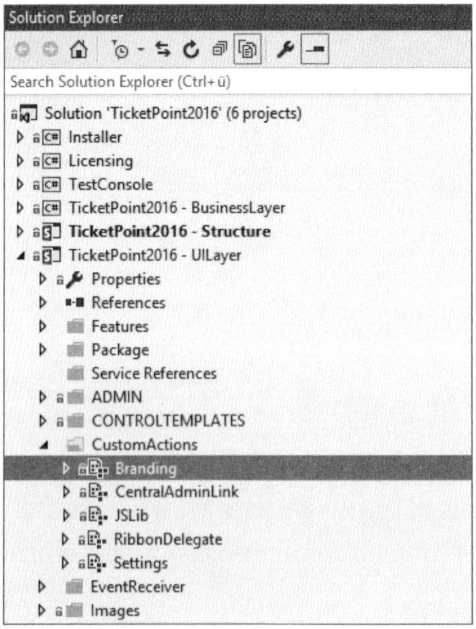

Abbildung 18.8 CustomAction in der Projektstruktur

Öffnen Sie die *Elements.xml* des Elements, und passen Sie das XML wie in Listing 18.3 an, um das UserControl für das Branding zu laden.

```
<?xml version="1.0" encoding="utf-8"?>
<Elements xmlns="http://schemas.microsoft.com/sharepoint/">
    <Control Id="AdditionalPageHead"
         ControlSrc="~/_controltemplates/15/TicketPoint2016/Branding.ascx"
         Sequence="10" />
</Elements>
```

Listing 18.3 AdditionalPageHeader zum Einbinden des CSS

Zum Abschluss nehmen Sie das Modul zum Upload der CSS-Datei und das UserControl zum Einbinden des UserControls in das Branding-Feature auf.

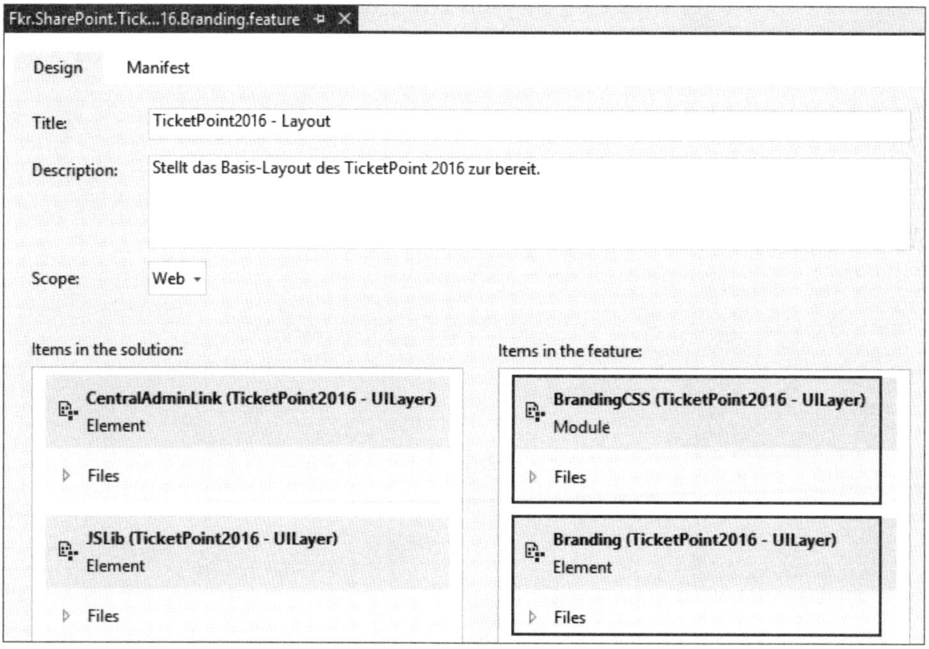

Abbildung 18.9 Komponenten im Branding-Feature

Nach Aktivierung des Features sollte Ihre TicketPoint-2016-Anwendung so wie in Abbildung 18.10 aussehen.

Deployen Sie die Lösung auf Ihren SharePoint, und prüfen Sie, ob das Branding korrekt übernommen wurde.

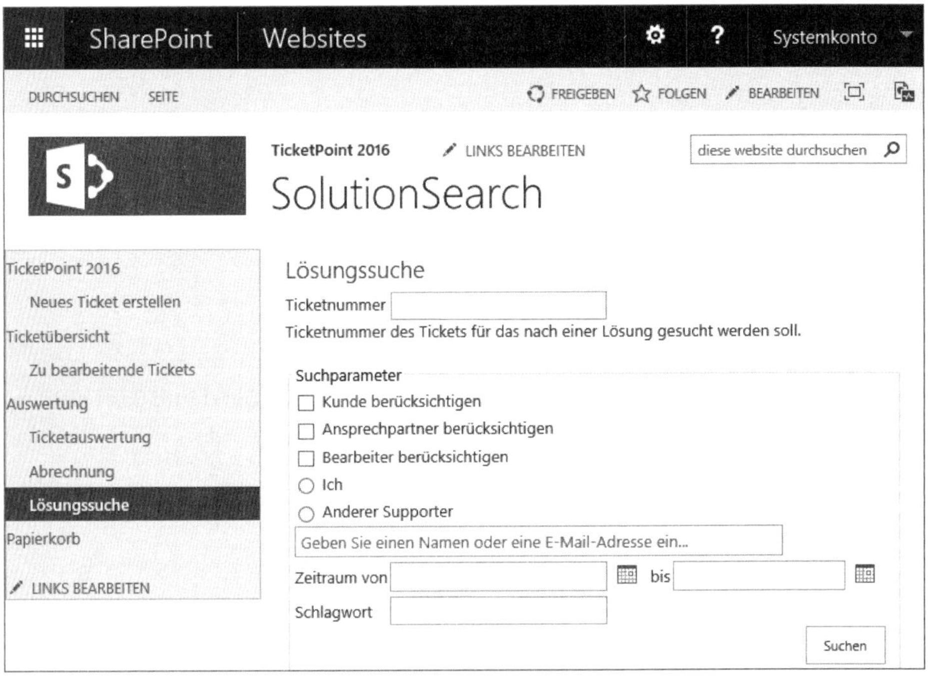

Abbildung 18.10 Branding Demo

Kapitel 19
Deployment

Erfahren Sie, wie Sie eine vorhandene Lösung schnell und effektiv ausrollen und auf Wunsch einen Click-once-Installer für Endanwender erstellen.

Ob die Installation eines Produktes auf diversen Kundensystemen oder das projektbezogene Bereitstellen einer Lösung auf Entwicklungs-, Test-, und Produktivsystemen – jedes Projekt profitiert von einer Routine, die bei der Bereitstellung der Anwendung unterstützt und notwendige Konfigurationen vereinheitlicht. Durch eine solche Installationsroutine können Sie nicht nur Zeit sparen, sondern auch gewährleisten, dass die Anwendung auf unterschiedlichen System nach demselben Schema und ohne eventuelle Fehler, die bei einer manuellen Installation auftreten können, eingerichtet werden kann.

Je nach Anforderung kann eine solche Routine als Unterstützung Ihrer Consultants dienen und in Form eines PowerShell-Skriptes umgesetzt werden. Möchten Sie Ihre Lösung hingegen als Produkt an den Endkunden ausliefern, ist ein Click-once-Installer von großem Nutzen, um Ihrem Kunden die Arbeit zu erleichtern. Zudem macht ein Click-once-Installer einen wesentlich professionelleren Eindruck für ein Produkt als ein möglicher Flickenteppich aus Skripten und manuellen Handgriffen anhand eines Anleitungsdokumentes. Welche Bereitstellungsvariante Sie wählen, hängt ganz von Ihrem Projekt und den aktuellen Anforderungen ab.

19.1 Via PowerShell

Ein schneller und einfacher Weg, Ihre Lösung einheitlich zu verteilen, stellt die Verwendung eines PowerShell-Skriptes dar. Der Funktionsumfang des Skriptes kann von Vorarbeiten auf dem System über das Lösungsdeployment und die Featureaktivierung bis hin zu Nacharbeiten auf dem System alles umfassen. Das folgende Beispiel können Sie als Grundlage für Ihre Installationsskripte verwenden. Mit nur wenigen Anpassungen kann das Skript für die Installation jedweder SharePoint-Lösungen dienen.

Am Anfang des Skriptes definieren Sie alle Variablen, die vor der Ausführung des Skripts an den Zielserver und die zu installierende Lösung angepasst werden müssen.

```
$path = Convert-Path "."
$webUrl = "<WEBURL>"
$solutionsGlobal = @("Fkr.SharePoint.TicketPoint2016.Structure.wsp")
$solutionsWebScope = @("Fkr.SharePoint.TicketPoint2016.UILayer.wsp")
$features = @( "{9a41664e-dd75-4d7a-99e4-1860cf4d6c58}"
    , "Fkr.SharePoint.TicketPoint2016.WebParts"
    , "Fkr.SharePoint.TicketPoint2016.Branding"
    , "Fkr.SharePoint.TicketPoint2016.TimerJob"
    , "Fkr.SharePoint.TicketPoint2016.UILayer"
    , "Fkr.SharePoint.TicketPoint2016.Structure")
```

Listing 19.1 Variablen für das Installations-Skript

Beginnen Sie mit der Ermittlung des aktuellen Ausführungspfades, den Sie im weiteren Skriptverlauf zum Zugriff auf die Lösungsdateien benötigen, die im selben Verzeichnis wie das Skript liegen sollten. Zusätzlich erstellen Sie eine Variable, in der die URL des Webs hinterlegt wird, in dem die Lösung installiert und die Features aktiviert werden sollen.

Danach erzeugen Sie drei Arrays: ein Array mit Lösungen, die global auf dem Server bereitgestellt werden, ein weiteres mit Lösungen, die gezielt für eine Webanwendung bereitgestellt werden müssen, und ein drittes mit Features, die nach der Installation der Lösungen aktiviert werden sollen.

Als Nächstes fügen Sie dem Skript die zwei Methoden aus Listing 19.2 hinzu, in denen Sie die Pre- und Post-Aktionen unterbringen. Die Pre-Aktionen stellen alle Vorbereitungen dar, die vor Installation der Lösungen und Aktivierung der Features durchgeführt werden. Die Post-Aktionen umfassen alle Nacharbeiten, die nach der Aktivierung der Features durchgeführt werden.

```
function PreActions()
{
    Write-Host "Beginne PreActions..."

    # HIER DEFINIEREN SIE ALLE AKTIONEN,
    # DIE VOR INSTALLATION DER LÖSUNGEN
    # AUSGEFÜHRT WERDEN SOLLEN

    Write-Host "PreActions abgeschlossen"
}
```

```
function PostActions()
{
    Write-Host "Beginne PostActions..."

    # HIER DEFINIEREN SIE ALLE AKTIONEN,
    # DIE NACH INSTALLATION DER LÖSUNGEN
    # AUSGEFÜHRT WERDEN SOLLEN

    Write-Host "PostActions abgeschlossen"
}
```

Listing 19.2 Skript-Abschnitt für die Pre- und Post-Aktionen

Zur Installation der Lösungen erstellen Sie die Funktion aus Listing 19.3, die über die beiden Lösungs-Arrays iteriert und die die jeweiligen Lösungen installiert.

```
function InstallSolutions()
{
    for ($i=0; $i -lt $solutionsGlobal.length; $i++)
    {
        $solution = $solutionsGlobal[$i]
        Write-Host -NoNewline "Installiere"$solution"..."
        Try
        {
            Add-SPSolution -LiteralPath $path\$solution -ErrorAction Ignore
            Install-SPSolution -Identity $solution -GACDeployment
            -ErrorAction Stop -ErrorVariable errorMsg
            Write-Host "OK" -ForegroundColor green
        }
        Catch
        {
            Write-Host "FEHLER" -ForegroundColor red
            Write-Host $errorMsg[0].Message -ForegroundColor red
        }
    }

    for ($i=0; $i -lt $solutionsWebScope.length; $i++)
    {
        $solution = $solutionsWebScope[$i]
        Write-Host -NoNewline "Installiere"$solution"..."
        Try
```

```
        {
            Add-SPSolution -LiteralPath $path\$solution -ErrorAction Ignore
            Install-SPSolution -Identity $solution -GACDeployment
            -WebApplication $webUrl -ErrorAction Stop -ErrorVariable errorMsg
            Write-Host "OK" -ForegroundColor green
        }
        Catch
        {
            Write-Host "FEHLER" -ForegroundColor red
            Write-Host $errorMsg[0].Message -ForegroundColor red
        }
    }
}
```

Listing 19.3 Skript-Abschnitt für die Installation der Lösungen

Zum Abschluss benötigen Sie noch eine Funktion, in der Sie durch das Feature-Array iterieren und die Features im angegebenen Web aktivieren:

```
function ActivateFeatures()
{
    for ($i=0; $i -lt $features.length; $i++)
    {
        $feature = $features[$i]
        Write-Host -NoNewline "Aktiviere"$feature"..."
        Try
        {
            Enable-SPFeature -identity $feature -URL $webUrl
            -ErrorAction Stop -ErrorVariable errorMsg
            Write-Host "OK" -ForegroundColor green
        }
        Catch
        {
            Write-Host "FEHLER" -ForegroundColor red
            Write-Host $errorMsg[0].Message -ForegroundColor red
        }
    }
}
```

Listing 19.4 Skript-Abschnitt für die Aktivierung der Features

Nach diesen Vorbereitungen müssen Sie die gewünschten Funktionen noch in der richtigen Reihenfolge aufrufen:

```
PreActions
InstallSolutions
ActivateFeatures
PostActions
```

Um die *UserSolution* für den Workflow ebenfalls zu installieren, fügen Sie zwischen der Installation der Lösungen und dem Aktivieren des Features die beiden Zeilen aus Listing 19.5 ein.

```
# INDIVIDUELLER CODE
Add-SPUserSolution -LiteralPath $path\TicketDeletionWorkflow.wsp -Site $webUrl
Install-SPUserSolution -Identity TicketDeletionWorkflow.wsp -Site $webUrl
# INDIVIDUELLER CODE
```

Listing 19.5 Skript-Abschnitt für individuelle Schritte

19.2 Via Code (einen Installer entwickeln)

Wenn Sie ein Produkt entwickeln und dieses Ihrem Kunden zur eigenen Installation und Verwendung überlassen möchten, so bietet es sich an, einen vollumfänglichen Click-once-Installer zur Verfügung zu stellen. Da es, im Gegensatz zu anderen Projektarten in SharePoint, kein Out-of-the-Box-Setup-Paket gibt, bleibt Ihnen nur die Entscheidung, ein fertiges Tool aus dem Web zu nutzen oder einen eigenen Installer zu schreiben. Für TicketPoint 2016 werden wir nachfolgend einen Installer erstellen, den Sie mit wenig Konfigurationsaufwand auch für den Einsatz mit beliebigen anderen Lösungen anpassen können.

Der Installer soll die Möglichkeit bieten, vor der Installation PowerShell-Befehle auszuführen, die das System vorbereiten. Als Nächstes sollen die beiliegenden Lösungen installiert und im Anschluss PowerShell-Skripte ausgeführt werden, die Nacharbeiten am System durchführen. So können Sie beispielsweise als Vorbereitung den SessionState-Service konfigurieren und im Anschluss an die Lösungsinstallation gewünschte Features aktivieren. Die durchzuführenden Aktionen sollen via XML-Datei konfigurierbar sein, und die zu installierenden Lösungen sollen automatisch aus einem unterliegenden Verzeichnis ermittelt und installiert werden.

Starten Sie für die Erstellung Visual Studio, und legen Sie dort ein neues Projekt vom Typ Windows Forms Application an. Geben Sie dem Projekt den Namen »Installer«.

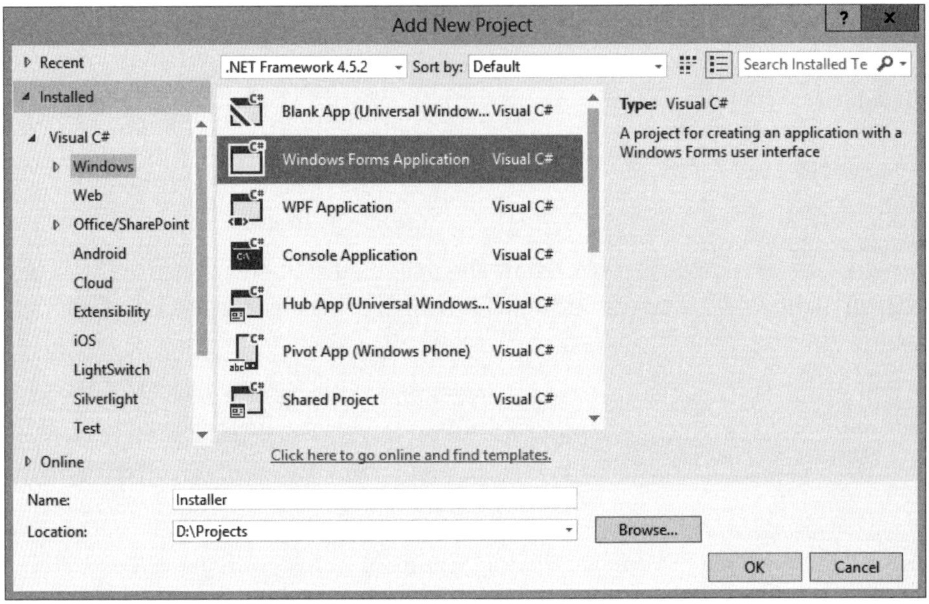

Abbildung 19.1 »Installer«-Projekt anlegen

Öffnen Sie die Einstellungen des Projektes, und konfigurieren Sie die BUILD-Konfiguration so, dass Sie die Anwendung als X64-Anwendung kompilieren. Dies ist notwendig, um die SharePoint-DLL in Ihrem Projekt zu referenzieren.

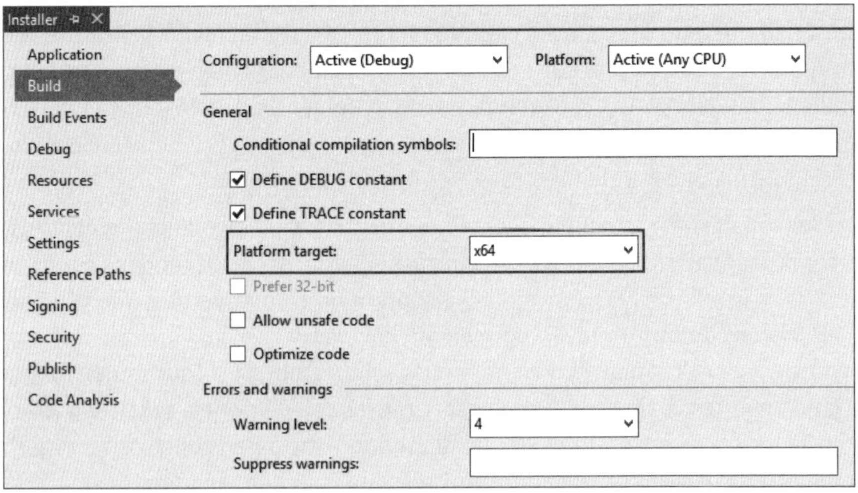

Abbildung 19.2 Einstellung der Zielplattform

Als Nächstes fügen Sie dem Projekt eine Referenz auf die SharePoint-DLL und zum Ausführen der PowerShell-Befehle eine Referenz auf die SYSTEM.MANAGEMENT.AUTOMATION hinzu.

> **Hinweis**
> Sollte die Datei *System.Management.Automation.dll* auf Ihrem System nicht verfügbar sein, kopieren Sie sie aus dem Beispielprojekt, das Sie unter *https://www.rheinwerk-verlag.de/4237* finden.

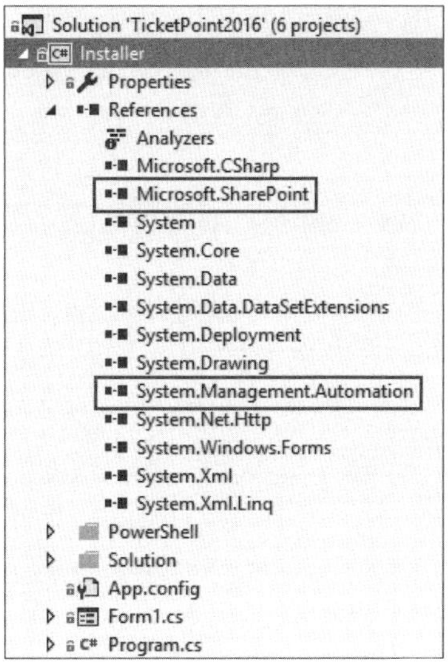

Abbildung 19.3 Referenzen des »Installer«-Projektes

Nachdem die Referenzen zum Projekt hinzugefügt wurden, öffnen Sie das *Form1* im Designer-Modus und passen es so an, wie Sie es in Abbildung 19.4 sehen. Vergeben Sie die entsprechenden Namen für die jeweiligen Controls.

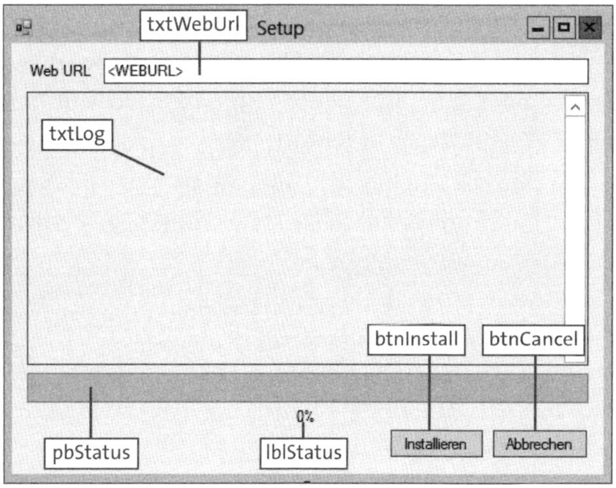

Abbildung 19.4 Formulardesign

Nun benötigen Sie zwei Methoden: eine Methode zum Schreiben der Logeinträge und eine zum Berechnen des Installationsstatus.

Beginnen Sie mit den Logeinträgen. Die Installation soll in einem gesonderten Thread ablaufen, um das Formular nicht die komplette Laufzeit über zu blockieren. Da Sie aus einem gesonderten Thread nicht auf Controls im Formular zugreifen können, müssen Sie mit Delegatfunktionen arbeiten.

Erstellen Sie am Kopf des Codes für die *Form1*-Klasse den Delegaten aus Listing 19.6.

```
delegate void WriteLogDelegate(string msg);
delegate void RefreshStatusDelegate();
```

Listing 19.6 Delegate für den Threadübergreifenden Formularzugriff

Als Nächstes fügen Sie die Methode aus Listing 19.7 zum Erstellen des Logeintrags ein.

```
private void WriteLog(string msg)
{
    if (InvokeRequired)
        Invoke(new WriteLogDelegate(WriteLog), new object[] { msg });
    else
    {
        string logMsg = string.Format("{0} - {1}\r\n"
        , DateTime.Now.ToString("dd.MM.yyyy hh:mm:ss")
        , msg);
        txtLog.AppendText(logMsg);
    }
}
```

Listing 19.7 Methoden zum Loggen

Die Methode prüft, ob ein Invoke der Delegatfunktion aufgrund eines threadübergreifenden Zugriffs erforderlich ist, und führt ihn falls nötig aus. Wird die Methode aus dem aktuellen Formularthread oder über ein Invoke aufgerufen, so wird der eigentliche Code zum Schreiben des Logeintrags ausgeführt.

Für das Berechnen und Setzen des Installationsstatus benötigen Sie als Erstes zwei Membervariablen, in denen der Zielstatus und der aktuelle Status hinterlegt werden:

```
int m_statusFull = 0;
int m_statusCurrent = 0;
```

Danach erstellen Sie eine Methode, die den aktuellen Status erhöht und dann den Gesamtstatus erneut berechnet:

```
private void RefreshStatus()
{
    if (InvokeRequired)
```

```
            Invoke(new RefreshStatusDelegate(RefreshStatus), new object[] { });
        else
        {
            try
            {
                m_statusCurrent++;
                int status =
                    (int)(((double)m_statusCurrent / (double)m_statusFull) * 100);
                if (status > 100)
                    status = 100;
                else if (status < 0)
                    status = 0;
                pbStatus.Value = status;
                lblStatus.Text = string.Format("{0}{1}", status.ToString(), "%");
            }
            catch { }
        }
    }
```

Listing 19.8 Methode zur Neuberechnung und Setzen des Installations-Status

Auch diese Methode prüft vorab, ob ein Invoke benötigt wird. Im eigentlichen Methodenrumpf wird der Zähler der aktuellen Aktion um eins erhöht, der Gesamtstatus berechnet und sowohl als Text im Label als auch im Progressbar gesetzt.

Als Nächstes ermöglichen Sie die Konfiguration der Installation. Die Konfiguration der PowerShell-Befehle soll über eine XML-Datei mit dem Namen *Setup.xml* erfolgen. Die Datei wird im selben Verzeichnis liegen wie die Anwendung. Fügen Sie eine neue XML-Datei zum Projekt hinzu. Geben Sie der Datei den Namen *Setup.xml*.

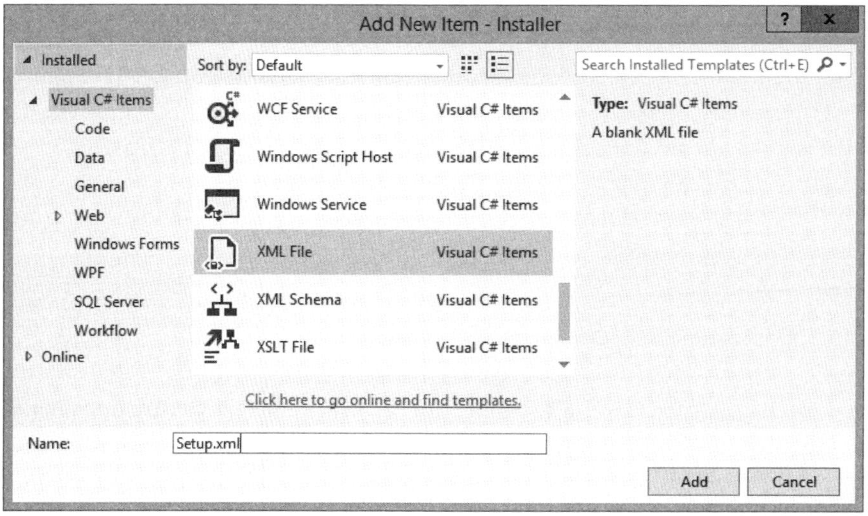

Abbildung 19.5 »Setup.xml« hinzufügen

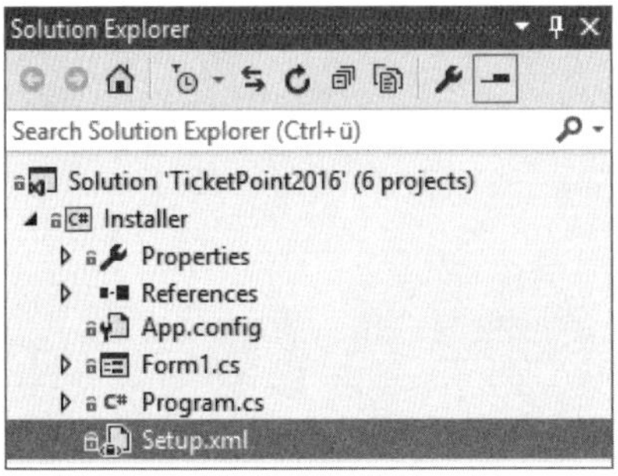

Abbildung 19.6 »Setup.xml« in der Projektstruktur

Der Inhalt der Datei soll wie in Listing 19.9 aufgebaut sein.

```
<Setup Name="TicketPoint 2016">
    <!-- WebURL-Platzhalter: [[WEBURL]] -->
    <PreActions>
    </PreActions>
    <PostActions>
    <PostAction CancelOnError="false">Add-SPUserSolution -
LiteralPath TicketDeletionWorkflow.wsp -Site [[WEBURL]]</PostAction>
    <PostAction CancelOnError="false">Install-SPUserSolution -
Identity TicketDeletionWorkflow.wsp -Site [[WEBURL]]</PostAction>
    <PostAction CancelOnError="false">Enable-SPFeature -identity "{9a41664e-
dd75-4d7a-99e4-1860cf4d6c58}" -URL [[WEBURL]]</PostAction>
    <PostAction CancelOnError="false">Enable-SPFeature -
identity Fkr.SharePoint.TicketPoint2016.WebParts -URL [[WEBURL]]</PostAction>
    <PostAction CancelOnError="false">Enable-SPFeature -
identity Fkr.SharePoint.TicketPoint2016.Structure -URL [[WEBURL]]</PostAction>
    <PostAction CancelOnError="false">Enable-SPFeature -
identity Fkr.SharePoint.TicketPoint2016.UILayer -URL [[WEBURL]]</PostAction>
    <PostAction CancelOnError="false">Enable-SPFeature -
identity Fkr.SharePoint.TicketPoint2016.TimerJob -URL [[WEBURL]]</PostAction>
    <PostAction CancelOnError="false">Enable-SPFeature -
identity Fkr.SharePoint.TicketPoint2016.Branding -URL [[WEBURL]]</PostAction>
    </PostActions>
</Setup>
```

Listing 19.9 XML für die Konfiguration

In dem Knoten `PreActions` sind alle Befehle untergebracht, die vor der Lösungsinstallation ausgeführt werden, im Knoten `PostActions` die Befehle, die nach der Installation ausgeführt werden sollen. Über das Attribut `CancelOnError` kann mitgegeben werden, ob die weitere Installation abgebrochen werden soll, sobald der PowerShell-Befehl fehlschlägt.

Fügen Sie als Nächstes ein Verzeichnis mit dem Namen *PowerShell* zum Projekt hinzu und erstellen Sie darin die beiden Klassen `Helper` und `Action`.

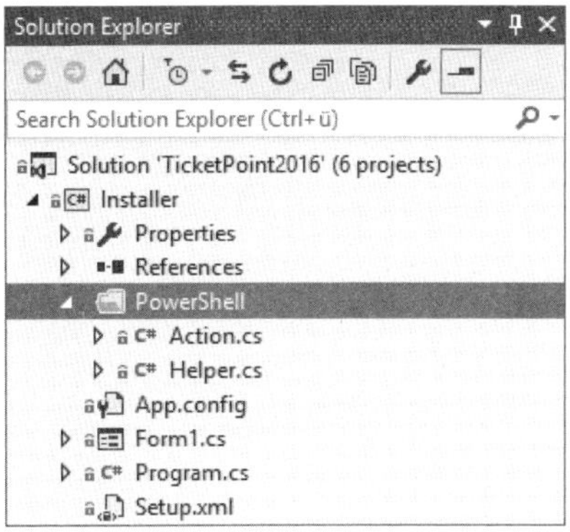

Abbildung 19.7 »PowerShell«-Klassen hinzugefügt in der Projektstruktur

Passen Sie den Inhalt der Klasse `Action` wie in Listing 19.10 an.

```
class Action
{
    public string Command { get; set; }
    public bool CancelOnError { get; set; }
}
```

Listing 19.10 Klasse für PowerShell-Aktionen

Wechseln Sie danach wieder in den Code der *Form1*-Klasse, und erstellen Sie zwei Membervariablen, in denen Sie die Pre- und die Post-Aktionen speichern können.

```
private List<PowerShell.Action> m_preActions =
    new List<PowerShell.Action>();
private List<PowerShell.Action> m_postActions =
    new List<PowerShell.Action>();
```

Listing 19.11 Liste der PowerShell-Aktionen

Erstellen Sie nun eine Methode, mit der Sie die Datei *Setup.xml* einlesen und die gewünschten Aktionen in den Listen zwischenspeichern:

```
private void GetActions()
{
    try
    {
```

```
        XmlDocument xDoc = new XmlDocument();
        xDoc.Load("Setup.xml");
        // PreActions
        foreach (XmlNode node in
            xDoc.DocumentElement.SelectNodes("PreActions/PreAction"))
        {
            PowerShell.Action psa = new PowerShell.Action()
            {
                Command = node.InnerText,
                CancelOnError =
                    bool.Parse(node.Attributes["CancelOnError"].Value)
            };
            m_preActions.Add(psa);
        }
        // PostActions
        foreach (XmlNode node in
            xDoc.DocumentElement.SelectNodes("PostActions/PostAction"))
        {
            PowerShell.Action psa = new PowerShell.Action()
            {
                Command = node.InnerText,
                CancelOnError =
                    bool.Parse(node.Attributes["CancelOnError"].Value)
            };
            m_postActions.Add(psa);
        }
    }
    catch (Exception ex)
    {
        WriteLog(ex.ToString());
    }
}
```

Listing 19.12 Ermittlung der konfigurierten PowerShell-Aktionen

Wenn die Konfiguration eingelesen wird, können Sie in der `Form1_Load`-Methode berechnen, wie viele Aktionen durchgeführt und Lösungen installiert werden müssen, um alle Punkte der Installation durchzuführen. Anhand dieses Messwertes errechnen Sie den Installationsstatus und bringen ihn zur Anzeige:

```
private void Form1_Load(object sender, EventArgs e)
{
    GetActions();
    m_statusFull = Directory.GetFiles("Solutions"
```

```
                , "*.wsp"
                , SearchOption.TopDirectoryOnly).Count();
    m_statusFull += m_preActions.Count + m_postActions.Count;
}
```

Listing 19.13 Vorbereitung der Installation

In der Klasse `PowerShell.Helper` müssen Sie nun noch die Methoden hinzufügen, die für das Ausführen und Auswerten der PowerShell-Befehle benötigt werden.

Beginnen Sie mit einer Methode, die den Befehlsstring analysiert und in ein sauberes `Command`-Objekt inklusive der Startparameter umwandelt:

```
private static Command GetCommandObject(string commandString)
{
    string[] splitCommand = commandString.Split(' ');
    if (splitCommand.Length > 0)
    {
        Command commandObj = new Command(splitCommand[0]);
        for (int i = 1; i < splitCommand.Length; i++)
        {
            if (splitCommand[i].StartsWith("-"))
            {
                if (splitCommand.Length > i
                    && !splitCommand[i + 1].StartsWith("-"))
                {
                    string value = "";
                    for (int y = i + 1; y < splitCommand.Length; y++)
                    {
                        if (splitCommand[y].StartsWith("-"))
                            break;
                        else
                        {
                            if (y == i + 1)
                                value += splitCommand[y];
                            else
                                value += " " + splitCommand[y];
                        }
                    }
                    commandObj.Parameters
                        .Add(splitCommand[i].TrimStart('-'), value);
                }
                else
                    commandObj.Parameters
```

```
                        .Add(splitCommand[i].TrimStart('-'));
            }
        }
        return commandObj;
    }
    else
        return null;
}
```

Listing 19.14 Startparameter aufbereiten

Dann fügen Sie die Methode hinzu, die die PowerShell-Instanz öffnet, das SharePoint-Snap-in lädt und den Befehl ausführt:

```
public static bool ExecuteCommand(string command, out string errorDetails)
{
    errorDetails = null;
    try
    {
        Runspace runspace = RunspaceFactory.CreateRunspace();
        PSSnapInException snapInError;
        runspace.RunspaceConfiguration
            .AddPSSnapIn("Microsoft.SharePoint.PowerShell", out snapInError);
        runspace.ThreadOptions = PSThreadOptions.Default;
        runspace.Open();
        Pipeline pipeline = runspace.CreatePipeline();
        Command currentCommand = GetCommandObject(command);
        pipeline.Commands.Add(currentCommand);
        Collection<PSObject> results = new Collection<PSObject>();
        results = pipeline.Invoke();
        // Ausführung auf Fehler prüfen
        if (pipeline.Error.Count > 0)
        {
            while (!pipeline.Error.EndOfPipeline)
            {
                var value = pipeline.Error.Read() as PSObject;
                if (value != null)
                {
                    var r = value.BaseObject as ErrorRecord;
                    if (r != null)
                    {
                        errorDetails += r.InvocationInfo.MyCommand.Name +
                            " : " + r.Exception.Message + "\r\n";
                        errorDetails += r.InvocationInfo.PositionMessage +
```

```
                                        "\r\n";
                                errorDetails += string.Format("+ CategoryInfo: {0}"
                                    , r.CategoryInfo) + "\r\n";
                                errorDetails += string.Format(
                                    "+ FullyQualifiedErrorId: {0}"
                                    , r.FullyQualifiedErrorId) + "\r\n";
                        }
                    }
                }
                return false;
            }
            return true;
        }
        catch (Exception ex)
        {
            errorDetails = ex.ToString();
            return false;
        }
}
```

Listing 19.15 PowerShell-Befehl absetzen

Nun benötigen Sie in der *Form1*-Klasse lediglich zwei Methoden, um die Pre- und die Post-Aktionen auszuführen. Bevor die jeweiligen PowerShell-Befehle ausgeführt werden, müssen Sie den Platzhalter `[[WEBURL]]` in Listing 19.16 durch die in der entsprechenden Textbox angegebene URL ersetzen.


```
private bool RunPreActions()
{
    bool continueInstallation = true;
    WriteLog("Beginne PreActions...");
    foreach (PowerShell.Action psa in m_preActions)
    {
        string errMsg = "";
        string cmd = psa.Command.Replace("[[WEBURL]]", WebUrl);
        WriteLog(cmd);
        if(!PowerShell.Helper.ExecuteCommand(cmd, out errMsg))
        {
            WriteLog("FEHLER:");
            WriteLog(errMsg);
            if(psa.CancelOnError)
            {
                continueInstallation = false;
                break;
```

```
            }
        }
        RefreshStatus();
    }
    WriteLog("PreActions abgeschlossen!");
    return continueInstallation;
}
```

Listing 19.16 Pre-Actions ausführen

Die Methode `RunPreActions` gibt den Installationsstatus zurück. Diesen benötigen Sie, da bei einem fehlerhaften PowerShell-Befehl auch die folgenden Aktionen wie die Lösungsinstallation und die Post-Aktionen nicht ausgeführt werden sollen. Für die `PostActions`-Methode ist dies nicht erforderlich.

Nach der Ausführung jedes Befehls wird die Methode `RefreshStatus` aufgerufen und aktualisiert den Installationsstatus in der Oberfläche.

```
private void RunPostActions()
{
    WriteLog("Beginne PostActions...");
    foreach (PowerShell.Action psa in m_postActions)
    {
        string errMsg = "";
        string cmd = psa.Command.Replace("[[WEBURL]]", WebUrl);
        WriteLog(cmd);
        if (!PowerShell.Helper.ExecuteCommand(cmd, out errMsg))
        {
            WriteLog("FEHLER:");
            WriteLog(errMsg);
            if (psa.CancelOnError)
                break;
        }
        RefreshStatus();
    }
    WriteLog("PostActions abgeschlossen!");
}
```

Listing 19.17 Post-Actions ausführen

Jetzt, wo Sie das Ausführen der PowerShell-Befehle ermöglicht haben, müssen Sie noch die Installation der Lösungen realisieren. Fügen Sie dazu als Erstes ein Verzeichnis mit dem Namen *Solution* zum Projekt hinzu, und erstellen Sie darin eine Klasse mit dem Namen `Helper`.

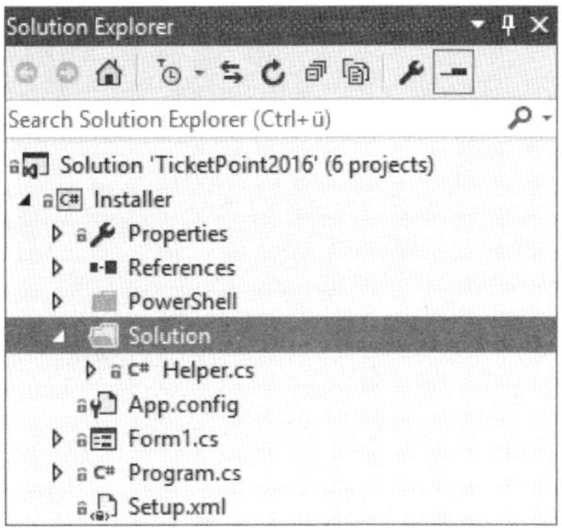

Abbildung 19.8 »Solution.Helper« in der Projektstruktur

Fügen Sie dann in der `Helper`-Klasse eine Methode hinzu, die neue Lösungen auf dem SharePoint-Server installiert:

```
public static bool InstallSolution(string solutionFilePath
    , SPWebApplication webApp
    , out string errMsg)
{
    errMsg = "";
    try
    {
        SPSolution solution = SPFarm.Local.Solutions.Add(solutionFilePath);
        // Bereitstellung
        System.Collections.ObjectModel.Collection<SPWebApplication> webApps =
            new System.Collections.ObjectModel.Collection<SPWebApplication>();
        webApps.Add(webApp);
        if (solution.ContainsWebApplicationResource)
            solution.Deploy(DateTime.Now, true, webApps, true);
        else
            solution.Deploy(DateTime.Now, true, true);
        // Bereitstellungprozess abwarten
        while (solution.JobExists) { Thread.Sleep(500); }
        // Bereitstellungsergebnis auswerten
        if (solution.LastOperationResult !=
            SPSolutionOperationResult.DeploymentSucceeded)
        {
            errMsg = solution.LastOperationDetails;
            return false;
        }
        else
            return true;
```

19

```
        }
        catch (Exception ex)
        {
            errMsg = ex.Message;
            return false;
        }
    }
```

Listing 19.18 Lösungen installieren

[»] **Hinweis**

Sollte es bei der späteren Installation der Lösung zu einer »Zugriff verweigert«-Meldung kommen, so kann dies daran liegen, dass der ausführende Benutzer kein Farm-Administrator ist oder keine dbo-Berechtigungen auf der Konfigurationsdatenbank besitzt.

Eventuell reicht es bereits aus, Visual Studio oder den Installer selbst als Administrator auszuführen. Klicken Sie dazu mit der rechten Maustaste auf die Anwendung, und wählen Sie im Kontext-Menü ALS ADMINISTRATOR STARTEN.

Um die Installation durchzuführen, erstellen Sie nun eine Methode in der *Form1*-Klasse, die erst alle Pre-Aktionen durchführt. Wenn alle Pre-Aktionen erfolgreich abgeschlossen sind, ermitteln Sie die mitgelieferten WSP-Dateien aus dem Unterverzeichnis *Solutions* und führen die Installation aus. Im Anschluss starten Sie die Pre-Aktionen.

```
private void RunInstallation(object param)
{
    string webUrl = param as string;
    WriteLog("Installation wird gestartet.");
    if (!RunPreActions())
    {
        WriteLog("Die Installation wurde aufgrund eines Fehlers abgebrochen.");
        return;
    }
    using (SPSite site = new SPSite(webUrl))
    {
        using (SPWeb web = site.OpenWeb(webUrl.Replace(site.Url, "")))
        {
            string errMsg = "";
            foreach (string file in Directory.GetFiles("Solutions"
                , "*.wsp"
```

```
                , SearchOption.TopDirectoryOnly))
            {
                string fullFileName =
                    Application.StartupPath + "\\" + file.TrimStart('\\');
                WriteLog("    Installiere " + file);
                if (!Solution.Helper.InstallSolution(fullFileName
                        , site.WebApplication
                        , out errMsg))
                {
                    WriteLog("    FEHLER: " + errMsg);
                }
                else
                    WriteLog("    ABGESCHLOSSEN");
                RefreshStatus();
            }
        }
    }
    RunPostActions();
}
```

Listing 19.19 Methode für Installation

Die Installation muss nun lediglich beim Klicken auf den INSTALLIEREN-Button als eigener Thread gestartet werden, sofern eine gewünschte Ziel-URL angegeben wurde.

```
private void btnInstall_Click(object sender, EventArgs e)
{
    if (string.IsNullOrWhiteSpace(WebUrl))
    {
        MessageBox.Show("Bitte geben Sie eine Web URL an."
            , "Information"
            , MessageBoxButtons.OK);
        return;
    }
    m_statusCurrent = 0;
    ParameterizedThreadStart threadStart =
        new ParameterizedThreadStart(RunInstallation);
    Thread installer = new Thread(threadStart);
    installer.Start(WebUrl.ToString());
}
```

Listing 19.20 Start des Installations-Threads

Um den Installer fertigzustellen, fügen Sie noch den Code aus Listing 19.21 in der Methode des ABBRECHEN-Buttons hinzu.

```
private void btnCancel_Click(object sender, EventArgs e)
{
    if (MessageBox.Show("Möchten Sie die Installation wirklich abbrechen?"
        , "Frage"
        , MessageBoxButtons.YesNo
        , MessageBoxIcon.Question) == DialogResult.Yes)
    {
        Application.Exit();
    }
}
```

Listing 19.21 Anwendungsabbruch

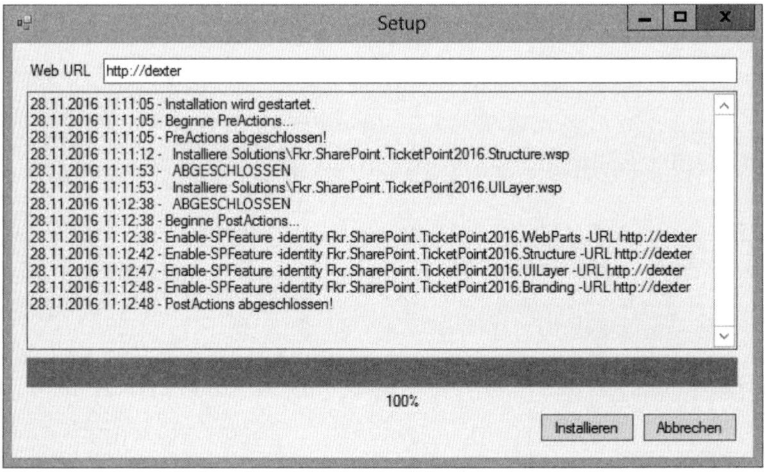

Abbildung 19.9 Installer

Kapitel 20

Produktbesonderheiten

Erfahren Sie, welche Besonderheiten bei der Erstellung von SharePoint-Produkten existieren. Mithilfe dieser Tipps können Sie Probleme bei Updates und Upgrades Ihrer Produkte vermeiden.

Die Anforderungen an ein Produkt unterscheiden sich in mancher Hinsicht von denen einer individuellen Lösung. Während Sie bei einer Individuallösung oft die Trägerplattform gut kennen und die Anwendung an die speziellen Bedürfnisse des Zielsystems anpassen oder gar das Zielsystem an Ihre Anwendung anpassen können, so ist das Zielsystem eines Standardproduktes wie SharePoint weitestgehend unbekannt. Das erschwert die Entwicklung, da Sie meist viele Konfigurationsoptionen benötigen, um die Lösung über diese Optionen an das Zielsystem anzupassen. Grundsätzlich können Sie nur ein paar Rahmenparameter zur Vorgabe machen und müssen sich mit dem Rest abfinden. Die Rahmenparameter eines Produktes könnten beispielsweise die SharePoint-Version und die Voraussetzung von konfigurierten E-Mail-Ein- und -Ausgängen sein. Welches Branding, welche weitere Drittanbieter-Software oder zusätzliche Konfigurationen auf dem System installiert und eingerichtet sind, können Sie nicht wissen. Somit ist es Ihnen überlassen, das Endprodukt so dynamisch wie möglich für unterschiedliche Trägersysteme vorzubereiten. Sie sollten Kollisionen mit anderen Dritthersteller-Lösungen vermeiden und auf unterschiedlich aufgebaute Webstrukturen reagieren können. So sollte Ihre Anwendung auf dem einen System innerhalb einer Root-SiteCollection und auf einem anderen in einem Subweb lauffähig sein. Andere Voraussetzungen haben Sie bereits während der Planung und der Entwicklungsphase kennengelernt und in TicketPoint 2016 umgesetzt. So haben wir beispielsweise JavaScript-Bibliotheken wie jQuery über die `NoConflict`-Methode mit einem eigenen Namen geladen, um nicht mit Software anderer Hersteller, die ebenfalls jQuery im Einsatz haben, zu kollidieren. Auch die internen Spaltennamen haben wir sowohl mit einem Firmen/Entwickler- als auch mit einem Anwendungspräfix versehen, um die Anlage doppelter Spalten zu verhindern. Durch das zusammengesetzte Präfix können Sie sogar die Dopplung von Namen innerhalb von Produkten aus Ihrem eigenen Haus vermeiden.

Ein zweiter Vorteil bei der Verwendung der Präfixe ist, dass Sie bei Lösungsupdates Ihre eigenen Spalten von kundenindividuellen Spalten unterscheiden können. Das

Ticketformular besteht beispielsweise aus einem fixen und einem dynamischen Teil. Für den dynamischen Teil kann der Kunde jederzeit eigene Spalten zum Inhaltstyp hinzufügen. Diese Spalten werden automatisch in das Formular gerendert. Sollten Sie nun durch ein Update eine weitere, fixe Spalte zur Anwendung hinzufügen, so könnte es sein, dass der Kunde eine solche Spalte bereits selbst angelegt hat. Diese Spalte trägt möglicherweise denselben Namen, dient aber einem anderen Zweck, oder sie verfolgt das gleiche Ziel, das Sie mit der neuen Spalte in die Anwendung eingearbeitet haben. Trotzdem kann dies zu Problemen führen. Da der Kunde in der Regel die Installation oder das Update eines Produkts selbständig mithilfe eines Installationspaketes durchführt, ist es jedoch schwierig, zwischen dem Zweck der einzelnen Spalten zu unterscheiden. Dank dem Präfix müssen Sie nicht bei jedem Kunden individuell auf eine solche Dopplung von Spalten reagieren und können die neue Spalte problemlos ausrollen. Nach dem Update kann der Kunde selbst entscheiden, ob er seine individuelle Spalte weiterhin benötigt, und diese gegebenenfalls manuell entfernen.

Die Einhaltung solcher Rahmenbedingungen an die Entwicklung und die Nutzung der Anwendung ist selbstverständlich auch bei Individualentwicklungen sinnvoll. Sie hat hier allerdings nicht so schnell eine so tragende Rolle wie bei Produkten, die auf unterschiedlichsten Systemen zu teils unterschiedlichen Zwecken implementiert werden.

20.1 Releasezyklen

Ein weiterer Aspekt, den Sie bei einem Produkt beachten sollten, ist der Umgang mit Erweiterungen und individuellen Anforderungen. Jeder Kunde hat Wünsche und Vorstellungen, wie er die Anwendung an seine Anforderungen anpassen möchte. Bis zu einem gewissen Grad können und sollten Sie dem Kunden mit Anpassungen entgegenkommen. Allerdings sollten Sie dabei immer im Auge behalten, welche Nachteile Sie sich durch die Individualisierung der Lösungen einhandeln, und gewisse Grenzen nicht überschreiten. Weichen Sie für einen Kunden zu weit von Ihrem ursprünglichen Produkt ab, so müssen Sie entweder alle anderen Kunden, neue und Bestandskunden in diesen Prozess einbeziehen und ihnen die Anpassungen ebenfalls zur Verfügung stellen, oder Sie kapseln diesen einen Kunden ab und behandeln ihn von nun an wie einen Kunden mit einer Individuallösung. Das bedeutet, dass der Kunde fortan nicht von Hotfixes oder Weiterentwicklungen des Ursprungsproduktes profitieren wird und somit auch die Qualität seiner gekauften Anwendung enorm sinkt. Ob Sie abgestimmte Erweiterungen oder Anpassungen im Rahmen eines Implementierungsprojektes oder des nächsten Releasezyklus Ihres Produktes umsetzen, bleibt Ihnen überlassen und sollte vom Umfang der Anpassung und von der Relevanz des Kunden abhängen. Je mehr Kunden ein Produkt im Einsatz haben, desto schneller fallen Fehler auf, die dann für alle Kunden gelöst werden können. Zudem profitieren alle Kunden von den unterschiedlichen Vorschlägen für Erweiterungen und Verbesserungen der Anwendung. Dies ist sozusagen eine Win-win-Situation. Ihr Kunde profitiert weiterhin von allen Vorzügen, an einem stabilen Produkt-Entwicklungsprozess beteiligt zu sein, und Sie müssen nicht unterschiedlichste Entwicklungszweige derselben Anwendung vorhalten, warten und pflegen.

Damit Ihre Kunden regelmäßig von diesen Vorzügen profitieren können, sollten Sie Releasezyklen planen, also Zeitintervalle, in denen Sie kleine Mängel an der Anwendung beheben und neue Funktionen zur Verfügung stellen. Um Ihre Kunden an diesem Prozess teilhaben zu lassen, können Sie Verbesserungsvorschläge aufnehmen, bewerten und die Vorschläge mit den größten Schnittmengen gezielt umsetzen. Darüber hinaus besteht die Möglichkeit, besonders aktive Kunden für ihre Mitarbeit zu belohnen, indem Sie gute Verbesserungsvorschläge gemeinsam mit dem Kunden ausarbeiten und auf seine Bedürfnisse zugeschnitten implementieren. So erhalten weiterhin alle Kunden den Mehrwert des Produktes, der hilfreiche Kunde bekommt seine nützliche Erweiterung jedoch etwas mehr auf seine Bedürfnisse und Arbeitsweise zugeschnitten als andere.

Regelmäßige Releasezyklen halten sowohl Ihre Anwendung als auch Sie in den Köpfen der Kunden frisch und heben die Chancen, weitere Produkte oder Projekte zu platzieren. Fällt ein Produkt jedoch über einen längeren Zeitraum dadurch auf, dass keine Weiterentwicklungen stattfinden, bietet es irgendwann keinen Mehrwert mehr für den Kunden und wird als veraltet abgelöst.

20.2 Lizenzierung

Ein Produkt sollte selbstverständlich vor ungewünschten Kopien geschützt sein. Somit ist es ratsam, Ihre Anwendung mit einem Lizenzierungsmodul auszustatten. Am Beispiel von TicketPoint 2016 werden wir eine mögliche Lizenzierung demonstrieren.

Die Anforderungen an unsere Beispiel-Lizenzierung sehen wie folgt aus: Es soll die Möglichkeit geben, die Anwendung innerhalb eines definierten Zeitraums in einem Demo-Modus zu betreiben. Neben dem Demo-Modus soll eine Voll-Lizenz zur Verfügung stehen, mit der die Anwendung ohne Ablaufdatum freigeschaltet werden kann. Die Anwendung soll grundsätzlich im vollen Funktionsumfang zur Verfügung stehen. Das bedeutet, dass auch nach Ablauf der Demo-Phase alle Daten und Funktionen verfügbar sind. In diesem Fall soll lediglich eine dauerhafte Hinweismeldung eingeblendet werden, die den Anwender darauf aufmerksam macht, dass er mit einer abgelaufenen Demoversion arbeitet.

Um die Anwendung vor illegalen Kopien zu schützen, soll die Farm-ID als Kennung in den Lizenzschlüssel eingearbeitet und somit an die entsprechende Kunden-Farm gebunden werden.

Neben einem in die Anwendung integrierten Modul für die Lizenzprüfung soll zusätzlich eine Client-Anwendung erstellt werden, mit der auf einfachem Weg neue Lizenzschlüssel generiert werden können.

20.2.1 Basisklasse für Lizenzen

Als Basis für beide Komponenten soll eine Lizenzklasse dienen, die als eigene DLL bereitgestellt wird und alle für das Handling der Lizenz notwendigen Methoden enthält.

Beginnen Sie also mit der Erstellung einer neuen Klassenbibliothek mit dem Namen `Licensing`.

Name	`Licensing`
Framework	.NET Framework 4.5
Template	*Class Library*

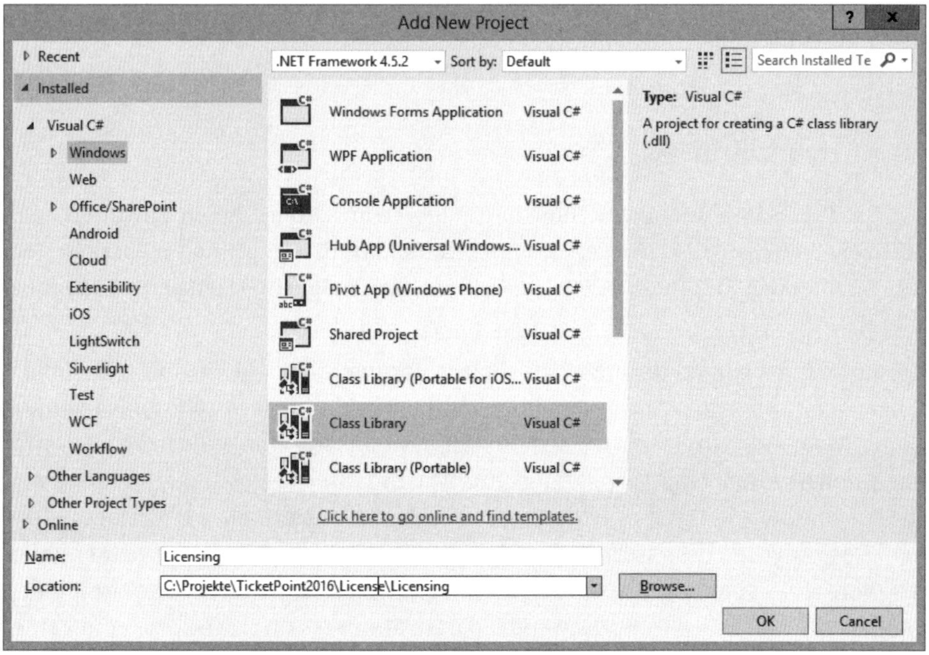

Abbildung 20.1 Klassenbibliothek für die Lizenzierung erstellen

Damit Sie die DLL später problemlos in Ihrer SharePoint-Anwendung implementieren können, müssen Sie sie signieren. Öffnen Sie dazu die EINSTELLUNGEN DES PROJEKTES, und aktivieren Sie im Reiter SIGNING den Haken unter SIGN THE ASSEMBLY.

Wählen Sie im Feld für das Keyfile den Eintrag <NEW ...> aus. Im nun geöffneten Formular geben Sie der Datei den Namen »*key.snk*«, entfernen den Haken für die Passwortanforderung und bestätigen den Dialog.

Abbildung 20.2 Keyfile erstellen

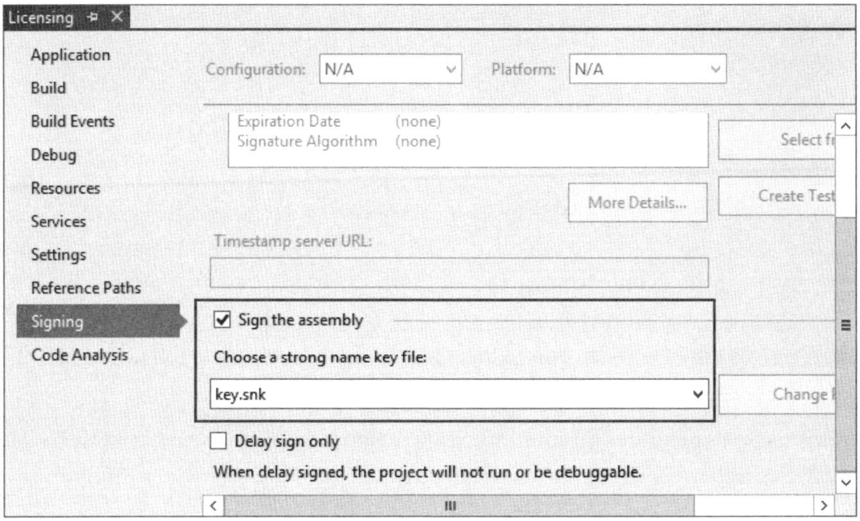

Abbildung 20.3 Signierung der Assembly

Als Abschluss der Vorbereitung benennen Sie nun die Datei *Class.cs* in *License.cs* um.

20

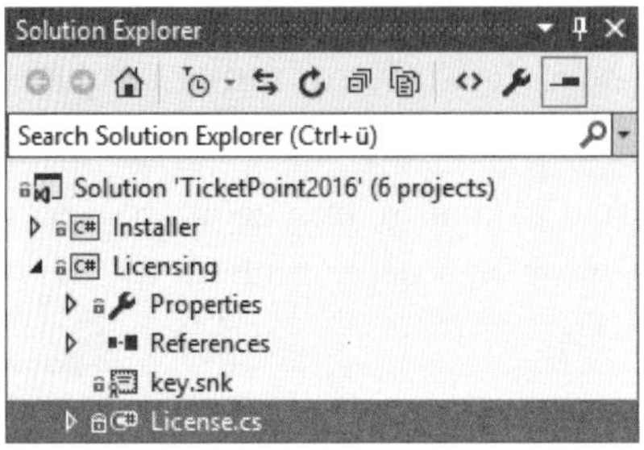

Abbildung 20.4 Klassenbibliothek der Lizenzierung

Fügen Sie am Anfang der Klasse `License` die benötigten Properties zur Abbildung der Lizenz hinzu:

```
private DateTime? m_DemoExpireDate;
public DateTime? DemoExpireDate
{
    get
    {
        return m_DemoExpireDate;
    }
}
public bool IsDemoLicense
{
    get
    {
        return DemoExpireDate.HasValue;
    }
}
```

Listing 20.1 Properties der License-Klasse

Die Klasse enthält eine Property vom Typ `nullable DateTime` und eine boolesche Property, die angibt, ob es sich um eine Demolizenz handelt oder nicht. Ist kein Ablaufdatum gesetzt, also die Property `DemoExpireDate null`, so handelt es sich um eine Voll-Lizenz.

Zum internen Speichern des Ablaufdatums wird eine Membervariable verwendet, die ebenfalls vom Typ `nullable DateTime` ist.

Als Nächstes fügen Sie der Klasse eine Subklasse mit dem Namen `Cryptography` hinzu, die Sie in Listing 20.2 sehen. Diese Klasse stellt Hilfsmethoden bereit, die die Lizenz als RC4-verschlüsselten String ausgeben und wieder einlesen.

```
private static class Cryptography
{
```

```
public static string Encrypt(string key, string data)
{
    if (string.IsNullOrEmpty(key) ||
        string.IsNullOrEmpty(data))
    {
        return null;
    }
    Encoding unicode = Encoding.Unicode;
    return Convert.ToBase64String(Encrypt(unicode.GetBytes(key)
        , unicode.GetBytes(data)));
}
public static string Decrypt(string key, string data)
{
    if (string.IsNullOrEmpty(key) ||
        string.IsNullOrEmpty(data))
    {
        return null;
    }
    Encoding unicode = Encoding.Unicode;
    return unicode.GetString(Encrypt(unicode.GetBytes(key)
        , Convert.FromBase64String(data)));
}
public static byte[] Encrypt(byte[] key, byte[] data)
{
    if (key == null || data == null)
    {
        return null;
    }
    return EncryptOutput(key, data).ToArray();
}
public static byte[] Decrypt(byte[] key, byte[] data)
{
    if (key == null || data == null)
    {
        return null;
    }
    return EncryptOutput(key, data).ToArray();
}
private static byte[] EncryptInitalize(byte[] key)
{
    byte[] s = Enumerable.Range(0, 256)
        .Select(i => (byte)i)
        .ToArray();
```

```
        for (int i = 0, j = 0; i < 256; i++)
        {
            j = (j + key[i % key.Length] + s[i]) & 255;
            Swap(s, i, j);
        }
        return s;
    }
    private static IEnumerable<byte> EncryptOutput(byte[] key
        , IEnumerable<byte> data)
    {
        byte[] s = EncryptInitalize(key);
        int i = 0;
        int j = 0;
        return data.Select((b) =>
        {
            i = (i + 1) & 255;
            j = (j + s[i]) & 255;
            Swap(s, i, j);
            return (byte)(b ^ s[(s[i] + s[j]) & 255]);
        });
    }
    private static void Swap(byte[] s, int i, int j)
    {
        byte c = s[i];
        s[i] = s[j];
        s[j] = c;
    }
}
```

Listing 20.2 Cryptography.cs

Die Methoden `Encrypt` und `Decrypt` stehen nach außen zur Verfügung; sie nehmen verschlüsselte Daten entgegen und entschlüsseln und verschlüsseln diese. Um einen einheitlichen Key für die Ver- und Entschlüsselung verfügbar zu haben, legen Sie in der `License`-Klasse eine Konstante an, in der wir für dieses Beispiel eine fixe GUID hinterlegen:

```
private const string m_CryptKey = "4985D56D-EDEF-4D87-9E89-D7BF305AD973";
```

Wenn diese Hilfsmethoden bereitstehen, können Sie zwei unterschiedliche Konstruktoren für die `License`-Klasse bereitstellen: einen Konstruktor, der entweder ein Ablaufdatum oder NULL entgegennimmt, um eine neue Lizenz zu generieren, und einen Konstruktor, der einen verschlüsselten String entgegennimmt, diesen entschlüsselt und die entsprechenden Properties setzt.

```
public License(DateTime? demoExpireDate = null)
{
    m_DemoExpireDate = demoExpireDate;
}
public License(string licenseKey)
{
    string licenseData = Cryptography.Decrypt(m_CryptKey, licenseKey);
    if (licenseData.Equals("FULL"))
        m_DemoExpireDate = null;
    else
        m_DemoExpireDate = Convert.ToDateTime(licenseData);
}
```

Listing 20.3 Konstruktoren der Klasse License

Damit Sie jederzeit den Lizenzschlüssel für die vorliegende Instanz eines Lizenzobjektes ermitteln können, stellen Sie nun eine Methode bereit, die die Properties auswertet, einen gültigen String erstellt und diesen verschlüsselt zurückgibt:

```
public string GetLicenseKey()
{
    string licenseData = "";
    if (IsDemoLicense)
        licenseData = DemoExpireDate.Value.ToShortDateString();
    else
        licenseData = "FULL";
    return Cryptography.Encrypt(m_CryptKey, licenseData);
}
```


Listing 20.4 Erstellung der Lizenz-Datei

Erstellen Sie zur Finalisierung eine Methode, die die gesetzten Properties auswertet und zurückgibt, ob die aktuelle Lizenz gültig ist oder nicht:

```
public bool IsLicenseValid()
{
    if(IsDemoLicense)
    {
        if (DateTime.Today > DemoExpireDate.Value)
            return false;
    }
    return true;
}
```

Listing 20.5 Lizenzprüfung

Diese Klasse dient im weiteren Verlauf als Basis für Ihre Produktlizenzierung.

Begriffe

RC4 ist ein Verschlüsselungsverfahren, das insbesondere durch Standards wie HTTPS, SSH1, WEP und WPA weite Verbreitung gefunden hat.

Weitere Informationen finden Sie unter *https://de.wikipedia.org/wiki/RC4*.

20.2.2 Lizenzgenerator

Um neue Lizenzdateien generieren zu können, fügen Sie der VS-Solution ein weiteres Projekt vom Typ *Windows Forms Application* hinzu. Geben Sie dem Projekt den Namen *LicenseCreator*.

Name	*LicenseCreator*
Framework	.NET Framework 4.5
Template	*Windows Forms Application*

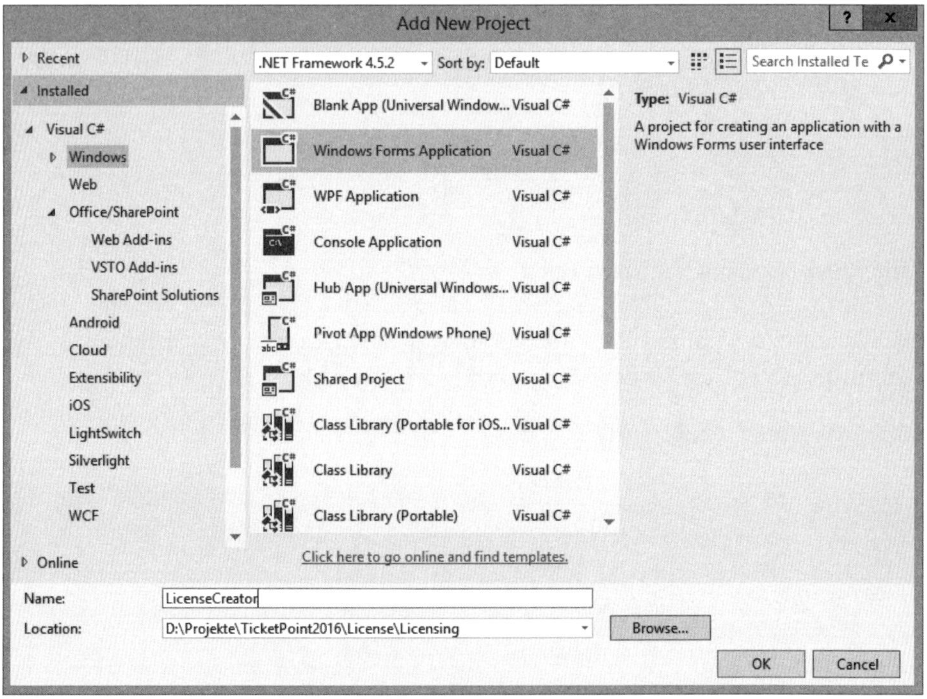

Abbildung 20.5 »LicenseCreator«-Projekt erstellen

Fügen Sie in dem Projekt eine Referenz auf die `Licensing`-Klasse hinzu.

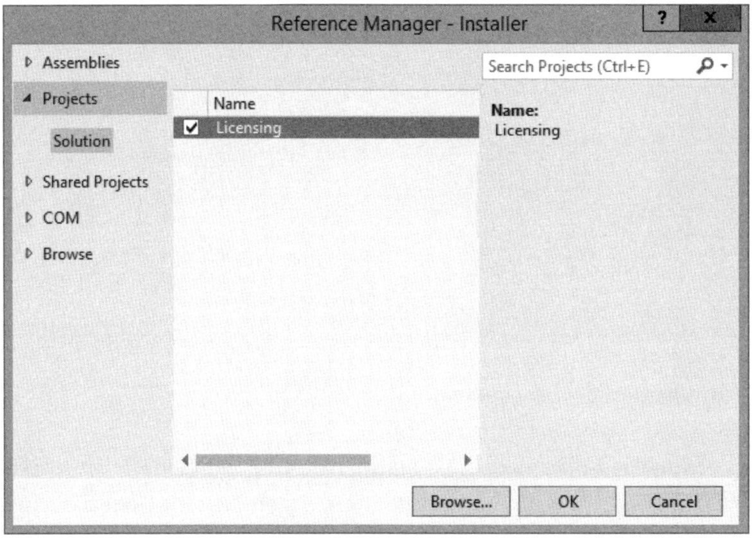

Abbildung 20.6 Referenz zur »Licensing«-Klassenbibliothek hinzufügen

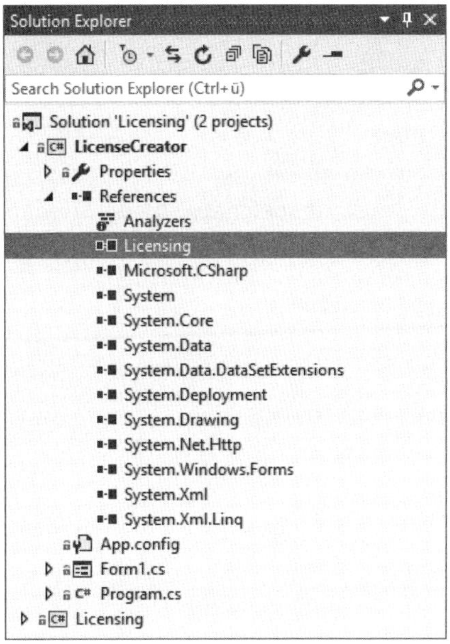

Abbildung 20.7 Referenz Licensing

Öffnen Sie die Datei *Form1.cs* im Designer, und passen Sie das Formular so wie in Abbildung 20.8 an.

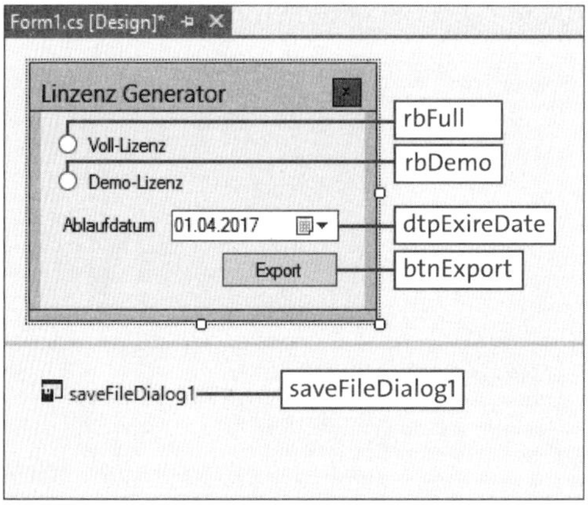

Abbildung 20.8 Formulardesign »LicenseCreator«

Der `DateTimePicker` für das Ablaufdatum ist standardmäßig deaktiviert. Um ihn bei Erstellung einer Demo-Lizenz verfügbar zu schalten, fügen Sie den Codeausschnitt aus Listing 20.6 als `CheckedChanged`-Event für den RadioButton *rbDemo* ein.

```
private void rbDemo_CheckedChanged(object sender, EventArgs e)
{
    dtpExpireDate.Enabled = rbDemo.Checked;
}
```

Listing 20.6 Aktivierung/Deaktivierung der Demo-Lizenz

Um die gewünschte Lizenz zu erstellen und als Datei zu speichern, fügen Sie den Code aus Listing 20.7 als `Click`-Event für den Button *btnExport* ein.

```
private void btnExport_Click(object sender, EventArgs e)
{
    saveFileDialog1.Filter = "*.lic|License";
    if (saveFileDialog1.ShowDialog() == DialogResult.OK)
    {
        lic.License license = null;
        if (rbFull.Checked)
            license = new lic.License();
        else
            license = new lic.License(dtpExpireDate.Value);
        using (StreamWriter sw = new StreamWriter(saveFileDialog1.FileName))
        {
            sw.WriteLine(license.GetLicenseKey());
            sw.Close();
```

```
        }
    }
}
```

Listing 20.7 Export der Lizenz-Datei

Mit diesem Tool können Sie nun nach Belieben Lizenzdateien erstellen.

20.2.3 Lizenzprüfung in TicketPoint 2016

Um die Lizenz in TicketPoint 2016 oder in anderen Anwendungen verwenden zu können, müssen Sie eine Komponente erstellen, mit deren Hilfe eine hinterlegte Lizenz geprüft wird. Ist keine gültige Lizenz vorhanden, muss die Anwendung entsprechend reagieren.

Beginnen Sie damit, eine Möglichkeit zum Importieren einer Lizenz in Ihre Anwendung zu schaffen. Im Fall von TicketPoint 2016 soll der Lizenzschlüssel als String im Property-Bag der Anwendung gespeichert werden. Um die Lizenzierung auch für mögliche Kunden einfach zu gestalten, soll eine Webseite bereitgestellt werden, auf der aktuelle Lizenzdaten angezeigt und neue Lizenzdaten aus einer Lizenzdatei hochgeladen werden können. Öffnen Sie dafür die VS-Solution von TicketPoint 2016, und fügen Sie eine Referenz auf die DLL für die `Licensing`-Klassenbibliothek hinzu.

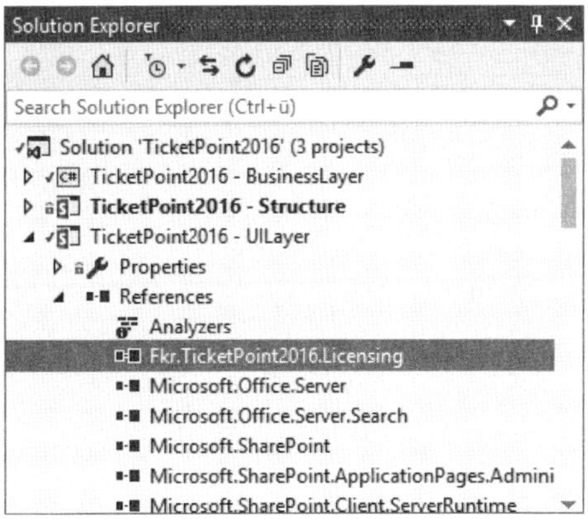

Abbildung 20.9 Referenz auf die Lizenzierungs-Klassenbibliothek

Öffnen Sie danach im *BusinessLayer*-Projekt die Klasse `Constants.PropertyBagKey` und fügen Sie einen Schlüssel hinzu, unter dem der Lizenzstring abgelegt werden soll.

```
public const string LicenseKey = "LicenseKey";
```

Fügen Sie danach im *Layouts*-Verzeichnis des *UILayer*-Projektes eine neue ApplicationPage mit dem Namen *Licensing.aspx* hinzu.

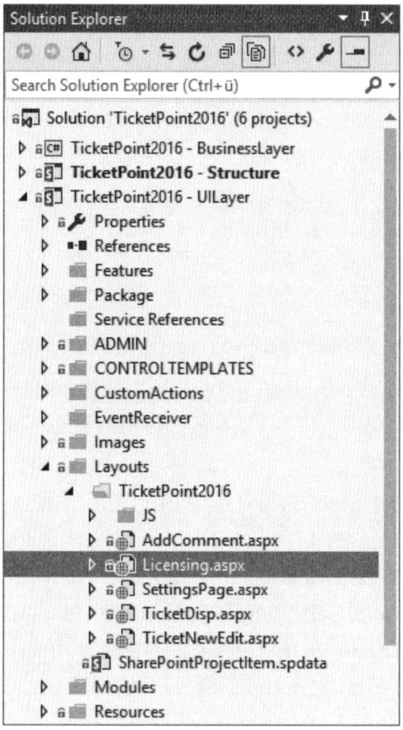

Abbildung 20.10 »Licensing.aspx« in der Projektstruktur

Öffnen Sie das Markup der Datei *Licensing.aspx*, und fügen Sie die notwendigen Assembly-Aufrufe zur Verwendung des *BusinessLayer*s ein:

```
<%@ Assembly Name="Fkr.SharePoint.TicketPoint2016.BusinessLayer,
Version=1.0.0.0, Culture=neutral, PublicKeyToken=861259dfcacfc7b3" %>
<%@ Import Namespace="Fkr.SharePoint.TicketPoint2016.BusinessLayer" %>
```

Listing 20.8 Einbinden des BusinessLayer

Im Anschluss erstellen Sie im `PlaceHolderMain` eine Tabelle, in der Sie die aktuellen Lizenzdaten ausgeben:

```
<table>
    <tr>
        <td>
            <%=Localization.GetString(Localization.Keys.TxtLicenseType) %>
        </td>
        <td>
            <asp:Label ID="lblLicenseType"
                runat="server"
```

```
                Text="-"></asp:Label>
        </td>
    </tr>
    <tr>
        <td>
            <%=Localization.GetString(Localization
                .Keys.TxtLicenseExpireDate) %>
        </td>
        <td>
            <asp:Label ID="lblExpireDate"
                runat="server"
                Text="-"></asp:Label>
        </td>
    </tr>
</table>
```

Listing 20.9 Markup der Lizenz-Anzeige

Darunter benötigen Sie einen Bereich, in dem Sie eine Lizenzdatei von der lokalen Festplatte auswählen und ihren Inhalt importieren können:

```
<table>
    <tr>
        <td colspan="2">
            <b><%=Localization.GetString(Localization
                .Keys.TxtLicenseImport) %></b>
        </td>
    </tr>
    <tr>
        <td>
            <%=Localization.GetString(Localization.Keys.TxtFile) %>
        </td>
        <td>
            <asp:FileUpload ID="fileUpload" runat="server"></asp:FileUpload>
        </td>
    </tr>
    <tr>
        <td colspan="2" style="text-align: right;">
            <asp:Button ID="btnImport"
                runat="server"
                Text="<%$Resources:TicketPoint2016, BtnImport%>"
                OnClick="btnImport_Click" />
        </td>
```

```
    </tr>
</table>
```

Listing 20.10 Markup zum Lizenz-Upload

In der `Page_Load`-Methode der Seite ermitteln Sie über den Code aus Listing 20.11 die aktuellen Lizenzdaten und bringen sie für den Benutzer zur Anzeige.

```
protected void Page_Load(object sender, EventArgs e)
{
    if(CurrentWeb.Properties
            .ContainsKey(Constants.PropertyBagKey.LicenseKey)
        && !string.IsNullOrWhiteSpace(CurrentWeb
            .Properties[Constants.PropertyBagKey.LicenseKey])
        )
    {
        lic.License license =
            new lic.License(CurrentWeb
                .Properties[Constants.PropertyBagKey.LicenseKey]);
        if(license.IsDemoLicense)
        {
            lblLicenseType.Text =
                Localization.GetString(Localization.Keys.TxtLicenseTypeDemo);
            lblExpireDate.Text =
                license.DemoExpireDate.Value.ToString("dd.MM.yyyy");
        }
        else
        {
            lblLicenseType.Text =
                Localization.GetString(Localization.Keys.TxtLicenseTypeFull);
            lblExpireDate.Text = "-";
        }
    }
}
```

Listing 20.11 Page_Load

Um eine ausgewählte Datei hochzuladen, fügen Sie in der `OnClick`-Methode des IMPORT-Buttons den Code aus Listing 20.12 ein.

```
protected void btnImport_Click(object sender, EventArgs e)
{
```

```
    try
    {
        if (fileUpload.HasFile)
        {
            string licenseData =
                System.Text.Encoding.Default
                    .GetString(fileUpload.FileBytes)
                    .TrimEnd(new char[] { '\r', '\n' });
            CurrentWeb.AllowUnsafeUpdates = true;
            if (CurrentWeb.Properties
                .ContainsKey(Constants.PropertyBagKey.LicenseKey))
            {
                CurrentWeb.Properties[Constants.PropertyBagKey.LicenseKey] =
                    licenseData;
            }
            else
            {
                CurrentWeb.Properties.Add(Constants.PropertyBagKey.LicenseKey
                    , licenseData);
            }
            CurrentWeb.Properties.Update();
            CurrentWeb.AllowUnsafeUpdates = false;
            Helper.AddStatusmessageToPage(this.Page
                , Localization.GetString(Localization.Keys.MsgSuccess)
                , Localization.GetString(Localization
                    .Keys.MsgSuccessSaveSettings)
                , Constants.StatusmessageLevel.Success
                , true);
        }
    }
    catch(Exception ex)
    {
        Logging.LogError(ex, Constants.LogCategory.UI);
        Helper.AddStatusmessageToPage(this.Page
            , Localization.GetString(Localization.Keys.MsgError)
            , Localization.GetString(Localization.Keys.MsgErrorSaveItem)
            , Constants.StatusmessageLevel.Error);
    }
}
```

Listing 20.12 Import der Lizenz-Datei

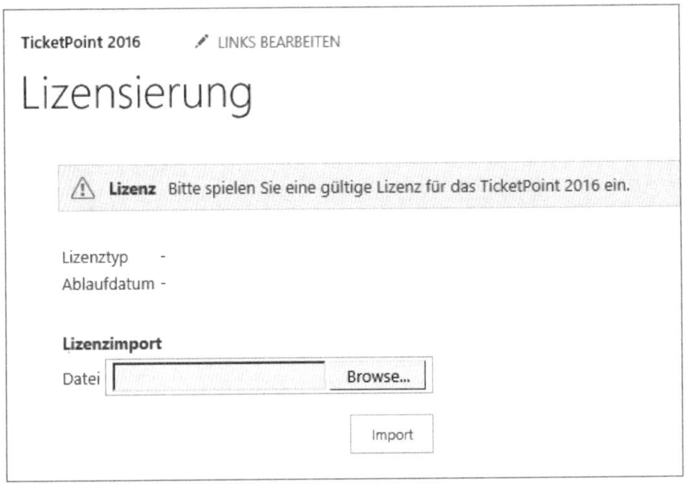

Abbildung 20.11 ApplicationPage zur Lizenzierung

Die Lizenzierungsseite soll in den WEBSITEEINSTELLUNGEN der Anwendung verlinkt sein. Fügen Sie dazu im Verzeichnis CUSTOMACTIONS des *UILayer*-Projektes ein EMPTY ELEMENT mit dem Namen »Licensing« hinzu.

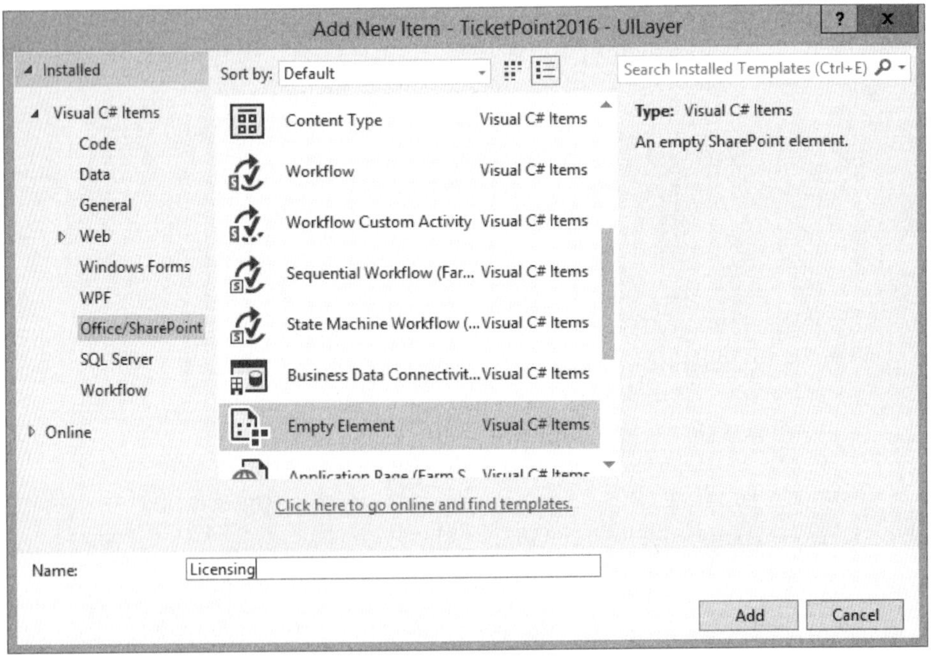

Abbildung 20.12 CustomAction »Licensing« erstellen

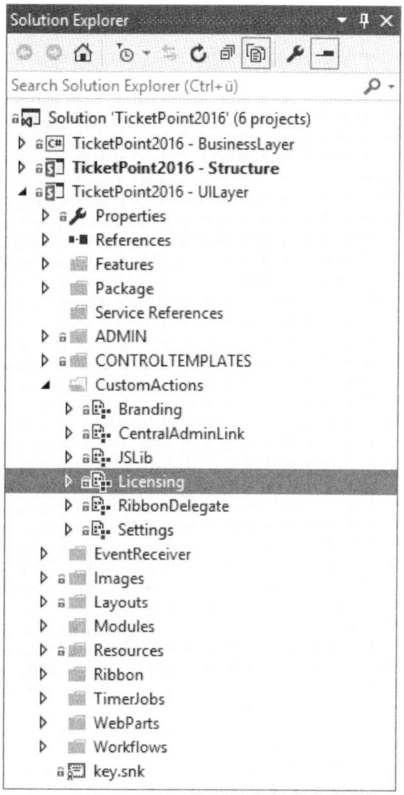

Abbildung 20.13 CustomAction »Licensing« in der Projektstruktur

Fügen Sie in die *Elements.xml* des Elements das XML zur Definition eines Links in den WEBSITEEINSTELLUNGEN ein:

```
<?xml version="1.0" encoding="utf-8"?>
<Elements xmlns="http://schemas.microsoft.com/sharepoint/">
    <CustomAction
        Id="fkrWebsiteLicensing"
        GroupId="fkrWebsiteSettingsGroup"
        Location="Microsoft.SharePoint.SiteSettings"
        Sequence="50"
        Rights="ManagePermissions"
        Title="$Resources:TicketPoint2016,TxtLicensing;"
        Description="="$Resources:TicketPoint2016,TxtLicensingDescription;" >
        <UrlAction Url="~site/_layouts/15/TicketPoint2016/Licensing.aspx"/>
    </CustomAction>
</Elements>
```

Listing 20.13 CustomAction zur Lizenzierungsseite

Nehmen Sie das Element als Bestandteil in das *UILayer*-Feature des Projektes auf.

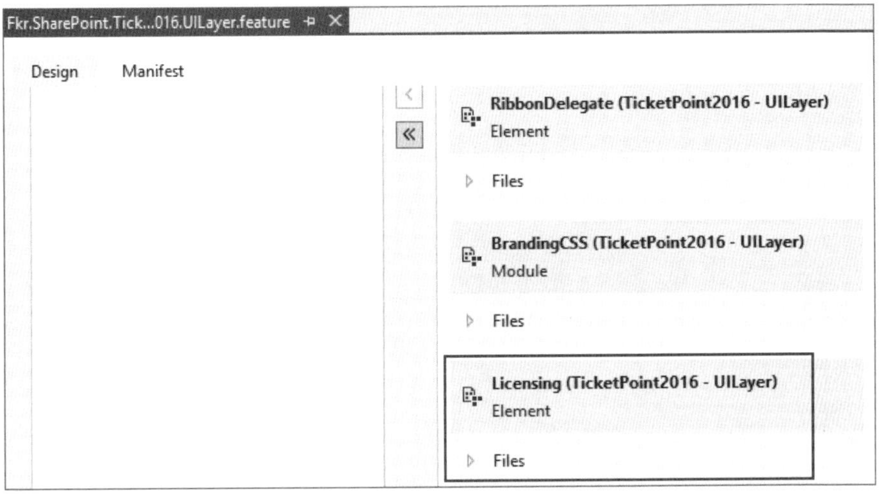

Abbildung 20.14 »Licensing« im »UILayer«-Feature

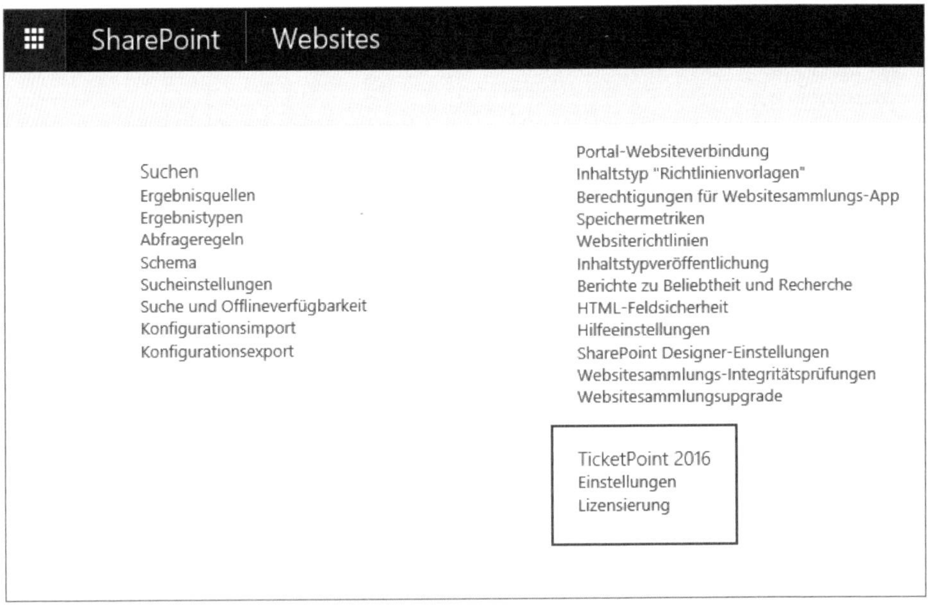

Abbildung 20.15 Verlinkung in den Websiteeinstellungen

Deployen Sie die Lösung auf Ihren SharePoint, und prüfen Sie, ob der Link zur Lizenzierungsseite korrekt angezeigt wird und funktionstüchtig ist. Um auf das Vorhandensein und die Gültigkeit einer Lizenz zu prüfen, fügen Sie im Verzeichnis

CONTROLTEMPLATES des *UILayer*-Projektes ein neues UserControl mit dem Namen *Licensing.ascx* ein.

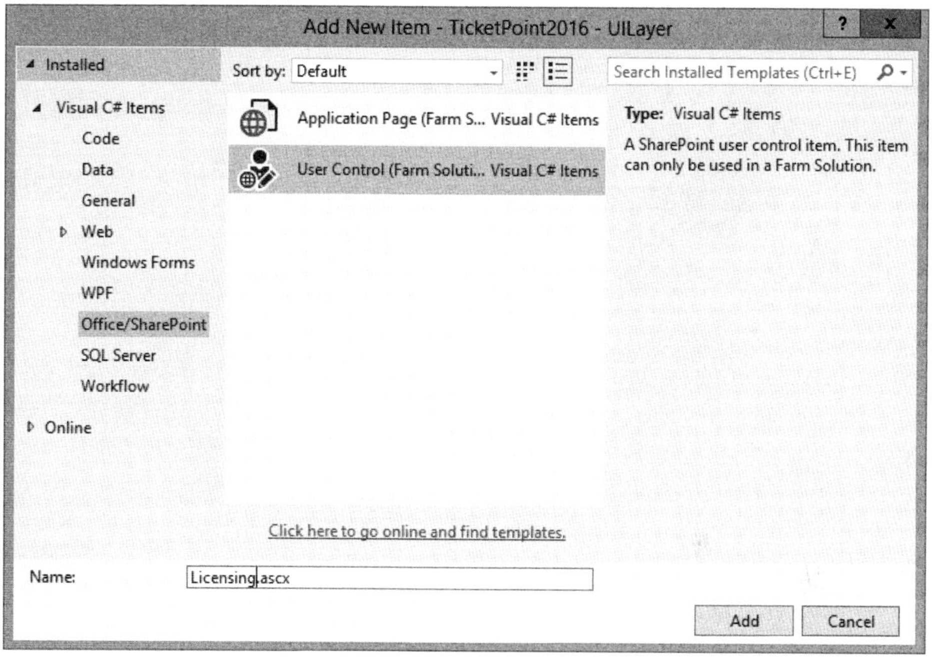

Abbildung 20.16 »Licensing.ascx« erstellen

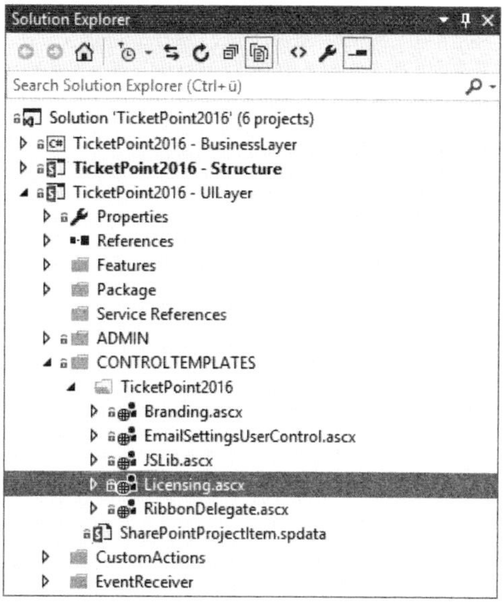

Abbildung 20.17 »Licensing.ascx« in der Projektstruktur

20

Erweitern Sie im Codebehind des UserControls die Page_Load-Methode um den notwendigen Code, der die Lizenz im Property Bag prüft und im Fehlerfall eine Meldung an den Benutzer ausgibt:

```
protected void Page_Load(object sender, EventArgs e)
{
    bool licenseIsValid = false;
    if (SPContext.Current.Web
            .Properties.ContainsKey(Constants.PropertyBagKey.LicenseKey)
        && !string.IsNullOrWhiteSpace(SPContext.Current.Web
            .Properties[Constants.PropertyBagKey.LicenseKey])
        )
    {
        string licenseKey =
            SPContext.Current.Web
                .Properties[Constants.PropertyBagKey.LicenseKey];
        lic.License license = new lic.License(licenseKey);
        licenseIsValid = license.IsLicenseValid();
    }
    if(!licenseIsValid)
    {
        BusinessLayer.UI.Helper.AddStatusmessageToPage(this.Page
                , Localization.GetString(Localization.Keys.MsgLicense)
                , Localization.GetString(Localization.Keys.MsgLicenseInvalid)
                , Constants.StatusmessageLevel.Warning);
    }
}
```

Listing 20.14 Page_Load der Lizenzprüfung

Um die Prüfung als Additional Page-Header auf der Seite zu platzieren, fügen Sie im *Elements.xml* der CustomAction *Licensing* das XML aus Listing 20.15 innerhalb des ELEMENTS-Knotens ein.

```
<Control Id="AdditionalPageHead"
        ControlSrc="~/_controltemplates/15/TicketPoint2016/Licensing.ascx"
        Sequence="10" />
```

Listing 20.15 Einbinden der Lizenzprüfung als AdditionalPageHeader

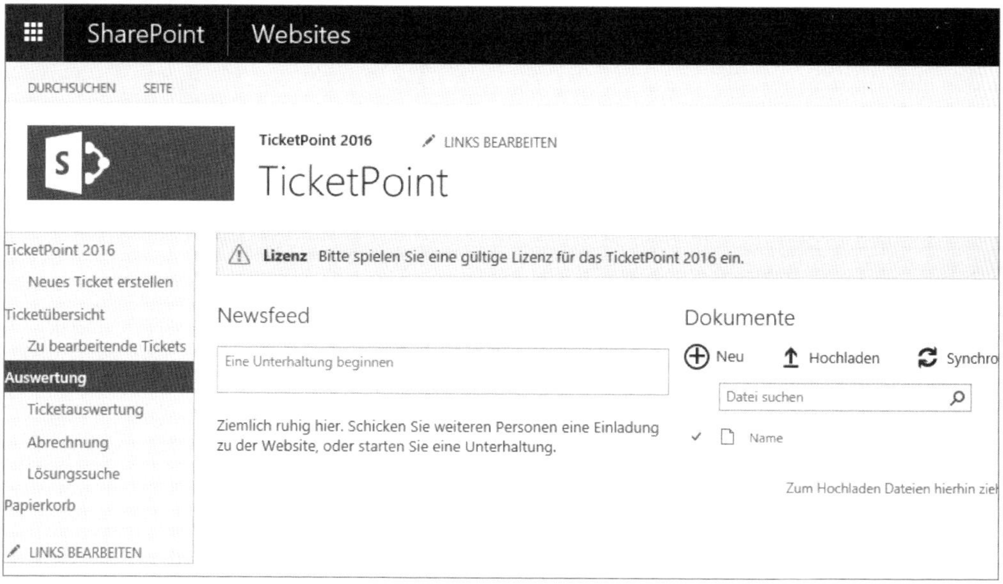

Abbildung 20.18 Lizenz-Fehlermeldung

Damit haben Sie das Lizenzmodul vollständig erstellt und in Ihre Anwendung eingebunden.

Deployen Sie die Lösung auf Ihren SharePoint, und prüfen Sie, ob die Lizenzmeldung korrekt angezeigt wird, wenn keine passende Lizenz vorhanden ist.

Kapitel 21
Zusammenfassung

Verschaffen Sie sich einen Überblick darüber, was Sie mithilfe dieses Buchs gelernt und anhand eines Beispielprojekts in die Tat umgesetzt haben.

Im Laufe dieses Buchs haben Sie gelernt, wie Sie als Architekt an ein SharePoint-Projekt herangehen können. Sie haben erfahren, wie Sie mittels User Stories die grundlegenden fachlichen Anforderungen des Kunden aufnehmen, diese als Use Cases in ein technisches Konzept überführen und über Programmablaufpläne die letzten Details der Anforderungen skizzieren. Darüber hinaus haben Sie anhand der Beispielanwendung TicketPoint 2016 eine SharePoint-Struktur geplant. Dazu haben Sie alle Spalten, Inhaltstypen und Listen definiert und in Kombination mit den User Stories, Use Cases und Ablaufplänen zu einem detaillierten Architekturdokument zusammengefasst, das einen Entwickler bei der Umsetzung der Anwendung anleitet und unterstützt.

Im zweiten Teil des Buches haben Sie gelernt, was Sie für eine SharePoint-Entwicklungsumgebung benötigen und welche nützlichen Tools Sie bei der Entwicklung unterstützen. Wir haben Ihnen gezeigt, wie Sie eine Standard-Projektstruktur mit hilfreichen Klassen und Methoden aufbauen und diese als Projekttemplate für weitere Anwendungen in Visual Studio speichern. Nach der Einrichtung der Entwicklungsumgebung und dem Aufbau der Projektbasis haben Sie gelernt, wie Sie das Architekturdokument konsumieren und die darin beschriebene Anwendung umsetzen können. Dazu haben Sie die einzelnen Bestandteile von SharePoint kennengelernt und verwendet. Darüber hinaus haben Sie viele nützliche Tipps und Tricks einbinden können, beispielsweise wie Sie ein Formular so aufbauen, dass es sich dynamisch an die zugrunde liegende Liste anpasst und neu erstellte Felder automatisch aufnimmt.

Wir hoffen, dass Ihnen das vermittelte Wissen in Ihrer täglichen Arbeit weiterhilft und dass Ihnen das Lesen genauso viel Spaß gemacht hat wie uns das Schreiben.

Anhang

Anhang A
SharePoint 2016 – Versionsunterschiede

Quelle

Die Unterschiede zwischen den SharePoint-Versionen finden Sie auf den nachfolgenden Webseiten zusammengetragen:

- *https://social.technet.microsoft.com/wiki/contents/articles/34154.sharepoint-2016-feature-comparison-for-insight-feature.aspx*
- *https://social.technet.microsoft.com/wiki/contents/articles/34153.sharepoint-2016-feature-comparison-for-content-feature.aspx*
- *https://technet.microsoft.com/de-de/library/b95d72bf-206f-4c26-a53d-ba61ff73605c#bkmk_AccessibilitySS*

Zur besseren Übersicht – und um Ihnen lange Suchen im Technet zu ersparen – listen wir die Merkmale auf den folgenden Seiten auf.

In Tabelle A.1 und den anschließenden Erläuterungen sehen Sie eine Auflistung der einzelnen Features, die in SharePoint 2016 vorhanden sind, und Angaben, in welcher Version diese Features nutzbar sind, gefolgt von einer kurzen Erklärung der Features.

Feature	SharePoint Server 2016 Standard	SharePoint Server 2016 Enterprise
Business Intelligence Center	nein	ja
Data Connection Library	nein	ja
Excel Services	nein	ja
Excel WebPart for SharePoint	nein	ja
ODC File Support	nein	ja
PerformancePoint Service	nein	ja
PerformancePoint Services (PPS) Dashboard Migration	nein	ja

Tabelle A.1 SharePoint-Versionsunterschiede

Feature	SharePoint Server 2016 Standard	SharePoint Server 2016 Enterprise
Power View for Excel in SharePoint	nein	ja
PowerPivot for Excel in SharePoint	nein	ja
Scorecards & Dashboards	nein	ja
Scheduled data refresh	nein	ja
SQL Server Reporting Services (SSRS) Integrated Mode	ja	ja
User-defined function assemblies	nein	ja
Using another workbook's model as a data source	nein	ja
Visio Services	nein	ja
Accessibility Standards Support	ja	ja
Asset Library Enhancements/Video Support	ja	ja
Auditing	ja	ja
Auditing & Reporting (e.g. doc edits, policy edits, deletes)	ja	ja
Content Organizer	ja	ja
Design Manager	ja	ja
Document Sets	ja	ja
Document Translation in Word Online	ja	ja
eDiscovery Search	ja	ja
eDiscovery Hold	nein	ja
eDiscovery Export	nein	ja
Email enabled lists and libraries	ja	ja
External Sharing: External Access	nein	nein
External Sharing: Guest Link	nein	nein

Tabelle A.1 SharePoint-Versionsunterschiede (Forts.)

Feature	SharePoint Server 2016 Standard	SharePoint Server 2016 Enterprise
Folder Sync	ja	ja
IRM using Azure Rights Management	ja	ja
IRM using Windows Server AD RMS	ja	ja
Managed Metadata Service	ja	ja
Metadata-driven Navigation	ja	ja
Multi-stage Disposition	ja	ja
Office Online (edit)	ja	ja
Office Online (view)	ja	ja
Office Web Apps Server integration	ja	ja
PowerPoint Automation Services	ja	ja
Preservation hold library	nein	ja
Quick Edit	ja	ja
Records management	ja	ja
Recycle Bin (SharePoint admin center)	nein	nein
Recycle Bin (SiteCollection)	ja	ja
Related Items	ja	ja
Rich Media Management	ja	ja
Shared ContentTypes	ja	ja
SharePoint Translation Services	ja	ja
Site mailbox	ja	ja
Surveys	ja	ja
Unique Document IDs	ja	ja
Video Search	nein	ja
WCM: Analytics	ja	ja
WCM: Catalog	nein	ja

Tabelle A.1 SharePoint-Versionsunterschiede (Forts.)

Feature	SharePoint Server 2016 Standard	SharePoint Server 2016 Enterprise
WCM: Search web parts	nein	ja
WCM: Cross-Site Publishing	nein	ja
WCM: Designer Tools	ja	ja
WCM: Faceted navigation	nein	ja
WCM: Image Renditions	ja	ja
WCM: Managed navigation	ja	ja
WCM: Mobile and Device Rendering	ja	ja
WCM: Multiple Domains	ja	ja
WCM: Recommendations	ja	ja
WCM: Search Engine Optimizations (SEO)	ja	ja
Word Automation Services	ja	ja

Tabelle A.1 SharePoint-Versionsunterschiede (Forts.)

Anhang B
Berechtigungsstufen

Im SharePoint-Standard sind die Stufen aus Tabelle B.1 mit den jeweiligen Aktionen vorkonfiguriert.

Stufe	Bereich	Aktion
Lesen	Listenberechtigungen	Elemente anzeigen – Elemente in Listen und Dokumente in Dokumentbibliotheken anzeigen
Lesen	Listenberechtigungen	Elemente öffnen – Die Quelle von Dokumenten mit serverseitigem Dateihandler anzeigen
Lesen	Listenberechtigungen	Versionen anzeigen – Ältere Versionen eines Listenelements oder Dokuments anzeigen
Lesen	Listenberechtigungen	Benachrichtigungen erstellen – Benachrichtigungen erstellen
Lesen	Listenberechtigungen	Anwendungsseiten anzeigen – Formulare, Ansichten und Anwendungsseiten anzeigen und Listen nummerieren
Lesen	Websiteberechtigungen	Self-Service Site Creation verwenden – Website mit Self-Service Site Creation erstellen
Lesen	Websiteberechtigungen	Seiten anzeigen – Seiten einer Website anzeigen
Lesen	Websiteberechtigungen	Benutzerinformationen durchsuchen – Informationen über Websitebenutzer anzeigen

Tabelle B.1 Berechtigungsstufen

Stufe	Bereich	Aktion
Lesen	Websiteberechtigungen	Remoteschnittstellen verwenden – SOAP-, Web DAV-, SharePoint-Designer-Schnittstellen oder das Clientobjektmodell zum Zugreifen auf die Website verwenden
Lesen	Websiteberechtigungen	Clientintegrationsfeatures verwenden – Features zum Starten von Clientanwendungen verwenden. Ohne diese Berechtigung müssen Benutzer lokal an Dokumenten arbeiten und die Änderungen hochladen.
Lesen	Websiteberechtigungen	Öffnen – Ermöglicht Benutzern das Öffnen einer Website, einer Liste oder eines Ordners und das Zugreifen auf im Container enthaltene Elemente.
Mitwirken	Listenberechtigungen	Elemente hinzufügen – Listen Elemente hinzufügen und Dokumentbibliotheken Dokumente hinzufügen
Mitwirken	Listenberechtigungen	Elemente bearbeiten – Elemente in Listen, Dokumente in Dokumentbibliotheken bearbeiten und WebPart-Seiten in Dokumentbibliotheken anpassen
Mitwirken	Listenberechtigungen	Elemente löschen – Elemente aus einer Liste und Dokumente aus einer Dokumentbibliothek löschen
Mitwirken	Listenberechtigungen	Elemente anzeigen – Elemente in Listen und Dokumente in Dokumentbibliotheken anzeigen
Mitwirken	Listenberechtigungen	Elemente öffnen – Die Quelle von Dokumenten mit serverseitigem Dateihandler anzeigen
Mitwirken	Listenberechtigungen	Versionen anzeigen – Ältere Versionen eines Listenelements oder Dokuments anzeigen

Tabelle B.1 Berechtigungsstufen (Forts.)

Stufe	Bereich	Aktion
Mitwirken	Listenberechtigungen	Benachrichtigungen erstellen – Benachrichtigungen erstellen
Mitwirken	Listenberechtigungen	Anwendungsseiten anzeigen – Formulare, Ansichten und Anwendungsseiten anzeigen und Listen nummerieren
Mitwirken	Websiteberechtigungen	Verzeichnisse durchsuchen – Dateien und Ordner in einer Website auflisten, die SharePoint-Designer- und WebDAV-Schnittstellen verwenden
Mitwirken	Websiteberechtigungen	Self-Service Site Creation verwenden – Website mit Self-Service Site Creation erstellen
Mitwirken	Websiteberechtigungen	Seiten anzeigen – Seiten einer Website anzeigen
Mitwirken	Websiteberechtigungen	Benutzerinformationen durchsuchen – Informationen über Websitebenutzer anzeigen
Mitwirken	Websiteberechtigungen	Remoteschnittstellen verwenden – SOAP-, WebDAV-, SharePoint-Designer-Schnittstellen oder das Clientobjektmodell zum Zugreifen auf die Website verwenden
Mitwirken	Websiteberechtigungen	Clientintegrationsfeatures verwenden – Features zum Starten von Clientanwendungen verwenden. Ohne diese Berechtigung müssen Benutzer lokal an Dokumenten arbeiten und die Änderungen hochladen.
Mitwirken	Websiteberechtigungen	Öffnen – Ermöglicht Benutzern das Öffnen einer Website, einer Liste oder eines Ordners und das Zugreifen auf im Container enthaltene Elemente.

Tabelle B.1 Berechtigungsstufen (Forts.)

Stufe	Bereich	Aktion
Mitwirken	Websiteberechtigungen	Persönliche Benutzerinformationen bearbeiten – Benutzern das Ändern ihrer eigenen Benutzerinformationen ermöglichen, z. B. Hinzufügen eines Bildes
Mitwirken	Persönliche Berechtigungen	Persönliche Ansichten verwalten – Persönliche Ansichten von Listen erstellen, ändern und löschen
Mitwirken	Persönliche Berechtigungen	Persönliche WebParts hinzufügen/entfernen – Persönliche WebParts einer WebPart-Seite hinzufügen oder von dort entfernen
Mitwirken	Persönliche Berechtigungen	Persönliche WebParts aktualisieren – WebParts aktualisieren, um personalisierte Informationen anzuzeigen
Vollzugriff	Listenberechtigungen	Listen verwalten – Listen erstellen oder löschen, Spalten einer Liste erstellen oder löschen und öffentliche Ansichten einer Liste hinzufügen oder löschen
Vollzugriff	Listenberechtigungen	Listenverhalten außer Kraft setzen – Ein an einen anderen Benutzer ausgechecktes Dokument einchecken oder verwerfen und Einstellungen ändern oder außer Kraft setzen, die Benutzern nur das Lesen bzw. die Bearbeitung ihrer eigenen Elemente erlauben
Vollzugriff	Listenberechtigungen	Elemente hinzufügen – Listen Elemente hinzufügen und Dokumentbibliotheken Dokumente hinzufügen
Vollzugriff	Listenberechtigungen	Elemente bearbeiten – Elemente in Listen, Dokumente in Dokumentbibliotheken bearbeiten und WebPart-Seiten in Dokumentbibliotheken anpassen
Vollzugriff	Listenberechtigungen	Elemente löschen – Elemente aus einer Liste und Dokumente aus einer Dokumentbibliothek löschen

Tabelle B.1 Berechtigungsstufen (Forts.)

Stufe	Bereich	Aktion
Vollzugriff	Listenberechtigungen	Elemente anzeigen – Elemente in Listen und Dokumente in Dokumentbibliotheken anzeigen
Vollzugriff	Listenberechtigungen	Elemente genehmigen – Nebenversion eines Listenelements oder Dokuments genehmigen
Vollzugriff	Listenberechtigungen	Elemente öffnen – Die Quelle von Dokumenten mit serverseitigem Dateihandler anzeigen
Vollzugriff	Listenberechtigungen	Versionen anzeigen – Ältere Versionen eines Listenelements oder Dokuments anzeigen
Vollzugriff	Listenberechtigungen	Versionen löschen – Ältere Versionen eines Listenelements oder Dokuments löschen
Vollzugriff	Listenberechtigungen	Benachrichtigungen erstellen – Benachrichtigungen erstellen
Vollzugriff	Listenberechtigungen	Anwendungsseiten anzeigen – Formulare, Ansichten und Anwendungsseiten anzeigen und Listen nummerieren
Vollzugriff	Websiteberechtigungen	Berechtigungen verwalten – Berechtigungsstufen für die Website erstellen und ändern, und Benutzern und Gruppen Berechtigungen zuweisen
Vollzugriff	Websiteberechtigungen	Web Analytics-Daten anzeigen – Berichte über Websiteverwendung anzeigen
Vollzugriff	Websiteberechtigungen	Unterwebsites erstellen – Unterwebsites wie Teamwebsites, Besprechungsarbeitsbereich-Websites und Dokumentarbeitsbereich-Websites erstellen

Tabelle B.1 Berechtigungsstufen (Forts.)

Stufe	Bereich	Aktion
Vollzugriff	Websiteberechtigungen	Website verwalten – Erteilt das Recht, alle Verwaltungsaufgaben für die Website wahrzunehmen sowie Inhalt zu verwalten.
Vollzugriff	Websiteberechtigungen	Seiten hinzufügen und anpassen – HTML- oder WebPart-Seiten hinzufügen, ändern oder löschen, und die Website in einem mit Microsoft SharePoint Foundation kompatiblen Editor bearbeiten
Vollzugriff	Websiteberechtigungen	Designs und Rahmen anwenden – Design oder Rahmen auf die ganze Website anwenden
Vollzugriff	Websiteberechtigungen	Stylesheets anwenden – Stylesheet (CSS-Datei) auf Website anwenden
Vollzugriff	Websiteberechtigungen	Gruppen erstellen – Eine Gruppe von Benutzern erstellen, die überall in der Websitesammlung verwendet werden kann
Vollzugriff	Websiteberechtigungen	Verzeichnisse durchsuchen – Dateien und Ordner in einer Website auflisten, die SharePoint-Designer- und WebDAV-Schnittstellen verwenden
Vollzugriff	Websiteberechtigungen	Self-Service Site Creation verwenden – Website mit Self-Service Site Creation erstellen
Vollzugriff	Websiteberechtigungen	Seiten anzeigen – Seiten einer Website anzeigen
Vollzugriff	Websiteberechtigungen	Berechtigungen auflisten – Berechtigungen für die Website, die Liste, den Ordner, das Dokument oder das Listenelement auflisten
Vollzugriff	Websiteberechtigungen	Benutzerinformationen durchsuchen – Informationen über Websitebenutzer anzeigen

Tabelle B.1 Berechtigungsstufen (Forts.)

Stufe	Bereich	Aktion
Vollzugriff	Websiteberechtigungen	Benachrichtigungen verwalten – Benachrichtigungen für alle Benutzer der Website verwalten
Vollzugriff	Websiteberechtigungen	Remoteschnittstellen verwenden – SOAP-, WebDAV-, SharePoint-Designer-Schnittstellen oder das Clientobjektmodell zum Zugreifen auf die Website verwenden
Vollzugriff	Websiteberechtigungen	Clientintegrationsfeatures verwenden – Features zum Starten von Clientanwendungen verwenden. Ohne diese Berechtigung müssen Benutzer lokal an Dokumenten arbeiten und die Änderungen hochladen.
Vollzugriff	Websiteberechtigungen	Öffnen – Ermöglicht Benutzern das Öffnen einer Website, einer Liste oder eines Ordners und das Zugreifen auf im Container enthaltene Elemente.
Vollzugriff	Websiteberechtigungen	Persönliche Benutzerinformationen bearbeiten – Benutzern das Ändern ihrer eigenen Benutzerinformationen ermöglichen, z. B. Hinzufügen eines Bildes
Vollzugriff	Persönliche Berechtigungen	Persönliche Ansichten verwalten – Persönliche Ansichten von Listen erstellen, ändern und löschen
Vollzugriff	Persönliche Berechtigungen	Persönliche WebParts hinzufügen/entfernen – Persönliche WebParts einer WebPart-Seite hinzufügen oder von dort entfernen
Vollzugriff	Persönliche Berechtigungen	Persönliche WebParts aktualisieren – WebParts aktualisieren, um personalisierte Informationen anzuzeigen

Tabelle B.1 Berechtigungsstufen (Forts.)

Anhang C
Ribbon-Location

Typ	Location
Tab	*Ribbon.BDCAdmin*
Group	*Ribbon.BDCAdmin.ApplicationModelManagement*
Control	Ribbon.BDCAdmin.ApplicationManagement.Import
Control	Ribbon.BDCAdmin.ApplicationManagement.DeleteModel
Control	Ribbon.BDCAdmin.ApplicationManagement.ExportModel
Group	*Ribbon.BDCAdmin.PermissionManagement*
Control	Ribbon.BDCAdmin.PermissionManagement.SetPermissions
Control	Ribbon.BDCAdmin.PermissionManagement.AssignAdmins
Group	*Ribbon.BDCAdmin.ApplicationManagement*
Control	Ribbon.BDCAdmin.ApplicationManagement.LobSystemSettings
Control	Ribbon.BDCAdmin.ApplicationManagement.DeleteLobSystem
Group	*Ribbon.BDCAdmin.ActionManagement*
Control	Ribbon.BDCAdmin.ActionManagement.Add
Control	Ribbon.BDCAdmin.ActionManagement.Edit
Control	Ribbon.BDCAdmin.ActionManagement.Delete
Group	*Ribbon.BDCAdmin.ViewManagement*
Control	Ribbon.BDCAdmin.ViewManagement.Views
Tab	*Ribbon.DocLibListForm.Edit*
Group	Ribbon.DocLibListForm.Edit.Commit
Control	Ribbon.DocLibListForm.Edit.Commit.Publish

Tabelle C.1 Ribbon-Location

Typ	Location
Control	Ribbon.DocLibListForm.Edit.Commit.CheckIn
Control	Ribbon.DocLibListForm.Edit.Commit.Cancel
Group	*Ribbon.DocLibListForm.Edit.Clipboard*
Control	Ribbon.DocLibListForm.Edit.Clipboard.Paste
Control	Ribbon.DocLibListForm.Edit.Clipboard.Cut
Control	Ribbon.DocLibListForm.Edit.Clipboard.Copy
Group	*Ribbon.DocLibListForm.Edit.Actions*
Control	Ribbon.DocLibListForm.Edit.Actions.DeleteItem
Control	Ribbon.DocLibListForm.Edit.Actions.CheckIn
Control	Ribbon.DocLibListForm.Edit.Actions.CheckOut
Control	Ribbon.DocLibListForm.Edit.Actions.VersionHistory
Control	Ribbon.DocLibListForm.Edit.Actions.ExportWebPart
Control	Ribbon.DocLibListForm.Edit.Actions.ViewWebPartXml
Control	Ribbon.DocLibListForm.Edit.Actions.ManagePermissions
Tab	*Ribbon.ListForm.Display*
Group	*Ribbon.ListForm.Display.Manage*
Control	Ribbon.ListForm.Display.Manage.EditItem
Control	Ribbon.ListForm.Display.Manage.EditSeries
Control	Ribbon.ListForm.Display.Manage.VersionHistory
Control	Ribbon.ListForm.Display.Manage.ManagePermissions
Control	Ribbon.ListForm.Display.Manage.DeleteItem
Group	*Ribbon.ListForm.Display.Actions*
Control	Ribbon.ListForm.Display.Actions.CheckIn
Control	Ribbon.ListForm.Display.Actions.CheckOut
Control	Ribbon.ListForm.Display.Actions.Alert

Tabelle C.1 Ribbon-Location (Forts.)

Typ	Location
Control	Ribbon.ListForm.Display.Actions.ApproveReject
Control	Ribbon.ListForm.Display.Actions.ManageCopies
Control	Ribbon.ListForm.Display.Actions.Workflows
Control	Ribbon.ListForm.Display.Actions.EnterFolder
Control	Ribbon.ListForm.Display.Actions.ClaimReleaseTask
Control	Ribbon.ListForm.Display.Actions.DistributionListsApproval
Control	Ribbon.ListForm.Display.Actions.DeleteItemVersion
Control	Ribbon.ListForm.Display.Actions.RestoreItemVersion
Group	*Ribbon.ListForm.Display.HealthActions*
Control	Ribbon.ListForm.Display.HealthActions.HealthRuleRunNow
Control	Ribbon.ListForm.Display.HealthActions.HealthReportRunNow
Control	Ribbon.ListForm.Display.HealthActions.HealthReportRepair
Group	*Ribbon.ListForm.Display.Solution*
Control	Ribbon.ListForm.Display.Solution.Activate
Control	Ribbon.ListForm.Display.Solution.Deactivate
Control	Ribbon.ListForm.Display.Solution.Upgrade
Tab	*Ribbon.ListForm.Edit*
Group	*Ribbon.ListForm.Edit.Commit*
Control	Ribbon.ListForm.Edit.Commit.Publish
Control	Ribbon.ListForm.Edit.Commit.Cancel
Group	*Ribbon.ListForm.Edit.Clipboard*
Control	Ribbon.ListForm.Edit.Clipboard.Paste
Control	Ribbon.ListForm.Edit.Clipboard.Cut
Control	Ribbon.ListForm.Edit.Clipboard.Copy
Group	*Ribbon.ListForm.Edit.Actions*

Tabelle C.1 Ribbon-Location (Forts.)

Typ	Location
Control	Ribbon.ListForm.Edit.Actions.DeleteItem
Control	Ribbon.ListForm.Edit.Actions.EditSeries
Control	Ribbon.ListForm.Edit.Actions.ClaimReleaseTask
Control	Ribbon.ListForm.Edit.Actions.AttachFile
Control	Ribbon.ListForm.Edit.Actions.DistributionListsApproval
Tab	*Ribbon.PostListForm.Edit*
Group	*Ribbon.PostListForm.Edit.Commit*
Control	Ribbon.PostListForm.Edit.Commit.Publish
Control	Ribbon.PostListForm.Edit.Commit.SaveAsDraft
Control	Ribbon.PostListForm.Edit.Commit.Cancel
Group	*Ribbon.PostListForm.Edit.Clipboard*
Control	Ribbon.PostListForm.Edit.Clipboard.Paste
Control	Ribbon.PostListForm.Edit.Clipboard.Cut
Control	Ribbon.PostListForm.Edit.Clipboard.Copy
Group	*Ribbon.PostListForm.Edit.Actions*
Control	Ribbon.PostListForm.Edit.Actions.DeleteItem
Control	Ribbon.PostListForm.Edit.Actions.EditSeries
Tab	*Ribbon.SvcApp*
Group	*Ribbon.SvcApp.Create*
Control	Ribbon.SvcApp.Create.New
Control	Ribbon.SvcApp.Create.Connect
Group	*Ribbon.SvcApp.Operations*
Control	Ribbon.SvcApp.Operations.Delete
Control	Ribbon.SvcApp.Operations.Manage
Control	Ribbon.SvcApp.Operations.Administrators

Tabelle C.1 Ribbon-Location (Forts.)

Typ	Location
Control	Ribbon.SvcApp.Operations.Properties
Group	*Ribbon.SvcApp.Sharing*
Control	Ribbon.SvcApp.Sharing.Publish
Control	Ribbon.SvcApp.Sharing.Permissions
Tab	*Ribbon.Solution*
Group	*Ribbon.Solution.New*
Control	Ribbon.Solution.All.Upload
Group	*Ribbon.Solution.All*
Control	Ribbon.Solution.All.Delete
Control	Ribbon.Solution.All.Activate
Control	Ribbon.Solution.All.Deactivate
Control	Ribbon.Solution.All.Upgrade
Tab	*Ribbon.UsageReport*
Group	*Ribbon.UsageReport.DateRange*
Control	Ribbon.UsageReport.DateRange.Day
Control	Ribbon.UsageReport.DateRange.Month
Control	Ribbon.UsageReport.DateRange.Year
Tab	*Ribbon.WikiPageTab*
Group	*Ribbon.WikiPageTab.EditAndCheckout*
Control	Ribbon.WikiPageTab.EditAndCheckout.SaveEdit
Control	Ribbon.WikiPageTab.EditAndCheckout.Checkout
Group	*Ribbon.WikiPageTab.Manage*
Control	Ribbon.WikiPageTab.Manage.PageProperties
Control	Ribbon.WikiPageTab.Manage.RenamePage
Control	Ribbon.WikiPageTab.Manage.VersionDiff

Tabelle C.1 Ribbon-Location (Forts.)

Typ	Location
Control	Ribbon.WikiPageTab.Manage.Permissions
Control	Ribbon.WikiPageTab.Manage.DeletePage
Group	*Ribbon.WikiPageTab.Share*
Control	Ribbon.WikiPageTab.Share.EmailPageLink
Control	Ribbon.WikiPageTab.Share.AlertMe
Group	*Ribbon.WikiPageTab.PageActions*
Control	Ribbon.WikiPageTab.PageActions.SetHomePage
Control	Ribbon.WikiPageTab.PageActions.IncomingLinks
Group	*Ribbon.WikiPageTab.LibrarySettings*
Control	Ribbon.WikiPageTab.LibrarySettings.LibSettings
Control	Ribbon.WikiPageTab.LibrarySettings.LibraryPermissions
Control	Ribbon.WikiPageTab.LibrarySettings.ViewAllPages
Tab	*Ribbon.PublishTab*
Group	*Ribbon.PublishTab.Publishing*
Control	Ribbon.PublishTab.Publishing.Publish
Control	Ribbon.PublishTab.Publishing.Approve
Control	Ribbon.PublishTab.Publishing.Reject
Group	*Ribbon.PublishTab.Workflow*
Control	Ribbon.PublishTab.Workflow.ManageWorkflow
Tab	`Ribbon.WebPartPage`
Group	*Ribbon.WebPartPage.Edit*
Control	Ribbon.WebPartPage.Edit.Edit
Group	*Ribbon.WebPartPage.Manage*
Control	Ribbon.WebPartPage.Manage.EditProperties
Control	Ribbon.WebPartPage.Manage.Versions

Tabelle C.1 Ribbon-Location (Forts.)

Typ	Location
Control	Ribbon.WebPartPage.Manage.Permissions
Control	Ribbon.WebPartPage.Manage.Delete
Group	*Ribbon.WebPartPage.Share*
Control	Ribbon.WebPartPage.Share.EmailPageLink
Control	Ribbon.WebPartPage.Share.AlertMe
Group	*Ribbon.WebPartPage.Approval*
Control	Ribbon.WebPartPage.Approval.Approve
Control	Ribbon.WebPartPage.Approval.Reject
Group	*Ribbon.WebPartPage.Workflow*
Control	Ribbon.WebPartPage.Workflow.ManageWorkflow
Group	*Ribbon.WebPartPage.Actions*
Control	Ribbon.WebPartPage.Actions.EditMobilePage
Control	Ribbon.WebPartPage.Actions.MakeHomePage
Control	Ribbon.WebPartPage.Actions.EditTitleBar
Tab	*Ribbon.WebApp*
Group	*Ribbon.WebApp.Contribute*
Control	Ribbon.WebApp.Contribute.New
Control	Ribbon.WebApp.Contribute.Extend
Control	Ribbon.WebApp.Contribute.Delete
Group	*Ribbon.WebApp.Manage*
Control	Ribbon.WebApp.Manage.Settings
Control	Ribbon.WebApp.Manage.Features
Control	Ribbon.WebApp.Manage.Paths
Control	Ribbon.WebApp.Manage.Connections
Group	*Ribbon.WebApp.Security*

Tabelle C.1 Ribbon-Location (Forts.)

Typ	Location
Control	Ribbon.WebApp.Security.Controls.AuthProviders
Control	Ribbon.WebApp.Security.Controls.SelfSite
Control	Ribbon.WebApp.Security.Controls.BlockedFiles
Control	Ribbon.WebApp.Security.Controls.UserPermissions
Control	Ribbon.WebApp.Security.Controls.WebPart
Group	*Ribbon.WebApp.Policy*
Control	Ribbon.WebApp.Policy.Controls.GeneralPolicy
Control	Ribbon.WebApp.Policy.Controls.Anonymous
Control	Ribbon.WebApp.Policy.Controls.PermissionPolicy
Tab	*Ribbon.SiteCollections*
Group	*Ribbon.SiteCollections.Contribute*
Control	Ribbon.SiteCollections.Contribute.CreateSite
Control	Ribbon.SiteCollections.Contribute.Delete
Group	*Ribbon.SiteCollections.Review*
Control	Ribbon.SiteCollections.Review.ViewProperties
Group	*Ribbon.SiteCollections.Manage*
Control	Ribbon.SiteCollections.Manage.Owners
Control	Ribbon.SiteCollections.Manage.DiskQuota
Tab	*Ribbon.ManageTrust*
Group	*Ribbon.ManageTrust.Operations*
Control	Ribbon.ManageTrust.Create
Control	Ribbon.ManageTrust.Operations.Edit
Control	Ribbon.ManageTrust.Operations.Delete
Tab	*Ribbon.EditingTools.CPEditTab*
Group	*Ribbon.EditingTools.CPEditTab.EditAndCheckout*

Tabelle C.1 Ribbon-Location (Forts.)

Typ	Location
Control	Ribbon.EditingTools.CPEditTab.EditAndCheckout .SaveEdit
Control	Ribbon.EditingTools.CPEditTab.EditAndCheckout .Checkout
Group	*Ribbon.EditingTools.CPEditTab.Clipboard*
Control	Ribbon.EditingTools.CPEditTab.Clipboard.Paste
Control	Ribbon.EditingTools.CPEditTab.Clipboard.Cut
Control	Ribbon.EditingTools.CPEditTab.Clipboard.Copy
Control	Ribbon.EditingTools.CPEditTab.Clipboard.Undo
Group	*Ribbon.EditingTools.CPEditTab.Font*
Control	Ribbon.EditingTools.CPEditTab.Font.Fonts
Control	Ribbon.EditingTools.CPEditTab.Font.FontSize
Control	Ribbon.EditingTools.CPEditTab.Font.ClearFormat
Control	Ribbon.EditingTools.CPEditTab.Font.Bold
Control	Ribbon.EditingTools.CPEditTab.Font.Italics
Control	Ribbon.EditingTools.CPEditTab.Font.Underline
Control	Ribbon.EditingTools.CPEditTab.Font.Strikethrough
Control	Ribbon.EditingTools.CPEditTab.Font.Subscript
Control	Ribbon.EditingTools.CPEditTab.Font.Superscript
Control	Ribbon.EditingTools.CPEditTab.Font.FontBackgroundColor
Control	Ribbon.EditingTools.CPEditTab.Font.FontColor
Group	*Ribbon.EditingTools.CPEditTab.Paragraph*
Control	Ribbon.EditingTools.CPEditTab.Paragraph.Bullets
Control	Ribbon.EditingTools.CPEditTab.Paragraph.Numbering
Control	Ribbon.EditingTools.CPEditTab.Paragraph.Outdent
Control	Ribbon.EditingTools.CPEditTab.Paragraph.Indent
Control	Ribbon.EditingTools.CPEditTab.Paragraph.LTR

Tabelle C.1 Ribbon-Location (Forts.)

Typ	Location
Control	Ribbon.EditingTools.CPEditTab.Paragraph.RTL
Control	Ribbon.EditingTools.CPEditTab.Paragraph.AlignLeft
Control	Ribbon.EditingTools.CPEditTab.Paragraph.AlignCenter
Control	Ribbon.EditingTools.CPEditTab.Paragraph.AlignRight
Control	Ribbon.EditingTools.CPEditTab.Paragraph.AlignJustify
Group	*Ribbon.EditingTools.CPEditTab.Styles*
Control	Ribbon.EditingTools.CPEditTab.Styles.Styles
Group	*Ribbon.EditingTools.CPEditTab.Layout*
Control	Ribbon.EditingTools.CPEditTab.Layout.PageLayout
Group	*Ribbon.EditingTools.CPEditTab.Markup*
Control	Ribbon.EditingTools.CPEditTab.Markup.ElementWithStyle
Control	Ribbon.EditingTools.CPEditTab.Markup.LanguagesLabel
Control	Ribbon.EditingTools.CPEditTab.Markup.SelectLabel
Control	Ribbon.EditingTools.CPEditTab.Markup.HtmlLabel
Control	Ribbon.EditingTools.CPEditTab.Markup.Languages
Control	Ribbon.EditingTools.CPEditTab.Markup.Select
Control	Ribbon.EditingTools.CPEditTab.Markup.Html
Tab	*Ribbon.EditingTools.CPInsert*
Group	*Ribbon.EditingTools.CPInsert.Tables*
Control	Ribbon.EditingTools.CPInsert.Tables.Table
Group	*Ribbon.EditingTools.CPInsert.Media*
Control	Ribbon.EditingTools.CPInsert.Media.Image
Group	*Ribbon.EditingTools.CPInsert.Links*
Control	Ribbon.EditingTools.CPInsert.Links.Link
Control	Ribbon.EditingTools.CPInsert.Links.UploadFile

Tabelle C.1 Ribbon-Location (Forts.)

Typ	Location
Group	*Ribbon.EditingTools.CPInsert.WebParts*
Control	Ribbon.EditingTools.CPInsert.WebParts.WebPart
Control	Ribbon.EditingTools.CPInsert.WebParts.ExistingList
Control	Ribbon.EditingTools.CPInsert.WebParts.InsertNewList
Tab	*Ribbon.Image.Image*
Group	*Ribbon.Image.Image.Edit*
Control	Ribbon.Image.Image.Edit.Edit
Group	*Ribbon.Image.Image.Properties*
Control	Ribbon.Image.Image.Properties.URLLabel
Control	Ribbon.Image.Image.Properties.URL
Control	Ribbon.Image.Image.Properties.AltTextLabel
Control	Ribbon.Image.Image.Properties.AltText
Group	*Ribbon.Image.Image.Styles*
Control	Ribbon.Image.Image.Styles.ImageStyles
Group	*Ribbon.Image.Image.Arrange*
Control	Ribbon.Image.Image.Arrange.ImageArrange
Group	*Ribbon.Image.Image.Size*
Control	Ribbon.Image.Image.Size.HorizontalSizeLabel
Control	Ribbon.Image.Image.Size.HorizontalSize
Control	Ribbon.Image.Image.Size.VertSizeLabel
Control	Ribbon.Image.Image.Size.VerticalSize
Control	Ribbon.Image.Image.Size.LockAspect
Tab	*Ribbon.Document*
Group	*Ribbon.Documents.New*
Control	Ribbon.Documents.New.NewDocument

Tabelle C.1 Ribbon-Location (Forts.)

Typ	Location
Control	Ribbon.Documents.New.AddDocument
Group	*Ribbon.Documents.EditCheckout*
Control	Ribbon.Documents.EditCheckout.EditDocument
Control	Ribbon.Documents.EditCheckout.CheckOut
Control	Ribbon.Documents.EditCheckout.CheckIn
Control	Ribbon.Documents.EditCheckout.DiscardCheckOut
Group	*Ribbon.Documents.Manage*
Control	Ribbon.Documents.Manage.ViewProperties
Control	Ribbon.Documents.Manage.EditProperties
Control	Ribbon.Documents.Manage.ViewVersions
Control	Ribbon.Documents.Manage.ManagePermissions
Control	Ribbon.Documents.Manage.Delete
Group	*Ribbon.Documents.Share*
Control	Ribbon.Documents.Share.EmailItemLink
Control	Ribbon.Documents.Share.AlertMe
Group	*Ribbon.Documents.Copies*
Control	Ribbon.Documents.Copies.Download
Control	Ribbon.Documents.Copies.SendTo
Control	Ribbon.Documents.Copies.ManageCopies
Control	Ribbon.Documents.Copies.GoToSourceItem
Group	*Ribbon.Documents.Workflow*
Control	Ribbon.Documents.Workflow.ViewWorkflows
Control	Ribbon.Documents.Workflow.Publish
Control	Ribbon.Documents.Workflow.Unpublish
Control	Ribbon.Documents.Workflow.Moderate

Tabelle C.1 Ribbon-Location (Forts.)

Typ	Location
Control	Ribbon.Documents.Workflow.CancelApproval
Group	*Ribbon.Documents.FormActions*
Control	Ribbon.Documents.FormActions.RepairItems
Control	Ribbon.Documents.FormActions.RepairAllItems
Control	Ribbon.Documents.FormActions.MergeDocuments
Tab	*Ribbon.Library*
Group	*Ribbon.Library.ViewFormat*
Control	Ribbon.Library.ViewFormat.Standard
Control	Ribbon.Library.ViewFormat.Datasheet
Group	*Ribbon.Library.Datasheet*
Control	Ribbon.Library.Datasheet.NewRow
Control	Ribbon.Library.Datasheet.ShowTaskPane
Control	Ribbon.Library.Datasheet.ShowTotals
Control	Ribbon.Library.Datasheet.RefreshData
Group	*Ribbon.Library.CustomViews*
Control	Ribbon.Library.Actions.AllMeetings
Control	Ribbon.Library.CustomViews.CreateView
Control	Ribbon.Library.CustomViews.ModifyView
Control	Ribbon.Library.CustomViews.CreateColumn
Control	Ribbon.Library.CustomViews.NavigateUp
Control	Ribbon.Library.CustomViews.CurrentView
Control	Ribbon.Library.CustomViews.DisplayView
Control	Ribbon.Library.CustomViews.PreviousPage
Control	Ribbon.Library.CustomViews.CurrentPage
Control	Ribbon.Library.CustomViews.NextPage

Tabelle C.1 Ribbon-Location (Forts.)

Typ	Location
Group	*Ribbon.Library.Share*
Control	Ribbon.Library.Share.EmailLibraryLink
Control	Ribbon.Library.Share.AlertMe
Control	Ribbon.Library.Share.ViewRSSFeed
Group	*Ribbon.Library.Actions*
Control	Ribbon.Library.Actions.TakeOfflineToClient
Control	Ribbon.Library.Actions.ConnectToClient
Control	Ribbon.Library.Actions.ExportToSpreadsheet
Control	Ribbon.Library.Actions.OpenWithExplorer
Group	*Ribbon.Library.CustomizeLibrary*
Control	Ribbon.Library.CustomizeLibrary.EditList
Control	Ribbon.Library.CustomizeLibrary.EditDefaultForms
Group	*Ribbon.Library.Settings*
Control	Ribbon.Library.Settings.DocumentLibrarySettings
Control	Ribbon.Library.Settings.LibraryPermissions
Control	Ribbon.Library.Settings.ManageWorkflows
Tab	*Ribbon.ListItem*
Group	*Ribbon.ListItem.New*
Control	Ribbon.ListItem.New.NewListItem
Control	Ribbon.ListItem.New.NewFolder
Group	*Ribbon.ListItem.Manage*
Control	Ribbon.ListItem.Manage.ViewProperties
Control	Ribbon.ListItem.Manage.EditProperties
Control	Ribbon.ListItem.Manage.ViewVersions
Control	Ribbon.ListItem.Manage.ManagePermissions

Tabelle C.1 Ribbon-Location (Forts.)

Typ	Location
Control	Ribbon.ListItem.Manage.Delete
Group	*Ribbon.ListItem.Actions*
Control	Ribbon.ListItem.Actions.AttachFile
Control	Ribbon.ListItem.Actions.ChangeItemOrder
Group	*Ribbon.ListItem.Share*
Control	Ribbon.ListItem.Share.AlertMe
Group	*Ribbon.ListItem.Workflow*
Control	Ribbon.ListItem.Workflow.ViewWorkflows
Control	Ribbon.ListItem.Workflow.Moderate
Tab	*Ribbon.List*
Group	*Ribbon.List.ViewFormat*
Control	Ribbon.List.ViewFormat.Standard
Control	Ribbon.List.ViewFormat.Datasheet
Group	*Ribbon.List.Datasheet*
Control	Ribbon.List.Datasheet.NewRow
Control	Ribbon.List.Datasheet.ShowTaskPane
Control	Ribbon.List.Datasheet.ShowTotals
Control	Ribbon.List.Datasheet.RefreshData
Group	*Ribbon.List.GanttView*
Control	Ribbon.List.GanttView.ZoomIn
Control	Ribbon.List.GanttView.ZoomOut
Control	Ribbon.List.GanttView.ScrollToTask
Group	*Ribbon.List.CustomViews*
Control	Ribbon.List.Actions.AllMeetings
Control	Ribbon.List.CustomViews.CreateView

Tabelle C.1 Ribbon-Location (Forts.)

Typ	Location
Control	Ribbon.List.CustomViews.ModifyView
Control	Ribbon.List.CustomViews.CreateColumn
Control	Ribbon.List.CustomViews.NavigateUp
Control	Ribbon.List.CustomViews.CurrentView
Control	Ribbon.List.CustomViews.DisplayView
Control	Ribbon.List.CustomViews.PreviousPage
Control	Ribbon.List.CustomViews.CurrentPage
Control	Ribbon.List.CustomViews.NextPage
Group	*Ribbon.List.Share*
Control	Ribbon.List.Share.EmailLibraryLink
Control	Ribbon.List.Share.AlertMe
Control	Ribbon.List.Share.ViewRSSFeed
Group	*Ribbon.List.Actions*
Control	Ribbon.List.Actions.TakeOfflineToClient
Control	Ribbon.List.Actions.ConnectToClient
Control	Ribbon.List.Actions.ExportToSpreadsheet
Control	Ribbon.List.Actions.CreateVisioDiagram
Control	Ribbon.List.Actions.OpenWithAccess
Control	Ribbon.List.Actions.ExportToProject
Group	*Ribbon.List.CustomizeList*
Control	Ribbon.List.CustomizeList.EditList
Control	Ribbon.List.CustomizeList.EditDefaultForms
Group	*Ribbon.List.Settings*
Control	Ribbon.List.Settings.ListSettings
Control	Ribbon.List.Settings.ListPermissions

Tabelle C.1 Ribbon-Location (Forts.)

Typ	Location
Control	Ribbon.List.Settings.ManageWorkflows
Tab	*Ribbon.Link.Link*
Group	*Ribbon.Link.Link.Link*
Control	Ribbon.Link.Link.Link.RemoveLink
Group	*Ribbon.Link.Link.Properties*
Control	Ribbon.Link.Link.Properties.LinkAddressLabel
Control	Ribbon.Link.Link.Properties.LinkAddress
Control	Ribbon.Link.Link.Properties.LinkTooltipLabel
Control	Ribbon.Link.Link.Properties.LinkTooltip
Group	Ribbon.Link.Link.Behavior
Control	Ribbon.Link.Link.Behavior.PopUp
Control	Ribbon.Link.Link.Behavior.DisplayIcon
Tab	`Ribbon.Table.Layout`
Group	*Ribbon.Table.Layout.Table*
Control	Ribbon.Table.Layout.Table.TableGridLines
Group	*Ribbon.Table.Layout.Cells*
Control	Ribbon.Table.Layout.Cells.MergeCells
Control	Ribbon.Table.Layout.Cells.Split
Group	*Ribbon.Table.Layout.RowsCols*
Control	Ribbon.Table.Layout.RowsCols.InsertAbove
Control	Ribbon.Table.Layout.RowsCols.InsertBelow
Control	Ribbon.Table.Layout.RowsCols.InsertLeft
Control	Ribbon.Table.Layout.RowsCols.InsertRight
Control	Ribbon.Table.Layout.RowsCols.Delete
Group	*Ribbon.Table.Layout.Properties*

Tabelle C.1 Ribbon-Location (Forts.)

Typ	Location
Control	Ribbon.Table.Layout.Properties.TableWidthLabel
Control	Ribbon.Table.Layout.Properties.TableHeightLabel
Control	Ribbon.Table.Layout.Properties.TableWidth
Control	Ribbon.Table.Layout.Properties.TableHeight
Control	Ribbon.Table.Layout.Properties.ColumnWidthLabel
Control	Ribbon.Table.Layout.Properties.RowHeightLabel
Control	Ribbon.Table.Layout.Properties.ColumnWidth
Control	Ribbon.Table.Layout.Properties.RowHeight
Group	*Ribbon.Table.Layout.Summary*
Control	Ribbon.Table.Layout.Summary.SummaryLabel
Control	Ribbon.Table.Layout.Summary.Summary
Tab	Ribbon.Table.Design
Group	*Ribbon.Table.Design.StyleOptions*
Control	Ribbon.Table.Design.StyleOptions.TableHead
Control	Ribbon.Table.Design.StyleOptions.TableFirstCol
Control	Ribbon.Table.Design.StyleOptions.TableLastRow
Control	Ribbon.Table.Design.StyleOptions.TableLastCol
Group	*Ribbon.Table.Design.Style*
Control	Ribbon.Table.Design.Style.TableStyles
Tab	*Ribbon.WebPartInsert.Tab*
Group	*Ribbon.WebPartInsert.Text*
Control	Ribbon.WebPartInsert.Text.Text
Group	*Ribbon.WebPartInsert.Media*
Control	Ribbon.WebPartInsert.Media.Image
Group	*Ribbon.WebPartInsert.InsertRelatedDataToListForm*

Tabelle C.1 Ribbon-Location (Forts.)

Typ	Location
Control	Ribbon.WebPartInsert.InsertRelatedDataToListForm .RelatedWebPart
Group	*Ribbon.WebPartInsert.WebParts*
Control	Ribbon.WebPartInsert.WebParts.WebPart
Control	Ribbon.WebPartInsert.WebParts.ExistingList
Tab	*Ribbon.WebPartOption*
Group	*Ribbon.WebPartOption.Properties*
Control	Ribbon.WebPartOption.Commands.Modify
Group	*Ribbon.WebPartOption.InsertRelatedDataToListView*
Control	Ribbon.WebPartOption.InsertRelatedDataToListView .RelatedWebPart
Group	*Ribbon.WebPartOption.Commands*
Control	Ribbon.WebPartOption.Commands.Minimize
Control	Ribbon.WebPartOption.Commands.Restore
Control	Ribbon.WebPartOption.Commands.Delete
Tab	*Ribbon.Calendar.Events*
Group	*Ribbon.Calendar.Events.New*
Control	Ribbon.Calendar.Events.New.NewListItem
Group	*Ribbon.Calendar.Events.Manage*
Control	Ribbon.Calendar.Events.Manage.ViewProperties
Control	Ribbon.Calendar.Events.Manage.EditProperties
Control	Ribbon.Calendar.Events.Manage.ViewVersions
Control	Ribbon.Calendar.Events.Manage.ManagePermissions
Control	Ribbon.Calendar.Events.Manage.Delete
Group	*Ribbon.Calendar.Events.Share*
Control	Ribbon.Calendar.Events.Share.AlertMe
Group	*Ribbon.Calendar.Events.Workflow*

Tabelle C.1 Ribbon-Location (Forts.)

Typ	Location
Control	Ribbon.Calendar.Events.Workflow.ViewWorkflows
Control	Ribbon.Calendar.Events.Workflow.Moderate
Tab	*Ribbon.Calendar.Calendar*
Group	*Ribbon.Calendar.Calendar.Selector*
Control	Ribbon.Calendar.Calendar.Selector.People
Control	Ribbon.Calendar.Calendar.Selector.Resource
Group	*Ribbon.Calendar.Calendar.Scope*
Control	Ribbon.Calendar.Calendar.Scope.DayGroup
Control	Ribbon.Calendar.Calendar.Scope.WeekGroup
Control	Ribbon.Calendar.Calendar.Scope.Day
Control	Ribbon.Calendar.Calendar.Scope.Week
Control	Ribbon.Calendar.Calendar.Scope.Month
Group	*Ribbon.Calendar.Calendar.Expander*
Control	Ribbon.Calendar.Calendar.Expander.ExpandAll
Control	Ribbon.Calendar.Calendar.Expander.CollapseAll
Group	*Ribbon.Calendar.Calendar.CustomViews*
Control	Ribbon.Calendar.Calendar.CustomViews.CreateView
Control	Ribbon.Calendar.Calendar.CustomViews.CurrentView
Control	Ribbon.Calendar.Calendar.CustomViews.DisplayView
Control	Ribbon.Calendar.Calendar.CustomViews.ModifyView
Group	*Ribbon.Calendar.Calendar.Share*
Control	Ribbon.Calendar.Calendar.Share.EmailLibraryLink
Control	Ribbon.Calendar.Calendar.Share.AlertMe
Control	Ribbon.Calendar.Calendar.Share.ViewRSSFeed
Group	*Ribbon.Calendar.Calendar.Actions*

Tabelle C.1 Ribbon-Location (Forts.)

Typ	Location
Control	Ribbon.Calendar.Calendar.Actions.TakeOfflineToClient
Control	Ribbon.Calendar.Calendar.Actions.ConnectToClient
Control	Ribbon.Calendar.Calendar.Actions.ExportToSpreadsheet
Control	Ribbon.Calendar.Calendar.Actions.OpenWithAccess
Group	*Ribbon.Calendar.Calendar.Settings*
Control	Ribbon.Calendar.Calendar.Settings.ListSettings
Control	Ribbon.Calendar.Calendar.Settings.AddCalendar
Control	Ribbon.Calendar.Calendar.Settings.ManageWorkflows
Control	Ribbon.Calendar.Calendar.Settings.ListPermissions
Control	Ribbon.List.Settings.EditList
Tab	*Ribbon.Permission*
Group	*Ribbon.Permission.Parent*
Control	Ribbon.Permission.Parent.ManageParent
Control	Ribbon.Permission.Parent.Inherit
Control	Ribbon.Permission.Parent.StopInherit
Group	*Ribbon.Permission.Add*
Control	Ribbon.Permission.Add.AddUser
Control	Ribbon.Permission.Add.NewGroup
Group	*Ribbon.Permission.Modify*
Control	Ribbon.Permission.Modify.EditUsrPerm
Control	Ribbon.Permission.Modify.RemovePerms
Group	*Ribbon.Permission.Check*
Control	Ribbon.Permission.Check.CheckUsrPerm
Group	*Ribbon.Permission.Manage*
Control	Ribbon.Permission.Manage.AnonyAccess

Tabelle C.1 Ribbon-Location (Forts.)

Typ	Location
Control	Ribbon.Permission.Manage.PermLevels
Control	Ribbon.Permission.Manage.ManagAccReq
Control	Ribbon.Permission.Manage.SiteColAdmin

Tabelle C.1 Ribbon-Location (Forts.)

Index

A

B

C

D

E

F

G

I

J

K

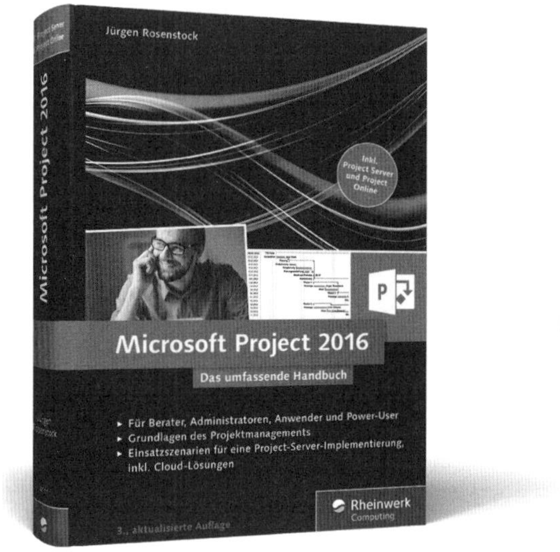

- Für Berater, Administratoren, Anwender und Power User
- Grundlagen des Projektmanagements
- Einsatzszenarien für eine Project-Server-Implementierung

Jürgen Rosenstock

Microsoft Project 2016

Das umfassende Handbuch

»Das Autorenteam schafft es, die einzelnen Aspekte stets übersichtlich und leicht verständlich wiederzugeben. Und auch die Admins, die mit dem Setup und Betrieb vertraut sind, kommen nicht zu kurz.« – IT-Administrator

Dieses Buch unterstützt Sie bei Implementierung und Einsatz von Microsoft Project 2016 und Project Online. Viele Einsatzszenarien, von der lokalen Anwendung bis zum vernetzen Arbeiten in der Cloud, zeigen Ihnen, wie Sie einen reibungslosen Projektzyklus umsetzen. Ob Projektleiter, Administrator oder Entscheider: Hier finden Sie alle Antworten auf Ihre Fragen an die Project-Software.

767 Seiten, gebunden, 59,90 Euro
ISBN 978-3-8362-4111-3
www.rheinwerk-verlag.de/4107

Jetzt bei uns im Rheinwerk-Shop: Buch, E-Book und Bundle